公司财务学

（第五版）

齐寅峰 著

中国财经出版传媒集团
经济科学出版社
Economic Science Press

图书在版编目（CIP）数据

公司财务学／齐寅峰著 . —5 版 . —北京：经济科学出版社，2017.3
ISBN 978-7-5141-7766-4

Ⅰ.①公… Ⅱ.①齐… Ⅲ.①公司-财务管理 Ⅳ.①F276.6

中国版本图书馆 CIP 数据核字（2017）第 028115 号

责任编辑：王东萍
责任校对：杨　海
责任印制：李　鹏

公司财务学（第五版）

齐寅峰　著

经济科学出版社出版、发行　新华书店经销
社址：北京市海淀区阜成路甲 28 号　邮编：100142
教材分社电话：010-88191345　发行部电话：010-88191522
网址：www.esp.com.cn
电子邮件：esp@esp.com.cn
天猫网店：经济科学出版社旗舰店
网址：http://jjkxcbs.tmall.com
北京密兴印刷有限公司印装
787×1092　16 开　37.75 印张　950000 字
2017 年 3 月第 5 版　2017 年 3 月第 1 次印刷
ISBN 978-7-5141-7766-4　定价：68.00 元
（图书出现印装问题，本社负责调换。电话：010-88191510）
（版权所有　侵权必究　举报电话：010-88191586
电子邮箱：dbts@esp.com.cn）

第五版
前　言

本书自出版以来，受到了广大读者的热烈欢迎，本版已是第五个版本。距离《公司财务学》第四版的发行已过经年，在此期间收到了许多读者对本书再版的要求，事实上本版的编撰工作家父齐寅峰先生早在五年多以前就已着手进行，理应能够更早和大家见面。然而由于家父突发疾病过世，本书再版的相关工作也不得不一度停滞。如今第五版的《公司财务学》能够在经过一番曲折之后，于家父辞世五周年之际成功出版与读者见面，也是对家父教育和学术生涯的一个特别的纪念。

《公司财务学》第五版仍坚持以中国国情为出发点，同时放眼世界，注重国际比较。在理论方法上力求先进性、科学性和系统性，在应用上追求现实性、新颖性和务实性。在给读者充分介绍公司财务经典理论的基础上，充分结合中国的国情实际，对处于转型时期的中国公司财务特点进行了系统地解读。本书是齐寅峰教授及其团队多年研究成果与教学经验的结晶，详细且深刻地阐述了当代公司财务理论、方法和应用，将财务管理的一般理论与中国国情的具体实际相结合，在内容上为读者构建了以投资决策、融资决策和运营管理决策为主体的公司理财决策体系，同时介绍了包括资本资产定价模型、期权定价模型和有效市场理论在内的公司理财理论体系，对金融市场的改革和发展起到了重要的启示作用。

在此还要特别感谢李莉教授及其团队对本书编撰和修改付出的辛勤劳动，在李莉教授的统筹和领导下，杨雅楠博士、姜逸茵硕士、苏航硕士、何晴硕士、温汉琳硕士、覃丽娜硕士和皮姗姗硕士对书稿进行了修订和后期的反复校对。对以上各位的认真工作，谨致谢忱。对于书中的缺点错误，欢迎批评指正。

感谢南开大学商学院的领导们对本书再版给予的多方面的大力支持，感谢经济科学出版社的王东萍编辑，也感谢为本书的修订和出版提供帮助的其他朋友们！

齐　岳教授
2017年1月于南开园

第四版
前 言

本书第三版出版以来，得到了专家的高度评价和广大读者的热烈欢迎。许多大学，包括南开大学、清华大学等采纳为科学硕士、EMBA、MBA、MPAcc 或本科生的公司财务管理课程教材。还有很多读者反馈说，该书对于其工作、对于其考名校的硕士或博士、对于其考 CFA 提供了巨大帮助。笔者也从中受到了很大的激励和鼓舞，并在此致谢！

在大约 25 年以前，我作为中加管理教育交流项目的首位参与者，才开始学习公司财务学（Corporate Finance）。在此以前，当代意义上的财务金融学（Finance）在中国大陆并没有得到传播。时过 20 多年以后，喜见当年的同学都已成为学术领军人物；本土培养的加上"海归"，财务金融学领域的学者在国内已形成一只浩浩荡荡的队伍。就拿公司财务学（有的学者主张别名，如"公司理财"、"公司金融"等等）领域来说，国内学者编著的教本数以百计，而欧美的代表教材，其中不乏名家之作，都已登陆中国，力图抢占这个广大的市场。

本书第四版秉承前 3 版的宗旨和风格，在理论方法上力求先进性、科学性和系统性，在应用上追求现实性、新颖性和务实性。我最近主持完成的国家自然科学基金重点项目"中国企业投融资运作与管理研究"（2003～2007 年）为本版的修订提供了很好的理论和实践支持。其间，我们所做的关于中国企业投融资决策问卷调研，信息量和样本量均为世界之最。透过这一窗口，使我们对中国企业的情况有了深入的了解和认识。

本版仍以中国国情出发，同时放眼世界，重视国际比较。这是因为中国企业是竞争的国际企业的一部分，还因为读者将来有可能在外企任职。本版反映的中国法律法规和中外"国情"至 2007 年 11 月。国外教材优点不少，但脱离中国实际。本书优于外国教材的另一属性是内容的简练。如果连我们的中学生都熟练的算术都搬上硕士教材，就要无谓地多砍伐很大一片森林了。笔者的愿望是，本书的每一页都对得起读者买书的钱。

具体地说，第四版的主要变化如下：
1. 增加了一章，介绍行为公司财务学，这样本书第四版分十篇共三十章；

2. 各章的修订，吐故纳新，反映理论和应用的最新成果；
3. 编写了全书的PPT，制成光盘作为本书的一部分，便于教学。

和前3个版本一样，本版也是我和我们的研究团队集体努力的结果。第一章、第七章至第十六章由齐寅峰教授（博导）修订；第四章、第五章和第六章由李莉教授（博导）修订；第十九章和第二十一章由张双才教授（博导）修订；第二十章由黄福广教授（博导）修订；第二十二章和第二十三章由齐岳教授（博士）修订；第二十六章至第二十八章由古志辉副教授（博士）和程斌宏博士修订；第二十九章由陆宇建副教授（博士）修订；第十七章和第十八章由覃家琦讲师（博士）修订；第三章由鞠英利博士修订；在读博士李胜坤、徐洁媛、姜宝强分别修订第二章、第四章、第二十五章并统编全书PPT；第二十四章由在读硕士王文灏修订。李礼在读博士撰写第三十章行为公司财务学。全书最后由齐寅峰教授定稿。张晓农副教授和李礼在读博士在国外搜集资料。对以上提到的各位的辛勤劳动，谨致谢忱。书中缺点错误在所难免，欢迎批评指正。

笔者还要感谢对本书修订和出版提供帮助的朋友，特别是经济科学出版社纪晓津编审。

*齐寅峰*教授
2008年1月1日于南开园梧桐树下
E-mail nkf858@126.com

第三版
前　言

　　本版为中华人民共和国教育部普通高等教育国家级教材"十五"规划选题，在第二版的基础上做了修改与补充。2000年10月出版的第二版，获国家优秀教材二等奖。作者十分感谢专家学者和广大读者的关心和支持。

　　本版的主要改动如下：
　　1. 全书的修订，包括更新论述，修正错误和补充最新资料数据等。
　　2. 增加了一章，第二十九章，企业价值评估和EVA业绩评价。
　　3. 增加了习题参考答案，作为本书的附录之一。

　　和前两版一样，本版的出版也是我们研究团队集体努力的结果。再版修订工作由我负责，提出修订原则和具体安排。第一、第四、第七篇由何青在读博士修订；第二篇由李莉在读博士（副教授）修订；第九、第十篇的修订和第二十九章的编撰由陆宇健博士承担；其余第三、第五、第六、第八篇由我修订。全书由我定稿。胡晔华硕士会同李翔在读博士，杨园、覃家琦等在读硕士编写第二至第七篇习题参考答案初稿，后经郑晟在读博士修改，王荣誉讲师编写第八篇答案，王曼舒、李胜楠编写第九、第十篇答案，最后全书习题参考答案由王曼舒在读博士修订汇集。

　　追求完美是我们团队的一贯宗旨。希望本版前进了一步。

　　太平洋彼岸的杜宇在读博士，不吝时间和精力给我传来最新资料和数据，特此鸣谢。

　　张双才博士（教授）、黄福广、张晓农、陈国欣在读博士（副教授），穆瑞田、李秉祥博士（副教授），买忆媛、李玉霜博士，刘昕、古志辉、田辉在读博士以及在第二版前言中提到的硕士们阅读了部分修订稿，许多使用本书的教授和研究生对修订稿提出了宝贵意见，一并在此致谢。

　　南开大学教材委员会为本版的修订提供了资金支持，谨表谢忱。

齐寅峰教授（博导）
2002年6月28日于南开园

第二版
前　言

　　本书第一版1997年出版以来，得到了国内外财务/金融界专家学者和广大读者的极高评价。本校和其他一些院校的MBA和企业管理专业硕士研究生都选择本书作为教材，并取得了上佳的效果。这是对笔者的鞭策与鼓励，也是本人的一大荣幸。可以说，本书的再版是上述激励的结果，也是集体推动的结果。

　　本书第二版完全保留了第一版的框架、风格与特点。在这一原则指导下，做了局部的修改与补充，具体地说有以下诸点：

　　1. 在实践方面，反映了本领域内的最近进展，如增加了财政部要求提供的现金流量表，并保留了第一版的国际通用的现金流量表以便相互对照，同时介绍了有重要参考价值的新衍生信息等等。

　　2. 反映了最新获取资讯的手段。作为附录，介绍了如何从Internet获取国内国际有关财务/金融学的资讯，包括最新研究动态和成果、浩如烟海的数据、名人名校乃至工作机会等，并为读者准备了相关的网址。

　　3. 每章都配加了习题，便于读者进一步学习掌握。

　　4. 增加了一章内容，即第二版的第二十七章企业失败的重整与清算。这反映了我国企业改革过程中的实际需求。

　　5. 取消了第一版的第十八章筹资决策概论。有关内容分别安排到第七篇序言、第十三章和第二十二章。

　　6. 对每一篇、章、节的内容的文字都进行了校正，改正了发现的错误，进行了适当的删节或补充。

　　正如在第一版前言中所述，本书的宗旨是追求完美。尽管与这一目标仍有距离，但希望第二版能向这一目标前进一大步。

　　此次修订工作是集体劳动的结晶，具体分工如下：黄福广博士修改第一篇，并编写附录"如何使用Internet查询财务资讯"；李莉副教授修改第二篇；李秉祥博士修改第四篇；李玉霜博士修改第六篇；支燕博士修改第七篇；张双才博士修改第九篇；陆宇建博士修改第十篇；李翔硕士、胡哗华硕士和马志强硕士分别初选第一至第三篇、第四至第七篇和第八至第十篇的习题，我本人修改第三、五、八篇，并对全书进行了审定。

　　美国加州州立大学的陈超教授（Ph.D）、麦吉尔大学的刘锋教授（Ph.D）、大不列颠哥伦比亚大学的王坦教授（Ph.D）和香港城市理工大学和蒋励教授（Ph.D）等阅读了原书，并提出了宝贵意见，尤其是陈超教授花了很长时间对再版的修正提出了详尽建议。还有许多同志对本书提出了修改意见。对此，笔者表示十分感谢。

第二版脱稿后，穆瑞田、贾忆媛、汪平博士和阎峻、饶晓、于勇、谢作明、宁顺利、刘理远、谢太和、张志奇、程诚宏、邱昭良、付天学、郑激远、沈宝生、任燕飞、阴航明、冀延松、郑爱民、徐得和、张强、程书田、山峻、吕长江、区日山、金大力、李欣、高海滨、张德君、许萍等硕士阅读了修正稿，提出了不少改进意见，在此一并致谢。

笔者特别感谢经济科学出版社真诚的合作和支持使得本书能尽快与读者见面。

齐寅峰教授（博导）

2000年6月28日，南开从教40年纪念日

第一版
前 言

笔者是全国工商管理硕士（MBA）研究生《公司财务》课程教学大纲撰稿人，在南开大学执教企业管理专业硕士、工商管理（MBA）硕士的研究生课程《公司财务管理》近十年。本书以历年讲稿为基础，加以修改、补充而成，可以说是本人多年来教学和研究所得的总结。尽管国内有关公司财务的著作已出版了不少，但笔者深信，出版一部适合于硕士层次阅读和使用的著作是十分必要的。因此，本书是为我国管理类（包括 MBA）、经济类各学科的硕士研究生设计的；也适合本科高年级学生和对财务管理感兴趣的人士自学或参考。笔者相信，这一层次的读者会喜欢具有一点挑战性的书。

本书共分 10 篇、28 章，包括了当代公司财务学的主要理论、方法和应用，力求概念的准确性和方法的实用性。从企业价值最大化这一根本前提出发，本书对当代财务学已有定论的最重要的观念，如现值理论、资本资产定价模型、期权理论、价值的可加性、有效的资本市场理论以及代理理论等都进行了充分的论述，尤其是对于初学者难于把握的风险概念及风险与回报率的关系进行了较为深入的研究。20 世纪 80 年代以来财务学的一项重要发展是衍生工具理论及其应用。本书用了两章专门研讨期权问题。以上内容是本书区别于同类书籍的显著标志之一。个别内容超出 MBA 教学大纲要求的章节，于正文标题处打了 * 号。

我国社会主义市场经济体系的建立和财务制度的转轨，使得首先在西方建立起来的财务学的理论和方法原则上也适用于中国。理论结合实际是本书的又一目标。在阐述一般理论和方法时，本书以国际通用为准则。在涉及应用和实务时，则更多地以中国国情为背景。本书包含大量的实例和案例，但为了避免学术著作做广告的嫌疑，公司采用了代名或化名。

本书的写作过程如下。首先由我本人拟定总体构想、结构框架和撰写内容的详细提纲，然后下述同志分头起草：邱昭良（第一篇）；齐岳（第二篇）；彭琳（第九篇）；付天学（第三篇）；张志奇（第四篇）；程斌宏（第七篇）。以上六篇中的部分章节和第五、六、八篇由本人执笔。上述同志做出了出色的工作，草稿完成后又按照我的意见反复修改，笔者深深地感谢他们。之后，本人又用了近一年的时间，进行了重大修改和补充。当然，最终呈现在读者面前的《公司财务学》通篇内容由我负责。

当此书即将付印时，本人感触颇深。在兴奋与疲惫之余，笔者特别羡慕美国同行维斯顿（Weston）和布赖汉姆（Brigham），这两位作者在其有名的教科书

(Essentials of Managerial Finance）第9版中自豪地宣布，该书无错误，如果谁先发现一个（包括印刷的）错误，他们承诺每一处错付给10美元。本书是首版，虽然宗旨是力求完美，但实在不敢效法大洋彼岸的同行们。不然我真怕破了产。学海无涯，条件有限，不必说过多的客套话。不过我乐于做"类似"的许诺：如果哪位同行、读者肯于指出本书的缺点、错误，以便再版时改正，本作者一定——作答，并回报以最真诚的谢意。也许本书第二版就与错误绝缘了。

本书承蒙著名金融学家钱荣堃教授和公司财务专家徐大图教授审阅原稿并提出许多宝贵意见，尤其是钱荣堃先生不顾80岁高龄，欣然命笔，为本书撰写序言，使本书格外增辉。对此，笔者万分感激。

本书作者多年来在财务学领域得到了国外学者迈耶尔斯（S. Myers）、维尔梅尔（K. Weiermair）、比戈（M. Biger）等的帮助和鼓励，特致谢忱。

本书引用他人的成果和数据，已在正文中予以注明，在此一并致谢。

本书的写作和出版得到了南开大学校长、研究生院院长以及管理学系领导的关心与支持，特表谢意。

本人在公司财务学领域的研究工作，得到下述朋友的帮助与支持：张水长硕士、郑天一硕士、孟震硕士、朱文斌硕士和皮黔生硕士，借此机会向他们致谢。

范秀成教授等在海外为本书收集资料，笔者向他们表示感谢。

本书的出版印刷得到了中国物价出版社、济南新华印刷厂的通力支持和合作，笔者十分感谢。

齐寅峰教授（博士生导师）
1996年8月18日初志
1997年6月16日修订
于南开大学

序　言

世界经济的发展历程表明，一个国家的经济结构形式在很大程度上影响了国家经济的生命力，与国家的持续发展密切相关。后金融危机时代，世界经济复苏乏力，世界范围内的产能过剩使得我国经济发展面临巨大挑战和强烈的不确定性。十八届五中全会立足十三五发展环境的特征提出发展的五大理念，在"一带一路"政策和"供给侧"改革的政策背景下为我国经济转型指出了可行道路。而实体经济的转型发展则离不开金融市场的资本支持。在经济转型的重要背景下，如何有效地配置资本支持转型、如何有效地为创新型中小企业制订融资方案、如何对转型时期的金融风险进行控制成为经济金融领域的重要议题。公司财务学作为金融市场改革和发展的重要理论支撑，成为决策主体进行理性决策时所需的必修课。

本版仍坚持以中国国情为出发点，同时放眼世界，注重国际比较。在理论方法上力求先进性、科学性和系统性，在应用上追求现实性、新颖性和务实性。在给读者充分介绍公司财务经典理论的基础上，充分结合中国的国情实际，对处于转型时期的中国公司财务特点进行了系统地解读。本书是齐寅峰教授多年研究成果与教学经验的结晶，详细且深刻地阐述了当代公司财务理论、方法和应用，将财务管理的一般理论与中国国情的具体实际相结合，在内容上为读者构建了以投资决策、融资决策和运营管理决策为主体的公司理财决策体系，同时介绍了包括资本资产定价模型、期权定价模型和有效市场理论在内的公司理财理论体系，对金融市场的改革和发展起到了重要的启示作用。

目 录

第一篇 引 言

第一章 公司财务学概览 (3)
第一节 公司财务学的历史与现状 (3)
第二节 财务管理和财务经理的作用与地位 (7)
习 题 (12)

第二章 企业 (13)
第一节 企业概述 (13)
第二节 企业的目标 (18)
第三节 委托—代理问题和公司治理 (20)
第四节 企业理财环境 (24)
习 题 (27)

第三章 金融市场导论 (29)
第一节 金融市场简介 (29)
第二节 我国金融市场的发展状况 (33)
第三节 利率的决定 (39)
习 题 (44)

第四章 公司税负 (45)
第一节 我国企业税收体制 (45)
第二节 企业税制的国际比较 (48)

第二篇 现金流与财务分析

第五章 基础财务报表与财务分析 (57)
第一节 资产负债表 (57)
第二节 利润表 (64)
第三节 财务分析 (69)

习　题 …………………………………………………………………………（78）

第六章　现金流 …………………………………………………………………（80）
第一节　现金在企业内如何流转 ……………………………………………（80）
第二节　现金流分类 …………………………………………………………（82）
第三节　现金流量表的编制及分析 …………………………………………（85）
习　题 …………………………………………………………………………（97）

第三篇　现　　值

第七章　现值的概念和累计折现方法 …………………………………………（103）
第一节　现值的概念 …………………………………………………………（103）
第二节　长期资产的现值 ……………………………………………………（107）
第三节　利率的计算 …………………………………………………………（113）
习　题 …………………………………………………………………………（118）

第八章　债券和股票的现值 ……………………………………………………（119）
第一节　债券的现值 …………………………………………………………（119）
第二节　股票的现值 …………………………………………………………（125）
习　题 …………………………………………………………………………（135）

第四篇　投　资　决　策

第九章　净现值准则下的投资决策 ……………………………………………（139）
第一节　净现值准则 …………………………………………………………（139）
第二节　案例：3K公司的便携式电子游戏机项目 ………………………（144）
第三节　投资决策风险分析 …………………………………………………（148）
习　题 …………………………………………………………………………（155）

第十章　其他投资决策准则 ……………………………………………………（159）
第一节　回收期准则 …………………………………………………………（160）
第二节　平均账面回报率准则 ………………………………………………（162）
第三节　内部回报率准则 ……………………………………………………（164）
第四节　获利性指数准则 ……………………………………………………（170）
习　题 …………………………………………………………………………（171）

第十一章　若干实际投资决策 …………………………………………………（176）
第一节　可选择项目 …………………………………………………………（176）
第二节　资本数额受限制的投资项目选择 …………………………………（179）
第三节　决策树 ………………………………………………………………（184）

| 第四节 | 为什么 NPV 可能大于 0 | (188) |
| 习 题 | | (190) |

第五篇 资本市场：风险与回报

第十二章 回报率与风险的关系 (197)
- 第一节 回报率的概念 (197)
- 第二节 风险的概念 (204)
- 第三节 资本资产定价模型 (213)
- 第四节 资本资产定价模型的功能和验证 (219)
- 第五节 套利定价理论 (222)
- 习 题 (225)

第十三章 投资组合理论与资本市场理论 (229)
- 第一节 无风险投资 (229)
- 第二节 投资组合理论 (232)
- 第三节 资本市场直线 (242)
- 第四节 资本市场的有效性假设 (248)
- 习 题 (252)

第十四章 关于风险概念的进一步讨论 (256)
- 第一节 风险定义的问题 (256)
- 第二节 投资者的风险偏好问题 (260)
- 第三节 系统风险和 β 的再认识 (262)
- 习 题 (265)

第六篇 资本结构与资本成本

第十五章 资本成本 (269)
- 第一节 资本成分及资本成本的概念 (269)
- 第二节 资本成分的成本 (271)
- 第三节 边际资本成本 (277)
- 第四节 资本成本中的若干其他问题 (281)
- 习 题 (283)

第十六章 资本结构与财务杠杆 (288)
- 第一节 MM 的资本结构理论 (288)
- 第二节 个人所得税和财务危机条件下的资本结构理论 (294)
- 第三节 信息不对称理论 (302)

第四节　财务杠杆 ·· (305)
　　第五节　目标资本结构的设定：案例 ·· (309)
　　习　题 ··· (316)

第十七章　投资决策和融资决策的相互作用 ·· (318)
　　第一节　调整的净现值准则 ·· (318)
　　第二节　调整折现率的方法 ·· (321)
　　第三节　资本成本公式 ··· (324)
　　第四节　安全现金流的折现率 ·· (327)
　　习　题 ··· (330)

第七篇　融资决策

第十八章　股利政策 ·· (336)
　　第一节　红利对公司价值的影响 ·· (336)
　　第二节　股利的发放 ··· (340)
　　第三节　不同的股利政策 ··· (343)
　　第四节　股票回购 ··· (351)
　　习　题 ··· (353)

第十九章　股票发行 ·· (356)
　　第一节　普通股和优先股 ··· (356)
　　第二节　普通股的发行价格 ·· (361)
　　第三节　股票的发行程序 ··· (366)
　　习　题 ··· (369)

第二十章　长期负债 ·· (371)
　　第一节　长期负债的种类 ··· (371)
　　第二节　债券的发行与偿还 ·· (376)
　　第三节　可转换债券 ··· (379)
　　习　题 ··· (383)

第二十一章　租赁 ·· (384)
　　第一节　租赁的种类与特点 ·· (384)
　　第二节　租赁决策 ··· (387)
　　习　题 ··· (391)

第八篇　期权及其在财务决策中的应用

第二十二章　期权 ·· (395)

第一节	期权的概念	(395)
第二节	期权在执行日的价值与期权转换	(400)
第三节	期权的价值：定性分析	(403)
第四节	期权的价值：布莱克—斯科尔斯模型	(408)
第五节	期权的价值：二项式方法	(413)
习题		(423)

第二十三章　期权在财务决策中的应用 (425)

第一节	投资决策中的期权	(425)
第二节	期权在风险管理中的应用	(432)
第三节	认购证	(435)
第四节	可转换债券	(439)
第五节	公司为何要发行认购证和可转换债券	(441)
习题		(444)

第九篇　财务计划与运营资本管理

第二十四章　财务战略与财务计划 (449)

第一节	财务战略	(449)
第二节	长期财务计划	(453)
第三节	短期财务计划	(462)
习题		(468)

第二十五章　运营资本管理 (473)

第一节	运营资本的定义和作用	(473)
第二节	现金管理	(478)
第三节	应收账款管理	(482)
第四节	存货管理	(488)
第五节	短期负债管理	(494)
习题		(499)

第十篇　专题研究

第二十六章　企业购并 (503)

第一节	企业购并的概念与购并风潮	(503)
第二节	企业购并的类型、动因和程序	(507)
第三节	企业购并分析和决策	(513)
习题		(516)

第二十七章 企业失败、重整和清算 ·· (518)
第一节 企业失败及其预测 ·· (518)
第二节 企业财务重整 ·· (520)
第三节 企业清算 ·· (523)
习 题 ·· (528)

第二十八章 控股公司 ·· (529)
第一节 控股公司的概念和特征 ·· (529)
第二节 控股公司的风险与回报率 ··· (532)
习 题 ·· (540)

第二十九章 企业价值评估与 EVA 业绩评价 ··································· (541)
第一节 企业价值评估 ·· (541)
第二节 EVA 业绩评价 ·· (548)
习 题 ·· (557)

第三十章 行为公司财务学 ·· (558)
第一节 非理性投资者的方法 ·· (559)
第二节 非理性经理人的方法 ·· (564)

附表 ·· (570)

后记 ·· (582)

第一篇 引言

第二十一章 企业先兴，董事和股东 ....

...

随着我国市场经济体制的建立与发展，企业在国民经济中的地位和作用日益重要，企业的健康发展也成为了一个十分重要的问题。

股份公司是以出资人投入的资本为基础，依法组建、自主经营、独立核算、自负盈亏的企业法人。随着我国经济体制改革的不断深入，股份公司在国民经济中发挥着越来越重要的作用，已经成为我国国民经济的重要组成部分。

本篇主要介绍股份公司的一些基本理论问题，包括企业与股份公司的概念，股份公司的组织机构及其治理结构等。本篇共有四章，首先介绍了股份公司的概念。

本篇是全书的引言，包括对公司财务学的发展及主要理论的扼要概括，对财务管理在现代企业发展中的重要性的阐述，对企业财务管理目标及企业财务管理中所面临的法规和市场环境的论述。

本篇的内容为公司财务学构建了初步理论框架，对从整体上深入理解公司财务学各部分内容大有裨益。同时，不论是理论自身的发展还是理论的应用，都是建立在一定的社会经济环境背景下的。现代财务理论创立于西方国家，有其自身赖以建立和发展的环境。因此，深入了解和分析我国社会经济环境，对以现代西方财务理论指导我国的财务实践活动，并进一步丰富现代财务理论有着极其重要的意义。

本篇由四章构成。第一章介绍公司财务学发展及其财务管理的重要性。第二章介绍企业组织形式、企业目标和企业中的委托代理问题及企业理财环境。第三章介绍金融市场及其利率决定。第四章简单介绍了与我国企业有关的税制。

第一章 公司财务学概览

本章由两节组成。在本章中，我们首先对公司财务学的发展和现状做了扼要概括，提出了公司财务学的几个最重要的理念。论述了财务管理的内容、作用和地位，指出了财务经理和其他财务金融工作者担负着极富挑战性的任务。

第一节 公司财务学的历史与现状

一、公司财务学的理论和实践范畴

财务金融学（Finance）是研究现金流动和运作规律的科学和艺术。目前国内对 Finance 一词的译法不统一，本书采用了一种包容性的办法，正式地译为财务金融学，非正式地混用财务学、金融学，其含义无任何实质差别。本领域的其他术语，我国内地的学者也大多叫法各异，更不用说港澳台了。财务金融学起源于西方国家，主要是美国，是以发达的资本市场为基础的。中华帝国长期闭关锁国，虽然经济体曾居世界的龙头，但始终未出现资本市场。新中国成立后不久曾在天津市建立过第一家股票交易所，但计划经济体制使得当代意义下的财务金融学没有生长的土壤。1978 年改革开放以后我国政府开始派出学者学习外国的先进管理经验，财务金融学才逐步传入我国。财务金融学的基本理论和基本方法是一统的，是符合任何市场经济的现实的。随着我国经济体制改革、金融体制改革和企业改革的深化，随着我国资本市场的逐步建立和完善，特别是国力的增强，我国在这一领域正逐渐进入国际化。任何理论都是从实践中产生的。2008 年开始的美国金融危机和经济危机，暴露了其从制度、监管、公司治理到居家消费所存在的问题，给人们上了生动的一课。

财务金融学有五个核心的领域：

（1）公司财务学（Corporate Finance），也有称公司财务管理或公司理财的，后来还有人叫做公司金融学，主要研究企业的投资、融资、红利政策等财务决策及相关的理论，例如现值理论、回报与风险的关系，以及日常管理等。

（2）投资学（Investment），主要研究证券及其投资组合（Portfolio）投资决策、分析与评价。一般而论，投资可以划分为实产投资（直接投资）和证券投资（间接投资），但当前实产投资多归入公司财务学中研究，这里所说的投资学，多指证券投资学。

（3）金融市场（Financial Markets），分为货币市场（Money Markets）和资本市场（Capital Markets），是内容十分庞大的学科群。包括货币、金融工具、交易机制、金融机构特别是商业银行、基金和衍生信息等。

(4) 国际金融（International Finance），包括国际货币体系，国际资本市场等。

(5) 衍生金融工具和金融工程（Derivative Instrument and Financial Engineering）。

广义地讲，财务金融学还包括财政学、保险学和个人理财等。

二、公司财务学的发展历程

在20世纪初以前，公司财务学一直被认为是微观经济理论的应用学科，是经济学的一个分支。直到1897年托马斯·格林纳（Thomas L. Greene）出版了《公司财务》一书后，公司财务学才逐渐从微观经济学中分离出来，成为一门独立的学科。它的发展大致经历了如下几个阶段。

（一）初创期（20世纪初至30年代以前）

这一时期，西方发达的工业化国家先后进入垄断阶段，随着经济和科学技术的发展，新行业大量涌现，企业需要筹集更多的资金来扩大规模，拓展经营领域。因此，这一阶段公司财务学的注意力集中在如何利用普通股、债券和其他有价证券来筹集资金，主要研究财务制度和立法原则等问题。

（二）调整期（20世纪30年代）

20世纪20年代末开始的经济危机造成大量企业倒闭，股价暴跌，企业生产不景气，资产变现能力差，因而公司财务学的重点转向如何维持企业的生存上，如企业资产的保值、变现能力、破产、清算以及合并与重组等。这一时期，国家加强了对微观经济活动的干预，如美国政府分别于1933年和1934年颁布了《证券法》和《证券交易法》，要求企业公布财务信息。这对公司财务学的发展起了巨大的推动作用。

以上两个阶段，公司财务学研究的共同特点是描述性的，即侧重于对企业现状的归纳和解释，同时从企业的外部利益者（如债权人）的角度来研究财务问题，注重对有关财务法规的研究。

（三）过渡期（20世纪40年代到50年代）

这一阶段，公司财务学的研究方法逐渐由描述性转向分析性，从企业内部决策的角度，围绕企业利润、股票价值最大化来研究财务问题，并把一些数学模型引入企业财务管理中。同时，随着投资项目选择方法的出现，开始注意资本的合理利用。另外，这一阶段的研究领域也扩展到现金和存货管理、资本结构和股息策略等问题。

（四）成熟期（20世纪50年代后期至70年代）

这一时期是西方经济发展的黄金时期，随着第三次科技革命的兴起和发展，财务管理中应用了电子计算机等先进的方法和手段，财务分析方法向精确化发展，开始了对风险和回报率的关系和资本结构等重大问题的研究，取得了一系列重要成果；研究方法也从定性向定量转化。如这一阶段出现了"投资组合理论"、"资本市场理论"、"资本资产定价模型"及"期权定价模型"等。

1990年10月16日，瑞典皇家科学院决定将该年度诺贝尔经济学奖授予3名美国财务学家马科维茨（H. M. Markowitz）、夏普（W. F. Sharpe）和米勒（M. Miller），以"表彰他们将现代应用经济理论用于公司和金融市场研究及在建立金融市场和股票价格理论方面所做的开拓性工作"。随后不久，美国哈佛大学教授莫顿（R. C. Merton）和斯坦福大学教授斯科尔斯（M. S. Scholes）因创立如何估价股票期权交易和其他金融衍生工具的复杂理论，在金融经济学开创了新的研究领域，获得1997年诺贝尔经济学奖。美国加州大学教授阿科尔洛夫（G. A. Akerlof）、哈佛和斯坦福大学教授斯宾塞（A. M. Spence）和哥伦比亚大学教授斯蒂格利茨（J. E. Stiglitz）由于在非对称信息理论上的贡献而共同获得了2001年诺贝尔经济学奖。以上几名财务学家对财务学所做出的杰出贡献，大致是在20世纪50年代后期至70年代这一时期完成的。

（五）深化期（20世纪80年代至今）

这一阶段公司财务学的理论研究和实践应用深入发展，不仅对已有成果进行推广，而且发展了许多新的热点，例如行为金融学、公司治理等。其他论题包括：通货膨胀及其对利率的影响；政府对金融机构放松控制以及由专业金融机构向多元化金融服务公司转化问题；电子通讯技术在信息传输中和电子计算机在财务决策中的大量应用；资本市场上新的筹资工具的出现，如衍生性金融工具和垃圾债券等；开放资本市场与防范金融风险等。

总之，公司财务学已从描述性转向严格的分析和实证研究；从单纯的融资发展到财务决策的一整套理论和方法，已经形成独立、完整的学科体系。今天，首席财务官（CFO），或财务经理的作用已与20年前大不相同。可以预言，公司财务学必将不断深入发展，其内容还会日趋丰富，范围逐渐扩大，手段和方法更加科学。

三、最重要的财务金融学概念

在本部分，我们列举出现在已知的七个最重要的财务学概念，它们都是财务学已取得的重要成果。把握住这些概念，就抓住了现代财务学的纲领。当然，在阅读完本书以前，读者可能不能完全理解这些问题，但带着这些问题去学习和思考，将使你心中更有数。

（一）净现值

当你想知道某项资产（或投资项目）未来现金流的价值时，你可以参考资本市场上相应证券的价格。如果你能够以比资本市场上更低的价格购买某种资产，就已经赚了钱。

这就是净现值（Net Present Value，简称NPV）的观念。当你计算某投资项目的净现值时，实质上是在问项目的价值是否比其成本更值钱。净现值就是给公司增加的价值。净现值的计算，是采用累计折现的方法，折现率就是资本的机会成本。之所以如此，是因为如果这些现金流单独在资本市场上交易，其价值正是资本市场上与风险等价的现金流的价值。

投资者不管其财富的多少，也不论其对风险的态度如何，他们对其财富现值的观念是完全一致的，都是使其现值最大化。

（二）资本资产定价模型

资本资产定价模型（Capital Asset Pricing Model）揭示了具有风险的投资要求的回报率和

系统风险之间极其简单的数量关系。所谓系统风险是指不能通过多样化消除的风险，其大小可以用 β 表示。与此相对应的是特殊风险，指可以通过多样化消除的风险。投资者关心的是系统风险，而不是特殊风险。

资本资产定价模型的成立是有条件的。或许将来会产生比这更精确的理论，但它的简明和有效率为财务理论和公司管理带来的思维方法的贡献是永存的。

（三）有效的资本市场

有效的资本市场（Efficient Capital Market）假设认为证券的价格瞬时地反映了一切可以利用的信息。这是西方资本市场的一个重要理论。有效的资本市场理论不是说不存在税收和交易成本，也不是说投资者无聪愚之分，而是说，由于资本市场的高度竞争，不存在"造钱机器"，而且证券的价格真实反映了所代表的资产的价值。

（四）价值的可加性

价值的可加性（Value Additivity）或称价值的保守定律，是指整体的价值等于各个部分的价值之和（当然假定不存在协同效应）。这是目前财务学的又一根本法则。根据这一法则和净现值概念，为多样化而进行的企业多样化兼并并不增加新的价值，而投资项目的净现值就是该项目给股东增加的净价值。

（五）期权理论

期权（Options）是在未来时刻以现在约定的价格买或卖某种资产的权力。与期货不同，它不是义务，而是一种选择权。期权是有价值的。财务经理应该知道期权的价格是如何确定的。在一定的条件下学者们已经建立了期权定价模型，涉及较深刻的数学工具。

公司财务管理中有许多种期权，比已有的期权定价模式要复杂得多。这是财务学最热门的研究领域之一。

（六）代理理论

现代公司有几方面的参与者：股东、债权人、经营者、雇员等。在以往的研究中，经济学家曾假定这几种参与者以共同利益为其行为准则。但近年来的理论研究和实践证明，其中存在委托—代理关系，如股东与经营者之间，企业与债权人之间都存在利益冲突与矛盾。研究这些冲突以及如何解决这些矛盾的理论统称为代理理论。

（七）资本结构理论

在不存在税收的完美市场条件下，公司的价值只依赖于其产出的 EBIT，即息税前收益，而与其负债比例的大小即资本结构无关。这是莫迪利亚尼（Modigliani）和米勒（Miller）著名命题的基本思想。

当然，MM 命题并没有完全回答资本结构问题。现实中存在所得税和市场不完美。但 MM 的思想告诉了人们资本结构在哪里起作用。后来这种分析方法得到推广，形成了最优资本结构理论。

以上是财务学/金融学已解决的几个最重要问题。另一方面，还存在许多至今未能解释的问题，仍需进一步研究与探讨。

第二节 财务管理和财务经理的作用与地位

一、财务管理的主要内容

财务管理是企业管理最重要的组成部分之一，是有关资金的获得和有效使用的管理，而资金是企业的"血液"。从某种意义上讲，企业就是一个资金运动的组织。例如，某制造业企业通过发行股票或债券筹集到一笔资金，然后用它购买机器设备，构建厂房，招募员工，购买原材料，进行生产经营活动。每一项都需要企业付出资金，还要支付各种费用和税款。企业销售出产品同样要收回资金。企业还要按约定偿付负债的利息和本金。如此周而复始地循环下去，构成企业的资金流转循环。由以上论述我们可以看出，企业财务管理的主要内容包括筹资决策、投资决策等财务决策以及长期、短期财务计划的制定、执行、评价和控制等日常管理工作。

（一）投资决策

投资是企业最重要最基本的财务决策。资本的运用过程就是投资过程。公司的投资范围很广，既包括构建固定资产等投资活动，进行研究与开发活动，还包括购买技术和专利，企业的并购等投资活动。证券投资通常单独研究。

1. 直接投资和间接投资。直接投资是指把资金直接投放于生产经营性资产中。例如，购置设备、兴建工厂、开办商店等。间接投资又称证券投资，是指把行动资金投放于金融资产，以获取股利或利息收入的投资，如购买政府公债、企业债券和股票等。这两种投资活动所使用的一般性概念虽然相同，但决策的具体方法却大不一样。直接投资一般有一个或几个备选方案，通过对这些方案的分析和评价，从中选择一个最优或满意化的行动方案。证券投资只能通过证券分析和评价，从证券市场中选择企业需要的股票与债券，并组成投资组合。作为行动方案的投资组合，不是事先创造的，而是通过证券分析和评价得出的。

2. 长期投资和短期投资。短期投资主要是指用于现金、短期有价证券、应收账款和存货等流动性资产上的资金投放。短期投资流动性强，对于提高公司的变现能力和偿债能力很有好处，但短期投资赢利能力较差。把资金过多地投于现金等流动资产，会导致资金闲置，降低资金使用效率。长期投资是指用于固定资产和长期有价证券等资产上的投资，其中主要指固定资产投资，又称为资本性投资。由于固定资产投资未来收益具有不确定性，并且变现能力差，因而具有一定的风险。长期投资和短期投资的决策方法也有区别。由于长期投资涉及的时间期限长（通常大于1年），风险大，决策分析时更重视期望的回报和投资风险的计量。

（二）融资决策

要建立一个企业，必须筹集若干资金，作为最初的资本。这不仅是各国法律条文所要求的，而且是企业运营所必需的。在现代社会经济中，要想使一个企业运转起来，必须有足够的资金。即使在已成立的企业中，也会不断扩大生产规模，更新生产设备，采用先进技术，提高产品质量，因而需要投入更多资金和资源。因此，筹集企业生存和发展所需的资金是企业财务管理的重要内容。

融资又称筹资，也有些人称为集资。融资决策要解决的问题是如何取得企业所需要的资金，包括在什么时候、以什么代价、向谁、融通多少资金等问题。公司发行股票、债券，取得借款、赊购，租赁都属于融资决策。

资金按不同标准可分为以下几类：

(1) 权益性资金和债务性资金。权益性资金是指企业股东投入的资金，它无须归还，没有固定的利息负担，但其融资成本高。债务性资金是债权人提供的资金，它要求按期偿还本金，并支付一定利息，但其筹资成本较低。所谓资本结构，主要是指权益资本与债务资本的比例关系。一般来说，完全利用权益性资金是不明智的，不能得到负债经营的好处；而负债比例过大，则会加大企业风险，企业随时有可能陷入财务危机。因此，融资决策的一个重要问题就是确定各种资金在总资金中的比重，即确定最佳资本结构，以使公司价值最大化。

(2) 长期资金和短期资金。长期资金是指企业可以长期使用的资金，包括权益性资金和长期借款。习惯上把1年以上、5年以内的借款称为中期资金，而把5年以上的资金称为长期资金。短期资金是指1年以内就要归还的资金。一般来说，短期资金主要是为了解决生产经营临时的资金需求。

(三) 股利分配决策

股利分配决策是指在公司赚取的利润中，决定多少作为红利发放给股东，多少留在公司作为再投资用。从公司角度看，从外部筹措资金要花费很多时间，费用也较高；从内部筹措资金，即将利润留作保留盈余（retained earnings），不必花费筹资费用，企业随时可以动用，因而具有一定优势。但过低的红利支付率可能引起投资者的不满，从而引起股价下跌；同样，过高的股利支付率将影响企业再投资能力，甚至失去投资机会，引起未来收益减少，导致股价下跌。因此，企业必须制定适当的股利政策。

股利政策的制定受多种因素的影响，包括税法对股利和出售股票收益的不同处理、公司未来投资机会、各种资金来源及其成本，以及股东对当期收入和未来收入的相对偏好等，公司必须根据自己的具体情况确定最佳的股利政策。常用的股利政策有剩余股利政策、固定股利政策、固定股利支付率政策以及低正常股利加额外股利政策等。

股利政策实际是筹资决策的一个组成部分，但由于其重要性，单独提出来作为财务学的一项研究内容。

(四) 财务战略预测与计划

财务战略是企业总战略的一部分，又独具特色，主要涉及战略性的财务收支。

预测是根据过去的有关资料，采用特定的计量和分析方法，对目前尚未发生的事件进行推断，其目的是为了给企业管理者制定财务决策和计划提供科学依据。而财务计划是指预先拟定有关资金筹集和使用的方法和步骤，它是一个过程。这个过程分为利润规划和预算编制两部分。利润规划是企业为实现目标利润而综合调整其经营活动规模和水平，是编制期间预算的基础。利润规划要把企业继续存在和发展及实现目标利润所需的资金、可能取得的收益，以及未来要发生的成本和费用这三者紧密联系起来。现金流预测与计划也日益受到重视。预算是计划工作的成果，它既是决策的具体化，又是控制的依据。传统上把预算看成是控制支出的工具，但新的观念是将其看成使企业的资源获得最佳生产率和获利率的一种方法。

（五）检查、评价与控制

计划一经完成，便开始进入执行过程，管理活动的中心便转为检查、评价和控制。所谓控制，是为实施财务决策和达成预期目标，通过某种特定手段对企业的财务活动进行协调、跟踪和监控，使之不偏离预定方向和轨道的过程。财务控制和财务计划有密切联系，计划是控制的重要依据，而控制是执行计划的手段，它们构成了企业财务管理循环。

二、财务经理的职能

财务经理或称 CFO 处于企业与资本市场之间，其角色如图 1-1 所示。

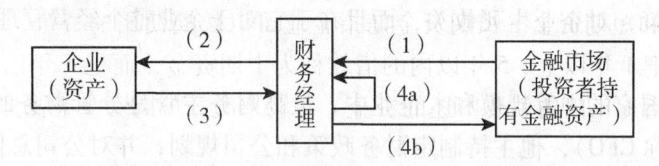

图 1-1 财务经理的角色示意图

资金在资本市场和企业之间流动，其中箭头（1）表示向投资者发售金融资产筹集资金；（2）表示资金投入企业经营，用于投资；（3）表示通过企业经营产生资金；（4a）表示再投资；（4b）表示债务的利息、本金和红利。

企业的财务管理是通过财务经理来完成的。为了实现其职能，财务经理应掌握公司财务学的理论与方法，特别应具有以下背景。

（一）了解资本市场

由于财务经理处于企业和资本市场之间，他必须既了解企业经营，又了解资本市场。财务经理必须很好地了解资本市场如何运作。

公司的财务决策都与一定的资本市场理论相联系。例如，一家公司欲以发行债券的方式扩大经营，财务经理必须确定债券的种类、期限和价格，这需要债券定价理论。他还要分析股东是否会因发行的新债券而增加过多风险，这就需要了解负债如何影响公司股价的理论等。

（二）掌握现值和风险理论

财务经理总是会遇到现值和不确定性问题。例如，企业经常会遇到短期不能收回投资的项目，但这些项目能带来长期收益（或者扩大企业的生产能力，或者增强公司的竞争地位），财务经理必须正确运用现值原则和风险理论，做出正确的选择。

（三）深刻理解企业财务管理的目标

目标是指引一个人前进的指针。在现实生活中，企业财务管理复杂多变，并受到各种利益相关集团的影响，财务经理必须坚持正确的路线，这需要明确公司财务管理的目标，只有这样才能不受局势左右而摇摆不定。

(四) 了解信息的价值

信息不同于一般商品，在现代企业经营中具有举足轻重的地位。一条有用的信息可能值千百万元。公司每年都花费巨大的人力、财力、物力用于收集、加工处理各种信息，财务经理必须充分认识信息的价值并做好这项工作。

三、财务管理的重要性

虽然不同国家、不同历史时期、不同公司财务经理的地位和作用可能不同，但是，财务管理无疑是企业经营管理中的一项重要职能，在企业管理中具有举足轻重的地位。这不仅在于它要做出许多重大决策，对企业生死攸关，而且在于它对于企业整个经营管理和发展都起着重大影响作用。

在大多数西方国家的中等规模和大企业中，最高财务主管是分管财务的副总裁（Chief Financial Officer，简称CFO），他主持制定财务政策和公司规划，并对公司总体管理有重要影响，因而最有希望升任总裁。会计长（Controller）和财务长（Treasurer）直接对其负责。其中，会计长（总会计师）负责企业内部会计和审计；财务长（财务总监）负责管理现金和有价证券，筹资和管理信贷部。有时，风险管理、保险、办公室管理、兼并与收购活动、法律事务以及制定规章制度等也是财务部门的职责。图1-2显示了一个典型企业中财务管理的构成及位置。表1-1列出了财务长和会计长的主要职责。

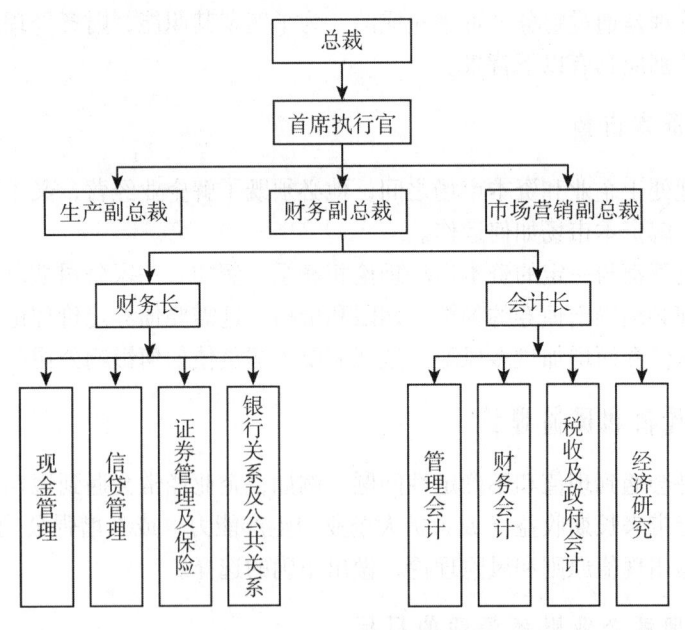

图1-2　企业中财务部门组织结构示意图

由于大多数资本投资项目都与产品开发、生产和市场营销紧密相关，因此这些部门的负责人都要参与相关投资项目的分析和规划。一般地，CFO及其下属的财务长、会计长负责组织和控制资本预算过程。在这一系列过程中，高级财务人员起着广泛的、非正式的影响作用。

表 1-1　　　　　　　　　　　财务长和会计长的主要职责

财务长	会计长
• 与银行的关系	• 会计
• 现金管理	• 准备财务报告
• 融资	• 内部审计
• 信贷管理	• 工资
• 股利支付	• 凭证、账簿管理
• 保险	• 预算
• 养老金管理	• 税务事项

由于重大财务决策的极端重要性，最终的决策通常由股东大会或董事会做出。例如，只有董事会才有权决定和宣布股利分配方案，批准重大投资计划以及决定公开发行债券或股票等。对于一些中小投资项目，董事会通常将决策权下授，但重大投资项目却几乎从不下授。因此，从表面看，财务经理的许多权力是非正式的，例如财务经理通常既不制定资本投资策略，也不做出有关重大资本支出的决定，但他要为最终决策进行准备，是始作俑者，因而对此有重大影响。因为各项建议是通过财务部门汇集、分析和报告给董事会的；在董事会审议过程中，高级财务人员（通常也是董事会成员）可以再次提出建议，并对审议过程发挥相当大的推动作用。

此外，财务部门在履行其职能时，还起着从其他部门收集信息并转达给更高管理部门的渠道作用。

总之，财务管理在企业管理中居于重要地位，也历来备受最高管理者的关注。

四、财务经理是一项挑战性强和最具发展前途的职业

随着管理的现代化、科学化，财务管理和财务决策已成为公司的重要工作内容和研究方向。这主要表现在：公司已从传统的例程管理转向决策管理，并把重点放在了诸如风险、机会成本的分析上；在国际经济交往日益频繁、跨国经营业务日益增多的情况下，公司已十分重视国际范围内的财务决策；公司已把越来越多的精力放在与财务决策有关的诸如通货膨胀、税收、利率的期限结构、资本结构和外汇风险等问题的研究上；随着财务管理理论和实践的不断发展以及新技术、新方法的不断涌现，财务管理工作日益复杂，需要大量运用新理论、新技术、新方法。

这表现在以下几方面：

（1）熟悉国民经济的有关目标和政策，熟悉宏观经济环境和法律、金融市场等外部环境。

（2）掌握现代企业财务学的理论、知识和方法。例如，他们不仅要懂得筹资方案的选择、筹资成本的估算和最佳筹资时间的确定，而且要懂得风险、资本结构和税收对筹资决策的影响；不仅要懂得最佳投资时间的选择、投资机会成本的核定和投资收益的预测，而且要懂得衡量投资决策好坏的标准、投资风险的估计以及影响投资决策的因素等；不仅要懂得筹资决策与投资决策的关系，而且要懂得股息分配和再投资决策对筹资和投资的影响等。

（3）了解企业专业技术知识和企业管理知识，具有广泛的知识和技能，如掌握经济学、财务学专业知识，熟练运用"e时代"各种计算与通信工具的能力以及接受新知识的能力，并具有优秀的决策能力和丰富的经验等。

总之，财务经理应是精明的决策者，是诊断企业财务状况症结的能手，是涉及切实可行的财务管理方法的专家。在实践中，财务管理和财务决策是一项系统工程，需要组织和驾驭这一过程的财务经理具有足够的组织、协调能力和高度的责任心与自信心。因此，财务经理是一项极具挑战性的工作，而且正由于此，它也极具发展前途。

本书就是为培养财务经理而设计的。

习 题

1. 读过本章以后，你如何理解公司财务学？
2. 公司财务学最重要的研究成果有哪些？
3. 中国加入 WTO 以后对财务金融业有何影响？
4. 财务总监和财务经理的职能有何异同？为什么说财务经理是最具挑战性的工作之一？
5. 你认为财务总监和财务经理应具备怎样的素质与知识？
6. 斯坦利·麦莱斯曼（Stanley Meresman）是硅图有限公司的财务总监，该公司生产的 3D 设计软件每年为公司带来 30 亿美元的销售收入，它们的产品还用于波音 777 的设计以及制作电影《侏罗纪公园》动画中逼真的恐龙。

斯坦利在一次访谈中说：

"事实上，在我还是一名高中三年级学生时，我的目标就是要在一家《财富》500 强、年销售收入数十亿美元、利润丰厚的大型企业中担任财务总监"。

"我甚至从高中起就开始为实现这一目标做充分的准备了。大学选择学习工程专业也是为了在硕士阶段转学工商管理打下坚实的基础"。

"我相信随着技术的发展，高科技产业将成为一个重要的领域，而我就是要在这个行业中从事工作。要想进入高科产业，工程学位很重要。所以我先读了工程然后转学工商管理。我认为工程知识和工商管理知识的结合十分适应高科技产业需要的知识结构"。

"对于那些希望成为企业经理及主管人员的读者，我认为他们首先要获得尽可能多的教育，拥有工商管理硕士（MBA）的学位会有很大帮助。第二，要使自己保持不断学习的劲头。同时，还要深入了解企业的经营内容……"。

通过阅读上面的材料，你认为在高科技发展的今天，对于那些希望从事财务管理工作的朋友，他们应该做哪些准备，具有哪些方面的素质？

7. 选取一家你所熟悉的深圳或上海证券交易所的上市公司，考察该公司的日常财务管理工作有哪些，重点是什么？其财务经理的知识背景及决策原则是什么？

第二章 企 业

财务管理的主体是自主经营、自负盈亏的企业，财务管理的目标要为实现企业的总目标服务。本章将介绍企业的组织形式及现代企业制度，讨论现代企业中存在的委托—代理关系问题，分析企业的目标，并将讨论企业理财所面临的环境。

第一节 企业概述

一、什么是企业

企业是指依法设立的以营利为目的的从事生产经营活动的独立核算的经济组织。

企业有如下特征：

(1) 企业是一种社会经济组织。企业是经济活动中的基本单位，是经济活动的细胞。作为一个组织，它有自己的机构和工作程序要求。

(2) 企业以营利为目的。企业作为社会经济组织，从事生产经营活动，其最基本的目标是实现出资人财富最大化。

(3) 实行独立核算。指企业要单独计算成本、费用，以收抵支，计算盈亏，对经济业务做出全面反映和进行控制。

(4) 依法设立。企业依法设立，即是一种合法的组织，能得到国家法律的认可和保护。

二、企业的三种所有制类型

企业可以有多种分类方法。按企业的所有制形式，可将企业分为三类，即个人所有制企业、合伙制企业和公司制企业。下面分别介绍这三种形式。

(一) 个人所有制企业

个人所有制（Proprietorship）企业是指一个人拥有并独立经营的企业，又称业主制。从企业发展历史看，它是最早、最简单的一种企业形式。它的主要优点是建立成本非常低、受政府控制很少，并且只交纳个人所得税，不交纳企业所得税，税负较轻。它也有明显的缺点，主要有：

(1) 企业规模一般较小，结构简单，很难取得大规模融资进行大规模的投资活动；

(2) 业主对企业债务负有无限责任，企业一旦破产，业主必须使用个人财产偿还企业不能偿还的全部债务；

（3）存续的时间有限（依附于业主的寿命）。

（二）合伙制企业

合伙制（Partnership）企业指由两个或两个以上的自然人按照书面协议共同出资经营、共同拥有的非法人组织。它同个人所有制企业一样都是自然人企业，多数规模较小，企业数量也较少。合伙制企业的优点与个人所有制相类似，创立和营业成本很低，政府限制较少，税收较低，同时由于合伙人共同偿还债务，降低了风险，提高了其融资能力。它有两个主要缺点：

（1）合伙人对企业债务负无限责任，合伙人之间承担连带责任。

（2）合伙制企业是依据合伙人之间的合约或协议建立的，每当一个合伙人退出或死亡，或一个新的合伙人被接纳，都必须重新建立合伙企业，这就限制了它的发展能力；而且由于重大决策都需要得到所有合伙人的同意，容易造成决策延误。此外，合伙制企业寿命也有限，转换所有权困难，难以得到大量投资。这是一种资合兼人合的经济组织。

（三）公司制企业

公司（Corporation）是依照《公司法》组建并登记的以营利为目的的企业法人。公司的产权分属于股东，股东有权分享公司的赢利，并以出资额为限对公司债务承担有限责任。股东一般不能退股，而只能转让其所持股份。因此，公司是一种资合组织，可以脱离其所有者而具有独立的生命。

公司最初的股东是公司的发起人。发起人以货币或其他资源（如房屋、土地、机器设备以及专利技术、技术诀窍等无形资产）投资入股。此外，公司可以通过募股取得资本。

公司的最高权力机构是股东大会。股东大会的例会一般每年举行一次。由于一年一度的股东大会无法适应及时做出经营决策的需要，通常选举出董事会，作为股东大会的常设机构，代表股东大会行使经营管理权，并聘请总经理。总经理是公司的行政首脑，是股东大会和董事会决议的执行者。

同合伙制企业相比，公司制企业的突出优点是股东一般只对企业债务承担有限责任，即只在其出资范围内对公司债务负责。一旦公司破产，债权人只能对公司的破产资产要求赔偿，而无权起诉股东或者要求股东以股本以外的财产来抵债。这样就使得公司成为筹集大量资本较佳的组织形式。公司的另一个优点是具有独立生命，除非破产或歇业，它的生命是"永远延续"的。公司一旦建立，其业务不会因股东死亡或股权转让而终止。同时，公司设立董事会和监事会，聘请总经理，可以实现专家管理，保证决策的及时性、连续性和科学性。因此，公司制这种组织形式一旦出现就迅速发展起来。现在，它已成为社会经济生活中最重要的组成部分。

公司这种组织形式的缺点主要有：

（1）公司的设立程序复杂，不像个体企业那样可以随时建立和歇业，也不像合伙制企业那样仅仅由合伙者的协议决定，公司在成立条件、设立程序等方面均有严格要求。因而，公司的组建不像以上两种企业组织形式那样方便灵活。

（2）由于所有权与经营权相分离，公司的经营者往往不是公司的所有者，二者的目标并不一致，因此产生了委托人（出资者）和代理人（经营者）之间复杂的委托—代理关系。

(3) 作为法人，公司必须缴纳企业所得税，而股东也要为股利缴纳个人所得税，因此有双重税负。

(4) 大多数国家对于公司制企业的注册资本额通常有最低限要求。

公司有两种基本形式：

(1) 有限责任公司。

(2) 股份有限公司。

二者的主要区别是前者股本不必分成等额股份；股东人数较少；不能公开募集股份；股东出资不能随意转让，不必公开财务状况。而股份公司的资本划分为等额股份；股东人数只有下限而无上限；可以通过公开发行股票筹集资本；股票可以自由转让，必须公开财务状况等。

除了有限责任公司和股份有限公司外，有的国家也承认无限公司和两合公司。无限公司的股东对外承担无限责任；两合公司则是部分股东承担有限责任，部分股东承担无限责任。由于这两种公司下股东的无限责任增加了其承担的风险，因此在承认这两类公司形式的国家里，其数量也非常有限。

公司制可以增加企业价值，这主要是因为：

(1) 公司的股东只承担有限债务责任，降低了投资风险。在固定条件下，风险低、价格就高。

(2) 企业的价值依赖于增长机会，依赖于吸收资本的能力，公司比非公司制企业吸收资本的能力强。

(3) 资产的价值还依赖于其流通性。公司的资产比个人、合伙制企业的资产具有更强的流通性。因为其资产划分为等额股份，通过发行股票来筹资，股票可以自由转让，流通性强。

公司制企业通过将众多分散的资本结合起来形成一个大资本，使企业规模能够不再受个人资产的限制而迅速扩大，从而适应现代技术发展对企业规模扩大的要求。公司制企业的投融资活动在整个经济生活中占有举足轻重的地位，在发达的市场经济国家，公司制企业是最主要的企业形式，一般公司制企业的数量占10%～30%，但其资产规模占企业总资产的比例一般在80%以上。我国的公司制企业发展较晚，但我国的公司制企业发展迅速，国家统计局公布的最新统计年鉴表明，截至2006年底，我国的工业企业中公司制企业数量占企业总数量的比例为54.12%，但其资产规模占到了总资产规模的52.82%。另据报道，截至2007年6月底，我国私营企业已超过550万家，占全国法人企业总数的80%以上，另有2 621万个体工商户。在美国20世纪80年代，按企业总数和销售收入统计个人所有制企业、合伙制企业和公司制企业这三类企业分别占80%、10%、10%和7%、13%、80%。所以说公司制企业是整个经济生活中最重要的组成部分。同时，公司制企业相对个人业主制企业和合伙制，其组织结构复杂，企业的经营管理活动也比较复杂。因此现代企业财务管理的研究主要是针对公司制企业而展开的，本书也主要是介绍公司财务管理，当然本书的绝大多数内容对个人业主制和合伙制企业的财务管理也有一定的指导意义。

三、我国的现代企业制度

建立现代企业制度是国有企业改革的一项重要措施，也是我国民营企业建制的主要方向。现代企业制度的特点是产权明晰、权责明确、政企分开、管理科学。主要内容是建立公司制企业。我国公司的组织形式有两种，即有限责任公司、股份有限公司。

（一）有限责任公司

有限责任公司是指由两个以上股东共同出资，每个股东以其认缴的出资额对公司承担有限责任，公司以其全部资产对其债务承担责任的企业法人。

1. 有限责任公司的特征。

（1）有限责任公司是资合公司。股东以其认缴的出资额对公司承担有限责任，公司以其全部资产对其债务承担责任。

（2）有限责任公司实行资本金制度，但公司股本不分成等额股份。

（3）股东人数为50人以下。

（4）不能公开募股，不能发行股票。

（5）股东的出资不能随意转让。如需转让，应征得其他股东的同意，并且在同等条件下其他股东有优先购买权。

（6）财务不必公开，但应当按公司章程规定的期限将财务会计报告送交各股东。

2. 设立有限责任公司应具备的条件。

（1）股东符合法定人数，有限责任公司的股东人数不得超过50人。

（2）股东出资达到法定资本最低限额。

（3）股东共同制定章程。

（4）有公司名称，建立符合有限责任公司要求的组织机构。

（5）有固定的生产经营场所和必要的生产经营条件。

3. 一人有限责任公司的特殊规定。一人有限责任公司是我国2005年新修订的《公司法》新增加的内容，与一般的有限责任公司相比，一人有限责任公司具有一定的特殊性。

（1）一人有限责任公司是指只有一个自然人股东或者一个法人股东的有限责任公司。

（2）一个自然人只能投资设立一个一人有限责任公司。该一人有限责任公司不能投资设立新的一人有限责任公司。

（3）一人有限责任公司不设股东会，股东直接行使股东会的权利。

（4）一人有限责任公司的股东不能证明公司财产独立于股东自己的财产的，应当对公司债务承担连带责任。

4. 国有独资公司的特殊规定。国有独资公司是我国的一种特殊的有限责任公司，是指国家单独出资、由国务院或者地方人民政府授权本级人民政府国有资产监督管理机构履行出资人职责的有限责任公司。相对其他有限责任公司，国有独资公司也有其特殊性。

（1）国有独资公司不设股东会，由国有资产监督管理机构行使股东会职权。国有资产监督管理机构可以授权公司董事会行使股东会的部分职权。

（2）国有独资公司的董事长、副董事长、董事、高级管理人员，未经国有资产监督管理机构同意，不得在其他有限责任公司、股份有限公司或者其他经济组织兼职。

（二）股份有限公司

股份有限公司是指全部资本由等额股份构成并通过发行股票筹集资本，股东以其所认购股份对公司承担责任，公司以其全部资产对公司债务承担责任的企业法人。

1. 股份有限公司的特征。
(1) 资本金划分为等额股份。
(2) 通过发行股票筹集资本。
(3) 股东人数无上限。
(4) 股票可以自由转让。
(5) 财务公开。
2. 设立股份有限公司应具备的条件。
(1) 发起人符合法定人数。
(2) 发起人认缴和社会公开募集的股本达到法定资本最低限额。
(3) 股份发行、筹办事项符合法律规定。
(4) 发起人制定公司章程，并经创立大会通过。
(5) 有公司名称，建立符合股份有限公司要求的组织机构。
(6) 有固定的生产经营场所和必要的生产经营条件。

四、企业的组织形式

企业内部的组织形式主要有三种。

(一) 一元化结构

一元化结构是集中的、按职能划分下属部门的制度，简称 U 型结构（Unitary Structure）。这种体制高度集权于最高领导层面，内部按职能划分为若干部门，而这些部门相对独立性和权力较小。

(二) 事业部制

事业部制（Multidivisional structure）是根据市场经济内在的合理联系，按产品、业务或地区划分，把公司所属工厂组成各个事业部，实行集中指导下的分散经营的组织形式。

事业部的规模介于总公司和工厂之间，相当于分公司。每个事业部都是实现企业目标的基本经营单位，实行独立经营、独立核算、自负盈亏，统一管理其产品、业务或地区的产、供、销等全部活动。企业最高管理机构只保留人事、财务控制、价格幅度、监督等权力，并用利润等指标对事业部进行考核。事业部长直属于企业执行总经理或委员会，受企业本部长期计划预算的监督，负有完成利润计划的责任；事业部长统一领导所辖的事业部，可以得到企业本部各职能部门和参谋部门的协助并进行必要的联系和协调。实行事业部制，有利于培养全才型的管理者，有利于调动各级人员的积极性，并使企业总经理摆脱各种具体业务的束缚，着重对企业的重大事项进行决策。

(三) 控股公司制

控股公司（Holding company）亦称持股公司或股权公司，指拥有其他公司的股票或证券，有能力控制其他公司决策的公司组织形式。控股公司有两种形式，一种是纯粹控股公司，另一种是混合控股公司。纯粹控股公司只从事股票控制而不经营其他业务；混合控股公司既从事股票控制又经营其他的实际业务。

控股公司主要是通过购买其他公司的股票,向其他公司投资入股,或建立新公司等办法来掌握其相当比例的权益资本,实现其控制意图。和企业兼并等办法相比,控股公司的参与制花费较少,能快速实现资本集中,能享有子公司的优势而无须承担子公司的债务,因而在西方有很大发展。

控股公司一般要掌握一个主要股份公司的股票控制权,并以其为"母公司"去掌握和控制众多的"子公司"、"孙公司",从而形成一个以"母公司"为核心的金字塔式控制体系。由于股权的日益分散化,控股公司一般只需掌握30%～40%的股权,甚至20%左右或更少,就能控制其他公司。

第二节 企业的目标

企业的目标是什么?这一简单的问题自从现代企业一产生就引起了人们的广泛思考。企业首先要满足投资者取得一定经济收益的要求,这也是企业财务管理的基本出发点,从这个角度来讲,企业的财务目标主要有以下几种提法。

一、利润最大化

这是一种传统、典型的观念,它认为企业是营利性经济组织,必须追求利润最大化。

将利润最大化作为企业的目标有其合理性。这是因为:

(1) 利润是企业为出资人创造的价值,是企业的新财富,它是企业生存和发展的必要条件,是企业和社会经济发展的重要动力。

(2) 利润是一项综合性指标,它反映了企业综合运用各项资源的能力和经营管理状况,是评价企业绩效的重要指标,也是社会优胜劣汰的自然法则的基本尺度和起作用的杠杆。

(3) 企业追求利润最大化是市场经济体制发挥作用的基础。企业作为社会经济生活的基本单位,自主经营,自负盈亏,可以在价值规律和市场机制的调节下,达到优化资源配置和提高社会经济效益的目标。

但这种观点主要存在的问题有:

(1) 没有充分考虑利润取得的时间因素。

(2) 以利润总额形式作为企业目标,忽视了投入与产出的关系。

(3) 忽略了风险因素。

同时,片面强调追求利润最大化,可能带来很多问题。主要有:

(1) 短期行为。片面追求利润最大化,容易使企业目光短浅,往往为了获取眼前利益而忽略或舍弃长远利益,导致企业行为短期化。

(2) 社会经济运行的无序化。由于现实社会经济生活中存在着市场体系不健全、法律约束不力等问题,追求最大利润的动力往往导致个别企业铤而走险,采用恶性竞争、欺诈等手段攫取高额利润,破坏正常的社会经济秩序。

(3) 企业忽视社会责任,导致出现一系列社会问题,如环境污染、劳动保护差等。

二、满意利润水平

这种看法认为，企业必须以利润最大化作为自己的目标，但在现实生活中存在着很多不确定因素，人们无法确定一个最佳的利润水平，或者需要花费很大代价。因此，企业的目标应修正为达到一个满意的利润水平。这种提法实际上是利润最大化的折衷考虑。

三、每股赢利最大化

对于股份公司而言，每股赢利（EPS）最大化可以反映利润与资本投入的对应关系，这是它与利润最大化目标相比较而言的优点，在一定模式下与企业价值最大化是一致的。但一般说来，它仍与利润最大化观点一脉相承，同样存在着一些缺点。

四、股东财富最大化

股东财富最大化，股东权益的市场价值最大化，或本公司股票市价最大化等。这是目前国内外人们普遍采纳的一种观点。这种看法认为，投资者（股东）之所以出资创办企业，就是为了达到其财富保值增值的目标，因此，企业应该使股东的财富市场价值（即普通股市场价格或市场价值）最大化。对于上市公司而言，股东财富的衡量标准就是股票市场价格。同样，由于股价反映了股东及市场对企业价值的评价，因而它也可以代表企业价值的大小。

这一目标的优点在于它能够较好地反映企业经营业绩、企业当前与未来的获利能力、预期的收益水平和风险水平、利润取得的时间等因素及其变化。因而它成为人们公认的企业财务管理的目标。我国提出国有资产保值、增值，实质上与上述提法是一致的。本书也采用这一目标。当然，"股价最大化"与"股东财富最大化"有些细微差别。

五、其他一些目标

企业除了作为经济组织满足投资者的经济要求外，作为社会组织，它还要满足其他相关利益群体的要求，因此企业除了满足上述目标外，还有一些其他目标。现实中企业的目标是一种复杂的综合目标体系。所谓单一目标，通常是人们为了理论分析上的便利而假定的。下面我们简要介绍其他一些关于企业目标的提法供大家参考。

（一）竞争目标

在西方，一些经济与管理学者认为，企业要想在激烈的竞争中求得生存和发展，必须赢得顾客，保持一定的市场占有率，或者在竞争中保持优势地位。企业为了获得顾客和保持竞争优势，短期内甚至可能不以营利为目的。而从长期来看，企业是自利与他利的结合，必须在不断满足消费者需求的条件下，才能获得生存与发展。因此，企业应将自利与他利结合起来，看重长期利益，而不能单纯追求最大利润。

（二）社会责任

这种理论认为，企业总是存在于一定的社会关系之中，它必然会与其他相关利益者（如员工、政府、社区、消费者、供应者、竞争对手等）发生各种相互作用。在市场经济条件下，企业是按照两种契约原则——利益原则和社会原则——由不同利益主体组成的契约组合。企业既要追求经济利益，又受社会责任的约束。为了实现企业的赢利目标，往往必须考虑其应承担的社会责任和社会目标。这一观念于20世纪60年代末期兴起，并为越来越多的人所接受。

（三）社会利益或政治利益最大化

在现实生活中，企业的目标是多种多样的。例如，我国过去长期实行高度统一的计划经济模式，在计划经济体制中，企业作为政府的附属物，不以赢利为目标，而是追求社会利益或政治利益最大化。

（四）经理人员利益最大化

在一些企业中，特别是在所有权与经营权相分离的情况下，企业的经理人员忽视股东利益，不以股东财富最大化为目标，而是追求经理人员个人利益的最大化。例如，丰厚的报酬、舒适的生活、个人职务的升迁等。虽然没有人公开主张这种目标，但实际上却屡见不鲜。具体论述可参考下一节对委托—代理问题的讨论。

综上所述，虽然在现实生活中企业的目标是多种多样的，但我们认为，从公司财务学的立场出发，企业的目标应是股东财富最大化（在一定条件下也可称为企业价值最大化），这也是本书自始至终坚持的观点和论述的基础。

第三节　委托—代理问题和公司治理

公司制企业通过企业法人制度实现了出资人所有权和公司财产权的分离，为企业实现大规模的融资及专业化的管理提供了可能。但是，公司制企业下的所有权和经营权的分离，不可避免地会带来高管人员与股东间的利益矛盾，而公司治理就是要调解各利益相关者的关系，缓解代理冲突。

1976年，詹森和麦克林（M. C. Jensen & W. H. Meckling）在《财经杂志》（Journal of Financial Economics）第10期上发表了一篇名为"厂商理论：管理行为、代理成本和所有权结构"的重要论文。在该文中，他们提出了"代理关系"的重要概念并阐述了公司中的委托—代理关系问题。他们认为，委托—代理关系是一种契约，在此契约下，一个或多个人（称为委托人）雇佣另外的人（称为代理人）去执行某些工作或者把一些决策权授予代理人。在公司中主要有两种委托—代理关系：第一，股东与经营管理者之间的委托—代理关系；第二，如果公司有负债的话，股东和债权人之间的委托—代理关系。下面，首先分别论述这两种关系，并探讨其协调办法及公司治理。

一、股东和经营者之间的冲突

如果公司的经营管理者不是拥有公司全部股权,就有可能出现代理问题。在所有权和经营权分离之后,股东的目标是使自己的财富最大化,千方百计要求经营者以最大努力去实现这个目标。但经营管理者并不自觉地这么做,他们通常的目标是:

(1) 报酬。包括物质和非物质的,如工资、奖金、荣誉和社会地位等。
(2) 增加闲暇时间和豪华职务享受。
(3) 避免风险。

经营管理者努力工作可能得不到与之相应的报酬,他们没有必要为提高公司股价而去冒险。因为股价上涨的好处将归于股东,而一旦失败,经营管理者的"身价"将下跌,因此可能招致损失(如报酬减少或者被解雇)。因此,经营管理者多是力图避免风险,常常放弃获利机会好但风险高的投资机会。而股东则不同,他们总是希望经营管理者全心全意为股东服务,站在股东的立场上进行决策。所有者和经营者的目标通常并不一致。

如果一个企业是由业主自己经营管理,那么这位既是所有者又是经营者的老兄就会千方百计努力经营,以增加自己的财富。但如果他与别人合伙或者并非全部股份,那么马上就会产生潜在的利益冲突。例如,他可能就不愿再全力以赴地工作,以增加股东的财富,因为这些财富中只有一部分是属于他的;或者他会给自己很高的工资和丰裕的待遇,因为这些成本有一部分会落到其他股东身上。因此,委托人(外部股东)和代理人(经营管理者)双方潜在的利益冲突构成了一种典型的代理问题。

公司的这种委托—代理关系,已经存在了500多年,历史表明,这是一种行之有效的体制。总经理会接受股东财富最大化这一企业目标,是由于以下两个正面因素:

1. 被解雇的威胁。如果总经理偏离公司目标太远,就极可能导致被解雇。但如果公司的股东都很分散,而经营管理者也掌握着大部分股份,则被解雇的危险就大大降低了。随着股权逐渐集中到一些大的股东(如基金)手中,它们就有资格委派人员进入董事会,从而对公司经营产生显著的影响。在这种情况下,经营管理者如果执迷不悟,就会被解雇。总经理或CEO被一个大公司解雇,其职业生涯差不多就结束了。

2. 被接管的威胁。当一个公司因管理不善而使其股票价格低于预期的合理价值时,它很有可能被强行收购(称为敌意收购)。一旦公司被接管,经营管理者通常会被解雇;即使侥幸留任,也会丧失很大的权力。

但是也存在一个负面因素,使总经理不以股东财富最大化为目标,那就是管理层收购,或杠杆收购(Leveraged Buyout),指经营管理者收购公司股份的行为。典型的杠杆收购通常采取以下三步:

(1) 筹措信贷资金;
(2) 向股东发出购买要求,收购外部股东手中的股份;
(3) 将公司据为己有。

此类收购在证券市场上并不罕见。一旦经营管理者心里有了收购的念头,几乎肯定会发生潜在的利益冲突。如果经营管理者(通常是个集团)决定采取杠杆收购,那么在收购之前,股价越低对他们越有利。由于经营管理者掌握本企业的第一手信息,外人可能不掌握,他们最知晓本企业的价值。尽管别的集团可能也会参与竞价收购，但经营管理者总能以低于公司股票实际价值的价格收购股票。这损害了股东的利益，构成了股东与经营者之间的另一种利益冲突。

为了保证经营管理者能为股东的利益而努力工作，公司必须花费代价。这些代价被称为代理成本。它主要包括：第一，监督成本，即监督经营管理者行为的花费，包括组织的和非组织的；第二，约束成本，即调整公司组织结构，以限制约束经营管理者的行为偏离组织目标的花费；第三，其他成本，因为总经理不是"全体股东"，有可能因不及时采取管理行动而失去股票升值机会造成的损失，即机会成本。

因此，解决好公司股东与总经理之间的委托—代理问题，必须建立好三个机制，即：

1. 监督机制。股东或董事会必须能有效地监督总经理的行为。
2. 约束机制。股东或董事会要建立好适宜的公司规章制度以明确总经理决策权限。
3. 激励机制。现在，公司越来越多地将经营管理者的报酬与公司的业绩联系起来。同时，理论研究也表明，这样会激励经营者采取符合公司最大利益的行为。通常有两种方式：

（1）经理股票择购权（Executive Stock options）。指允许经营者在将来某一时间以某一价格购买公司的股票。如果到时候股票市价高于择购权的执行价格，那么经营者就会获利。公司采用这种办法是相信它会促使经营者采取措施提高股价。这种办法在20世纪50~60年代在美国就已十分盛行。但是如果股票市场整体不景气，股价不必然反映公司的业绩，而且股价也不是经营者所能直接控制的，因此择购权往往不能奏效（因为如果到约定时间股价低于执行价格，择购权将一文不值）。实践表明，单纯以经理股票择购权进行激励的效果并不理想。

（2）绩效股份（Performance Shares）。它是基于公司绩效（以每股股票市价、每股赢利、资产回报率、权益回报率等指标来衡量）而给予经理人员的股份。通常是预先规定一定的业绩标准，如果经营者完成预定计划，则可获得规定的股份；如果业绩优异，可能得到更多股份；如果业绩不佳，未达预定标准，则可能少得或者干脆空手而归。这样，经营者为了得到这些红股，必须使公司业绩保持增长势头。

即使在股市低迷时绩效股份对经营者也有价值，这比股票期权要好。因为在股票市价低于执行价格的情况下，选择权得不到兑现，将一文不值；而实行绩效股份，经营者起码可得到规定的股份。当然，其价值也取决于当时股票的市价。现在，绩效股份已成为最重要的一种激励方法。

但是对于上市公司无论是股票期权还是业绩股票，执行都有法律法规限制。我国国有企业的治理结构中，当然也明显存在着所有者和经营者之间的委托—代理关系。其特殊之处在于"所有者缺位"，而且，从"所有者"到总经理代理环节很多。如何正确处理这种委托—代理关系，对提高国有企业经济效益、保证国有企业的健康发展至关重要。委托—代理理论至少为我们提供了一种分析方法和可资借鉴的途径。

二、股东与债权人之间的冲突

第二种代理关系是股东（通过经营管理者）与债权人之间的潜在冲突。债权人将资金贷给企业，其目标是到期收回本金并取得规定的利息收入；而公司借款的目的是用它扩大经营，获取更大收益。二者的目标并不一致。债权人事先知道借出资金是有风险的，并把它们相应纳入利率之中。通常要考虑以下4个方面因素：

(1) 公司现有资产的风险。
(2) 公司预期增量资产的风险。
(3) 公司现存资本结构。
(4) 预期未来资本结构的变化。

这些因素决定了公司现金流量的风险和债务的安全性，所以相应决定了借款人应获得的报酬即借款利率。

但是，借款合同一旦成为事实，资金到了公司手中，债权人就可能失去了控制权。股东可能为了自己的利益通过经营者而伤害债权人的利益。常用的方式有：

(1) 股东不经债权人同意，擅自决定投资于比债权人预期风险要高的新项目。因为风险加大，旧债贬值。如果高风险的计划侥幸成功，超额的利润全部归股东享有，债权人只能得到固定的利息；如果计划失败，公司无力偿债，债权人将与股东共同承担由此造成的损失。尽管破产法规定，债权人先于股东分配破产财产，但多数情况下，破产财产不足以偿债，债权人会招致损失。

(2) 股东为了提高公司的利润，不征得债权人同意而发行新债，致使旧债价值下跌，使债权人遭受损失。这是因为发行新债后，公司负债比例加大，公司破产的可能性加大，如果企业破产，旧债权人将和新债权人共同分配破产财产，使旧债风险加大，价值下降。

为了防止其利益受到损害，债权人除了寻求立法保护（如破产时优先接管，优先于股东分配剩余财产等）外，通常采取以下措施：

(1) 在借款合同中加入限制性条款，如规定资金的用途，规定不得发行新债或者限制发行新债的规模、条件等。

(2) 如发现公司有剥夺其财产的意图，拒绝进一步合作（拒绝提供新的借款或提前收回借款），或者要求高出正常利率很多的高额利率，作为这种风险的补偿。

因此，如果公司试图损害债权人的利益，它要么失去与信贷市场的联系，要么承受高额利率负担。无论哪种情形，对公司都是不利的。为了实现公司目标，公司必须与债权人和睦相处，恪守借款合同。

与此相类似，公司（经营者）也要与雇员、顾客、供应者和社区搞好关系，任何不良的企图，都将招致相关利益者的反对和约束，从而对公司整体不利。

三、公司治理

公司制企业代理问题的存在推动了公司治理的发展。公司治理（Corporate Governance）最早是在20世纪60年代在美国提出来的，我国也常称其为公司治理结构。公司治理是一个多层次的概念，目前各国学者对公司治理的解释不下10余种，比较具有代表性的解释是将公司治理分为广义的公司治理和狭义的公司治理。广义的公司治理是指通过一套正式或非正式的、内部的或外部的制度或机制来协调公司与所有利益相关者之间的利益关系，以保证公司决策的科学性，从而最终维护公司各方面的利益；狭义的公司治理是指所有者（主要是股东）对经营者的一种监督与制衡机制，即通过一种制度安排，来合理地配置所有者与经营者之间的权利与义务关系，通常包括以下三个方面的主要内容：①如何配置和行使控制权；②如何监督和评价董事会、经理人员和职工；③如何设计和实施激励机制。广义的公司治理与狭义的公司治理概念存在较大的区别：广义的公司治理既包括企业内部的治理结构又包括一系列正式或非正式的外部治理机制，涉及的内容不仅仅局限于股东对经营者的制衡，还包括广泛的利益相关者，如股东、债权人、供应商、雇员、政府、社区和个人。狭义的公司治理主要是股东大会、董事会、监事会和管理层的权利分配与制衡，强调股东的所有者地位，是公司治理的主体，狭义的公司治理核心是保证股东利益最大化，防止经营者对股东利益的背离。

在现代企业治理结构中，治理的本质是要解决因所有权和经营权分离而产生的代理问题，现代企业普遍存在的所有权与经营权的分离是公司治理的基础。制度经济学认为，现代公司制度的本质是一系列的契约，委托人和代理人是这些契约的行为主体：委托人授权代理人为委托人的利益而从事某些活动，代理人则通过完成委托人指定的（期望的）活动获取相应的报酬。

在公司制企业中，出资人（股东）是委托人，公司管理层是代理人。委托人与代理人各自有自己的利益追求，都设法寻求自身最大化效用，因此他们的目标函数不可能一致，利益冲突在所难免。正如迈克尔·詹森和威廉姆·麦克林所说："如果关系双方都是效用最大化者，我们有充分理由相信，代理人不会总为委托人的最佳利益行动。"正因为此，公司治理问题及相关研究应运而生。近年来，公司治理结构正在世界范围内备受关注。继美国学者在20世纪60年代首次提出"公司治理"的概念后，1992年英国制定了《Cadbury报告》，引发了全球化公司治理运动。世界经济合作与发展组织（OECD）于1998年成立了公司治理结构专门委员会，到目前为止这个委员会已经制定了一系列关于公司治理结构的准则和指南。与此同时，其他许多国际组织、政府机构、企业和不同的利益群体纷纷制定了相应的公司治理原则。除了《OECD公司治理原则》外，还有《英联邦公司治理原则》、国际公司治理网络（ICGN）的《ICGN全球公司治理原则声明》、欧洲政策研究中心（CEPS）的《欧洲公司治理建议》等，此外，OCED与世界银行还合作主办了定期性的多方参与的"全球公司治理论坛"。2002年1月7日，中国证监会及国家经贸委发布了《中国上市公司治理准则》，除此之外，我国证监会还先后发布了《股东大会规范意见》、《上市公司章程指引》、《独立董事指导意见》等。以上可以看出，公司治理问题深受各国政府、组织和企业等的广泛关注。

值得一提的是，在各国学者提出的多种公司治理方案中。从财务学的角度研究公司融资方式选择对公司治理结构的优化作用，以及机构投资者对公司治理的影响正成为公司治理问题研究的一个前沿和热点。

第四节 企业理财环境

企业理财环境是指对企业财务活动产生影响的外部条件。它涉及范围很广，其中最重要的是经济环境、法律环境和金融市场环境。

一、经济环境

经济环境是指对公司理财有重要影响的一系列经济因素。经济环境的好坏对公司的筹资、投资和股利分配等所有重要财务决策都会产生重要影响。它又可分为宏观经济环境和微观经济环境两部分。

（一）宏观经济环境

宏观经济环境主要包括政府的经济政策、经济发展状况（经济周期）、进出口状况、通货膨胀和技术发展水平等。企业经营的好坏，在很大程度上取决于宏观经济状况。在社会经济欣欣向荣时，大多数企业都兴旺发达；而当经济凋敝低迷时，大量企业会陷入比较困难的境地，甚至亏损破产。

（二）微观经济环境

微观经济环境主要包括企业所处的市场环境、采购环境、生产环境和人员环境等。在现代商品经济条件下，企业面对的是日益复杂的市场体系，企业的一切经营活动和经营决策都要受微观经济环境的影响和制约。

二、法律环境

法律环境是指约束企业经济活动的各种法律、法规和规章制度。企业的理财活动，无论是筹资、投资还是利润分配，都必须遵守有关的法律规范，否则就要受到法律的制裁。对公司理财活动有影响的法律规范很多，主要有以下四方面。

（一）企业组织法规

企业组织必须依法成立。组建不同的企业，要依照不同的法律规范。在我国，这些法规包括《公司法》、《全民所有制工业企业法》、《个人独资企业法》、《合伙企业法》、《外资企业法》、《中外合资经营企业法》、《中外合作经营企业法》等。

这些法规既是企业的组织法，又是企业的行为法。例如，《公司法》对公司的设立条件和程序都做了明确规定，包括股东人数、法人资本的最低限额、资本筹集方式等。只有按照这些规定的条件和程序成立的企业，才能称为公司。《公司法》还对公司生产经营的主要方面做出了规定，包括股票的发行和交易、债券的发行和转让、利润分配等。公司一旦成立，其主要的活动，包括财务管理活动，都要按照《公司法》的规定来进行。因此，《公司法》是公司财务管理重要的强制性规范。其他类型的企业也要按照相应的法律规范进行财务活动。

（二）税务法规

任何企业都有依法纳税的义务。税收是国家财政收入的重要保证，也对公司理财，特别是利润分配有着重要影响。从企业来看，税负是企业的一种费用，是企业的现金流出，企业无不希望减少税务负担。但税负的减少只能靠财务决策时的精心安排和筹划，而不允许在纳税义务已经发生时去偷税漏税。因此，精通税法，对企业财务主管人员有着重要意义。关于税法，本书在第四章专门论述。

(三) 财务会计法规

我国的财务会计法规主要包括《会计法》、《企业会计准则》、《企业会计制度》、《企业财务通则》等。

《会计法》是我国会计工作的根本大法，是我国进行会计工作的基本依据，对会计核算、会计监督、会计机构和会计人员以及法律责任等都做了规定。《会计法》在我国会计法规体系中处于最高层次，居于核心地位，是制定其他会计法规的基本依据。其他会计法规都必须遵循和符合《会计法》的要求。我国《会计法》于1985年1月21日第六届全国人大常委会第九次会议通过，自1985年5月1日起施行。为适应我国社会主义市场经济发展和深化改革的需要，于1993年12月对《会计法》进行了修订。1999年10月，第九届全国人大常委会第十二次会议通过了《会计法》的重新修订。新修订的《会计法》与以前相比，重点强调了单位负责人对会计工作的责任，加大了打假力度，法律条文更加科学、规范。

会计准则是我国会计核算工作的基本规范，对会计核算原则和业务处理方法做出了规定。它以《会计法》为指导，同时又驾驭会计制度，是会计制度制定的依据。它对企业的会计核算行为发挥间接的规范作用。我国自1988年起开始起草企业会计准则，于1992年11月发布了《企业会计准则——基本准则》，对会计核算的基本前提、一般原则、会计要素和会计报告的基本要求做了规定，该基本准则于1993年7月1日起施行。此后财政部又先后发布了一系列的具体会计准则，对会计主体具体业务的确认、计量和报告进行更加具体的规定。2006年2月财政部对我国的会计准则进行了全面修订，修订后的新会计准则包括《企业会计准则——基本准则》和37项具体会计准则，新会计准则自2007年1月1日起执行。

会计制度是企业会计核算更为系统、详细的规范。在我国企业基本会计准则发布之初，鉴于当时的具体准则尚没有出台，财政部先后颁布了13个行业会计制度和股份有限公司会计制度。2000年12月29日发布了《企业会计制度》，这是一部统一的企业会计制度，它适用于除金融保险企业、小规模企业和不对外融资的企业外的所有企业，2001年1月1日股份有限公司首先开始执行该制度。

企业财务通则是各类企业进行财务活动、实施财务管理的基本规范。我国《企业财务通则》于1993年7月1日起施行。它对以下问题做出了规定：①建立资本金制度；②固定资产的折旧；③成本的开支范围；④利润分配。主要内容包括总则、资金筹集、流动资产、固定资产、无形资产、递延资产和其他资产、对外投资、成本和费用、营业收入、利润及其分配、外币业务、企业清算、财务报告与财务评价、附则等。

《企业财务通则》、《企业会计准则》以及《企业会计制度》的发布实施，标志着我国的财务会计制度已经基本实现由计划经济模式向社会主义市场经济模式的转变，初步建立了适应社会主义市场经济要求、与国际会计惯例接轨的会计制度体系。目前这些法规和《会计法》共同构成了规范我国企业会计行为的法律规范。

(四) 证券法律制度

证券法律制度是确认和调整在证券管理、发行与交易过程中各主体的地位及权利与义务关系的法律规范。1998年12月29日，全国人大常委会第六次会议表决通过《中华人民共和国证券法》，该法自1999年7月1日起施行。由于当时我国的资本市场仍处于发展的初期，上市公司及证券市场还存在着一系列的问题，因此当时的证券法有许多条款不能适应后来我国资本市场发展的要求。2005年10月全国人大常委会对《证券法》进行了全面修订，新的《证券法》共12章240条，内容包括总则、证券发行、证券交易、上市公司的收购、证券交易所、证券公司、证券登记结算机构、证券服务机构、证券业协会、证券监督管理机构、法律责任和附则。除了《证券法》以外，《公司法》对股票及公司债券的发行、转让及上市也做了相应的规定。近年来，为了规范上市公司及资本市场，国务院及证券监管部门还发布了一系列行政法规和规章、规定，再加上证券交易所的自律性规则，这些共同构成了我国当前的证券法律体系。

除了上述法规之外，与企业财务管理有关的其他经济法规还有许多，包括各种结算法规、合同法规等，财务管理人员应熟悉这些法规，遵从法律的规定，以实现企业的财务目标。

三、金融市场环境

金融市场是指资金融通的场所。企业总是需要资金来从事投资和经营活动，而投资和经营活动的资金来源，除了自有资金以外，主要从金融市场上取得。如果没有金融机构和金融市场，单纯依靠自身积累，就很可能会因为资金不足而延误或失去良好的投资机会，这对现代市场经济条件下的企业来说是不可想象的。因此，金融市场是企业最为重要的环境之一。

金融环境的变化对公司理财有着十分重要的影响，财务人员必须了解金融市场、熟悉金融机构和利率的形成及变化。在金融环境因素中，主要包括金融市场、金融机构以及利率。我们将在下一章介绍。

习 题

1. 不同的教科书和文献关于企业有不同的定义。试列举几种并分析其异同。说明企业的本质是什么？
2. 列表比较企业三种组织形式的优缺点，为什么说公司制企业在筹资方面优于个人所有制及合伙制企业？
3. 有限责任公司与股份有限公司各自的特征与设立条件是什么？
4. 企业几种内部组织形式的特点是什么？
5. 从财务学的角度比较各种企业目标，提出你的观点。
6. "利润最大化"作为企业财务管理的目标有何优缺点？
7. 如何衡量非上市公司财务管理的绩效？试列举一些可操作的标准。
8. 什么是代理问题，它是如何产生的？什么是代理成本，包括哪些内容？
9. 现在大公司普遍采用哪些措施激励管理者实现公司市场价值最大化？
10. 对第一章中你所选择的上市公司进行进一步考察，评价其所处的宏观经济环境以及金融市场环境。
11. 阅读以下法规，了解它们的主要内容：《公司法》、《会计法》、《企业会计准则》、《企业财务通则》、《证券法》。
12. 假如你是一家非营利机构（比如医院、学校）的财务主管，你觉得你们组织机构的财务目标该如何制定？
13. 根据你对企业财务目标的理解，评价以下几种说法：

"管理层不应该关注目前的公司股价,因为这样一来会导致过分的重视目前的赢利而牺牲公司的长远规划"。

eBay(电子海湾)和 Amazon(亚马逊网上书店)是两家全球著名的网络公司,1999 年网络股一飞冲天,两家公司的股票都疯狂上涨了数倍,位列美国股市 4 大蓝筹股。这两家公司的 CFO 分别谈了它们对自己工作目标的看法:

eBay 的 CFO Gary Bengier 说:"股价有涨有跌,但我们只是埋头苦干。全力实施我们的商业计划,必须要有长远的眼光"。

Amazon 的 CFO Joy Convey 说:"作为 CFO,我只是尽可能地确保公司管理团队制定了我认为可行的决策,关于公司股价以及华尔街对我们决策的反映,根本不在管理层甚至整个公司的考虑之内"。

14. 假定你是 A 公司的股东,目前公司股票每股价格为人民币 10 元,另一家公司刚刚宣布希望收购 A 公司,准备用每股 20 元人民币的价格购买所有 A 公司在外流通的股票。A 公司管理层马上开始采取措施阻止这场敌意收购,你认为 A 公司的管理层是否体现了股东利益最大化的原则?为什么?

15. 试用委托—代理理论分析我国上市公司的股权分置改革对上市公司行为的影响。

第三章 金融市场导论

金融市场是企业财务活动的重要外部环境,股票市场是公司经营的一个晴雨表,对于企业的财务决策有着重要影响。本章将简要介绍金融市场、金融机构以及资金的价格——利率的形成和期限结构。

第一节 金融市场简介

一、金融市场的概念及其细分

(一)什么是金融市场

金融市场是指资金融通的场所。在进行资金融通时,资金需求方一般要向资金供应方出具书面文件(即信用工具,也称金融工具),所以,在表面上金融市场也可以看成买卖金融工具的场所。但实质上,金融市场买卖的是现金,即此刻的货币,正像商品市场上买卖的是相应的商品一样。融资者是以未来的货币换取今天的货币,而投资者则是以今天的货币换取未来的货币。

1. 金融市场的特征。
(1) 交易对象是资金即现金。
(2) 金融市场是公开市场,买卖双方自由竞价,交易条件完全依据供需关系。
(3) 不包括超乎经济关系的私人关系,反对幕后交易。
(4) 大部分是抽象的、无形的,只有证券市场及少数地方的黄金市场才是有形的。
2. 金融市场的构成要素。
一般认为金融市场由以下4种要素构成,即投资者、融资者、金融工具和中介和中间机构组成。

投资者是现金的付出者,即金融工具的购买者。

融资者是现金的流入者,即金融工具的出售者。

金融工具具有多种形式,而且在不断发展中,诸如传统的债券、股票和期货、期权等衍生工具。

证券公司和投资银行是中介机构,商业银行和非银行金融机构是金融市场的中间机构,是连接融资和投资人的桥梁。

(二) 金融市场的分类

就狭义的金融市场而言，依据不同标准可分为如下几类：

(1) 按所买卖的金融工具的偿还期限来分，可分为短期金融市场和长期金融市场。短期金融市场也称为货币市场，是指所买卖的金融工具偿还期在1年以内的金融市场，包括1年内的借贷、银行承兑汇票、商业票据、可转让存单、国库券、同业拆借、期货交易和黄金买卖等。这些金融工具偿还期短，流动性好，风险较小。长期金融市场也称为资本市场，是指买卖的金融工具偿还期在一年以上的金融市场，包括股票、政府公债、公司债券、金融债券等。这些金融工具偿还期较长，流动性相对较差，风险较高。

(2) 按金融工具发行顺序划分，可分为初级市场和二级市场。初级市场也称发行市场或一级市场，指新发行金融工具的买卖市场；二级市场也称流通市场，指已发行的金融工具转手买卖的市场。

(3) 按有无固定交易场所划分，可分为无形市场和有形市场。无形市场指没有固定场所和规定时间，供需双方当面议定，或者通过电信手段协商，完成金融交易的、分散的市场。有形市场是指有固定场所和规定交易时间的金融市场，事实上，大部分金融市场都是无形市场。而证券市场（包括股票、债券和期货市场）一般都属于有形市场。

(4) 按交割的时间划分为现货市场和期货市场。现货市场是指买卖双方成交后，当场或几天之内买方付款、卖方交出证券的交易市场。期货市场是指买卖双方成交后，在双方约定的未来某一特定的时日才交割的交易市场。

(5) 按交易的直接对象分为同业拆借市场、国债市场、企业债券市场、股票市场、金融期货市场等。

(6) 按国家或地域划分的市场。

二、金融机构

(一) 什么是金融机构

凡是在融资活动中居于投资者和融资者中间或中介地位的商业组织就是金融机构，也称金融媒介。发行间接证券的，把该证券，即自己的证券出售给投资机构或个人，取得现金收入，购买需要融资企业的证券，从而实现资金的融通。而直接证券融资是指融资者直接向投资者融资而发行的证券。

(二) 金融机构的分类

按照传统的分类方法，金融机构可分为以下几类：

1. 中央银行。中央银行居于整个金融机构体系的核心，它制定金融政策，发行货币，对金融机构进行监管、控制。

2. 商业银行。商业银行是以经营存贷款业务为主、主要为企业提供各种金融服务的、以营利为目的的综合性金融机构。现代商业银行的一个特点是其经营范围广泛，几乎无所不包。它经营所有"零售"、"批发"业务，提供所有服务，是"百货公司式"的金融服务体。

3. 专业银行。专业银行指专门经营特定金融业务的一类商业银行，它不经营所有银行业务，只集中经营指定范围内的业务，提供专门服务。一般包括：

(1) 投资银行。主要从事对工商企业的投资、融资和长期信贷和服务。可满足企业对固定资本的需要。

(2) 储蓄银行。专门办理居民储蓄业务。

(3) 开发银行。专门为经济开发提供贷款。国际性的开发银行有世界银行；区域性的开发银行有亚洲开发银行等。各国一般也有自己的开发银行，名称各异。

(4) 其他专业银行，如工业银行、农业银行、进出口银行、土地银行等，是专门为某一产业或行业、部门服务的金融机构，多数属于长期放款，资金主要来源于发行债券或吸收定期存款。

4. 非银行金融机构。

(1) 保险公司。分为财产保险、人寿保险、灾害保险、涉外保险和再保险等。

(2) 财务公司。多数经营耐用物品租赁业务和分期付款，接受定期存款。大的财务公司还经营债券的承销与发行、财务咨询等。

(3) 信托业。信托指接受他人的信任和委托，代为经营财产和办理经济事务的一种经济行为。主要业务有信托财产管理、信托款项的营运、代理业务和投资基金等。

(4) 信用合作社。是一种储蓄性合作组织，采用社员入股方式筹资。

(5) 邮政储蓄。其目的是利用遍布各地的邮政网点吸收小额储蓄。

(6) 退休基金。以退休养老金为资金来源，投资于股票和债券。在国外占相当大份额。

另外，按金融机构是否可接受存款可分为存款性金融机构和非存款性金融机构。前者包括商业银行、投资银行、储蓄银行、财务公司、信用合作社以及邮政储蓄组织；后者包括保险机构、信托机构和开发银行等。

(三) 我国的金融机构体系

我国的金融制度改革正处于深化的过程中，就最近的现状，大致介绍如下：

1. 中国人民银行。其主要职责是制定和实施货币政策，发行货币，保持货币币值稳定；依法对金融机构进行监督管理；维持金融业的合法、稳健运行；维护支付和清算系统的正常运行；持有、管理、经营国家外汇储备和黄金储备；代理国库和其他与政府有关的金融业务；代表政府从事有关的国际金融活动。

2. 国有商业银行。国有商业银行包括中国工商银行、中国农业银行、中国银行和中国建设银行。

在建立之初，各专业银行分别在自己的专业领域内开展不同的业务，业务范围泾渭分明。在经济改革以后，各专业银行逐步扩大了业务范围，并增加了新的金融业务品种，各银行的业务开始相互交叉。自1994年起，我国进一步深化金融体制改革，各专业银行原经营的政策性业务与商业性业务分离，政策性业务由新成立的国家政策性银行办理，专业银行逐步向商业银行转轨。近来引进境外战略投资者进行股份制改造并相继上市，由国有独资企业变成国有控股公司。

3. 政策性银行。是指由政府设立，以贯彻国家产业政策、区域发展政策为目的，而不以营利为目的的金融机构。政策性银行不面向公众吸引存款，不以营利为目的；其资本主要由政府拨付，服务领域主要是对国民经济发展和社会稳定有重大意义，而商业银行出于营利目的不愿介入的领域。但是，政策性银行资金也必须有偿使用，并要求还本付息。

（1）中国进出口银行，注册资本 33.8 亿元，主要任务是执行国家产业政策和外贸政策，为扩大我国企业机电产品和成套设备等资本性货物出口提供政策性金融支持。

（2）国家开发银行，注册资本 500 亿元，主要任务是筹集和引导社会资金支持国家基础设施、基础产业和支柱产业大中型基本建设和技术改造等政策性项目及其配套工程的建设，从资源上对固定资产投资总量进行控制和调节，优化投资结构，提高投资效益。

（3）中国农业发展银行，注册资本 200 亿元，主要任务是执行国家农业政策，支持农业产业发展。

另外，1981 年成立的中国投资银行是政府指定向外筹集基本建设资金、办理投资信贷的银行。

4. 其他银行。经济改革以后（主要是 1987 年以后）新成立了一些银行，大多为股份制综合性银行。主要有交通银行（重组）、中信实业银行、招商银行、深圳发展银行、广东发展银行、福建兴业银行、中国光大银行、华夏银行、浦东发展银行、中国民生银行等。外国的一些银行也在我国设立了分支机构或代表处。

5. 非银行金融机构。非银行金融机构主要有保险公司、信托投资公司、证券公司、财务公司、金融租赁公司等，由于种类繁多，功能各异，这里不再介绍。

三、企业理财与金融市场

（一）金融市场对于企业理财活动的作用

金融市场对于企业理财活动具有重要影响，这表现在以下几方面：

（1）金融市场是企业融资和间接投资的场所，在现代市场经济条件下具有举足轻重的地位，对企业理财活动起着直接的制约和调节作用。它可以调剂资金供求，为企业资产提供流动性，企业可以通过金融市场实现长短期资金的相互转化。

（2）金融市场为企业理财提供有意义的信息，是企业进行生产经营和财务决策的重要依据。例如，金融市场上利率的变化反映了资金的供求状况；有价证券市场的行情反映了投资者对企业经营状况和赢利水平及前景的评价。

（3）金融市场为企业理财提供各种金融服务，为企业理财活动提供了极大便利。

（二）企业在金融市场上的融资方式

企业在金融市场上的融资方式可分为 3 种：

（1）私募融资方式。指债务人（企业）直接与债权人协商而获取资金的方式。这种方式对于融资者能节约融资费用，可以按照自己意愿定向筹集资金，但由于私募方式市场容量小，使得融资额受到限制。对于投资者来说，私募证券的流动性差，融资人受市场的监管力度小，所以投资者面临的投资风险较大，常常要求较高的投资收益予以补偿。

（2）公开发行证券融资方式，指融资企业在金融市场（证券交易所）公开发行股票或债券进行融资。在融资过程中，企业通常由金融中介机构代理在市场上发行证券。使用这种融资方式，市场对于融资者（企业）监管力度大，要求融资者充分披露有关信息，证券的流动性好，因此对投资者投入资金的保障程度高。对于融资者，这种方式市场容量大，融资成本即资金成本低，但企业面临较高的融资费用，并且融资的灵活性差，在披露信息的同时很可能泄露一部分商业秘密。

（3）间接融资方式，指企业通过金融媒介而获取资金的一种融资方式。其具体过程是金融媒介先将自己的金融资产（称为间接证券）出售给投资者，再用资金购买企业的金融资产，由此企业间接获得投资者的资金，如图3-1所示。

图3-1　企业间接融资方式

中介机构代理发行证券与间接融资从形式上看很相似，但本质上有显著区别，区分二者的关键在于金融媒介或中介机构是否发行自己的证券（即间接证券）。在代理方式下，中介机构只是代理发行企业的证券，自己不发行证券，而在间接融资方式下，金融媒介发行自己的证券，然后再去购买企业的证券。

第二节　我国金融市场的发展状况

一、我国金融市场发展简史

中国是一个历史悠久的文明古国，很早就出现了货币和从事金融活动的机构。我国古代金融市场的雏形是明中叶之后出现于江浙一带和山西省的钱业市场。1840年鸦片战争之后，中国沦为半殖民地半封建的社会。随着外国资本主义的侵入，外国金融势力也迅速进入我国，开始在我国设立银行。19世纪下半叶，中国官办和民办的银行逐渐兴旺起来，1897年5月27日，中国通商银行在上海成立。1904年又设立了户部银行，后相继改为大清银行和中国银行。同时，各地一批民族资本银行陆续设立。1905年，中国的第一家证券交易所由外商在上海成立，中国自己最早建立的证券交易所是1916年设立的汉口证券交易所，随后，又在北京、上海、天津等地陆续成立了一些证券交易所。但从19世纪中叶到20世纪中叶，中国的战乱不断，金融市场很难得到正常的发展。

1949年2月，中国人民银行由石家庄迁入北京，自此北京成为全国的金融管理中心。新中国成立后，首家股票市场在天津建立并运营约两年。1953~1957年，新中国进入第一个五年计划时期。银行利用信贷、利率等金融手段，支持内外贸易、工业化建设和对资本主义工商业的社会主义改造，促进了经济效益的提高。从1958~1976年，中国金融业经历了一个曲折的发展过程。我国的投资和融资活动均由国家垄断，缺乏高效的市场机制，拉大了我国金融业与发达国家之间的距离。20世纪70年代末，我国开始重视银行和金融的作用。1978年12月中共十一届三中全会后，中国的金融业踏上了新的发展历程。

对中国来说，20 世纪 80 年代是一个伟大的变革的年代，金融改革是其重要的组成部分。80 年代初，银行开始向工业投放中短期设备贷款。1981 年 1 月，财政部发行了国库券。次年，中国国际信托投资公司在日本东京发行了日元债券。1981 年 2 月，上海的银行开始办理商业票据的承兑贴现业务。自 1982 年开始，我国金融机构开始在国际金融市场上从事融资活动，也在国外进行投资，从而介入了国际金融市场。1983 年前后，我国形成了新的银行体系，相继设立了作为独立法人的中国农业银行、建设银行、中国银行，重建中国人民保险公司，将人民银行的工商信贷移交给新成立的中国工商银行，人民银行成为纯粹的中央银行。从 1984 年起，全国先后出现了 50 多个区域性资金市场，基本上形成了纵横交错的金融网络，并逐渐开始了银行同业间的资金拆借。1994 年，我国进一步深化金融体制改革，逐渐形成了目前的金融机构体系（见本章第一节）。

我国实行严格的外汇管理，外汇调剂市场开放较晚。1988 年上半年，经国家外汇管理局批准，在全国各大中城市设立了 10 多个外汇调剂中心。到 1993 年，全国各主要中心城市都建立了外汇调剂中心，外汇调剂市场成交迅速增长。1994 年 4 月 4 日，中国外汇交易中心正式联网运作，标志着中国外汇市场进入了一个以单一汇率和市场配置制度为特征的新发展时期。1994 年以来，中国外汇交易中心先后开设了人民币对美元、港元和日元等的即期交易。

20 世纪 80 年代中期，上海、深圳以及东北部分地区已经开始发行股票。1986 年 8 月 5 日，沈阳市信托投资公司开办了股票、债券的交易业务。中国工商银行上海信托投资公司静安分公司业务部在 1986 年 9 月 26 日正式开展股票转让业务，挂牌交易上海的飞乐音响和延中实业两家上市公司。1990 年 12 月 29 日，上海证券交易所正式成立。1991 年 7 月 3 日，深圳证券交易所正式营业。

20 世纪 90 年代是我国金融市场迅速发展的时期。党的十四届三中全会要求金融体制应与我国的经济体制改革和社会主义市场经济体制的建立趋于同步，并明确提出，金融体制改革的重点是建立在国务院领导下独立执行货币政策的中央银行宏观调控体系，完善和强化中央银行的职能。保持币值的稳定，把国家专业银行办成国有商业银行，改革信贷管理体制，建立和运用公开市场操作，实行外汇管理体制改革。

2000 年以来，随着经济体制改革的深入，我国金融市场发生了巨大的变革，金融市场的制度性建设取得了突破性的进展。

2003 年 7 月初 QFII 正式投资 A 股市场，标志着我国金融市场在与国际接轨及大力发展机构投资者（及机构投资者多元化）方面迈出重要一步。

2004 年 1 月 31 日国务院下发了《国务院发布关于推进资本市场改革开放和稳定发展的若干意见》（简称：国九条），肯定了我国资本的作用和存在的问题，树立了改革发展的方向，成为现阶段主导我国资本市场发展方向的纲领性文件，主要包括：一、充分认识大力发展资本市场的重要意义；二、推进资本市场改革开放和稳定发展的指导思想和任务；三、进一步完善相关政策，促进资本市场稳定发展；四、健全资本市场体系，丰富证券投资品种；五、进一步提高上市公司质量，推进上市公司规范运作；六、促进资本市场中介服务机构规范发展，提高执业水平；七、加强法制和诚信建设，提高资本市场监管水平；八、加强协调配合，防范和化解市场风险；九、认真总结经验，积极稳妥地推进对外开放。在此文件精神的指引下，国务院有关部委成立了六了专题工作小组，解决我国资本市场在发展中遇到的困难及问题。

2005年4月29日，经过国务院批准，中国证监会发布了《关于上市公司股权分置改革试点有关问题的通知》，正式启动股权分置改革试点工作。在"股改"进程中重新引入权证等金融工具来丰富金融产品，及上市公司管理层激励等办法完善公司治理。2006年9月底，沪深股市完成股改的公司已经达到1 170家，占应股改公司总数的86.98%，市值占到总市值的93%，股改基本完成。困扰我国证券市场长达15年的股权分置问题，在近一年半的时间得以解决。

人民币汇率改革是2000年以来中国金融改革中的又一重要事项。维持了长达数十年的固定汇率制在2005年7月21日这一天改写，当天中国人民银行宣布开始实行以市场供求为基础、参考一篮子货币的政策，当天人民币对美元汇率上调2%（8.1046:1），中国金融市场与国际接轨又迈出了重要一步。2007年以来，人民币升值有加速的迹象，2007年11月16日中间价为7.4336，累计升幅为8.3%。

在经济增长强劲，流动性宽松的情况下，2007年以来，国内资金以QDII的方式走出国门，拉开了资本出海的大幕。我国金融市场在产品创新和制度建设的推进下保持了快速发展。金融市场规模不断扩大，国际影响力不断增强；金融市场改革进展顺利，多层次金融市场体系建设稳步推进。2007年11月16日，我国证券市场的总市值为39万亿元人民币，跃居全球新兴资本市场第一位，一个资本大国正在崛起。

二、我国证券市场的发展现状

（一）国债市场

我国自从1981年恢复发行国债以来，从绝对量指标看呈现一种膨胀趋势，由1981～1984年间每年的40多亿元，增加到1985～1986年的60多亿元，1987～1988年的100多亿元，1989～1991年的200多亿元，1992～1993年的400亿元左右。1994年以后，国债发行数量大幅度增长，如表3-1所示。

表3-1　　　　　1994年至2007年11月我国国债发行情况　　　　　单位：亿元

年度	发行额	年度	发行额
1994	1 029	2001	2 684
1995	1 511	2002	6 021
1996	1 848	2003	7 597
1997	2 412	2004	6 014
1998	6 474	2005	7 042
1999	3 200	2006	8 883
2000	4 420	2007.11	13 370

资料来源：Wind资讯。

截至10月末，国债存量为3.8万亿元人民币，两市共有117只国债进行交易。

我国国债种类在1987年以前只有一种，即国库券。1987年在发行国库券的同时还发行了重点建设债券。1988年又发行了另外两个品种，即财政债券和国家建设债券。在以后还出现过特种国债、保值公债等。1994年之后，国债品种发生了变化，增加发行了更易投资、流通的品种，国债的期限结构设计也日趋合理和多样化。国债品种不断增加，实现了中短期结合，一般国债、专项国债和特殊国债结合，可上市国债和不可上市国债结合；开发了以凭证式国债、记账式国债和无记名国债为基本券面形式，以附息国债和贴现国债为计算方式的适应不同投资者需要的国债品种。如1996年对短期国债首次实行了贴现发行方式，并增加了最短期限的3个月国债；首次发行了按年付息的10年期长期国债和7年期附息国债，所发行的国债共有7个品种，包括3个月、6个月、1年、3年、5年、7年和10年期。

为了保证国债的顺利发行，我国在国债的利率制度上曾一直执行比同期银行存款利率高1~2个百分点的"计划性"利率，遇到通货膨胀严重的年份（如1994~1995年）还实行保值贴补。目前，我国国债发行方式逐步推行市场化方式。从历史上看，国债发行方式经历了行政摊派和承购包销两种发行体制后，实现了以公募招标可上市国债为主体，以向特定发行对象私募和通过柜台向个人销售不上市国债为辅助方式的市场化发行体制。对于可上市国债，个人和机构投资者均可在证券交易所进行交易。市场化的发行机制及较丰富的品种结构与较高的发行频率，使得国债发行收益率成为整个社会利率体系的基准。

（二）公司债券市场

早在20世纪80年代初，企业出于生产、经营的需要，以各种非规范形式开展的"内部集资"和"社会集资"可以看作是我国企业债券市场的萌芽。到1986年底，企业共发行了带有企业债券性质的有价证券100多亿元。由于当时条件的限制，无章可循，这些债券很不规范。1987年3月，国务院颁布了《企业债券管理暂行条例》，正式将企业债券的发行纳入全国资金计划，并于当年开始编制企业债券的发行计划。1993年8月，国务院对该条例进行了修订。1991年以来我国企业债发行情况如表3-2所示。

表3-2　　　　　　　　　　我国企业债券发行情况　　　　　　　　　　单位：亿元

年　度	计划发行额	年　度	计划发行额
1991	212.6	1999	420
1992	411.6	2000[①]	89
1993	20	2001	245
1994	45	2002	320
1995	50	2003	452
1996	250	2004	278
1997	300	2005	654
1998	380	2006[②]	995
		2007年10月	748

注：①2000年为实际发行额。
②2006年实际发行1 015亿元。
资料来源：中国债券网 www.chinabond.com.cn。

2007年以来受央行多次调高存贷款基准利率的影响，债券市场持续走低，二级市场的成交清淡也直接导致了企业债券发行市场进度放缓。

我国公司债券（原称企业债，《公司法》和《证券法》颁布施行后规范为公司债券）的发行实行额度审批制度，即每年由准备发行债券的企业申报发行计划，由国家计委和人民银行根据当年的债券额度计划予以审批。债券品种基本上为3~5年期具有固定利息和一次还本付息两种，其中债券利率不能高于同样期限银行存款利率的140%。计划发行债券的企业，如经信用评定，其拟发行债券信用级别在A级以下（不含A级），管理部门将禁止该债券的发行。尽管近几年来我国公司债券的发行额度呈现较大幅度的增长，但除少数几只外，绝大部分债券均不能上市交易（1991~1996年上市交易债券不到发行债券数额的2%）。至2007年11月，深沪两市共有240只企业债券和22只企业可转换债券进行交易。

在增加普通公司债券发行数量的同时，我国也开始了债券创新。1997年3月，我国颁布了《可转换公司债券管理暂行条例》。1998年7月，南宁化工发行了我国《可转换公司债券管理暂行条例》施行后的第一只可转债（早期深宝安曾进行可转债试点，但未能转换成功），1999年主管部门又发了40亿元的转债额度，标志着我国公司债券进入了一个衍生产品创新阶段。1999年，我国加大了公司债券品种的创新工作，把浮动利率计算的可转换公司债券和7~10年期长期公司债券推向了市场。例如，1999年1月发行的98三峡债券，期限为8年，按年付息，开创了5年以上期限和付息两个先例。

2005年5月人民银行公布了金融债券发行以及管理办法。金融债券是指依法在中华人民共和国境内设立的金融机构法人在全国银行间债券市场发行的、按约定还本付息的有价证券。同月，颁布《短期融资券管理办法》。短期融资券，是指企业依照中国人民银行制定的《短期融资券管理办法》所规定的条件和程序在银行间债券市场发行和交易并约定在一定期限内（365天之内）还本付息的有价证券。结果，企业发行短期融资券快速增加，半年时间规模超过1 000亿元。

2006年5月，证监会公布了最新的《上市公司证券发行管理办法》，分离交易可转债（全称：认股权和债券分离交易的可转换公司债券）首次列为上市公司再融资品种，目前分离交易可转债发展迅速。

我国债券市场存在的一些重要问题。首先，债券市场总规模较小。截至2006年底，债券市场余额为57 455亿元（不包括央行票据），占GDP的比例为27.44%，远低于发达国家163.11%的水平，也远低于当时我国股票市值与GDP的比例42.7%（2007年11月这一比例已经超过100%）；其次，发行结构不合理，相对于国债和金融债，公司债券的比例过低。2006年，我国债券市场中，国债、金融债和企业债所占比例分别为50.56%、44.19%、5%。企业债余额仅为2 831亿元，占GDP的比例仅为1.35%，远远低于亚洲金融危机国家30%的水平。而在美国等金融发达国家中，公司债的市场规模往往与国债相当，与GDP之比接近或超过100%。我国债券市场尤其是企业债券市场面临极大发展空间。

（三）股票市场

早在1984年，北京成立了我国第一家股份有限公司——天桥百货股份有限公司，从此我国开始了股份制的试点。20世纪90年代初，我国先后成立了上海和深圳证券交易所，开始了股票的公开上市交易。1998年7月。《证券法》正式颁布。《证券法》与《公司法》、

《股票发行与交易管理条例》、《证券交易所管理暂行办法》、《证券投资基金管理办法》等法规构成了我国较为完整的证券法律体系。我国证券管理逐渐规范化,市场交易实现了电脑化和网络化,形成了全国统一的股票交易市场。我国股票市场经历了十几年的发展,市场规模、券商规模、上市公司规模都在迅速扩大,被公认为是潜力巨大的新兴市场。1999年通过发行、配售股票共筹集资金941亿元,发行A股98只,配股117只。到1999年末,境内上市公司总数达976家,市价总值26 471亿元,占当年国内生产总值的32.26%,2007年10月底A股上市公司已经达1 500家左右,在沪深证券交易所开户的投资者已达13 243.47万户,较1999年的4 471万户,增加196.23%。近几年来,在两市上市的公司数量迅速增长,如表3-3所示。

表3-3　　　　　　　　　　　　我国上市公司数量

年　度	1993	1994	1995	1996	1997	1998	1999	2002	2007
A股	140	232	252	444	643	745	841	1 119	1 463
B股	5	4	12	16	25	26	26	48	23
A、B股	35	54	58	69	76	80	82	50	86
合计	180	290	322	529	744	851	949	1 217	1 572

注:①《2000中国上市公司基本分析》,中国科学技术出版社2000年版。
②沪深交易网站,为2007年1至10月数据。

自1992年2月21日上海证券交易所上市了第一只B股以来,我国股票市场交易品种分为A股和B股两种普通股票,2007年1至10月沪深两市成交额达414 021.51亿元人民币。我国股票市场的参与者既包括个人,也包括投资基金、保险公司、QFII、非金融机构性的企业等机构投资者。2007年8月初,中国沪深上市公司总市值达到20万亿元人民币,折合2.66万亿美元,再与同期香港地区和台湾地区总市值相加,折合5.3万亿美元,超过全球第二的日本东京证券交易所总市值,成为全球第二大市值的市场(第一大为美国18万亿美元左右)。

2005年4月开始的"股改"使我国股票市场近一年没有再融资。股改过半以后(2006年6月)重新有IPO上市,2007年以来中国银行、工商银行、建设银行相继登陆A股,四大国有商业银行中的农业银行也已于2008年上市。11月5日,中国石油成功回归A股,当天收盘总市值为11 081.94亿美元。成为A股第一大市值股票,在上证指数中所占权重接近四分之一,并且超过埃克森美孚成为总市值居全球之冠(见表3-4)。

表3-4　　　　　　　　　全球市值前十名股票　　　　　　　　单位:亿美元

排名	股票代码	股票简称	市值
1	601857	中国石油	11 081.94
2	XOM	埃克森美孚	4 876.82
3	GE	通用电气	4 075.83
4	HK0941	中国移动	3 921.16
5	601398	工商银行	3 640.03

续表

排名	股票代码	股票简称	市值
6	MSFT	微软	3 467.12
7	Gazprom	俄罗斯天然气公司	2 912.19
8	RDSA	荷兰壳牌	2 732.5
9	600028	中国石化	2 678.13
10	601628	中国人寿	2 359.17

注：除中国石油外其他数据以 2007 年 11 月 2 日收盘价计算。

资料来源：中证网。

随着大盘绩优股不断上市，H 股回归，我国证券总市值急剧膨胀，国际影响力不断增强。专家预测，2020 年中国证券市场将超过美国，成为全球最大，最有影响力的市场。

第三节　利率的决定

一、利率的形成机制

利率一般指年利率，是年利息与本金的比率。该利息系指借款人借用资金 1 年后给予贷款人的报酬。对于借款人来说，利息是使用资金的代价；而对于贷款人来说，利息是提供资金（即让渡资金的使用权）应得的报酬。所以说，利率是资金使用权的价格。

在完全的资本市场条件下，利率的高低是由资金的供求关系决定的。而在西方货币金融理论中却有多种利息决定理论。主要派别有以下几种。

（一）古典和新古典学派的利息决定理论

主要有以下 5 种理论：

（1）生产力学说，认为资本是生产力组成因素之一，利息是对资本作为生产力的报酬，代表人物有萨伊、马歇尔等。

（2）使用代价学说，认为资本有其独立价值，使用资本与使用其他物品一样都必须付出代价。

（3）忍欲学说，认为在借贷关系中，贷出方必须牺牲当前的消费欲望，利息是忍受这种牺牲的代价。

（4）劳动积累学说，认为贷出的资本是经过过去劳动积累下来的成果，利息是付出这些劳动的报酬。

（5）时间偏好学说，一般认为未来的获利能力比现在大，贷出资本等于把未来获利能力让与别人，并由自己承担未来的不确定性，所以放弃现存资金必须获得利息的补偿。

(二) 凯恩斯的利息决定理论

凯恩斯批评了古典主义认为"利息是忍欲的报酬"的理论，认为利率变化完全是由于货币供求关系决定的。他认为，现代货币经济的重要特征是未来的不确定性。长期资产收益性大，风险也大；而流动性资产收益性小，却有较高的流动性，风险小。一般来说，人们对流动性产生偏好的动机主要有：交易动机、预防动机、投机动机。凯恩斯认为：①利率的变化完全是一种货币现象，完全由货币供求关系所决定，与古典所称忍欲、时间偏好等实际因素无关。②货币可以影响总收入、总产量、物价水平等经济因素，但首先影响利率，通过利率来影响实质指标。另外，他还提出了"流动性陷阱"的概念。

(三) IS—LM 模型

希克斯（J. R. Hicks）于1937年创立了IS—LL模型，以后经汉森（A. H. Hansen）进一步推导阐明，定名为IS—LM模型，它是西方货币理论乃至整个宏观经济理论的重要内容，对理论分析和政策决定都有着重要的影响。IS—LM模型改变了凯恩斯认为利息仅是货币现象的看法，认为利息是由货币因素与实物因素共同决定的。由于这个理论内容较多，在此不再详述。

二、利率水平的构成要素

一般说来，市场利率可用下式表示：

$$K = K^* + IP + DRP + LP + MRP$$

式中，K——名义市场利率；
K^*——实际无风险利率；
IP——通货膨胀增益率；
DRP——违约风险增益率；
LP——流动性增益率；
MRP——到期风险增益率。

(一) 实际无风险利率

实际无风险利率（Real Risk—Free Rate of Interest）是指无通货膨胀、无风险情况下的平均利率。在无通货膨胀时，国库券的利率可近似认为是无风险利率，有时记为 r_f。实际无风险利率的高低受资金供求关系和国家宏观经济调控的影响。

(二) 通货膨胀增益率

由于通货膨胀会使货币购买力下降，投资者的真实报酬率会下降。为了弥补通货膨胀造成的损失，投资者要求的回报率称为通货膨胀增益率（Inflation Premium）。
$K^* + IP$ 为名义无风险利率。

(三) 违约风险增益率

违约是指借款人未能按时支付利息或未能如期偿还本金。违约风险越大，投资者要求的利率报酬超高。这种因违约风险的存在而使投资者要求的回报率，称为违约增益率（Default Risk Premium）。

（四）流动性增益率

各种有价证券的流动性不同。政府债券和大公司的股票容易被社会广大投资者所接受，具有较强的流动性，投资者在需用资金时，可以随时售出证券。而一些小公司的债券鲜为人知，不能随时变现或者必须折价才能售出，流动性差。因此，投资者因证券的流动性不同而多要求的回报率称为流动性增益率（Liquidity Premium）。

（五）到期风险增益率

到期风险增益率（Maturity Risk Premium）是指因到期前债券价格下降的风险而使投资者多要求的回报率。一般而言，投资者无法准确预测未来利率。到期时间越长，在此期间利率变化的可能性越大。如果利率上升，长期债券的价值下降，投资者会遭受损失。因此，到期风险增益率就是对投资者承担利率变动风险的一种补偿。

三、影响利率水平的宏观因素

影响利率的因素除了供求关系、社会平均利润等因素外，主要宏观因素有：
(1) 生产机会。生产机会大，会刺激资本需求，对利率的上升有正面影响。
(2) 消费的时间倾向。如果社会倾向于现在消费，则资本供应减小，利率升高；如果倾向于未来消费，则资本供应多，利率降低。
(3) 通货膨胀率。影响利率构成中的通货膨胀增益率。
(4) 中央政府货币政策。货币紧缩时期，社会资金供应紧张，利率会上升，货币扩张时期，资金供应宽松，利率会降低。
(5) 国家财政政策。如果国家存在财政赤字，弥补的办法只有两个：一是政策借款，这会扩大货币需求，导致利率上升；二是多发钞票，会引起通货膨胀，也会导致利率上升。
(6) 国际收支状况。一个国家的国际收支状况会影响该国货币之间的汇率。根据国际费雪效应（International Fisher Effect），汇率的变化将引起利率的变化。如果各国的实际无风险利率趋于一致，则贬值的货币利率将提高，升值的货币利率将降低。

上述因素中，前4种是主要影响因素。

四、利率的期限结构

利率的期限结构（Term Structure of Interest Rate）是指利率的大小与期限的关系。期限结构可用收益曲线表示。

在一般情况下，长期利率高于短期利率，期限越长，利率越高。如图3-2中的正常期限收益曲线。

但情况并非总是如此，有时会出现反常现象：长期利率低于短期利率。表3-5中列出了美国政府债券1980年3月和1988年10月的利率。

由表 3–5 可以看出，1980 年 3 月短期利率高于长期利率，这可以理解为人们预期未来通货膨胀率会下降。事实上，无论哪一种情况发生都是合理的。

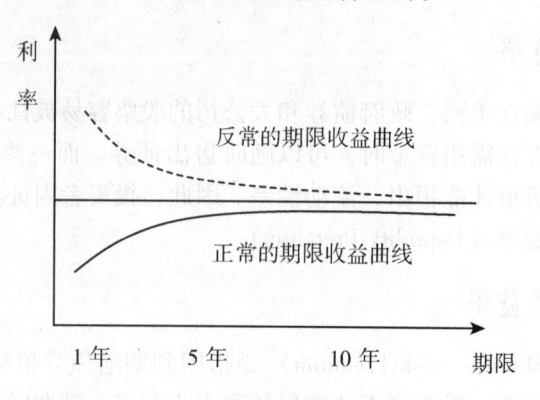

图 3–2 利率的期限结构示意图

表 3–5　　　　　　　　　美国政府债券不同时期的利率　　　　　　　　　　单位:%

期　　限	1980 年 3 月	1988 年 10 月
6 个月	15	7.5
1 年	14	8.1
5 年	13.5	8.5
10 年	12.8	8.8
20 年	12.5	8.9
同期通货膨胀率	12	6

资料来源：U. S. Federal Reserve Bulletin.

决定利率期限结构的理论主要有以下 3 种。

（一）市场分割理论

市场分割理论（Market Segmentation Theory）认为不同的借方和贷方各有自己偏好的期限。例如，借钱是为了购置长期资产，如房屋之类，会偏好于得到长期贷款。相反，零售商在腊月借钱为了购进年货，则偏好于短期贷款，对于资金的供应方也存在类似情形。三十来岁的人若储蓄是为了退休后享用，则倾向于长期投资；而勤工俭学的大学生存钱是为了下个暑假去旅游则倾向于短期储蓄。

由于货币供给和需求相互作用的结果，可能长期利率高、短期利率低，也可能相反。因此，市场分割理论认为由供给、需求决定的不同期限的利率都是合理的，不存在正常与反常的问题。

（二）期望值理论

期望值理论（Expectation theory）认为，收益曲线的形态仅依赖于未来通货膨胀率的期望值。具体地说，如果用 K_t 表示 t 年政府债券的利率，而 IP_t 表示 t 年内通货膨胀率的期望值，则

$$K_t = K^* + IP_t$$

式中，K^*——实际无风险利率。

例如，如果在1996年底预期1997年、1998年和1999年的通货膨胀率分别是10%、8%和6%，则

$IP_1 = 10\%$

$IP_2 = [(1+10\%)(1+8\%)]^{\frac{1}{2}} - 1 \approx 9.0\%$

$IP_3 = [(1+10\%)(1+8\%)(1+6\%)]^{\frac{1}{3}} - 1 \approx 8.0\%$

假定在1996年末 $K^* = 3\%$，则1996年底1、2、3年期利率分别为

$K_1 = 3\% + 10\% = 13\%$

$K_2 = 3\% + 9.0 = 12\%$

$K_3 = 3\% + 8.0\% = 11\%$

和市场分割理论一样，期望值理论认为，收益曲线也不存在正常与反常的问题。

(三) 流动性偏好理论

流动性偏好理论（Liquidity Preference Theory）认为，投资者出于交易性动机、预防性动机和投机性动机等原因而偏好持有短期证券，以拥有更大的流动性。而借款者偏好于长期债务，因为短期债务增加了偿债风险。因此，短期证券供应较多，长期证券需求较多，造成长期利率高于短期利率。

五、远期利率的估计

在利率期限结构已知的条件下，可以使用无套利条件估计未来某一年度或某一段时期内的利率。例如，已知利率期限结构如表3-6所示。

表3-6　　　　　　　　　　利率期限结构

期限（年）	年利率（%）
1	10.0
2	10.5
3	10.8
4	11.0
5	11.1

如对第3年利率进行估计，设第3年预期一年期利率为 $_3i_1$，在无套利条件下，用1元钱直接投资3年和投资2年后本息和再投资1年的结果应相同，因此：

$$(1+10.8\%)^3 = (1+10.5\%)^2(1+{_3i_1})$$

$$_3i_1 = 11.4\%$$

习 题

1. 什么是金融市场?金融市场的功能和作用是什么?
2. 什么是货币市场和资本市场?
3. 我国有哪些金融机构?
4. 列举你知道的金融工具。
5. 有人说金融市场上流通的是证券,就像商品市场上流通的是商品一样;又有人说金融市场上流通的是资金,就像商品市场上流通的商品一样,这里商品是货币(现金)。对于以上两种说法你认为哪一个更确切?
6. 利率的本质是什么?它是如何形成的?
7. 利率的构成要素有哪些?对于不同证券说明其风险增益。
8. 影响利率水平的宏观因素有哪些?
9. 什么是利率的期限结构?说明利率期限结构的理论有哪些?

第四章 公司税负

税收制度是企业理财活动的重要外部因素。作为国家财政收入的重要源泉，税收不仅是国家进行宏观调控的重要手段和工具，而且是无偿地直接参与企业利润分配的途径。对于企业来说，只有依法纳税以后的所得才是真正归业主所有。因此，研究税收制度，依法纳税，合法避税，自觉地按照税收法规的导向进行理财活动是公司财务经理的重要职责。特别值得指出的是，企业缴纳的各种税都是现金流出。

第一节 我国企业税收体制

一、我国现行税收体制

1994年，我国进行了大规模的工商税收制度改革，在主体上形成了我国工商税制的整体格局。连同我国现行有效的企业其他税种，我国现行税收体系中共有税种20余种。它们分别是：由税务机关负责征收的有增值税、消费税、营业税、资源税、企业所得税、个人所得税、印花税、土地增值税、城镇土地使用税、房产税、车船税、城市维护建设税、城市房地产税、耕地占用税、契税、屠宰税、筵席税等共17种税。这就是人们通常所说的工商税。由海关负责征收的有关税、船舶吨税2种税。

二、涉及企业的税种

我国现行税收体系涉及企业的主要有17种税，可分为4大类。

（一）流转税

流转税是对商品生产和流通领域中按流转额所课征的税种，包括以下4种：

1. 增值税。增值税（Value Added Tax，简称VAX）起源于20世纪50年代法国，现在世界上大约有100多个国家和地区实行增值税制。

增值税是对在我国境内销售货物或者提供加工、修理修配劳务，以及进口货物的单位和个人，就其取得的货物或应税劳务销售额以及进口货物金额计算税款，并实行税款抵扣制的一种流转税。从计税原理上看，增值税是对商品生产和流通中各环节的新增价值或商品附加值进行征税，所以叫做"增值税"。但是由于新增价值或商品附加值在商品流通过程中难以准确计算，所以在实际操作过程中实行价外税，并逐环节征收，逐环节实行税款抵扣的间接计算方法。增值税的基本税率为17%，并对粮食、食用植物油、自来水等一些货物实行13%的低税率。考虑到小规模纳税人经营规模小，且会计核算不健全等实际情况，实行按销售额的6%的征收率计算应纳税额的简易办法（其中商业企业小规模纳税人和特定货物销售行为按4%的征收率计算）。

增值税使用范围很广，是最主要的一种流转税。

2. 消费税。消费税（Consuming Tax）是以特定消费品为课税对象所征收的一种税。目前，世界上已有100多个国家和地区开征了这一税种或类似税种。在对货物普遍征收增值税的基础上，选择少数消费品再征收一道消费税，目的是为了调节产品结构，引导消费方向，保证国家财政收入。目前规定征税的消费品共14类，主要是奢侈品、高档消费品和不可再生的资源类消费品，包括烟、酒及酒精、化妆品、贵重首饰及珠宝玉石、鞭炮及焰火、成品油、汽车轮胎、小汽车、摩托车、高尔夫球及球具、高档手表、游艇、木制一次性筷子和实木地板等。消费税实行价内税，并实行单一环节征收，一般在应税消费品的生产、委托加工和进口环节缴纳，实行从价定率、从量定额、从价定率和从量定额混合计算的办法计算应纳税额。税率、税额的差别是根据不同消费品的种类、档次和消费品价格水平等情况而制定的。

3. 营业税。营业税（Operating Tax）是对在我国境内提供应税劳务、转让无形资产或者销售不动产的单位和个人，就其取得的营业额征收的一种税。它有三个特点：一是征收面广、税负低，营业税涉及整个第三产业，税率一般为3%或5%，但对娱乐业规定了5%～20%的浮动税率，以调节娱乐业的过高利润；二是按行业设计税目税率；三是计税方法简便，易于为纳税人掌握。

4. 关税。关税（Customs Duty）是由海关依法对进出境的货物、物品征收的一种税。所谓"境"指关境，是国家《海关法》全面实施的领域。在通常情况下，一国关境与国境是一致的，包括国家全部的领土、领海、领空。但当某一国家在国境内设立了自由港、自由贸易区时，这些区域就进出口关税而言处在关境之外，这时，该国家的关境则小于国境。关税是一个历史悠久的税种，也被世界各国普遍采用。关税有进口关税和出口关税两种，有的国家还征收过境关税。我国关税的征税对象是准许进出境的货物和物品。货物是指贸易性商品；物品指入境旅客随身携带的行李物品、个人邮递物品、各种运输工具上的服务人员携带进口的自用物品、馈赠物品以及其他方式进境的个人物品。关税的纳税义务人包括进口货物的收货人、出口货物的发货人、进出境物品的所有人。关税税率是根据促进和保护国内生产，调节对外经济往来和为国家建设积累资金等基本政策而制定的。关税在贯彻对外开放政策，促进对外经济贸易往来和国民经济发展等方面发挥了重要作用。

（二）收益税类

收益税是分配领域中的税种，即对纳税人的所得而征收的税。它包括：

1. 企业所得税。我国企业所得税（Income Tax）是对企业的生产经营所得和其他所得征收的一种税。它适用于我国境内的居民企业和非居民企业。其中居民企业是指依法在中国境内成立，或者依照外国（地区）法律成立但实际管理机构在中国境内的企业；非居民企业是指依照外国（地区）法律成立且实际管理机构不在中国境内，但在中国境内设立机构、场所的，或者在中国境内未设立机构、场所，但有来源于中国境内所得的企业。企业每一纳税年度的收入总额，减除不征税收入、免税收入、各项扣除以及允许弥补的以前年度亏损后的余额，为应纳税所得额。企业所得税的税率为25%，非居民企业在中国境内未设立机构、场所的，或者虽设立机构、场所但取得的所得与其所设机构、场所没有实际联系的，就其来源于中国境内的所得缴纳企业所得税，税率为20%。

2. 个人所得税。个人所得税是对个人（自然人）取得的各项应税所得征收的一种税。它最早于1799年在英国创立，目前世界上已有140多个国家开征了这一税种。个人所得税的纳税义务包括中国公民、个体工商户以及在中国有所得的外籍人员（包括无国籍人员）和香港、澳门、台湾同胞。其包括个人的工资、薪金所得；个体工商户的生产、经营所得；对企事业单位的承包经营、承租经营的所得；劳务报酬所得、稿酬所得、特许权使用费所得，利息、股息、红利所得，财产租赁所得，财产转让所得；偶然所得及其他所得都要依法纳税。个人所得税的税率按所得项目不同分别确定，如工资、薪金所得适用九级超额累进税率，税率为5%～45%；个体工商户的生产经营所得和对企事业单位的承包经营、承租经营所得，使用5%～35%的五级超额累进税率；稿酬所得实际税率为14%；劳务报酬所得实际适用20%、30%和40%的三级超额累进税率；特许权使用费所得，利息、股息、红利所得，财产租赁所得，财产转让所得，偶然所得和其他所得，适用比例税率，税率为20%。

3. 土地增值税。土地增值税是对转让国有土地使用权、地上建筑物及其附着物并取得收入的单位和个人就其转让房地产所取得的增值额征收的一种税。国家开征土地增值税的目的主要是增强国家对房地产开发和房地产市场的调控力度，抑制炒买炒卖土地投机牟取暴利的行为，并规范国家参与土地增值收益的分配方式，增加国家财政收入。土地增值税实行四级超率累进税率。

（三）资源占用税类

资源占用税类是对稀缺资源（包括自然资源、土地资源等）的开采、占用而征收的一种税。国家征收资源占用税的主要目的是促进国有资源的合理开采、节约使用、有效配置，调节资源级差收入，促进产业结构调整等。目前主要包括：

1. 资源税。资源税是以各种自然资源为课税对象的一种税。资源税的纳税义务人是在我国境内开采应税资源的矿产品或者生产盐的单位和个人。我国资源税采取从量定额的办法征收，实施"普遍征收、级差调节"的原则。普遍征收是指对我国境内开发的一切应税资源产品征收资源税；级差调节是指运用资源税对因资源贮存状况、开采条件、资源优劣、地理位置等客观存在的差别而产生的资源级差收入，通过实施差别税额标准进行调节。目前，我国资源税的征收范围主要为以下7大类：原油、天然气、煤炭、其他非金属矿原矿、黑色金属矿原矿、有色金属矿原矿和盐。

2. 城镇土地使用税。城镇土地使用税，是以城镇土地为征税对象，对拥有土地使用权的单位和个人，以纳税人实际占用的土地面积为计税依据采用定额税率征收的一种税。开征城镇土地使用税，有利于通过经济手段，加强对土地的管理，变土地的无偿使用为有偿使用，促进合理、节约使用土地，提高土地使用效益；有利于适当调节不同地区，不同地段之间的土地级差收入，促进企业加强经济核算，理顺国家与土地使用者之间的分配关系。

3. 耕地占用税。耕地占用税是对占用耕地建房或从事其他非农业建设的单位和个人，按其所占耕地的面积征收的一种税。按纳税人实际占用的耕地面积（平方米）为计税依据，从量定额征收。

(四) 财产税和其他税

指对拥有或支配财产以及某些特定行为所课征的税种。主要有：

1. 房产税。房产税是对城市、县城、建制镇和工矿区的房产，依据房产价格或房产租金收入向房产所有人或经营人征收的一种税。房产税的计税依据分为从价计征和从租计征，分别按1.2%和12%（对个人按市场价格出租的居民住房，用于居住的，暂减按4%）的税率计算缴纳。

2. 车船税。车船税是指在我国境内的车辆、船舶的所有人或者管理人应缴纳的一种税。车船税对应税车船实行有幅度的定额税率。

3. 契税。契税是以所有权发生转移变动的不动产为征税对象，向产权承受人征收的一种税，即在不动产买卖、典当、赠与或交换订立契约时，由承受人缴纳的一种税。

4. 印花税。印花税是对经济活动和经济交往中书立、使用、领受具有法律效力的凭证的单位和个人征收的一种税。印花税有覆盖面广、税率低、税负轻、纳税人自行完税的特征。征税对象为税法列举的各类经济合同、产权转移书据、营业账簿和权利、许可证照等，由立合同人、立据人、立账簿人、领受人、使用人及各类电子应税凭证的签订人缴纳。分别采用按凭证所载金额从价比例税率征收和按凭证简述采用固定税额征收两种办法。

5. 城市维护建设税。城市维护建设税是国家对缴纳增值税、消费税、营业税（简称"三税"）的单位和个人就其实际缴纳的"三税"税额为计税依据而征收的一种税。它是国家为加强城市的维护建设，扩大和稳定城市维护建设资金的来源而采取的一项税收措施。城建税的税率是指纳税人应缴纳的城建税税额与纳税人实际缴纳的"三税"税额之间的比率。根据纳税人所在地是市区、城镇或其他地点，税率分别定为7%、5%或1%。

6. 屠宰税。屠宰税是对屠宰猪、羊、菜牛等牲畜的行为而征收的一种税。

7. 筵席税。筵席税是对在我国境内的饭店、宾馆、招待所以及其他饮食营业场所举办筵席征收的一种税。

企业财务人员应当熟悉国家税收法律、法规的规定，不仅要懂得各种税的计征范围、计税依据和税率，依法纳税，而且要了解差别税率的制定精神、减免税及优惠政策的规定及原则，自觉地按照税法的导向进行生产经营和财务活动。

第二节 企业税制的国际比较

1994年税制改革之后，我国的企业税收制度已向规范化迈出重要的一步，但是由于国情不同，与其他国家存在许多差异。本节就企业税制中比较重要且有代表性的增值税和企业所得税进行国际对比，为公司跨国经营提供参考。

一、增值税的国际对比

(一) 增值税类型对比

增值税的课征对象是增值额，在计征增值税时，各国对资本性货物，即厂房、机器、设备等固定资产所含税金存在几种不同处理方法,据此进行分类,大体可分为三种类型:消费型增值税、收入型增值税和生产型增值税。

消费型增值税是指在征收增值税时允许将购置的所有投入物一次性地予以全部扣除,这样就国民经济整体而言,作为增值税计税依据的仅限于消费资料的价值部分,故称为消费型增值税,这是一种先进而规范的增值税类型,最适宜采用规范的发票扣税法,为欧盟及许多发达国家和发展中国家所采用,是增值税发展的主流。

收入型增值税是指在征收增值税时,对长期性投入物内所含税款的扣除,只允许扣除当期其折旧部分含的税款,就整个国民经济而言,作为计税依据的增值税相当于国民收入部分,故称为收入增值税,在这种类型的增值税下,其税基与增值税概念范围正好吻合,从理论上而言,应属于一种标准的增值税,但由于固定资产价值的损耗与转移是分期分批进行的,而其价值转移中不能获得任何凭证,因此采取这种方法并不容易采用规范的发票扣税法,故采用的国家较少,主要有阿根廷、摩洛哥及部分原实行计划经济的中东欧国家。

生产型增值税是指在征收增值税时,不允许扣除固定资产价值中所含的税款,就整个国民经济而言,作为计税依据的增值额大体上相当于国民生产总值,在这种增值税下其重复征税仍然严重,不利于鼓励投资,目前实行这种类型增值税的国家主要有我国和印度尼西亚等,属一种过渡性增值税。

(二) 征税范围的对比

增值税征税范围是指应征收增值税的生产、流通或消费过程中的环节或阶段,理论上其应包括所有创造和实现价值增值额的领域,即应包括农林牧业、采矿业、制造业、建筑业、能源交通业、商业及劳务服务业各个行业。但现实中,由于各国征管水平、手段不一等众多因素的影响,增值税的征税范围在世界各国有宽有窄,大体上可分为以下 3 种情况:

1. 农业、工业、批发、零售、服务各交易领域普遍征收增值税,涉及到商品生产、交换、消费的各个领域。这种范围广泛的增值税在消除重复征税方面更具完整性和统一性,可以避免增值税征收抵扣链条的中断或多税并用的复杂性;按商品整个生产流通全过程设计总体税负,可彻底平衡税负,简化税率档次,为使增值税成为计算简便、归属明确、影响中性化的税种打下良好基础。这种一推到底、实施范围广泛的增值税既规范又统一,是增值税发展的基本方向。目前,采纳这种增值税的主要为欧洲特别是 OECD 成员国,如法国、丹麦、德国、荷兰、卢森堡、比利时、英国、意大利、新西兰、加拿大等。

2. 在整个制造业和批发业征增值税,但不包括零售业。因而,这种征收方式存在着一定程度的重复征税现象以及较为严重的增值税税款在零售环节流失的问题。而且,由于这种情况的增值税既未涉及农业,又未涉及劳务,而且还未包括商品流通的零售环节,因而其课税基础较为狭小,特别是批发与零售相结合的企业,有效区分它们需制定一些繁琐的规定并采取有效监管机制推动其实行。因而,它是一种有缺陷的增值税实施情况。目前,摩洛哥采用的增值税就属于这种征税范围。

3. 在整个制造业实行增值税。这种情况的征税范围仅仅覆盖全部制造业产品及进口产品,而对批发和零售环节以及农业与劳务不征增值税,这种增值税与规范的增值税制仍相距甚远。目前主要为一些发展中国家所采用,如:塞内加尔、科特迪瓦、哥伦比亚、蒙古国等。

以法国为参照,可以发现我国的增值税征税范围较窄。就销售和进口货物来看,我国的

"货物"仅限于有形动产，而土地、房屋和其他建筑物等不动产均不在此列，而法国对各种有形财产所有权的转让、新老建筑物出售等均一律征收增值税；从劳务方面看，我国仅限于加工及修理修配劳务，而法国则包括了一切劳务，如劳务的自我供应和私人使用、除土地外的其他不动产出租业务、代理商从事的劳务以及部分金融活动、出租契约、建筑活动、运输活动等，甚至农业生产者也要交纳增值税。

（三）小规模纳税人管理的国际对比

在增值税管理中，小规模纳税人是指经营规模较小，不具备基本会计核算能力，流转税额在税法规定的限度以下的纳税人。为了方便小规模经营者纳税，简化税收征管，国际上对增值税小规模纳税人采取了如下4种特殊办法予以处理：

1. 对流转额低于某一数量的潜在纳税人实行免税。采用这种办法的国家主要有德国、希腊、葡萄牙、卢森堡、丹麦等。目前已有40多个国家采取全部免征增值税的办法。

2. 对免税小公司的供应商额外征收平衡税。这一处理方法主要为比利时、西班牙等国采用。以比利时为例，该国对小型零售商采用的办法之一就是对其商品销售免征增值税，为了弥补由此造成的损失，该国对小型零售商的供应厂商额外征收平衡税，这种平衡税对小型零售商进口商品时同样课征。

3. 估定输出税。估定输出税是对小业主的销售额实行估算征收的一种简化征收税制。采用这一办法的国家主要有爱尔兰、比利时等。

4. 减征增值税。减征增值税是对小业主实行一定的税收优惠，减征一定幅度的增值税金，这一办法主要为卢森堡等国所采用。目前，对小规模纳税人实行免税的国家大多数采用全部免税。

我国的具体规定为，对小规模纳税人年销售额未达到财政部规定的增值税起征点的，免征增值税；超过起征点的，依销售额按4%（或6%）的税率全额计征增值税，并不得抵扣进项税款和使用增值税专用发票。相比之下，我国对小规模纳税人征收率的设定是偏高的。

（四）税款抵扣和发票管理的对比

国际上对增值税的征收均采用税款抵扣制度，即以进项税额抵扣销项税额。计税方法基本有两种：发票法和账簿法，分别以发票和会计资料作为依据抵扣进项税额。由于发票法计算简便，易于操作，可以产生企业之间的相互制约以避免偷逃税，所以备受各国推崇，很多国家都普遍采用这种模式。

各国规定的不予抵扣税款的项目大多有以下几类：非经营必要的商品或劳务；私人使用的商品或劳务；出售某些危害性商品；某些奢侈性商品或劳务；所得税中一般不准列支的费用；出口无抵扣权免税的商品和劳务等。

我国增值税条例规定，下列项目的进项税额不得从销项税额中抵扣：购进固定资产；用于非应税项目的购进货物或者应税劳务；用于免税项目的购进货物或者应税劳务；用于集体福利或者个人消费的购进货物或者应税劳务；非正常损失的购进货物；非正常损失的在产品、产成品所耗用的购进货物或者应税劳务。基本上与其他国家相近。

二、企业所得税的国际对比

关于企业所得税,我们主要从以下几个方面进行比较:

(一) 课税对象的对比

各国对纳税人的确认规则有所不同,如美国采用公司登记注册地标准;英国以实际管理机构或管理控制中心为判定标准;荷兰同时采用注册地与经营管理地两种标准。但各国政府通常只对具有独立法人资格的公司等法人组织征收公司所得税。我国2007年新颁布的企业所得税税法也借鉴了国际上的通行做法,首先从纳税人中剔除了不具独立法人资格的独资和合伙企业,而采用较为规范的"居民企业"和"非居民企业"的概念。判定是否属于居民企业,国际上比较常用的标准有登记注册地标准、生产经营地标准、实际控制管理地标准或多标准相结合等判定标准。详见表4-1。

表4-1　　　　　　　　常用判定居民企业标准

名称	登记注册地标准	生产经营地标准	实际控制管理地标准
内容	是以企业是否在本国各级政府登记注册为依据,确定该企业是否为本国居民企业。	以企业的总机构是否设在本国境内为依据来确定其是否为本国居民企业。	凡企业的实际管理和控制中心设在本国的,即视为本国居民企业。
采用国家	美国、瑞典、墨西哥、日本、法国、德国、意大利、澳大利亚、比利时、丹麦、印度、泰国等	法国、新西兰、日本等	英国、德国、加拿大、阿根廷、埃及、马来西亚、爱尔兰、卢森堡等

资料来源:作者整理。

除以上几种最为常见的确定居民企业的标准外,少数国家还同时或单独采用主要经营活动地标准、控股权标准。主要经营活动地标准以公司经营业务的数量为依据;控股权标准是以控制企业表决权股份的股东的居民身份为依据确定企业的居民身份。根据我国的新税法采用了"登记注册地标准"和"实际管理控制地标准"相结合的办法。

(二) 税率的对比

各国企业所得税的税率结构分为两类,一是比例税率,如法国的税率为34%、澳大利亚为39%、波兰为40%、新西兰为33%、新加坡为31%。二是累进税率。实行累进税率的国家虽然在级距、税率档次的设计上不相一致,但几乎无一例外地采用超额累进税率,如瑞士联邦所得税采用十一级超额累进税率,巴拿马和沙特阿拉伯采用四级累进税率。而美国的做法是在三级超额累进税率基础上,规定超过335 000美元的应税所得全部统一适用34%的比例税率。这套税率对小型企业比较公平,对大型企业发挥税收效率有作用,但不足之处是计算比较麻烦。

我国新税法采用的是税率为25%的比例税率;对于非居民企业在中国境内未设立机构、

场所的,或者虽设立机构、场所但取得的所得与其所设机构、场所没有实际联系的,应当就其来源于中国境内的所得缴纳企业所得税,税率为20%;符合条件的小型微利企业,减按20%的税率征收企业所得税。

(三) 税收优惠政策的对比

1. 税收抵免的对比。在西方国家,税收抵免的形式多种多样。其中主要有两种形式:

(1) 投资抵免。目前,西方发达国家主要有葡萄牙、西班牙、加拿大等国通过税收抵免方式鼓励企业购置资产。如加拿大现行的投资税收抵免率从10%~35%不等,这取决于投资的类型及投资地区。法国对投资的税收抵免主要体现在研究费用的税款抵扣上。目前发达国家及多数发展中国家对国内子公司支付给其母公司的股息一般采取避免双重征税措施。

(2) 国外税收抵免。在挪威,对居民公司与挪威签有税收协定国家所付的税款给予双重税收抵免,在没有签订协定的国家所付的税款可以从应纳税所得中扣除。税收抵免在特定情况下是自动获得的,而在有些情况下则要申请。在奥地利,对来源于外国的所得是按照避免双重征税的规定来征税的。在丹麦,根据避免双重征税协定准予免除丹麦境外所发生的税收,若无协定,则按照国内税法规定予以抵免。在意大利,公司在国外的所得在意大利纳税时,允许扣除该项所得在国外缴纳的税款,最高抵扣额按外国来源的所得与总所得的比率确定。关于外国来源股息避免重复课税的处理,国际上大体有两种处理方法:一是通过全部或部分免税加以避免,实行这种方法的国家有意大利,法国等;二是通过税收抵免方法处理,如英国、丹麦等国家。在我国所得税的规定中,对外投资一律不得抵免。而对纳税人对其来源于中国境外所得在扣除限额内进行扣除。

2. 税收豁免的对比。这种对纳税人或课税对象给予减免应纳税款是一种税式支出形式,其豁免期和豁免税收项目决定于一国的经济环境和经济政策。减免所得税一方面可直接增加企业投资的利润,使企业更快地回收利润,减少风险投资,刺激企业对风险性行业投资的积极性。如法、日、意等国政府对企业投资于环保产业或环保项目所得不计入应税所得。另一方面对促进社会经济政策的顺利实施,稳定社会正常生活秩序也有积极意义。如在意大利,对所有资产性公司发行新股份的收入及将生产利润用于扩大再生产部分,按19%的优惠税率征收所得税,鼓励企业上市,增加公司资本,以改变意大利公司资本化水平普遍偏低的现状。

在我国国债利息收入,符合条件的股息、红利等权益性投资收益等为免税收入。而从事农、林、牧、渔业项目的所得;从事国家重点扶持的公共基础设施项目投资经营的所得;从事符合条件的环境保护、节能节水项目的所得等可减免所得税。

3. 优惠税率。优惠税率就方式而言,有直接和间接降低税率两种。优惠税率的适用范围视经济政策和经济发展的客观需要而定,因而,优惠税率也有时间限制。此外,一些国家还制定了纳税限额规定,事实上,这也是优惠税率的一种特殊形式。在我国,符合条件的小型微利企业,减按20%的税率征收企业所得税。国家需要重点扶持的高新技术企业,减按15%的税率征收企业所得税。

中国资本市场的重要性

作者：亨利·保尔森

据我所知，世界上还没有一个国家能够无须强健的资本市场而拥有成功、可持续和平衡的经济。而且我也不相信一个面对国内外竞争不开放市场的国家能够取得上述成就。

今天我想利用一点时间来阐明我为什么相信中国加快金融服务业改革的步伐符合中国未来发展的最佳利益——造福于每个中国百姓，促进中国及其他地区的稳定，以及展现中国与其全球经济地位相称的领导力。

金融市场的至关重要性

我坚信金融市场的力量能够支持成长和发展，并帮助社会实现其愿望和需求。在我30多年全球金融行业的从业经历中——包括对中国的多次访问——我见证了全球金融行业不同寻常的强劲增长。我看到机制健全、流动性良好和高效率的资本市场如何在降低和分散风险的同时，刺激繁荣、创造机会和提升经济活力。

我在美国及其他国家和市场的多年从业经验告诉我：开放、竞争和世界一流的金融市场是稳定平衡发展的支柱。

资本市场对中国的作用

成熟的金融市场同时也是中国全面发展的必要前提——推动中国走向更加平衡、和谐、以创新为本及环境可持续发展的目标。高效成熟的资本市场将更有效和高效地配置资源，为中国持续健康地发展创造条件，同时带动经济各领域繁荣，给中国百姓的储蓄和投资一个更好的回报。

中国的发展在区域、家庭和行业间越来越不平衡。经济结构的不平衡和收入的不平等，使中国目前面临与过去几十年不同的发展挑战。今天，中国的经济在很大程度上依赖低成本产品加工，主要目的是出口。这确实极大地促进了发展。但是过度依赖经济中的单一部分，可能导致未来出现问题。中国经济的长期繁荣需要发展多元化经济，高附加值生产和世界一流的服务业，包括金融服务业。

金融行业的发展是中国经济向更少依赖工业活动，更多生产高附加值产品和更低消耗自然资源方向发展的关键。中国领导人认识到金融市场将在加速向和谐发展转型中发挥重要作用。温家宝总理今年1月份在全国金融工作会议上说："我们必须将金融改革和发展推向一个新的阶段，促进金融业持续、健康和安全地全面发展。"

中国的金融业尚不发达，在中国投资不能获得充足回报，个人储蓄无法获得充分回报，风险无法得到合理估价、管理和分散。

投资的低效分配意味着任何一个水平的投资只能产生较少的工作机会，低效的公司无法成功改革，而进行高附加值生产的新兴的公司受到束缚，发展持续不平衡。

储蓄回报的不足会伤害中国百姓。中国人民与其他各国人民一样努力勤奋地工作，但仍然不富裕。今天中国百姓在银行的储蓄存款有2万亿美元——用当前汇率换算约合16万亿元人民币，平均回报率为2.5%。扣除通货膨胀和税费等因素，银行储蓄存款的回报可能为负数。

世界其他许多地方的人民拥有更多储蓄选择（包括储蓄时间和储蓄地点），并能按期获得高得多的回报，即使在一些经济发展速度不如中国的经济体，回报率也常常在一位数的高位上。

如果中国的金融业成熟起来，并能够提供多元化的用于储蓄和投资的证券和工具，在一个像中国一样快速发展的经济体中，一个管理良好的养老金组合的潜在回报率会提高很多——即使中国经济在一定时间内只是适度增长。为了进一步说明，我们假设中国老百姓的储蓄回报率在30年间维持在8%左右，而不是在2.5%，由于复利的效应，同样的16万亿元储蓄将导致巨大的回报差异。30年后，中国家庭将拥有不是34万亿元人民币（4万亿美元）的储蓄，而是160万亿元人民币（20万亿美元）的储蓄，相当于人均储蓄额12.4万元人民币（1.6万美元）。这笔钱可以用来满足中国百姓的需求，为教育、健康和养老保险提供资金。

（本文系美国财政部长亨利·保尔森2007年3月8日在上海期货交易所发表演讲的部分内容。）

第二篇

现金流与财务分析

企业的财务报表包括资产负债表、利润表（又称损益表）、现金流量表、所有者权益（或股东权益）变动表及附注。它们是企业全年经营成果和财务状况的最终体现与反映，是企业经济业务活动的综合写照。这四份报表主要提供给三类人员阅读使用，他们是投资者（包括股东和债权人）和潜在的投资者、政府及企业的经营者。财务报表分析是通过收集财务报表中的相关数据以及各方面的有关信息，而对企业财务状况、经营成果所作的综合比较和评价。以上三类人员可以通过对财务报表的分析从不同的角度得到他们所需要的信息，从而制定自己的决策。

　　现金就像企业的血液，企业的正常运转离不开现金的流转。一个企业即使获利能力很强，但若不能妥善管理其现金流转，如使大量资金停滞于存货、应收款等项目，也会发生财务困难。故大凡企业财务主管都非常重视企业的现金流量表，以做出企业财务流转状况的判断。

　　本篇由两章组成。我们在撰写中是基于我国新的企业会计准则，同时本书也简要地介绍了西方惯例下的财务报表，并对二者进行了对比和分析。第五章介绍基础财务报表的种类及财务报表的分析。第六章是专门介绍现金流、现金流的分类和现金在企业的运动，以及现金流量表的编制、分析。

第五章 基础财务报表与财务分析

本章由三节组成。第一、二节在 2007 年新企业会计准则的基础上,介绍了资产负债表和利润表的有关概念和组成要素,并通过会计假设和会计原则进一步阐明了资产负债表和利润表的作用。以上内容为非会计专业的读者提供一个概览。第三节的财务分析使用了第一、二节财务报表中的数字并重点研究了分析的方法。

第一节 资产负债表

一、资产负债表的要素

资产负债表是总括反映企业在某一特定日期(如年末、季末、月末)资产、负债、所有者权益等财务状况的报表。资产负债表是以"资产=负债+所有者权益"的会计恒等式为基础编制的,资产负债表主要提供有关企业财务状况方面的信息,即某一特定日期的企业资产、负债、所有者权益及其相互关系,表明了企业在生产经营活动中拥有的经济资源、负债状况及产权归属。

资产负债表由三大类要素构成,包括资产类、负债类及所有者权益类。其中资产又分为流动资产和非流动资产;负债分为流动负债与非流动负债;所有者权益一般按照其不同来源和特定用途进行分类,分为实收资本(或股本)、资本公积、盈余公积、未分配利润等项目。其关系如图 5-1 所示。

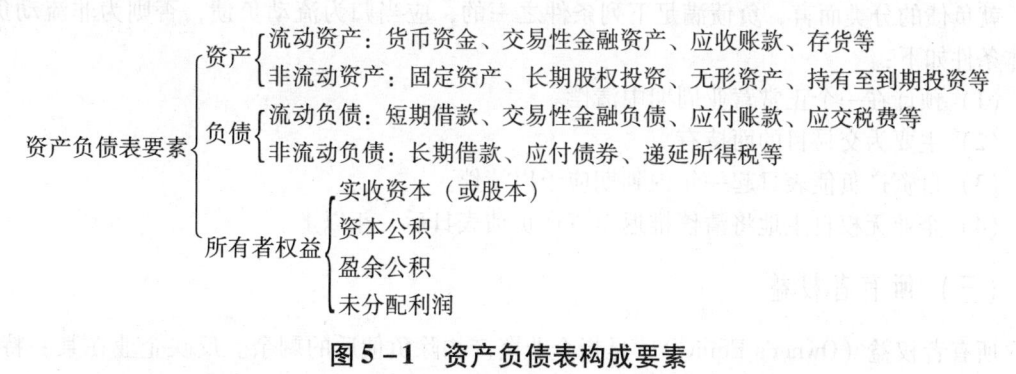

```
               ┌ 资产 ┌ 流动资产:货币资金、交易性金融资产、应收账款、存货等
               │      └ 非流动资产:固定资产、长期股权投资、无形资产、持有至到期投资等
               │
               ├ 负债 ┌ 流动负债:短期借款、交易性金融负债、应付账款、应交税费等
资产负债表要素 ┤      └ 非流动负债:长期借款、应付债券、递延所得税等
               │
               │        ┌ 实收资本(或股本)
               └ 所有者权益 ┤ 资本公积
                        │ 盈余公积
                        └ 未分配利润
```

图 5-1 资产负债表构成要素

资产负债中各要素及各种项目,我们扼要说明如下:

（一）资产

资产（Assets），是指企业过去的交易或事项形成的、由企业拥有或控制的、预期会给企业带来经济利益的资源。也可以说，资产是企业拥有或控制的、能以货币计量的经济资源，包括各种财产、债权及其他权利。

资产可以分为流动资产和非流动资产。流动资产，是指现金和在一年以内（或一个正常运营周期内）耗用、消失或转变为现金及其他资产的项目，包括现金、交易性金融资产、应收账款、应收票据、存货及预付货款等。非流动资产，是指一年以上（或多个运营周期）耗用、消失或转变为现金及其他资产的项目，包括固定资产、长期股权投资、持有至到期投资、无形资产等。

就资产的分类而言，资产满足下列条件之一的，应当归为流动资产，否则为非流动资产。具体条件如下：

（1）预计在一个正常营业周期中变现、出售或耗用。主要包括：存货、应收账款等资产。

（2）主要为交易目的而持有，是指根据《企业会计准则22号——金融工具确认和计量》划分的交易性金融资产。

（3）预计在资产负债表日起一年内（含一年）变现。

（4）自资产负债表日起一年内，交换其他资产或清偿负债的能力不受限制的现金或现金等价物。

（二）负债

负债（Liabilities），指反映某一特定日期企业所承担的、预期会导致经济利益流出企业的现时义务。也可以说是企业由于以往事项而发生的企业现有义务，这种义务的结清将引起企业含有经济利益的资源的外流，即企业所承担的、能以货币计量、需以资产或劳务偿付的债务。

负债可以分为流动负债和非流动负债。流动负债，是指债权人提出偿付要求时即应立即清偿或在一年内应清偿的债务，包括短期借款、交易性金融负债、应付账款、应交税费等。非流动负债，指企业偿还（本金）期在一年以上的各种债务，包括长期借款、应付债券、递延所得税负债等。

就负债的分类而言，负债满足下列条件之一的，应当归为流动负债，否则为非流动负债。具体条件如下：

（1）预计在一个正常营业周期中清偿。

（2）主要为交易目的而持有。

（3）自资产负债表日起一年内到期应予以清偿。

（4）企业无权自主地将清偿推迟至资产负债表日后一年以上。

（三）所有者权益

所有者权益（Owner's Equity），是指企业资产扣除负债后的剩余。反映企业在某一特定日期，所有者或股东拥有的要求权（Claims）总额，是由其初始投资和盈利的剩余累积而成。在中国大陆，不知为什么所有者权益被称作"净资产"，但实质上所有者权益不是资产，更不对应哪项具体的资产。

所有者权益包括：

（1）实收资本（或股本），反映企业所有者或股东实际投入的资本（或股本）总额。

（2）资本公积，与缴入的实收资本相关，即资本的公共积累，其实质是企业所有者共享的但不能作为利润分配的权益。通常包括：

① 资本溢价（或股票发行超过面值的那部分股东权益即股票溢价）；
② 捐赠物品的价值和其他转入价值；
③ 资产重估价，即重新评估增值。

（3）盈余公积，是在税后净利润中计提的一部分利润，用于应对未来经营中不测的各种情况，同时它也属于限制企业利润分配的一种手段。盈余公积分为法定盈余公积和任意盈余公积，法定盈余公积按税后利润的10%计提，计提后如达到注册资本的50%后可不再提。而任意盈余公积，由股东大会决定提取比例。

（4）未分配利润，反映企业历年来尚未分配的利润累积值。

二、会计原则

企业将符合确认条件的会计要素登记入账，并列报于会计报表及其附注（又称财务报表）时，应当按照规定的会计计量属性进行计量，确认其金额。

根据2007年开始实施的《企业会计准则》，企业在对会计要素进行计量时，通常有五种方法：历史成本、重置成本、可变现净值、现值、公允价值法。准则要求一般应当采用历史成本法，如采用重置成本、可变现净值、现值、公允价值计量的，应当保证所确定的会计要素金额能够取得并可靠计量。

公允价值是指在公平交易中，熟悉情况的交易双方自愿进行资产交换或者债务清偿的金额。在企业会计准则体系建设中适度、谨慎地引入公允价值这一计量属性，是因为随着我国加入WTO，资本市场进一步的开放和完善以及股权分置改革的基本完成，当前我国形成了较为活跃的金融资产交易市场。在这种情况下，使用公允价值更能反映企业的实际情况，更有利于投资者和潜在投资者和相关的财务报表使用者做决策。

在国际财务报告准则中公允价值的引用有三个级次：第一，资产或负债等存在活跃市场的，活跃市场的报价应当用于确定其公允价值；第二，不存在活跃市场的，参考熟悉情况并自愿交易的各方最近进行的市场交易中使用的价格或参照实质上相同或相似的其他资产或负债的市场价格确定其公允价值；第三，不存在活跃市场，且不满足上述两个条件的，应当采用估值技术等确定公允价值。我国引入公允价值是适度、谨慎和有条件的。原因是考虑到我国尚属新兴的市场经济国家，如果不加限制地引入公允价值，有可能出现公允价值计量不可靠，甚至借机人为操纵利润的现象。因此，在投资性房地产和生物资产等具体准则中规定，只有存在活跃市场、公允价值能够取得并可靠计量的情况下，才能采用公允价值计量。[①]

资产负债表中各科目分类和计价应体现全部会计假设和原则的要求，它反映了企业在某一特定时刻的财务状况。表中各科目变量都是"状态"变量。如果某公司每一个月制作一次资产负债表，那么12月份的则是年末的资产负债表，无须做任何更改与修正。

---

① 财政部会计司编写组：《企业会计准则讲解——2006》，人民出版社2007年版，第15页。

历史成本法是资产负债表计价的基本原则。体现持续经营假设，资产负债表是一个历史性的报告，是反映企业已完成的财务交易事项后现在的财务状态。因此，资产负债表上的数据，各项资产、负债和权益都是以历史成本记录的。这就是我们通常所指的账面价值（Book Value）。例如，固定资产的原值是指当年的购入成本加上运输安装等费用，而不是现在的市场价值。所有者权益中的实收资本和资本公积是指股东入股时所支付的货币或等价物，而未分配利润是历来股东保留在企业中的利润之和，而不是股票的总市场价值。账面价值可高于也可低于市场价值。业绩特别好的公司，净资产的市场价值可以高于其账面价值几倍乃至几十倍。

企业的会计科目还可以按货币性分类为货币性科目和非货币性科目。货币性资产的历史成本等于其现行价值，而非货币性资产的历史成本一般不等于其现行价值。

在资产负债表中，固定资产、无形资产和递延资产，都指的是其净值。净值等于其原值减去累计折旧或分摊。有的直接以净值列示，有的采用列出原值及累计折旧或分摊等形式，计入其差值。我国2007年开始实施的会计准则都以净值列示。

有许多影响总资产数值的因素。因为实际上会计原则相当宽松，对同一事项可能出现不同的记载。例如，存货的记录方法允许采用先进先出法、后进先出法（目前，我国会计准则已不允许使用该存货记录方法）、加权平均法等不同的方法，反映到资产负债表上存货科目就可能有不同的数值。又例如，折旧允许不同的折旧方法，固定资产科目在资产负债表上列示的数据就不相同等等。这些都涉及资产负债表中资产总额的数值，当然也影响损益报告中的成本、费用科目。采用何种会计方法，应在财务报表的注解中予以说明。

三、资产负债表说明了什么

资产负债表反映企业在报告日的总资产与负债和权益的财务状态及平衡关系。它是一张状态报表，所涉及的会计变量都是状态变量。例如，货币资金科目是指报告日结账时的货币资金余额，而不是某一段时间内的货币资金余额。在任何一段时间中，只要涉及现金交易发生，现金余额都是变化的。而利润报表中涉及的科目，不是状态变量而是速率变量。例如，销售收入，只能讲某一段时间内的销售收入，一年、一个月、一周都可以，但不能说某一时刻的销售收入。

企业在某特定时间点上的财务状态，可以由它的全部资产以及对收益的要求权和利益权来表示，这也是总资产等于总负债加上所有者权益这一等式的渊源。资产负债表是投资、筹资和经营业绩的累计反映，而不仅仅是上一年或上一期的经营业绩体现。它表现资产、负债与权益各方面的实际状况，体现了企业现在的规模和运营活动的基础，同时也反映了企业的发展潜力。

从资产负债表可以掌握企业的资金情况，可以评估其偿债能力，可以知道其负债与股东权益的关系，可以评估其筹资方式和能力，还可以预测未来的财务状况。基于历年的资产负债表，可以进行财务分析、评价及预测，包括比率分析、百分比分析、趋势分析等。

四、NKK公司的资产负债表

NKK公司是一家小型高新技术企业，本章及下一章我们将以它为案例进行讨论和分析。表5-1是该公司最近两年的资产负债表对照。资产负债表最普遍的格式为"账户式"，即分成左右两栏，其中左栏表示资产，右栏表示负债与股东权益。

表 5-1　　　　　　　　　　NKK 公司 2011 年资产负债表　　　　　　　　单位：千元

资　产	期末余额	期初余额	负债与所有者权益（或股东权益）	期末余额	期初余额
流动资产：			流动负债：		
货币资金	580	550	短期借款	438	600
交易性金融资产	200	250	交易性金融负债	200	200
应收票据	460	260	应付票据	525	500
应收账款	3 340	3 150	应付账款	315	300
应收利息	0	0	应付职工薪酬	650	630
其他应收款	1 500	1 500	应交税金	650	630
存货	1 960	1 850	一年内到期的非流动负债	500	500
一年内到期的非流动资产	0	0			
流动资产合计	8 040	7 560	流动负债合计	3 278	3 360
非流动资产：			非流动负债：		
长期股权投资	600	200	长期借款	6 100	3 000
可供出售金融资产	500	100	应付债券	3 000	2 800
持有至到期投资	200	100	非流动负债合计	9 100	5 800
固定资产	13 000	10 700	负债合计	12 378	9 160
无形资产	1 700	1 300	所有者权益（或股东权益）		
			实收资本（或股本普通股 1 500 000 股）	1 500	1 500
			资本公积	1 800	1 800
			盈余公积	636	400
			未分配利润	7 726	7 100
非流动资产合计	16 000	12 400	所有者权益（或股东权益）合计	11 662	10 800
资产总计	24 040	19 960	负债和所有者权益总计	24 040	19 960

注：根据 2007 年新企业会计准则的规定报表所列的资产项目为扣除净值准备后的净值；
报表所列的固定资产为固定资产减去累积折旧减去减值准备后的净值；
其中 2011 年的累计折旧为 5 000 千元，2010 年的累计折旧为 4 000 千元；
报表所列的应收账款为应收账款减去其坏账准备后的净值；
报表所列的其他应收款为其他应收款减去坏账准备后的净值；
报表所列的存货以成本与可变现价值孰低计价；
报表所列的无形资产为无形资产减去无形资产累计摊销及减值准备后的净值。

五、西方惯例下的资产负债表

西方惯例下的资产负债表的编制基础与我国是一致的,都是以"资产 = 负债 + 所有者权益"的会计恒等式为基础。西方惯例下的资产负债表与我国最大的区别是所有者权益部分,西方国家的所有者权益由优先股和普通股构成,而普通股又包括股本面值、超面值资本和保留盈余。西方惯例下的资产负债表三大类要素构成关系如图5-2所示。

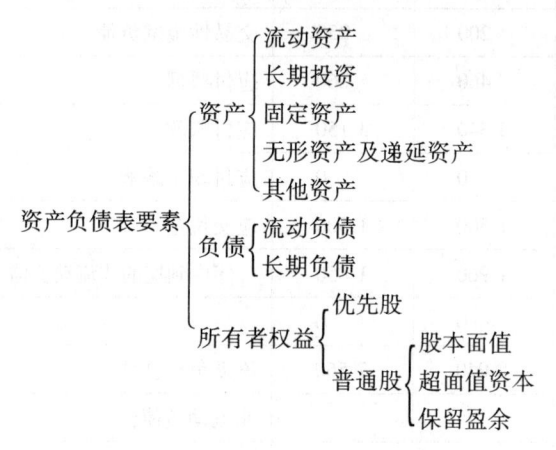

```
                    ┌ 流动资产
                    │ 长期投资
              资产 ─┤ 固定资产
              │    │ 无形资产及递延资产
              │    └ 其他资产
资产负债表要素─┤    ┌ 流动负债
              │ 负债┤
              │    └ 长期负债
              │       ┌ 优先股
              └所有者权益┤      ┌ 股本面值
                      └普通股 ─┤ 超面值资本
                             └ 保留盈余
```

图5-2 西方资产负债表构成要素

资产负债表各要素及各项目中,由于资产、负债要素与我国会计准则中的规定基本相同,我们在本节中已经阐述。因此下面只对所有者权益要素进行简要说明。

(一) 所有者权益

所有者权益(Owner's Equity),反映在某一特定时刻,企业所有者或股东拥有的要求权(Claims)总额,是由其初始投资和盈利的剩余累积而成。

1. 优先股。优先股(Preferred Stock),红利分配和要求权优先于普通股的所有者权益。
2. 普通股。普通股(Common Stock),包括股本面值、超面值资本和保留盈余。
 (1) 股本面值(Par Value),指按股票面值计算出的股东权益。通常每股面值为1元。
 (2) 超面值资本(Paid-in Capital),指股票发行价超过面值的那部分股东权益。
 (3) 保留盈余(Retained Earnings),指历年留存利润的累积值。

(二) 西方资产负债表实例

本问题中,为了更好地阐述和对比中西方的资产负债表的差异,我们以STY公司为例进行介绍。

STY公司是一家小规模的电子企业,我们将以它为对象进行讨论和分析。表5-2是该公司最近两年的资产负债表对照。资产负债表最普遍的格式为"账户式",即分成左右两栏,其中左栏表示资产,右栏表示负债与股东权益。

表 5–2　　　　　　　　STY 公司 12 月 31 日资产负债表　　　　　　　单位：千元

资产	2011 年	2010 年	负债与股东权益	2011 年	2010 年
流动资产			流动负债		
现金	250	275	应付票据	500	300
可售证券	0	125	应付账款	300	150
应收账款	1 750	1 575	应计工薪	50	50
存货	1 500	1 075	应计税款	650	600
流动资产合计	3 500	3 050	流动负债合计	1 500	1 100
固定资产			长期负债		
房屋	1 500	1 500	抵押债券	2 500	2 600
减累计折旧	500	400	信誉债券	1 500	300
设备	7 500	5 850	长期负债合计	4 000	2 900
减累计折旧	2 000	1 600	股东权益		
固定资产净值	6 500	5 350	优先股（100 000 股）	100	100
			普通股（250 000 股）面值	250	250
			超面值资本	400	400
			保留盈余	3 750	3 650
			股东权益合计	4 500	4 400
总资产	10 000	8 400	总负债与权益	10 000	8 400

　　通过 STY 公司的资产负债表可以看出西方国家在股东权益方面与我国存在的差异相对较大。其差异主要来源于不同国家的相关法律对于所有者权益中投入资本，即所有者向企业缴入的注册资本金方面的规定不同。如对于股份有限公司的资本，美、英、荷等国家采取"授权资本制"，根据这种资本制度，公司资本被区分为"额定资本"和"已发行资本"。其中额定资本是公司登记时的股本总额，而已发行资本是发起人已认购的资本，额定资本可以大于或等于已发行资本。而我国目前实行的是注册资本制度。注册资本为在公司登记机关登记的全体发起人认购的股本总额。公司全体发起人的首次出资额不得低于注册资本的 20%，其余部分由发起人自公司成立之日起两年内缴足；其中，投资公司可以在五年内缴足。在缴足前，不得向他人募集股份。其次，我国的未分配利润、资本公积和盈余公积与西方国家核算的内容不同。我国会计制度中规定的公积金实质是企业所有者共享的但不能作为利润分配的权益，只能单独列示，不能混淆。资本公积金除了核算股本溢价值以外，还要核算捐赠资本的价值和资产评估增值的价值。盈余公积属于限制利润分配的一种手段。而西方国家不是这样的，只是将税后利润进行股利分配，剩余即是留存收益，由企业支配使用。

第二节 利润表

一、利润表概述

利润表又称损益表，是反映企业一定期间（如年、季）经营成果的报表，它说明该企业在此期间内的赢利情况。在利润表编制方面，国内与西方国家做法有所不同。国内在编制利润报表时，同时也编制利润分配表。但新会计准则未要求编制利润分配表，但加入了所有者权益变动表和附注。

利润表包括以下基本科目：

（1）营业收入（Sales），反映企业在经营中，主要业务和其他业务所获得的收入总额。

（2）营业成本（Costs of Goods Sold），反映企业在经营中，主要业务和其他业务为获取收入所发生的成本总额。

（3）销售费用，反映企业在销售商品过程中发生的各种费用，包括：包装费、广告费等费用和为销售本企业商品的职工的薪酬、业务费等费用。

（4）管理费用，反映企业为组织和管理日常生产经营活动所发生的费用。

（5）财务费用，反映企业为筹集生产经营所需资金而发生的筹资费用和其他相关费用。

（6）营业外收入与支出，反映企业发生的与经营业务无直接关系的各项收入与支出。

在我国现行会计制度下，费用分成三类：管理费用、财务费用和销售费用，折旧分别归入制造成本和管理费用等。从财务学的角度上看，两种费用有特别的意义，一是折旧、分摊；二是利息。

如果用 S 表示营业收入（净额，即扣除折让、退货以后的销售收入及其他业务收入），用 D 表示折旧和分摊额，用 I 表示利息，用 C 表示其他成本费用，用 $EBIT$（Earning Before Interests and Taxes）表示利息前税前利润，用 EBT 表示税前利润，用 π 表示净利润，则损益表可浓缩为下述公式：

$$S - C - D = EBIT$$
$$EBIT - I = EBT$$
$$EBT - EBT \times T = EBT(1 - T) = \pi$$

其中，T 为所得税税率。

利润表涉及的会计变量都是一段时间内发生的量，如营业收入是1年或1个季度发生的销售收入和其他业务收入。某个时刻的营业收入没有意义，这类变量称为速率变量。

如果1个季度做1次财务报告，则四个季度的利润表的相应科目相加就得出了全年的利润表。而资产负债表则不同，第4季度的资产负债表就是年末的。

二、NKK 公司的利润表

这里，我们仍以 NKK 公司 2011 年、2010 年两年的利润表为例进行辅助说明，见表 5-3。

表 5-3　　　　　　　　　NKK 公司 2011 年利润表　　　　　　　　　单位：千元

项　目	本期金额	上期金额
一、营业收入	30 000	28 500
减：营业成本	25 540	24 130
营业税金及附加	100	80
销售费用	580	550
管理费用	800	700
财务费用	430	300
加：公允价值变动损益（损失以"-"号填列）	0	0
投资收益（损失以"-"号填列）	200	400
其中：对联营企业和合营企业的投资收益	0	0
二、营业利润（损失以"-"号填列）	2 750	3 140
加：营业外收入	400	300
减：营业外支出	0	100
其中：资产减值损失	0	0
非流动资产处置损失	0	50
三、利润总额（损失以"-"号填列）	3 150	3 340
减：所得税费用（25%）	788	835
四、净利润（损失以"-"号填列）	2 362	2 505
五、基本每股收益（元）	1.57	1.67
六、稀释每股收益（元）		

注：NKK 公司股票的市价为每股 62.8 元，每股红利 2011 年为 1 元，2010 年为 0.67 元。

在上述利润表中每股收益列于下部，每股市价、每股红利已列于表外。在财务管理中把每股收益 EPS 称为"底线"（The Bottom Line），表示利润报告中，EPS 是最重要的项目。注意 NKK 公司每股盈利由 2010 年的 1.67 元，下降为 2011 年的 1.57 元，不过每股红利却由 2010 年的 0.67 元上升为 2011 年的 1 元。

三、NKK 公司的所有者权益变动表

所有者权益变动表应当反映构成所有者权益的各组成部分当期的增减变动情况。当期损益、直接计入所有者权益的利得和损失以及与所有者（或股东，下同）的资本交易导致的所有者权益的变动，应当分别列示。

所有者权益变动表至少应当单独列示反映下列信息的项目：
（一）净利润；
（二）直接计入所有者权益的利得和损失项目及其总额；

（三）会计政策变更和差错更正的累积影响金额；

（四）所有者投入资本和向所有者分配利润等；

（五）按照规定提取的盈余公积；

（六）实收资本（或股本）、资本公积、盈余公积、未分配利润的期初和期末余额及其调节情况；

（七）未分配利润，反映企业历年来尚未分配的利润累积值，是普通股赢得的利润而未分配的累计值。

本年未分配利润＝上年度未分配利润＋本年净利润－本年提取的盈余公积－本年发放的普通股股利

例如，NKK 公司 2011 年净利润 2 362 千元，其中提取盈余公积 236 千元，则普通股应得利润为 2 126（2 362－236）千元。其中发放股利 1 500 千元，剩余 2 126－1 500＝626（千元），为当年未分配利润的增加。该公司 2010 年未分配利润为 7 100 千元，而 2011 年为 7 762 千元，这已经表现在资产负债表中。未分配利润报告清楚地显示本期普通股应得利润及其分割，即发放多少股利，保留多少盈余，以及未分配利润的历史变化（见表 5-4）。

表 5-4 NKK 公司 2011 年所有者权益变动表 单位：千元

项目	本期金额						
	实收资本（或股本）	资本公积	专项储备	盈余公积	一般风险准备	未分配利润	所有者权益合计
一、上年年末余额	1 500	1 800		400		7 100	10 800
加：会计政策变更							
前期差错更正							
其他							
二、本年年初余额	1 500	1 800		400		7 100	10 800
三、本年增减变动金额（减少以"-"号填列）				236		626	236
（一）净利润						2 362	2 362
（二）其他综合收益							
上述（一）和（二）小计						2 362	2 362
（三）所有者投入和减少资本							
1. 所有者投入资本							
2. 股份支付计入所有者权益的金额							
3. 其他							

续表

项目	本期金额						
	实收资本（或股本）	资本公积	专项储备	盈余公积	一般风险准备	未分配利润	所有者权益合计
（四）利润分配				236		-1 736	-1 500
1. 提取盈余公积				236		-236	
2. 提取一般风险准备							
3. 对所有者（或股东）的分配						-1 500	-1 500
4. 其他							
（五）所有者权益内部结转							
1. 资本公积转增资本（或股本）							
2. 盈余公积转增资本（或股本）							
3. 盈余公积弥补亏损							
4. 其他							
（六）专项储备							
1. 本期提取							
2. 本期使用							
四、本期期末余额	1 500	1 800		636		7 726	11 662

注：2011年的净利润为2 362千元，减去当年提取的盈余公积236千元（其中盈余公积是按照净利润的10%提取的）；

2011年普通股应得利润 = 2 362 - 2 362 × 10% = 2 126（千元）。

四、西方惯例下的利润表及保留盈余表

在西方国家，公司的利润表（又称损益表）与我国基本区别不大，在损益表编制方面西方国家须编制保留盈余表。其具体分析如下：

（一）利润表的基本科目

1. 销售收入（Sales），反映企业销售产品或提供劳务等主要业务所取得的收入总额。在有增值税的情形下，已扣除增值税。

2. 销售成本（Costs of Goods Sold），反映企业销售产品和提供劳务等主要经营业务的实际成本。

3. 研发费用，反映企业在该经营期间投入技术研究与开发的费用。

4. 销售费用（销售费、管理费），反映企业为销售产品所发生的各种营销费用和为管理企业有效运转发生的费用。

5. 财务费用，反映企业为筹集经营所需资金而付出的费用，包括利息的支出。

6. 其他营业外收入与支出，指那些非企业的主营业务的收入与支出。

（二）西方利润表实例

这里我们仍以 STY 公司 2011 年、2010 年的利润表和保留盈余表为例，进行辅助说明。见表 5-5。

表 5-5　　　　　　　　　STY 公司 2011 年利润表　　　　单位：千元（每股数据除外）

	2011 年	2010 年
销售收入	15 000	14 250
减：销售成本	12 720	12 065
毛利	2 280	2 185
减：折旧	500	450
销售费用	310	275
其他费用	140	140
利息前税前利润	1 330	1 320
减：利息	330	235
税前利润	1 000	1 085
减：所得税	400	435
净利润	600	650
优先股红利	20	20
普通股红利	480	430
保留盈余增加	100	200
每普通股		
市价	26.5	27
盈利 EPS	2.32	2.52
红利	1.92	1.72

上述利润表中每股市价、每股盈利和每股红利列于下部。这样能更好地给报表阅读者揭示公司的信息。

（三）西方保留盈余表实例

保留盈余（Retained Earnings），又称留存收益，是普通股赢得利润未分配部分的累计值。用 RE_t 表示 t 年的保留盈余，ΔRE 表示 $t+1$ 年保留盈余的增加，用 RE_{t+1} 表示 $t+1$ 年的保留盈余，则：

$$RE_{t+1} = RE_t + \Delta RE$$

例如，STY公司2011年净利润为¥600 000，支付优先股红利¥20 000，得出普通股应得的利润为¥580 000。其中红利发放为¥480 000，剩余580 000 - 480 000 = ¥100 000为当年保留盈余增加。该公司2010年保留盈余为¥3 650 000，而2011年为¥3 750 000，这已表现于资产负债表中。保留盈余报告清楚地显示本期普通股应得利润及其分割，即发放多少红利，保留多少盈利，以及保留盈余的历史变化。

表5-6为STY公司2011年保留盈余报告。

表5-6　　　　　　　　　STY公司2011年保留盈余表　　　　　　　　单位：千元

2010年末保留盈余	3 650
加：2011年普通股应得的利润*	580
减：2011年普通股红利	480
2011年末保留盈余	3 750

注：* 净利润¥600，减去优先股红利¥20。

第三节　财务分析

财务分析对股东、债权人、企业主管、财务分析师、政府等各方面无疑都是很重要的。财务分析中可帮助上述几类人对企业的优势及存在的问题有一简明扼要的把握，可以作为评价和预测的基础。不过财务分析的范围是很广的。有时甚至包括从企业优势和劣势的总体分析到相应的短期偿债能力的简单分析。在这里我们主要集中于财务报表的分析。

财务报表分析的目的主要有四点：其一为了评价企业的偿债能力；其二为了评价企业的资金营运能力；其三为了评价企业的获利能力；其四为了评价企业的发展趋势。

财务报表分析的方法主要有两种，一是比率分析法；二是百分率分析法。

一、比率分析

本书采纳了财务分析中经常用到的比率，并将其归纳为五大类：流动性比率、负债比率、资产管理比率、获利能力比率和市场价值比率。注意不同的教科书，有不同的定义和不同的处理方法。此外比率分析的结果应与同行业平均水平和企业的历史水平进行比较。

（一）流动性比率

$$流动比率 = \frac{流动资产}{流动负债}$$

例如，NKK 公司 2011 年的流动性比率为 $\frac{8\,040}{3\,278} = 2.45$

这个比率表明企业的流动性，即每 1 元的流动负债有多少流动资产作抵偿。习惯上认为这个比率为 2∶1 较好，但实际应用时应以同行业的平均值或历史数据为标准进行对比评价。不过有时企业能通过一些手段同时调整流动资产和流动负债来改变流动比率，从而误导人们做出错误的判断。下面要讲的速动比率同样面临这个问题。

$$\text{速动比率} = \frac{\text{速动资产}}{\text{流动负债}} = \frac{\text{流动资产} - \text{存货}}{\text{流动负债}}$$

例如，NKK 公司 2011 年的速动比率为 $\frac{8\,040 - 1\,960}{3\,278} = 1.85$

存货是流动资产中流动性最差的一部分，在减去存货后能更加确切反映企业的流动性状况。一般认为，这个比率为 1∶1，往往这个比率要求大于 1。如果该比率偏低则被视为偿债能力较差。上述论点仅是一般的看法，因为行业不同，速动比率具有较大的差异性，通常没有统一的标准，有些以现销为主的行业应收账款较少，因此该行业的速动比率可能会远小于"1"。

此外，在计算速动比率时，除扣除存货外，从稳健主义角度出发，还可以从流动资产中扣除其他与当期现金流量无关的项目，以此来计算企业更进一步的变现能力，从而考察企业的短期偿债能力。如保守速动比率，其计算公式如下：

$$\text{保守速动比率} = \frac{\text{货币资金} + \text{交易性金融资产} + \text{应收票据} + \text{应收账款净额}}{\text{流动负债}}$$

例如：NKK 公司的保守速动比率为 $\frac{580 + 200 + 460 + 3\,340}{3\,278} = 1.40$

注意，流动比率大，表明相对流动资产多，这时企业的风险较小，但效率低；相反，若流动比率小，则风险大，但效率高。

(二) 负债比率

$$\text{资产负债比率(负债比率)} = \frac{\text{负债}}{\text{资产}} \times 100\%$$

例如，NKK 公司的负债比率为 $\frac{12\,378}{24\,040} \times 100\% = 51.49\%$

资产负债比率有时也用 $\frac{\text{负债}}{\text{股东权益}}$ 来表示，具体采用哪个比率来分析，应当依据分析目的而定。资产负债比率反映了企业的账面资本状况。这一比率低表明企业财务安全性较好，但也可能意味着企业的财务上过于保守，未来应该更多利用负债为股东创造更多的财富。通常人们也把负债比率称为财务杠杆比率。

$$\text{已获利息倍数} = \frac{\text{息税前利润}}{\text{利息}} = \frac{\text{净利润} + \text{利息} + \text{所得税}}{\text{利息}}$$

例如，NKK 公司已获利倍数 = $\frac{2\,362 + 430 + 788}{430} = 8.32$

已获利息倍数，也称利息保障倍数，它反映企业支付债务利息的能力，已获利息倍数适当,则企业偿付债务利息的风险就小,否则相反。由于企业所处的行业各异,因此已获利息倍数有不同的标准,国际上公认已获利息倍数为3。通常情况下,该指标只要大于"1",就表明企业负债经营能够赚取比资金成本更高的利润,企业能够维持正常的生产经营活动。如果已获利息倍数小于"1",则情况相反。

以上已获利息倍数的计算公式及对它的解释都是从偿债资金来源的角度考察企业债务利息的偿还能力,但是如果从企业运营活动产生现金流的角度去考察分析债务利息的偿还能力,其计算公式如下:

$$已获利息倍数 = \frac{息税前利润 + 折旧}{利息}$$

例如,NKK 公司的已获利息倍数为 $\frac{3\,580 + 1\,000}{430} = 10.65$

$$固定费用保障比率 = \frac{息税前利润 + 折旧}{利息 + 租金 + 偿清基金/(1 - T)}$$

这个比率功能与已获利息倍数类似,反映了企业是否有充足能力按期偿付利息和本金,比率值越高,说明企业按期偿付的能力越强,企业越安全。通常银行在向企业发放贷款时都会考察上述比率,或在合同中规定上述比率最低不可小于某个值,以保证贷款的安全性。在固定费用保障比率中,偿债基金之所以要除以 $(1 - T)$,是因为本金的偿还是在税后,其中 T 是所得税税率。

从上述已获利息倍数的两种计算公式来分析。分子为息税前利润加折旧较为合理,它是从企业现金流的角度上考察问题。但是目前我国财政部颁布的绩效评价指标,其已获利息倍数的计算,分子为税前利润 + 利息。本书在分析偿付利息能力的问题时,从合理性出发选用公式:

$$已获利息倍数 = \frac{息税前利润 + 折旧}{利息}$$

(三) 资产管理比率

在本案例中的分析中,销售收入以营业收入代替,销售成本以营业成本代替。

$$存货周转率 = \frac{销售成本}{平均存货}$$

例如,NKK 公司的存货周转率为 $\frac{25\,540}{\frac{1\,960 + 1\,850}{2}} = 13.41$

一般来说,存货周转率高表明企业存货周转能力强,物流流转快,没有过多的库存。但若该比率过高则可能意味着企业的存货过少,有生产中断或产品脱销的危险。

$$应收账款周转率 = \frac{销售收入}{平均应收账款}$$

例如,NKK 公司应收账款周转率为 $\frac{30\,000}{\frac{3\,340 + 3\,150}{2}} = 9.24$

$$应收账款周转天数 = \frac{365}{应收账款周转率}$$

在这两个比率中,应收账款周转天数更具价值。财务主管可以将公司的应收账款周转天数与信用条件做一对比,以发现客户是否都能如期付款。应收账款周转天数越长,表明企业回收资金所耗时日越长,公司的应收款管理越有可能存在问题。

$$总资产周转率 = \frac{销售收入}{平均总资产}$$

例如,NKK 公司的资产周转率为 $\frac{30\,000}{\frac{24\,040 + 19\,960}{2}} = 1.36$

这个比率越高,说明企业利用资产能力越强。

(四) 获利能力比率

$$销售净利润率 = \frac{净利润}{销售收入净额}$$

例如,NKK 公司的销售利润率为 $\frac{2\,362}{30\,000} \times 100\% = 7.87\%$

销售净利润率高,表明企业获利能力强,不过,过高的利润率会诱使更多资本注入本行业,从而竞争加剧,利润率下降。

$$销售毛利率 = \frac{毛利润}{销售收入净额} = \frac{销售收入净额 - 销售成本}{销售收入净额}$$

例如,NKK 公司的销售毛利率为 $\frac{30\,000 - 25\,540}{30\,000} = 14.87\%$

销售毛利率是创造销售利润率的保障,只有较高的毛利率才能获得更大的净利。

$$资产回报率(ROA) = \frac{息税前利润}{平均总资产} = \frac{净利润 + 利息 + 所得税}{平均总资产}$$

例如,NKK 公司的资产回报率为 $\frac{2\,362 + 430 + 788}{\frac{24\,040 + 19\,960}{2}} = 16.27\%$

资产回报率又称总资产回报酬率;它表明企业包括负债、净资产即所有者权益在内的全部资产获得赢利的能力,它是评价企业资产运营效果的重要指标。

$$权益回报率(ROE) = \frac{净利润 - 优先股股息}{平均普通股股权(所有者权益)}$$

例如,NKK 公司的权益回报率为 $\frac{2362}{\frac{11\,662 + 10\,800}{2}} = 21.03\%$

这个比率也是企业常用的比率。有时还引用资产净利率:

$$资产净利率 = \frac{净利润 - 优先股股息}{平均资产}$$

例如，NKK 公司资产净利率为 $\dfrac{2\,362}{\dfrac{24\,040+19\,960}{2}} = 10.74\%$

权益回报率又称净资产收益率，它是所有比率指标中综合性最强，代表性最强的一个指标。它反映了企业股东进行投资而获得报酬的高低状况。该指标越高，企业的获利能力越强。

（五）市场价值比率

$$\text{市盈率（倍率）} = \frac{\text{普通股每股市价}}{\text{普通股每股收益}}$$

例如，NKK 公司的市盈率为 $\dfrac{62.80}{1.57} = 40$

股票价格/收益比率反映了投资者愿为每元报告利润付出的代价。其他因素不变情况下，发展速度较高的公司，其股价/收益比率较高；同样，风险较低的公司在其他因素相同的情况下，股价/收益比率也较高。通常认为市场盈率高，风险大，但是如果市场盈率过低可能是企业未来发展较差，投资者其发展前途不看好。

$$\text{每股收益} = \frac{\text{净利润}}{\text{年末普通股份总数}}$$

例如，NKK 公司每股收益为 $\dfrac{2\,362\,000}{1\,500\,000} = 1.57$

每股收益是衡量上市公司盈利能力最常用的财务指标，但是每股收益不反映股票所含有的风险，而且股票只是一个份额的概念，不同股票的每一股在经济上不等量。

$$\text{每股股利} = \frac{\text{年末股利总额}}{\text{年末普通股股份总数}}$$

例如，NKK 公司每股股利为 $\dfrac{1\,500\,000}{1\,500\,000} = 1$

$$\text{股票回报率（股票获利率）} = \frac{\text{普通股每股股利}}{\text{普通股每股市价}}$$

例如，NKK 公司股票获利率为 $\dfrac{1}{62.80} = 0.016$

该比率反映股利与股价的关系。只有股票持有人认为股价将上升，才会接受较低的股票获利率。如果预期股价不能上升，股票获利率就成了衡量股票投资价值的主要依据。

$$\text{股利支付率} = \frac{\text{普通股每股股利}}{\text{普通股每股净收益}}$$

例如，NKK 公司股利支付率为 $\dfrac{1}{1.57} = 0.64$

该指标反映的是公司的股利分配政策和支付股利的能力。

$$\text{股利保障倍数} = \frac{\text{普通股每股净收益}}{\text{普通股每股股利}}$$

例如，NKK 公司股利保障倍数为 $\frac{1.57}{1} = 1.57$

股利保障倍数是一个安全性指标，可以看出净利润减少到什么程度公司仍能按目前水平支付股利。

$$每股净资产 = \frac{年末股东权益}{年末普通股股数}$$

例如，NKK 公司每股净资产为 $\frac{11\,662\,000}{1\,500\,000} = 7.77$

该指标在理论上提供了股票的最低价值。

$$市净率(市账率) = \frac{每股市价}{每股净资产}$$

例如，NKK 公司市净率为 $\frac{62.80}{7.77} = 8.08$

投资者认为，市价高于账面价值时企业资产的质量较好，有发展潜力；反之则资产质量差，没有发展前景。一般说来市净率到 3 可以树立较好的公司形象。

利用上述公式，企业可算出本公司一系列的财务比率。但财务比率本身不过是一个数值，只有同某一标准相比才能对其含义做出分析结论。在比率分析中，有三种最常使用的标准。它们是：①绝对标准；②本企业的历史标准；③行业标准。绝对标准是人们公认的一些标准，如流动比率的 2∶1 标准，速动比率的 1∶1 标准。尽管各公司业务不相同，所处经济环境亦不相同，但绝对标准仍具有一定参考价值。不过显然也不存在一套可行的独立的绝对标准，以至于每年企业都可以对照这套标准来判断公司的财务状况。在财务分析中，企业历史标准和行业标准具有重要价值。企业历史标准反映了企业过去实际完成的情况，同企业现状相同，具有可比性和连续性，因而得到广泛利用。行业标准在财务分析中也广为使用。问题是没有两个企业是完全相同的，特别是会计处理方法的不同使同一比率不具可比性，另外企业经营产品组成、地理分布等的不同也减弱了可比性。

这里我们仍以 NKK 公司为例，对其做一简要的比率分析，表 5-7 是计算出的一些 2011 年财务比率和同行业的平均比率值。

表 5-7　　　　　　　　　NKK 公司的比率对照表　　　　　　　　　单位:%

科　目	2011 年	行业平均	科　目	2011 年	行业平均
流动比率	2.45	2.5	负债比率	51.49	40
速动比率	1.85	1.0	利息倍数保障比率	10.65	12
存货周转率	13.41	9	销售净利润率	7.87	9
应收账款周转天数	40	40	ROA	16.27	18
总资产周转率	1.36	1.6	ROE	21.03	23

公司的流动比率在 2011 年平均为 2.45，略低于行业平均 2.5，反映了其流动性还可以。公司的速动比率 1.85，高于通常认为的合理标准及行业平均水平。这说明公司流动资产的流

动性仍是良好的，公司的存货周转率是13.41，明显高于行业平均的存货转率9，表明公司存货管理很好，虽然2011年库存是增加的，但与2010年相比，2011年公司持有的存货与营业收入、营业成本保持同比上升，所以存货上升的原因可能是为了支持公司的销售额的增长。公司平均收账期为40天，与行业平均持平，表明公司应收账款管理较正常，资金回收速度较高。不过公司仍应将平均收账期即应收账款周转天数与信用条件做一比较，以判断客户是否都能够按时付款，是否需要改善信用条件。NKK公司2011年总资产周转率1.36，略低于行业平均的总资产周转率1.6，反映公司资产利用率稍低，管理资产水平欠佳。NKK公司负债比率为51.49%，明显高于行业平均负债比率40%，表明公司管理层倾向于更多利用负债，以提高权益回报率。公司的利息倍数为10.65，低于行业平均的利息倍数12，这大概是因为负债相对过多所致。但该指标还是远远高于银行设定的下界，偿债不存在问题。该公司的ROA、ROE在2011年分别为16.27%和21.03%，比行业的18%和23%要低，反映了公司获利能力相对较弱。从以上分析看，NKK公司的财务状况比行业平均要差，其经营状况不是十分令人满意的。

二、百分率分析

尽管比率分析是一种很好的办法，它能指出企业实际存在或可能发生的问题。但有时比率分析不能指出问题的根源，需要有别的方法做一辅助。百分率分析方法经常起到这种作用。

在百分率分析中，收益表中所有项目除以销售收入，资产负债表中所有项目除以资产总额。即销售百分率表每个项目以销售额的某个百分比来表示，资产负债百分率表中每个项目以资产的百分比表示，百分率分析的最大优点之一是易于资产负债和收益表在公司不同时期或不同规模公司间的比较。表5-8和表5-9是NKK公司在2011经营年度的百分率资产负债表和百分率损益表。

从表5-9可以看出，NKK公司2011年的销售利润比2010年下降了0.92个百分点，在本来低于同行业平均水平（9%）的基础上继续下滑。造成销售利润率下降的原因，是销售成本居高不下，而且呈上涨的趋势，由84.67%上升至85.13%，这导致毛利率的下降。按照规定的会计原则，折旧费是无法控制的，比率的上升，只好听之任之。但销售管理费比率上升了，这使总费用（利息以外）比率也上升了。由于公司加大了债务，致使利息增加幅度较大，利息占的比率明显上升，由1.05%升至1.43%。这样使得税前利润率下降了近1个百分点，达到2011年7.87%的水准。

表5-8　　　　　NKK公司2011年百分率资产负债表　　　　　　　　单位:%

资产	期末余额	年初余额	负债与所有者权益（或股东权益）	年期末额	年初余额
流动资产：			流动负债：		
货币资金	2.41	2.76	短期借款	1.82	3.01
交易性金融资产	0.83	1.25	交易性金融负债	0.83	1.00
应收票据	1.91	1.30	应付票据	2.18	2.51
应收账款	13.89	15.78	应付账款	1.31	1.50

续表

资　产	期末余额	年初余额	负债与所有者权益（或股东权益）	年期末额	年初余额
应收利息	0.00	0.00	应付职工薪酬	2.70	3.16
其他应收款	6.24	7.52	应交税费	2.70	3.16
存货	8.15	9.27	一年内到期的非流动负债	2.08	2.51
一年内到期的非流动资产	0.00	0.00			
流动资产合计	33.44	37.88	流动负债合计	13.64	16.83
非流动资产：	0.00	0.00	非流动负债：	0.00	0.00
长期股权投资	2.50	1.00	长期借款	25.37	15.03
可供出售金融资产	2.08	0.50	应付债券	12.48	14.03
持有至到期投资	0.83	0.50	非流动负债合计	37.85	29.06
固定资产	54.08	53.61	负债合计	51.49	45.89
无形资产	7.07	6.51	所有者权益（或股东权益）		
			实收资本（或股本普通股1 500 000股）	6.24	7.52
			资本公积	7.49	9.02
			盈余公积	2.65	2.00
			未分配利润	32.14	35.57
非流动资产合计	66.56	62.12	所有者权益（或股东权益）合计	48.51	54.11
资产总计	100.00	100.00	负债和所有者权益总计	100.00	100.00

表5-9　　　　　NKK公司2011年百分率利润表　　　　　单位:%

项　目	本期金额	上期金额
一、营业收入	100.00	100.00
减：营业成本	85.13	84.67
营业税金及附加	0.33	0.28
销售费用	1.93	1.93
管理费用	2.67	2.46
财务费用	1.43	1.05
加：公允价值变动损益（损失以"-"号填列）	0.00	0.00

续表

项目	本期金额	上期金额
投资收益（损失以"-"号填列）	0.67	1.40
其中：对联营企业和合营企业的投资收益	0.00	0.00
二、营业利润（损失以"-"号填列）	9.17	11.02
加：营业外收入	1.33	1.05
减：营业外支出	0.00	0.35
其中：非流动资产处置损失	0.00	0.18
三、利润总额（损失以"-"号填列）	10.50	11.72
减：所得税费用	2.63	2.93
四、净利润（损失以"-"号填列）	7.87	8.79

公司利润绝对数及销售利润率同时减少，说明 NKK 公司 2011 年业绩低于 2010 年。看来该公司在下一年度应严格控制并降低销售成本，降低销售费用，调整资本结构，以适当减少利息支出。

三、财务分析的限制及遇到的问题

比率分析、百分率分析只是个指示器，它提醒人们去注意那些不寻常的差异或变化。这些差异发现后，财务主管应着手寻找造成这种差异或不正常现象的原因，或对此做出解释。因此，计算出各种财务比率或列出百分率损益表、百分率资产负债表并非是财务分析的终极目的，而只是帮助财务主管判断各项目是否是正常的工具。这种判断通常来自于财务主管的经验，他能利用这些经验认识到企业不利的倾向或结构上的缺点。比率分析或百分率分析不过是促使本来被忽略的一些事实都显现出来，而分析本身和得出的结论主要来自财务主管的经验，这是机器所无法代替的。

在财务分析中，不同的会计处理方法将会曲解比率的比较，如存货的估价方法会对财务比率产生不同影响。存货的估价方法主要有三种：①个别鉴定法；②先进先出去；③加权平均法。通货膨胀时期，企业若采用先进先出法，将带来较低的销货成本和较高的期末存货，企业账面利润增加。结果是同一企业由于采用不同的存货估价方法，企业的利润额是不同的。事实上从企业现金流转角度讲，后进先出法对企业更为有利，因为企业必须支付所得税，高利润额意味着从企业流出更少的现金。当然，这应以企业赢利为前提。折旧的作用往往更大。此外，通货膨胀对财务报表的影响也是巨大的。在通胀时期，因为企业资产价值被低估，折旧少于应提数额，从而成本被低估，利润得到虚增。这些因素使不同企业间财务指标的比较不能反映企业真实情况，财务分析人员在进行企业间的比较前，应尽可能将财务报表修正到可比水平上。

公司有时会人为修饰财务报表，使其财务状况更显乐观。例如，某企业 12 月底前流动资产额为 120 万元，流动负债为 100 万元，该企业财务主管为改善其流动比率，可在年底借 100 万元银行长期借款，而在下年初提前偿还银行。这样，企业的财务状况并未改变，但企业的流

动比率却从原来的 $1.2\left(\frac{120}{100}\right)$ 升至年底的 $2.2\left(\frac{220}{100}\right)$，给人以企业流动性较好的印象。不过，虽然财务主管可搞各种花样来使其财务比率显得良好，但他们却无法改善企业的现金流转状况。因此，人们在分析了企业的现金流报告后，会掌握企业的财务状况变化的情形。所以，无论投资者、债权人还是企业经理都应高度重视企业的现金流动，而这也正是我们下章要讲的。

此外在本篇的最后部分作为附录给出了"国际主要经营绩效评价指标简介"，以供读者参考使用。

习 题

1. 叙述资产负债表的概念及其编制基础。列表说明资产负债表的构成要素。
2. 掌握以下资产负债表中用到的各要素及会计科目的含义：资产、流动资产、无形资产、递延资产、负债、流动负债、递延税款、所有者权益、优先股、普通股、股本面值、超面值资本、保留盈余。
3. 参考有关的会计书籍，简述会计的四大假设及 12 项会计核算的一般性原则。
4. 损益报告的概念及编制基础（用公式表示），国内和西方在编制损益报告时有哪些不同？
5. 掌握以下损益表中用到的基本科目：销售收入、销售成本、财务费用。
6. 熟悉本章提到的各种财务比例以及它们在财务分析中的作用。
7. 人们在进行财务报表分析中会遇到哪些限制和问题？
8. 收集前面章节中你所选择的上市公司最近 2 年的年度报告及中期报告，考察该公司在制定公司财务报表中用到了哪些会计处理方法，在两年内有没有重大变动？比较其资产负债及损益表，用本章学到的方法对该公司的财务状况以及经营业绩进行分析评价，预测公司未来的发展趋势。
9. 最近一段时期，杉木百货公司的流动比率大大提高，同时速动比率却有所下降，这是什么原因？该公司的流动性是否有所提高？该公司目前的运营资本为 ￥50 000，流动负债为 ￥180 000，存货为 ￥100 000，计算该公司目前的流动比率及速动比率。
10. 某公司最近一年的净利润为 ￥4 950，所得税率为 25%，公司共支付了 ￥1 200 的利息费用，扣除折旧 ￥1 300，该公司当年的利息倍数比率为多少？
11. 如果你是下面的几种人，你最可能查阅企业的哪些财务比率？
    a. 公司财务经理
    b. 证券公司共同基金管理者
    c. 准备购并企业的控股公司的董事长
    d. 银行放贷员
12. 下面是 abc 公司简易损益表及资产负债表

abc 公司资产负债表
2011 年 12 月 31 日　　　　　　　　　　　　　　　　单位：千元

资　产		负债及所有者权益	
现金（年初 764）	310	应付账款	516
应收账款（年初 1 156）	1 344	应付票据	336
存货（年初 700）	966	其他流动负债	468
流动资产合计	2 620	流动负债合计	1 320
固定资产总额	1 500	长期负债	1 026

续表

资　　产		负债及所有者权益	
减：累计折旧	330	普通股面值	400
资产总额（年初 3 790）	3 790	超面值资本	600
		保留盈余	444
		股东权益合计	1 444
		负债及所有者权益总额	3 790

abc 公司 2011 年损益表

销售收入	6 340	利息费用	98
销货成本	5 570	税前利润	182
毛利	860	所得税	72
管理费用	500	净利润	110
折旧	80		

（1）计算填写下表的该公司财务比率（天数计算结果取整）；

（2）与行业平均财务比率（见下表）比较，说明该公司经营管理可能存在的问题。

比　率	本公司	行业平均	比　率	本公司	行业平均
流动比率		1.98	平均收账期		35 天
资产负债率		65%	销售净利润率		1.3%
利息倍数比率		3.8	资产回报率		3.4%
存货周转率		6 次	权益回报率		8.3%

第六章 现 金 流

本章由三节内容组成。第一节以现金在企业内的流动为重点，详细介绍了现金的循环运动。第二节介绍了现金的分类，并从机理上推导，给出了计算不同种类现金流的公式，这种计算公式应用非常广泛。第三节辅助介绍了现金流量表以及编制过程，并对如何通过现金流量表对企业的财务状况进行分析做了说明。

第一节 现金在企业内如何流转

人们从不同的角度来描述企业。从财务学的角度看，一个企业即是一个现金流转的复杂系统。

一、现金的流转

当我们追踪企业的流动情况时，会发现有些钱在一年内即能回收，而另外一些钱则要经历一年以上的时间。前者我们称为企业现金的短期循环，后者称为长期循环。短期循环把现金物化为流动资产，完成现金→流动资产/流动负债→现金这一过程的循环，而权益与长期负债→现金→固定资产等→现金完成长期循环。

现金的流动状况可用图 6-1 予以形象的表述，这里我们以某制造业企业为例。

图 6-1 中"现金"库相当于一个蓄水池。箭头向外表明现金流出，箭头指向现金库表明现金的流入。短期循环的过程始于现金，周转的第一步是取得原材料，然后加工成制成品，再将制成品出售后直接转为现金或应收账款。在应收款的情况下，企业经过收款使其转为现金。企业取得原材料时可用现购或赊购两种方式，赊购原材料使现金在本次循环的初始阶段没有流出，但这笔款项早还是要付出的。企业在原材料转换为产成品的过程中，会发生营业费用包括人力、利息、管理等现金费用，同时取得一定利润。但在实现制成品售出的过程中，需要公司支出销售费用，这也是一笔现金流出。由于企业现金收支在数目和时间上的不平衡，企业需要从别的渠道筹措资金以恢复现金收支的平衡，这些渠道主要有长期、短期借贷及股东资金的注入。

除了流动资产外，企业拥有的大多数固定资产和无形资产也被包含在转变成现金的过程中，这些资产的价值由于它们用于生产而被耗减，这部分被耗减的价值，定期冲减当期收益，企业希望能通过产品销售来补偿这笔费用，这笔费用就是折旧/分摊费。因为固定资产不是被立即消费掉的，其折旧费用是分摊在多年的产品销售上的，所以固定资产转变为现金的过程需要多年才能完成。注意折旧费不是现金支出,但从利润中扣除了,所以它构成了现金来源。

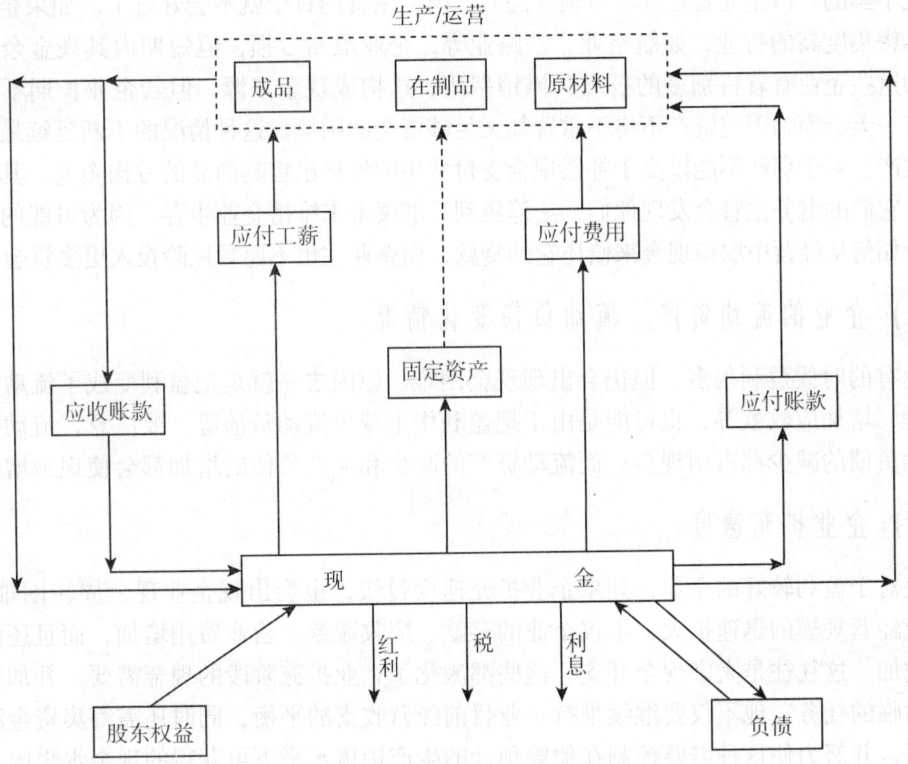

图 6-1 某制造业企业的现金循环

在企业刚开始的时候,是靠发行股票/入股或借债筹集现金,其中短期负债一般支持短期循环,长期负债和股东权益支持长期循环。除定期支付利息以外,最后还要支出现金偿还负债本金,以及定期支付股东红利等等。

二、影响现金周转的因素

如果企业的现金流入量与流出量无论在数量上还是在时间上都能恰好匹配的话,企业财务主管的工作会大大简化。如某企业,它的原料供应商给它提供了数额为 1 万元的 30 天信用,该企业生产过程需耗用 20 天时间,销售的货款回收耗用了 10 天的时间,在月底时该企业收进了 12 000 元。它这样恰好可以用收进的款项支付那 10 000 元的应付货款,并实现盈利 2 000 元。但上面描述的情况通常不过是一种假想而已,实际中有很多因素会影响企业的现金流周转,如供应商提供信用的时间跨度、应收账款回收情况、生产过程耗用时间等。下面我们对一些常见影响因素做一讨论。

(一) 企业盈利状况

利润是企业的一项重要资金来源,也是企业借款得以按时偿还的根本保证。盈利企业若不是在积极扩充时,会有现金不断积累的趋势,财务主管的责任是为这些多余的现金寻找出路。企业可能会决定增加股利的支付，偿还借款，投资购买有价证券或兼并企业。这些现象在一些成熟行业是屡见不鲜的。但企业若是处于亏损状态时，财务主管的日子就不会好过了。如果企业所处行业是资本密集度高的行业，如航空业、铁路业等，企业虽然亏损，但短期内其现金余额不会衰减，因为这些企业有着特别多的折旧和摊销费用，这构成现金来源。但若企业长期不能扭亏为盈，终有一天会面临固定资产不得不重置却无足够资金的困境。这种情况的不断延续最终将只会使企业破产。对于那些不能以高于补偿现金支付费用的价格出售其商品的亏损企业，其命运将更为悲惨，它们的财务主管会发现他们无法筹集到足够资金来维持企业生存，因为可能的贷款人看不出企业如何从经营中取得现金来偿还它的贷款，而企业主也不愿冒风险投入更多资金。

（二）企业的流动资产、流动负债变化情况

企业有的时候盈利很多，但仍会出现现金困难。原因之一就是把盈利变成了流动资产，如增加存货、增加应收款等，也可能是由于把盈利用来减少流动负债等。要注意，流动资产的增加或流动负债的减少都占用现金；而流动资产的减少和流动负债的增加都会使现金增多。

（三）企业扩充速度

即使对于盈利较好的企业，如果企业扩充速度过快，也会出现企业现金周转困难的情况。随着企业经营规模的迅速扩大，不仅企业的存款、应收账款、营业费用增加，而且还伴随着固定资产增加。这往往是大宗现金开支。这些都激化了企业扩充阶段的现金需要，并加重了财务主管所面临的任务。他不仅要继续维持企业目前经营收支的平衡，同时还需筹集资金满足项目扩充需要，并努力使这种需要控制在他曾预计的生产销售水平下可获得的现金水平内。

对于迅速扩充企业，财务主管可能会要求股东增资，建议减少股利支付，增加长期贷款，力图削减存货水平，加速应收账款回收等。

（四）企业经营的季节性波动

这种波动可能是销售的季节性波动或是原材料采购的季节性波动。企业销售呈季节性波动时，在销售淡季，因销货少，相应存货和应收款也减少，企业的现金周转水平下降；在销售旺季，因为存货和应收账款的快速增长，企业可能出现现金不足，但随着货款的回收，在旺季过后又会积累过剩现金。

有些行业的企业采购属于季节性模式。例如，卷烟公司需要在几个月内购进足够全年使用的烟叶，这使得企业原材料存货大幅上升，现金余额减少。随着销售的进行，现金余额会不断增长。

第二节　现金流分类

新《企业会计准则第 31 号——现金流量表》对"现金及现金等价物"的定义为：现金，是指企业库存现金以及可以随时用于支付的存款。不能随时用于支付的存款不属于现金。现金等价物，是指企业持有的期限短、流动性强、易于转换为已知金额现金、价值变动风险很小的投资。期限短，一般是指从购买日起三个月内到期。现金等价物通常包括三个月内到期的债券

投资等。权益性投资变现的金额通常不确定,因而不属于现金等价物。企业应当根据具体情况,确定现金等价物的范围,一经确定不得随意变更。

新《企业会计准则第 31 号——现金流量表》指出,若没有特殊说明,现金一般指现金和现金等价物。

现金流是英文 Cash Flow 直译,是指现金和现金等价物的流入和流出,或者说是某期间内的现金总收入减去现金总支出。和企业的净利润一样,现金流是一个速率变量,也就是说现金流只在某一段时间内,如一年、一个月时才有意义,而在某个时刻点上并无意义。

在上一节我们讨论了现金在企业中的流转过程,从中知道现金流有三种不同的类型,即经营现金流、投资现金流和筹资现金流。下面将分类讨论。

一、经营活动现金流

经营活动现金流,是一定时期内企业经营活动所赚来的现金净收入。我们知道由于现行会计制度是权责发行制而不是现金收付制,一般地说,会计净利润不等于经营现金流。这不仅仅是折旧在净利润之外构成现金来源,而且正如上节所说存货、流动资产、流动负债的变化都影响经营活动现金流。例如,某公司当年利润为 100 元,但存货年末比年初增加了 100 元,而其他流动资产和流动负债并未发生变化,那么,这 100 元的净利润则都由存货的增加占用了。下面我们导出经营活动现金流的一般公式。

按照现金流的定义,经营活动现金流等于经营活动现金收入减去经营活动现金支出,用公式表示:

$$CF = CF_{in} - CF_{out} \tag{6.1}$$

其中,经营活动现金收入 CF_{in} 并不等于会计上的销售收入(净值),而应是销售收入减去应收账款的增量:

$$CF_{in} = S - \Delta AR \tag{6.2}$$

其中,S 为期内销售收入(净值),ΔAR 表示期末与期初相比应收账款的增量,即 $\Delta AR = AR_{末} - AR_{初}$。同理经营活动现金支出 CF_{out} 为:

$$CF_{out} = C + I + \Delta INV - \Delta AP - \Delta EP - \Delta TP - \cdots + TAX \tag{6.3}$$

其中,I 为期内利息,C 为期内除利息外的其他现金支出的费用,TAX 为税款,以上三项均是损益报告中的概念,即按权责发生制下的数据。Δ 表示期末与期初相比的增加量(可正,可负),ΔINV 为库存增量,ΔAP 为应付账款增量,ΔEP 为应付费用增量,ΔTP 为应付税款增量……,要注意 Δ 前的正负号。

设所得税率为 T,则会计上税前利润 EBT 为:

$$EBT = S - C - I - D \tag{6.4}$$

而所得税 TAX 为:

$$TAX = (S - C - I - D) \times T \tag{6.5}$$

净利润 π 为:

$$\pi = (S - C - I - D) \times (1 - T) \tag{6.6}$$

其中，D 为当期折旧和分摊。于是便得出经营活动现金流：

$$\begin{aligned} CF &= CF_{in} - CF_{out} \\ &= S - C - I - TAX - \Delta AR - \Delta INV - \cdots + \Delta AP + \Delta EP + \Delta TP + \cdots \\ &= (S - C - I - D) - (S - C - I - D) \times T + D \\ &\quad - \Delta AR - \Delta INV - \cdots + \Delta AP + \Delta EP + \Delta TP + \cdots \\ &= \pi + D - \Delta AR - \Delta INV - \cdots + \Delta AP + \Delta EP + \Delta TP + \cdots \end{aligned} \tag{6.7}$$

即：
$$CF = \pi + D - \Delta(\text{除现金外的流动资产}) + \Delta(\text{流动负债}) \tag{6.8}$$

换句话说，经营活动现金流量等于会计利润加折旧、分摊，减去一部分流动资产增量，加一部分流动负债增量。

随后我们会定义流动资产减去流动负债为运营资本（Working Capital），用 WC 表示。于是：

$$CF = \pi + D - \Delta WC \tag{6.9}$$

即经营活动现金流等于净利润加折旧、分摊再减去除现金以外的经营资本增量。这部分经营资本涉及的流动资产和流动负债或是企业运营自动发生的，或是短期筹资活动的科目如短期借款等。

公式（6.9）是计算经营活动现金流的基本公式。在推导该公式时，我们假设了企业只有主营收入，实际上当企业还有其他收入时，公式（6.9）仍然正确。我们从净利润的定义知道，若折旧、分摊 D 增加，则净利润减少；但现金流究竟是增加还是减少呢？从（6.9）式一时还看不明白。我们把公式（6.7）稍加变形，事情就清楚了：

$$CF = (S - C - I) \times (1 - T) + T \times D - \Delta WC \tag{6.10}$$

从公式（6.10）知道，尽管折旧越多利润越少，但折旧越多导致经营活动现金流越多：计提折旧 D，会使现金流在不计提折旧的基础上增加 $T \times D$，其中 T 为所得税率。

因此，我们注意到一个十分重要的事实，在有所得税的情况下，折旧、分摊会使经营活动现金流增加 $T \times D$，这就是折旧税蔽（Tax Shield）。税蔽的概念以后我们还会多次遇到。

由此可见，当其他因素不变时，销售收入上升，则经营活动现金流上升；成本、费用上升，则经营活动现金流下降；折旧、分摊上升，则经营活动现金流上升；税率上升，则经营活动现金流下降；运营资本增加，则经营活动现金流下降。

二、投资活动现金流

投资活动现金流是企业在期内投资活动的净支出（即一般的现金流为负值），包括固定资产投资、无形资产和递延资产投资、长期投资等支出，减去固定资产等处置收入和长期投资收入。

涉及投资活动现金流的科目可能较少，但尤其在企业增长时，投资现金流数额很大。

三、融资活动现金流

融资活动现金流是期内企业从外部筹集现金的净值,包括:借新债(现金收入),还老债(现金支出),发行股票(现金收入),回购股票(现金支出),支付股东红利(现金支出)等活动。但依照国际上通行的原则,从成本/效益原则出发,会计处理上把负债利息支出计入经营活动现金流,不计入融资活动现金流。我国财政部规定利息计入融资活动现金流,与国际不接轨。融资活动现金流可正、可负。正值表明筹集了现金,增加了负债或权益;负债表明偿还了现金,减少了负债或权益。

上文提到的负债是指长期负债。流动负债中的短期借款计入经营活动现金流。实际上对待短期借款和应付票据等也有不同的处理方式,也有归入融资活动现金流的。不管如何处理是不影响最终结果的。

第三节 现金流量表的编制及分析

一、现金流量表

现金流量表,是指反映企业在一定会计期间现金和现金等价物流入和流出的报表。从编制原则上看,现金流量表按照收付实现制原则编制,将权责发生制下的盈利信息调整为收付实现制下的现金流量信息。

现金流量表在结构上将企业一定期间产生的现金流量分为三类:经营活动产生的现金流量、投资活动产生的现金流量和融资活动产生的现金流量。

现金流量表类似于利润表,它是以一个会计周期为基础的。例如,一个季度、一年等等,而在某一时刻的流量表没有意义。现金流量表是企业财务状况变动的最好说明,它用现金来表示企业的流动性。具体地说,现金流量表表现了企业的运营如何影响其用现金表示的流动性,说明了经营现金流、投资现金流和筹资现金流之间的关系。现金流量表可以回答下述问题:企业生成的现金流够不够增置固定资产等投资开支?如不够,外部筹资是仅用来供投资用,还是要支持日常的经营(后者表明企业处于高速增长阶段)?企业有无多余的现金可以用来偿付前期债务或投资于新产品?这些信息对于股东、债权人、管理层和分析家显然都是十分有用的。现金流量表揭示了企业的财务状况变化,可以借此进行业绩评估、投资分析和预测偿债、筹资能力。

二、现金的来源与占用

在第一节我们分析了现金如何在企业中流转。现在我们考虑在一个会计期间内构成现金来源(收入)和占用(支出)的因素。这要涉及期末和期初的资产负债表。

(一) 现金的来源

从期末和期初的资产负债表分析,现金的来源有两类。

1. 负债或股东权益的增加。长期负债的增加表明期内新举借长期负债多于偿还长期负债,其差额就是期内现金收入。流动负债,如短期借款的增加,与上述情况一样。其他流动负债的增加,可能不能直接转化为现金收入,但通过在企业中流转,最后间接转化为现金收入。股东权益方面,若是发行新股即股本和超面值资本增加,则收入现金自不待言;若是保留盈余增加,则是或直接或间接构成现金收入,故都是现金来源。

2. 资产的减少。资金占用就是所有的钱用在了哪里,包括现金、财产等。也就是资产负债表的左面。当现金、财产增加就是现金的占用。所以资产的减少就体现为现金的来源。流动资产的减少,直接或间接贡献于现金来源,如期末货币资金比期初余额减少了 100 元,说明期内从现金库中拿出来 100 元花了,这 100 元是现金来源。固定资产的减少有两种情况:正常折旧和处置固定资产。前者是现金直接来源,如运营现金流分析所示。后者是直接现金收入,显然也是来源。

(二) 现金的占用

从期初、期末两张资产负债表分析,现金的占用也有两类。
1. 负债或股东权益的减少。
2. 资产的增加。

其机理同于现金来源,不再赘述。不过其中固定资产的增加是指原值的增加,即购置固定资产所花的钱。资产负债表所列固定资产为净值,净值的增加即为当期净投资,净投资加上折旧就等于当期投资。故未列原值的情形,固定资产使用的现金为净值的增加再加上当期折旧。同时折旧又构成现金来源。这两项要分别列示,不可以冲抵后列净值。因为折旧属于经营现金流,而固定资产投资属于投资现金流。

三、现金流量表的编制

现金流量表的编制方法,可以用现金流水账按相应科目分类摘录,也可以通过资产负债表和损益表间接编制。直接方法比较麻烦,而间接方法相对比较简单。采取间接法可以基于两年的比较资产负债表先做出一个工作底稿,分析现金的来源和占用情况,正式报告还要加上利润、红利等信息。下面通过 NKK 公司的案例,予以说明。

(一) 现金流量表工作底稿:来源占用分析

以 NKK 公司为例,说明如何列示现金流量表的工作底稿(见表 6-1)。工作底稿的资产负债表中数据来自第五章的表 5-1。按照上段介绍的现金来源与占用科目,逐一进行分析,得到表 6-1 "来源"与"占用"栏的数据。

表 6-1　　　　　　　　NKK 公司 2011 年现金来源与占用分析　　　　　　单位：千元

科　　目	2010 年	2011 年	来源	占用
货币资金	550	580		30
交易性金融资产	250	200	50	0
应收票据	260	460	0	200
应收账款	3 150	3 340	0	190
应收利息	0	0	0	0
其他应收款	1 500	1 500	0	0
存货	1 850	1 960	0	110
一年内到期非流动资产	0	0	0	0
长期股权投资	200	600	0	400
可供出售金融资产	100	500	0	400
持有到期投资	100	200	0	100
固定资产（原值）	14 700	18 000	0	3 300
累计折旧	4 000	5 000	1 000	0
无形资产	1 200	1 600	0	400
长期待摊费用	100	100	0	0
短期借款	600	438	0	162
交易性金融负债	200	200	0	0
应付票据	500	525	25	0
应付账款	300	315	15	0
应付职工薪酬	630	650	20	
应交税金	630	650	20	0
一年内到期的非流动负债	500	500	0	0
长期借款	3 000	6 100	3 100	0
应付债券	2 800	3 000	200	
实收资本（股本）	1 500	1 500	0	0
资本公积	1 800	1 800	0	0
盈余公积	400	636	236	0
未分配利润	7 100	7 726	626	0
累计			5 292	5 292

(二) 现金流量表

现金流量表按经营活动现金流、投资活动现金流和筹资活动现金流分类报告，最后加以汇总。由于现金流通性最好，在经营活动现金流的流动资产和流动负债各科目中，不包括现金余额的增量。总现金流应等于同期内现金余额的增量。下面仍以 NKK 公司为例，表 6-2 说明现金流量表的内容格式。相关数据引于表 6-1 NKK2007 年现金来源与占用分析。

表 6-2　　　　　　　　　　NKK 公司 2011 年现金流量表　　　　　　　　单位：千元

1. 经营活动现金流量		
净利润	2 362	
加：		
折旧	1 000	
应付票据的增加	25	
应付账款的增加	15	
应交税金的增加	20	
应付职工薪酬的增加	20	
减：		
存货的增加		110
应收账款的增加		190
应收票据的增加		200
经营活动现金流合计	2 942	
2. 投资活动现金流		
加：		
交易性金融资产的减少	50	
减：		
固定资产的增加		3 300
无形资产的增加		400
长期股权投资的增加		400
可供出售金融资产的增加		400
持有到期投资的增加		100
投资活动现金流合计		-4 550

续表

3. 筹资活动现金流		
加：		
长期借款的增加	3 100	
应付债券的增加	200	
减：		
短期借款的减少		162
支付股利		1 500
筹资活动现金流合计	1 638	
总现金流合计（1 + 2 + 3）		30

从上述现金流量表可以看出，NKK公司2011年的经营现金流为2 942千元，筹资活动现金流为1 638千元，而投资活动现金流为 – 4 550千元，即净花了4 550千元进行投资活动，这样总现金流合计30千元。事实上从表6 – 2的分析中我们也知道，2011年末现金金额较之前一年增加了30千元。所以现金流报告一定要做"平"，不然就必定有地方出了问题。

净利润加上折旧应构成经营活动现金流的主体。NKK公司这两项合计为2 362 + 1 000 = 3 362千元，这本来是一个不算太小的数字。但由于本期增加了应收账款190千元，增加了存货110千元，合起来为300千元，占用了一部分现金。另一方面，应付票据、应付账款、应交税款和应付职工薪酬分别增加了25千元、15千元、20千元和20千元，总共80千元，又使经营活动现金流得以增加。经营资本对经营活动现金流的净作用为 $-\Delta WC = -[110 + 200 + 190 - 25 - 15 - 20 - 20] = -420$（千元）。

投资于固定资产、无形资产和长期股权投资等公司共花了4 600千元，交易性金融资产的减少得到了50千元现金，所以投资的当年净支出为4 550千元。当年的30千元从现金库增加的部分，经营现金流提供了2 942千元，其余的1 638千元只有靠筹资。注意我们的筹资活动现金流中包括了不可少的红利支付，当年为1 500千元。还清偿了短期借款162千元。这样要筹资3 300千元，主要靠增加长期借款和增发债券。

从上述简单分析可以看出NKK公司2011年的财务状况并不理想，由于利润水平较低和流动资产占用现金过多，致使不得不增加大量负债，增大了负债比例，增加了财务风险。但是，另一方面也应看到，由于固定资产有较大幅度的增加，下一年度的净利润可望大幅度增加。因此可以预言，下一年度财务状况会明显变好。

由于红利的支付一般说来是不可避免的，所以企业内部产生的现金流实际上等于

$$CF_1 = \pi + D - \Delta WC - DIV \tag{6.11}$$

即运营活动现金流减去红利支出，一般称为内生现金流。

投资现金流（绝对数）减去内生现金流即是所谓"财务赤字"。例如NKK公司2011年的内生现金流为2 942 – 1 500 = 1 442（千元），而财务赤字为：4 550 – 1 442 = 3 108（千元）。

财务赤字要靠外部筹资来弥补，例如，NKK公司本期现金占用30千元，财务赤字3 108千元，所以外部净筹资3 138千元。

四、现金流量表的分析

(一) 流动性的分析

1. 现金债务总额比：

$$现金债务总额比 = 经营现金净流入 / 债务总额$$

例如，NKK 公司 2011 年的现金债务总额比 = 2 942/12 378 = 0.24

由于经营现金净流入来自于现金流量表，是在收付实现制的基础上计算得到的，因此该比率反映了企业实际的综合偿债能力。这个比率越高，表明企业承担债务的能力越强。

2. 现金流动负债比：

$$现金流动负债比 = 经营现金净流入 / 流动负债$$

例如，NKK 公司 2011 年的现金流动负债比 = 2 942/3 278 = 0.90

这一比率反映了企业实际的流动负债偿还能力。该比率越高，说明其偿债能力越好。

(二) 获取现金能力分析

1. 每股营业现金净流量：

$$每股营业现金净流量 = 经营现金净流入 / 普通股股数$$

例如，NKK 公司 2011 年的每股营业现金净流量 = 2 942 千元/1 500 千股 = 1.96

该指标反映企业分派股利的最大能力，超过此限度，就要借款分红。

2. 全部资产现金回收率：

$$全部资产现金回收率 = 经营现金净流入 / 全部资产$$

例如，NKK 公司 2011 年的全部资产现金回收率 = 2 942/24 040 = 12.24%

此指标越高说明资产产生现金的能力越强。

五、关于现金流量表的一些问题的说明

我国目前编制的现金流量表与西方国家所编制使用的现金流量表有一定的差别。其原因是对利息费用处理方式有所不同：我国的具体做法是把利息费用分别归于经营活动和融资活动，其具体操作是将日常生产经营活动产生的利息费用归于经营活动，而将对外举借债务、发行债券等形成的利息费用计入融资活动。这种做法只是分类方法的不同，不影响企业总现金流的数值和结果。西方国家的具体做法是直接将利息费用归于经营活动，不再进行具体划分。

下面我们将以 STY 公司为例介绍现金流量表直接法的编制方法。

(一) 现金流量表直接法的编制简介

表 6-3　　　　　　　　STY 公司 2011 年现金流量表　　　　　　　单位：千元

项　目	行次	本年累计数
一、经营活动产生的现金流量		
销售商品、提供劳务收到的现金	1	14 825
收到的税费返还	3	0
收到的其他与经营活动有关的现金	8	0
现金流入小计	9	14 525
购买商品、接收劳务支付的现金	10	13 105
支付给职工以及为职工支付的现金	12	0
支付的各项税费	13	350
支付的其他与经营活动有关的现金	18	140
现金流出小计	20	13 595
经营活动产生的现金流量净额	21	1 230
二、投资活动产生的现金流量		
收回投资所收到的现金	22	125
取得投资收益收到的现金	23	0
处置固定资产、无形资产和其他长期资产加收的现金净额	25	0
收到的其他与投资活动有关的现金	28	0
现金流入小计	29	125
构建固定资产、无形资产和其他长期资产所支付的现金	30	1 650
投资所支付的现金	31	0
支付的其他与投资活动有关的现金	35	0
现金流出小计	36	1 650
投资活动产生的现金流量净额	37	(1 525)
三、筹资活动产生的现金流量		
吸收投资所收到的现金	38	1 200
借款所收到的现金	40	0
收到的其他与筹资活动有关的现金	43	0

续表

项 目	行次	本年累计数
现金流入小计	44	1 200
偿还债务所支付的现金	45	100
分配股利、利润和偿付利息所支付的现金	46	830
支付的其他与筹资活动有关的现金	52	0
现金流出小计	53	930
筹资活动产生的现金流量净额	54	270
四、汇率变动对现金的影响	55	0
五、现金及现金等价物净增加值	56	(25)

补充资料	行次	
1. 将净利润调整为经营活动的现金流量		
净利润	57	600
加：计提的资产跌价准备	58	0
固定资产折旧	59	500
无形资产及其他资产摊销	60	0
长期待摊费用的摊销	61	0
待摊费用的增加（减：增加）	64	0
预提费用增加（减：减少）	65	0
处置固定资产、无形资产和其他长期资产的损失（减：收益）	66	0
固定资产报废损失	67	0
财务费用	68	330
投资损失（减：收益）	69	0
递延税款贷项（减：借项）	70	0
存货的减少（减：增加）	71	(425)
经营性应收项目的增加（减：增加）	72	(175)
经营性应付项目的增加（减：减少）	73	400
其他	74	0
经营活动产生现金流量净额	75	1 230

续表

项 目	行次	本年累计数
2. 不涉及现金收支的投资及筹资活动（本例中没有不涉及现金收支的投资及筹资活动）		
3. 现金及现金等价物净增加情况		
现金的期末余额	79	250
减：现金的期初余额	80	275
加：现金等价物的期末余额	81	0
减：现金等价物的期初余额	82	0
现金及现金等物净增加额	83	(25)

表6-3中，本年累计数的各项指标数据的计算结果如下：

1. 销售商品、提供劳务收到的现金 = 销售收入 − 应收账款增量 = 15 000 − 175 = ¥14 825
2. 购买商品、接受劳务支付的现金 = 销售成本 + 销售费用 + 存货增加 − （应付票据增量 + 应付账款增量）= 12 720 + 310 + 425 − (200 + 150) = ¥13 105
3. 支付各项税费 = 所得税额 − 应计税金增量 = 400 − 50 = ¥350
4. 支付的其他与经营活动的现金 = 其他费用 = ¥140
5. 收回投资所收到的现金 = 可售证券的减少量 = ¥125
6. 构建固定资产、无形资产和其他长期资产所支付的现金 = 设备增量 = ¥1 650
7. 吸收投资所收到的现金 = 信誉债券增量 = ¥1 200
8. 偿还债务所支付的现金 = 抵押债券减少量 = ¥100
9. 分配股利、利润和偿付利息所支付的现金 = 分配红利 + 利息 = 500 + 330 = ¥8 300
10. 净利润 = ¥600
11. 固定资产折旧 = 房屋累计折旧 + 设备累计折旧 = 100 + 400 = ¥500
12. 财务费用 = 利息 = ¥330
13. 存货的减少（减：增加）= 期末存货余额 − 期初存货余额 = 1 500 − 1 075 = ¥425
14. 经营性应收项目的减少（减：增加）= 期末应收款余额 − 期初应收账款余额 = 1 750 − 1 575 = ¥175
15. 经营性应付项目的增加 = 应付票增量 + 应付账款增量 + 应计税款增量 = 200 + 150 + 50 = ¥400
16. 现金的期末余额 = ¥250
17. 现金的期初余额 = ¥275
18. 现金及现金等价物净增加额 = 现金的期末余额 − 现金的期初余额 = 250 − 275 = ¥25

附录

一、国际主要经营绩效评价指标简介

由于国际上各个国家采用的会计实务和会计准则各不相同,导致各自的绩效评价指标并不完全相同,但大致上可以分为四类:内部流动性分析(internal liquidity)、运营绩效分析(operating performance)、风险分析(risk profile)、成长能力分析(growth potential)。

(一) 内部流动性分析

内部流动性指标[①]用于分析公司偿还短期负债的能力,主要包括:

存货周转率 = 销货成本/平均存货
应付账款周转率 = 销货成本/平均应付账款余额
现金循环周期 = 应收账款周转天数 + 存货周转天数 − 应付账款周转天数

(二) 运营绩效分析

运营绩效分析包括运营效率分析和运营获利能力分析,二者相关指标如下:
运营效率分析指标:

总资产周转率 = 净销售收入/平均资产总额
固定资产周转率 = 净销售收入/平均固定资产
权益周转率 = 净销售收入/平均权益额

运营获利能力分析指标:

毛利率 = 毛利/净销售收入
经营利润率 = 息税前利润/净销售收入
净利率 = 净利润/净销售收入
总资本回报率 = 净利润 + 利息支出/平均总资产
总权益回报率 = 净利润/平均总权益额
普通股权益回报率 = (净利润 − 优先股股利)/平均普通股权益额

(三) 风险分析

风险分析指标用于分析收入流的确定性,主要包括:

经营风险 = 息税前利润标准差/平均息税前利润
销售收入波动性 = 销售收入标准差/平均销售收入
(注:以上两个指标的样本容量一般取 5 ~ 10 年)
经营杠杆 = 息税前收入变动百分比/销售收入变动百分比

[①] Ch. 10, pp. 319 − 358, Frank K. Reilly and Keith C. Brown. *Investment Analysis and Portfolio Management.* 7th edition

权益负债比率 = 长期负债/总权益额
资产负债比率 = 总负债/总资产
利息保障倍数 = 息税前利润/利息支出
固定支付保障倍数 = 息税前利润 + 租赁费用/利息费用 + 租赁费用 + 优先股红利(1 - 所得税率)
现金流与利息比 = 净利润 + 折旧费用 + 递延税款变动/利息费用
利息现金流保障倍数 = 净利润 + 折旧费用 + 递延税款变动 + 利息费用/利息费用
现金流与长期负债比 = 净利润 + 折旧费用 + 递延税款变动/长期负债的账面价值

(四) 成长潜力分析

成长率 = 收益留存比率 × 权益收益率
收益留存比率 = 1 - 股利支付率

二、企业经营绩效综合分析和评价方法简介

企业经营效绩的综合分析是在财务报表和各个财务指标的基础上，建立一个整体的分析系统，来综合地衡量企业经营的整体状况。国际上比较常用的综合分析和评价方法主要有杜邦分析法和沃尔分析法。

(一) 杜邦分析法

杜邦分析法是一种比较实用的财务比率分析方法，其始创于美国杜邦公司的管理者，故称之为杜邦财务分析体系。杜邦分析法是将评价企业绩效的最主要指标——所有者权益净利率（ROE）层层分解至企业最基本生产要素的使用、成本与费用的构成等层面，从而可以使管理者和财务分析师更清晰地看到影响权益收益率的各个因素，同时也可为投资者、债权人及政府评价企业提供依据。

采用杜邦分析法进行综合分析时，可以将各个财务指标的关系绘制成杜邦分析体系图。见图6-2[①]。

杜邦分析图提供了下列财务指标相互关系的信息：

（1）权益回报率是衡量企业绩效最具代表性的财务比率，是杜邦分析系统的主线。从杜邦分析体系中可以看出，权益回报率主要受权益乘数、销售净利率和总资产周转率等因素的影响。

（2）权益乘数是资产与所有者权益的比值，主要受资产负债率的影响。资产负债率越大，权益乘数越高，说明企业有较高的负债程度，给企业带来较多的杠杆收益，同时也给企业带来了较多的风险。

（3）总资产周转率反映公司资产总体的周转利用情况，是销售收入与平均总资产的比值。对总资产周转率的分析可以从资产构成比例、资产使用效率等方面进行具体分析。

（4）销售净利率反映了企业利润总额与销售收入的关系。要想提高销售净利率：一是要

---

① 斯科特·贝斯利，尤金·F·布里格姆等著：《财务管理精要》，第11版，机械工业出版社1998年版。

```
                          权益回报率
                              │
              ┌───────────────┴───────────────┐
           资产报酬率            ×           权益乘数
              │
      ┌───────┴───────┐
   销售净利率     ×     总资产周转率
      │                    │
  ┌───┴───┐            ┌───┴───┐
销售收入 ÷ 净利润    销售收入 ÷ 平均总资产
      │                    │
  ┌───┴───┐            ┌───┴───┐
销售收入 - 总成本    固定资产、  流动资产
                     无形资产等
              ┌──────┴──────┐        ┌──────┴──────┐
          销售成本    折旧及        现金及         可售证券
                    其他费用      现金等价物
           利息      所得税        应收账款         存货
```

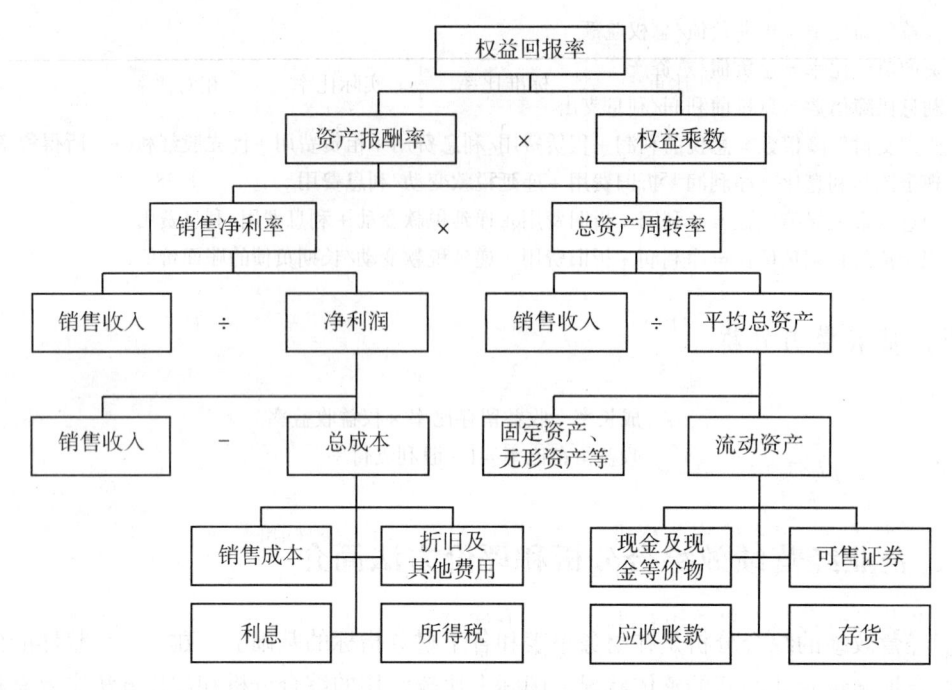

图 6-2 杜邦财务分析体系

扩大销售收入；二是降低成本费用。而降低各项成本费用开支是企业财务管理的一项重要内容。通过各项成本费用开支的列示，有利于企业进行成本费用的结构分析，加强成本控制，以便为寻求降低成本费用的途径提供依据。

注：中西方各个国家对财务报表的规定和科目的设置等方面存在一定的差异（详见本书第五章的内容），使得杜邦分析法在不同国家的使用也略有不同，但总体的分析思路是一致的。图 6-2 的杜邦分析体系是根据西方财务报表来编制的。

（二）沃尔评分法

1928 年，亚历山大·沃尔出版的《信用晴雨表研究》和《财务报表比率分析》中首次比较完整地应用沃尔评分法对企业财务状况进行分析。其原理是选择了七个有代表性的财务比率即流动比率、净资产/负债、资产/固定资产、销售成本/存货、销售额/应收账款、销售额/固定资产、销售额/净资产，分别给定各自所占的权重，然后确定标准比率（以行业平均数为基础），将实际比率与标准比率相比，得出相对比率，将此相对比率与各指标比重相乘，得出总评分。其原理和计算过程见表 6-4：

表 6-4　　　　　　　　　　沃尔评分法的计算过程表

财务比率	比重	标准比率	实际比率	相对比率	评分
	1	2	3	4 = 3 ÷ 2	5 = 1 × 4
流动比率	20	2.0	2.5	1.25	25
净资产/负债	20	1.5	0.9	0.6	12

续表

财务比率	比重 1	标准比率 2	实际比率 3	相对比率 4 = 3÷2	评分 5 = 1×4
资产/固定资产	15	2.5	3.2	1.28	19.2
销售成本/存货	15	8	11	1.38	20.7
销售额/应收账款	15	6	9	1.5	22.5
销售额/固定资产	10	4	2.8	0.7	7.0
销售额/净资产	5	3	1.7	0.57	2.85
合计	100				109.25

注：本表数据均为假设。

需要注意的是，表中给出的标准比率实际上是一个平均的标准比率，对于不同的行业，标准比率是不一样的，企业可以从一些统计报告、行业报告中获得，或者向一些专业机构购买。实际比率可以根据企业的财务报告来计算，相对比率就等于实际比率与标准比率之比。相对比率与权重之积就是该项指标的得分，所有指标的分数之和就是企业绩效考核的得分。

沃尔评分法克服了使用单一指标评判企业财务状况的片面性，从全局的角度对企业财务状况进行了定量分析，增加了评判的合理性、客观性和综合性。但是，随着社会的不断发展，沃尔评分法在实践应用中逐渐体现出了比较明显的局限性。首先沃尔分析法在理论上的一个明显不足就在于无法证明为什么要选择这七个指标，而不是更多或更少些，或者选择别的财务比率，以及未能证明每个指标所占比重的合理性。因此有关指标的选取和权重的设置应该结合企业的具体情况以及该行业的长期实践来合理确定。

另外，沃尔评分法在技术上也有一个问题，当某一个指标严重异常时，会对总评分产生不合逻辑的重大影响。因此，在运用沃尔评分法评价企业经营绩效时，需要分析师和企业的管理者具体问题具体分析，把握住沃尔分析法的基本原则，同时要有针对性地对沃尔分析法进行改进和修正。只有这样，才能客观全面地运用沃尔分析法，为决策管理服务。

习 题

1. 简述现金在制造类企业中如何进行短期循环及长期循环。
2. 影响现金周转的因素是什么？
3. 说明折旧税蔽的作用，不同的折旧方法如何影响净利润和现金流。
4. 理解下列概念：
现金流、运营现金流、筹资现金流、投资现金流、运营资本、内生现金流、财务赤字
5. 说明下列企业活动中哪些属于现金的来源，哪些是现金的占用，并按照运营现金流、投资现金流、筹资现金流将其分类。

存货减少	￥300
应付账款减少	175
应付票据减少	400
应收账款增加	600
设备增加	1 500

保留盈余增加	100

6. 继续考察前面章节中你所选择上市公司的现金流量表，写出你对该公司财务报表的完整分析报告。

7. 下面的损益表与资产负债表变动信息分别来自两个公司：A 公司是一家零售企业，B 公司是一家服务性企业。2011 年，A 公司共支付了 $5 000 红利，B 公司共支付 $35 000 的红利。

(1) 请分别给出两家公司的现金流量表。(2) 分析两家公司的不同。

表 1　　　　　　　　　　　　　2011 年损益表

科　目	A 公司	B 公司	科　目	A 公司	B 公司
销售收入	$1 000 000	$1 000 000	折旧	10 000	30 000
销售成本	700 000	700 000	利息费用	20 000	5 000
毛利	300 000	300 000	税前利润	150 000	150 000
			所得税	75 000	75 000
销售管理费用	120 000	115 000	净利润	$75 000	$75 000

表 2　　　　　　　　　　　资产负债表账户变动情况

2010/12/31 ~ 2011/12/31

科　目	A 公司	B 公司	科　目	A 公司	B 公司
现金	$ +5 000	$ +5 000	应付账款	$ -20 000	$ -5 000
可售证券	-5 000	+5 000	应付票据（短期）	+17 000	+2 000
应收账款	+40 000	+5 000	长期借款	+20 000	-10 000
存货	+40 000	-10 000	递延税款	+3 000	+18 000
固定资产	+20 000	+70 000	股东权益	+70 000	+40 000
减：累计折旧	(+10 000)	(+30 000)			
总资产	$ +90 000	+45 000	总负债与权益	$ +90 000	$ +45 000

8. 依照表 3 和表 4 编制 DEF 公司 2011 年现金流量表，按国际惯例和我国财政部现行制度分别编制，并进行现金流分析。

表 3　　　　　　　　　　　DEF 公司资产负债表

12 月 31 日　　　　　　　　　　　　　　　　　单位：千元

	资　产			资　产	
	2007 年	2006 年		2007 年	2006 年
流动资产			负债		
现金	$150	$110	流动负债		
应收账款	248	264	应付账款	$120	$130
预付货款	120	100	银行借款	60	30

续表

	资产			资产	
	2007年	2006年		2007年	2006年
存货	200	188	应付税款	74	60
预付费用	30	10	合计	$254	$220
合计	$748	$672	长期负债		
固定资产			抵押债券	88	122
房屋	$378	$298	负债合计	$342	$342
设备	144	132	权益		
			普通股面值	$248	$240
			超面值资本	232	160
			保留盈余	448	360
合计（净值）	$522	$430	股东权益合计	$928	$760
资产总计	$1 270	$1 102	负债与权益总计	$1270	$1 102

表4   **DEF公司损益报告**

2011年12月31日   单位：千元

销售额（净额）	$1 972	减：所得税	96
减：销货成本	1 264	税后净收益	$118
减：各种费用及利息	450	应付红利	30
减：折旧	44	保留盈余增加	$88
税前收益	$214		

第三篇

现值

现值是财务管理的最基本的概念之一。今天的一元钱的价值大于明天的一元钱的价值，是财务学的第一原则，称之为现值原则。估值问题是财务金融学的一个永恒主题。基于现值观念的估值方法广泛应用于财务决策和管理的各个领域，高层管理精英，尤其是财务经理必须牢牢掌握。

现值的观念和方法是财务金融学的主要研究成果之一。它的基本逻辑是用未来解释现在。如果能预测某资产的未来现金流，又知道其资本的机会成本，再运用现值的可加性，则很容易估计该资产的现值。这种称之为累计折现的方法对典型资产的估值问题（如债券和股票乃至企业），十分有效。

本篇由两章构成。第七章介绍现值的概念和累计折现方法。第八章是应用，把累计折现方法应用到债券、股票和企业的估值中，相信广大读者会以极大的兴趣来研读本篇。

第七章 现值的概念和累计折现方法

现值原则是财务金融学的第一法则。本章由三节组成。第一节讨论现值的概念,从经济学关于价值的解释入手,给出现值的定义。该节给出了资本的机会成本的概念,指出正确地选取折现率是估算现值的关键。该节还介绍了现值的一个重要属性,即可加性。现值的可加性是累计折现方法 CDF 的基础,用以估计长期资产的现值。第二节研究长期资产现值的计算方法,介绍了永续年金、年金和等额分摊公式,这些公式在实际问题中应用十分广泛。第三节讨论各种利率形式及名义利率和实际利率等问题。

第一节 现值的概念

一、价值

价值(value)问题向来是经济学和财务金融学关注的焦点,至今仍是现代财务金融学的最重要论题之一。估值问题可以说是财务金融学的一个永恒主题。在讲述现值的概念以前,我们有必要先温习一下价值的概念,扼要回顾一下经济学家关于价值问题的主要论述,并弄明白价值是怎样生成的。

简单地说,某项资产的价值,就是指它值多少钱。早期的经济学家,如亚当·斯密(Adam Smith)和大卫·李嘉图(David Ricardo)从供应的角度解释价值,指出一项资产或一件产品的价值依赖于生产该资产或产品所需的劳动总量。这就是所谓价值的劳动理论。如果产品 A 需要一份劳动就能生产出来,而产品 B 需要两份,那产品 A 的价值若是一个货币单位,则 B 的价值就是两个货币单位。因此,他们认为价值是客观的。后来价值的劳动理论又被一些经济学家加以改进,提出价值的生产成本理论,认为一项资产或一件产品的价值依赖于其总成本,不仅仅是劳动的总量,还包括企业家的利润。这些学说都是从供应的角度解释价值的。

早期的价值理论完全忽视了需求对价值的影响。后来,阿列富赖德·马歇尔(Alfred Marshall)等则强调一项资产或一件产品对消费者的效用决定了其价值。边际效用递减概念的提出是从需求一方来解释价值的,边际效用学派认为相对的稀缺性决定价值。

这样就存在两派相互对立的学说,一派强调供应,而另一派则强调需求。现代经济学家则接受双方合理的内核,认为供应因素(基于生产成本)和需求因素(基于边际效用递减律)对于确定资产或产品的价值都是重要的。在短期,需求是更重要的影响因素,不管该商品的生产成本是多少,其价值主要依赖于需求。可是在长期,价值必定超过生产成本;不然的话就无人生产这种产品。在完全竞争的市场上,当达到均衡状态时,商品的价格就是其价值。

二、现值

某项资产或某件产品 A 的现值（Present Value）定义为其现在的价值，用钱来衡量，记作 $PV(A)$。财务学的第一原则是：今天的 1 元钱的价值大于明天的 1 元钱的价值。由此推知，现在的 1 元钱的价值大于一年后 1 元钱的价值，这是一条黄金定律。为什么呢？因为今天的 1 元钱可以投资，预期一年后有利可得，其本利和大于 1 元钱，所以明年的 1 元钱的价值小于今天 1 元钱的价值。从一般意义上讲，任何投资家到老百姓都承认上述现值原则，都遵守这一定律。

某项资产或某件产品 A 一年后的价值、两年后的价值……，称作 A 的将来值，分别以 $PV_1(A)$、$PV_2(A)$……来表示。将来值和现值之间存在着一定的关系，可以相互折算，但通常为衡量和比较价值的大小，总以现值为基准尺度。

例 1：某房地产开发公司正准备在我市最繁华的商业区建造一幢巨型大厦。自己拥有的这片土地使用权估计值为 ¥2（以亿元为单位，下同），建造成本和其他费用估计为 ¥20。各咨询专家一致认为该大厦一年内建成后售价为 ¥30（现金交易）。问该项目的现值是多少？

由以上问题的表述，我们知道一年后该项目的现金流，即 $PV_1 = ¥30$。由于各专家一致认为该大厦一年能卖这么多钱，没有任何不确定性，所以可以假定这 ¥30 的现金收入没有风险。因而项目的投资就像在工商银行存款一样保险，投资者就要求与一年存款利率一样的回报率。现在银行一年期存款利率为 $r = 3.5\%$。也就是说，1 元钱到一年后变成 1.035 元，那么现在多少钱，即项目的现值，才能变成一年后的 ¥30 呢？这是一个简单的除法问题：

$$PV = 30/1.035 = 28.99$$

即项目的现值是 28 亿 9 千 9 百万元。这意味着，如果项目整体出售，现在就可以卖这么多钱。

现值与投资成本的现值之差称为净现值（NPV：Net Present Value），用公式表示：

$$NPV = PV - C_0 \qquad (7.1)$$

其中 C_0 为投资成本的现值。净现值是用现值衡量所赚的钱，它与会计利润不同。例如，上例中，投资成本应计入土地使用权的价值即机会成本 ¥2，加上其他成本，总成本共为 ¥22，因为是一期投资，这就认为是成本的现值，故 $C_0 = ¥22$，从而净现值：

$$NPV = PV - C_0 = 28.99 - 22 = 6.99$$

而净利润：

$$NI = 30 - 22 = 8$$

三、折现率——资本的机会成本

在例 1 中，我们知道项目的一年末将来值 PV_1，即一年后预期的现金收入，再除以 $1 + r$，得出项目的现值：

$$PV = \frac{PV_1}{1+r} \tag{7.2}$$

这个过程叫做折现，r 称作折现率，$\frac{1}{1+r}$ 称作折现因子。注意，一年末将来值实际上是现金流的期望值。公式（7.2）是计算现值的基本公式，即现值等于一年末将来值的一次折现。特别应当指出的是，被折现的不能是会计利润，只是预期的现金流。重复利用这一公式，可以计算任何年末将来值的现值。

如何确定折现率是一个十分重要却又往往是极其困难的问题。正确的折现率应当是资本的机会成本，亦即投资者在资本市场上进行风险等价的投资所要求的回报率。因为如果不进行本项目的投资，投资者可以在资本市场上进行与本项目风险相同的投资。若投资者在资本市场上要求的回报率为 r 的话，那么对本投资要求的回报率也应为 r。这个要求的回报率 r，就是资本的机会成本。同等的风险，要求的回报率应相等。比如上例中，我们假定该项目的风险与银行存款风险一样，而银行一年期存款要求的利率为 3.5%，故本项目的资本机会成本就是 3.5%。我们说折现率重要，是因为它的大小直接影响现值的大小。折现率的确定之所以困难，是因为一般很难在资本市场上找到完全与项目风险等价的投资。

读到这里，读者可能会想我们上述案例项目的资本机会成本 r 取作一年期限存款利率，是否正确。事实上，上例中我们关于房地产项目的风险与银行一年期存款风险一样的假设是不符合实际的。银行一年期存款几乎不存在违约风险，因此一年后的本利偿还几乎是确定性的。而房地产项目的不确定因素很多，说大厦完工以后保准卖出 ¥30，这一假设实际上并不符合实际。受各种因素的影响，实际售价可能低于 ¥30。这与银行一年后偿还本利的确定性不大一样，因此，该项目的资本的机会成本不等于 3.5%，即正确的折现率不是 3.5%，因而正确的现值 PV 也不是 28.99。

那么，上述例子中房产项目的折现率应是多少呢？可以认为，大厦建成后的售价与写字楼价格指数有相同的变异性。因此项目的风险与写字楼权益投资的风险相同。如果该类投资者要求的回报率为 15%，那么项目的资本的机会成本就等于 15%，亦即折现率应为 15%，那么项目的现值就为：

$$PV = 30/1.15 = 26.09$$

而净现值为：

$$NPV = PV - C_0 = 26.09 - 22 = ¥4.09$$

特别说明，当有风险的条件下，将来值 PV_1 不是确定值而是期望值或预测值。实际发生的不确定性，表现在折现率 r 中了。

正确的折现率是计算现值的关键，今后的篇章中我们还会深入讨论这个问题。初学者在解决实际问题时务必小心。例如，预期一年后收入现金流 ¥30，可是资产品种不同，例如银行定期存款；或给某小私企的贷款；或投资于网络公司的权益；或中国政府发行的债券；或企业债券……你不妨试试找出各种资产的折现率。

四、现值的可加性

现值有一个重要的性质,就是它的可加性(Additivity)或称保守性。如果资产 A 的现值为 $PV(A)$,资产 B 的现值为 $PV(B)$,则资产 A 和 B 的现值 $PV(A \oplus B)$ 就等于资产 A 的现值和 B 的现值之和:

$$PV(A \oplus B) = PV(A) + PV(B) \tag{7.3}$$

这个结果还可推广到多个资产的情形。

例如,资产 A:一年后产出预期现金流 $C_1(A) = ¥100$,折现率 $r_A = 10\%$,资产 B:一年后产出预期现金流为 $C_1(B) = ¥200$,折现率为 $r_B = 12\%$,则:

$$PV(A) = \frac{C_1(A)}{1+r_A} = \frac{100}{1+0.1} = ¥90.91$$

$$PV(B) = \frac{C_1(B)}{1+r_B} = \frac{200}{1+0.12} = ¥178.57$$

$$PV(A) + PV(B) = 90.91 + 178.57 = ¥269.48$$

当同时拥有资产 A 和 B 时,资本的机会成本应是 r_A 和 r_B 按 A 和 B 现值的加权平均

$$\begin{aligned} r &= \frac{PV(A)}{PV(A)+PV(B)} \times r_A + \frac{PV(B)}{PV(A)+PV(B)} \times r_B \\ &= \frac{90.91}{90.91+178.57} \times 0.10 + \frac{178.57}{90.91+178.57} \times 0.12 \\ &= 0.1133 \end{aligned}$$

而同时拥有资产 A 和 B,假定不存在"协同效应",一年后预期现金流为:

$$C_1(A \oplus B) = C_1(A) + C_1(B)$$

故其现值为:

$$\begin{aligned} PV(A \oplus B) &= \frac{C_1(A)+C_1(B)}{1+r} = \frac{300}{1.1133} = ¥269.48 \\ &= PV(A) + PV(B) \end{aligned}$$

以上,我们仅对于一期的两项资产验证了现值的可加性,但可加性是普遍成立的,现值可加性这一性质在管理中很重要,由这一性质我们可以得出结论,总体的现值等于各部分的现值之和,因此,可以通过各部分的现值来计算总体的现值。如果企业投资于一个新的项目,则该企业增加的价值是该项目的净现值 NPV。

值得说明的是,这里假定不存在协同效应,即同时具有 A 和 B 一年后现金流为 A 和 B 的各自现金流之和,而企业的购并往往产生协同效应,这也是购并的主要动因。

第二节 长期资产的现值

一、累计折现方法

一项长期资产表现为期望的现金流序列：$C_1, C_2, \cdots, C_n$，即第一年末产生预期现金 C_1，第二年末产生预期现金流 $C_2, \cdots$，第 n 年末产生预期现金流 C_n，n 为给定年数，即该资产的期限。

利用现值的可加性，容易求出长期资产的现值；由于该资产由现金流序列 $C_1, \cdots, C_n$ 构成，故其现值等于 C_1 的现值，C_2 的现值，$\cdots\cdots$，C_n 的现值之和。

$$PV = PV(C_1) + PV(C_2) + \cdots + PV(C_n) \tag{7.4}$$

假定 r_i 为 C_i 的折现率（即 i 年期折现率）。

$$PV(C_1) = \frac{C_1}{1+r_1}$$

$$PV(C_2) = \frac{C_2}{(1+r_2)^2}$$

$$\vdots$$

$$PV(C_n) = \frac{C_n}{(1+r_n)^n} \text{①} \tag{7.5}$$

上式中 C_1 的现值为 $PV(C_1) = C_1/(1+r_1)$，我们在第一节讲述现值的概念时已经遇到过。C_2 的现值 $PV(C_2)$ 之所以等于 $C_2/(1+r_2)^2$，道理是这样的：先把两年末现金流 C_2 折现到一年末：$PV_1(C_2) = C_2/(1+r_2)$，再把 $PV_1(C_2)$ 折现到现在：$PV(C_2) = PV_1(C_2)/(1+r_2) = C_2/(1+r_2)^2$，故 $PV(C_2) = C_2/(1+r_2)^2$。其余类推。这样，我们便得到了计算 n 期资产现值的公式：

$$PV = \frac{C_1}{1+r_1} + \frac{C_2}{(1+r_2)^2} + \cdots + \frac{C_n}{(1+r_n)^n}$$

$$= \sum_{i=1}^{n} \frac{C_i}{(1+r_i)^i} \tag{7.6}$$

由于利率的期限结构，从理论上我们知道正常情况下 $r_1 \leq r_2 \leq \cdots \leq r_n$，即年限越长，折现率越大。但是，实际中当差别不大时，为了计算上的方便，上述公式中的 $r_1, r_2, \cdots, r_n$ 可取同一个 r：

---

① 假定即期折现率为 r_0，预期第二年折现率为 $_1r_1\cdots$，预期第 n 年折现率为 $_{n-1}r_1$，则 $(1+r_n)^n = (1+r_n) \times (1+_1r_1)\cdots(1+_{n-1}r_1)$，由此式确定 r_n。

$$PV = \frac{C_1}{1+r} + \frac{C_2}{(1+r)^2} + \cdots + \frac{C_n}{(1+r)^n}$$

$$= \sum_{i=1}^{n} \frac{C_i}{(1+r)^i} \tag{7.7}$$

(7.6) 式或 (7.7) 式就是所谓累计折现 (Discounted Cash Flow) 公式。

二、永续年金

永续年金 (Perpetuity) 是这样一种资产, 其现金流序列永无止境。当每年的现金流相等时, 称为等额永续年金, 当每年的现金流按固定速率增加时称为匀速增长型永续年金。下面我们分别讨论它们的现值。

(一) 等额永续年金

例2: 某贫困县政府为支持本地区家境贫苦的大学新生入学, 特设立一项永续年金式奖学金, 从地方财政中每年拨出20万元作为奖学金, 从下年开始永远延续下去。问该永续奖学金的现值是多少?

政府承诺的事, 没有风险。所以上述永续年金的折现率可以取银行的最长期存款利率 (理论上应为无限期存款利率) r, 假定现在无限期银行存款利率 $r=10\%$ (复利), 则上述永续奖学金的现值 (以千为单位):

$$PV = \frac{200}{1+r} + \frac{200}{(1+r)^2} + \cdots$$

$$= \frac{200}{1.1} + \frac{200}{1.1^2} + \cdots$$

$$= \frac{200}{0.1}$$

$$= 2\,000(千元)$$

即200万元。注意上述计算是认为从明年才开始发放的永续年金的现值。如果从今年即开始发放, 其现值应为2 000万元再加上今年发放额200万元: 2 000+200 = ¥2 200, 即220万元 (读者试想, 从今年开始的永续年金现值 = 从明年开始的永续年金现值 × (1+r), 对不对?)。

我们可以换一个角度考虑上述例子, 永续奖学金实际上相当于今天在银行存入一笔钱, 每年发生利息 ¥200 000, 如果存款利率 $r=10\%$, 要存入多少钱? 显然, 应存入的钱的数量是

$$PV = \frac{200\,000}{r} = \frac{200\,000}{0.1} = ¥2\,000\,000$$

两种不同的方法得到了相同的结果。

一般地, 设永续年金从明年开始每年现金流为 C, 折现率为 r, 则该永续年金的现值为

$$PV = \frac{C}{1+r} + \frac{C}{(1+r)^2} + \cdots + \frac{C}{(1+r)^n} + \cdots$$

$$= \sum_{i=1}^{\infty} \frac{C}{(1+r)^i}$$
$$= \frac{C}{r} \text{①}$$

或者:
$$PV = \frac{C}{r} \qquad (7.8)$$

这是一个十分简便的公式。

长期永续型年金资产的界限可以用下述方法估计。假定该资产第 i 年发生现金流 C_i,$i=1$,2,$\cdots$,n,$\cdots$ 而第 i 年折现率为 r_i,如果能确定 c,C,r 和 R,使得 $c \leq C_i \leq C$,$r \leq r_i \leq R$,则

$$\frac{c}{(1+R)^i} \leq \frac{C_i}{(1+r_i)^i} \leq \frac{C}{(1+r)^i}$$

$$\frac{c}{R} = \sum_{i=1}^{\infty} \frac{c}{(1+R)^i} \leq PV = \sum_{i=1}^{\infty} \frac{C_i}{(1+r_i)^i} \leq \sum_{i=1}^{\infty} \frac{C}{(1+r)^i} = \frac{C}{r}$$

而
$$\frac{c}{R} \leq PV \leq \frac{C}{r} \qquad (7.9)$$

这说明 $\frac{c}{R}$ 是该资产现值的一个下界,而 $\frac{C}{r}$ 是该资产现值的一个上界,从而确定了该现值的一个范围。在相当多的实际问题中,这个范围足够小。

(二) 匀速增长型永续年金

例3:假定上例中奖学金拨款不是常量,而是:第一年为 ¥200 000,以后每年增加5%问该永续奖学金的现值又是多少?

一般地,匀速增长型永续年金第一年现金流为 C_1,第二年为 $C_2 = C_1(1+g)$,第三年为 $C_3 = C_2(1+g) = C_1(1+g)^2$,$\cdots$,第 n 年为 $C_n = C_{n-1}(1+g) = C_1(1+g)^{n-1}$,$\cdots$,设其折现率为 r,于是其现值为:

$$PV = \sum_{i=1}^{\infty} PV(C_i)$$
$$= \sum_{i=1}^{\infty} \frac{C_1(1+g)^{i-1}}{(1+r)^i}$$
$$= \frac{C_1}{r-g} \text{②} \qquad (7.10)$$

---

① 这是等比无穷级数和的公式,设 $A = \sum_{i=1}^{\infty} \frac{1}{(1+r)^i}$,则 $(1+r)A = 1 + \sum_{i=1}^{\infty} \frac{1}{(1+r)^i} = 1 + A$,于是 $(1+r)A = 1 + A$,从而 $A = \frac{1}{r}$。

② 类似常量永续年金的推导,设 $A = \sum_{i=1}^{\infty} \frac{(1+g)^{i-1}}{(1+r)^i}$,双方乘以 $\frac{1+r}{1+g}$,得出 $\frac{1+r}{1+g}A = \frac{1}{1+g} + A$,解出 $A = \frac{1}{r-g}$。

式中，C_1——一年末长期现金流；
  r——折现率；
  g——年金增长率。

回到例 2，$C_1 = ￥200\,000$，$r = 10\%$，$g = 5\%$，则：

$$PV = \frac{C_1}{r-g} = \frac{200\,000}{0.1-0.05} = ￥4\,000\,000$$

即 400 万元，比例 1 中等额永续年金多了一倍。

三、年金

年金（Annuity）是指每年相等或匀速增长的现金流序列，从明年开始，即 $i = 1$，到第 n 年为止，即 $i = n$，共 n 年，现实生活中年金的例子是很多的。

（一）等额年金

等额年金从第一年起，每年现金流为常数 C：$C_i = C$，$i = 1, \cdots, n$，其 n 年不变，如果折现率为 r，则常量年金的现值为：

$$PV = \frac{C}{1+r} + \frac{C}{(1+r)^2} + \cdots + \frac{C}{(1+r)^n}$$

$$= \sum_{i=1}^{n} \frac{C}{(1+r)^i}$$

$$= \frac{C}{r}\left[1 - \frac{1}{(1+r)^n}\right] \text{①}$$

便得出等额年金现值公式：

$$PV = \frac{C}{r}\left[1 - \frac{1}{(1+r)^n}\right] \tag{7.11}$$

本书后附有 1 元钱年金的现值表。

例 4：政府对有突出贡献的青年科学家发给年金特殊津贴，每年 ￥10 000，从明年开始共 20 年，该津贴的现值是多少？

这里 $C = 10\,000$，$n = 20$，折现率 r 可以取银行长期存款利率 $r = 10\%$。按照公式（7.11）通过计算（或查表）得出其现值为：

$$PV = 10\,000 \times 8.5136 = ￥85\,136$$

上述公式（7.11）中，年金现值是两项相减，其中 $\frac{C}{r}$ 是永续年金现值，而 $\frac{C}{r}\frac{1}{(1+r)^n}$ 是从

---

① 公式推导如下：$\sum_{i=1}^{n}\frac{1}{(1+r)^i} = \sum_{i=1}^{\infty}\frac{1}{(1+r)^i} - \sum_{i=n+1}^{\infty}\frac{1}{(1+r)^i} = \frac{1}{r} - \frac{1}{(1+r)^n}\sum_{i=1}^{\infty}\frac{1}{(1+r)^i} = \frac{1}{r} - \frac{1}{r}\frac{1}{(1+r)^n} = \frac{1}{r}\left[1 - \frac{1}{(1+r)^n}\right]$

第 $n+1$ 年开始的永续年金现值。当 n 很大时,后者占的份额很小。例如,当 $r=10\%$,$n=20$ 时。

$$\frac{1}{(1+r)^n} = \frac{1}{1.1^{20}} = 0.1486$$

即从第 21 年开始的永续年金的现值仅为从第 1 年开始的现值的 14.86%,当 r 增大时,这个份额显著减少;如 $r=20\%$,$n=20$

$$\frac{1}{(1+r)^n} = \frac{1}{1.2^{20}} = 0.0261$$

说明在这种情形下,从第 21 年开始的永续年金的现值仅及第 1 年开始的 2.61%,这样年金与永续年金两者相差已经很小。同样的 $r=20\%$,n 增大为 50 时,

$$\frac{1}{(1+r)^n} = \frac{1}{1.2^{50}} = 0.00011$$

说明当折现率 $r=20\%$,从第 51 年开始的永续年金的现值仅为从第 1 年开始的万分之一。因此在这种情形下,可以认为 50 年年金和永续年金没有什么差别。

(二) 匀速增长年金

等额型年金每年现金流保持为常数不变,而匀速增长型年金现金流每年按同一速率 g 增加:$C_1 = C$,$C_2 = C_1(1+g) = C(1+g)$,…,$C_n = C(1+g)^{n-1}$,和等额年金类似,匀速增长型年金的现值为:

$$PV = \frac{C}{r-g}\left[1 - \frac{(1+g)^n}{(1+r)^n}\right] \tag{7.12}$$

式中,C——一年后长期现金流
r——折现率;
g——年金增长速率;
n——年金期数。

例 5:对例 4 中政府特殊津贴的章程做一点修改:津贴额第 1 年为 ¥10 000,以后每年加 5%,问津贴现值又是多少。

按照上述公式,该津贴现值是:

$$PV = \frac{10\,000}{0.1 - 0.05}\left[1 - \left(\frac{1.05}{1.10}\right)^{20}\right] = ¥121\,120$$

即 20 年津贴现值为 121 120 元。

最后,我们再强调说明,无论是永续年金还是年金现值公式,第一次支付都是距现在一年后,即第 1 年末发生的,而不是现在发生的。如果某实际问题支付是从现在开始,那么按相应公式加上现在的现金流就是该年金或永续年金的现值。

四、等额分摊

现实生活中有许多等额分摊问题。例如,家长储蓄 10 万元人民币要儿子读大学用,每年等额消费的钱;购房、买车按揭贷款每月偿付额等等。

这是求年金现值的逆过程,等额年金是知道每年现金流,求其现值。而等额分摊则是已知现值求年现金流,由于

$$PV = \frac{C}{r}\left[1 - \frac{1}{(1+r)^n}\right]$$

故每年的现金流应为:

$$C = \frac{PV \times r \times (1+r)^n}{(1+r)^n - 1}$$

$$= \frac{PV}{\text{相应年金系数}} \qquad (7.13)$$

例 6:如 D 公司刚从银行借到 ¥1 000 000,年利 12%,为期 10 年。但银行要求一年后开始按等额年金方式偿还,问每年偿还多少?

按公式 (7.13),每年应偿还:

$$D = \frac{1\,000\,000 \times 0.12 \times (1.12)^{10}}{1.12^{10} - 1} = ¥176\,984$$

或从附表中查出年金系数 = 5.650,再算出:

$$C = \frac{1\,000\,000}{5.650} = ¥176\,991$$

由于舍入误差的影响,上述两答案有些微小差异。

五、年金的终值

在上段我们讨论了年金现值公式,在实际中有时人们关心年金的终值,即各年金期末将来值之和。

例 7:某人从现在开始按零存整取方式,每年存入银行 ¥10 000,共 20 年,银行零存整取利率为年利 10%,按复利计算,问这笔存款 20 年到期时本利和是多少?

注意,这是从现在开始支付的年金,我们可以逐项计算其未来值,然后加起来,导出必要的公式。但是,这里我们利用已经有的现值公式来计算终值 PV_{20};

$$PV_{20} = (1+r)^{20} PV$$

而

$$PV = 10\,000 + \frac{10\,000}{1-r} + \cdots + \frac{10\,000}{(1+r)^{19}}$$

$$= \frac{10\,000}{r}\left[1 - \frac{1}{(1+r)^{20}}\right](1+r)$$

$$= ￥93\,650$$

故

$$PV_{20} = PV(1+r)^{20} = 93\,650 \times 1.1^{20} = ￥630\,025$$

一般等额年金终值的公式为：

$$PV_n = \frac{C}{r}\left[(1+r)^n - 1\right](1+r) \tag{7.14}$$

式中 n 为期数；r 为折现率；C 为每年现金流。

特别注意，第一次支付是从现在开始的匀速增长型年金，其终值公式为：

$$PV_n = \frac{C}{r-g}\left[(1+r)^n - (1+g)^n\right](1+r) \tag{7.15}$$

其中 g 为现金年增速率，其余假设相同。

例8：综述例6中零存方式：现存入 ￥10 000，以后每年递增5%，共20年，则期末本利和是多少？

按公式，20年后本利和为：

$$PV_{20} = \frac{1\,000}{0.1 - 0.05}\left[1.1^{20} - 1.05^{20}\right] \times 1.1$$

$$= ￥896\,324$$

如果一般的年金无规律可循，从第 0 年（现在）至第 $n-1$ 年分别 $C_0, C_1, \cdots, C_{n-1}$，而年利率为 r，则其终值为：

$$C_0(1+r)^n + C_1(1+r)^{n-1} + \cdots + C_{n-2}(1+r)^2 + C_{n-1}(1+r)^1$$

第三节 利率的计算

本节将讨论利率计算中的一些具体问题，包括单利、复利及其相互转换，引进连续利率的概念，并揭示实际利率和名义利率、通货膨胀率之间的关系。不加说明时，利率均指年利率。

一、单利

单利是一种最简单的计算存、贷款利息的方法，不管期限多长，只有本金能产生利息，而利息不产生利息。

（一）单利利息的计算

单利利息的公式是：

$$I = P \times r \times n \quad (7.16)$$

式中，I——利息；
P——本金；
r——单利利率；
n——期限（年）。

（二）单利本利和的计算

单利终值的公式是：

$$S = P + I = P + P \times r_s \times n = P \times (1 + r_s \times n) \quad (7.17)$$

式中，S——期末本利和，即终值，其他符号同。

（三）单利现值——贴现

在现实经济生活中，有时需要根据终值来确定其现在的价值，即现值，例如，企业持未到期的票据向银行申请融通资金时，银行按一定利率从票据的到期值中扣除自借款日到票据到期日的应计利息，将余额付给持票人，该票据则归银行所有，这种融通资金的办法称为"贴息取现"，简称"贴现"，贴现时使用的利率称贴现率，计算出来的利息称贴现息；扣除贴现息后的余额称为现值。

贴现的计算公式是：

$$P = S - I_d = S - S \times r_d \times n = S \times (1 - r_d \times n)$$

式中，S——票据到期值；
I_d——贴现息；
r_d——贴现率；
n——自贴现日至到期日的期数。

例9，某企业有一张带息票据，面额为1 000元，票面利率为6%，出票日为1996年6月15日，8月14日到期（共60天），则到期时利息为：

$$I = 1\,000 \times 6\% \times \frac{60}{360} = 10 \text{（元）}$$

到期终值 $S = 1\,000 \times \left(1 + 6\% \times \frac{60}{360}\right) = 1\,010$（元）

因企业急需用款，于6月27日凭该票据向银行申请办理贴现，银行规定贴现率为8%，因该票据贴现期为48天，则银行付给企业的金额为：

$$P = 1\,010 \times \left(1 - 8\% \times \frac{48}{360}\right) = 999.23 \text{（元）}$$

二、复利

复利是计算利息的另一种方法，按照这种方法，每经过一个计息期，要将所生利息加入本金一并计算利息，逐期滚算，俗称"利滚利"。

（一）复利终值

复利终值的计算公式是：

$$S = P \times (1 + r_c)^n \tag{7.18}$$

式中，S——复利终值；
　　　P——本金；
　　　r_c——利率；
　　　n——期数。

$(1+r)^n$ 被称为复利终值数或 1 元的复利终值。为了便于计算，人们编制了"复利终值系数表"备查（见书后附录），该表的第一行是利率 r，第一列是计息期数 n，相应的行列交叉处即为 $(1+r)^n$ 的值。

（二）复利现值

复利现值是复利终值的对称概念，是指未来一定期间的特定资金按复利计算的现在价值，或者说是将来为取得一定数额的资金（本利和）而需要现在存入的金额。

根据复利终值公式，很容易导出复利现值公式：

$$P = \frac{S}{(1+r)^n} = S \times (1+r)^{-n}$$

式中，$(1+r)^{-n}$ 称为复利现值系数，或称 1 元的复利现值。为了便于计算，人们编制了"复利现值系数表"备查（见书后附表），该表的使用方法与"复利终值系数表"相同。

三、复利与单利的转换

现在我国金融机构在吸纳存款时一般采用单利制，利率都以单利率为基础，而国际通行的多为复利制。如果期限为 1 年，就不存在转换的问题。但如果期限并不恰好为 1 年，就有一个等价转换问题了。

设期限数为 n，单利年利率为 r_s，等价的复利年利率为 r_c，不管采用单利制还是复利制，使两者本利和相等，

$$1 + n \times r_s = (1 + r_c)^n$$

于是

$$r_c = (1 + n \times r_s)^{\frac{1}{n}} - 1$$

或

$$r_s = \frac{(1 + r_c)^n - 1}{n}$$

例 10，工商银行在 2012 年 3 月 8 日的储蓄半年期利率为 3.3%（年利率，下同），5 年期利率为 5.5%，折算成等价的复利率，分别为：

半年期 $\left(n = \dfrac{1}{2}\right)$

$r_c = (1 + 0.033/2)^2 - 1 = 0.0333$ 或 3.33%

5年期（$n = 5$）

$r_c = (1 + 0.055 \times 5)^{1/5} - 1 = 0.0498$ 或 4.98%

由上例可以看出，等价的利率在一年期以上，单利率比复利率高，而在一年期以下单利率比复利率低。表7-1给出工商行在上述日期储蓄复利换算表。

表7-1　　　　　　　　　　　　复利换算表

期限	3月	半年	1年	2年	3年	5年	活期
	3.10	3.30	3.50	4.40	5.00	5.50	0.40
等价复利%	3.1362	3.3472	3.50	4.3073	4.7690	4.9789	—

原始数据来源：工商银行2012年3月9日公告。

有许多情形规定了年利率，但不是每年支付一次而是一年支付数次，这就特别需要说明是按单利方式支付还是按复利方式支付，例如，规定年利率为8%，每年支付四次，即每季度一次，如果按单利方式支付，则每季支付：

$$\dfrac{0.08}{4} = 0.02$$

即2%，这种方式对受息人有利，因为实际上折成年利率为：

$$r = (1 + 0.02)^4 - 1 = 8.2432\%$$

比年利8%高出0.2432个百分点，如果按复利方式支付，则每次支付的不是面值的2%，而是

$$(1 + 0.08)^{\frac{1}{4}} - 1 = 0.0194265 \text{ 或 } 1.94265\%$$

折成年利率才真正是8%。

我国金融业一般公布两种利率：年利率和月利率，是按单利率方式折算的：

$$月利率 = 年利率/12$$

但实际并不是按月率每月支付一次，而只是一种计算方法。

如果"年支付4次的年利率8%"，不加说明的话，一律按单利率方式支付，即每次2%，如上所述，这时真正年利率超过了8%，为8.2432%。

四、连续复利

在理论研究和大银行的业务活动中，经常用到连续复利率。例如，我国各银行的活期存款如果允许每天存取一次，而"天天利"储蓄的年利率为1.98%，每天计息一次，那么1亿元钱年末变成了

$$\left(1 + \frac{0.0198}{360}\right)^{360} = 1.0199968（亿元）$$

其中，0.0198 是活期存款年利率，进而如果允许每时、每分、每秒……都计利息，那么 1 亿元存款年末的本利和为：

$$\lim_{n \to \infty}\left(1 + \frac{0.0198}{n}\right)^n = e^{0.0198} = 1.0199973（亿元）$$

其中，e 为自然对数底数（$e = 2.7182818284$）。

上式中 0.0199973 亿元即年利率为 0.0198 连续计算利息而产生的年利息，称 0.0198 为连续复利率或简称连续利率。

一般地，如果连续利率为 r，持续时间为 t，则此时本利和为：

$$S = e^{rt}$$

其中 $t \geq 0$ 是任何实数，如果以连续利率折现。则 t 时现金流 $C(t)$ 的现值为

$$PV[C(t)] = C(t)e^{-rt} \tag{7.19}$$

五、名义利率与实际利率

利率在未加说明时都是指名义利率（Nominal Rate of Interest），是以货币计算的。如果存在通货膨胀，按实际购买力来计算则必须打折扣，用 r_n 表示名义利率，用 r_i 表示通货膨胀率。那么，1 元钱存款年末名义上变成 $1 + r_n$ 元，但实际购买力为：

$$\frac{1 + r_n}{1 + r_i}$$

比年初的 1 元钱，增加了

$$r_r = \frac{1 + r_n}{1 + r_i} - 1$$
$$= \frac{r_n - r_i}{1 + r_i}$$

即为实际利率 r_r（Real Rate of Interest）。

$$r_r = \frac{r_n - r_i}{1 + r_i} \tag{7.20}$$

实际利率可能是正数，也可能为负数。

上式的近似式为：

$$r_r = r_n - r_i \tag{7.21}$$

这也是一般估算实际利率常引用的公式，因为它简便。但当通货膨胀较大时，近似公式有较大误差。

例 11：设 $r_n = 12\%$，$r_i = 16\%$，则用近似公式估算出的实际利率为：

$$r_r = r_n - r_i = -4\%$$

而真正的实际利率为：

$$r_r = \frac{1+r_n}{1+r_i} - 1 = -3.448\%$$

可以看出近似式的误差是显著的。

习 题

1. 财务学的第一原则是什么？如何解释这一原则？
2. 掌握以下概念：
现值、终值、净现值、折现率、机会成本、单利、复利、贴现、名义利率、实际利率、连续复利。
3. 什么是现值的可加性，这一性质在财务学中有何意义？
4. 试论累计折现现金流方法的哲学思想、适用条件与范围。
5. 银行 A 对其客户的存款实行单利，年利率8%，银行 B 对其客户的存款实行复利，问 B 银行应该如何制定其5年期存款利率使自身对客户更有竞争力？
6. 两家公司邀请你去做财务主管，它们分别提出了各自对你的薪金待遇：

A 公司准备在未来的两年中每年支付 $400 000 年薪；

B 公司的条件是未来两年中每年末支付 $200 000 外加签约当日 $300 000 的签约奖金，如果适用的折现率为年利率14%，请问你会接受哪家公司的职位？

7. 一家房地产公司为了推广它们的经济型住房提供了以下几种付款方式供消费者选择：

（1）支付10万元现金；

（2）5年后支付18万元；

（3）从购房当天起，每年年初支付14 000元，直到永远；

（4）从购房当天起，每年年初支付19 000元，共10年；

（5）从购房的第二年年初开始支付6 500元，以后每年增长5%，直到永远。假定适用折现率均为12%，如果你是购房的消费者，你将选择哪种支付方式，为什么？

8. 一家保险公司为它们的人寿保险作广告：

"从现在起10年中，每年给我们 $1 000，10年后我们每年还给你 $1 000，直到永远。"

请问，这是一项公平的交易吗？为什么？

9. 现借入年利率14%的4年期贷款10 000元，该项贷款在4年内等额还清，偿付时间是每年的年末，请问每年应该偿付多少？

10. 某大学绿色行动小组的组织章程规定，在接下来的20年中，每隔一年年末都要捐种价值¥10 000 的树苗，第一次捐种发生在两年后的年末，如果现在把20年所需的树款设立基金全额存入银行，在复利计息年利率10%的条件下，现在共需要多少行动资金？

11. 某银行新开了一项大学助学储蓄计划，该项计划要求储户6年中每年存入 $2 000，第一次存款的时间是在储户子女的12周岁生日。到他（她）18岁生日时，银行开始提供每年 $7 000 的助学金，直到4年后大学毕业。请问这个储蓄计划储户的回报率是多少？

第八章 债券和股票的现值

第七章讲述了累计折现方法，而本章把上述方法运用于资本市场上最重要的两类资产即债券和股票的估值，债券和股票的现值究竟为几何，是发行人（筹资者）和持有人（投资者）双方都十分关注的问题。

第一节 债券的现值

在发达的资本市场上，债券（Bonds）是一个大家族，其种类和形式特别多，详见本书第二十章。相对而言，目前我国资本市场上债券尤其是企业债券品种和数量较少。但是，负债是公司的主要筹资手段之一，发行债券是一种必然的趋势，本节主要讨论固定利率债券的估值问题。如无特别说明，下面"债券"均指固定利率债券。本节的分析适用于一般的固定收入证券。

一、债券的现金流序列决定要素

我们不妨站在投资者的立场上来考虑其债券的现值。在一个完美的市场上，该现值就是此债券的市场价格。按照累计折现方法，债券的现值理应是投资者预期的现金流序列现值之和，因此，首要的是确定债券的现金流序列。

债券的现金流序列（对于筹资者来说，是净现金流出序列）在债券发行时就确定了，它有三个要素：面值、票息率和到期日。

债券面值（Par）指债券发行时所载明的票面金额，它表明发行人借入并承诺在未来某一特定日期偿付给债券持有人的本金金额。

票息率（Coupon Rate）指债券的年利息与面值的比率。债券计息和付息的方式有多种，可能使用单利和复利计息、利息支付可能半年一次、一年一次或到期日一次支付。票息率一般是指年利率。所谓"零票息"或"零票息率"是指不支付利息。目前国际上采用复利计息，而国内相当多的情形仍沿用单利。在下面分析中，我们假定每年支付一次利息，每半年、每季度支付一次利息的情形，可类似处理。

到期日（Maturity）是指债券偿还本金的日期。债券一般都规定到期日，以便到期偿还本金。

二、始发债券的价值

这里我们先考虑一级市场上发行债券的价值。假定每年支付一次利息，那么债券的现值 PV（体现为市场价格）应是预期未来现金流序列的现值之和：

$$PV = \frac{C_1}{1+r_1} + \frac{C_2}{(1+r_2)^2} + \cdots + \frac{C_n}{(1+r_n)^n} + \frac{P}{(1+r_n)^n} \tag{8.1}$$

式中，C_i——第 i 年和利息在多数情形下为：C_i = 面值×票息率；

P——面值；

$r_1, r_2, \cdots, r_n$——相应年度的折现率；

n——期限，债券的偿还期。

债券发行时，其面值、票息率和偿还期限都已注明。因此债券的价值就完全由折现率确定，从以上公式可知，债券的折现率越高，其价值越低；反之，债券的价值越高。

公式（8.1）中相应年度的折现率 $r_1, r_2, \cdots, r_n$ 就是投资者购买相应年度的债券所要求的回报率。一般地，若不特别精细研究，可以假定 $r_1 = r_2 = \cdots = r_n$ 并以 r 表示之。对于债券，投资者要求的回报率，亦即折现率称之为到期收益率（Yield to Maturity）。

如果各年利息均能以同一到期收益率 r 进行再投资，则投资者投资于债券的回报率就是到期收益率。为说明这一点，只需注意投资者现投入资本为 PV，若期末收入现金流 $PV_n = PV(1+r)^n$ 就可以了，即 n 年投资回报率为 r。事实上，第一期利息 C_1 的期末将来值为 $C_1(1+r)^{n-1}$，第二期利息 C_2 的期末将来值为 $C_2(1+r)^{n-2}$，$\cdots$，第 $n-1$ 期利息 C_{n-1} 的期末将来值为 $C_{n-1}(1+r)$。故整个利息与本金现金流序列的将来值之和，即终值为 PV_n。

$$\begin{aligned} PV_n &= C_1(1+r)^{n-1} + C_2(1+r)^{n-2} + \cdots + C_{n-1}(1+r) + C_n + P \\ &= (1+r)^n \left[\frac{C_1}{1+r} + \frac{C_2}{(1+r)^2} + \cdots + \frac{C_{n-1}}{(1+r)^{n-1}} + \frac{C_n}{(1+r)^n} + \frac{P}{(1+r)^n} \right] \\ &= (1+r)^n PV \end{aligned}$$

即证明了

$$PV_n = PV(1+r)^n \tag{8.2}$$

但是，若期间内利率发生了变化，则（8.2）式不再成立，投资者面临债券的价格和再投资回报率逆向变化的影响。

例1：ABC 公司于 2007 年 11 月 1 日发行面额为 1 000 元，票息率为 10% 的债券，到期日为 2012 年 11 月 1 日，每年 11 月 1 日付息一次，如果到期收益率分别为 8%、10% 和 12%，那么其价格为多少？

解：折现率为 8% 时，债券的价值可以利用附表计算出：

$$\begin{aligned} PV &= \frac{100}{1.08} + \frac{100}{1.08^2} + \frac{100}{1.08^3} + \frac{100}{1.08^4} + \frac{100}{1.08^5} + \frac{1\,000}{1.08^5} \\ &= 3.992\,7 \times 100 + 0.680\,58 \times 1\,000 \\ &= 1\,079.85 \text{（元）} \end{aligned}$$

折现率为 10% 时，债券的价值可类似得出：

$$PV = \frac{100}{1.1} + \frac{100}{1.1^2} + \frac{100}{1.1^3} + \frac{100}{1.1^4} + \frac{100}{1.1^5} + \frac{1\,000}{1.1^5}$$

$$= 3.7908 \times 100 + 0.62092 \times 1\,000$$

$$= 1\,000 \text{（元）}$$

折现率为 12% 时，债券的价值为：

$$PV = \frac{100}{1.12} + \frac{100}{1.12^2} + \frac{100}{1.12^3} + \frac{100}{1.12^4} + \frac{100}{1.12^5} + \frac{1\,000}{1.12^5}$$

$$= 3.6048 \times 100 + 0.56743 \times 1\,000$$

$$= 927.90 \text{（元）}$$

本例中票息率为 10%。当到期收益率 r 低于票息率时，债券的现值高于其面值，这时称为溢价发行。例 1 中第一种情形，到期收益率即折现率为 8% 时，债券的价格为 1 079.85 元，比面值 1 000 元高出了近 80 元。当到期收益率 r 等于票息率时，债券的现值等于其面值，这时称作平价发行。例 1 中第二种情形便是。当到期收益率高于票息率时，债券的现值低于其面值，这时称为折价发行。例 1 中第三种情形，到期收益率为 12%，为债券的价格为 927.90 元，被折扣约 82 元。

在前面提过，债券的付息和计息方式有多种，下面我们再举两例来看看无息债券和单利一次计息的债券的价值如何确定。

例 2：ABC 公司发行面值为 1 000 元，偿还期为 5 年的无息债券。如果到期收益率为 10%，其价格应为多少？

解：$PV = \dfrac{1\,000}{1.10^5}$

$\quad\quad = 620.92$（元）

可见，无息债券由于平时不支付利息，在债券到期时只付给投资者票面金额，那么，这种债券只有以低于面值的价格折价出售。

例 3：我国的债券多是单利一次计息。如果某公司发行面值为 1 000 元，票息率为 8% 的债券，期限为 5 年，单利计息并于偿还日一次还本利息。如果到期收益率为 10%，这张债券的价值为多少？

解：5 年后债券利息 $= 5 \times 1000 \times 8\% = 400$（元），故该债券价值为本息现值之和：

$$PV = \frac{400}{1.1^5} + \frac{1\,000}{1.1^5}$$

$$= 869.299 \text{（元）}$$

从这两个例子计算可见，无息债券和单利一次支付债券的价值确定并不复杂。只要分清楚现金流入的发生时间，将现金流入加以折算即可，对于每半年支付利息一次的固定票息债券，其现值为：

$$PV = \sum_{t=1}^{2n} \frac{C/2}{\left(1+\dfrac{r}{2}\right)^t} + \frac{P}{\left(1+\dfrac{r}{2}\right)^{2n}}$$

上面公式中，折现率是取每年相同的，如果每年不同也是一样计算。其中各变量说明同

(8.1) 式。

一般地,如果利息每年支付 m 次,债券的价值为:

$$PV = \sum_{t=1}^{n} \frac{C/m}{\left(1+\frac{r}{m}\right)^t} + \frac{P}{\left(1+\frac{r}{m}\right)^{mn}} \tag{8.3}$$

式中,n——期限;

P——面值;

C——年付利息,等于面值与票息率的乘积;

m——年付利息次数,通常为 2,4,…;

r——到期收益率。

这样支付的利息实际比票息率高一点。但业内人士年内利率的折算通常用单利。

三、流通债券的价值

流通债券是指已经发行并在二级市场流通的债券。它不同于新发债券,由于已经流通了一段时间,因而确定其现值时,应考虑其下一次利息距现在的时间,其他因素照旧。

例4:有一面值为100元的债券。票息率为8.25%,2010年6月8日发行,2015年6月8日到期。假定今天是2012年7月8日,问在流通市场上该债券的价值应为多少(设到期收益率为8.6%)?

解:债券的利息是按年支付的,2012年6月8日支付利息后,到7月8日,已经过了一个月。这一个月的应计利息,由于尚未支付,应包括在债券价值之内。此时出售,债券价值应比6月8日支付利息后的价值大。应将利息、面值折现到2012年7月8日。

2013年6月8日的利息现值为:

$$PV(C_1) = \frac{8.25}{(1+0.086)^{\frac{11}{12}}}$$

2014年6月8日利息的现值为:

$$PV(C_2) = \frac{8.25}{(1+0.086)^{1\frac{11}{12}}}$$

2015年6月8日利息的现值为:

$$PV(C_3) = \frac{8.25}{(1+0.086)^{2\frac{11}{12}}}$$

面值的现值为:

$$PV(P) = \frac{100}{(1+0.086)^{2\frac{11}{12}}}$$

故债券的价值为:

$$PV = \sum_{i=1}^{3} PV(C_i) + PV(P)$$

$$= \frac{8.25}{1.086^{\frac{11}{12}}} + \frac{8.25}{1.086^{1\frac{11}{12}}} + \frac{8.25 + 100}{1.086^{2\frac{11}{12}}}$$

$$= 1.086^{\frac{1}{12}} \left[\frac{8.25}{1.086} + \frac{8.25}{1.086^2} + \frac{8.25 + 100}{1.086^3} \right]$$

$$= 1.086^{\frac{1}{12}} \left[\sum_{t=1}^{3} \frac{8.25}{1.086^t} + \frac{100}{1.086^3} \right]$$

$$= 1.086^{\frac{1}{12}} \times 99.11$$

$$= 99.79$$

上式中，括号内为始发三年期债券的现值，而括号外因子是指数型的：$(1+r)^t$，其中 r 为到期收益率，这里为 8.6%；t 是上次支付利息到现在走过的时间（以年为单位），这里 $t = \frac{1}{12}$。从上例中读者可以想象，如果到期收益保持常数，债券的价格变化规律是怎样的。

四、到期收益率

从以上论述我们知道，当债券的现金流序列确定以后，到期收益率即折现率便是决定债券现值的唯一因素。债券的到期收益率是由市场确定的，其大小依赖于债券的风险程度。因此，不同的债券一般有不同的到期收益率。按照利率的决定理论，下述五个因素对某债券的到期收益率起决定作用。

（1）实际无风险利率。这一因素对所有证券都是相同的，通常以短期国库券的到期收益率为代表。

（2）通货膨胀率。关于通货膨胀率的预期，对于债券的到期收益率有直接的影响。预期通货膨胀率高，则债权人要求的回报率便相应增高。债券期限越长，受通货膨胀不确定因素影响越大。

（3）违约风险。政府债券几乎不存在违约风险，而企业债券一般都存在违约风险，其中同一企业的抵押债券的违约风险小于信誉债券。不同企业由于其经营状况不同，违约风险大小各异。所谓垃圾债券（Junk Bond）违约风险最高。债券的违约风险越大，投资者要求的回报率越高。债券的评级是按违约风险的大小而做出的。

（4）流动性。债券的流动性，即变现的能力各不相同。有些债券不能上市交易，流动性不好。可以上市交易的债券，往往是国债的流动性好于企业债券，大企业的债券的流动性好于小企业的债券。流动性越差，投资者要求的回报率越高。

（5）期限风险。期限风险主要是利率，即由于利率变化导致投资者实现收益的不确定性。如果债券期限内到期收益率不发生变化，如上所述债权人的投资回报率就是该到期收益率。如果期中基准利率上调，会导致到期收益率上升，因而债券的价格下降，这使债权人受到损失。但同时此时又使利息的再投资回报率上升，使债权人得到益处。如果期中基准利率下调，则情形相反。在一般情形下，这正负两面的变化并不能相抵，因此投资者实现的回报率是不确定的。期限越长，利息变化的可能性越大，债权人要求的回报率越高。

以上分析，对于认识到期收益率的构成是很重要的，也可以用来说明为什么某债券的到期收益高，而另一种债券的到期收益低。但并没有告诉我们某债券的到期收益到底等于多少。例如，我们知道债券 A 的到期收益率，而债券 B 的违约风险、流动性和期限风险与 A 的相同，我们便可以断言，债券 B 的到期收益率与债券 A 的到期收益率相等。

我国资本市场上有一个不解之谜，就是政府债券的到期收益率比同期银行存款利率高出许多，有人统计历史上最高利差达 2% 以上。购买政府债券和银行存款这两种投资方式，唯一不同的是前者的流动性差。但问题是流动性的差异是否要以高达 2% 的收益率作为补偿？2012 年 3 月 10 日发行的本年度 5 年期国债利率（复利）为 6.15%（免征个人所得税），而银行 5 年期存款单利率为 5.50%（等价复利为 4.9789%），实际利差 1.17%。考虑到国债的流动性差的缺点，多数学者仍认为两者的到期收益差距是过大了。

具体的到期收益率的估算要靠市场价格。到期收益率就是持有到期末的投资回报率。发达国家的流通债券实时都有到期收益率发布。目前，我国市场流通的国债有 16 只，企业债有 140 多只。

到期收益率的计算与投资的内部收益率是类似的，它是债券现金流序列的现值等于债券价格时的折现率。

例 5：ABC 公司发行的面额为 1 000 元，票面利率为 8% 的 5 年期债券，如果出售价格为 1 105 元，计算到期收益率。

到期收益率的计算通常用试错法进行。

如果到期收益率为 8%，其价格应等于面值 1 000 元，现在价格大于 1 000 元，表明到期收益率应低于 8%，到期收益率应满足：

$$1\,105 = \frac{80}{1+r} + \frac{80}{(1+r)^2} + \cdots + \frac{80}{(1+r)^5} + \frac{1\,000}{(1+r)^5}$$

采用试错法。先设 $r_1 = 6\%$，求出上式"右方" = 1 083.96 < 1 105 左方。故应降低折现率。

再设 $r_2 = 5\%$，求出"右方" = 1 129.84 > 1 105 左方，表明到期收益率介于 5% 和 6% 之间，用插值法求 r。

到期收益率为：

$$r_3 = 5\% + \frac{1\,129.84 - 1\,105}{1\,129.84 - 1\,083.96} \times (6\% - 5\%)$$

$$= 5.54\%$$

你可以就此打住，说到期收益率为 5.54%，精确度为 0.5%。如果你手边有计算器，则到期收益率的近似可以达到任何精度。把 $r_3 = 5.54\%$ 代入"右方"，求出"右方" = 1 104.93，小于左方 1 105。故应再减小 r_3。设 $r_4 = 5.53\%$，代入"右方"，求出"右方" = 1 105.39，大于左方。故最后令：

$$r = 5.535\%$$

误差小于 0.005%。

估算到期收益率是为了给风险等价的债券定价。计算到期收益率的意义在于它反映了债券投资按复利计算的真实收益率，这个收益率就是在资本市场上投资者作为一个整体所要求的债券投资回报率。如果到期收益率高于某个投资者要求的回报率，则他会购买债券，否则他会拒绝购买。

第二节 股票的现值

一、市场资本化利率与回报率

假定某股票的期初（除权日后第一时刻，或者是新发行股票）每股价格为 P_0，预期一年后其价格变化为 P_1，股票的每股红利（Dividend Per Share）为 DPS_1。股票的投资回报是由两部分组成的，一部分为红利收入，另一部分为价格升值收益。那么，一年后股票的期望回报率为：

$$r = \frac{DPS_1 + P_1 - P_0}{P_0} = \frac{DPS_1}{P_0} + \frac{P_1 - P_0}{P_0} \tag{8.4}$$

上式中的第一部分为红利带来的收益率，叫红利收益率。第二部分为价格升值带来的收益率，为资本增值率。

例6：某企业年初股票价格为100元，一年后其市场价预期为115元，年末预期每股发放5元的股利，那么其期望回报率为：

$$r = \frac{DPS_1 + P_1 - P_0}{P_0} = \frac{5 + 115 - 100}{100} = 20\%$$

从预期回报率的公式可以得到另一个重要公式：

$$P_0 = \frac{DPS_1 + P_1}{1 + r} \tag{8.5}$$

公式（8.5）说明，股票的现值可以用预期的一年后红利和一年后的股票价格来解释，它就等于上述两者之和的现值，其折现率是投资者要求的回报率。对于股票投资者来说，投资者要求的回报率又叫市场资本化利率（Market Capitalization Rate），在完美和有效的资本市场上，同等风险的投资要求获得同等程度的收益。在均衡条件下市场资本化利率就等于期望回报率。

如果某企业的股票价格高于由（8.5）式确定的 P_0，那么其预期收益率就比同等风险的其他企业要低，投资者就会将他们的资金转向其他投资渠道，迫使企业的股票价格下跌。反之，如果其股票价格低于 P_0，其预期收益率就高于同等风险的其他企业，投资者会竞相购买该企业的股票，导致股票价格上升。因而，在市场资本化利率为 r 条件下，股票价格 P_0 是一个合理价格。

二、确定股票价格的一般原理

在上一段导出了股票价格的公式 $P_0 = \dfrac{DPS_1 + P_1}{1 + r}$。只要公司不倒闭，股票就没有终止期限，它将长期存在。因此，一年后股票价格 $P_1 = \dfrac{DPS_2 + P_2}{1+r}$，代入上式，故股票价格为：

$$P_0 = \frac{DPS_1}{1+r} + \frac{P_2 + DPS_2}{(1+r)^2}$$

两年后股票价格 $P_2 = \dfrac{P_3 + DPS_3}{1+r}$，$\cdots$，$n$ 年后股票价格为 P_n，则发行时股票价格为：

$$\begin{aligned}P_0 &= \frac{DPS_1}{1+r} + \frac{DPS_2}{(1+r)^2} + \cdots + \frac{DPS_n + P_n}{(1+r)^n} \\ &= \sum_{i=1}^{n} \frac{DPS_i}{(1+r)^i} + \frac{P_n}{(1+r)^n}\end{aligned} \qquad (8.6)$$

初学者可能会怀疑 (8.6) 式的意义：若不知道 P_0，怎么能知道 P_n？这里告诉大家，上式不仅具有理论意义，而且还具有重要的应用价值。在许多情形下，公司在第 n 年进入某种特定的"模式"以后，其股票价格可以简单地用下一年的每股收益或每股红利加以表示。因此，运用 (8.6) 式可以方便地估算出股票的现值 P_0。如果

$$\lim_{n \to \infty} \frac{P_n}{(1+r)^n} = 0$$

（上式实质上是很合理的假设），则不论股票在谁手中，股息收入永远持续，股票现值为：

$$\begin{aligned}P_0 &= \frac{DPS_1}{1+r} + \frac{DPS_2}{(1+r)^2} + \frac{DPS_3}{(1+r)^3} + \cdots + \frac{DPS_n}{(1+r)^n} + \cdots \\ &= \sum_{i=1}^{\infty} \frac{DPS_1}{(1+r)^i}\end{aligned} \qquad (8.7)$$

上式称为股票现值的红利折现模型，它告诉我们股票的价格是预期未来红利现值之和。由此我们可以做出如下推断：如果哪家公司把赚来的钱用于公司的"发展"，永远不发红利，那该公司股票的价值就是零。

例7：某公司股票每年红利 10 元，5 年后价格预期为 130 元，市场资本化利率为 0.20，求它现在的市场价值。

解：由 $P_5 = 130$，$DPS_i = 10$，$i = 1$，$\cdots$，5，$r = 0.2$ 假设，市场价值应为：

$$\begin{aligned}P_0 &= \frac{10}{1.2} + \frac{10}{1.2^2} + \cdots + \frac{10}{1.2^5} + \frac{130}{1.2^5} \\ &= \sum_{i=1}^{5} \frac{10}{1.2^i} + \frac{130}{1.2^5} \\ &= 82.15(\text{元})\end{aligned}$$

三、恒定型公司股票的现值

首先来回忆，每股盈利 EPS（Earning Per Share）指每普通股股票的税后净收益，不加另

外说明的话是指每年每股盈利。若公司的税后净收益为 NI（Net Income），无优先股，而普通股股数为 n，则每股收益 $EPS = \dfrac{NI}{n}$。如某公司共发行股票 10 000 股，税后净收益为 30 000 元，则每股收益 EPS 为 3 元。上述计算中假定不存在优先股。如果有优先股，则要从 NI 中扣除优先股的红利。

恒定型公司是指企业每股红利每年都保持常数。当每股权益账面值（Book Equity Per Share 用 BE 表示）保持不变，而且权益回报率（我国有的人称之为"净资产回报率"，这种叫法不太妥当）ROE 为常数，则为恒定型。这是因为这时必定每股保留盈余（RE，Retained Earnings）不发生变化，即保留盈余的增量 $\Delta RE = 0$，每年盈利都发作红利。故 $EPS = ROE \times BE$ 也不变。

那么，每年发放的股利为当年盈利

$$DPS_1 = EPS_1, DPS_2 = EPS_2 = EPS_1, \cdots, DPS_n = EPS_1 \cdots$$

则这时股票价值：

$$P_0 = \sum_{i=1}^{\infty} \frac{DPS_i}{(1+r)^i} = \sum_{i=1}^{\infty} \frac{EPS_1}{(1+r)^i} = \frac{EPS_1}{r}$$

即

$$P_0 = \frac{EPS_1}{r} \tag{8.8}$$

严格的恒定型公司是罕见的，不过这个模型往往被用来进行理论分析。由（8.8）式可知恒定型公司的市盈率为市场资本化利率的倒数：

$$\frac{P_0}{EPS_1} = \frac{1}{r} \tag{8.9}$$

或者反过来说，市场资本化利率是市盈率的倒数：

$$r = \frac{1}{\dfrac{P_0}{EPS_1}} \tag{8.10}$$

对于我国沪深两市，学者、官员和业内人士，以及广大股民仁者见仁、智者见智，众说纷纭。2011 年沪深两市分别以 21% 和 28% 领跌了全球股市，指数又回到了 10 年前水平！我们认为，我国上市公司的市盈率不适当的偏高，也就是泡沫的存在，或是此轮大跌的重要原因。在沪指 6 000 点以上时，平均市盈率超过 50（年），显然过高，或者说样本公司的股票被市场严重高估了。有的学者认为纽约股票交易所（NYSE）的平均市盈率若超过 22.5（年），便存在泡沫。

关于市盈率的量纲，人们用俗了，都以为是无量纲的，即多少倍。实际上从其内含而言，其量纲是时间单位：年。这一点从市盈的定义（8.9）式容易看出来：P_0 的量纲是元/每股，EPS_1 的量纲是元/每股·每年，相约后只剩下了"年"。从投资者的角度上看，市盈率是投资回收期：每年回报 EPS_1，多少年收回初始投资 P_0。

例8：我国上市公司股票价格的估计。研究一家典型的上市公司，在可以预见的未来，其每股红利不超过1元，即假设

$$DPS_i \leq 1, i = 1, 2, \cdots, n, \cdots$$

而投资者要求的回报率不低于10%，即

$$r \geq 10\%$$

则按公式（7.10）其股票价值

$$P_0 = \sum_{i=1}^{\infty} \frac{DPS_i}{(1+r)^i} \leq \frac{1}{0.1} = 10(元)$$

即不应超过10元。

公司股票的市值和账面价值之比称为市账率（我们的市场上称为市净率，这种叫法不贴切），对于恒定型公司而言，

$$市账率 = \frac{P_0}{BE} = \frac{\frac{EPS_1}{r}}{BE} = \frac{BE \times ROE}{r \times BE} = \frac{ROE}{r}$$

即市账率等于权益回报率与市场资本化利率之比。故而"跌破账面价值"，只要 ROE 小于 r 时就应发生，而不必定发生亏损。

恒定公司的模型尽管不尽符合实际，但之所以作为分析的基础和标杆，是由于上述模型简单易懂。

例9：某公司的第一年每股盈利 $EPS_1 = 10$，市场资本化利率 $r = 0.1$，如果此公司的盈利全部用来分红，且权益回报率不变，则其股票价格：

$$P_0 = \frac{EPS_1}{r} = \frac{10}{0.1} = 100(元)$$

市盈率为：

$$\frac{1}{r} = \frac{1}{0.1} = 10(年)$$

四、匀速增长型公司的股票现值

如果公司红利每年都增长，这种公司为增长型公司，匀速增长型公司是其中的一种特殊情况，是指红利按固定速率增长。首先引入一个术语——红利分配率。

红利分配率 DR（Dividend Ratio）指公司所发的每股红利与每股盈利的比率。即 $DR = \frac{每股红利}{每股盈利} = \frac{DPS}{EPS} \leq 1$。

匀速增长型公司的红利以稳定速度 g 增长，即

$$DPS_2 = (1+g)DPS_1, \quad DPS_3 = (1+g)DPS_2$$
$$= (1+g)^2 DPS_1, \cdots, DPS_n = (1+g)^{n-1} DPS_1。$$

如果某公司红利分配率保持不变，并

且权益回报率 ROE 保持不变，由于 $DR = \dfrac{DPS}{EPS}$，$ROE = \dfrac{EPS}{BE}$，故每股盈利 EPS 和账面权益值 BE 都以速率 g 稳定增长。现在把这种匀速增长型公司具备的特征总结如下：当 DR、ROE 为常数时，DPS、EPS、BE 均以速率 g 增长。

据股票价格的红利折现公式，红利以速率 g 增长的公司的股票价格为：

$$P_0 = \frac{DPS_1}{1+r} + \frac{DPS_1(1+g)}{(1+r)^2} + \cdots + \frac{DPS_1(1+g)^{n-1}}{(1+r)^n} + \cdots$$

$$= \sum_{n=1}^{\infty} \frac{DPS_1(1+g)^{n-1}}{(1+r)^n}$$

$$= \frac{DPS_1}{1+r} \cdot \sum_{n=0}^{\infty} \left(\frac{1+g}{1+r}\right)^n$$

$$= \frac{DPS_1}{r-g}$$

故得出：

$$P_0 = \frac{DPS_1}{r-g} \tag{8.11}$$

例 10：某公司预期下一年度每股红利 $DPS = ￥10$，市场资本化利率 r 估计为 15.5%，红利增长率估计 $g = 10.5\%$。求其股票价值。

解：直接利用公式 (8.11)，得出每股股票的价值为

$$P_0 = \frac{10}{0.155 - 0.105} = ￥200$$

应该指出，模型 (8.11) 中股票现值对于市场资本化利率 r 和红利增长率 g 的变化比较敏感，例如，由于受基准利率下调或其他别的影响，对市场资本化利率 r 的估计下降了 0.5%，而对红利增长率 g 的估计上升了 0.5%，即在新的情况下，$r = 15\%$，$g = 11\%$，那么新的股值估计为 $P_0 = 10/(15\% - 11\%) = ￥250$。转眼间该股票的市值增加了 25%，这似乎也可以解释为什么在股票市场上，一个交易日内股票价格会发生巨大的变化。

匀速增长型公司的市盈率为：

$$\frac{P_0}{EPS_1} = \frac{DR}{r-g} \tag{8.12}$$

其中 DR 为红利率，而其市账率为：

$$\frac{P_0}{BE} = \frac{ROE \times DR}{r-g} \tag{8.13}$$

从公式 (8.11)，可以得出对市场资本化利率的估计：

$$r = \frac{DPS_1}{P_0} + g \tag{8.14}$$

上式说明，市场资本化利率等于红利收益率与红利增长率之和。

以上各式中均涉及红利增长率 g，它是怎样决定的呢？

每股盈利分为两部分，一部分作为红利发给股东，另一部分作为保留盈余以增加权益的账面价值，用来再投资。既然 DR 为红利分配比率，那么 $1-DR$ 称为回投率，$1-DR = \frac{EPS - DPS}{EPS} = \frac{\Delta RE}{EPS}$，表示用于重新投资的保留盈余占净利润的比重。如果，第一年的账面权益值为 BE_1，则第二年账面权益值变为 $BE_1 + \Delta RE$。设权益回报率 ROE 不变，则

每股增加的盈利 $\Delta EPS = \Delta BE \times ROE$
$= \Delta RE \times ROE$
$= EPS_1(1-DR) \times ROE$

每股增加的红利 $\Delta DPS = \Delta EPS \times DR$
$= EPS_1 \times (1-DR) \times ROE \times DR$

第一年的红利 $DIV_1 = EPS_1 \times DR$，则红利增加的百分比

$$g = \frac{\Delta DPS}{DPS_1} = \frac{EPS_1 \times (1-DR) \times ROE \times DR}{EPS_1 \times DR}$$
$$= (1-DR) \times ROE$$
$$= 回投率 \times 权益回报率 \tag{8.15}$$

例11：有关 ABC 公司的资料如下：股票发行时市场价格为每股 $P_0 = 43.05$ 元，第一年预期股利 $DIV_1 = 2.00$ 元。假定前两年权益回报率 $ROE = 0.5$，红利率 $DR = 0.4$ 而此后分别改为 25% 和 84%。试估计其市场资本化利率。

解：该公司第二年红利增长率 $g = (1-DR) \times ROE = (1-0.4) \times 0.5 = 0.3$，采用上述公式估计其市场资本化利率为：

$$r = \frac{DIV_1}{P_0} + g = \frac{2}{43.05} + 0.3 = 34.60\%$$

如果该公司的股息始终以 30% 的速率增长，则其市场资本化利率 $r = 0.346$ 显得非常高。为什么呢？在前面讨论市场资本化利率时，我们知道它是投资者要求的收益率，公司长期保持这样高的收益率显然不现实。这是因为随着公司的发展，它在本行业内投资机会将逐渐减少，这意味着其收益不会有太快增加，甚至有可能减少。因此，对某些高速增长的企业，采用此公式来估计市场资本化利率是不妥当的，我们可以用股票价格确定的一般原理来估计 r。

假定第 3 年该公司的权益回报率随增长机会减少而下降为 25%，公司为了稳定股东，而让股利仍增加，提高红利率为 84%，其有关数据见表 8-1。

表 8-1　　　　　　　　　ABC 公司有关数据

年度 项目	1	2	3	4
账面价值 BE（元）	10.00	13.00	16.90	17.576
每股收益 EPS（元）	5.00	6.50	4.225	4.394
权益回报率 ROE（%）	50	50	25	25

续表

年度 项目	1	2	3	4
红利分配率 DR（%）	40	40	84	84
每股红利 DPS（元）	2.00	2.60	3.549	3.69
保留盈余增量 ΔRE（元）	3.00	3.90	0.676	0.705
股息增长率 g（%）	—	30	36.5	4

第一年股利为 2.00 元，红利率为 40%，则每股盈利为 $EPS = \dfrac{EPS_1}{DR_1} = \dfrac{2.00}{0.4} = 5.00$（元）。权益回报率为 50%，从中可知每股账面价值 $BE = \dfrac{EPS_1}{ROE} = \dfrac{5.00}{0.5} = 10$（元）。重新投资额即保留盈余增量 $\Delta RE = 5 \times (1 - 0.4) = 3.00$（元），故第二年初公司账面价值为 13.00 元，第二年每股收益 $EPS = BE \times ROE = 13.00 \times 0.5 = 6.50$（元），红利 $DPS = EPS \times DR = 6.5 \times 0.4 = 2.60$（元），保留盈余增量 $\Delta RE = 6.50 - 2.60 = 3.90$（元），这部分保留盈余用于第 3 年再投资。第 3 年由于公司增长机会减少，权益回报率下降为 25%，每股净收益下降为 $EPS = 16.9 \times 0.25 = 4.225$（元），而公司的红利率提高到 84%，红利提高导致再投资额下降为 0.676 元，回投率降为 16%。从第 4 年开始，股息增长率为 $g = ROE \times (1 - DR) = 0.25 \times (1 - 0.84) = 4\%$，这一增长率是可以长期保持的，公司从此步入恒定增长时期，其价值为：

$$P_3 = \dfrac{DPS_4}{r - g} = \dfrac{3.69}{r - 0.04}$$

采用股票价格一般公式求市场资本化利率：

$$P_0 = \dfrac{DPS_1}{1 + r} + \dfrac{DPS_2}{(1 + r)^2} + \dfrac{DPS_3}{(1 + r)^3} + \dfrac{P_3}{(1 + r)^3}$$

$$= \dfrac{2.00}{1 + r} + \dfrac{2.6}{(1 + r)^2} + \dfrac{3.549}{(1 + r)^3} + \dfrac{1}{(1 + r)^3} \times \dfrac{3.69}{r - 0.04}$$

其中 $P_0 = 34.05$

采用试错法，求出 $r = 0.113$，这个市场资本化利率不算高，公司取得这样的收益率是合理的。

五、确定股票价值的常用公式

在前面我们讨论了几个计算股票价值的公式，它们各有自己的适用条件。不妨在这里作一下比较。

股价确定的原理公式为

$$P_0 = \dfrac{DPS_1}{1 + r} + \dfrac{DPS_2}{(1 + r)^2} + \cdots + \dfrac{DPS_n}{(1 + r)^n} + \dfrac{P_n}{(1 + r)^n}$$

此公式中要确定 P_0，必须知道 DPS，$i=1,\cdots,n$ 和 P_n。但上述数据只是预期值，其中红利的估计比较容易，而 P_n 则较难。尤其是公司处于成长期时，发展机会很大，股票的市场值也是变化较大的。故此公式理论上虽重要但初看起来无多大实用价值。但实际上不然，往往是 n 期后（注意 n 是任意的）公司步入某确定模式，而估计 P_n 可以遵循现成公式。

恒定型 $P_0 = \dfrac{EPS_1}{r}$ 和匀速增长型 $P_0 = \dfrac{DPS_1}{r-g}$ 两公式，较常使用。但一个公司不可能一开始就处于恒定型或永远处于匀速增长型。在公司的成长过程中，发展必然是不规则的，有较好投资机会时，公司会快速成长，而一旦步入成熟期，其发展就比较稳定，会更常地表现为恒定型或匀速增长型。当然，这两种模式都是现实情况的简化。下面我们介绍一个更一般的公式，在恒定型基础上再加上每股的增长机会现值 NPVGO（Net Present Value of Growth Opportunity）来估计其股价。

例12：ABD 公司的有关资料如下：市场资本化利率 $r=10\%$。第一年每股红利 $DPS_1 = 2.00$ 元，此后以 $g=8\%$ 的速率增长。权益回报率 $ROE=20\%$。估算股票的价值。

解：每股红利的增长率是常数，故此公司为匀速增长型公司，其股票市价为：$P_0 = \dfrac{DPS_1}{r-g}$

$$\dfrac{2.00}{0.1-0.08} = 100 \text{（元）}$$

如果不考虑此公司的发展潜力，即认为此公司没有增长机会，为恒定型公司，我们可以计算出其股价：

$$DR = 1 - \dfrac{g}{ROE} = 0.6$$

$$EPS_1 = \dfrac{DPS_1}{DR} = \dfrac{2.00}{0.6} = 3.333 \text{（元）}$$

$$P_0' = \dfrac{EPS_1}{r} = \dfrac{3.333}{0.10} = 33.33 \text{（元）}$$

由此可见，如果公司没有增长机会，其股价将与有增长机会情况下的股价相差 $\Delta P = P_0 - P_0' = 100 - 33.33 = 66.67$（元），这个价差是怎么来的呢？细心的读者不难发现计算的假设条件是不一样的，前者有增长机会，后者无增长机会，因此此差别实际上是增长机会对股票价值的贡献。故我们只要把无增长机会股票的价值加上增长机会的贡献就可得到一般公式：

$$P_0 = \dfrac{EPS_1}{r} + NPVGO \qquad (8.16)$$

增长机会是如何对股票价值做贡献的呢？

如上分析，第 1 年末每股盈利 $EPS_1 = 3.333$ 元，用于分红 $DPS_1 = 2.00$ 元，这样剩下的保留盈余增量用于再投资 $\Delta RE = EPS_1 - DPS_1 = 1.333$ 元。假定投资回报率等于权益回报率，新投资从第 2 年开始每年可增加的现金流入为 $\Delta RE \times ROE = 1.333 \times 0.2 = 0.2666$（元）。这个现金流入是可持续无穷地产生的，折算到第 1 年末，其现金流入的净现值：

$$NPV_1 = -1.333 + \sum_{t=1}^{\infty} \dfrac{0.2666}{(1+r)^t}$$

$$= -1.333 + \dfrac{0.2666}{r}$$

$$= -1.333 + \frac{0.2666}{0.1}$$
$$= 1.333 \text{（元）}$$

第 2 年末红利以 $g=8\%$ 的速率增长，相应地其每股盈利也以该速率增长，每股新投资（保留盈余全部用于再投资）也以 8% 速率增长，再投资额为 1.333×1.08，同理可知，每年产生的现金流入 0.2666×1.08，折算到第 2 年末的净现值：

$$NPV_2 = -1.333 \times 1.08 + \frac{0.2666 \times 1.08}{0.1}$$
$$= \left(-1.333 + \frac{0.2666}{0.1}\right) \times 1.08$$
$$= 1.333 \times 1.08 \text{（元）}$$

同理可知
$$NPV_3 = 1.333 \times 1.08^2$$
……

全部增长机会的净现值（折算到第 0 年）：

$$NPVGO = \frac{NPV_1}{1+r} + \frac{NPV_2}{(1+r)^2} + \frac{NPV_3}{(1+r)^3} + \cdots$$
$$= \frac{1.333}{0.1} + \frac{1.333 \times 1.08}{(1+0.1)^2} + \frac{1.333 \times 1.08^2}{(1+0.1)^3} + \cdots$$
$$= \frac{1.333}{0.1 - 0.08}$$
$$= 66.67 \text{（元）}$$

从而股票的市场价值为：

$$P_0 = \frac{EPS_1}{r} + NPVGO$$
$$= 33.33 + 66.67$$
$$= 100 \text{（元）}$$

由以上计算过程可以知道，采用 NPVGO 公式计算股票市价的一般方法：
（1）计算每年的再投资额，即 ΔRE_i，$i=1, 2, \cdots$。
（2）计算再投资额所产生的年现金流序列的未来值 NPV_i，$i=1, 2, \cdots$。
（3）将这些 NPV_i 折现累计，求出增长机会的现值 NPVGO。

六、市盈率

在前面，我们曾提到了市盈率 P_0/EPS_1。在股票市场上，投资者非常关心市盈率。对公司而言，市盈率越高越好。这是因为市盈率越高，投资者认为公司有很大的增长机会，公司的盈利有良好的保证，公司的资本成本低，投资的风险小。当然，其中可能有泡沫或水分。对于投资者而言，考虑相同风险的公司，更愿意购买市盈率低的公司的股票，因为这种投资回收期短。

市盈率有时可用来估计市场资本化利率，但这种估计受到增长机会现值 NPVGO 的影响。

从 $P_0 = \dfrac{EPS_1}{r} + NPVGO$ 得出：

$$r = \dfrac{\dfrac{EPS_1}{P_0}}{1 - \dfrac{NPVGO}{P_0}} \tag{8.17}$$

当 $NPVGO = 0$ 时，$\dfrac{EPS_1}{P_0} = r$ 估计准确。恒定公司属于这种情形。

当 $NPVGO > 0$ 时，则用 $\dfrac{EPS_1}{P_0}$ 低估了 r。

当 $NPVGO < 0$ 时，则用 $\dfrac{EPS_1}{P_0}$ 高估了 r。

例 13：DEF 公司的市场资本化利率 $r = 10\%$，第 1 年末每股盈利即 $EPS_1 = 10$（元），不发放红利即 $DPS_1 = 0$。从第 2 年开始把盈利全部发股利 $DPS_2 = EPS_2$，……。现在来计算增长机会现值 NPVGO，并用 EPS_1/P_0 来估计市场资本化利率 r。

解：第 1 年一次性投资，每股投入 10 元，若投资回报率 ROE 分别设为 5%、10%、15%、20% 和 25%，则该投资每股增加的现金流从第 2 年开始，每年为 $ROE \times 10$，分别为 0.5 元、1.00 元、1.50 元、2.00 元、2.50 元。用下述三个公式分别计算该投资第 1 年末净现值 NPV_1，增长机会的现值 NPVGO 和每股价值。

$$NPV_1 = -10 + \dfrac{ROE \times 10}{r} = -10 + \dfrac{ROE \times 10}{0.1}$$

$$NPVGO = \dfrac{NPV_1}{1+r}$$

$$P_0 = \dfrac{EPS_1}{r} + NPVGO = 100 + \dfrac{NPV_1}{1+r}$$

不同 ROE 下的计算结果见表 8-2。

表 8-2   不同投资回报率时市场盈率倒数与 r

项目回报率（%）	增加现金流	NPV_1	NPVGO	P_0	$\dfrac{EPS_1}{P_0}$	r
5	0.5	-5.00	-4.55	95.45	0.105	0.1
10	1.00	0	0	100	0.1	0.1
15	1.50	5.00	4.55	104.55	0.096	0.1
20	2.00	10.00	9.09	109.09	0.092	0.1
25	2.50	15.00	13.64	113.64	0.088	0.1

表 8-2 中的数据证实了市盈率的倒数 $\dfrac{EPS_1}{P_0}$ 与市场资本化利率 r 的关系。我们注意到，当

投资回报率 ROE 低于市场资本化利率 r 时，投资对股票价值有负面影响；而当投资回报率 ROE 高于市场资本化利率时，投资对股票价值有正面影响；当投资回报率 ROE 等于市场资本化利率时，投资对股票价值无影响。

通过例 11 和例 12 的分析，我们可以看出，股票价值的一般公式（8.16）中增长机会的现值 NPVGO 实际上是现金流序列：

$$DPS_1 - EPS_1, DPS_2 - EPS_1, \cdots, DPS_n - EPS_1, \cdots$$

的现值累计，即

$$NPVGO = \sum_{i=1}^{\infty} \frac{DPS_i - EPS_1}{(1+r)^i} \qquad (8.18)$$

注意 $DPS_i - EPS_1$，$i = 1, 2, \cdots$ 是第 i 年由于投资活动而比恒定型公司多发的红利，当然它也可能是负值。

最后应该说明的是，只利用一家公司的数据来定期估计它的市场资本化利率往往是不准确的。最好运用多家风险相同的公司的数据来估计，进行适当的平均。

习 题

1. 什么是债券？在事先设计债券时，能准确预计其价格吗？
2. 票息率的大小是怎样决定的？债务人的应计利息与实际支付的利息有无差别？
3. 何为到期收益率？债券的价值、面值、票息率与到期收益率之间有什么样的关系？
4. 结合第三章利率水平的构成要素，比较长期公司债券、短期公司债券、垃圾债券、政府债券的风险来源。
5. 掌握以下概念：

市场资本化利率、每股盈利（EPS）、每股权益账面价值（BE）、红利率（DR）、增长机会现值（NPVGO）、市盈率（P/E）。

6. 一项长期资产的价值由该项资产的期望现金流序列的现值决定，按照这种思想，股票的价值由什么决定的？股票的价值与你持有时间的长短是什么关系？
7. 在前面我们对一家上市公司的财务报告进行了分析，学过本章之后，请用红利折现模型考察你所选取公司的股票的内在价值与股市中这只股票的市场表现有没有一定的相关性，原因是什么？
8. 股票的增长机会现值（NPVGO）在利用市盈率估计市场资本化利率时会产生什么影响？
9. 5 年前发行的一种第 20 年末一次还本 100 元的债券，债券票息率为 6%，每年年末支付一次利息，第 5 次利息刚刚支付，到期收益率为 8%，请问这种旧债券的当前市价是多少？
10. 求索公司有一种债券将于 10.5 年后到期，到期收益率为 10%，目前的价格为 ¥860，这一债券半年付息一次，请问这一债券合理的票息率是多少？债券的面值为 1 000 元。
11. 精英公司在一级市场上购得一批债券，该债券面值为 ¥1 000，5 年期，票息率 10%，每年付息一次，出售价格为 ¥1 080。到一年末付息后，央行突然调低利率，导致债券的到期收益率下降一个百分点，这时精英公司遂将债券在二级市场上全部售出，若不计入交易成本，试问该公司债券投资的回报率是多少？
12. 小林公司每年固定支付 ¥5 的股息，由于一些特殊的原因，董事会决议，公司将在未来 7 年中保持这一红利政策，7 年之后直到永远停止股息发放，该股票的期望回报率为 12%。假定昨天为除权日，请问小林公司目前的股价？
13. 巨速公司具有很高的成长性，未来 3 年中预期红利率为 28%，之后红利增长率稳定在 5%。如果期望回报率为 20%，公司今天支付了 \$1.75 的红利，请问该公司股票今天的市价？

14. 某公司代号为 0407a 的债券是 2004 年 7 月 10 日到期的债券，票息率为 8%，年付息一次，面值为 ¥1 000。现在（2000 年 7 月 10 日）该债券的市场价格为 ¥1 076.84。现在该公司拟新发 0507b 债券：面值 ¥1 000，票息率 6%，年付息一次，2005 年 7 月 10 日到期，问该债券的市价是多少？

15. 3z 公司是一家拟上市的高技术企业。某投资银行正会同该公司及证券机构研究该公司股票的合理定价事宜。预期前三年公司每股红利分别为 $DIV_1 = 0.40$，$DIV_2 = 2.64$ 和 $DIV_3 = 3.04$。从第三年开始公司进入匀速增长阶段，估计其权益回报率 ROE = 20%，红利支付率 DR = 60%，估计该类公司的市场资本化利率 $r = 13\%$。问：

(1) 关于 3z 公司的每股价值你有何见解？

(2) 可否推断 3z 公司的现在每股市价与账面价值之比？

16. 网友公司目前在外发行有两种债券。M 债券面值 $25 000 期限 20 年。前 6 年不发放利息，之后的 8 年中每半年发放 $1 500 的利息，最后的 6 年每半年发放 $2 000 的利息，N 债券面值同样为 $25 000 期限 20 年，它是无息债券。如果期望回报率均为 10%（半年复利），目前 M 与 N 债券各自的市场价值为多少？

17. 某上市冰淇淋公司今天刚支付了每股 $6.75 的股利，公司决定明年红利增长 25%，之后每年将减少 5% 的红利增长率直到达到同行业 5% 的水平，这以后将一直保持同样的红利增长率。如果该公司的市场资本化利率为 13.75%，请问今天的市价？

18. TECH—COM 公司是一家刚在 SZSE 上市的网络技术公司，近年来发展很快。为尽量利用内生现金资源，董事会拟定了如下的红利政策：头两年不发红利，第三年发放，红利支付率为 50%；其后每三年均照此办理。该公司确信，其权益回报率（ROE）的期望值可保持为 20%。公司的市场资本化利率 18%。试求：

(1) TECH—COM 公司股票的市场价值与账面价值之比。

(2) TECH—COM 公司股票的市盈率。

(3) TECH—COM 公司发展机会的净现值与股票市场价值的百分比。

19. 估计下述公司的股票价值在什么范围内：

(1) 3A 公司预期每股红利在 ¥1.00 与 ¥1.20 之间，而市场资本化利率在 15% 与 20% 之间。

(2) 3B 公司预期 $DIV_1 = ¥1.00$，以后每年均有不同速率的增长，增长率 g 介于 5% ~ 10% 之间，而市场资本化利率在 20% ~ 25% 之间。

第四篇

投资决策

投资决策（Investment Decision）或称资本预算（Capital Budgeting）是关于资本支出的决策过程。对实产企业而言，所谓资本支出是指运用在长期资产上的支出。在本书中企业的投资决策主要涉及固定资产和无形资产等长期资产的投资决策，并不包括证券投资。有关证券投资问题，我们将在第五篇单独研究。

投资决策是一个很复杂的过程，它包括投资机会的认定，备选方案的提出，项目的评价、取舍，决定的本期上马的项目，以及执行、评估、控制等阶段。本篇并不按上述顺序和内容研究投资决策问题，而是从财务金融学角度只针对几个关键问题进行讨论。这些问题是方法性的和实践性的，包括投资决策的净现值准则和其他准则的比较研究，投资风险分析以及若干实际的投资决策问题，等等。

投资决策是最重要的财务决策。这一点，企业家必须铭记在心。重大投资决策的成功与否直接关系到企业业绩的优劣，甚至造就企业的成败。延缓决策会丧失发展机会，而仓促上马也可能导致灭顶之灾。我国国有企业中，投资决策失败的例子太多了。红红火火的民营企业因投资决策失误而倒闭者俯拾即是。企业的总经理和财务经理必须审时度势，运用科学的方法，为企业做出正确的决策作出贡献。

投资决策解决的是如何使用可能取得的资金问题，实现资本的最佳配置。融资决策（Financing）要解决的问题是如何取得企业所需要的资金，是包括用何种方式、在什么时候、融资多少等的系列决策过程。其中投资决策和融资、股利分配有密切关系。本篇我们先孤立地研究投资决策，即认为资本来源全部为已有权益资本。随后在第六篇再研究投资与筹资决策的相互作用。

本篇分三章，第九章详尽地讨论了净现值准则的决策程序及其运用。第十章介绍了其他四个决策准则，分析了其优点与不足。第十一章研讨了公司实际的投资决策问题。

第九章 净现值准则下的投资决策

第一节 净现值准则

投资决策的净现值（NPV）准则是：如果投资项目的净现值为正值，则接受这个项目；反之，则否决这个项目。本书推荐净现值准则，因为与其他投资决策准则相比较，净现值准则是更加科学的决策准则，为理论和实业界所公认，并得到了越来越多的应用。

我们曾在前面讨论过股票和债券的现值。投资项目的现值 PV 估算与之类似，它也是用累计折现现金流方法得到的。如果投资不止一期，投资成本现值也要折现累计，记为 C_0。一个投资项目的净现值 NPV 定义为投资项目的现值 PV 和投资成本的现值 C_0 之差：

$$NPV = PV - C_0$$

净现值准则是这样的：对单一项目，如果投资项目的 NPV 大于 0，则接受该项目；否则就否决它。对多择一项目（从多个项目中选择一个），在约束净现值为正数的条件下，选择 NPV 最大的项目，即

$$\max NPV$$
$$\text{S. t. } NPV > 0$$

投资项目的净现值，就是该项目给股东增加的价值。很多研究证实，于上市公司公布前景好的投资计划时，其股票价格会上升。相反，如果公司进行不相干的投资时，其股票价格会下降。

一、净现值准则决策程序

应用净现值准则进行投资决策，要遵循以下程序。具体步骤如下：

1. 预测投资项目的现金流序列和投资成本的现金流序列。这一步非常重要，它是净现值准则的基础。如果项目的经济寿命为 k 年，则需要预测项目 $k+1$ 年的现金流序列：

$$\hat{C}_1, \hat{C}_2, \cdots, \hat{C}_k; \hat{C}_{k+1}$$

其中 $\hat{C}_i$ 为第 i 年运营现金流期望值，$i = 1, 2, \cdots, k$；$\hat{C}_{k+1}$ 为固定资产处理及运营资本返还生成的现金流。

小的项目资本投入一般只有一期，而大的项目资本往往分期投入。设投入共有 $n+1$ 期，这时需要估算即期和以后各期资本投入，即投资成本的现金流序列：

$$\overline{C_0}, \overline{C_1}, \cdots, \overline{C_n}$$

实践中估算上述现金流序列是相当困难的,尤其是项目现金流。有关的注意事项将随后给出。提醒注意,此刻的时间为 0。

2. 评估项目的风险,综合各种因素,确定投资资本的机会成本,即折现率 r。关于如何确定折现率,将在本节第三段专门论述。

3. 计算投资项目的净现值:

$$NPV = -\sum_{i=0}^{n} \frac{\overline{C_i}}{(1+r)^i} + \sum_{i=1}^{k+1} \frac{C_i}{(1+r)^i}$$

4. 进行决策。

(1) 对单一项目,如果 $NPV>0$,则进行投资;如果 $NPV \leq 0$,则不进行投资。

(2) 对多择一项目,在 NPV 为正值的条件下,选择 NPV 最大的进行投资。

例如,某项目投资额为 4 000 元,其经济寿命为 2 年,预测第一年现金流为 2 000 元,第二年现金流为 4 000 元。又综合各种因素得知资本的机会成本为 0.10,那么,该项目的净现值为:

$$NPV = -4\ 000 + 2\ 000/1.10 + 4\ 000/1.10^2$$
$$= 1\ 124(元)$$

项目的净现值大于 0,所以根据净现值准则,该投资是可以接受的投资。

二、现金流

净现值准则和其他一些决策准则很重要的基础工作就是估算预期的现金流序列。这里要强调的是现金流和会计利润的区别。搞不清这一点,净现值准则就会被错误运用。

在投资决策中,工作的重点是现金流,而把利润的估算放在较次要的地位,其原因是:

第一,整个投资有效年限内,利润总计与现金流量总计是相等的,所以现金流量可以取代利润作为评价净收益的指标,而且更直接体现项目的价值。根据运营现金流模型,为简单计不考虑资本增值,项目的累计运营现金流就等于累计利润加上投资总额。从而,项目的现金流总计就等于会计利润总计。

第二,由于存在企业所得税,各年的利润和现金流都受折旧方法的影响:折旧越大,利润就越小,现金流越大,反之折旧越小,利润就越大,而现金流越小。

第三,在投资分析中现金流状况比盈亏状况更重要。利润大的年份不一定能产生大的内生现金流。一个项目能否维持下去,不取决于一定期间是否盈利,而取决于有没有现金用于各种支付。现金一旦支出,不管是否消耗,都不能用于别的目的,只有将现金收回后,才能用来进行再投资。因此,在投资决策中更要重视现金流的分析。

正确估算现金流是应用净现值准则的关键,现将现金流估计中的有关问题说明如下:

(1) 投资成本现金流序列,即资本预算。包括即期和以后各期在固定资产、无形资产、递延资产上的资本投资和成本项目中使用公司原有资产应计入的机会成本。当项目经济寿命结束时,固定资产等的残值(预期处理价格)往往大于账面价值,其差额应视为资本增值,计入应税项目,其税后值构成第 $k+1$ 期现金来源之一。

(2) 运营现金流，是指项目投入运营后，生产经营中企业所增加的预期现金流。运营现金流公式为：

$$OCF = \pi + D - \Delta WC（间接法）$$

其中 ΔWC 是预期运营资本的增加额，可正可负。若项目的经济寿命为 k 年，则第 $k+1$ 年无净利和折旧，只有运营资本返还，即 $-\Delta WC_{k+1}$ = 第 k 期运营资本。这是第 $k+1$ 期现金来源之一。

此外，还要注意以下几个问题：

第一，特别强调指出，这里的运营现金流是指由于该项目上马所增加的现金流，包括项目本身的和协同效应产生的。有些项目没有协同效应，而有些项目有明显的协同效应。新项目上马可使原有企业获利性增加，企业因此增加的现金流要计入项目的运营现金流估算中。

第二，在项目利润的预测中要计入运营资本的机会成本，要分担间接成本，如租金、管理费用、水电热费用等。

第三，正确区分相关成本和非相关成本。相关成本是指与特定决策有关的、在分析评价时必须加以考虑的成本，例如差额成本、未来成本、重置成本、机会成本等都属于相关成本。与此相反，与特定决策无关的、在分析评价时不必加以考虑的成本是非相关成本，例如沉没成本、过去成本、账面成本等往往是非相关成本。例如，某公司在1998年曾经打算新建一个车间，并请一家咨询公司做可行性分析，支付咨询费5万元，后来由于本公司有了更好的投资机会，该项目被搁置下来，该笔咨询费作为费用已经入账了，到了2000年旧事重提，在进行投资分析时估计仍需咨询调研费用5万元，则对该项目进行决策时，哪笔费用是相关成本呢？答案是第一次的5万元费用是非相关成本，其费用已经发生，不管本公司是否采纳新建一个车间的方案，它都已无法收回，与公司未来的总现金流无关。第二次的5万元费用是相关成本。如果将非相关成本纳入投资方案的总成本，则一个有利的方案可能因此变得无利，一个较好的方案可能变为较差的方案，从而造成决策错误。

第四，项目本身利润的计算与一般的独立企业有所不同：由于假定投资为全权益资本，所以认为无负债资本的利息支出。作为独立的企业核算，如有负债资本的利息支出，当然要纳入成本，但作为一个投资项目，不管投资资本是怎么来，估算其利润和运营现金流时都不计入负债资本的利息支出。

第五，正确处理通货膨胀问题。通货膨胀导致销售收入和成本的上升，也会使资产负债表发生扭曲。

以上诸点对于做出运营现金流序列的无偏估计是很重要的。此外，还要特别注意排除参与人员的个人利益因素和感情因素。要对于影响运营现金流的诸因素进行事实求是的评估，绝不可因为自己喜欢某个项目就有意高估它的现金流，也不可由于自己厌恶另一个项目就低估它的现金流。如果现金流估计有错误，就可能导致错误的决策。对于大多数项目而言，以后逐年实际发生的现金流是随机的，而不是确定性的，我们要事先估计的是它们的期望值。如果知道销售收入及成本费的概率分布，那么计算现金流的期望值是相当容易的事，但实际当中是很难得知它们的概率分布的。

三、如何确定折现率

预测了现金流序列以后，下一步工作就是确定现金流的折现率 r。当现金流序列确定以后,投资项目的净现值 NPV 就是唯一由折现率 r 决定了:折现率越大,NPV 就越小;反之折现率越小,NPV 就越大。因此,确定适当的折现率是正确决策的又一关键因素。

(一) 确定折现率的一般原则

投资项目净值的折现率 r,就是投资资本的机会成本,即投资者在资本市场上对风险等价的投资所要求的回报率。这里涉及我们以后章节才正式讨论的几个概念。所谓风险等价是指两者具有相同的经营风险,即完全为权益资本的情况下的企业风险(见第十七章)。例如,与某投资项目风险等价的投资要求的回报率为 $r = 16\%$,则该项目的资本的机会成本即折现率 $r = 16\%$。投资者所要求的回报率,在资本市场均衡的条件下就是该种投资回报率的期望值。而根据资本资产定价模型,期望的回报率依赖于该投资的系统风险,即投资多样化不能消除的风险,通常用 β 来衡量(见第十二章)。β 可以理解为该投资回报率对市场回报率变化的敏感性。因此,从理论上说,要计算项目的折现率,关键问题就转化为估计项目的 β,项目的 β 求出来了,利用资本资产定价模型可以求出折现率 r:

$$E(\tilde{r}) = r_f + \beta [E(\tilde{r}_m) - r_f]$$

式中, $E(\tilde{r})$——投资的期望回报率,即折现率 r;

r_f——无风险利率;

$E(\tilde{r}_m)$——期望的市场回报率;

β——项目的 β。

例如,假设知道项目的 $\beta = 1.21$, $E(\tilde{r}_m) = 0.13$, $r_f = 0.06$,则

$$r = 0.06 + 1.21 \times (0.13 - 0.06) = 0.145$$

即折现率为 $r = 14.5\%$。

令人遗憾的是实践中很难估计出一个新投资项目的 β,若干类似项目的 β 一起估计较为容易,但要注意剔除公司的财务杠杆带来的影响(第十六章)。在西方国家,有大量的关于行业股票投资的 β 的资料可以利用,但是只适用于"典型"的情况,只起一般的指导作用。并非所有投资项目都是"典型"的,这时就没有现成的 β 可供使用了。

(二) 不知道项目 β 情况下折现率的确定

其实远在资本资产定价模型产生以前,精明的财务经理就会调整投资决策中的风险。在其他条件均相同时,企业欢迎风险小的项目。对风险大的投资要求较大的回报率,或者比较保守地估算项目的现金流。实践当中有许多随风险不同而调整折现率的方法。

(1) 如果认为项目的风险与本企业的经营风险相当,则投资者要求的回报率就是企业无负债时股东要求的回报率,后者可以通过企业有负债时股东要求的回报率和财务杠杆比率估算出来(参见第十五章、第十七章)。

(2) 如果认为项目的风险与本企业的经营风险相当,也可以用本企业的资本加权平均资本成本(第十五章)来估计投资者要求的回报率,即折现率取为本企业的资本成本。如第十七章所述,此举实际上是计入了投资的附带效应。值得说明的是资本成本与无负债时股东要求的回报率是不相同的。在第(1)款中,未计入投资决策的附带效应。

(3) 在（1）或（2）款的基础上，随着项目风险的增加或减少，适当增加或减少折现率，这在很大程度上要由财务经理做出判断。其中，有两点特别重要：其一是要明辨哪些因素并不影响投资者要求的回报率，这些因素往往只有一些混淆因素；其二是哪些因素导致项目的 β 增加，从而增加折现率。

这里简单介绍一下以后才正式讨论的概念，财务金融学中风险的概念与日常用语中的"风险"是不同的，日常用语中的风险概念是"负面的后果或可能性"，而财务金融学中的风险概念是指不确定性。投资的风险用其回报率 $\tilde{r}$ 的均方差 $\sigma(\tilde{r})$ 来定义。影响投资者要求的回报率的因素，不是日常用语的风险，也不是上述回报率的均方差，而是另外一概念即投资的系统风险。系统风险是投资多样化消除不掉的风险，可以用 β 的大小来衡量。其他因素一定，系统风险越大，即 β 越大，投资者要求的回报率越高。因此项目的系统风险决定折现率的大小。在本款的一开始，"项目风险"一词，实应为"项目的系统风险"。

真正影响投资者要求的回报率即折现率的是项目 β，尽管项目 β 的具体是多少尚不知道，但高 β 或低 β 的一些特性是可以辨别的：

第一，盈利在很大程度上依赖于宏观经济环境，即带有经济周期性的投资项目具有较大的 β，投资者要求较高的回报率。

第二，固定成本比例高的项目具有较大的 β，投资者要求较高的回报率。

第三，项目的收益率与整个市场的收益率相关性大的项目具有较大的 β，投资者要求较高的回报率。

以上三点（其实第一点与第三点有关系）是明显影响折现率的因素。

通常投资项目折现率的确定是很艰难的工作，必须经过缜密思考，仔细推敲，绝不可以简单地拿一个数来就折现。这是一项与财务经理的高薪相匹配的工作。你想要在财务经理的宝座上坐得长久，或再上一个台阶，重大投资决策必须成功。

据国家自然科学基金重点课题"我国企业投融资运作与管理研究"2003年所做的一项问卷调查，中国企业大约有70%的投资项目决策采纳净现值准则，但相当多的情况折现率选取不正确。在443个企业中，将折现率取作银行贷款利率的占40.9%；取作项目的资本机会成本的约占18.5%；取作企业加权平均资本成本的占17.4%；取作项目融资的平均成本的占17.4%；项目融资的权益成本的占6.5%。可见尽管知道运用 NPV 准则，但多数折现率不正确，从而运用不当。

据称，埃克森—美孚公司锁定其折现率为12%，雷打不动，也没少赚钱啊。而有些公司搞了一些经验的公式，规定哪类项目采取哪种折现率。例如：

项目类别	折现率（%）
高技术创新	30~35
新产品	20
企业扩充	15（本企业资本成本）
降低成本	10

由于项目的系统风险可能随时间变化,不同企业有不同的情况,上述数据仅仅供参考而已。

折现率也有名义折现率和实际折现率之分。我们知道,名义折现率 r_n、实际折现率 r_r 和通货膨胀 r_i 之间存在关系(见第七章第三节):

$$r_r = \frac{1+r_n}{1+r_i} - 1 = \frac{r_n - r_i}{1+r_i} \approx r_n - r_i$$

如不加特别说明,我们采用的都是名义折现率。因为市场回报率一般都采用名义回报率,按上式调整以后才是实际回报率。

名义折现率适用于名义现金流折现,而实际折现率适用实际现金流。但由于构成现金流的诸因素的实际变化率并不都等于通货膨胀率,而且折旧是不因通货膨胀而变化的,因而两种折现率计算出来的净现值并不相等。

以上我们讨论了正确计算投资项目的净现值的原理和方法。下一节将用一个案例说明具体的计算的过程。根据现值的可加性,如果采纳了投资项目,那么其净现值 NPV 就是该项目给企业增加的价值,即发展机会的净现值。

第二节 案例:3K公司的便携式电子游戏机项目

3K 公司是一个只有 10 年历史的以生产电子游戏机为主的高技术企业。近年来该公司发展很快,其产品已在中国电子游戏机市场上占有相当份额。现拟生产一种自己开发的智能型便携式电子游戏机,简称 NGM 项目。由于电子游戏机更新换代快,预计该项目的经济寿命只有 5 年。

表 9−1 是 NGM 投资项目的财务预计表:

表 9−1　　　　　　NGM 项目初始财务预计表　　　　　　单位:万元

期限(年)	0	1	2	3	4	5	6
1. 资本投资	−8 000						+700[①]
2. 累计折旧		1 500	3 000	4 500	6 000	7 500	0
3. 年底账面价值	8 000	6 500	5 000	3 500	2 000	500	0
4. 运营资本		400	1 100	2 500	2 500	1 200	0
5. 账面总值 (3+4)	8 000	6 900	6 100	6 000	4 500	1 700	0
6. 销售收入		350	10 000	23 000	23 000	11 000	0
7. 经营成本		450	7 000	13 200	11 090	7 180	0
8. 其他成本[②]	3 000	1 000	800	800	800	800	0
9. 折旧		1 500	1 500	1 500	1 500	1 500	0

续表

期限（年）	0	1	2	3	4	5	6
10. 税前收益（6-7-8-9）	-3 000	-2 600	700	7 500	9 610	1 520	200[③]
11. 所得税[④]	-990	-858	231	2 500	3 171	502	66
12. 税后收益（10-11）	-2 010	-1 742	469	5 000	6 438	1 018	134

注：① 残值估计为700万元；
② 头两年的建立成本和第1~5年的一般管理成本；
③ 残值700万元与账面资产500万元之差，应为纳税收入；
④ 所得税税率为33%。

对表9-1有以下解释：①资本投资8 000万元用于购置厂房、设备等固定资产（第一行）。这些厂房设备6年之后可以变卖，预计残值收入700万元（第一行第七列）。②采用直线折旧法，每年折旧1 500万元，因而5年之后还有500万元的账面残值，由于残值实际收入比账面余额大200万元，据所得税法，这个多出的200万元应该纳税，因此第6年税前收益是200万元。

第6~12行是简化的损益表，可以看做是对现金流的初始预测。对于各期的收入和成本的预测，NGM项目是先估计其概率分布，然后计算其期望值。例如，第3年销售收入的概率分布如下：

$$S = \begin{cases} 26\ 000 & \text{概率为} 0.2 \\ 23\ 000 & \text{概率为} 0.6 \\ 20\ 000 & \text{概率为} 0.2 \end{cases}$$

则第3年销售收入的期望值：

$$E(S) = 26\ 000 \times 0.2 + 23\ 000 \times 0.6 + 20\ 000 \times 0.2 \\ = 23\ 000\ (\text{万元})$$

经营成本和其他成本的期望值$E(C)$和$E(O)$估计也类似。

$$\text{最后得出第3年税前收益的期望值} = E(S) - E(C) - E(O) - D \\ = 23\ 000 - 13\ 200 - 800 - 1\ 500 \\ = 7\ 500\ (\text{万元})$$

近年来有持续的通货膨胀，但在上面的处理中，现金流被看成不受通货膨胀的影响。公司人士认为通货膨胀引起的成本上涨可由它引起的产品价格上涨得到补偿，这是一种错误的看法，因为：

（1）在通货膨胀条件下，投资资本的机会成本会有所变化。

（2）不是所有的价格和成本都按相同的比例上涨。例如，折旧和由于折旧带来的税蔽就不受通货膨胀的影响，而作为成本的工资的增长率常比通货膨胀率要高，因此通货膨胀引起的价格上涨部分会小于劳动力成本引起的成本上涨部分，从而税后收益不能保持不变。

鉴于上述情况，有必要对表中数字进行处理。假若预期的通货膨胀率为13%，表9-2是处理之后的结果。可以看出，只有折旧未受影响。

在表9-2中，第6年的残值收入为1 457万元，是名义残值，是经过了通货膨胀处理的

$$1\ 457 = 700 \times 1.13^6$$

由于折旧不变,经 5 年累计折旧后剩下的机器设备账面残值仍为 500 万元,比实际残值收入少 957 万元。

$$957 = 1\ 457 - 500$$

这样第 6 年的税前收益变为 957 万元。

为简化计算,销售收入、设备残值、经营成本和运营资本均按 13% 的通货膨胀增加,尽管这可能不太符合实际。

表 9-2　　　　　　　　　经通货膨胀处理过的财务预计表　　　　　　单位:万元

期限(年)	0	1	2	3	4	5	6
1. 资本投资	-8 000						+1 457①
2. 累计折旧		1 500	3 000	4 500	6 000	7 500	0
3. 年底账面价值	8 000	6 500	5 000	3 500	2 000	500	0
4. 运营资本②		452	1 405	3 607	4 076	2 211	0
5. 账面总值 (3+4)	8 000	6 952	6 405	7 107	6 076	2 711	0
6. 销售收入		396	12 769	33 187	37 501	20 267	
7. 经营成本		509	8 938	19 046	18 082	13 229	
8. 其他成本	3 000	1 130	1 022	1 154	1 304	1 474	
9. 折旧		1 500	1 500	1 500	1 500	1 500	
10. 税前利润 (6-7-8-9)	-3 000	-2 743	1 309	11 487	16 615	4 064	957③
11. 所得税④	-990	-905	423	3 791	5 483	1 341	316
12 税后收益 (10-11)	-2 010	-1 838	877	7 696	11 132	2 723	641

注:① 由表 9-1, $1\ 457 = 700 \times 1.13^6$;
② 由表 9-1,运营资本、销售收入、经营成本均按 13% 的通货膨胀率调整;
③ 1 457 减资产账面残值 500 等于 957 为应税收入;
④ 所得税税率 $T = 33\%$。

表 9-3 是从表 9-2 中抽出的有关现金流预测的数据。它说明,现金收益是销售收入减去各种经营成本和其他成本及所得税后得到的,注意成本中不包括折旧;第 6 年可支配残值收入为 1 141 万元,等于第 6 年出售获得的残值收入减去第 6 年缴税款,即:

$$1\ 457 - (957 \times 0.33) = 1\ 141\ (万元)$$

表 9-3　　　　　　　　　　　NGM 项目现金流预测　　　　　　　　　　　单位：万元

期限（年）	0	1	2	3	4	5	6
1. 销售收入		396	12 769	33 187	37 501	20 267	
2. 经营成本		509	8 938	19 046	18 082	13 229	
3. 其他成本	3 000	1 130	1 022	1 154	1 304	1 474	
4. 所得税	−990	−905	432	3 791	5 483	1 341	316
5. 利润 + 折旧（1 − 2 − 3 − 4）	−2 101	−338	2 377	9 196	12 632	4 223	−316
6. 运营资本变化（期初 − 期末）		−452	−953	−2 202	−469	1 865	2 211
7. 资本投资和残值收入	−8 000						1 141
8. 净现金流（5 + 6 + 7）	−10 010	−790	1 424	6 994	12 163	6 088	3 352
9. 现值（$r = 0.25$）	−10 010	−632	911	3 581	4 983	1 995	879

计入通货膨胀因素，估计该项目的名义资本机会成本是 25%，把它作为折现率，依净现值准则求得：

$$NPV = -10\,010 - 632 + 911 + 3\,581 + 4\,983 + 1\,955 + 879$$
$$= 1\,706\,（万元）$$

由于 NPV 大于 0，该项目是一个可接受的投资项目。

由于政策允许采用加速折旧法，我们再考虑在通货膨胀情况下，采用双倍余额递减法时的财务预计。

采用加速折旧法，使得在资产寿命前期，提取折旧额较高；在资产寿命后期，提取折旧额低于按直线折旧法提取额。这样在前期税款较小，而后期税款较多，在整个折旧期限内，相当于企业推迟了纳税，由于资金的时间价值，必然增加项目的净现值。

对于五年期项目，

第一年应提折旧 = 8 000 × 40% = 3 200（万元）

第二年应提折旧 =（8 000 − 3 200）× 40% = 1 920（万元）

第三年应提折旧 =（8 000 − 3 200 − 1 920）× 40% = 1 152（万元）

第四年应提折旧 =（8 000 − 3 200 − 1 920 − 1 152 − 500）/2 = 614（万元）

第五年应提折旧 = 第四年应提折旧 = 614（万元）

表 9-4 是 NGM 项目在采用双倍余额递减法情况下的财务预计表，表 9-5 是 NGM 项目在采用双倍余额递减法情况下的现金流预测表。

表 9-4　　　　NGM 项目采用双倍余额递减法时的财务预计表　　　　单位：万元

期限（年）		1	2	3	4	5	6
1. 资本投资	8 000						−1 457
2. 累计折旧		3 200	5 120	6 272	6 886	7 500	0

续表

期限（年）	1	2	3	4	5	6
3. 年底账面价值	8 000	4 800	2 880	1 728	1 114	500	0
4. 运营资本		452	1 405	3 607	4 076	2 211	0
5. 账面总值 (3+4)	8 000	5 252	4 285	5 335	5 190	2 711	
6. 销售收入		396	12 769	33 187	37 501	20 267	
7. 经营成本		509	8 938	19 046	18 082	13 229	
8. 其他成本	3 000	1 130	1 022	1 154	1 304	1 474	
9. 折旧		3 200	1 920	1 152	614	614	
10. 税前利润 (6-7-8-9)	-3 000	-4 443	889	11 835	17 501	4 950	957
11. 所得税	-990	-1 466	293	3 906	5 775	1 634	316
12. 税后收益 (10-11)	-2 010	-2 977	596	7 929	11 726	3 216	641

表9-5　　　　　NGM项目采用双倍余额折旧法现金预测表　　　　单位：万元

期限（年）	0	1	2	3	4	5	6
1. 销售收入		369	12 769	33 187	37 501	20 267	
2. 经营成本		509	8 938	19 046	18 082	13 229	
3. 其他成本	3 000	1 130	1 022	1 154	1 304	1 474	
4. 所得税	-990	-1 466	293	3 906	5 775	1 634	316
5. 利润加折旧 (1-2-3-4)	-2 010	223	2 516	9 081	12 345	3 930	-316
6. 运营资本变化		-452	-953	-2 202	-469	1 865	2 211
7. 资本投资和残值收入	-8 000						1 141
8. 净现金流 (5+6+7)	-10 010	-229	1 563	6 879	11 871	5 795	3 352
9. 现值 ($r=0.25$)	-10 010	-183	1 000	3 522	4 861	1 899	879

$$NPV = -10\,010 - 183 + 1\,000 + 3\,522 + 4\,861 + 1\,899 + 879 = 1\,968（万元）$$

这时，项目的 NPV 比原先增加了（1 968 - 1 706）= 262（万元），这正是由于采用加速折旧法而增加的收益。从这里可以看出项目收益如何受折旧方法影响。此外，现实中还有其他问题值得考虑，如享受投资减免税等，都会影响整个项目的净现值。

第三节　投资决策风险分析

从上节的案例，我们掌握了如何应用净现值准则进行决策：要客观地预测现金流，评价风险,选择恰当的折现率,然后计算出净现值。然而现实中的决策并不能停留在这儿。决策者还应该搞清楚如果其中哪一步会出现偏差,对最终结果会有什么影响。也许进一步的分析会降低这些决策中的不确定性,至少会让人明白危险在哪里,以便能早有防备。

投资决策不是黑匣子,谁能处理好关键问题,谁就更有希望获得更好的回报。因此开发了一些进行深层投资分析的方法,包括敏感性分析、情景分析、蒙特卡洛模拟分析和盈亏平衡分析等,本节结合具体案例对这些方法进行介绍。

一、敏感性分析

敏感性分析(Sensitivity Analysis)就是分析销售、成本等因素变化给投资收益净现值造成的影响,从而找出使投资收益净现值减少或出现负值的不利因素,以便及早采取措施予以纠正。敏感分析作为投资决策分析的重要手段,对分析投资效益、识别和控制收益的主要影响因素具有十分重要的作用。

投资的敏感性分析通常按以下步骤进行:

(1)在预测项目现金流的同时,列出可能影响投资收益净现值的主要因素。通常包括:销售量、销售价格、固定成本、可变成本、折现率和项目寿命。不同的项目可能有不同的影响因素。

(2)计算、分析各主要因素变化对收益净现值的影响程度。

(3)找出敏感性大(对收益现值有较大程度影响)的因素作为投资决策时考察的重点和日后项目实施时监察的重点,使影响因素朝着有利于实现预期投资收益的方向变化。

下面研究某咖啡公司小粒咖啡项目的例子:

某咖啡公司打算推出一种改进的以小粒咖啡为原料的速溶咖啡品种,以求占领迅速膨胀的中国市场。公司计划在某地开设一座工厂,以便利用当地的小粒咖啡资源。该项目需投资16百万元。经济寿命为8年,采用直线法计提折旧(无残值),所得税税率为33%,项目资本的机会成本为20%;公司销售部门预测该种咖啡的市场规模为20 000吨,单位售价为100元/千克,公司产品所占市场份额为2%;生产部门估计生产这种咖啡的单位可变成本为77.5元/千克,另外每年还需要2.2百万元的固定成本(见表9-6)。

由以上资料公司财务经理预测未来8年该项目的现金流如下:

期望的年销售量 = 市场规模 × 本公司所占份额 = 20 000 × 2% = 400(吨) = 400 000(千克)

期望的年销售收入 = 期望的年销售量 × 价格 = 400 000 × 100 = 40(百万元)

预计的年可变成本 = 期望的年销售量 × 单位可变成本 = 400 000 × 77.5 = 31(百万元)

表9-6   **小粒咖啡项目预测现金流量表**   单位:百万元

科 目	第0年	第1~8年
初始投资	16	
1. 销售收入		40
2. 可变成本		31
3. 固定成本		2.2
4. 折旧		2

续表

科　目	第0年	第1~8年
5. 税前利润（1-2-3-4）		4.8
6. 所得税（税率33%）		1.6
7. 税后利润（5-6）		3.2
8. 运营现金流（4+7）		5.2
现金流量净额	-16	5.2

该项目的净现值 $NPV = -16 + \sum_{t=1}^{8} \frac{5.2}{(1+0.20)^t} = 4.0$（百万元）

在预测项目现金流计算净现值的过程中，我们不难看出：该种咖啡的市场规模、本公司所占市场份额、单位售价、单位可变成本、固定成本任何一个因素稍有变化都会改变该项目的净现值。但是，是否上述各因素同等程度变化都有可能同等程度地改变项目的净现值呢？或者说，是否每个因素对于该项目都有相同的敏感性呢？下面我们紧接上例，对年销售量、单位售价、单位可变成本和固定成本等四个因素进行敏感性分析。假定上述四个因素的变化以期望值为基准，上下浮动10%。按前述计算净现值的过程，得单个因素发生变化时（不考虑几个因素同时变化），项目的净现值见表9-7：

表9-7　　　　　　　　　　　敏感性分析表

因　素	变化幅度			对应的NPV（百万元）r = 0.20		
	(-10%)	期望	(+10%)	(-10%)	期望	(+10%)
市场规模（吨）	18 000	20 000	22 000	+1.7	+4.0	+6.4
公司所占市场份额	1.8%	2%	2.2%	+1.7	+4.0	+6.4
单位售价（元/千克）	90	100	110	-6.3	+4.0	+14.3
单位可变成本（元/千克）	69.75	77.5	85.25	+12.1	+4.0	-3.9
固定成本（百万元）	1.98	2.2	2.42	+4.6	+4.0	+3.5

从表9-7中不难看出：年销售量、单位售价、单位可变成本和固定成本各单个因素发生同等幅度变化时（上下浮动10%），它们对项目净现值的影响程度各不相同，也即对项目的敏感性各不相同，其中以单位售价的敏感性最大，固定成本的敏感性最小。换句话说，本例中单位售价、单位可变成本是较为敏感的因素，而固定成本相对而言较不敏感。如果我们将上面的分析以图9-1的形式反映，结果将更加清楚明显。

从图9-1中可以看出，敏感性曲线斜率较大的因素，如单位售价、单位可变成本，其敏感性系数较大，对投资收益的净现值的影响较大；敏感性曲线斜率较小的因素，如固定成本，其敏感性系数较小，对投资收益的净现值的影响也相对较小；此外，市场规模与公司所占市场份额具有相同的敏感性，它们对投资收益的净现值的影响相当。

敏感性分析能帮助我们在做投资决策时，识别对实现预期投资收益影响最大的因素。但是，敏感性分析也存在许多不足之处：首先，它的数据比较粗糙，各部门对变量变化幅度的预

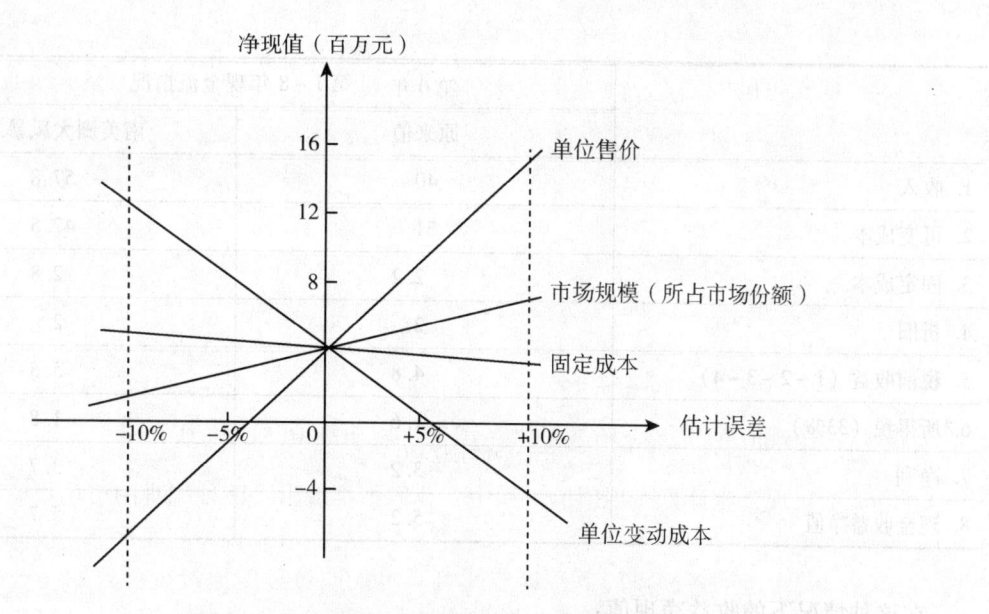

图 9-1　因素变化对项目净现值的影响

测可能不同，而又很难判断谁的更准确。以这种数据为基础有可能得出跟实际偏差很大的结果。其次，它忽视了变量之间的内在联系。试想一下，会发生单位售价提高而其他各项不变的情况吗？尽管如此，敏感性分析仍不失为投资决策分析简单易行的好方法。

二、情景分析

为了克服敏感性分析的缺点，可对投资决策进行情景分析（Scenario Analysis）。情景分析是考虑了各种变量的内在联系，然后去考虑它们联合变动的情景结果。

假如由于罕见的大风暴袭击了南美洲，使巴西的咖啡豆大部分席卷而去，引起全球性咖啡豆价格猛涨。尽管国内市场受震动较国际小，但仍使得进口咖啡数量减少，该新产品速溶咖啡市场份额增大。假如这时的市场规模是 18 000 吨，而市场份额增为 0.03，咖啡豆价格上涨以及国内持续的通货膨胀使得新产品单位可变成本变为原先的悲观估计数值 88 元/千克；固定成本也有所上升。在这种情况下，该项目净现值上升到 5.9 百万元，投资变得更加有利可图，具体情况见表 9-8。

表 9-8　情景分析表　　　　　　　　　　　　　　　　　　　　　　单位：百万元

	假　设	
	原来值	南美洲大风暴情景下
市场规模（吨）	20 000	18 000
市场份额	0.02	0.03
单位售价（元/千克）	100	107
单位可变成本（元/千克）	77.5	88
固定成本（百万元）	2.2	2.8

续表

	第1~8年现金流情况	
	原来值	南美洲大风暴之后
1. 收入	40	57.8
2. 可变成本	31	47.5
3. 固定成本	2.2	2.8
4. 折旧	2	2
5. 税前收益（1-2-3-4）	4.8	5.5
6. 所得税（33%）	1.6	1.8
7. 净利	3.2	3.7
8. 现金收益净值	5.2	5.7

在这种情况下的收益净现值：

$$NPV = -16 + 5.7 \times 8\text{年年金系数}(r = 0.20)$$
$$= -16 + 5.7 \times 3.837$$
$$= 5.9(\text{百万元})$$

决策人员会发现这种分析项目不同情景的方法很有意义，因为这样能看出各个变量按一定规律联合变动的情况，比只考虑单一悲观或乐观的情况更合乎实际（见表9-9）。

表9-9　　　　　　　　　现金流量及现值表　　　　　　　　单位：百万元

现金流入			现金流出					项目的净现值 NPV
年销量（吨）	1~8年年收入	现金流入的现值（PV）	第0年投资额	1~8年每年			现金流出的现值（PV）	
				可变成本	固定成本	税金（33%）		
0	0	0	16	0	2.2	-1.4	19.1	-19.1
400	40	153.5	16	31	2.2	1.6	149.5	4.0
1 000	100	383.7	16	77.5	2.2	6.0	345.0	38.7

注：固定成本不含折旧。

三、盈亏平衡分析

（一）现金流现值在盈亏平衡分析中的应用

盈亏平衡分析（Break-even Analysis）主要是分析什么样的销售量（额）才能使投资至少保本，故又称保本点分析，表9-10显示如何对上面的新速溶咖啡品种进行盈亏平衡分析。

表 9-10			收入成本流量				单位：百万元
年销售量（吨）	年现金流入	年现金流出					年现金流
		初始投资	可变成本	固定成本	税金	总额	
0	0	4.17	0	2.2	-1.4	4.97	-4.97
400	40	4.17	31	2.2	1.6	38.97	1.03
1 000	100	4.17	77.5	2.2	6.0	89.87	10.13

表 9-10 中左边部分显示各种假设下年收入和年成本数值，右边部分显示现金流入和现金流出的现值。现金流净现值是两者之差。

由表 9-10 可见，如果年销量为 0，则项目净现值是个很大的负数；如果年销量 400 吨，那么投资 NPV 为 4.0 百万元；如果年销量是 1 000 吨，则 NPV 为 38.7 百万元。可见项目净现值随年销量增大而增大，在销量介于 0~400 吨某个点时，NPV 为 0，该销售量即为保本点，有关情况见图 9-2。

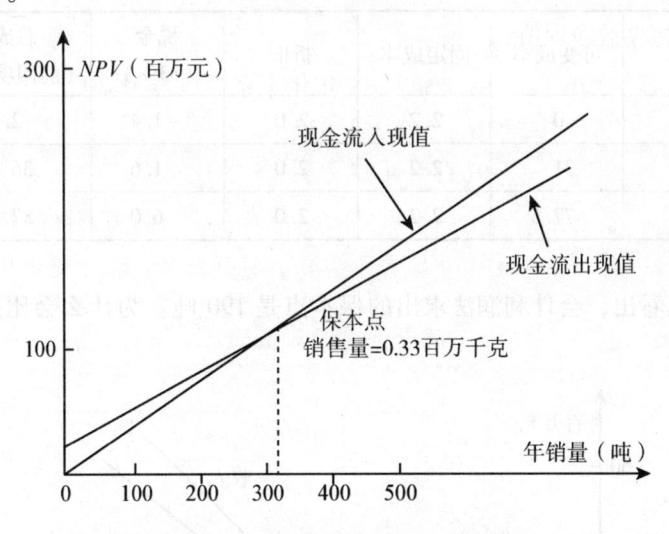

图 9-2 盈亏平衡分析：现值法

当年销量为 330 吨时，项目的现金流入现值直线与项目的现金流出现值直线相交，这个点即为保本点。从图 9-2 可见，当年销量低于 330 吨时，现金流入现值小于现金流出现值，投资是亏损的；当年销量大于 330 吨时，现金流入现值大于现金流出现值，投资是盈利的；只有在年销量等于 330 吨时，投资才不盈不亏。

（二）年收入和成本现金流在保本分析中的应用

盈亏平衡分析不仅可用投资的现金流入和流出的现值计算，同样还可用年收入和成本带来的现金流计算，成本中不仅有固定成本、变动成本，还有初始投资额 16 百万元在每年的年金分摊。

$$年投资额 = 初始投资/8 年年金系数(r = 0.20)$$
$$= 16/3.837$$
$$= 4.17(百万元)$$

同样，可采取作图找出盈亏平衡点，也可采取线性插值法求解。

$$\begin{Bmatrix} \text{年销售量（吨）} \\ 0 \\ Q \\ 400 \end{Bmatrix} \quad \begin{Bmatrix} \text{年现金流（百万元）} \\ -4.97 \\ 0 \\ 1.03 \end{Bmatrix}$$

$$\frac{Q}{400} = \frac{0-(-4.97)}{1.03-(-4.97)}$$

解得 $Q=330$ 吨。

即当年销售量为 330 吨，项目的年现金流为 0，也就是项目的年现金流出和年现金流入相等。可以看出两种方法是等效的。

有些人计算保本点时不用现金流，而是会计利润，我们看看有什么不同，表 9-11 是根据会计利润列举不同销量的情况。

表 9-11　　　　　　　　　用会计利润计算保本点　　　　　　　　单位：百万元

年销量（吨）	收入	可变成本	固定成本	折旧	税金(33%)	总成本（前四项之和）	利润
0	0	0	2.2	2.0	-1.4	2.8	-2.8
400	40	31	2.2	2.0	1.6	36.8	3.2
1 000	100	77.5	2.2	2.0	6.0	87.7	12.3

由图 9-3 可以看出，会计利润法求出的保本点是 190 吨。为什么会比用上面两种方法求出的 330 吨少呢？

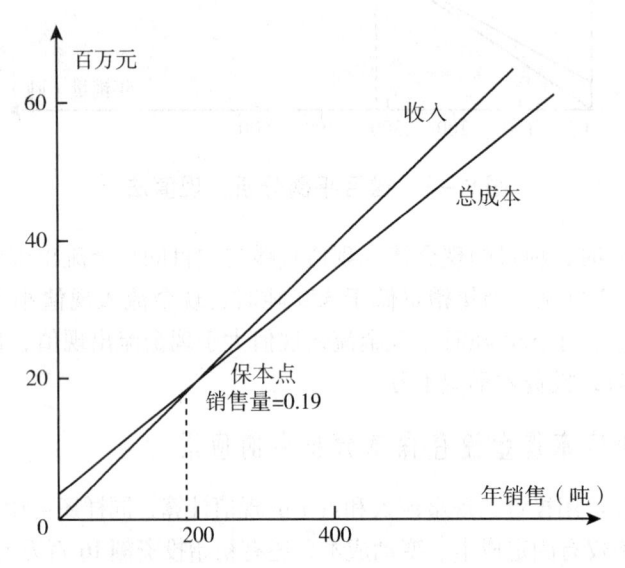

图 9-3　盈亏平衡分析：会计利润法

因为当我们用会计利润进行保本点分析时，对 16 百万元的初始投资进行的是简单的直线折旧，每年折旧额为 2.0 百万元，这样就忽略了这部分资本的机会成本，因为如果是把这 16 百万元投资别处，每年的年金收入应是 4.17 百万元而不是 2.0 百万元。

由此可见，用会计利润算的年销量 190 吨的保本点是错误的，那样会有每年 4.17 − 2 = 2.17（百万元）的成本损失未计入。因此，只有把保本点提高到 330 吨，投资才不盈不亏。

传统的盈亏平衡分析都是采用画图法，实际采用数学分析法更有效。很容易求出净现值、利润 π 与年销售数量 x 的关系：$NPV = NPV(x)$ $\pi = \pi(x)$，然后分别求出 NPV 和 $\pi = 0$ 的 x，即为所求。

习 题

1. 简述投资项目的现金流与会计利润的区别与联系，累计现金流与累计利润之间有何联系？
2. 确定投资项目现金流时应注意哪些问题？
3. 如何确定项目的折现率？
4. 简述采用净现值准则进行投资决策的程序。
5. 在盈亏平衡分析中，分别求出净现值和利润与年销数量之间的函数关系 $NPV(x)$ 和 $\pi(x)$，并由此分别求出盈亏平衡点。
6. 假定公司的机会成本为 14%，对于经济寿命为 20 年的如下各项目，分别计算净现值，并判断各项目是否可以接受。

(1) 初始投资为 10 000 元，每年的现金流入为 2 000 元；
(2) 初始投资为 25 000 元，每年的现金流入为 3 000 元；
(3) 初始投资为 30 000 元，每年的现金流入为 5 000 元。

7. 某公司考虑更新机器来满足客户对其产品的需求，新机器的成本为 190 万元，运输安装费用为 10 万元，经济寿命为 5 年。设备更新增加的销售收入每年为 120 万元，增加的运营费用和其他费用（不包括折旧）为所增加收入的 40%，公司的税率为 40%，公司分别采用直线折旧和双倍余数法折旧（不留残值），分别计算：

(1) 机器更新产生的现金流序列；
(2) 公司资本成本为 12% 时该项目的净现值。

8. 3T 公司准备购买一台新机床，其成本为 1 000 万元，每年的运转费用为 30 万元，但该机器每年可节省 120 万元的劳动费用，其经济寿命为 10 年，公司采用直线折旧，账面残值为 100 万元，此时的市场价值也是 100 万元。假定公司的资本成本为 10%，税率为 35%，计算该机床的净现值。

9. 公司预算购买一台机器，所需要的初始投资为 24 000 元，预计在未来 8 年内该机器每年能够带来的税后现金流入为 5 000 元，分别假定公司的资本成本为 10%、12% 和 14% 时，计算在各资本成本下购买机器的净现值，并分别判断在各种资本成本下是否应该接受项目。

10. 下面是对两项目的现金流预测：

项目	现金流（万元）			
	C_0	C_1	C_2	C_3
项目 A	−100	30	50	70
项目 B	−100	49	49	49

(1) 若资本机会成本为 3%，你将选择哪一项目？
(2) 若资本机会成本为 12%，你又将选择哪一项目？

（3）为什么会出现不同的情形？

11. 3B公司考虑购买一台新机器，其成本为60万元，公司出售其旧机器可获得20万元的收入，新机器的经济寿命为6年，每年可节省费用15万元。假定资本的机会成本为15%，公司税率为40%，旧机器账面净值为0。

（1）若公司采用直线折旧，第6年末的残值为零，计算各年的现金流；
（2）计算该项目的净现值；
（3）如果公司采用双倍余额折旧法，则计算该项目的净现值；
（4）若公司采用直线折旧，计算新机器的每年等额成本。

12. 某新产品在未来5年内每年的销售收入预计如下：

年度（年）	1	2	3	4	5年及其以后
销售收入（万元）	40	30	20	10	0

预计销售费用为销售收入的40%，每年所需的运营资本预计为下一年度收入的20%，该产品需要的工厂和设备投资为50万元，试问：

（1）计算该产品所需的初始投资（注意运营资本）；
（2）假定工厂和设备采用直线折旧，4年末的残值为零，公司税率为40%，计算项目各年的现金流；
（3）若机会成本为12%，计算该项目的净现值。

13. 某项目的年销售收入为1 000万元，可变成本为销售收入的50%，固定成本为200万元折旧每年200万元，项目的经济寿命为10年，公司的所得税税率为35%。

（1）试问以下变化分别如何影响税后利润和现金流？
① 年销售收入从1 000万元增加到1 100万元；
② 可变成本增加到销售收入的60%。
（2）如果该项目经济寿命为10年，折旧率为12%，试问以上各变化如何影响项目的净现值？
（3）该项目的固定成本增加为多少时，项目净现值变为负值。

14. 某时装公司投资500万元建立一个新工厂来生产人体模型，工厂预计寿命为5年，预计每年的销售量为600万件，每年固定成本为200万元，每件可变成本为1元，产品的定价为每件2元，工厂采用直线折旧，经济寿命为5年，残值为零，公司资本的机会成本为12%，所得税税率为40%。

（1）计算该项目的净现值；
（2）如果可变成本每件增加为1.20元，净现值为多少？
（3）若固定成本为每年150万元，净现值为多少？
（4）产品定价为多少时，净现值为零？

15. 3M公司评价两个互斥项目，公司的财务主管对两项目的每年现金流入分别做悲观、最可能、乐观的估计，预计结果分别如下表所示：

	项目A	项目B
初始投资（元）	8 000	8 000
结果	每年现金流入（元）	
悲观	200	900
最可能	1 000	1 000
乐观	1 800	1 100

(1) 确定各项目的每年现金流入范围；
(2) 假定公司的资本成本为10%，两项目的经济寿命都为20年，编制一个形同上表的净现值表。
(3) 你推荐哪一项目？为什么？
(4) 仔细考虑上述两项目都用10%作为折现率合适吗？

16. 某制鞋公司提议用更现代化的设备来更新它的旧机器，新机器的成本为1 000万元，公司预计旧机器出售可获得100万元，新机器能够降低生产成本，每双鞋的成本由现在的每双8元降到4元，然而，鞋的销售前景以及新机器的性能存在很大的不确定性，预计可能的结果如下表所示：

	悲观	期望	乐观
销售量（万双）	40	50	70
新机器的生产成本（元/双）	6	4	3
新机器的经济寿命（年）	7	10	13

假定折现率为12%，公司没有所得税，对这一设备更新决策进行敏感性分析。

17. 某零售公司准备在某地段新建一家超市，预测有关的数据如下表所示，假定全部投资采用直线折旧，经济寿命为12年，残值为零。投资资本的机会成本为10%。

年　　度	0	1～12
投资额	－5 400	
1. 销售额		16 000
2. 变动成本		13 000
3. 固定成本		2 000
4. 折旧		450
5. 税前利润（1－2－3－4）		550
6. 所得税（40%）		220
7. 税后利润		330
8. 运营现金流（4＋7）		780
净现金流	－5 400	780

(1) 以所需的投资额、销售额、变动成本占销售额的比重（期望值为81.25%）以及固定成本为变量对该项目进行敏感性分析；
(2) 假定另一家公司在该地段也建立一家超市，试对此进行情景分析；
(3) 分别利用会计利润法和现值法进行盈亏平衡分析。

18. 3D公司通过对碳的处理将其加工成人造钻石，每颗人造钻石的售价为1 000元，所需的原料为300元，工厂每年的固定费用为200万元，加工设备的成本为1 000万元，采用直线折旧，经济寿命为10年，残值为零，试问：
(1) 计算会计盈亏平衡点的销售量；
(2) 假定项目的经济寿命为10年，税率为35%，折现率为12%，计算净现值盈亏平衡点的销售量；
(3) 若折旧期限缩短为5年，则该项目的会计盈亏平衡点和净现值盈亏平衡点分别如何变化？

19. 3P公司正考虑投资于下面两个互斥项目之一，项目A要求的初始投资为30 000元，项目B要求的初始投资为40 000元，各项目的经济寿命都为5年，项目A的每年现金流入为10 000元，项目B的每年现金流入为15 000元。假定公司有充足的现金，不考虑两项目风险的差异，接受净现值最大的项目。公司的资本成本为15%。

(1) 计算各项目的净现值，两项目分别是否能够单独接受？
(2) 找出各项目的盈亏平衡现金流入。
(3) 预计公司获得的现金流入的概率分布如下，各项目达到盈亏平衡点现金流入的概率是多少？

现金流入范围（元）	获得给定范围现金流入的概率	
	项目A（%）	项目B（%）
0~5 000	0	5
5 000~7 500	10	10
7 500~10 000	60	15
10 000~12 500	25	25
12 500~15 000	5	20
15 000~20 000	0	15
20 000以上	0	10

(4) 哪一项目的风险更大？哪一项目有更大的潜在净现值？讨论两项目的替换关系。
(5) 如果公司需要最小化损失（例如$NPV<0$），你推荐哪一项目？如果目标是获得更高的净现值，你又将推荐哪一项目？

第十章 其他投资决策准则

在第九章，我们讨论了投资决策的净现值准则。现实中人们同时也使用其他决策准则用不同的尺度来衡量备选项目。其中最常见的四个准则是：

(1) 回收期准则；
(2) 平均账面回报率准则；
(3) 内部回报率准则；
(4) 获利性指数准则。

我们为什么不首先推荐这四个而推荐净现值准则呢？本章将对此给出答案。在涉及本章内容之前，我们有必要再回顾一下投资的净现值准则有几个特点，这是其他准则不全部具备的。

第一，净现值准则的基础是现值原则："今天的一块钱的价值大于明天的一块钱的价值"，体现现值原则的是累计折现金流方法。这是科学的原则和正确的方法。任何不考虑货币的时间价值差异的决策准则都是有缺陷的。

第二，净现值准则依赖预测现金流序列和资本的机会成本，比较客观。其他准则可能较多地依赖公司会计原则的选择，包含较多的人为因素、主观原因。

第三，现值具有可加性，投资项目的净现值 NPV 就是由于该项目上马给公司股东增加的价值。净现值准则很明确地告诉我们，投资项目给企业增加的价值是多少，而其他准则都做不到这一点。

当然，净现值准则也有缺点。主要是实践中估计折现率是比较困难的，需要熟练的技巧。项目现金流序列的预测类似于会计利润的预测，不为净现值准则所专有。

根据第九章第一节引述的同一项问卷调查的结果[①]，中国企业的投资项目决策采用最多的准则是回收期准则（频率为74.5%），其次是内部回收率准则（频率为70.8%），净现值准则居第3位（频率为68.8%），第4位为平均账面回报率准则（频率为49.8%），最末为获利性指数准则（频率为38.5%）详见表10-1：

表10-1　　　　　　　　中国企业投资决策方法的使用情况

投资决策方法	回答该问题的企业数	使用比例（%）
回收期法	645	74.5
内部收益率法	646	70.8

---

① 齐寅峰等．我国企业投融资行为研究．管理世界，2005（3）：94-114．

续表

投资决策方法	回答该问题的企业数	使用比例（%）
净现值法	639	68.8
会计收益率法	620	49.8
获利指数法	624	38.5

在美国，格拉汉姆和哈威[1]采集到329家公司的回答，美国企业投资项目决策采用多的准则依次是内部回报率准则（回答总是应用或几乎总是应用的比例，下同，约为75%）、净现值准则（约74%）、回收期准则（约57%）、会计回报率准则（约19%）和获得性指数准则（约11%）。

由于投资决策的重要性，我们建议以净现值准则为主，辅之以其他准则加以验证。由于其他一些方法也要预测现金流序列，因此用这类准则加以验证增加的工作量不大。

第一节 回收期准则

一、回收期准则

投资回收期（Payback Period）准则是先设定一个回收期，如果该项目的投资收益能在该回收内补偿投资额，那么它就是一个不可接受的投资项目，否则就是一个不可接受的投资项目。

回收期准则的决策程序是：

(1) 设定可接受的回收期 P_o。

(2) 预测投资项目的两个现金流序列：

多期资本支出：$\overline{C_0}, \overline{C_1}, \cdots, \overline{C_n}$

和

多期运营现金流：$\hat{C_1}, \hat{C_2}, \cdots, \hat{C_m}$

当投资只有一期时，$n=0$，有两期时，$n=1$；依此类推。其中 m 为项目的经济寿命。

(3) 计算回收期：

如果 p 期累计运营现金流超过总投资，即 $\sum_{i=1}^{P} \hat{C_i} \geq \sum_{i=0}^{n} \overline{C_i}$，即在 p 年内收回投资。满足上述条件的最小 p 即为回收期。

(4) 若 $p \leq p_0$，则接受该项目；反之，若 $p > p_0$，则否决该项目。

下面考虑项目 A 和 B，见表 10-2。

---

[1] J. Graham and C. Harvey, The Theory and Practice of Corporate Finance, Journal of Financial Economics, 2001 (60).

表 10 – 2　　　　　　　　　　现金流和回收期　　　　　　　　　　单位：元

项目	现金流量				回收期（年）	$NPV(r=0.10)$
	C_0	C_1	C_2	C_4		
A	-30 000	30 000	3 000	0	1	-248
B	-30 000	10 000	20 000	60 000	2	40 699

项目 A 的资本投资是 30 000 元，一年之后项目产生现金流也是 30 000 元，因此回收期为 1 年。其净现值：

$$NPV(A) = -30\ 000 + 30\ 000/1.10 + 3\ 000/1.10^2$$
$$= -248(元)$$

项目 B 的回收期为 2 年，但其净现值：

$$NPA(B) = -30\ 000 + 10\ 000/1.10 + 20\ 000/1.10^2 + 60\ 000/1.10^3 = 40\ 699(元)$$

如果投资回收期限为 1 年，项目 A 便是可接受的投资，因为投资 1 年之后便可由期望收益补偿，而项目 B 是不可接受的项目；如果投资回收期限为 2 年，项目 A 和 B 均为较好的投资，因为它们的投资额在 2 年内均可由它们的期望收益得到补偿。

但是我们又看到：$NPV(A) < 0$，而 $NPV(B) > 0$。根据净现值准则只应接受项目 B，拒绝项目 A。这样看来，应用回收期准则，我们就做出了一个错误的决策。

错误的原因是：回收期准则只看到了回收期之前的现金流，而忽视了其后的现金流。再看下面的例子（见表 10 – 3）。

表 10 – 3　　　　　　　　　　现金流与回收期　　　　　　　　　　单位：元

项目	现金流量				回收期（年）	$NPV(r=0.10)$
	C_0	C_1	C_2	C_3		
C	-30 000	20 000	10 000	60 000	2	41 525

结合表 10 – 2 可以看出，项目 B 和 C 的投资回收期均为 2 年，回收期准则无法区分好坏。但是显然项目 C 的净现值较大，因此是较好的投资选择。可见不能仅靠回收期进行决策。

为了追求投资项目较短的回收期，公司可能会接受那些近期看来收益较高，但实际上并不好的投资项目，也可能拒绝那些近期看来收益较低但实际较好的投资项目。如在表 10 – 2 中，项目 A 的第一年收益较高，回收期短，因此公司选择 A 放弃 B 是错误的。而且，投资回收期是人为设定的，用人为设定的回收期来选择投资项目是不科学的。例如表 10 – 2 中，如果设定的回收期定为 1 年，公司只能接受净现值为负值的项目 A；如果回收期定为 2 年，公司可能接受项目 A、B 或 C。

二、改进的回收期准则

改进的回收期准则考虑了现金流的时间价值差异，它把原先决策程序的第三步改为：

如果 p 期累计折现现金流现值超过投资现值，即 $\sum_{i=1}^{p} \dfrac{\hat{C}_i}{(1+r)^i} \geqslant \sum_{i=0}^{n} \dfrac{\bar{C}_i}{(1+r)^i}$，其中 r 为折现率。即在 p 年内收回投资，那么，则称最小的 p 为项目的回收期。

改进后的回收期准则考虑了不同期现金流的时间价值差别，这一点上有进步，但仍然有缺陷，请看下面的例子：项目 D 和项目 E 皆需初始投资 30 000 元，项目 D 每年产生现金流 8 500 元，持续 6 年；项目 E 每年产生现金流 8 000 元，持续 12 年，假设折现率 r 为 10%，那么，

$$NPV(\mathrm{D}) = -30\,000 + \sum_{t=1}^{6} \dfrac{8\,500}{(1.10)^t} = 7\,020(元)$$

$$NPV(\mathrm{E}) = -30\,000 + \sum_{t=1}^{12} \dfrac{8\,500}{(1.10)^t} = 24\,510(元)$$

显然 $NPV(\mathrm{D}) < NPV(\mathrm{E})$，但是如果依据改进的回收期准则，仍然是项目 D 的回收期较短。可见改进了的回收期准则还是忽略了回收期之后的收益。

回收期准则简单易懂，并且容易为决策人所正确理解。它的缺点在于不仅忽视时间价值（除改进的回收期准则外），而且没有考虑回收期以后的收益。事实上，有战略意义的长期投资往往早期收益较低，而中后期收益较高。回收期准则优先考虑急功近利的项目，可能导致放弃长期成功的方案，所以只能作为辅助方法使用。

第二节 平均账面回报率准则

平均账面回报率（Average Return on Book Value）为投资寿命期内年平均净收益与年平均账面资产额之比。即

$$\text{平均账面回报率} = \dfrac{\text{年平均净收益}}{\text{平均账面资产}}$$

用平均账面回报率准则衡量投资项目的好坏，是指把投资的账面回报率与本公司或本行业的目标回报率相比较。如果平均账面回报率大于等于目标回报率，投资项目便是可接受的；否则便是不可接受的。

一、平均账面回报率准则决策程序

（1）设定目标回报率 r_0。
（2）预测项目的净收益序列。
（3）计算平均账面资产回报率 r。
（4）如果 $r > r_0$，则接受该项目；否则就否决该项目。

例：某项目初始投资为 12 000 千元，有效生命周期为 4 年，每年折旧 3 000 千元，如表 10-4 年平均账面资产 = (12 000 + 0)/2 = 6 000(千元)。

表 10-4		账面资产			单位：千元
	第0年	第1年	第2年	第3年	第4年
累计折旧	0	3 000	6 000	9 000	12 000
账面资产	12 000	9 000	6 000	3 000	0

项目的损益报告如表 10-5 所示。

表 10-5	损益表			单位：千元
	第1年	第2年	第3年	第4年
销售收入	20 000	15 000	10 000	8 000
成本（不含折旧）	10 000	8 000	6 000	4 000
运营现金流	10 000	7 000	4 000	4 000
折旧	3 000	3 000	3 000	3 000
净收益	7 000	4 000	1 000	1 000

年平均净收益 = (7 000 + 4 000 + 1 000 + 1 000)/4 = 3 250（千元），则平均账面回报率 = 3 250/6 000 × 100% = 54%。

利用平均账面回报率进行判断：如果 54% 高于本公司或本行业的账面回报率，即目标回报率，则该项目就是可接受的项目；否则，就应该放弃该项目。

二、平均账面回报率准则优缺点

平均账面回报率的优点是估算出了备选项目的平均账面资产回报率，并和本公司或行业的数据加以比较。资产回报率对于投资项目也是比较重要的一项指标，它能反映企业资产的质量及其增值能力。但该准则存在以下缺点：

首先，它只考虑账面投资的平均收益，这样它就忽略了近期收益更有价值这一事实。在表10-6 中，项目 A、B、C 拥有相同的平均账面回报率，相同的年平均净收益和相同的平均账面资产。然而很显然，项目 A 的净现值比项目 B 和项目 C 都大，因为项目 A 中早期的收益所占的比例更大。

表 10-6		项目现金流和净收益			单位：千元
项 目	净收益				现金流现值 $NPV(r=0.10)$
	C_1	C_2	C_3	C_4	
A	7 000	4 000	1 000	1 000	11 104
B	3 250	3 250	3 250	3 250	10 302
C	1 000	1 000	4 000	7 000	9 522

显然项目 A、B、C 的平均账面回报率相同，但净现值却有差异。

其次，平均账面回报率利用的是会计利润和账面资产。这样，平均账面回报率就较多地依赖于会计准则的选择，如不同的库存计价方法，不同的折旧方法，从而使决策受到了主观因素的影响。

再次，公司或同行业的账面回报率的确定带有人为的因素，而且又经常运用近期数字，那些本来回报率就高的公司会拒绝平均账面回报率较低但实际上净现值大于 0 的项目；那些本来回报率低的公司，会接受平均账面回报率较高，但实际上亏本的项目。

最后，同回收期一样，它也忽视了资本的机会成本和现值原则，这些都影响了准则的科学性。

总之，平均账面回报率准则具有一定的局限性，对此应用者应有充分认识。

第三节 内部回报率准则

内部回报率（Internal Rate of Return，简称 IRR），即为使投资的净现值等于零时的折现率，是根据项目本身的回报率来评价方案优势的一种方法。

一、内部回报率准则的决策程序

运用内部回报率准则，要遵循以下步骤：

（1）设定投资资本的机会成本，即折现率 r_0。这个 r_0 也称为要求的内部回报率。

（2）和净现值准则一样，估算现金流序列：

资本投入现金流 $\bar{C}_0, \bar{C}_1, \cdots, \bar{C}_n$；

运营现金流 $\hat{C}_1, \hat{C}_2, \cdots, \hat{C}_m$ 和处理现金流 $\hat{C}_{m+1}$。

（3）用试错法由下式求出内部回报率 IRR：

$$\sum_{i=0}^{n} \frac{\bar{C}_i}{(1+IRR)^i} = \sum_{i=1}^{m+1} \frac{\hat{C}_i}{(1+IRR)^i}$$

IRR 即是使 NPV = 0 的折现率。

（4）如果 $IRR > r_o$，则接受该项目；否则就否决该项目。

对于一次性投入且只在第一年产生收益的投资项目，由

$$-\bar{C}_0 + \hat{C}_1/(1+IRR) = 0$$

得出，$IRR = \dfrac{\hat{C}_1}{\bar{C}_0} - 1$，即通常意义下的回报率。

对于收益持续 $T-1$ 年的项目，

$$NPV = -\bar{C}_0 + \hat{C}_1/(1+IRR) + \hat{C}_2/(1+IRR)^2 + \cdots + \hat{C}_T/(1+IRR)^T = 0$$

解此方程即得出投资的内部回报率 IRR。对于持续多年的项目，现在多求助于计算机，或

财务用计算器。下面举例示意手算试错法。以上两式均假定投入资本只有一期。

某项目现金流见表 10-7。

表 10-7　　　　　　　　　　　　现金流量表　　　　　　　　　　　　单位：元

$\bar{C}_0$	$\hat{C}_1$	$\hat{C}_2$
-10 000	+4 000	+12 000

$$NPV(IRR) = -10\,000 + 4\,000/(1+IRR) + 12\,000/(1+IRR)^2 = 0$$

假设折现率 $r = 0$，此时

$$NPV(0) = -10\,000 + 4\,000/(1+0) + 12\,000/(1+0)^2 = 6\,000(元)$$

此时 $NPV > 0$，看来应调整使折现率大于 0，因此再假定它为 0.50。此时，

$$\begin{aligned}NPV(0.50) &= -10\,000 + 4\,000/(1+0.50) + 12\,000/(1+0.50)^2 \\ &= -2\,000(元)\end{aligned}$$

此时 NPV 又小于 0，因此 IRR 一定介于 0 和 0.50 之间。
再减小折现率为 $r = 0.30$，此时

$$NPV(0.30) = -10\,000 + 4\,000/(1+0.30) + 12\,000/(1+0.30)^2 = 177.5(元)$$

$NPV > 0$，说明 $IRR > 0.30$，再选 $r = 0.32$，

$$NPV(0.32) = -82.6$$

由于 $NPV(0.32) < 0$，故 $IRR < 0.32$，这样 IRR 一定介于 0.30 和 0.32 之间，如此继续下去最后确定 $IRR = 0.314$。由于本例是一个二次方程，IRR 是可以准确求出的，也可用做图法求 IRR，如图 10-1 所示。

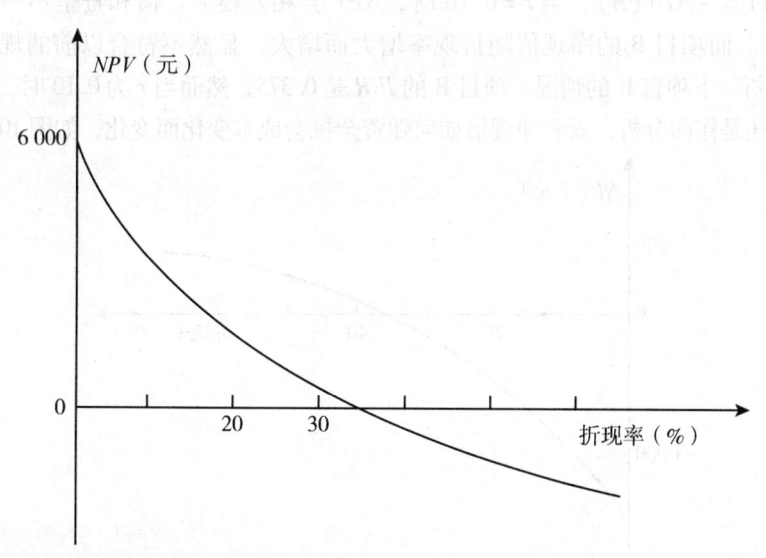

图 10-1　NPV 与折现率的关系：正常情形

从图 10-1 中可以看出，当 IRR 大于资本 r_0 时，NPV 必定为正，投资项目为可接受的项目；当 IRR 小于 r_0 时，NPV 必定为负，投资项目为不可接受的项目；只有当 r_0 等于 IRR 时 NPV 才为 0。

上例是一个比较典型的例子。在这个例子中，NPV 曲线在 IRR 附近光滑下倾，用内部回报率准则决策的结果跟用净现值 NPV 法得到的结果相同。

二、内部回报率准则的优缺点

与回收期准则和平均账面回报率准则相比，内部回报率准则具有很多优越性，在多数情况下，可以得到与 NPV 准则相同的结果，因此得到了比较广泛的应用。但是与净现值准则相比，它又有许多缺点，主要是：

（1）借贷不分。以致有时折现率上升时，NPV 也上升。违背了 NPV 随折现率上升而下降的原理。表 10-8 对此做出解释。

表 10-8   内部回报率准则借贷不分的例子   单位：元

项目	现金流		IRR	$NPV(r=0.10)$
	C_0	C_1		
A	-4 000	+5 500	37.5%	+1 000
B	+4 000	-5 500	37.5%	-1 000

两个项目的 IRR 都是 37.5%，这是否意味着两个项目一样好呢？由表 10-8 知显然不是。项目 A 中，初始投资 4 000 元，一年后收入 5 500 元，相当于放出贷款利息率为 37.5%；项目 B 中，初始借入 4 000 元，一年后还本息 5 500 元，相当于借款利息率为 37.5%。不管折现率 r 是多少，$NPV(A) = -NPV(B)$，当 $r=0.10$ 时，NPV 会相差很大。借和贷是不一样的，而 IRR 法却反映不出来。而项目 B 的净现值随折现率增大而增大，显然不符合以前的规律。

下面仔细分析一下项目 B 的情况。项目 B 的 IRR 是 0.375，然而当 r 为 0.10 时，净现值却是负数，直观的方法还是作图分析，看看净现值如何随资金机会成本变化而变化，如图 10-2 所示。

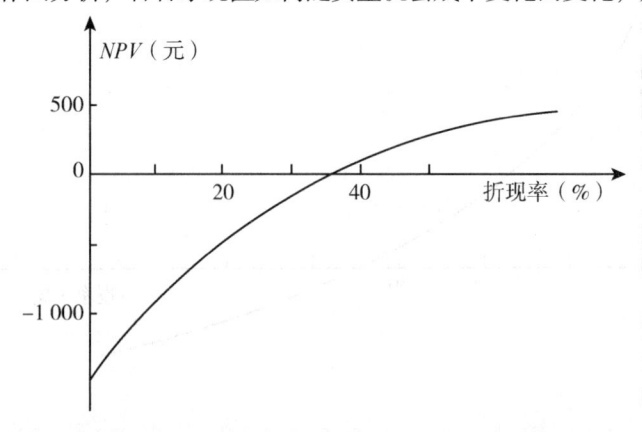

图 10-2   NPV 与折现率的关系：反常情形

可见项目净现值随 r 增大而增大。当现金流中出现多次借贷变化时,图形更为复杂,但都有一定范围内随 r 增大、NPV 也增大的现象;这就是 IRR 法的内在缺陷。

(2)多个内部回报率或无内部回报率。有时,当现金流序列有正有负时,项目的净现值也可能会随 r 增大而时升时降,故可能有多个使净现值等于 0 的折现率,即内部回报率,这给决策带来困难,表 10-9 是项目 D 的内部回报率与净现值。

表 10-9　　　　　　　　　　　内部回报率与净现值　　　　　　　　　　　单位:元

项目	现金流			IRR	NPV ($r=0.10$)
	C_0	C_1	C_2		
D	-1 000	+5 000	-5 000	0.38 或 2.26	-578

项目 D 有两个折现率能使 NPV 为零:

$$NPV(2.62) = -1\,000 + 5\,000/3.62 - 5\,000/3.62^2 = 0$$

和

$$NPV(0.38) = -1\,000 + 5\,000/1.38 - 5\,000/1.38^2 = 0$$

在图 10-3 中,可以看出:净现值随折现率的增加先是上升,然后下降,曲线与横坐标有两个交点。

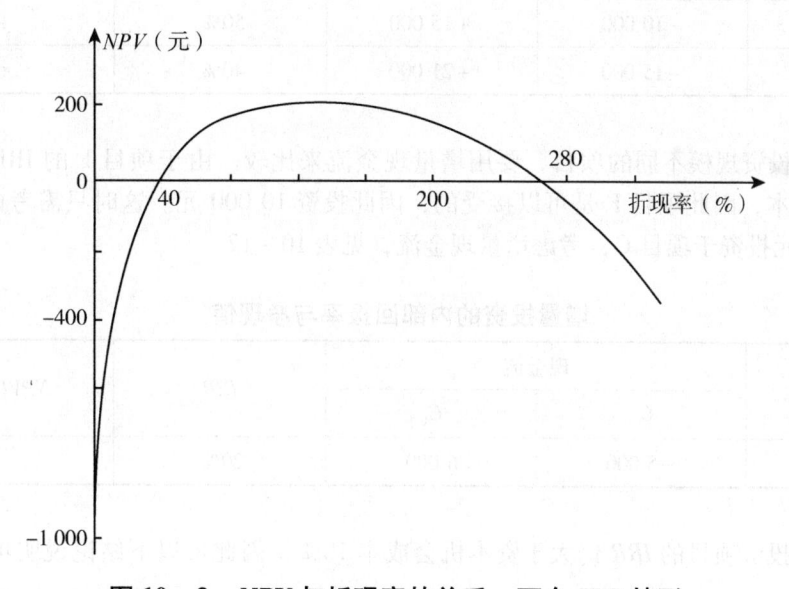

图 10-3　NPV 与折现率的关系:两个 IRR 情形

换句话说,这个项目有两个内部回报率,这种现象产生的原因正是现金流的两次变化。

有些项目的决策更让内部回报率准则为难。例如,项目 E,现金流情况下(见表 10-10):

表 10-10　　　　　　　　　　　现金流量表　　　　　　　　　　　单位：元

C_0	C_1	C_2
+1 000	-3 000	+2 500

项目 E 按任何折现率产生的净现值都是大于 0 的，因为

$$NPV = +1\,000 - 3\,000/(1+r) + 2\,500/(1+r)^2$$
$$= 1\,000 \times (1+r)^{-2}[(r-0.5)^2 + 22.75] > 0$$

可见 NPV 恒大于 0，因此它没有内部回报率。

应用内部回报率准则还会遇到其他难题。解决的办法是回到净现值准则上来。

（3）对规模不同的投资项目，或不同的现金流模式进行多择一选择时，内部回报率准则可能会导致错误的决策。如表 10-11 所示。采用内部回报率准则，项目 F 优于项目 G，因为项目 F 的内部回报率大于项目 G 的内部回报率，而事实上，项目 G 的净现值大于项目 F 的净现值。故项目 G 要优于项目 F。

表 10-11　　　　　　　　　　内部回报率与净现值　　　　　　　　　　单位：元

项 目	现金流		IRR	$NPV(r=0.10)$
	C_0	C_1		
F	-10 000	+15 000	50%	+3 636
G	-15 000	+21 000	40%	+4 091

对于这样投资规模不同的项目，要用增量现金流来比较。由于项目 F 的 IRR 较高，且高于资本机会成本，因此项目 F 是可以接受的，因此投资 10 000 元。这时只需考虑是否必要把另外 5 000 元投资于项目 G，考虑增量现金流，见表 10-12。

表 10-12　　　　　　　　　增量投资的内部回报率与净现值　　　　　　　　　单位：元

项 目	现金流		IRR	$NPV(r=0.10)$
	C_0	C_1		
G-F	-5 000	6 000	20%	455

可见增量投资项目的 IRR 仍大于资本机会成本 10%，因此可以下结论说明项目 G 优于项目 F。

对于不同规模的投资，应用内部回报率准则时一定要看增量开支的情况。而对于项目寿命期限内，年度净现金流有正有负的项目，也应该这样，否则可能得出错误的结论。例如，项目 H 和项目 I 现金流模式不同，项目 H 只有两年现金流，而项目 I 的现金流是永续年金，见表 10-13。

表 10-13　　　　　　　　　现金流模式不同的 IRR 和 NPV　　　　　　　　　单位：千元

	现金流				IRR	NPV（r=0.10）
	C_0	C_1	C_2	C_3		
H	-12	10	10	0	…	42%	5.36
I	-12	4	4	4	…	33%	28

项目 H 和项目 I 的投资额相同而现金收益不同，项目 H 的 IRR 较高，而项目 I 的 NPV（r = 0.10）较高。图 10-4 是两项目的 NPV 与折现率关系图。其中实线是项目 H 的净现值随 r 变化的曲线，与横轴交点 IRR 为 0.42；虚线是项目 I 的 NPV 随 r 变化的曲线，IRR 为 0.33。在 r = 0.29 时，两曲线相交。

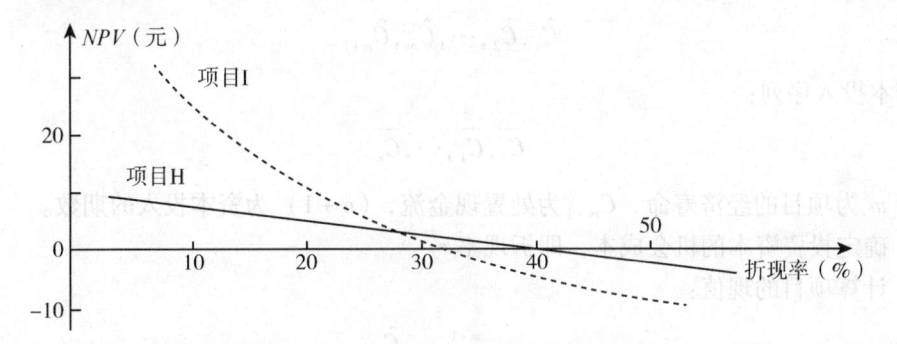

图 10-4　项目 H 和项目 I 净现值比较

本例中 IRR 准则与 NPV 准则决策差异的原因在于项目现金流模式和折现率的选择。

可以应用上面提到的求增量现金流 IRR 的方法，得出跟 NPV 准则相同的结论。首先，查出项目 H 的 IRR 较高，且大于资本机会成本，然后求增量项目（I-H）的投资，见表 10-14。

表 10-14　　　　　　　　　　　增量现金流 IRR　　　　　　　　　　　单位：千克

项目	现金流							IRR	NPV（r=0.10）
	C_0	C_1	C_2	C_3	C_4	C_5			
I-H	0	-6	-6	4	4	4	…	29%	22.65

求得的增量项目（I-H）的 IRR 为 29% 仍大于 10%，所以说项目 I 是比项目 H 较好的投资。

上面我们揭示了内部回报率准则的一些缺陷，这些都是人们平常不太注意的。事实上，对于一般情形，如果应用适当，内部回报率准则也会得出跟净现值准则相同的结论。而且，如果期内现金流进行再投资，其回报率保持同一 IRR 的话，则该项目的投资回报率就是该内部回报率 IRR。

第四节　获利性指数准则

获利指数（Profitability Index，简记 PI）是预测的项目现值 PV 和投资现值 C_0 之比：

$$PI = PV/C_0$$

一、获利性指数准则下的决策程序

（1）与净现值准则一样，预测项目的运营现金流序列：

$$\hat{C}_1, \hat{C}_2, \cdots, \hat{C}_m, \hat{C}_{m+1}$$

和资本投入序列：

$$\overline{C_0}, \overline{C_1}, \cdots, \overline{C_n}$$

其中 m 为项目的经济寿命，C_{m+1} 为处置现金流，$(n+1)$ 为资本投入的期数。

（2）确定投资资本的机会成本，即折现率 r。

（3）计算项目的现值：

$$PV = \sum_{i=1}^{m+1} \frac{\hat{C}_i}{(1+r)^i}$$

和投资现值：

$$C_0 = \sum_{i=0}^{n} \frac{\overline{C_i}}{(1+r)^i}$$

（4）计算项目的获利性指数：

$$PI = PV/C_0$$

（5）进行决策：若 $PI > 1$，则项目为可接受的项目；若 $PI < 1$，则项目为不可接受的项目。对多择一项目，在可接受项目中选择 PI 最大的一个。

二、与净现值准则的比较

若 PI 大于 1，则意味着项目的现值 PV 大于投资的现值 C_0，因此项目的 NPV 一定大于 0。这样应用 PI 准则会得出跟 NPV 准则相同的结论。

获利性指数给出项目用现值表示的收益与成本之比，对评价投资项目而言简单明了，然而当二择一项目投资规模不同时，获利性指数也会跟 IRR 准则一样，得出错误的结论，见表 10–15。

表 10-15　　　　　　　　　　　　项目的 PI 与 NPV　　　　　　　　　　　　　　单位：元

项目	现金流		PV(r=0.10)	PI	NPV(r=0.10)
	C_0	C_1			
K	-1 000	2 200	2 000	2.0	1 000
L	-20 000	352 000	32 000	1.6	12 000

如果 K 和 L 是二择一项目，据 PI 准则应选 K，而据 NPV 准则，应选 L，对此还是应用增量现金流以决是非。再做增量现金流表 10-16，很明显项目 K 是可以接受的，因此考虑增量项目（L-K）。

表 10-16　　　　　　　　　　　　增量现金流情况　　　　　　　　　　　　　　单位：元

项目	现金流		PV(r=0.10)	PI	NPV(r=0.10)
	C_0	C_1			
(L-K)	-19 000	33 000	30 000	1.58	11 000

此增量投资的 PI 仍大于 1，所以 L 才是当选项目。

在本章所提到的四个投资决策准则中，获利性指数准则与 NPV 准则最接近。但由于获利性指数不具有可加性，在多择多项目的决策中，可能导致失误，因此，最安全的还是用 NPV 准则。

各种投资准则都是在实践中产生的，都具有存在的合理性。因此对于重大的投资决策，除了运用净现值准则以外，不妨运用其他准则试一试加以验证，相对于天文数字的投资，这点努力是微不足道的，也是绝对值得的。

习　题

1. 简述各投资决策准则的决策程序和优缺点。
2. 公司正考虑一个投资项目，其所需的初始投资为 42 000 元，在未来的 10 年，每年的税后现金流入为 7 000 元，该公司的最大可接受的回收期为 8 年。
（1）确定该项目的投资回收期；
（2）公司是否应该接受该项目？为什么？
3. 某公司可接受的最大回收期为 5 年，该公司考虑购买新机器且从下面两台机器中选择其一。第一台机器需要的初始投资为 14 000 元，在未来 7 年内每年产生 3 000 元的税后现金流入；第二台机器所需的初始投资为 21 000 元，在未来 20 年每年产生出 4 000 元的现金流入，试问：
（1）计算各台机器投资回收期；
（2）假定两台机器是相互独立的，两台机器是否能够分别单独接受？
（3）公司应该接受哪台机器？为什么？
（4）这两方案能否说明使用投资回收期的缺点？并对此展开讨论。
4. 假定给你两个互斥的投资项目，所需的投资都为 100 万元，回报分别为：
项目 A 一年后获得 200 万元。
项目 B 每年获得 30 万元的永续年金。

以上两个投资项目均无风险，无风险投资所要求的回报率为 7.5%，你将选择哪个投资项目。

5. 计算以下项目的回收期，假定资本的机会成本为 10%，计算各项目的净现值，分别按照回收期准则和净现值准则判断哪一项目最好？

项目	现金流（元）				
	C_0	C_1	C_2	C_3	C_4
A	-5 000	+1 000	+1 000	+3 000	0
B	-1 000	0	+1 000	+2 000	+3 000
C	-5 000	+1 000	+1 000	+3 000	+5 000

6. 某项目的经济寿命为 10 年，而回收期也为 10 年，则该项目的净现值必将是 >0，还是 <0，还是 =0。为什么？

7. 考虑以下项目：

项目	现金流（元）					
	C_0	C_1	C_2	C_3	C_4	C_5
A	-1 000	+1 000	0	0	0	0
B	-2 000	+1 000	+1 000	+4 000	+1 000	+1 000
C	-3 000	+1 000	+1 000	0	+1 000	+1 000

（1）如果资本的机会成本为 10%，哪些项目有正的净现值？
（2）计算各项目的回收期；
（3）如果公司要求在 3 年内收回投资，按照回收期准则，公司应接受哪些项目？

8. 计算下表中各给定项目的内部回收报率。

	项目 A	项目 B	项目 C	项目 D
初始投资（元）	90 000	490 000	20 000	240 000
年度	现金流入（元）			
1	20 000	150 000	7 500	120 000
2	25 000	150 000	7 500	100 000
3	30 000	150 000	7 500	80 000
4	35 000	150 000	7 500	60 000
5	40 000		7 500	

9. 考虑项目 A 和项目 B，分别计算各项目的内部回报率，根据内部回报率准则判断哪一项目更好？

项目	现金流（元）			折现率为10%时净现值（元）
	C_0	C_1	C_2	
A	-30 000	21 000	21 000	+6 446
B	-50 000	33 000	33 000	+7 273

10. 考虑现金流的如下项目：

C_0	C_1	C_2
-100	+200	-75

（1）该项目的内部回报率为多少？
（2）假定资本的机会成本为20%，该项目是否具有吸引力？简要解释。

11. 假定你有机会投资于现金流如下的项目（单位：元）：

C_0	C_1	C_2
+50 000	+40 000	-110 000

（1）计算项目的内部回报率；
（2）如果资本机会成本为10%，你是否接受该项目？为什么？

12. 3K公司接受项目收益大于公司资本成本的项目，其资本成本为15%。公司考虑该项目的每年现金流入为10 000元，所需的初始投资为61 450元（以上皆为税后），试问：
（1）确定该项目的内部回报率，该项目是否可以接受？
（2）假定每年的现金流入仍为10 000元，还需要有多少年的现金流入才能使该项目可以被接受？
（3）公司能够接受该项目的每年最小现金流入为多少？

13. 某公司对其正在考虑的一项长期投资项目做如下预计，其所需的初始投资为18 250元，该项目预计在未来7年每年产生4 000元的税后现金流入，公司的资本成本为10%。试问：
（1）确定该项目的净现值和内部回报率；
（2）你建议公司是否接受该项目，并做出解释。

14. 如果你花1 000元改善你办公室的隔热设备，以后每年将可以节省100元的供热费用，试问：
（1）当资本成本分别为5%或10%时，该项投资的净现值分别为多少？
（2）计算该项目的回收期及内部回报率。

15. 某项目所需的初始投资为10 000元，它的经济寿命为5年，每年产生的现金收入为5 000元，费用为2 000元，公司采用直线折旧，且没有所得税。
（1）计算项目的平均账面回报率；
（2）若资本成本为8%，该项目是否可以接受？
（3）假如最初10 000元支出中的一半是作为费用支出，而不是作为资本投资，则账面回报率又为多少？（提示：将10 000元支出中的5 000元看做第一年的费用）
（4）按照（3）中的会计处理方法，该项目的净现值是否会发生变化？

16. 考虑如下投资项目：

单位：元

项目	C_0	C_1	C_2
A	−1 600	1 200	1 440
B	−2 100	1 440	1 728

（1）分别计算项目 A 和项目 B 的获利性指数，假定资本机会成本为 20%；

（2）利用获利性指数准则，你将分别如何选择？（a）只能两择其一；（b）可以全选。

17. 公司试图对经济寿命为 5 年，初始投资为 95 000 元的设备进行投资可行性分析，该公司预计这一项目带来现金流入如下所示，公司的资本成本为 12%，试问：

年 度	现金流入（元）
1	20 000
2	25 000
3	30 000
4	35 000
5	40 000

（1）计算该投资项目的回收期；

（2）计算该项目的净现值；

（3）计算该项目的内部回报率，精确到百分数的整数位；

（4）计算该项目的获利性指数；

（5）分别利用净现值准则和内部回报率准则评价该投资项目的可接受性。

18. 3P 公司正试图从以下三个项目中选出最好的项目，各项目的初始投资及税后现金流入给定如下：

现金流	项目 A	项目 B	项目 C
初始投资（元）	60 000	100 000	110 000
税后现金流入（1~5 年）	20 000	31 500	32 500

（1）计算各项目的回收期；

（2）假定公司的机会成本为 13%，计算各项目的净现值；

（3）计算各项目的内部回报率；

（4）计算各项目的获利性指数；

（5）在同一坐标上画出各项目的净现值与折现率的关系图，并讨论使用净现值准则和使用内部回报率准则对项目排序的不一致。

19. 3F 公司在两个等风险的互斥项目之间做选择，假定公司的资本成本为 14%，各项目的有关现金流给定如下：

	项目 M	项目 N
初始投资（元）	28 500	27 000
年度	现金流入（元）	
1	10 000	11 000
2	10 000	10 000
3	10 000	9 000
4	10 000	8 000

(1) 计算各项目的回收期；
(2) 计算各项目的净现值；
(3) 计算各项目的内部回报率；
(4) 计算各项目的获利性指数；
(5) 比较各种方法对项目的选择，你将推荐哪一项目？解释原因；
(6) 在同一坐标上画出两项目的净现值与折现率的关系图，解释结果可能出现不一致的原因。

20. 3W 公司正考虑购买新机器，新机器所需的总成本为 220 万元，这一支出可以通过出售旧机器的收入来部分抵偿，旧机器于 10 年前以 100 万元的价格购入，现在的账面价值为 0，现在的税前售价为 120 万元。由于更新机器，预计未来 5 年每年的销售额将增加 160 万元，生产成本（不包括折旧）占销售额的 50%，新机器不会使公司对净经营资本的需求增加。新机器 5 年内按照修正的加速折旧法提取折旧。（即第一年提 20%，第二年提 32%，第三年提 19%，第四年提 12%，第五年提 12%，第六年提 5%）公司所得税为 40%，公司的资本成本的 11%（注意：新旧机器在第六年末的账面价值均为 0）。

(1) 计算购入新机器要求的初始投资；
(2) 计算新机器每年的运营现金流入（注意考虑第六年的折旧）；
(3) 计算新机器投资回收期；
(4) 计算新机器的净现值和内部回报率；
(5) 计算新机器的平均账面回报率；
(6) 计算新机器的获利性指数；
(7) 你认为是否应该接受新机器？并做出解释。

第十一章 若干实际投资决策

在第九章,我们比较深入地讨论了投资决策的净现值准则,在第十章,我们通过与净现值准则比较介绍了四种在实践中常用的投资决策准则。在本章,我们将遇到一些实际中常见的投资决策问题,这些问题的解决都是净现值准则在实际中的灵活应用。

第一节 可选择项目

一、最佳投资时间的选择

一个项目的净现值为正数并不意味着现在投资最好,也许再过一段时间投资会产生更大的价值;同样可能的是现在看来净现值为负数的投资,再等一段时间,净现值可能会变成正数,因此对每个项目都有两种选择:现在立即上马,或者等待良机,因此,把握各种经济因素变化可能给投资带来的影响,从而选择最佳投资时间,是进行一项投资决策的必要步骤。

最佳投资时间的选择,可分为确定情况下的选择和不确定情况下的选择。后者实际上是一种期权,即对项目资产的择购权,我们将在第二十三、二十四章进行讨论,这里先考虑前一种情况。

在确定情况下,我们首先找出选择的时间点,并预测出各个可选择时间点上投资净收益的将来值,然后用选定的折现率对其将来值折现,使净现值最大的那个时间点即是最佳投资时间。

让我们看一个例子。某地方政府准备一次性资助某名牌大学,算作"共建"的一种表示。但由于物价和政府财政预算的关系,各年可资助的数额不规则地变化,见表11-1。大学可选择受资助的年份,问该大学如何选择?假定受资助方无须缴纳所得税。

表11-1　　　　　　　　　　受资助备选方案　　　　　　　　　　单位:万元

年 份	0	1	2	3	4	5	6
收入	800	1 040	1 300	1 560	1 841	2 062	2 247
收入增加率(%)		30	25	20	18	12	9.0

大学最关心的是何时价值最大。现在接受资助,收入为 800 万元。由于是政府承诺的事,可以认为该收入无风险,故折现率可取做银行存款利率 $r=10\%$,因此第 1 年末接受收入的现值 $PV=1\,040/1.10=945.5$(万元)。

同样,其他各年接受资助收入现值列于表 11-2 中。

表 11-2　　　　　　　　　　受资助现值备选方案　　　　　　　　　　单位:万元

年　份	0	1	2	3	4	5	6
收入现值	800	945.5	1 074.4	1 172.1	1 257.4	1 280.3	1 268.4

由表 11-2 可以看出,第 5 年现金流现值最高,因此第 5 年为接受这批资助的最佳时间。

再换个角度看,第 1~5 年的收入现值增长率均大于折现率 10%,这说明第 1~5 年收入的增大幅度均大于资本的机会成本,因而其现值是逐步上升的,而第 6 年收入的增长率仅为 9%,小于 10% 的机会成本,因而第 6 年的收入现值比第 5 年的小。收入现值在前 5 年是上升的,在第 6 年是下降的,故第 5 年收入现值最大。

因此第 5 年为接受政府资助的最佳时间。

二、不同寿命的设备选择

设备的选购是公司经常遇到的一种投资决策,假设公司只能在设备 A 和设备 B 之中进行选择。这两种设备设计不同,而生产能力和产出产品的质量完全相同。A 的购买费用是 28 000 元,可使用 3 年,每年操作费用是 8 000 元;B 的购买费用是 18 000,可使用 2 年,每年操作费用是 10 000 元。两种设备均无残值。假定公司将永续经营下去,问应该选购哪种设备?因为这两种设备生产能力相同,我们只比较它们的成本费,见表 11-3。

表 11-3　　　　　　　　　　设备的成本及费用　　　　　　　　　　单位:千元

设　备	成　本				$PV\ (r=0.10)$
	第 0 年	第 1 年	第 2 年	第 3 年	
A	28	8	8	8	47.89
B	18	10	10		35.36

设备 A 的成本现值是 47 890 元,而设备 B 的是 35 360 元,但设备 A 可用时间为 3 年,而设备 B 只有两年。要对成本进行年金分摊才能进行比较。

假如公司不是购买,而是租进一台 A 型设备,为保证交易公平,显然 3 年租金的现值应该为 47 890 元,分摊到每年为 19 260 元。

购买设备 A 的 3 年成本费用现值是 47 890 元,均摊(除以年金系数 2.487)为每年 19 260 元。用同样的办法求出设备 B 的年使用成本费用是 20.51 元,见表 11-4。

表 11-4 年使用成本表 单位：千元

	成本费用				成本现值
	第 0 年	第 1 年	第 2 年	第 3 年	($r=0.10$)
设备 A	28	8	8	8	47.89
年成本		19.26	19.26	19.26	47.89
设备 B	18	10	10		35.36
年成本		20.51	20.51		35.36

从表 11-4 可以看出设备 A 的年使用成本比设备 B 小，因此选择购买设备 A 比较合算。

我们再回顾一下为什么在这里使用年成本而不是直接应用成本现值进行比较。原因是设备 A 和 B 使用的寿命不同，不能简单地从成本现值的大小做出判断，如果寿命相同，那么可能选择成本现值小的方案。必须注意的是折成等价年金时不能简单地用年数去除现值，而一定要用年金系数去除。

三、设备更新问题

在上面的例子中，我们多把设备的使用寿命看成是固定不变的。而实际上，设备的寿命多取决于其经济寿命而不是自然寿命。在一个快速发展的宏观经济条件下，常常是经济寿命短于自然寿命，也就是说不能等到设备不能使用了再去考虑更新。下面结合例子看一看什么时候更新更合算。

表 11-5 中的旧机器是现有设备，尚有 2 年使用寿命，这两年中每年可望产生 8 000 元的现金净收益；如果更新机器，现要花 1 800 元购买设备，但每年会产生 14 000 元的现金净收益，一直持续 3 年，现在判断一下是否更新更合算。假设新、老机器均无残值。

表 11-5 新、老机器现金流 单位：千元

	现金流量				$NPV(r=0.10)$
	第 0 年	第 1 年	第 2 年	第 3 年	
旧机器		8	8		16.82
新机器	-18	14	14	14	

同样采取上段应用的年金分摊法：

$$新机器年金净收益 = 收益净现值/3 年期年金系数$$
$$= 16.82/2.487$$
$$= 6.76(千元)$$

旧机器的年金净收益是 8 000 元，大于新机器的 6 760 元，所以此时更新机器不合算。

第二节 资本数额受限制的投资项目选择

公司财务管理的目标是使股东财富最大化。因为净现值大于0的项目都会促进该目标的实现，所以按理公司应该接受一切净现值大于0的项目。然而现实中却常有财力的限制，因而只能在有限的资本供给条件下寻求投资项目的总净现值最大化。在这种情况下如何进行决策是公司财务人员经常面临的问题。下面介绍几种决策方法。

一、获利性指数法

假设公司现有的投资限额是15百万元，有下列三种项目可供选择，其资本的机会成本都是10%。

从表11-6中可以看出，项目A的净现值最大，是否因为项目A的收益净现值最大就抛弃B和C呢？我们先看一下项目A、B、C的获利性指数，

$$PI_A = 收益现值/投资现值$$
$$= (30/1.10 + 15/1.10^2)/15 = 2.64$$
$$PI_B = (15/1.10 + 20/1.10^2)/10 = 3.02$$
$$PI_C = (5/1.10 + 15/1.10^2)/5 = 3.39$$

因为项目B和项目C的获利性指数皆大于PI_A而且两项加在一起的投资额正好是投资限额15百万元，所以同时进行项目B和项目C是较好的投资组合。

表11-6　　　　　　　　　项目现金流与获利性指数　　　　　　　　　单位：百万元

项目	现金流量			NPA ($r=0.10$)	PI
	C_0	C_1	C_2		
A	-15	30	15	24.67	2.64
B	-10	15	20	20.14	3.02
C	-5	5	15	11.94	3.39

选择获利性指数较大的投资组合。如果它们投资额恰好等于投资限额，那么这就是最佳组合，如果其投资小于资本限额，还得把它们和其他方案进行比较。

获利性指数法简单易行，但仍有不足之处。例如，如果不仅第0年资本供应额受限制，而且第1年也受限制，不许超过15百万元，情况会如何呢？见表11-7。

表 11-7　　　　　　　　　　现金流量和获利性指数　　　　　　　　单位：百万元

项目	现金流量			$NPV(r=0.10)$	PI
	C_0	C_1	C_2		
A	-15	+30	+15	24.67	2.64
B	-10	+15	+20	20.14	3.02
C	-5	+5	+15	11.94	3.39
D	0	-45	+80	25.21	1.62

利用获利性指数法，我们选择项目 B 和 C，但如果这样，由于项目 B 和 C 第 1 年现金流之和 20 百万元再加上资本供应 15 百万元仍小于项目 D 的投资额 45 百万元，因此就不能选择项目 D，这样就做出了错误的决策。相反，如果我们选择了项目 A，然后用第 1 年产生的现金流 30 百万元加上资本供应 15 百万元一起投资于项目 D，那么项目 A 与 D 的联合尽管获利性指数比项目 B 和 C 低，仍然会获取较高的净现值：

$$NPV(A) + NPV(D) = 24.67 + 25.21 = 49.88（百万元）$$
$$NPV(B) + NPV(C) = 20.14 + 11.94 = 31.08（百万元）$$

可见，在财力受到多种限制，或一个项目依赖于另一个项目的情况下获利性指数法并非一定可靠。

二、净现值总计法：0~1 规划

大型公司每年都面临着复杂的投资项目选择问题，其中每一个备选项目净现值都大于 0，作为单一项目可以上马。但在资本供应受到限制的情形下，不可能都上马。财务经理的任务是在限制的条件下，上马适当的项目以使总的净现值 NPV 最大化。

实际问题中，资本供应的限制可能不止一期，此外备选项之间的技术或市场关系也可能构成一些新的限制，如预备关系、多择一关系和互斥关系等，项目选择问题可建立 0~1 规划模型，小型问题利用穷举法很容易求解，大型问题则需借助于计算机求解。

例：3PL 公司的投资项目选择。

3PL 公司是一家石油化学工业公司，2012 年有 6 个备选项目通过评估。项目都是大型项目，这批项目投资分两期进行：1 期（2012 年）和 2 期（2013 年），按照公司的长期财务计划，这两期的总投资限额分别为 8.5 亿元和 6 亿元，每个项目的净现值已估算完毕（折现率不尽相同），另外，由于技术工艺或市场原因，项目 A、B 和 C 为三择一项目，项目 B 为项目 D 的预备项目，项目 E 和 F 为互斥项目，问 3PL 公司应如何选择以使投资总净现值最大化？有关数据见表 11-8。

表 11-8　　3PL 公司备选项目数据　　单位：百万元

项目	投资额		净现值
	0 期	1 期	
A	100	100	150
B	180	50	100
C	200	150	260
D	150	180	200
E	160	120	130
F	500	100	280
资本限制	850	600	

我们首先建立上述项目选择问题的数学模型：0~1 规划模型。

项目 A 若被选择上马，令 $x_A=1$，否则 $x_A=0$，项目 B、C、D、E、F 类推，这样我们有 6 个决策变量 x_A，x_B，x_C，x_D，x_E，每一个只取两个值 0 或 1，这时总的上马项目净现值为：

$$\sum NPV = NPV(A)x_A + \cdots + NPV(F)x_F$$
$$= 150x_A + 100x_B + 260x_C + 200x_D + 130x_E + 280x_F$$

3PL 公司的目标是使 $\sum NPV$ 最大化。

在限制方面，首先是资本供应限制，第 1 期为：

$$100x_A + 180x_B + 200x_C + 150x_D + 160x_E + 500x_F \leq 850$$

第 2 期为：

$$100x_A + 50x_B + 150x_C + 180x_D + 120x_E + 100x_F \leq 600$$

上两式左端和右端分别是第 1 期和第 2 期的资本需求量和供应量（即限制量）。

其次是技术和其他限制，由题设，A、B、C 为三择一项目，即此项目之中有一个且仅有一个选中，于是

$$x_A + x_B + x_C = 1$$

由于项目 B 为项目 D 的预备项目（或称紧前项目），也就是说若项目 D 上马的话，项目 B 必须上马，故

$$x_D \leq x_B$$

或

$$x_D - x_B \leq 0$$

另外，项目 E 和项目 F 为互斥项目，即不能同时上马，故

$$x_E + x_F \leq 1$$

总结上述内容，3PL 公司的选择问题化为一个典型的 0~1 规划问题：

$$\max \sum NPV = 150x_A + 100x_B + 260x_C + 200x_D + 130x_E + 280x_F$$

$$\text{s.t.} \begin{cases} 100x_A + 180x_B + 200x_C + 150x_D + 160x_E + 500x_F \leq 850 \\ 100x_A + 50x_B + 150x_C + 180x_D + 120x_E + 100x_F \leq 600 \\ x_A + x_B + x_C = 1 \\ x_D - x_B \leq 0 \\ x_E + x_F \leq 1 \\ x_A, \cdots, x_F = 0 \text{ 或 } 1 \end{cases}$$

上述 0~1 规划问题的可行解，至多有 $2^6 = 64$ 个，利用约束条件，很容易通过穷举法求出解来。首先，我们用一个 6 维 0~1 行向量表示一个可行解。先引用条件 $x_A + x_B + x_C = 1$，则可行解必有下述形式之一：

$$S^1 = (100 x_D x_E x_F),$$
$$S^2 = (010 x_D x_E x_F),$$
$$S^3 = (001 x_D x_E x_F)。$$

其中 x_D，x_E，$x_F = 0$ 或 1 待定。又考虑条件 $x_D - x_B \leq 0$，若 $x_B = 0$，则必 $x_D = 0$，故可行解 S^1 和 S^3 进一步明确为：

$$S^1 = (1000 x_E x_F),$$
$$S^2 = (010 x_D x_E x_F),$$
$$S^3 = (0010 x_E x_F)。$$

S^2 不变。再引用条件 $x_E + x_F \leq 1$，x_E 和 x_F 不能同时为 1，于是 S^1 细分为 S^{11}、S^{12} 和 S^{13}：

$$S^{11} = (100000),$$
$$S^{12} = (100010),$$
$$S^{13} = (100001)。$$

S^2 细分为 $S^{21} \sim S^{26}$ 如下：

$$S^{21} = (010000),$$
$$S^{22} = (010010),$$
$$S^{23} = (010001),$$
$$S^{24} = (010100),$$
$$S^{25} = (010110),$$
$$S^{26} = (010101)。$$

S^3 细分为 S^{31}、S^{32}、S^{33}：

$$S^{31} = (001000),$$
$$S^{32} = (001010),$$
$$S^{33} = (001001)。$$

又考虑到目标函数的系数均为正，故 S^{11} 的目标函数值小于 S^{12} 的目标函数值（过滤条件），S^{21}、S^{24} 的目标函数值分别小于 S^{22}、S^{25} 的，S^{31} 的目标函数值小于 S^{32} 的，因此备选方案只剩下了 8 个：S^{12}，S^{13}，S^{22}，S^{23}，S^{25}，S^{26}，S^{32}，S^{33}。容易验证上述解都是可行解，即满足全部约束条件，其目标函数值见表 11-9。

其中 $S^{26} = (010101)$，即 $x_A = 0$，$x_B = 1$，$x_C = 0$，$x_D = 1$，$x_E = 0$，$x_F = 1$，或项目 B、D、F 上马为最优选择，这时三项目的总净值为 580 百万元。第 1 期占用资本 830 百万元，第 2 期占用资本 330 百万元，分别有 20 百万元和 270 百万元的裕度（见表 11-9）。

表 11-9　　　　　　　　　　3PL 公司项目选择最优

可行解	目标函数值
$S^{12} = (100010)$	150 + 130 = 280
$S^{13} = (100001)$	150 + 280 = 430
$S^{22} = (010010)$	100 + 130 = 230
$S^{23} = (010001)$	100 + 280 = 380
$S^{25} = (010110)$	100 + 200 + 130 = 430
$S^{26} = (010101)$	100 + 200 + 280 = 580
$S^{32} = (001010)$	260 + 130 = 390
$S^{33} = (001001)$	260 + 280 = 540

大型问题可以很方便地借助于计算机求解。现在有许多 0~1 规划现成软件可以利用。

上述问题，假定公司对第 1 期和第 2 期的资本供应都是限制死了的，彼此不能串换，如果公司灵活一点，说这两年额度都拨给你投资部门了，今年花不完的钱可以明年再花，那么第 1 年投资的余额：

$$y = 850 - (100x_A + 180x_B + 200x_C + 150x_D + 160x_E + 500x_F)$$

可以存入银行，1 年后就变成 $y(1+r)$，其中 r 为年利率，则第 2 期的资本供应额就增加了，为：

$$600 + y(1+r)$$

这样，投资项目选择的问题就化为 0~1 混合规划问题：

$$\max \sum NPV = 150x_A + 100x_B + 260x_C + 200x_D + 130x_E + 280x_F$$

$$\text{s.t.} \begin{cases} 100x_A + 180x_B + 200x_C + 150x_D + 160x_E + 500x_F + y = 850 \\ 100x_A + 50x_B + 150x_C + 180x_D + 120x_E + 100x_F \leq 600 + y(1+r) \\ x_A + x_B + x_C = 1 \\ x_D - x_B \leq 0 \\ x_E + x_F \leq 1 \\ x_A, x_B, x_C, x_D, x_E, x_F = 0 \text{ 或 } 1 \\ y \geq 0, \text{实数} \end{cases}$$

如果公司进一步允许第1期可以借款，突破850百万元的限制，但第2期必须平账，则上述模型中 y 可正、可负。对于混合规划问题，只有靠计算机帮忙了。

上面我们给出了在财力受到限制时进行投资决策的几种方法，然而在完全的资本市场上，这种限制并不必然发生。在资本结构允许的情况下，多数公司有合适的项目时，应该能筹集到项目所需的资本。

许多公司的资本限制是"软限额"，这并不是由于资本市场的不完善，而是基于公司的投资计划和进行财务控制的需要。

在公司内部，部门经理有时出于自己部门的需要高估投资机会，总部往往并不细加考察，而是简单地给各部门一个投资上限。这种方法的好处之一是可能避免有偏的现金流预测给公司带来损失，另外，又能避免粗放式发展。

由于这种限制不是由资本市场不完全导致的，而只是人为加上的，因此称为"软限额"。

资本市场不完全时，公司会拥有 NPV 大于 0 的项目，却筹集不到充足的资金，这时称为"硬限额"。

有时公司从银行借款或发行债券而资金仍不够用，拟发行股票却遭到怕失去控制权的老股东的反对时，也会遇到硬限额。这时的硬限额并不是由于资本市场不完全导致的。

无论是软限额，还是硬限额，都使决策的财力受到限制，这时可采用本书介绍的方法进行投资项目选择。

第三节　决　策　树

一、决策树及其应用步骤

决策理论中的决策树方法，是处理多级决策过程的一种有效的方法。所谓多级决策，是指两个以上的有因果联系的决策链。众所周知，决策树方法是基于贝叶斯（Bayes）准则即期望值准则的。这种方法可以方便地应用到投资决策中来。

应用决策树进行决策，要先绘制决策树，然后由树梢到树根逐级进行决策，绘制决策树要先从树根开始，一般是树根在左部而树梢在右部。决策树由节点和枝干组成，节点分为决策节点和机会节点，最左边是决策节点，一般用□表示。由决策节点引出的枝干为决策枝干，代表可供选择的行动方案，通常用 $a_1,\cdots,a_m$ 表示。机会节点用○表示，由此引出的枝干叫作机会枝干，代表各个可能的自然状态，通常用 $\theta_1,\theta_2,\cdots,\theta_n$ 表示。在绘制的过程中要标注各自然状态发生的概率 $P(\theta_1),P(\theta_2),\cdots,P(\theta_n)$。一个决策树就是由节点—枝干—节点—枝干……组成的系统。最末梢的枝干，要注明相应的收益或损失。较大型的决策树的节点较多，一般要从左至右进行编号，以免出错。

与决策树的绘制顺序相反，决策程序是先从各树梢开始的，对于最末端的各决策节点，计算各决策树干的期望收益或损失选取期望收益（损失）最大（最小）的行动方案，并把相应的期望填入决策节点，同时砍掉其余的决策枝干，通常是在被砍枝干上画×。用同样的办法进行其余决策节点处的决策，直至最后完成。最后保留下来的路径即代表最优决策。

二、决策树在投资分析中的应用

3S 食品公司要从两个投资方案中进行选择：蔬菜果奶项目和海鲜辣酱项目。如果生产蔬菜果奶，需投资 50 万元。估计第一年市场条件好的概率是 0.7，在第一年市场条件好的基础上，第二年也好的概率是 0.8；在第一年市场条件不好的基础上，第二年也不好的概率是 0.6。另一个方案：海鲜辣酱项目投资 90 万元进行生产，但市场成功的可能性只有 60%，如果市场成功，第 1 年可盈利 50 万元，而且银行允诺再给公司贷款，以能扩大生产线，扩大生产线需要再投资 90 万元，第二年成功的可能性变为 80%。如果第一年开发市场失败，激烈的竞争使赢利变为 0。那么坚持到第二年，市场条件也会变好的可能性是 30%，各个方案在各种市场条件下的净盈利数值已列在决策树上，如图 11-1 所示。

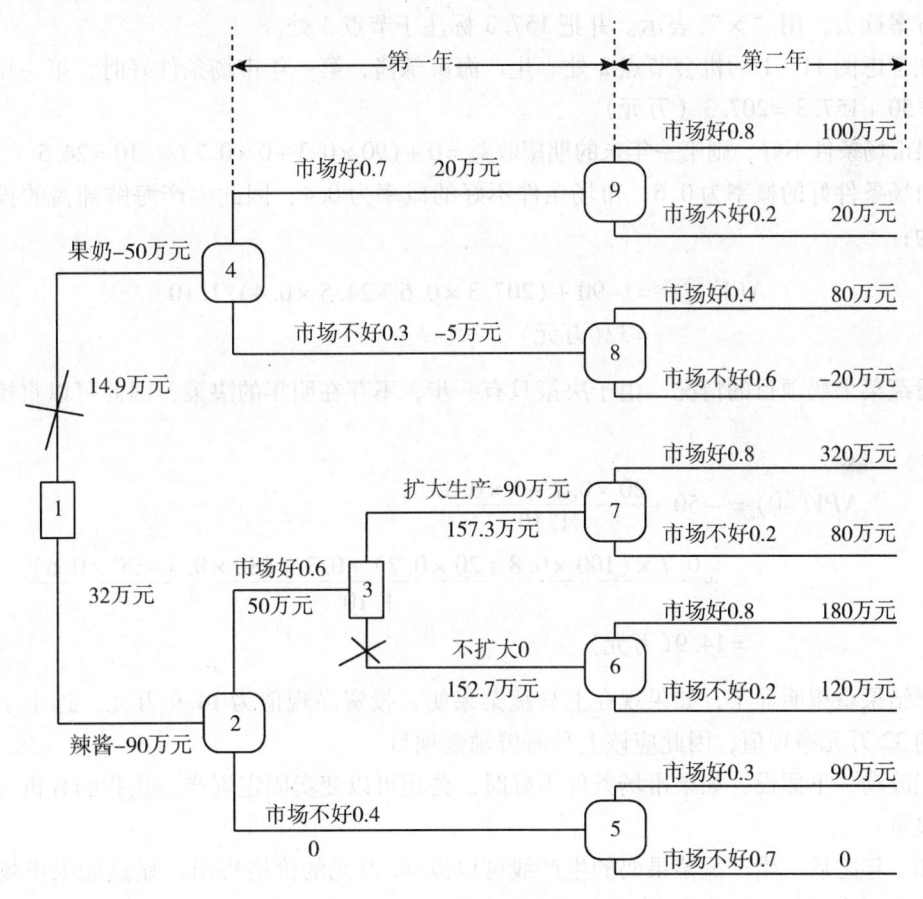

图 11-1 3S 公司的投资决策树

图中左边第一个决策点表示公司是上马蔬菜果奶呢，还是上马海鲜辣酱。之后，公司进行第二步决策，如果第一年决策生产海鲜辣酱，是否再贷 90 万元扩大生产呢？这时注意第二年的决策依赖于第一年的决策。

如果第一年生产的是海鲜辣酱，而且市场条件良好，那么是否扩大生产线？见决策节点 3。扩大生产线，需贷款 90 万元，市场条件好，则收益 320 万元，市场条件不好，则收益 80 万元。

那么扩大生产线的（机会节点7）期望收益 = 0.8 × 320 + 0.2 × 80 = 272（万元）如果资本的机会成本是10%，则该期望收益在第一年末的净现值是：

$$NPV(⑦) = -90 + 272/1.10 = 157.3（万元）$$

而不扩大生产线的（机会节点6）期望收益变为：

$$期望收益 = 180 × 0.8 + 120 × 0.2$$
$$= 168（万元）$$

在第一年末的净现值是：

$$NPV(⑥) = 0 + 168/1.10 = 152.7（万元）$$

由于157.3 > 152.7，因此如果第一年市场条件好，就应再扩大生产线。在图上把不采纳的决策方案砍去，用"×"表示。并把157.3标注于节点3处。

现在考虑图11-1的机会节点2处。生产海鲜辣酱，第一年市场条件好时，第一年末的期望收益 = 50 + 157.3 = 207.3（万元）

如果市场条件不好，则第一年末的期望收益 = 0 + (90 × 0.3 + 0 × 0.7)/1.10 = 24.5（万元）

而市场条件好的概率为0.6，市场条件不好的概率为0.4，因此生产海鲜辣酱的投资期望净收益为：

$$NPV(②) = -90 + (207.3 × 0.6 + 24.5 × 0.4)/1.10$$
$$= 32（万元）$$

再看蔬菜果奶项目的情况，由于决策只有一步，不存在明年的决策，因此可以直接计算其净现值：

$$NPV(④) = -50 + \frac{20 × 0.7 - 5 × 0.3}{1.10}$$
$$+ \frac{0.7 × (100 × 0.8 + 20 × 0.2) + 0.3 × (80 × 0.4 - 20 × 0.6)}{1.10^2}$$
$$= 14.9（万元）$$

这样结果就很明显了，如果现在上马蔬菜果奶，投资净现值为14.9万元，远小于生产海鲜辣酱的32万元净现值，因此应该上马海鲜辣酱项目。

我们改动一下假设：如果市场条件不好时，公司可以变卖固定资产，让我们分析一下，这时如何决策。

假如一年之后，生产蔬菜果奶的生产线可以以40万元的价格售出，显然如果市场好，出售生产线是不合算的。如果市场不好，继续生产而不卖生产线，其期望收益：

$$PV_1 = (80 × 0.4 - 20 × 0.6)/1.10$$
$$= 18.2（万元）$$

少于卖机器获取的40万元。因此，市场不好的条件下，要出售生产设备。

如果海鲜辣酱市场不好，也可以出售设备，假定一年后生产线出售仅能获30万元，如果不出售而继续生产，可获收益折现到第一年末为：$PV_1 = (0.3 × 90 + 0 × 0.7)/1.10 = 24.5$（万元）的期望收益，不如出售获 30 万元合算。

因此当可以选择出售生产线时，两种方案的分析情况总结如下：

蔬菜果奶项目 { 市场条件好（0.7）一年末期望收益 96.4 万元 { 第一年收益 20 万元 加上第二年收益折到第一年末的 76.4 万元

市场条件不好（0.3）一年末期望收益 35 万元 { 第一年收益 -5 万元 加上出售机器获值 40 万元

$$NPV = -50 + (0.7 \times 96.4 + 35 \times 0.3)/1.1$$
$$= 20.9（万元）$$

海鲜辣酱 { 市场条件好（0.6），一年末期望收益 207.3 万元
市场条件不好（0.4），一年末期望收益 30 万元

$$NPV = -90 + (207.3 \times 0.6 + 30 \times 0.4)/1.1$$
$$= 34.0（万元）$$

结论是海鲜辣酱投资为最优决策。

在可以出售机器设备的情况下，决策如图 11-2 所示。

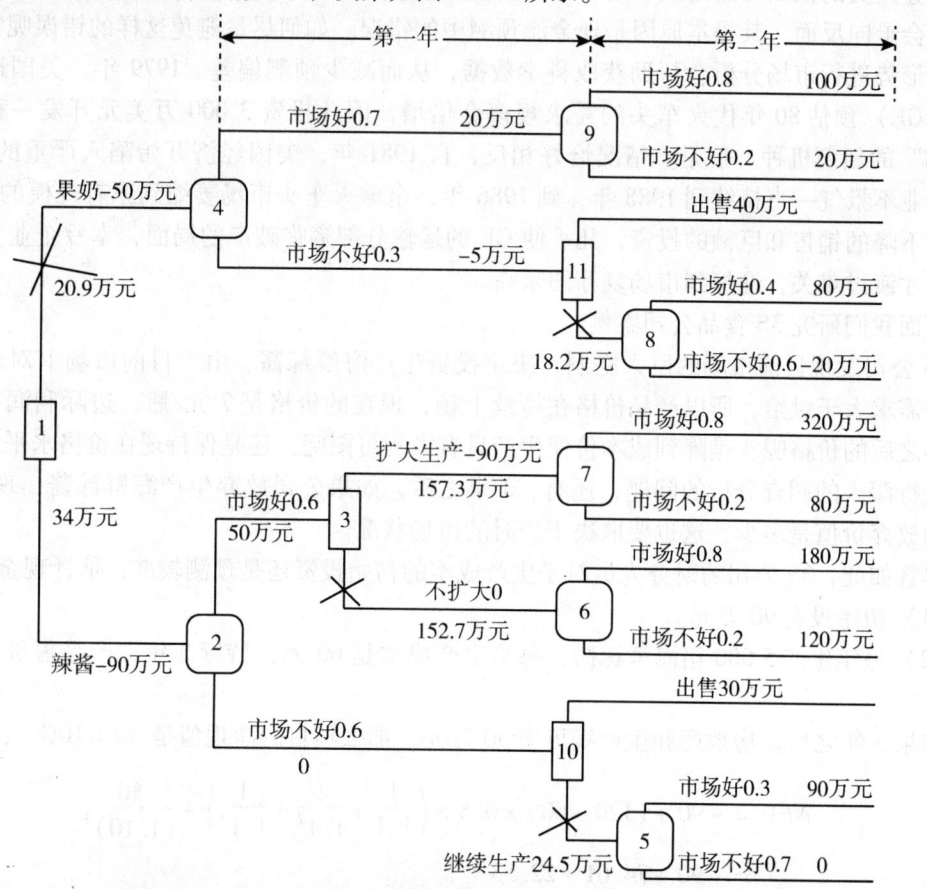

图 11-2　3S 公司可以出售机器设备条件下的投资决策树

扩大海鲜辣酱生产可使经营风险降低，因此资本的机会成本也降低，如果可以选择出售机器设备，也降低了经营风险，从而也使资金机会成本降低。而在本例中，这一点没有在决策树中体现出来，所有机会成本都设为 $r=10\%$，这是一种简化处理。

第四节 为什么 NPV 可能大于 0

在本篇的上面章节中，我们讨论了有关如何进行投资决策的许多方法。我们知道做好投资现金流预测是进行投资决策的基础工作，高层管理者面临问题经常不是自己如何正确预测现金流，因为许多要求上马的项目都已有详细的现金流预测，而且都声明这些现金流具有正值的 NPV。高层管理者的任务是辨认出哪些项目真正具有正的 NPV，哪些项目的预测不合理。本节的任务就是要读者能够超越细微的现金流预测，对投资项目进行一点经济学讨论。回答诸如"为什么 NPV 会大于 0"等有关投资的根本性问题，以求避免盲目性。

一、洞察市场价值

财务人员的预测可能是诚实的，但未必是正确的。许多看起来 NPV 是正值的项目在实施过程中会走向反面，其根本原因是现金流预测中的错误。如何尽量避免这样的错误呢？结合宏观经济形势进行市场分析会帮助获取科学数据，从而减少预测偏差。1979 年，美国通用电气公司（GE）预估 80 年代火车头的需求规模会倍增，因此投资 3 000 万美元开发一种称之为"Dash8"的新型机种。但是，情况恰好相反，自 1981 年，美国经济开始陷入严重的不景气，铁路企业不景气一直持续到 1988 年，到 1986 年，全球火车头市场萎缩到原有规模的 1/4，结果急剧下降的销售和巨额的投资，几乎使 GE 的运输分部濒临破产的局面，幸亏企业大力削减成本，才渡过难关，迎接到市场复苏的来临。

下面我们研究 3S 食品公司案例。

3S 公司发现目前市场的巨大空洞，决定投资生产海鲜辣酱。由于目前市场上对这种口味的辣酱需求大于供给，所以产品价格在持续上扬，现在的价格是 7 元/瓶，边际利润很大，可是一年之后的价格呢？是降到成本价使生产只有微利可图呢，还是保持现在价格水平？这确实是要进行深入的调查分析的问题，还有，3 年之后，如果公司放弃生产海鲜辣酱，现在厂房、设备的放弃价值是多少，这也要取决于当时的市场状况。

尽管如此，3S 公司的财务人员对于生产成本的初始投资还是预测较准，估计现金流如下：

（1）初始投资 90 万元。

（2）每年生产 5 000 箱海鲜辣酱，每箱生产成本是 60 元，持续 3 年，产品售价保持每箱 120 元。

如果 3 年之后，房地产和生产线可卖 30 万元，那么项目的净现值是（$r=10\%$）：

$$NPV = -90 + (120-60) \times 0.5 \times \left(\frac{1}{1.1} + \frac{1}{1.1^2} + \frac{1}{1.1^3}\right) + \frac{30}{(1.10)^3}$$

$$= -90 + 74.61 + 22.53$$

$$= 7.15(万元)$$

如果3年之后,房地产及设备价只能卖15万元,则

$$NPV = -90 + 74.61 + \frac{15}{1.1^3}$$
$$= -4.12(万元)$$

可见该项目的净现值强烈受到3年之后房地产价格的影响。不同的市场条件下会得出完全不同的结论。

如果辣酱价格变动,3年中平均价约是每箱100元,残值收入仍是30万元,情况如下:

$$NPV = -90 + (100-60) \times 0.5 \times 2.487 + 30/1.10^3$$
$$= -90 + 49.7 + 22.53$$
$$= -17.73(万元)$$

其中2.487为 $r=10\%$ 的3年年金系数。

可见产品的市场价格也很强烈地影响到项目的净现值。

在完全市场的条件下,决策的关键不在于自己预测的 NPV 是否大于0,而在于自己是否具备竞争优势,才能在相同的市场条件下获利。

如果别人能生产一种产品获利,而你能保证成本更低,那么在完全市场情况下,根本不需要计算 NPV,就能保证你肯定获利。这个例子告诉我们,利用市场分析,就可以减少累计折现现金流预测带来的主观因素,寻找 NPV 大于0的真正源泉。

二、预测经济剩余

经济剩余(Economic Rents)又称经济租金,是指能超过资本机会成本的利润。

微观经济学认为,当一个行业进入长期竞争均衡的时候,所有的资产只能期望获得跟资本的机会成本相等的收益,不多也不少。现在许多大的跨国公司的增长率跟 GDP 保持一致,就说明了这一点。如果有企业可以赚取到经济剩余,本行业内的企业就会扩张。行业外部的企业也会考虑进入。最终使经济剩余趋向于0。

经济剩余的出现有时是暂时的(有一些还没进入长期竞争均衡的行业),有时是长期的(如垄断和寡头),NPV 就是投资的经济剩余的表现,因此在进行投资决策时不要一见 NPV 大于0就立即接受,因为正的 NPV 可能源于错误的现金流预测。应该寻求该项目经济剩余来源,也就是企业的特殊优势。

如果你能率先进入一个新的市场,或者生产一种改进的产品,顾客愿意支付你的高额定价,如 iPad、iPhone 等那样;如果你能拥有一项专利或特殊的技术,如能治愈某些癌症;如果你能降低成本使竞争者无法匹敌,如劳力成本特低或其他区位优势;如果你有强大的管理、营销力量,如像着魔似的直销……还有,你能运用"政治资本",从政府那里得到无偿的资金,更不用说你是天字号的国企,寡头垄断并且能言善辩,握有定价权,那样你才有可能获取经济剩余,NPV 也才可能大于0。

有些时候,好的投资机会确实是存在的。例如,公司在过去的某项目上已经投入了很多资金,那么以后扩展起来就比竞争者容易得多。也许它能很快建立一条生产线,而它的竞争者却忙于找地皮、建厂房。在这种情况下,需要决策的往往不是是否投资扩展,而是什么时候投资

最佳。聪明的小企业家会见风使舵，零售药店赚钱时，药店一个跟一个像雨后春笋一样冒了出来；近来眼镜店把各个大学都包围了：人家能大赚钱，我也能。

以上的分析告诉我们，要相信现金流预测，但不要过分相信现金流预测，而要结合市场分析，寻找项目内含的经济剩余。只有回答好"为什么 NPV 会大于 0"这个问题，才能做出一个好的投资决策。

习 题

1. 详细论述投资项目的净现值为什么有可能大于零？
2. 以下说法哪些正确？
（1）赚取资本机会成本的公司赢得经济租金（经济剩余）；
（2）投资于净现值大于零的项目的公司预计获得经济租金；
（3）财务管理人员应该尽力去识别能够获得经济租金的领域，因为在这一领域，有可能发现净现值大于零的项目。
（4）经济租金是运营设备的年均成本。
3. 某财务杂志提供以下三种订阅选择方案：1 年期价格为 72 元；2 年期价格为 126 元；3 年期价格为 162 元。假定你将永远订阅下去，资本的机会成本为 10%，你应该选择哪一方案？
4. 某公司考虑购买一台机器，购买机器的成本逐年下降，资本机会成本为 10%，机器带来的现金流的现值为 70 万元，有关数据如下表（单位：万元），完成下表，并确定最佳购买时间。

购买时间（年）	机器成本	机器带来现金流的现值	机器在购买时的净现值	机器在第 0 年的净现值
0	50	70	20	
1	45	70	25	
2	40	70		
3	36	70		
4	33	70		
5	31	70		

5. 你需要一辆新车，可以选择支付 15 万元购买一辆，或在 7 年内每年支付 3 万元租赁一辆，如果选择购买，该车在第 7 年的价值为 5 000 元，折现率 10%，你将选择购买还是租赁？你能承受的最大租金是多少？
6. 3B 公司从具有不同经济寿命完成同样工作的两台机器中选择其一，两台机器有如下的成本（元）：

年度	机器 A	机器 B
0	40 000	50.000
1	10 000	8 000
2	10 000	8 000
3	10 000	8 000
4		8 000

假定公司持续经营下去，其资本成本为 12%，公司应该选择哪一台机器？

7. 假定公司从机器 A 和机器 B 中选择一台，这两台机器设计不同但具有相同的生产能力，机器 A 的成本为 15 万元，使用寿命为 3 年，每年的运转费用为 4 万元；机器 B 的成本为 10 万元，其使用寿命为 2 年，每年的运转费用为 6 万元，公司应该选择哪一台机器？

8. 3P 公司考虑从以下三个互斥项目中选择其一以提高生产率，公司打算以 14% 的资本成本来评价这三个等风险项目，各项目的初始投资和每年产生的现金流入即经济寿命如下：

	项目 X	项目 Y	项目 Z
初始投资（元）	78 000	52 000	66 000
年度		现金流入（元）	
1	17 000	28 000	15 000
2	25 000	38 000	15 000
3	33 000		15 000
4	41 000		15 000
5			15 000
6			15 000
7			15 000
8			15 000

(1) 计算各项目的净现值，并对各项目按从好到坏进行排列；
(2) 利用年均净现值准则评价各项目，并对各项目按从好到坏排列；
(3) 比较以上结果，你推荐哪一项目？为什么？

9. 经济型空调的购买价格为 3 000 元，其每年所需的电费为 1 500 元，且其经济寿命为 5 年，豪华型空调的购买价格为 5 000 元，每年所需的电费为 1 000 元，其可使用的年限为 8 年，折现率为 21%，试问：
(1) 分别计算经济型和豪华型空调的每年等额成本；
(2) 哪一种空调的价格性能比更好？

10. 假定旧机器还能运转 3 年，第 1 年的运转费用为 12 000 元；第 2 年的运转费用为 13 000 元；第 3 年的运转费用为 14 000 元，你也可以选择对机器进行更新，新机器成本为 15 000 元，每年运转费用为 8 000 元，其经济寿命为 5 年，资本机会成本为 6%，你认为是否应该更新机器？何时更新？

11. 运转旧机器在未来的 3 年内每年产生的现金流入为 5 万元，你也能够将机器更新，新机器的成本为 20 万元，由于效率更高，新机器在未来 4 年每年的现金流入为 10 万元，假定折现率为 15%，试问你是否应该更新机器？

12. H 制造公司考虑更换现有的旧机器，新机器的成本为 120 万元，所需的安装费用为 15 万元，旧机器当前的税前售价为 18.5 万元，它使用了 2 年，购入时的成本为 80 万元，现在的账面价值为 38.4 万元，还可以使用 5 年，旧机器经济寿命为 5 年，采用双倍余额折旧法折旧，如果旧机器运转到第 5 年末，则其市场价值将为零。在接下来的 5 年采用新机器将使运转费用每年减少 35 万元，新机器也采用 5 年双倍余额折旧，新机器在第 5 年末出售可净获得 20 万元，如果采用新机器将使运营资本增加 2.5 万元，假定公司有足够的运营收入来补偿出售旧机器所带来的损失，公司的资本成本为 9%，公司所得税和资本收益税的税率都为 40%。
(1) 确定该项目各年的现金流；
(2) 确定该项目的净现值；
(3) 确定该项目的内部回报率；

(4) 你建议公司是接受还是否定该项目,并作解释;
(5) 公司接受该项目所能够承受的最大资本成本为多少?

13. 3T公司试图从一群相互独立的项目中选出最好的投资组合,公司的固定资本预算为450万元,公司认识到预算中的未使用部分所赢得的收益率小于资本成本15%,因而其现金流入的现值少于初始投资。公司总结出用于做出最好选择的一些关键数据如下表:

项目	初始投资(万元)	内部回报率(%)	资本成本为15%时现金流入的现值(万元)
A	500	17	540
B	80	18	110
C	200	19	230
D	150	16	160
E	80	22	90
F	250	23	300
G	120	20	130

(1) 利用内部回报率准则选出最佳组合;
(2) 利用净现值准则选择最佳组合;
(3) 比较并讨论以上的结果;
(4) 公司选择哪些项目?为什么?

14. 假定你的投资预算为800万元,你可投资于以下项目。

单位:万元

项目	折现率(%)	投资额	每年现金流入	项目寿命(年)
A	10	300	100	5
B	12	400	100	8
C	8	500	200	4
D	8	300	150	3
E	12	300	100	6

(1) 这些项目为何有不同的折现率?
(2) 你应选择哪些项目?
(3) 如果没有资本限制,你又将选择哪些项目?

15. 3R公司是一家大型的集团公司,1998年有6个项目通过单个项目评估,各项目的投资都分两期投入,即0期(1998年)和1期(1999年)。各项目各年投入及预期的净现值给定如下表示,根据公司的长期财务预算,0期的总投资限额为800万元,1期的总投资限额为400万元。另外项目A和项目B为互斥项目;项目C、D、E为三择一项目,D为F的预备项目,试问:

(1) 该公司如何选择才能使公司的投资总净现值最大?
(2) 假定0期的未使用的资本可用于1期,并可获得10%的利息,则公司如何选择可使投资总净现值最大化?

项 目	投资额		项目的净现值
	0 期	1 期	
A	100	150	160
B	160	80	150
C	200	160	220
D	180	180	200
E	160	200	180
F	300	150	250
资本限额	800	400	

16. 3B 石油公司想知道是否应该在某地钻井采油，有关的预测如下：

钻井深度（英尺）	总成本（百万美元）	发现石油的累计概率	石油的现值（百万美元）
1 000	2	0.5	5
2 000	2.5	0.6	4.5
3 000	3	0.7	4

画一个决策树来说明钻井决策的过程，计算该井应该准备钻多深。

17. 某单位为增加某种产品的生产量而进行项目投资决策，资本成本为 10%，现有三个可供选择的方案，分别为：

(1) 进行改造，需要投资 400 万元，使用期限为 10 年。初步预测在此期间产品的销路好时年收益为 120 万元，销路差时为 -30 万元；

(2) 进行扩建，需要投资 180 万元，使用的期限为 10 年，在此期间销路好时年收益 80 万元，销路差时为 20 万元；

(3) 先扩建工厂，销路好时，3 年后再改造，改造需要投资 200 万元，使用期限为 7 年，每年收益为 100 万元。

对市场销售形势预测，产品销路好时的概率为 0.7，销路差时的概率为 0.3。问如何运用决策树的方法选择最优方案。

第五篇

资本市场:风险与回报

本篇由三章组成，第十二章讨论回报率高风险的概念，介绍资本资产定价模型（Capital Asset Pricing Model，CAPM）。第十三章研讨"$E-\sigma$"方法、资本市场直线和资本市场的有效性假设。第十四章展开了关于风险概念的讨论。本篇是资本市场理论的核心内容，揭示了市场的基本规律，但仍留给了我们许多可进一步思考的问题。其中第十四章是为专门对风险的概念感兴趣的读者写的，初学者可以略去。

第十二章 回报率与风险的关系

风险是财务学的重要概念。一般认为，投资的回报率是与其风险联系在一起的。本章从回报率的概念入手，初步讨论风险的概念，研究投资者对待风险的态度，初步揭示回报率与风险的关系，并介绍资本资产定价模型。进一步的问题将在以下两章中研究。

第一节 回报率的概念

一、什么是回报率

投资者进行各种投资活动，按种类划分可分为固定资产投资和金融资产（即证券）投资两大类。无论属于哪类，投资活动的根本目的是为了赚钱。衡量一项投资赚钱能力的大小，一般有两项互相联系的指标，即净现值和投资回报率。其中投资回报率即利润率是单位投入资本赢得的利润，这种对盈利能力大小的衡量，便于不同数额的投资进行比较，其作用和地位尤为重要。本章我们主要考虑金融资产的投资问题。在资本市场上投资，其效益用回报率来衡量。

例如，某人在除权日后第一时刻购买了3V公司的股票，价格为每股￥100。一年末每股分得红利￥5，分红后每股市价为￥120，则不管该先生年末是继续持有或是卖掉其股票，如果不计交易费用，其投资回报率为：

$$r_v = \frac{120 - 100 + 5}{100} = 25\%$$

如果进行证券投资，可类似计算出其回报率。如果该证券的现行价格为 P_0，一年后收到"利息"为 D_1，发放利息后其市场价格为 P_1，则该证券投资的第一年回报率为：

$$r_1 = \frac{(P_1 - P_0) + D_1}{P_0} \tag{12.1}$$

以上公式可以理解为投资回报率的一般定义。式中的分子是现金数量的增加，它分为两部分，前者是"资本"的增值，后者是期末的"红利"。因此，投资回报率就是单位时间单位资本所增加的现金。

如果投资主体不是一人而是多个人，那么问题有点复杂。例如，代码为000787的股票有 n 个股东，其中每一个股东的年投资回报率都是可以估算的，但问题是投资者作为总体，000787的回报率如何计算？理应是各投资者回报率的加权平均。但是这个主张缺乏可行性，

因为股东个数 n 太大了，不可能逐个进行统计。最简便的替代做法时仍采纳公式（12.1），但是千万当心，这样处理会产生扭曲，因为交易是随时发生的，而不是只发生在这两个时刻。估算整个股市的投资回报率也属于这种情况。简单地把上式中的 P 换成指数 I，把 D 理解成为指数化了的红利，就把（12.1）式理解为股市的投资回报率，是很多研究者的一贯做法。但是，它只是一个习惯认定的数字而已，可并不反映股市的投资者的加权平均回报率。

二、回报率的平均

3U 公司是一家上市只有五年历史的大型制造业企业，在二级市场上其普通股投资从 1991～1995 年回报率观测值如表 12-1。

表 12-1　　　　　　　　1991～1995 年回报率观测值

年份	1991	1992	1993	1994	1995
回报率（%）	-10	15	24	18	33

人们会自然地关心：3U 投票投资的平均年回报率是多少？

如果采用几何平均的方法，则平均年回报率 r_G 应时：

$$\begin{aligned} r_G &= [(1+r_1)(1+r_2)(1+r_3)(1+r_4)(1+r_5)]^{1/5} - 1 \\ &= [0.9 \times 1.15 \times 1.24 \times 1.18 \times 1.33]^{1/5} - 1 \\ &= 1.15 - 1 = 15\% \end{aligned} \quad (12.2)$$

如果采用算术平均的方法，则平均年回报率 r_A 应是：

$$\begin{aligned} r_A &= (r_1 + r_2 + r_3 + r_4 + r_5)/5 \\ &= (-0.1 + 0.15 + 0.24 + 0.18 + 0.33)/5 \\ &= 16\% \end{aligned} \quad (12.3)$$

式中 $r_1 \sim r_5$ 分别代表 1991～1995 年的投资回报率。

上述计算除舍入误差外，并无错误。两个数值不相等：几何平均回报率为 15%，而算术平均回报率 16%，虽然相差不十分显著，但哪一个是正确的？

从理论上说答案是很清楚的：该问题采用几何平均法计算平均回报率是正确的，而采用算术平均是不正确的。就 3U 公司而言，¥1 的初始投资到 1995 年末价值为：

$$(1+r_1)(1+r_2)(1+r_3)(1+r_4)(1+r_5) \quad (12.4)$$

若年平均回报率记为 r_G，则 ¥1 的初始投资在 1995 年末的价值应为：

$$(1+r_G)^5 \quad (12.5)$$

以上（12.4）式与（12.5）式应相等，经过简单运算可得出（12.2）式。

算术平均之所以不正确是因为不同基数的百分数相加，其和并不代表实际增长率。算术平均方法只有收益率基数相等的情形下才正确。例如，某个投资者（而不是全体投资者）在二级市场上投资于股票，每年初的本金保持为常数，例如 ¥1 000 000，若年末赚了则把赚头抽出来，若年末赔了，则补充亏空。在这个情形下正确的方法才是算术平均法。

可以证明，算术平均数大于或等于几何平均数。这意味着采用算术平均，一般会高估了平均回报率。例如，某项投资第一年的回报率为 -50%，而第二年为 100%。按几何平均计算，其平均回报率为 $\sqrt{(1-50\%)(1+100\%)} - 1 = 0\%$。这就是说，若第一年赔了一半，第二年赚了一倍，两年平均下来没赔没赚，即平均回报率为 0。而按算术平均计算，则平均回报率高达 $(-50\% + 100\%)/2 = 25\%$。这显然是高估了。但如果年回报率数值都比较小，那么利用几何和算术平均得出的回报率在数值上很接近，而且算术平均在计算上比较方便。因此，尽管理论上不正确，实践中多采用算术平均。在本书以后章节中，如不特别声明，回报率的平均也用算术平均法。

三、时间单位

投资回报率是单位货币在单位时间内的盈利，例如，年回报率是 ¥1 的投资在一年内的盈利，月回报率是 ¥1 的投资在一个月内的盈利，等等。同一种投资，如果其年回报率为 r_y，季度回报率为 r_s，月回报率为 r_m，……那么这些，r_y, r_s, r_m, ……之间的关系是怎样的呢？

以年回报率 r_y 和季回报率 r_s 为例，它们之间应有如下关系：

$$1 + r_y = (1 + r_s)^4$$

或者

$$r_y = (1 + r_s)^4 - 1 \tag{12.6}$$

而年回报率 r_y 和月回报率 r_m 之间应有以下关系：

$$r_y = (1 + r_m)^{12} - 1 \tag{12.7}$$

和几何平均一样，上述关系是基于几何增长的观念，如按照上述公式当月回报率 $r_m = 5\%$ 时，季回报率：

$$r_s = (1 + 0.05)^3 - 1 = 15.76\%$$

年回报率：

$$r_y = (1 + 0.05)^{12} - 1 = 79.59\%$$

但是在实际中往往采用算术增长方式计算，年回报率是季回报率的 4 倍，季回报率是月回报率的 3 倍：

$$r_y = 4r_s$$
$$r_s = 3r_m \tag{12.8}$$

因此

$$r_y = 12r_m \tag{12.9}$$

如果按上式计算，当月回报率为 5% 时，即 $r_m = 0.05$ 季回报率为 15%，年回报率为 60%，分别低于准确数 15.76% 和 79.59%。其上述（12.8）式和（12.9）式分别为（12.6）式和

(12.7) 式的近似：

$$r_y = (1 + r_s)^4 - 1 \approx 4r_s$$
$$r_y = (1 + r_m)^{12} - 1 \approx 12r_m$$

条件是 r_m 和 r_s 都比较小。

年回报率是衡量一项投资的最主要维度，只有进行细致分析时才涉及季回报率、月回报率等。以后如无说明，回报率均指年回报率。

四、历史的观测

资本市场的数据可分为基础信息和衍生信息，各种交易证券的价格、交易量等属于基础信息，而经过处理的如各证券的投资回报率，投资风险 σ 和 β 等属于衍生信息。而如何计算证券，例如某只股的投资回报率是很值得研究的问题，尽管目前多数人不加思索地运用公式 (12.1)。

我国证券市场刚建立不久，可供利用的数据较少。西方市场经济的证券市场有较长久的历史，各种证券的价格、交易量、回报率等数据纪录相当完整。例如，美国芝加哥大学的证券价格研究中心建立了一个很大的数据库，包括 1926 年以来纽约股票交易所全部交易股票的价格和红利，还有其他的数据库，包括股票、期权价格、债券价格以及场外交易证券价格等，这就给研究工作提供了很大方便。

美国的研究者埃勃特逊（R. Ibbotson）等人做了一件非常有意思的工作，他们挑选了四类投资组合（Portfolio），并测算了每类的历史回报率。这四类组合是：

（1）美国国库券（Treasury Bills）投资组合；
（2）美国政府长期债券（Long-Term Government Bonds）投资组合；
（3）公司长期债券（Long-Term corporate Bonds）投资组合；
（4）大公司股票组合（标准—普尔合成指数 500）（Standard & Poor's Composite Index 500）。

后来他们又在原有基础上加了一类新的投资组合即（5）小公司股票（Small Company Stock）。

投资组合是多样化的（diversified）投资方式。例如你有资本 $1 000，花 $100 购买 3A 公司股票，花 $400 购买 3B 公司股票，花 $500 购买政府长期债券，这就是一个投资组合，这个组合中三种证券的投资比例依次为 0.1，0.4 和 0.5。当然投资组合中的成分券数目可能是两个或多个，而不必如上例的 3 个。埃勃特逊的第一类投资组合基本上代表了美国国库券投资的全体，国库券就是为期一年以内的美国政府债券。第二类投资组合代表美国政府长期债券。第三类投资组合是典型的公司长期债券全体的代表，其中加权比重按照各种债券的发行价值确定。第四类投资组合实际上可以看做是整个普通股股票的组合，甚至可以看成整个风险投资市场的代表，选用的是标准—普尔合成指数 500。[①]

[①] 几类组合具体界定如下：(1) 国库券：由滚动的国库券构成的投资组合，其期限不短于 1 个月。(2) 政府长期债券：由长期政府债券构成的组合，其期限接近 20 年。(3) 公司长期债券：由 Salomon Brother 的长期高等级全部回报率指数代表。(4) 普通股：由标准—普尔 500 代表。(5) 小公司股票：在 1926～1981 年内由 NYSE 市值最小的 1/5 种股票构成的组合。以后由 DFA 咨询公司的小公司基金代表。

对于上述五类投资组合，由 1926～2010 年间 85 年的平均名义年回报率、实际年回报率以及风险增益率（Risk Premium）如表 12-2 所示。

表 12-2　　　　　五类投资组合的年均回报率（1926～2010 年）

投资组合	平均年回报率（%）		算术平均实际回报率（%）	算术平均风险增益率（%）
	几何平均	算术平均		
1. 国库券	3.6	3.7	0.6	0
2. 政府债券	5.5	5.9	2.8	2.2
3. 公司债券	5.9	6.2	3.1	2.5
4. 普通股	9.9	11.9	8.8	8.2
5. 小股票	12.1	16.7	13.6	13.0
6. 通货膨胀率	3.0	3.1		

资料来源：根据 Stocks, Bonds, Bills and Inflation: 2011 Yearbook, Ibbotson Associates, 2011 编制。

注意以上五种投资组合具有不同的风险。第一类是最为保险的一类投资，因为国库券没有违约风险，而期限又短，物价指数预期相对稳定，几乎有百分之百的把握得到票面回报。其回报率通常认为是无风险利率 r_f。当然由于通货膨胀因素，实际的回报率也是不确定的。85 年的通货膨胀率，几何平均为 3.0%，算术平均为 3.1%。第一类投资组合的年均回报率最低，名义和实际的算术平均回报率分别为 3.7% 和 0.6%。第二类政府长期债券投资组合，也无违约风险，但由于期限长，债券价格受到利率波动的影响较大，受通货膨胀率变化的影响更大。此类的年均名义回报率和实际回报率比第一类高了很多，分别为 5.9% 和 2.8%。第三类公司债券投资组合，除了具备第二类所有的风险以外，还有违约风险，即公司由于财务危机不能按期付息还本的可能性。它的平均回报率比第二类又高出一些，名义和实际的分别为 6.2% 和 3.1%。第四类投资组合，即普通股投资组合，风险更大，其回报率受企业的经营状况好坏的影响，导致股票价格和红利不断变动，波动性很大，算术平均名义和实际年回报率分别为 11.9% 和 8.8%。最后第五类，小公司的股票回报率，比由标准—普尔合成指数代表的大公司股票有更高的回报率，算术年均回报率表中显示分别为 16.7% 和 13.6%。比前者高出 5 个百分点以上。从上述分析中我们看到一个重要的现象：投资组合的风险越大，则回报率越高。

表 12-2 中风险增益率是该类投资组合的算术平均实际回报率与国库券算术平均实际回报率的差值。实际回报率是通过通货膨胀调整后的回报率。可以认为风险增益率是由该类投资组合的风险的增加所引起的回报率的增加。

五、风险投资的回报率是随机的

埃勃特逊等人的工作实质是对五类不同风险的投资组合的回报率做了历史的观测，并给出了相应的统计特性。它有力地向我们证明了两件事：第一，投资组合的平均回报率与其风险同向变化，即随着"风险"的增加，平均回报率也增加。第二，风险投资的回报率不是确定性的，而是随机的。例如，第四类股票的市场组合（以标准—普尔 500 合成指数为代表）的回报率，实际上是做了85个历史的观测，其起伏跌荡幅度之大，尤其是2008年开始的美国金融和经济危机，使老练的投资者也会心有余悸。但这是历史，尽管可能重演，却不能说明现实就是简单地重复历史。也就是说这85个观测数据并不是现在的试验或采样。现在和半个世纪以前相比企业的环境和运营状况已发生了很大的变化。我们可以根据这85个观测估计出股票市场组合的各种统计特征，如期望值（这已经计算出，大约是11%）和方差等。还可以绘制其直方图，但无法证明市场组合回报率的现在的概率分布与上述数字表征相吻合（见图12-1）。

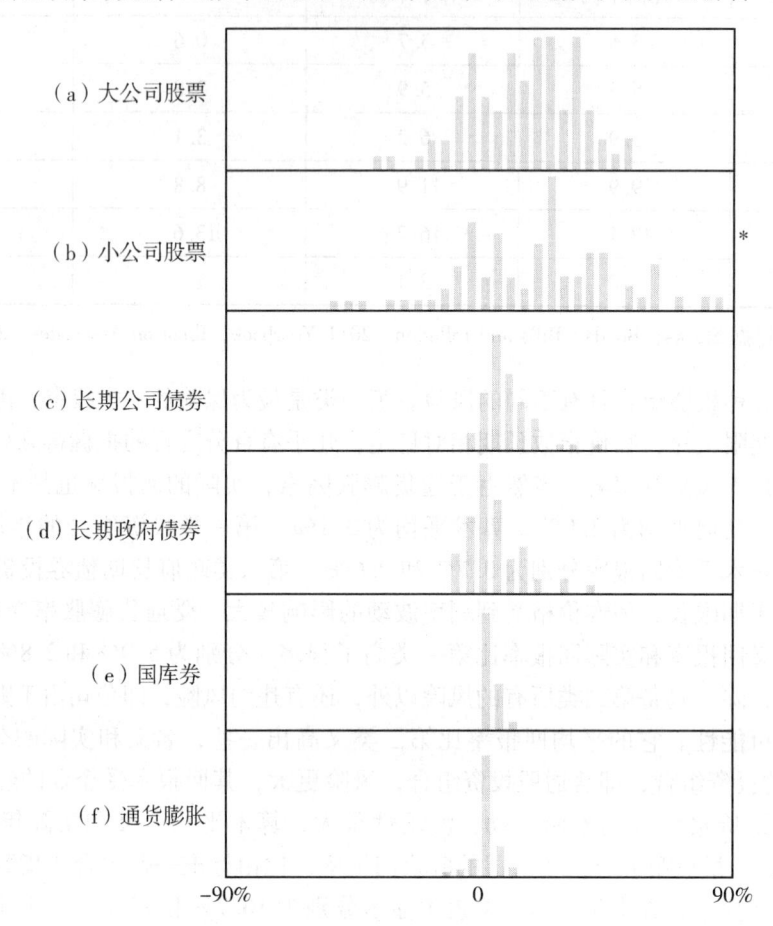

(a) 大公司股票

(b) 小公司股票

(c) 长期公司债券

(d) 长期政府债券

(e) 国库券

(f) 通货膨胀

图12-1　五类组合年回报率（1926～2007年）

资料来源：根据 SBBI Yearbook 2007, Ibbostson Asscoclates, 编制。

无风险投资的回报率是近乎确定性的，例如，半年期国库券面值为 \$1 000，发行价格为 \$985，半年回报率为 $15/985 = 0.015228$，折合成年回报率为 3.0688%. 也就是说投资于国库券，年名义回报率是 3.0688%。

任何风险投资的回报率则是一个随机变量，记作 $\tilde{r}$（请读者注意，以后本书用"~"表示随机的变量）。一切风险投资的市场投资组合（有时简称市场组合 Market Portfolio），即一切风险证券按其市场价值加权构成的投资组合，是一类最广泛的组合，其回报率用 $\tilde{r}_m$ 表示。经常用市场股票投资组合或标准—普尔（500家）合成指数来近似的代表它（见图12-2）。

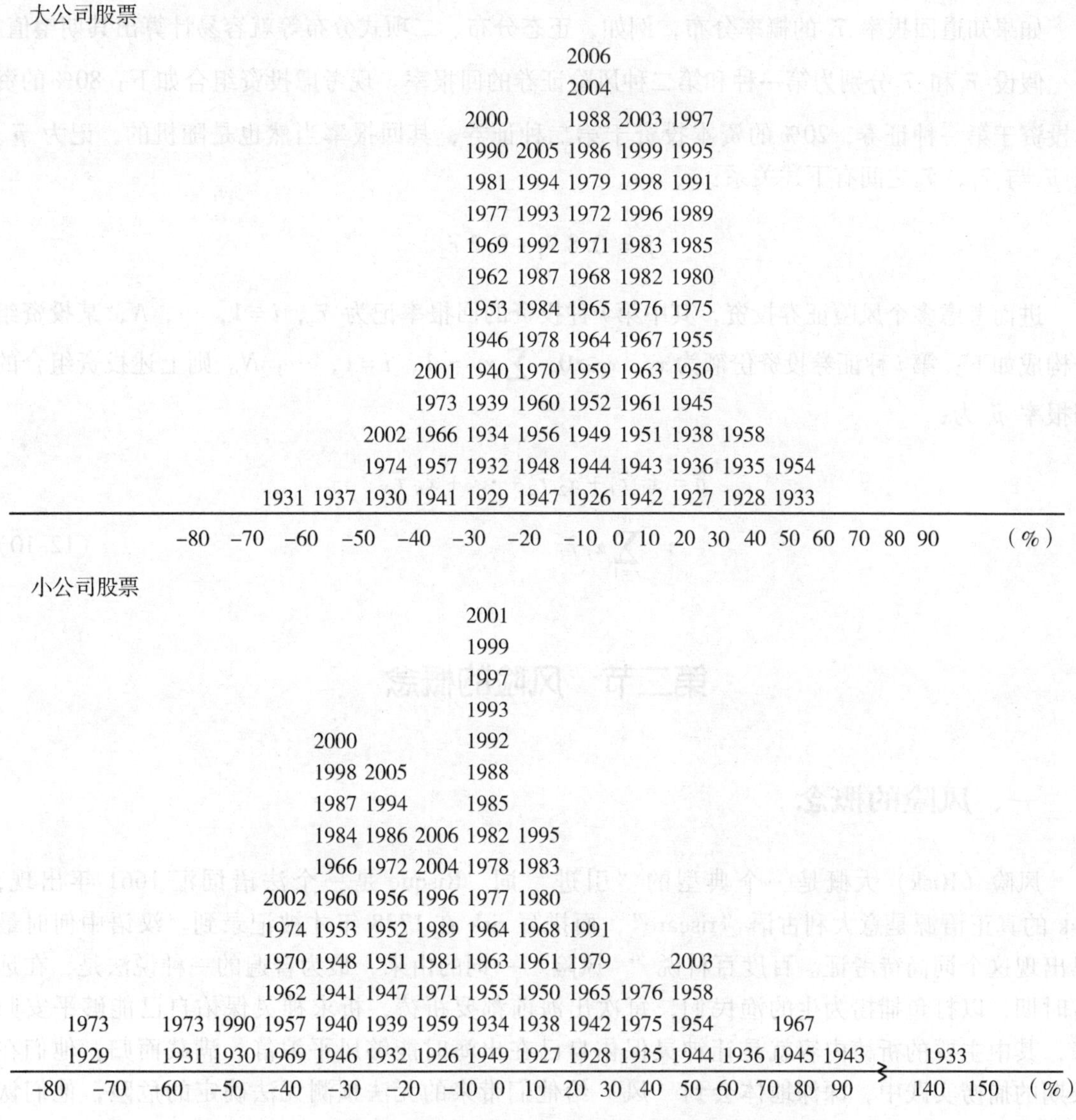

大公司股票

```
                                              2006
                                              2004
                         2000      1988 2003 1997
                         1990 2005 1986 1999 1995
                         1981 1994 1979 1998 1991
                         1977 1993 1972 1996 1989
                         1969 1992 1971 1983 1985
                         1962 1987 1968 1982 1980
                         1953 1984 1965 1976 1975
                         1946 1978 1964 1967 1955
                    2001 1940 1970 1959 1963 1950
                    1973 1939 1960 1952 1961 1945
               2002 1966 1934 1956 1949 1951 1938 1958
          1974 1957 1932 1948 1944 1943 1936 1935 1954
     1931 1937 1930 1941 1929 1947 1926 1942 1927 1928 1933
-80 -70 -60 -50 -40 -30 -20 -10  0  10 20 30 40 50 60 70 80 90   (%)
```

小公司股票

```
                                   2001
                                   1999
                                   1997
                                   1993
                         2000      1992
                    1998 2005      1988
                    1987 1994      1985
               1984 1986 2006 1982 1995
               1966 1972 2004 1978 1983
          2002 1960 1956 1996 1977 1980
          1974 1953 1952 1989 1964 1968 1991
          1970 1948 1951 1981 1963 1961 1979      2003
          1962 1941 1947 1971 1955 1950 1965 1976 1958
    1973 1973 1990 1957 1940 1939 1959 1934 1938 1942 1975 1954           1967
    1929 1931 1930 1969 1946 1932 1926 1949 1927 1928 1935 1944 1936 1945 1943       1933
-80 -70 -60 -50 -40 -30 -20 -10  0  10 20 30 40 50 60 70 80 90              140 150  (%)
```

图 12-2　大公司和小公司股票回报率直方图

资料来源：SBBI 2007 Glassic Edition Yearbook。

投资者最关心的问题之一是证券投资的预期回报率，即回报率的期望值 $E(\tilde{r})$。如某项证券投资，如果知道其回报率的概率分布为：

$$\tilde{r} = \begin{cases} -10\%, & \text{概率为 } 0.2 \\ 15\%, & \text{概率为 } 0.6 \\ 40\%, & \text{概率为 } 0.2 \end{cases}$$

则很容易计算出回报率的期望值：

$$E(\tilde{r}) = -0.1 \times 0.2 + 0.15 \times 0.6 + 0.4 \times 0.2$$
$$= 0.15$$

如果知道回报率 $\tilde{r}$ 的概率分布，例如，正态分布、二项式分布等就容易计算出其期望值。

假设 $\tilde{r}_1$ 和 $\tilde{r}_2$ 分别为第一种和第二种风险证券的回报率。现考虑投资组合如下：80% 的资本投资于第一种证券，20% 的资本投资于第二种证券，其回报率当然也是随机的，记为 $\tilde{p}$。则 $\tilde{p}$ 与 $\tilde{r}_1$，$\tilde{r}_2$ 之间有下述关系：

$$\tilde{p} = 0.8\,\tilde{r}_1 + 0.2\,\tilde{r}_2$$

进而考虑多个风险证券投资，其中第 i 种投资的回报率记为 $\tilde{r}_i$，$i=1,\cdots,N$，某投资组合构成如下：第 i 种证券投资份额为 x_i，$x_i \geq 0$，$\sum x_i = 1$，$i=1,\cdots,N$。则上述投资组合的回报率 $\tilde{p}$ 为：

$$\begin{aligned}\tilde{p} &= x_1\tilde{r}_1 + x_2\tilde{r}_2 + \cdots + x_N\tilde{r}_N \\ &= \sum_{i=1}^{N} x_i\tilde{r}_i\end{aligned} \qquad (12.10)$$

第二节　风险的概念

一、风险的概念

风险（Risk）大概是一个典型的"引进"词。Risque 是一个法语词汇 1661 年出现，risk 的真正语源是意大利古语"riscare"，而拼写 risk 在 1728 年才被记录到。汉语中何时最早出现这个词尚待考证。百度百科说"'风险'一词的由来，最为普遍的一种说法是，在远古时期，以打鱼捕捞为生的渔民们，每次出海前都要祈祷，祈求神灵保佑自己能够平安归来，其中主要的祈祷内容就是让神灵保佑自己在出海时能够风平浪静、满载而归；他们在长期的捕捞实践中，深深地体会到'风'给他们带来的无法预测无法确定的危险，他们认识到，在出海捕捞打鱼的生活中，'风'即意味着'险'，因此有了'风险'一词的由来。"可能是望文生义，不大可信。现在随着中国的改革开放，风险一词正被老百姓和新闻传媒广泛使用；"风险意识"、"承担风险"、"风险与收益同在"等词语，不时见诸报端。但汉语中风险一词的释义究竟是怎样的呢？我国众多的辞书迟迟未对风险一词进行诠释。例如，国内权威辞书《辞海》，1989 年版仍无"风险"词条。另一权威辞书《辞源》1981 年修订版亦不存在"风险"词条。值得说明的这两家辞书以"风"字为词首的词条都列出了数百条，唯独不见"风险"的踪影。倒是商务印书馆 1978 年出版的《四角号码新词典》首先对"风险"进行了解释。它的仅有七个汉字的释语是"可能发生的危险"，也就是说它认为"风险"是一种"危险"。同年出版的由中国社会科学院语言学研究所编辑的《现代汉语词典》也做了完全相同的解释。继而同一家出版社出版的标准词典《新华词典》1985 年版，则把风险解释为"指难以预料的不平常的危险"。字数多了一点，12 个汉字，但同样认定"风险"是一种"危险"，只不过加了形容词"难以预料"和"不平常的"而已。这种解释似有商榷的必要。

中文词典对风险一词进行了较详细的界定的，当首推《语言大词典》1990年版（三环出版社出版），现全文引录如下（第1057页）：

(1)（Risk）a. 遭受损失、伤害、不利或毁灭的可能性；b. 对根据合同进行保险的对象所发生的损失的可能性或危险。

(2)（Hazard）处于不利情况的可能性（如遭受损失、伤害或失败）。

(3)（Peril）产生危险的事物，产生危险的根源或造成损失的可能原因。

依本作者管见，这种解释不是源于汉语的，而是照抄了英文字典，例如Webster's。流行汉语中的风险词义可能没有这么多，是编者借译文强加给汉语的。还应顺便指出的是，上述词条译者大概是把Hazard和Peril两词的译文弄颠倒了。

我们现在是研究财务学，而不是语言学。但因为风险这个词在财务学中太重要，致使我们在给出它的财务学定义以前，先花点时间弄清楚它的日常用语或者说非专业意义，是很必要的。我们认为，汉语日常用语中的"风险"，乃指遭受损失、伤害、失败或毁灭等不利后果的可能性。它对于主体来说是一种坏事而绝非好事，也不包含任何好的因素。

让我们回到财务金融学中来。本书实际上已经有几次涉及风险概念。财务金融学中，风险就是不确定性，是指偏离预定目标的程度。对于投资活动而言，投资的风险就是其回报率 $\tilde{r}$ 对期望值偏离的程度，可以用其方差 $\sigma^2(\tilde{r})$ 或均方差（或称标准差）$\sigma(\tilde{r})$ 表示。

我们知道，投资回报率 $\tilde{r}$ 的方差就是 $\tilde{r}$ 与期望值 $E(\tilde{r})$ 之差平方的期望值，即：

$$\sigma^2(\tilde{r}) = E\{[\tilde{r} - E(\tilde{r})]^2\} \tag{12.11}$$

例：已知3Y公司的股票回报率 $\tilde{r}$ 分布如下：

$$\tilde{r}_y = \begin{cases} 40\% & \text{概率} 0.25 \\ 10\% & \text{概率} 0.50 \\ -20\% & \text{概率} 0.25 \end{cases}$$

先求出3Y公司股票回报率的期望值：

$$E(\tilde{r}_y) = 0.4 \times 0.25 + 0.1 \times 0.50 + (-0.20) \times 0.25$$
$$= 0.10$$

即3Y公司股票的期望回报率为10%。于是：

$$\tilde{r}_y - E(\tilde{r}_y) = \begin{cases} 30\%, & \text{概率} 0.25 \\ 0, & \text{概率} 0.5 \\ -30\%, & \text{概率} 0.25 \end{cases}$$

容易计算出3Y公司股票投资的回报率的方差：

$$\sigma^2(\tilde{r}_y) = E\{[\tilde{r}_y - E(\tilde{r}_y)]^2\}$$
$$= (0.3)^2 \times 0.25 + 0^2 \times 0.50 + (-0.3)^2 \times 0.25$$
$$= 0.045$$

或

$$\sigma(\tilde{r}_y) = \sqrt{\sigma^2(\tilde{r}_y)} = 0.212$$

故 3Y 公司股票投资的风险是 $\sigma^2(\tilde{r}_y) = 4.5\%$ 或 $\sigma(\tilde{r}_y) = 21.2\%$。

与此对照，设 3Z 公司股票回报率分布如下：

$$\tilde{r}_z = \begin{cases} 25\%, & \text{概率} 0.25 \\ 10\%, & \text{概率} 0.50 \\ -5\%, & \text{概率} 0.25 \end{cases}$$

通过简单的计算知道，其回报率的期望值也等于 10%，即 $E(\tilde{r}_z) = 0.1$，而方差为：

$$\sigma^2(\tilde{r}_z) = (0.15)^2 \times 0.25 + 0^2 \times 0.50 + (-0.15)^2 \times 0.25$$
$$= 0.01125$$

而 $\sigma(\tilde{r}_z) = 0.106$，分别相当于 3Y 公司股票回报率方差和均方差的 1/4 和 1/2。事实上，从图 12-3 中我们也可以看出 3Y 公司股票的风险大于 3Z 公司股票的风险，因为 3Y 公司股票回报率分布离散，而 3Z 公司则集中。

回报率 $\tilde{r}$ 的概率分布通常是连续的。最常见的连续分布是正态分布，其概率密度函数为：

$$f(x) = \frac{1}{\sqrt{2\pi}\sigma} e^{-\frac{1}{2}[(x-\mu)/\sigma]^2}$$

回想概率密度函数的定义：

$$P\{x \leq \tilde{r} \leq x + \Delta x\} = f(x) \cdot \Delta x$$

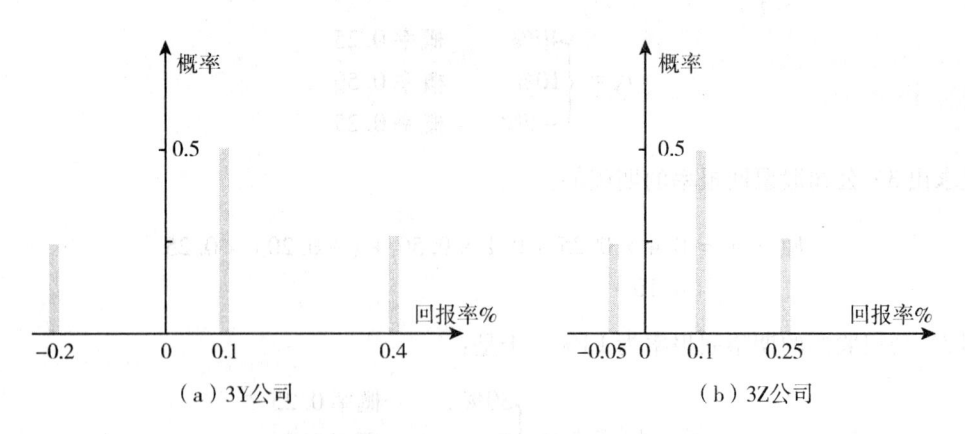

(a) 3Y 公司

(b) 3Z 公司

图 12-3 两家公司的股票回报率分布

即当 Δx 很小时，回报率介于 x 和 $x + \Delta x$ 之间的事件的概率等于 $f(x)$ 乘以 Δx。事实上，正态分布密度函数中 μ 即是回报率的期望值，σ 就是回报率的均方差。与回报率为离散分布情形类似，从概率密度函数的分散程度可以比较期方差的大小，如图 12-4 所示。

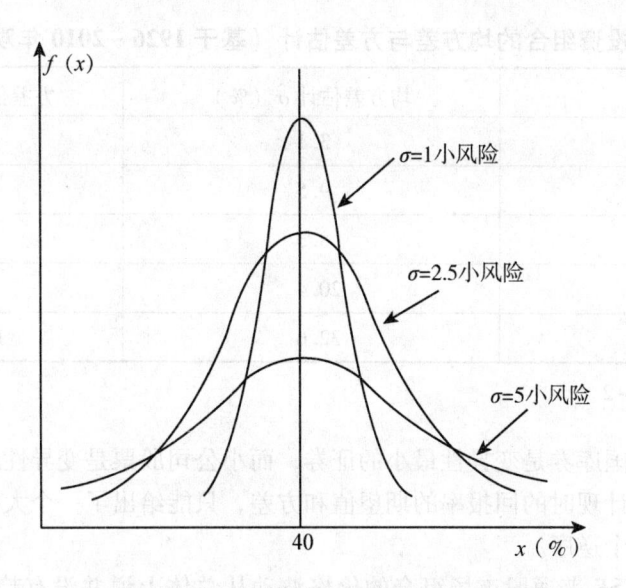

图 12-4 不同方差的概率密度函数

正态分布概率密度函数的形态像一个铃形,其高度为:

$$f(\mu) = \frac{1}{\sqrt{2\pi}\sigma}$$

而宽度大至为 6σ,因为回报率小于 $\mu-3\sigma$ 的概率很小,小于 0.003,所以 $f(x)$ 在 $\mu-3\sigma$ 以下和 $\mu+3\sigma$ 以上函数值几乎等于 0。

值得指出的是,一般的投资回报率并不严格满足正态分布,最多是近似而已。

二、风险的估计

实际问题中往往不知道有关投资回报率的概率分布,所以不能按上段的方法来计算风险的大小。而更糟糕的是某特定投资的回报率既不能试验又不能随机采样。从统计学我们知道,如果 $r^1, r^2, \cdots, r^N$ 是回报率 $\tilde{r}$ 的 N 个随机采样,当样本个数 N 相当大时,

$$\hat{E} = \frac{1}{N}\sum_{i=1}^{N} r^i \cdot \tag{12.12}$$

和

$$\hat{\sigma}^2 = \frac{1}{N-1}\sum_{i=1}^{N}(r^i - \hat{E})^2 \tag{12.13}$$

分别是 $E(\tilde{r})$ 和 $\sigma^2(\tilde{r})$ 的无偏估计。以上我们说了实际上没有办法对回报率进行随机采样,只好代之以历史地观测,即记录历年的实际回报率作为随机采样值。按(12.13)式得出了五类投资组合的风险大小,见表 12-3。

表 12-3　五类投资组合的均方差与方差估计（基于 1926~2010 年观测）

投资组合	均方差估计 $\hat{\sigma}$（%）	方差估计 $\hat{\sigma}^2$（%×%）
1. 国库券	3.1	9.61
2. 政府债券	9.5	90.25
3. 公司债券	8.3	68.89
4. 大公司股票	20.4	416.16
5. 小公司股票	32.6	1 062.76

资料来源：同表 12-2。

和预期的一样，国库券是变异性最小的证券，而小公司股票是变异性最大的。应该说用这么长的历史数据来估计现时的回报率的期望值和方差，只能给出了一个大概的说明，误差是不容忽视的。其中有一个逆序。

从统计看来，NYSE 普通股市场组合的价格波动从总体上说并没有趋向于平缓。近 20 来年也有短期内的巨大波动不断涌现。例如，1987 年 10 月 19 日所谓"黑色的星期一"道·琼斯股票指数一天内下跌 23%，该周的指数均方差达到 89%。1995 年标准—普尔指数上升达 37.1%。比 1989~1998 年的 10 年中年均回报率（算术平均）高出 20%。进入 2000 年后，入侵伊拉克和"9·11"，导致股市大跌，而 2008 年的危机使大盘跌落 37%。从 2001~2010 的 10 年里，表 12-2 中"大公司股票"组合的几何和算术平均回报率分别为 1.41% 和 3.628%。这和其 85 年的平均值有着显著的差异。

中国股市经大涨之后，又经历戏剧性的大跌。上证综指近 10 年转了一圈。折腾来折腾去，两个股指都不能如实反映我国经济的增长状况。在衍生信息方面，我们可利用的数据还很不够。

三、多样化可降低风险

投资者如果不是进行单一证券的投资，而是投资于由两种以上证券构成的投资组合，我们就说投资是多样化了（Diversified）。如果构成投资组合的证券不是完全正相关（即相关系数不都是 +1），那么投资组合就会降低风险，即投资组合回报率的方差小于构成证券回报率的方差，也小于均方差组合的平方。

为什么投资多样化可以降低风险呢？因为构成证券回报率的变化可能不同向，或即使是同向的但变化幅度不同步，这就导致减少了投资组合回报率的变异性，从而减少了其风险。

我们举一个简单的例子来说明这个道理。考虑由 3A 公司和 3B 公司股票构成的投资组合，假定某投资者用其一半的资本购买 3A 公司的股票，另一半购买 3B 公司的股票。设 3A、3B 公司股票的月回报率分别为 $\tilde{r}_A$ 和 $\tilde{r}_B$。图 12-5（a）和图 12-5（b）分别记录了 1997 年 1 月至 1999 年 12 月共 36 个月的回报率实测值。

由投资组合的构成，我们知道其回报率 $\tilde{r}_p$ 为：

$$\tilde{r}_p = \frac{1}{2}\tilde{r}_A + \frac{1}{2}\tilde{r}_B$$

（a）3A公司股票月回报率

（b）3B公司股票月回报率

（c）投资组合的月回报率

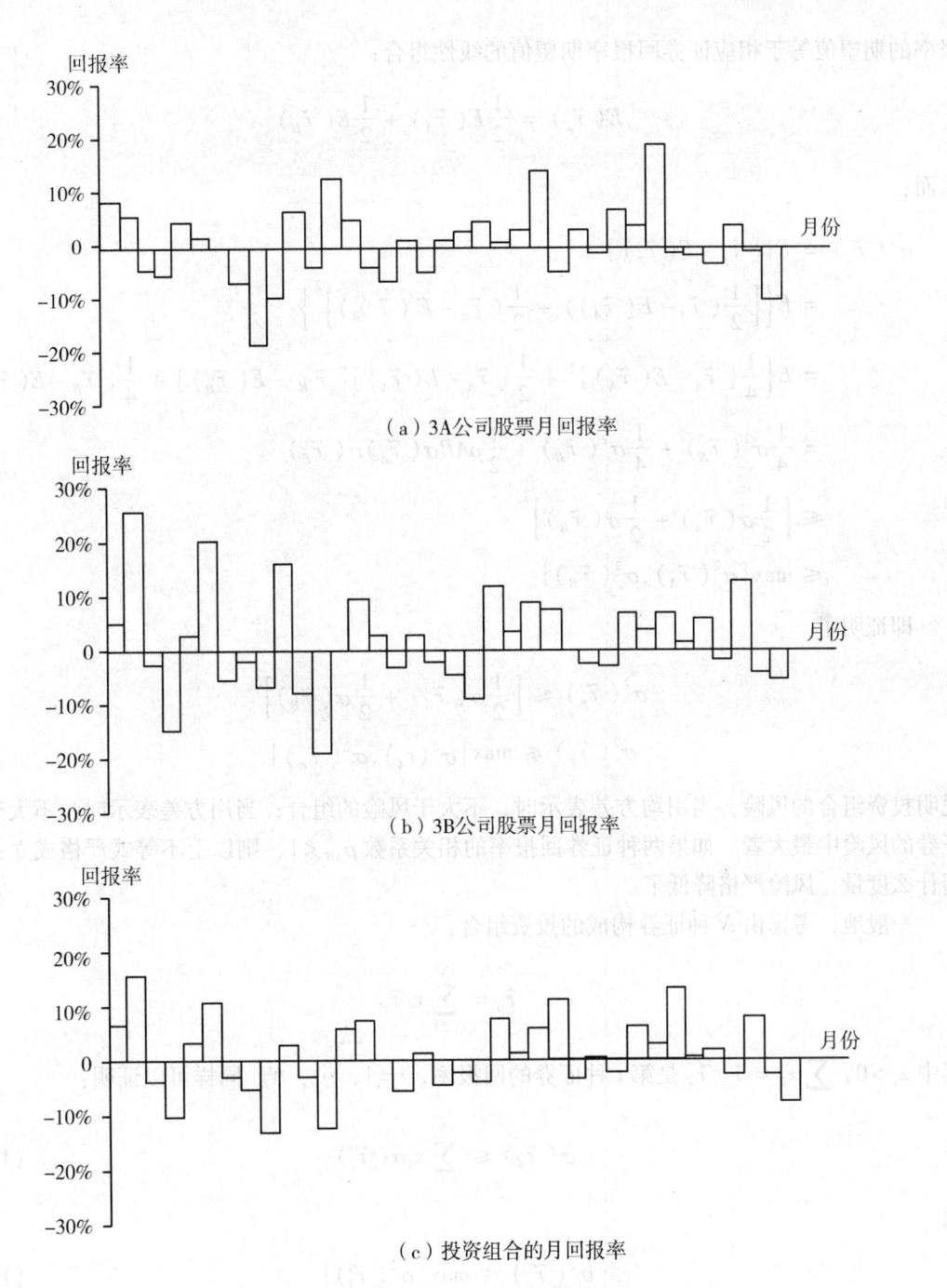

图 12-5 投资多样化减少回报率变差性

同样，36个月的实际数示于图 12-5（c）中，例如，第一个月 $r_A^1 = 8\%$，$r_B^1 = 5\%$，则 $r_p^1 = 6.5\%$ 第二个月 $r_A^2 = 5\%$，$r_B^2 = 27\%$，则 $r_p^2 = 16\%$……其中有些正负相抵，图 12-5（c）与图 12-5（a）和图 12-5（b）比较，变异性明显减少了，因此直观上可以看出，投资组合的风险小于各单独证券的风险。

理论上不难证明上述结论。由概率知识我们知道，求期望值满足线性运算：即投资组合回报率的期望值等于相应证券回报率期望值的线性组合：

$$E(\tilde{r}_p) = \frac{1}{2}E(\tilde{r}_A) + \frac{1}{2}E(\tilde{r}_B)$$

从而：

$$\begin{aligned}\sigma^2(\tilde{r}_p) &= E\{[\tilde{r}_p - E(\tilde{r}_p)]^2\} \\ &= E\left\{\left[\frac{1}{2}(\tilde{r}_A - E(\tilde{r}_A)) + \frac{1}{2}(\tilde{r}_B - E(\tilde{r})_B)\right]^2\right\} \\ &= E\left\{\frac{1}{4}[\tilde{r}_A - E(\tilde{r}_A)]^2 + \frac{1}{2}[\tilde{r}_A - E(\tilde{r}_A)][\tilde{r}_B - E(\tilde{r}_B)] + \frac{1}{4}[\tilde{r}_B - E(\tilde{r}_B)]^2\right\} \\ &= \frac{1}{4}\sigma^2(\tilde{r}_A) + \frac{1}{4}\sigma^2(\tilde{r}_B) + \frac{1}{2}\rho_{AB}\sigma(\tilde{r}_A)\sigma(\tilde{r}_B) \\ &\leq \left[\frac{1}{2}\sigma(\tilde{r}_A) + \frac{1}{2}\sigma(\tilde{r}_B)\right]^2 \\ &\leq \max\{\sigma^2(\tilde{r}_A), \sigma^2(\tilde{r}_B)\}\end{aligned}$$

即证明了

$$\sigma^2(\tilde{r}_p) \leq \left[\frac{1}{2}\sigma(\tilde{r}_A) + \frac{1}{2}\sigma(\tilde{r}_B)\right]^2$$

$$\sigma^2(\tilde{r}_p) \leq \max|\sigma^2(r_A), \sigma^2(\tilde{r}_B)|$$

说明投资组合的风险，当用均方差表示时，不大于风险的组合；当用方差表示时，不大于构成证券的风险中最大者。如果两种证券回报率的相关系数 $\rho_{AB} < 1$，则以上不等式严格成立：不管用什么度量，风险严格降低了。

一般地，考虑由 N 种证券构成的投资组合：

$$\tilde{r}_p = \sum_{i=1}^{N} x_i \tilde{r}_i$$

其中 $x_i > 0$，$\sum x_i = 1$，$\tilde{r}_i$ 是第 i 种证券的回报率，$i = 1, \cdots, N$。同样可以证明：

$$\sigma(\tilde{r}_p) \leq \sum_{i=1}^{N} x_i \sigma(\tilde{r}_i) \tag{12.14}$$

和

$$\sigma^2(\tilde{r}_p) \leq \max\{\sigma^2(\tilde{r}_i)\} \tag{12.15}$$

只要其中某两个 $\tilde{r}_i$ 和 $\tilde{r}_j$ 不完全相关，即 $\rho_{ij} \neq 1$，（12.14）式和（12.15）式都成立。

四、系统风险与特殊风险

从以上的讨论中我们知道，投资多样化可以降低风险。这里自然会产生一个问题：投资组合的风险是可以无限制地降到零呢，还是有一个限度？

由于股票处于同一个经济系统里，它们的"业绩"有相当的共同性，也就是说多数股票的回报率是在一定限度上正相关的，所以不管多样化多么充分，不可能消除全部风险，即一般地不会把投资组合的风险降至0，降低到一定限度后就不再降低了。

可以被多样化消除掉的风险称为特殊风险（Specific Risk），而不能被多样化消除的风险称为系统风险（Systematic Risk）。特殊风险有时也被称作非系统风险（Unsystematic Risk）、残值风险（Residual Risk）或可消除风险（Diversifiable Risk）等，而系统风险有时也被称作市场风险（Market Risk）或不可消除风险（Undiversifiable Risk）。图12-6是系统风险和特殊风险示意图。

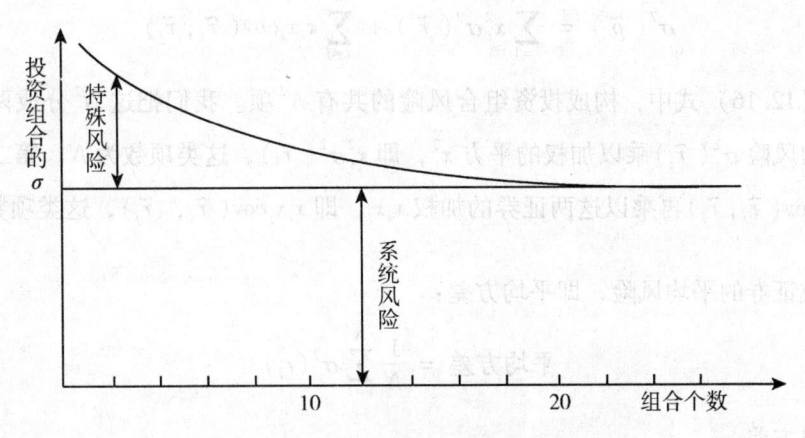

图12-6 系统风险与特殊风险示意图

系统风险来自于整个系统影响公司经营的共同因素。这些因素通常包括战争、经济周期波动、通货膨胀、利率的变化等。而特殊风险则是由个别公司的经营特点所造成的，包括管理的有效性，投资项目或市场营销项目的成功或失败，赢得或者失去大宗合同，劳资纠纷，法律诉讼等。

我们知道，两个证券（其回报率分别为 $\tilde{r}_1$，$\tilde{r}_2$）构成的投资组合的回报率 $\tilde{p}$ 为：

$$\tilde{p} = x_1 \tilde{r}_1 + x_2 \tilde{r}_2, 其中 x_1, x_2 > 0, x_1 + x_2 = 1$$

其方差 $\sigma^2(\tilde{p})$ 为：

$$\sigma^2(\tilde{p}) = x_1^1 \sigma^2(\tilde{r}_1) + x_2^2 \sigma^2(\tilde{r}_2) + 2x_1 x_1 \rho_{12} \sigma(\tilde{r}_1) \sigma(\tilde{r}_2)$$
$$= x_1^2 \sigma^2(\tilde{r}_1) + x_2^2 \sigma^2 + 2x_1 x_1 \text{cov}(\tilde{r}_1, \tilde{r}_2)$$

其中，$\text{cov}(\tilde{r}_1, \tilde{r}_2) = \rho_{12} \sigma(\tilde{r}_1) \sigma(\tilde{r}_2) = E\{[\tilde{r}_1 - E(\tilde{r}_1)][\tilde{r}_2 - E(\tilde{r}_2)]\}$ 是 $\tilde{r}_1$ 和 $\tilde{r}_2$ 的协方差（Covariance）。类似地，若投资组合由3种证券组成，其回报率分别为 $\tilde{r}_1$，$\tilde{r}_2$ 和 $\tilde{r}_3$，

$$\tilde{p} = x_1 \tilde{r}_1 + x_2 \tilde{r}_2 + x_3 \tilde{r}_3, 其中 x_i > 0, \sum_{i=1}^{3} x_i = 1$$

其方差 $\sigma^2(\tilde{p})$ 为：

$$\sigma^2(\tilde{p}) = x_1^2 \sigma^2(\tilde{r}_1) + x_2^2 \sigma^2(\tilde{r}_2) + x_3^2 \sigma_2(\tilde{r}_3) + 2x_1 x_2 \text{cov}(\tilde{r}_1, \tilde{r}_2)$$

$$+ 2x_2x_3\text{cov}(\tilde{r}_2, \tilde{r}_3) + 2x_1x_3\text{cov}(\tilde{r}_1, \tilde{r}_3)$$

一般地，若投资组合 $\tilde{p}$ 由 N 种证券组成：

$$\tilde{p} = x_1\tilde{r}_1 + x_2\tilde{r}_2 + \cdots + x_N\tilde{r}_N = \sum_{i=1}^{N} x_i\tilde{r}_i$$

其中 $x_i > 0$，$i = 1, \cdots, N$，$\sum_{i=1}^{N} x_i = 1$，则该组合的风险 $\sigma^2(P)$ 可以表示成：

$$\sigma^2(\tilde{p}) = \sum_{i=1}^{N} x_i^2 \sigma^2(\tilde{r}_i) + \sum_{i \neq j} x_i x_j \text{cov}(\tilde{r}_i, \tilde{r}_j) \tag{12.16}$$

注意在（12.16）式中，构成投资组合风险的共有 N^2 项。我们把这 N^2 分成两类：第一类为每种证券的风险 $\sigma^2(\tilde{r}_i)$ 乘以加权的平方 x_i^2，即 $x_i^2 \sigma^2(\tilde{r}_i)$，这类项数为 N。第二类是两种证券的协方差 $\text{cov}(\tilde{r}_i, \tilde{r}_j)$ 再乘以这两证券的加权 $x_i x_j$，即 $x_i x_j \text{cov}(\tilde{r}_i, \tilde{r}_j)$，这类项数是 $N^2 - N = N(N-1)$ 项。

考虑构成证券的平均风险，即平均方差：

$$\text{平均方差} = \frac{1}{N} \sum_{i=1}^{N} \sigma^2(r_i)$$

和平均协方差：

$$\text{平均协方差} = \frac{1}{N(N-1)} \sum_{i \neq j} \text{cov}(\tilde{r}_i, \tilde{r}_j)$$

并且考虑等加权投资组合，即

$$x_i = \frac{1}{N}, i = 1, \cdots, N$$

那么该投资组合的风险为：

$$\sigma^2(\tilde{p}) = \frac{1}{N^2} \sum_{i=1}^{N} \sigma^2(\tilde{r}_i) + \frac{1}{N^2} \sum_{i \neq j} \text{cov}(\tilde{r}_i, \tilde{r}_j)$$

$$= \frac{1}{N}(\text{平均方差}) + \frac{N(N-1)}{N^2}(\text{平均协方差})$$

$$= \frac{1}{N}(\text{平均方差}) + \left(1 - \frac{1}{N}\right)(\text{平均协方差})$$

因此，当 $N \to \infty$ 时，即构成投资组合的证券个数无限变大时，投资组合风险的极限等于平均协方差的极限：

$$\lim_{N \to \infty} \sigma^2(\tilde{p}) = \lim_{N \to \infty}(\text{平均协方差})$$

这就是多样化的极限：当构成投资组合的证券个数充分大时，投资组合的风险不能低于构成证券的平均协方差。

聪明的农妇不把全部鸡蛋放在一个篮子里头，聪明的投资者和农妇一样，通过多样化来降低风险。充分多样化的投资组合的风险依赖于其构成证券的系统风险，而不是构成证券的风险（即回报率的方差），因为特殊风险已经由多样化消除掉了。这是一条重要的基本原理。

第三节 资本资产定价模型

一、什么是 β

在上一节我们得出了一条重要的基本原理，即充分多样化的投资组合的风险依赖于其构成证券的系统风险。根据这一原理，如果我们想弄清楚一个单独的证券对充分多样化投资组合的风险的贡献，我们只知道该证券的风险是无用的。我们需要测量它的系统风险。而证券的系统风险可以表现为其回报率变化对市场投资组合的回报率变化的灵敏性。一种证券的回报率变化对市场回报率变化的灵敏程度称为资产的 β。

例如，证券 A 的回报率变化有下述统计规律：每当整个市场投资组合的回报率增加 1% 时，证券 A 的回报率增加 2%。那么证券 A 的 β_A 就等于 2。另外一种证券 B，如果市场投资组合时的回报率每上升 1%，它的回报率就期望上升 0.5%，则其 β_B 就等于 0.5。再有一种证券 C，如果市场投资组合的回报率每上升 1%，证券 C 的回报率也期望上升 1%，则证券 C 的 β_C 就正好等于 1。如图 12-7 所示。

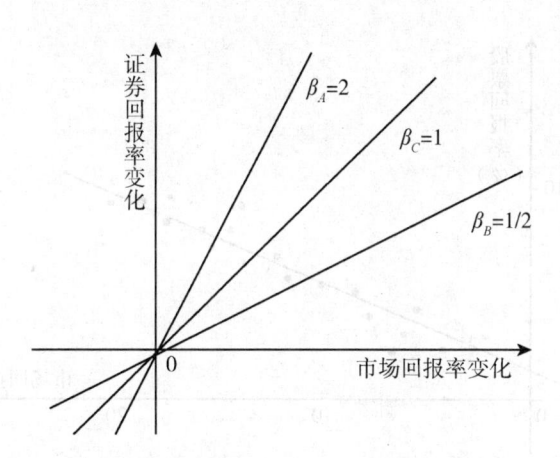

图 12-7 证券期望回报率变化与市场期望回报率变化的关系

由上述 β 的定义，可以得一个重要的性质：投资组合的 β 等于构成投资组合证券的 β 的组合，即如果

$$\tilde{p} = x_1 \tilde{r}_1 + x_2 \tilde{r}_2 + \cdots + x_N \tilde{r}_N$$

则

$$\beta_p = x_1 \beta_1 + x_2 \beta_2 + \cdots + x_N \beta_N \tag{12.17}$$

例如，为简单计，只考虑由 $\tilde{r}_1$ 和 $\tilde{r}_2$ 构成的投资组合

$$\tilde{p} = \frac{1}{3}\tilde{r}_1 + \frac{2}{3}\tilde{r}_2$$

当市场投资组合的回报率上升1%时，第一种证券的回报率上升β_1%，第二种证券的回报率上升β_2%，于是以上投资组合的回报率 $\tilde{p}$ 就上升

$$\frac{1}{3} \times \beta_1\% + \frac{2}{3} \times \beta_2\% = \left(\frac{1}{3}\beta_1 + \frac{2}{3}\beta_2\right)\%$$

于是，投资组合 $\tilde{p}$ 的 β_p 就等于

$$\beta_p = \frac{1}{3}\beta_1 + \frac{2}{3}\beta_2$$

由上述性质，我们就可以进一步得出结论，充分多样化的投资组合的风险，依赖于其成分证券的平均β。因此，成分证券的β平均值高，其投资组合的风险就大，成分证券的β平均值低，其投资组合的风险就小。

由于β的重要性，资本市场比较发达的国家在测量公司股票的β上花费了大量功夫。我国也有人开始测量上市公司股票的β。其基本方法是近四、五年的市场投资组合（例如用标准—普尔500家合成指数为代表）的月回报率和股票月回报率，拟合一条直线，该直线的斜率就是β，如图 12 – 8 所示。

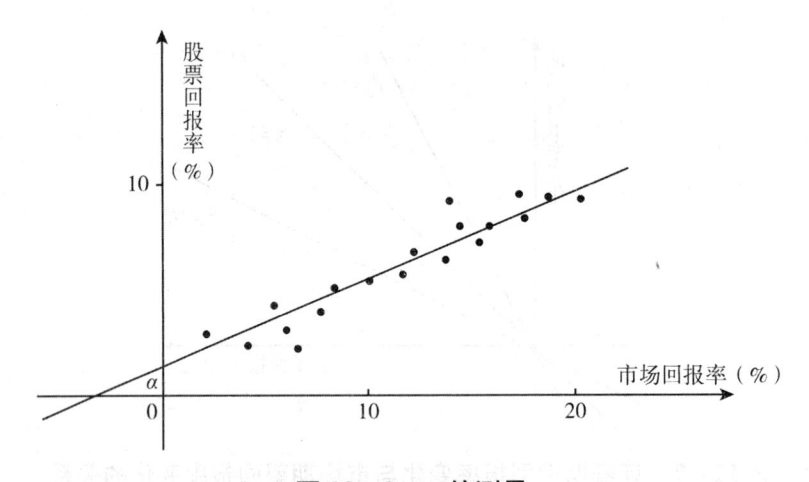

图 12 – 8 β 的测量

上述拟合方法中，一般采用月回报率而不是年回报率，是为了增加数据的个数，以便增加估计的β的可信度。如果用很长历史的年回报率，会导致对现在β估计的失真，因为证券的β不是永恒不变的。表 12 – 4 是美林（Merrill Lynch）公司2007年"β—汇编"中的一页。以迪斯尼公司股票（DIS, DISNEY WALT CO. DEL）为例，有关信息简要说明如下：

表12-4　　美林公司 β 表之一页

证券代码	证券名称	2015/12 收盘价	Beta	Alpha	R-Sqr	Resid Std Dev-n	-Std Alpha	Error-Alpha	Adjusted Beta	观测数
DGIT	DIGITAL GENERATION SYS	0.540	2.87	0.98	0.19	24.96	0.76	3.22	2.24	60
DCOM	DIME CMNTY BANCSHARES	14.610	0.38	1.38	0.03	7.16	0.22	0.92	0.59	60
DGSU	DIGSOUND INC	0.015	16.93	8.38	0.02	123.12	15.37	35.00	11.56	13
DDS	DILLARDS INC CLASS A	24.820	0.56	2.15	0.01	13.72	0.42	1.77	0.71	60
DDT	DILLARDS CAP TR I 7.05% 08-01-38	24.000	0.26	1.22	0.01	6.74	0.20	0.87	0.51	60
DIMC	DIMECO INC	33.750	0.09	1.53	-0.01	4.33	0.13	0.56	0.40	60
DVSO	DIMENSIONAL VISIONS GRO COM PAR S.001	2.100	11.87	50.75	0.02	251.22	7.60	32.43	8.20	60
DIOD	DIODES INC	31.050	2.16	4.43	0.36	12.33	0.37	1.59	1.77	60
DNEX	DIONEX CORP	49.080	0.62	0.90	0.10	7.53	0.23	0.97	0.75	60
DIO	DIOMED HOLDINGS INC COM NEW	2.030	0.13	12.72	-0.02	100.18	3.75	14.34	0.43	49
DRCT	DIRECT GEN CORP	16.900	1.96	-2.31	0.13	10.47	0.85	2.07	1.63	29
DIRT	DIRECT INSITE CORP COM NEW	0.620	0.04	0.97	-0.02	33.98	1.03	4.39	0.37	60
DTV	DIRECTV GROUP INC	14.120	0.34	-0.68	-0.03	6.46	0.58	1.35	0.56	25
DSCO	DISCOVERY LABORATORIES	6.680	2.18	3.00	0.16	20.38	0.62	2.63	1.78	60
DPII	DISCOVERY PARTNERS INTL	2.650	2.31	-0.78	0.27	16.07	0.49	2.08	1.87	60
DIS	DISNEY WALT CO COM DISNEY	23.970	1.17	0.02	0.38	6.28	0.19	0.81	1.11	60
DCQ	DISNEY WALT CO QUIBS 7.0%	25.500	-0.09	0.11	0.01	1.79	0.06	0.25	0.28	51
DPPT	DISPATCH AUTO PARTS INC	0.200	1.71	13.30	-0.01	70.87	2.15	9.15	1.47	60
DTEK	DISPLAY TECHNOLOGIES IN	0.001	2.51	13.04	0.00	90.47	2.74	11.68	2.00	60
DVBC	DISCOVERY BANCORP	15.250	0.86	-0.31	0.10	5.12	0.41	1.00	0.91	30
DYS	DISTRIBUCION Y SERVICIO SPONSORED ADR	19.290	1.31	0.67	0.30	8.34	0.25	1.08	1.20	60
DESC	DISTRIBUTED ENERGY SYS	7.580	2.81	1.94	0.25	20.51	0.62	2.65	2.20	60
DITC	DITECH COMMUNICATIONS C	8.350	2.14	1.17	0.16	20.20	0.61	2.61	1.76	60
DVSA	DIVERSA CORP	4.800	1.900	-1.02	0.31	12.61	0.38	1.63	1.66	60

续表

证券代码	证券名称	2015/12收盘价	Beta	Alpha	R-Sqr	Resid Std Dev-n	-Std Alpha	Error-Alpha	Adjusted Beta	观测数
DVFN	DIVERSIFIED FINL RES CO COM PARSO.001N	0.030	1.38	1.44	-0.01	107.71	3.26	13.91	1.25	60
DVNT F	DIVERSINET CORP COM NO PAR	0.380	3.23	-0.01	0.12	35.91	1.09	4.64	2.47	60
DVIN Q	DIVINE INC CL A NEW	0.001	0.05	-6.72	-0.02	49.89	1.51	6.44	0.37	60
DXYN	DIXIE GROUP INC CLASS A	13.780	0.40	4.71	-0.01	22.33	0.68	2.88	0.61	60
DOCC	DOCUCORP INTL INC	6.370	1.76	3.65	0.13	18.38	0.56	2.37	1.50	60
DBMI	DOBI MED INTL ING	0.250	1.95	-8.94	0.01	20.17	1.80	4.22	1.63	25

α（ALPHA）：即拟合直线的纵截距，它意味着，当市场月回报率为0时，DIS股票的月回报率的值，从表中知道 $\alpha=0.02$，即 0.02%，相当于年回报率 $0.02\%\times 12=0.24\%$。

β（BETA）：是拟合直线的斜率，该公司的 β 为 1.17。如果用 r_m 表示市场投资组合的月回报率，r 表示 DIS 股票的月回报率，则拟合直线方程为：

$$\tilde{r}=\alpha+\beta\tilde{r}_m+\tilde{\varepsilon}$$

R-squared（R-SQR）：该列表示 DIS 股票月回报率的方差能被市场运动解释的部分。对 DIS 来说是 0.38，即 38% 份额是系统风险，其余 62% 是特殊风险。

Residual Standard Deviation（RESID STD DEV-N）：这一列是特殊风险的数值，以均方差来度量，对 DIS 来说数值为 6.28，即月均方差为 6.28%，相当于年均方差 $21.75\%=(\sqrt{12}\times 6.28\%)$。

从上述两列可以知道 DIS 股票的以均方差表示的风险是多大，由于特殊风险方差为 $(0.2175)^2=0.0477$，它是股票风险的 62%，故股票风险为 $0.0437/0.62=0.077$，即 $\sigma^2(\tilde{r})=0.077$，其均方差为 $\sigma(\tilde{r})=\sqrt{0.077}=0.278$ 即 27.8%。

Standard Errors of Alpha and Beta（STD. ERR. OF ALPHA, OF BETA）：美林公司估计的 $\alpha\beta$ 误差范围是多大。一般置信区间是估计值加、减两个标准差。这样 DIS 的 β 的标准差为 0.16，故估计值置信区间为 $(1.17-0.19\times 2, 1.17+0.19\times 2)$，即 $(0.79, 1.55)$，其置信度为 95%。

ADJUSTED BETA：美林公司用一个调整后的 β 来代替估计的 β 更符合实际情况，其基本原则是初始估计的 β 更接近于 1。它使用的公式是 $\beta'=\frac{1}{3}+\frac{2}{3}\beta$。DIS 初始估计 $\beta=1.17$，调整后 $\beta=1.11$。

二、资本资产定价模型

证券的历史回报率记录固然可以作为投资的参考，但投资者在进行决策时最关心的是备选证券的预期回报率，即其回报率的期望值。如果有办法预测证券回报率的期望值那就太好了。

在 20 世纪 60 年代中期三位财务金融学家夏普（W. Sharpe）、特雷诺（J. Treynor）和林特诺（J. Lintner）做了一件了不起的工作，在完美资本市场的条件下，他们把回报率和风险简单地联系了起来，建立了所谓资本资产定价模型（Gapital Asset Pricing Model）。其中，夏普由于其出色的工作获得了 1990 年诺贝尔经济学奖。

假定某资产的回报率为 $\tilde{r}$，其 β 已知。设市场投资组合的回报率 $\tilde{r}_m$，无风险利率为 $\tilde{r}_f$。分别称 $E(\tilde{r}) - \tilde{r}_f$ 和 $E(\tilde{r}_m) - \tilde{r}_f$ 为证券期望回报率增益和市场期望回报率增益。资本资产定价告诉我们：该资产期望回报率增益与市场期望回报率增益成正比，其比例系数是 β，即

$$E(\tilde{r}) - \tilde{r}_f = \beta[E(\tilde{r}_m) - r_f] \tag{12.18}$$

或

$$E(\tilde{r}) = \beta[E(\tilde{r}_m) - r_f] + r_f \tag{12.19}$$

我们知道 β 代表证券的系统风险，而市场期望回报率增益比较容易估算，因此资本资产价模型定量地给出了风险与回报率的关系。

在"$\beta - E$"平面上，资本资产定价模型表现为一条直线，称为证券市场直线（Security Market Line），如图 12-9 所示。资本资产定价模型告诉我们：所有的证券及其投资组合都在证券市场上，无风险投资表现为图上点 r_f，因为它的 $\beta = 0$。市场投资组合的 $\beta = 1$，它表现为 $\tilde{r}_m$ 点，其相应的期望回报率为 $E(\tilde{r}_m)$。因此，证券市场直线是连接点 r_f 和 $(\tilde{r}_m)$ 的直线。

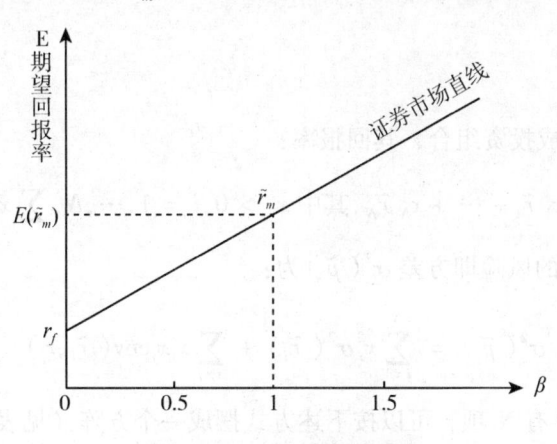

图 12-9 证券市场直线

例：设 3D 公司最新估计其股票的 $\beta = 1.35$，现无风险利率为 $r_f = 5.6\%$，又估计市场回报率期望风险增益为 $E(\tilde{r}_m) - r_f = 8.4\%$，求 3D 公司股票回报率的期望值。

利用资本资产定价模型，按公式计算出：

$$\begin{aligned} E(\tilde{r}_m) &= r_{f+}\beta[E(\tilde{r}_m) - r_f] \\ &= 0.056 + 1.35 \times 0.084 \\ &= 01694 \end{aligned}$$

即 3D 公司股票明年预期回报率为 16.94%。

如果某种投资组合的 $\beta = 0.5$，不管这组合是怎么构成的，它的期望回报率与由 1/2 无风

险投资和 1/2 市场投资组合：

$$\tilde{d} = \frac{1}{2}r_f + \frac{1}{2}\tilde{r}_m$$

有相同某种期望回报率，即 $\frac{1}{2}r_f + \frac{1}{2}E(\tilde{r}_m)$。

如果某种投资组合的 $\beta = 1$，不管该组合是怎么构成的，它的期望回报率就与市场投资组合相等，等于 $E(\tilde{r}_m)$。

如果某种投资组合的 $\beta = 2$，则期望回报率与下述组合相等：

$$\tilde{p} = -r_f + 2\tilde{r}_m$$

即借入与自有资本相等的钱，自有和借来的资本都投入市场投资组合。上述组合的期望回报率为：

$$2E(\tilde{r}_m) - r_f$$

一般地，如果某投资组合的 β 已知，则期望回报率等于下述由无风险投资和市场投资组构成投资组合：

$$\tilde{p} = (1-\beta)r_f + \beta\tilde{r}_m$$

三、β 的度量

考虑由 N 个证券组成投资组合，其回报率：

$$\tilde{p} = x_1\tilde{r}_1 + \cdots + x_N\tilde{r}_N, \text{其中} x_i > 0, i = 1, \cdots, N, \sum x_i = 1$$

我们已导出过，$\tilde{p}$ 的风险即方差 $\sigma^2(\tilde{p})$ 为：

$$\sigma^2(\tilde{p}) = \sum_{i=1}^{N} x_i^2 \sigma^2(\tilde{r}_i) + \sum_{i \neq j} x_i x_j \text{cov}(\tilde{r}_i, r_j) \tag{12.20}$$

公式（12.17）中共有 N^2 项，可以按下述方式摆成一个方阵（见表 12-5）：

表 12-5　　　　　　　　　投资组合风险的方阵式分解

$x_1^2\sigma^2(\tilde{r}_1)$	$x_1x_2\text{cov}(\tilde{r}_1,\tilde{r}_2)$	$\cdots$	$x_1x_N\text{cov}(\tilde{r}_1,\tilde{r}_N)$
$x_1x_2\text{cov}(\tilde{r}_1,\tilde{r}_2)$	$x_2^2\sigma^2(\tilde{r}_2)$	$\cdots$	$x_2x_N\text{cov}(\tilde{r}_2,\tilde{r}_N)$
$\vdots$	$\cdots$	$\cdots$	$\cdots$
$x_1x_N\text{cov}(\tilde{r}_1,\tilde{r}_N)$	$x_2x_N\text{cov}(\tilde{r}_2,\tilde{r}_N)$	$\cdots$	$x_N^2\sigma^2(\tilde{r}_N)$

注意，方阵的主对角线上是方差项，而主对角线以外均为协方差项，并且是对称的。涉及第一种证券的单项仅出于第一行或第一列，涉及第二种证券的单项仅出现于第二行或第二列，余类推。我们首先考察各证券对投资组合风险的贡献。不妨认定第 i 种证券的贡献是第 i 行各

项之和，例如，第一种证券对 $\tilde{p}$ 的风险贡献是：

$$x_1^2\sigma^2(\tilde{r}) + x_1x_2\text{cov}(\tilde{r}_1, \tilde{r}_2) + \cdots + x_1x_N\text{cov}(\tilde{r}_1, \tilde{r}_N)$$
$$= x_1[x_1\text{cov}(\tilde{r}_1, \tilde{r}_1) + x_2\text{cov}(\tilde{r}_1, \tilde{r}_2) + \cdots x_N\text{cov}(\tilde{r}_1, \tilde{r}_N)]$$
$$= x_1\text{cov}(\tilde{r}_1, \tilde{p}) \tag{12.21}$$

在上述推导中我们利用了 $\sigma^2(\tilde{r}_1) = \text{cov}(\tilde{r}_1, \tilde{r}_1)$ 和协方差对单变量的可结合性。由（12.21）式我们认识到第一种证券对投资组合风险的贡献就是其权重乘以第一种证券回报率与投资组合回报率的协方差。由于投资组合的风险为 $\sigma^2(\tilde{p})$，因此第一种证券对投资组合风险贡献的份额为：

$$\frac{x_1\text{cov}(\tilde{r}_1, \tilde{p})}{\sigma^2(\tilde{p})}$$

其边际贡献份额为：

$$\frac{\text{cov}(\tilde{r}_1, \tilde{p})}{\sigma^2(\tilde{p})}$$

如果特别地该组合是市场组合 $\tilde{r}_m$，则上式中 $\tilde{p}$ 就代之以 $\tilde{r}_m$，上述比率就是证券1的 β：

$$\beta_1 = \frac{\text{cov}(\tilde{r}_1, \tilde{r}_m)}{\sigma^2(\tilde{r}_m)} \tag{12.22}$$

也就是说证券的 β 就是该证券对市场投资组合风险的边际贡献份额，它等于该证券回报率与市场回报率的协方差除以市场回报率的方差。

公式（12.22）给出了 β 的一个准确数学表达式，同时也给出了计算 β 的另一种方法。

第四节 资本资产定价模型的功能和验证

一、资本资产定价模型的功能

资本资产定价模型简单直观地揭示了在均衡市场条件下资产期望的回报率与其风险的关系，因而引起理论和实际两方面的广泛注意。五十年来不仅有大量的应用，也有许多扩充和推广，至今仍在理论上占主导地位。当然其中也有一些批评。任何一个经济模型都是现实世界的简化。在理论上大家需要简化，以便解释现实中出现的复杂现象。问题是我们要搞清楚对这个模型应该信赖到何等程度。

让我们首先明确一些关于风险的基本事实。

第一，几乎大家都承认，如果投资者承担额外的风险，则要求额外的回报，即所谓"高风险高回报，低风险低回报"。这就是普通股平均回报率明显高于国库券回报率的理由。如果风险很大的普通股投资只能得到与无风险的国库券相同的期望回报率，那恐怕将无人进行股票投资。

第二，投资者主要关心的是不能被多样化消除的风险，即系统风险，因此，"高风险高回报"中的"风险"应理解为"系统风险"。例如，当两家公司合并时，意味投资多样化，但未必使其股票价格上升。公司合并可以消除某些风险，但仍存在不可消除的风险。而股价不变，是因为不能由合并所消除的风险不变所致。又例如投资公司投资于股票时，其公司的价值就等于其持有的股票价值之和，而不是更高。若是投资者认为可通过多样化消除的风险也重要，那么投资公司的组合已经消除了一些风险，其他条件不变，则组合的价值应高于持有股票价值的组合，即成分股票价值之和。

资本资产定价模型就是以简单的方式反映了上述思想，许多财务经理认为该模型是处理捉摸不定的风险的最方便的工具，道理就在这里。还有许多经济学家和财务金融学家经常使用资本资产定价模型来解释财务学的重要思想，甚至有其他方法来证明这些思想时也不例外。或许资本资产定价模型过于简单，财务金融学家迟早会建立关于风险和回报率关系的更好的模型，但能建立比资本资产定价模型更简单、更直观的模型的可能性似乎很小。

二、资本资产定价模型成立的条件

资本资产定价模型是在一组特定的假设下推导出来。了解这些条件对于我们正确理解和应用是至关重要的。这些假设包括关于投资者的假设和关于资本市场的假设：

（1）投资者都是避免风险的，其目的是实现期末财富的期望效用最大化；

（2）投资者都是市场价格的接受者（即不存在可造市的投资者），并且关于市场中各种资产回报率的预期是一致的；

（3）各种资产的回报率服从联合正态分布；

（4）存在无风险资产，投资者可以无限制的以无风险利率自由借贷；

（5）资产的数量是固定的，而且全部资产都是可交易的和完全细分的；

（6）资本市场没有摩擦（如无交易成本），信息无成本并能即时为所有投资者所利用；

（7）不存在任何市场的不完全，无交易税，无市场法规限制，无卖空限制等。

上述假定与实际情形有相当的距离。例如，资产的回报率服从联合正态分布，市场无摩擦，借贷利率相等都不符合实际。但就是依据以上假设导出了投资者的非劣投资集合，即所谓"资本市场直线"（Capital Market Line）。另外，如果所有资产都是可交易的和完全细分的那么就排除了人力资本，除非"奴隶制"是允许的。投资者关于回报率有一致的期望值是另一个很重要的假设。这意味着大家都基于相同的机会备选方案集合进行决策。换言之，不存在谁聪明谁傻的问题，因为大家都同时享有相同的信息，而且都追求期末效用最大化。

资本资产定价模型是一个单期模型，由于它用简单的线性关系把期望的回报率与系统风险 β 联系起来，是财务决策中十分有力的工具。上述假设的多数可以放宽，资本资产定价模型可以得到相应的推广。

三、资本资产定价模型的验证

对任何模型的验证都是检验它是否符合实际。但资本资产定价的验证中有两个问题。第一，模型中涉及的是证券的和市场组合的期望回报率，而我们可以观测到的只是实际的回报率。第二，从理论上说，市场投资组合应包括全部风险投资，但实际上是用某种股票指数来代表它，而每种指数都只含有代表性的若干个普通股。

自从资本资产定价模型问世以来，各种测试、验证工作非常多，可以说这方面的文献浩如烟海。尽管各种验证工作所用的方法各不相同，但总的说来认为资本资产定价模型与实际的符合程度相当好，是支持的。当然也有少部分工作值得怀疑，乃至得出否定的结论。

下面我们简单介绍法玛（Fama）和麦克伯（MacBeth）所做的一项测试。他们把纽约股票交易所的股票分成 20 个投资组合，研究这些组合（而不是单个的股票）是否符合资本资产定价模型。他们先用 1931～1935 年五年的数据辨识出每个组合的 β，然后用下一个五年即 1936～1940 年的平均回报率和 β 画在"$\beta-E$"平面上，看这些点（共 20 个点）和证券市场直线的拟合程度。照此办理，工作一直到 1968 年，一共画出六张图来，如图 12-10 所示。总的来说，佛玛组合的点在证券市场直线附近，但谁也不能解释为什么这些点不全在直线上。是由于模型本身的问题呢，还是测试方法的问题？因为模型中是期望回报率，而测试中只是实际回报率。再有，β 的估计中是用标准－普尔指数代表理论上的市场投资组合。如果不是这样结果会怎样？这些问题也未能给出圆满的回答。

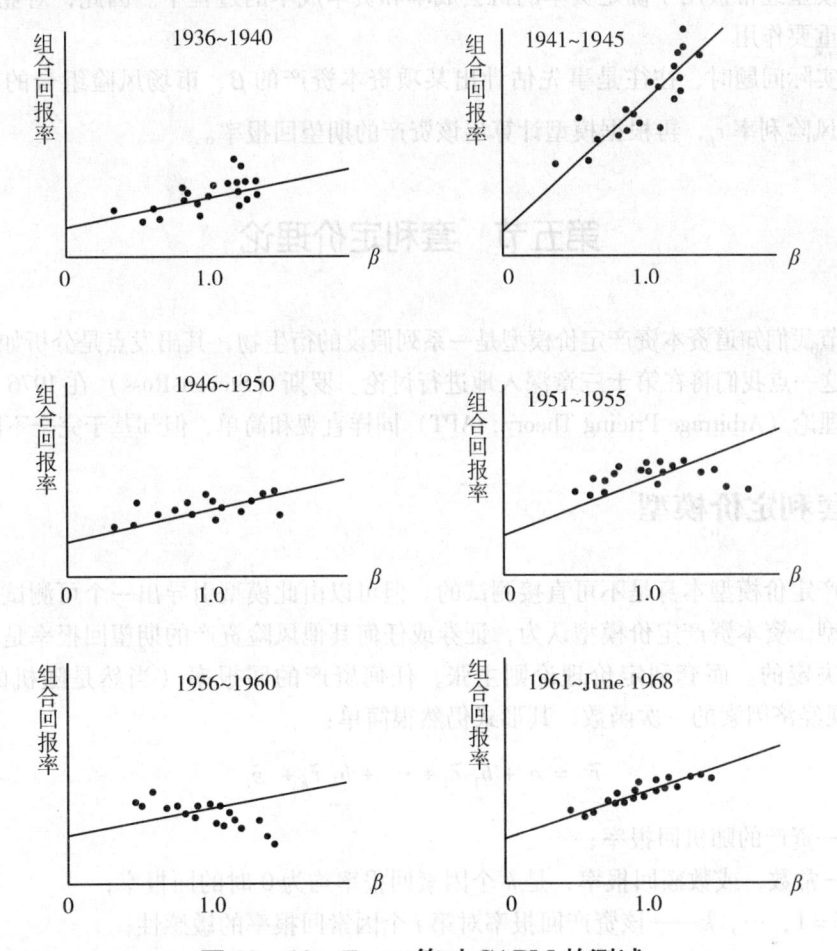

图 12-10　Fama 等对 CAPM 的测试

资料来源：J. of Political Economics, 81: 607-636 (1973).

资本资产定价模型认为一个证券的期望回报率只由其 β 确定，与证券的其他因素无关。但事实上人们普遍注意到小型企业的股票回报率显著高于大型企业。因此，是否投资者投于小企业就期望较高的回报率？这是资本资产定价模型未能解释的现实。

四、资本资产定价模型的应用

资本资产定价模型告诉我们任何一个资本性资产的期望回报率完全由三个因素决定：一是它自身的系统风险即 β，二是由资本市场决定的因素市场风险投资组合的期望回报率 $E(\tilde{r}_m)$，三是另一个由资本市场决定的因素无风险利 r_f。假设关于该资产的预期价格已知，根据期望回报率的定义，确定了期望回报率就确定了该资产的当前的价格。这就是为什么这个解释期望回报率的模型被称为资本资产定价模型的道理。

资本资产定价模型的应用范围是十分广泛的。经济学和财务金融的许多理论分析引用资本资产定价模型为工具。由于在均衡的条件下期望的回报率就是投资者所要求的回报率，因此资本资产定价模型经常被用于确定资本的机会成本和资本成本的过程中。因此，对业绩评估和资产估值起了重要作用。

在解决实际问题时，往往是事先估计出某项资本资产的 β、市场风险组合的期望回报率 $E(\tilde{r}_m)$ 和无风险利率 r_f，再根据模型计算出该资产的期望回报率。

第五节 套利定价理论

由上一节我们知道资本资产定价模型是一系列假设的衍生物，其出发点是分析如何建立非劣投资组合，这一点我们将在第十三章深入地进行讨论。罗斯（Steven Ross）在 1976 年正式发表的套利定价理论（Arbitrage Pricing Theory，APT）同样直观和简单，但却基于完全不同的思路。

一、套利定价模型

资本资产定价模型本身是不可直接测试的。但可以由此模型引导出一个可测试的单因素或称单指数模型。资本资产定价模型认为，证券或任何其他风险资产的期望回报率是由一个因素即市场风险决定的。而套利定价理论则主张，任何资产的回报率（当然是随机的）是 k 个（多个）宏观经济因素的一次函数，其形式仍然很简单：

$$\tilde{r} = a + b_1 \tilde{r}_1 + \cdots + b_k \tilde{r}_k + \tilde{\varepsilon} \tag{12.23}$$

式中，$\tilde{r}$——资产的随机回报率；

a——常数，或数额回报率，是 k 个因素回报率均为 0 时的回报率；

b_i, $i=1,\cdots,k$——该资产回报率对第 i 个因素回报率的敏感性；

$\tilde{r}_i$, $i=1,\cdots,k$——第 i 个因素的回报率；

$\tilde{\varepsilon}$——资产回报率的噪声，满足 $E(\tilde{\varepsilon})=0$，且 $\tilde{\varepsilon}$ 与 $\tilde{r}_i$, $i=1,\cdots,k$ 均不相关。是该

资产的特殊风险成分。

很容易看出，上述套利定价模型（有时称为多指数模型）是资本资产定价模型的推广。值得指出的是，套利定价理论认为相对于可考虑全部资产数目，k是很小的，但该理论并未明确指出这k个因素究竟是什么。它们可能是石油的价格，利率、GNP等。资本资产定价模型中的市场回报率（$\tilde{r}_m$）可能是也可能不是k个因素中的一个。当然有些资产与其他资产相比可能对某因素更为敏感，例如石油公司的回报率对油价因素就比对软饮料价格因素敏感得多。套利定价模型看起来更加合理和直截了当。

法雷尔（J. Farrell, Jr.）等引进了一个五因素模型如下：

$$\tilde{r} = \alpha + \beta_m \tilde{r}_m + \beta_g \tilde{r}_g + \beta_c \tilde{r}_c + \beta_s \tilde{r}_s + \beta_e \tilde{r}_e + \tilde{\varepsilon} \tag{12.24}$$

式中，$\tilde{r}_m$——市场组合回报率；

$\tilde{r}_g$——增长股票组合回报率；

$\tilde{r}_c$——周期股票组合回报率；

$\tilde{r}_s$——稳定性股票组合回报率；

$\tilde{r}_e$——能源股票组合回报率。

这样，该模型表明，任何资产的回报由市场因素、增长因素、周期因素、稳定因素和能源因素决定。(12.24)式中的五个β就分别是对相关因素的敏感性。

在资本市场的均衡条件下，进行无风险、无新投入资本的投资活动（后者，例如出售一部分已有资产，用其收入购置新的资产），其预期回报率必定是0。基于这一结论，可以导出套利定价模型的期望值形式：

$$E(\tilde{r}) - r_f = b_1[E(\tilde{r}_1) - r_f] + \cdots + b_k[E(\tilde{r}_k) - r_f] \tag{12.25}$$

式中，$E(\tilde{r})$——所考虑资产的期望回报率；

$E(\tilde{r}_i)$，$i = 1, \cdots, k$——第i因素回报（增加）率的期望值；

$\tilde{r}_f$——无风险利率；

$b_i = \dfrac{\text{cov}(\tilde{r}, \tilde{r}_i)}{\sigma^2(\tilde{r}_i)}$，$i = 1, \cdots, k$

很明显，如果认可市场回报率是"k个因素"中的一个的话，资本资产定价模型就是套利定价理论的特殊情形。

二、套利定价理论成立的条件

套利定价理论比资本资产定价模型适用性更强，应用范围更广。在讨论套利定价理论时，有必要阐述一下套利定价理论的几个假设，并将其与资本资产定价模型的假设相比较。与资本资产定价模型一样，套利定价理论假设：

（1）投资者具有相同的预期（Homogeneous Beliefs）；

（2）投资者是避免风险的，实现效用最大化；

(3) 市场是完美的 (Perfect Market)，因而交易成本等因素都是无异的。

与资本资产定价模型不同的是，套利定价理论并没有假设：

(1) 单一的投资期；

(2) 不存在税；

(3) 投资者能以无风险利率 r_f 自由地借和贷；

(4) 投资者根据"$E-\sigma$"法则来选择投资组合。

由于套利定价理论认为在均衡的条件下资产预期的回报率依赖于多个因素，又由于市场组合在该理论中不一定起关键的作用，还由于套利定价理论可以很容易地推广到多期投资的情形，它就比资本资产定价模型应用地更广泛。

三、套利定价理论的应用

为了应用套利定价理论求出预期的回报率，必须做三件准备工作：第一，确定有关的宏观经济因素，其数量（即公式（12.23）中的 k）不应太大；第二，对上述每一个因素估计出预期的风险增益；第三，测量资产对上述因素变化的敏感性。

例：纽约州公用事业集团的权益成本[①]

首先，确定影响集团现金流或折现率的因素。

埃尔顿（Elton）等学者经过审慎研究确定了如下六个因素：

(1) 收益率差，即长期政府债券的回报率与 30 天国库券回报率之差。

(2) 利率，定义为国库券回报率的增量。

(3) 汇率，定义为 1 美元相对于"外汇篮子"价值的变化。

(4) 实际 GNP，定义为预测的实际 GNP 的变化率。

(5) 通货膨胀率，定义为通货膨胀率预测值。

(6) 市场组合，即资本市场一切风险投资构成的投资组合，与资本资产定价模型中一样。

在此基础上，基于 1978～1990 年的数据估计每一因素的风险增益。当时无风险利率为 $r_f = 7\%$，每一因素的风险增益 $E(\tilde{r}_i) - r_f$，$i = 1, \cdots, 6$，见表 12-6。

表 12-6　　　　　　　　　　　六因素风险增益估计

因素 $\tilde{r}_i$	估计的风险增益 $E(\tilde{r}_i) - r_f(\%)$
1. 收益率差	5.10
2. 利率	-0.61
3. 汇率	-0.59
4. 实际 GNP	4.9
5. 通货膨胀率	-0.83
6. 市场组合	6.36

资料来源：同表 12-2。

---

① 引自 E. J. Elton, M. J. Gruber, and Mei, Cost of Capital Using Arbitrage Pricing Theory: A Case Study of Nine New York Utilities, Financial Markets, Institutions, and Instruments, August 1994.

然后估计集团回报率对上述六因素变化的敏感性，这类似于估计资本资产定价模型中的 β。其结果列于表 12-7。

表 12-7　　　　　　　　　　　　六因素的风险估计

因素 $\tilde{r}_i$	因素风险 b_i
1. 收益率差	1.04
2. 利率	-2.25
3. 汇率	0.70
4. 实际 GNP	0.17
5. 通货膨胀率	-0.18
6. 市场组合	0.32

资料来源：同表 12-2。

最后，依照公式 (12.21)，容易求出集团权益预期的回报率：

$$\begin{aligned}E(\tilde{r}) &= r_f + b_1[E(\tilde{r}_1) - r_f] + \cdots b_\sigma[E(\tilde{r}_\sigma) - r_f] \\ &= 0.07 + 1.04 \times 0.051 + (-2.25) \times (-0.0061) \\ &\quad + 0.70 \times (-0.0059) + 0.17 \times 0.0049 \\ &\quad + (-0.18) \times (-0.0083) + 0.32 \times 0.0636 \\ &= 0.1553 \text{ 或 } 15.53\%\end{aligned}$$

由表 12-5 和表 12-6 我们可看出，六个因素对集团权益回报率的贡献差别较大，各因素的贡献 $b_i[E(\tilde{r}_i) - r_f]$ 中，最大的当属第 1 个因素收益率差，为 5.30%；其次为第六个因素市场组合，为 2.04%；再次为第 2 个因素利率，为 1.37%。其余的，第 3、4 和 5 因素的贡献分别为 -0.41%，0.08% 和 0.15%，尤其是第 4 个因素 GNP，几乎可以忽略。

习　题

1. 年回报率、季节回报率和月回报率之间如何换算。
2. 假定公司第一年回报率为 100%；第二年的回报率为 -50%；第三年回报率为 40%，计算公司的平均回报率（分别用几何平均和算术平均计算）。
3. 解释系统风险、非系统风险及风险。
4. 3S 公司的普通权益回报率的概率分布如下：

$$\tilde{r} = \begin{cases} -15\% & 0.10 \\ -5\% & 0.15 \\ 10\% & 0.40 \\ 20\% & 0.25 \\ 30\% & 0.10 \end{cases}$$

计算该公司的普通股的期望回报率及风险。

5. 对某资产的月回报率的 100 次联系观测结果如下：

回报率（%）	-10	-5	0	5	10	15	20	25
发生次数	4	6	10	25	30	12	8	5

根据以上的观测结果，估计该资产的年均回报率为及方差。

6. 以下是对证券 A 和证券 B 最近 12 个月季度回报率（%）的观测。

证券 A	-10	6	15	20	25	30	16	18	12	-9	-10	24
证券 B	-8	-2	10	10	14	15	13	-9	5	4	-3	12

试估计证券 A 和证券 B 的风险和回报率的协方差。

7. 某公司投资一个项目，由于项目的成败与经济形势关系密切，公司的股票价格和红利发放与经济形势的关系如下：

经济形势	概率（%）	股票价格（元）	发放的红利（元）
繁荣	25	195	5.00
一般	50	100	2.00
萧条	25	0	0

该公司股票当前的价格为 90 元，计算该公司股票的期望回报率和标准差。

8. 考虑如下情景：

经济形势	概率（%）	股票回报率（%）	债券回报率（%）
萧条	20	-5	14
一般	60	15	8
繁荣	20	25	4

假定某投资组合有 60% 投资于股票，40% 投资于债券，试问：
（1）分别计算在各种以济形势下，该投资组合的回报率；
（2）计算该投资组合的期望回报率及其标准差；
（3）你将偏好于仅投资股票、仅投资债券还是投资于上述投资组合？

9. 某股票的 β 值为 1.0，并有非常大的非系统风险，若市场的期望回报率为 20%，则该股票的期望回报率为：
（1）10%
（2）20%
（3）20% 以上，因为有非常大的非系统风险；
（4）不能确定，除非给无风险利率。

哪一个为正确答案，简要说明理由。

10. 用敏感性的观点解释 β，说明为何投资组合的 β 等于成分证券 β 的相同组合，即若 $\tilde{r}_p = \sum x_i r_i$ 则 $\beta_p = \sum x_i \beta_i$ 其中 $x_i \geq 0, \sum x_i = 1$。

11. 从上海证券交易所和深圳证券交易所各选 5 家上市公司，分别计算各自的 β 值。
12. 市场组合回报率为 14%，政府短期债券收益回报率为 6%，期望回报率为 10% 的股票的 β 值是多少？
13. 以下是几个月来 3T 公司及市场回报率的有关数据，作图求出该公司的 β 值。

月 份	1	2	3	4	5	6	7	8	9	10
市场回报率（%）	0	0	-1	-1	+1	+1	+2	+2	-2	-2
3T 公司股票回报率（%）	+1	-1	-2.5	-0.5	+2	+1	+4	+2	-2	-4

14. 计算下表中各股票的 β 值

股 票	股票的期望回报率（%）	
	市场回报率为 -10% 时	市场回报率为 10%
A	0	+20
B	-20	+20
C	-30	0
D	+15	+15
E	+10	-10

15. 投资者预期本年度的市场回报率为 14%，一只 β 值为 0.8 的股票的期望回报率为 12%，若本年度的市场回报率为 10%，试问该股票的期望回报率为多少？

16. 股票 A 的值 β 为 0.5，投资者对其要求的回报率为 7%，股票 B 的 β 值为 1.5，投资者对其要求的回报率为 15%，试问无风险利率、市场回报率以及风险增益各为多少？

17. 假定政府短期债券的回报率为 10%，市场风险增益为 8%，在图上画出证券市场直线；假定新项目的 β 值分别为 0.75 和 1.75，则该项目回报率分别为多少？对于以下投资项目，哪些具有正的净现值？

项 目	β 值	内部回报率（%）
A	1.0	20
B	0	10
C	2.0	25
D	0.4	16
E	1.6	25

18. 某 β 值为 0.75 的股票现在的售价为每股 50 元，投资者预计该股票本年末的红利为每股 3 元，政府短期债券的利率为 4%，市场风险增益为 8%，则投资者预计该股票年末的价格为多少？假定年末该股票的价格为 54 元，现在是否应该买入这只股票？该股票现在的均衡价格是多少？

19. 假定一项目所需的初始投资为 100 万元，其一年后的产生的现金流入为 150 万元，项目的 β 值为 2.0，市场风险增益为 8%，假定市场无风险利率为 5%，利用资产资本定价模型计算资本的机会成本并求出该项目的净现值。

20. 某企业在准备上一个新项目，该项目的现金流预计如下：

年　度	0	1～10
现金流（百万元）	−100	15

公司股票的 β 值为 1.2，假定现在投资的无风险回报率为 5%，市场综合回报率为 15%：

(1) 计算该项目的净现值；
(2) 计算该项目的内部回报率；
(3) 该项目的资本成本为多少？
(4) 分别利用净现值准则和内部回报率准则判断接受该项目。

21. 假定政府短期债券的利率为 4%，市场组合的回报率为 12%，根据资本资产定价模型：

(1) 画出证券市场直线；
(2) 计算市场的风险增益；
(3) 计算投资者对 β 为 1.5 的投资要求的回报率；
(4) 如果 β 为 0.8 的投资提供的期望回报率为 9.8%，该投资上否有正确的净现值？
(5) 股票 X 的期望回报率为 11.2%，则 β 值为多少？

22. 套利定价理论和资本资产定价模型在哪些重要方面有所不同？

23. 已知：股票 Y 的市场 β = 1.10，流动性 β = 0.50；市场指数方差 = 0.08，流动指数方差 = 0.10，股票 Y 的残值方差 = 0.03，用双因素模型计算股票 Y 的期望回报率。

第十三章　投资组合理论与资本市场理论

本章是第十二章的自然延续和深化。在这里，我们将首先讨论资本市场里的无风险投资问题，然后介绍马科维茨（H. Markowitz）的"$E-\sigma$"分析方法，导出资本市场直线，并以此为基础推导出了资本资产定价模型，最后介绍资本市场的有效性假设。

以"$E-\sigma$"分析为基础的投资组合理论（Portfolio Theory）是由马科维茨在20世纪50年代初所创建，后来经过夏普（W. Sharpe）等人的发展，是资本市场理论的一个极为重要的成果。"$E-\sigma$"分析的基本思想是假定投资者都只以两个维度，即预期的回报率和均方差来衡量一个投资方案，并且投资者都以最小化风险，最大化预期收益率，得出了一切非劣投资组合的集合，即资本市场直线。

1990年瑞典皇家科学院净诺贝尔经济学奖授予三名经济学家，以"表彰他们将现代应用经济理论用于公司和金融市场研究以及在建立金融市场和股票价格理论方面所做的开拓性工作。"这三位经济学家就是上面提到的马科维茨（H. Markowitz）、夏普（W. Sharpe）和米勒（M. Miller）。

由于篇幅限制，本章只能介绍最基本的结果。

第一节　无风险投资

投资组合理论是建立在有风险的条件下的，它推广了无风险条件下的古典投资经济模型。因此我们先简要地叙述一下这个古典模型。

一、消费模式的选择

假定时间被划分为两个时期：今年和明年。考虑某先生今年有收入￥50，明年预期有收入￥55。如果没有金融市场，该先生今年最多消费￥50，明年最多消费￥55，他所处的最好状态如图13-1中S_2点所示。

但是，如果存在金融市场，该先生可以以10%的利率借入和贷出，并且假设没有交易费用，这时情况就大不一样了。比如说该先生可以贷出￥10，明年得到￥11，即牺牲今年消费￥10，换取明年消费￥11。这样该先生今年可总共消费￥50-￥10=￥40，而明年消费￥55+￥11=￥66。其状态如图13-1中S_1所示。这时就可称该先生为节俭者。同理该先生亦可借入￥10，明年偿还￥11，即牺牲明年消费￥11，换取即期消费￥10。这样今明两年的消费状态如图13-1中S_3点所示。这时，称该先生为奢侈者。事实上，在无风险利率$r_f=10\%$自由借贷的条件下，甲先生可以用直线段 AB 上每一点所表示的消费模式进行消费。注意直线 AB 是这样确定的：OA 即是甲先生财富的现值，等于 $50 + \frac{55}{1.1} = ￥100$ 元，OB 即甲先生财富的未来值，$OB = 55 + 50 \times 1.1 = ￥110$ 元。当然他也可以用三角形 OAB 内每一点所表示的模式进行消费，但线段 AB 以下的点代表"劣势"消费方案，因为我们假定每人都偏好于更多的即期和未来消费。至于甲先生最终确定什么样的消费模式，取决于他关于今、明两年消费的偏好。他将达到最大效用。

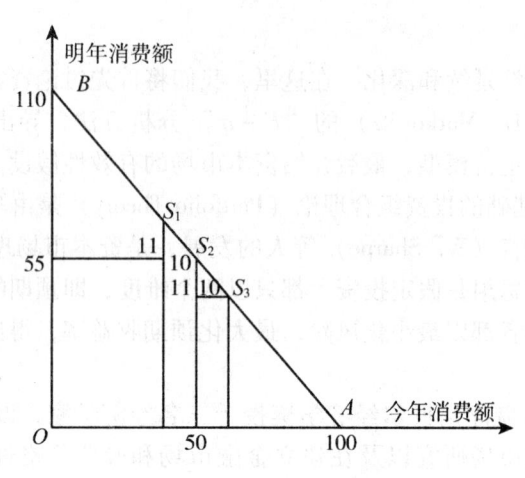

图 13-1 甲先生消费状态

二、无风险投资

假定某先生可以利用今年能消费的 ￥100 中的一部分进行无风险投资，其回报率为 r。不妨假设投资额为 ￥20。如果该项投资的回报率为 $r = 65\%$，即今年 ￥20 的投入换来明年 ￥33 的收益，那该先生的财产现值增加了：

$$\frac{33}{1.1} - 20 = ￥10$$

该 ￥10，即投资的净现值 NPV。如图 13-2 所示。通过简单的分析知道当投资额一定时，$NPV > 0$ 等价于 $r > r_f$。因此投资回报率 $r > r_f$ 亦可作为投资决策准则。

若考虑多种投资方案，每种投资方案要求的投入尽相同，则为了甲先生财富现值最大化，$\max NPV$ 是决策的准则。

现假设所有投资都可以完全分割，即可以按照愿意或支付能力进行任何数额的投资。这样任何投资方案都不存在投资额度的限制，或者可以认为所有投资都在一个水平上，因此为使甲先生财富现值最大化，其充分和必要条件为投资回报率最大化。

三、实产投资机会

假定资本市场上只能以无风险利率 r_f 进行借贷，则投资者财富的现值是确定的。

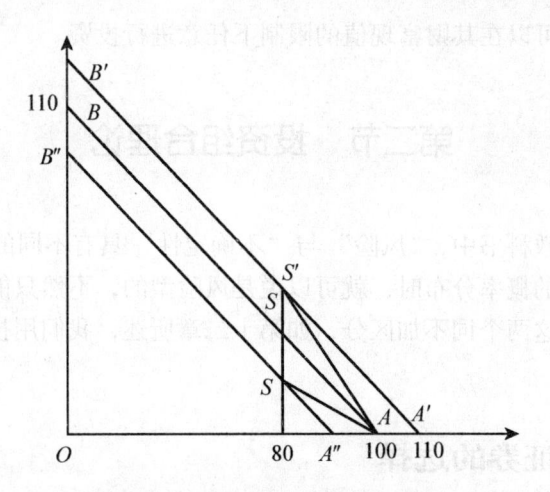

图 13 – 2　甲先生的投资效果

现在引进实业投资，也假设是没有风险的。由于边际收益递减率，其生产机会曲线（Production Opportunity Curve）是凹的。为了便于分析研究，我们把生产机会曲线和投资者的财富直线画在一起，图 13 – 3 中 A 点是投资的原点。我们在任务是确定实产投资额，使投资者财富最大化。

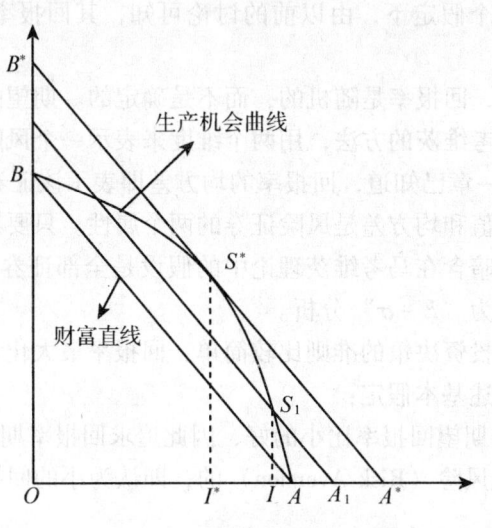

图 13 – 3　最佳实产投资额

假如，实业资本投入为 AI_1，则一年后产出为 S_1I_1，投资者财富的现值为 OA_1。从图 13 – 3 我们知道，这时实产投资的边际回报率大于无风险利率，追加投资会增加投资者的财富。当实业投资额达到 AI_1^* 时，对应于生产机会曲线上的 S^* 点，这时边际收益率就等于无风险利率，再追加投资就会减少财富，从而在 S^* 点实现了财富最大化。这时投资者财富的现值为 $\max PV = OA^*$，实产投资的净值为 $\max NPV = AA^*$。在这种情形下，投资者的新的财富直线为 B^*A^*，当然效用增加了。投资额小于 AI^* 时，投资不足；投资额大于 AI^* 时，投资过度。

由以上分析可以得出这样的结论，如果有实业投资的机会，投资者的财富便得以增加，并存在最佳投资额，使投资者财富的现值实现最大化。前提是，存在无风险资本市场，不管投资者手上有多少现金，都可以在其财富现值的限制下任意进行投资。

第二节 投资组合理论

在典型的决策科学教科书中，"风险"与"不确定性"具有不同的含义。在含有不确定因素又知道有关随机变量的概率分布时，就可以说是风险型的，不然只能说是不确定型的。在投资组合理论中，我们对这两个词不加区分，如第十二章所述，我们用投资回报率的均方差表示投资的风险。

一、单个风险证券的选择

(一) 风险证券的评价准则

投资组合理论中的决策变量叫"证券"(Security)，实际上它是"资产"的代名词，有可能代表任何东西。风险证券代表着不确定收益的前景。在存在风险的情况下，我们仍假定投资是可以完全细分的。在这个假定下，由以前的讨论可知，其回报率就可以完全描述一个风险证券。

在风险投资的条件下，回报率是随机的，而不是确定的。期望的回报率本身不足以刻画出风险证券的特性。按照马考维茨的方法，用两个维度来表示一个风险证券：即回报率的期望值 E 和均方差 σ。我们在上一章已知道，回报率的均方差即表示该证券的风险，用多准则决策的语言来说，回报率的期望值和均方差是风险证券的两个属性。只要期望值和均方差相同，就认为这两种证券等同。实际暗含在马考维茨理论中的假设是全部证券回报率服从联合正态分布。以此为基础的分析通常称为"$E-\sigma$"分析。

在无风险的条件下，投资决策的准则比较简单：回报率最大化。在风险的条件下，决策准则就复杂了。我们做出下述基本假定：

（1）投资者认为大的期望回报率比小的好，因此追求回报率期望值最大化。

（2）投资者都是避免风险（Risk Aversion）的，即认为小的回报率均方差比大的好，因此追求回报率的方差最小化。

现实生活中不存在理想的风险证券，即它的回报率期望值最大而同时均方差最小。若存在这样的证券，事情就简单了。

那么两个风险证券怎么进行比较呢？和上述记号一样，我们可以用回报率 $\tilde{r}_1$、$\tilde{r}_2$ 分别代表证券1和证券2的回报率。用 $E(\tilde{r}_1)$ 和 $E(\tilde{r}_2)$ 分别表示回报率 $\tilde{r}_1$、$\tilde{r}_2$ 的期望值，用 $\sigma(\tilde{r}_1)$ 和 $\sigma(\tilde{r}_2)$ 分别表示 $\tilde{r}_1$、$\tilde{r}_2$ 的均方差。我们给出如下定义：

定义1：称 $\tilde{r}_1$ 优于（Dominates） $\tilde{r}_2$，如果

$$E(\tilde{r}_1) > E(\tilde{r}_2) \text{ 且 } \sigma(\tilde{r}_1) \leq \sigma(\tilde{r}_2)$$
$$\text{或 } E(\tilde{r}_1) \geq E(\tilde{r}_2) \text{ 且 } \sigma(\tilde{r}_1) < \sigma(\tilde{r}_2) \tag{13.1}$$

例如，若 $E(\tilde{r}_1)=15\%$，$\sigma(\tilde{r}_1)=20\%$，$E(\tilde{r}_2)=20\%$，$\sigma(\tilde{r}_2)=15\%$，则 $\tilde{r}_2$ 优于 $\tilde{r}_1$。又如若 $E(\tilde{r}_1)=15\%$，$\sigma(\tilde{r}_1)=20\%$，$E(\tilde{r}_3)=15\%$，$\sigma(\tilde{r}_3)=18\%$，则 $\tilde{r}_3$ 优于 $\tilde{r}_1$。

根据上述定义我们知道，具有相同均方差的证券，期望回报率大的为优；具有相同期望回报率的证券，均方差小者为优。

在给定的备选证券集合 S 中，一般不存在"最优"的证券，即 E 最大而 σ 最小的证券，于是我们定义：

定义2：给出备选方案（Alternative）集合 S，称某证券是非劣的（Non-dominated）[①] 如果 S 中不存在任何证券优于它。

例如，我们考虑包含风险证券 A，B，C，D，E，F，G，H，J，K 的集合 S，其回报率的期望值和均方差用相应的点绘于"$E-\sigma$"平面上，如图 13-4 所示。通过比较易知其中 A，B，C，D，为非劣证券。

由于图 13-4 看出证券 E 不是非劣方案，因为与证券相比，B 优于 E。还可看出，C 优于 F，E 优于 G，B 优于 J、K、H，也就是上述六个方案 E，F，G，H，J，K，都不是非劣方案，但谁都不优于 A，也无哪个优于 B、C 或 D。由于得出结论：S 中非劣方案是 A，B，C，D。

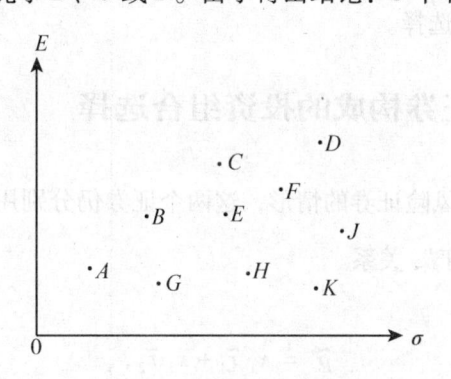

图 13-4 S 中非劣方案

（二）最优证券的选择

这里所谓最优，乃指投资者效用最大。

由于假设所有投资者都是避免风险的，所以投资者的"$E-\sigma$"等效用曲线簇都应具有正斜率，尽管不同投资者都可能有不同的斜率。严格来说，等效用曲线簇画成图 13-5 的形态（凸的），对效用函数的结构还要有一些要求。对这些问题的深入讨论已超出了本书的范围。

如图 13-5 所示，投资者甲的等效用曲线斜率较大，而投资者乙的较小。证券 A 是甲的最优选择，而证券 C 使乙满意。但无论如何，全部投资者的最优秀的决策必定都在非劣证券中，决策的准则是效用最大化。

最后，我们可以把单个证券的投资决策步骤总结如下：

（1）估计出备选集合中每一个证券的期望回报率 $E(\tilde{r})$ 和风险 $\sigma(\tilde{r})$。当知道其回报率

[①] 有的书叫作有效的（Efficient），但该词含义太多，且易与有效的资本市场叫法相混。参见齐寅峰：《多准则决策引论》，兵器工业出版社 1989 年版。

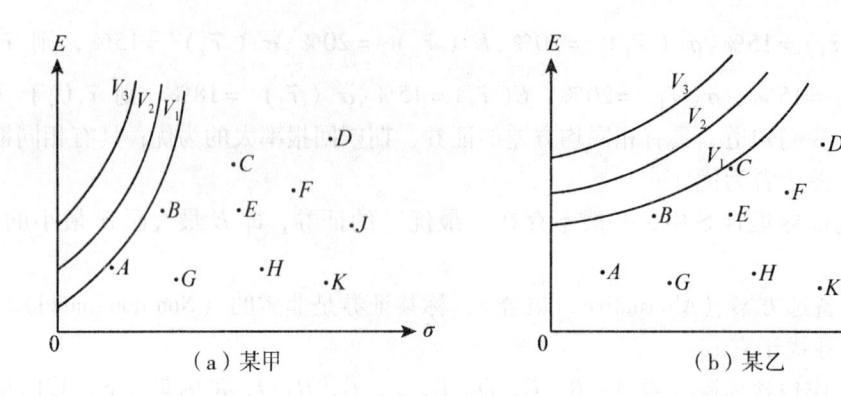

图 13-5　不同投资者的抢救无等效用曲线的最优选择

$\tilde{r}$ 的概率分布时（不管是主观概率还是客观概率），这种估计归结为简单的计算。当不知道时，只好单独分别估计 E 和 σ。

(2) 求出备选集合中的非劣方案。

(3) 在非劣方案中进行选择。

二、由两种风险证券构成的投资组合选择

现在只考虑有两个备选风险证券的情形，这两个证券仍分别用其回报率 $\tilde{r}_1$ 和 $\tilde{r}_2$ 表示，假定 $\tilde{r}_1$ 和 $\tilde{r}_2$ 之间不存在"优于"关系。

考虑投资组合如下：

$$\tilde{p} = x_1 \tilde{r}_1 + x_2 \tilde{r}_2,$$

其中 $x_1 x_2 \geq 0$，$x_1 + x_2 = 1$。我们知道，如果令 $E_1 = E(\tilde{r}_1)$，$E_2 = E(\tilde{r}_2)$，$\sigma_1 = \sigma(\tilde{r}_1)$，$\sigma_2 = \sigma(\tilde{r}_2)$，则组合 $\tilde{p}$ 的期望值的均方差有下述计算公式：

$$E(\tilde{p}) = x_1 E_1 + x_2 E_2 \tag{13.2}$$

$$\begin{aligned}\sigma^2(\tilde{p}) &= x_1^2 \sigma_1^2 + x_2^2 \sigma_2^2 + 2 x_1 x_2 \rho_{12} \sigma_1 \sigma_2 \\ &= x_1^2 \sigma_1^2 + x_2^2 \sigma_2^2 + 2 x_1 x_2 \operatorname{cov}(\tilde{r}_1 \tilde{p}_2)\end{aligned} \tag{13.3}$$

$$\sigma(\tilde{p}) = \sqrt{\sigma^2(\tilde{p})}$$

其中 ρ_{12} 是 $\tilde{r}_1$ 和 $\tilde{r}_2$ 的相关系数，$\operatorname{cov}(\tilde{r}_1, \tilde{r}_2)$ 是 $\tilde{r}_1$ 和 $\tilde{r}_2$ 的协方差：

$$\operatorname{cov}(\tilde{r}_1 \tilde{r}_2) = E\{[\tilde{r}_1 - E(\tilde{r}_1)][\tilde{r}_2 - E(\tilde{r}_2)]\} \tag{13.4}$$

这样，对任意的组合系数 x_1 和 x_2，只要给出了两证券的期望回报率，就可以通过 (13.2) 式计算出投资组合的期望回报率。只要给出了证券的均方差和相关系数或协方差，就可以通过 (13.3) 式和 (13.4) 式计算出组合的均方差。

这时，我们考虑的备选方案是由不同的 x_1 和 x_2 形成的投资组合，求解非劣方案就化为求解下述两目标规划问题：

$$\max E(\tilde{p}) = E_1 x_1 + E_2 x_2$$
$$\min \sigma^2(\tilde{p}) = x_1^2 \sigma_1^2 + x_2^2 \sigma_2^2 + 2 x_1 x_2 \rho_{12} \sigma_1 \sigma_2$$
$$S.t.\ x_1, x_2 \geq 0, x_1 + x_2 = 1$$

下面我们按相关系数的不同分别讨论非劣投资组合的情形。

1. 相关系数 $\rho_{12} = 1$

两证券回报率的相关系数等于 1，说是明两者完全正相关。由于 $\rho_{12} = 1$，（13.3）式变为完全平方，从而得出：

$$\begin{cases} E(\tilde{p}) = E_1 x_1 + E_2 x_2 \\ \sigma(\tilde{p}) = \sigma_1 x_1 + \sigma_2 x_2 \end{cases}$$

在"$\sigma - E$"平面上，用 A 点表示证券 $\tilde{r}_1$，用 B 点表示证券 $\tilde{r}_2$，则全部投资组合：

$$\tilde{p} = x_1 \tilde{r}_1 + x_2 \tilde{r}_2, x_1, x_2 \geq 0, x_1 + x_2 = 1$$

表现为图 13-6 中直线段 AB，其中 A 表示 $x_1 = 1$ 的给组合，即证券 $\tilde{r}_1$ 本身，AB 的中点表示 $x_1 = \frac{1}{2}$ 的组合，AB 的 1/4 分点表示 $x_1 = \frac{3}{4}$ 的组合，AB 的 3/4 分点表示 $x_1 = \frac{1}{4}$ 的组合，等等。每一个 x_1 被表示在 AB 上一个特定点。显然，每一个投资组合都非劣的。

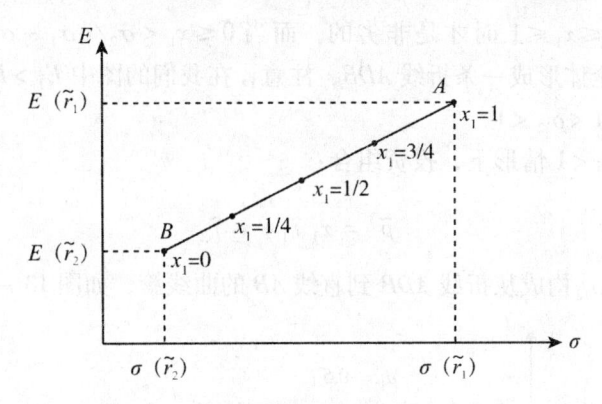

图 13-6 非劣投资组合：$\rho_{12} = 1$

2. 相关系数 $\rho_{12} = -1$

这时证券 A 和 B 完全相负相关，仍沿用上文中的记号，则投资组合的回报率的期望率的期望值和均方差分别为：

$$E(\tilde{p}) = E_1 x_1 + E_2 x_2$$
$$\sigma^2(\tilde{p}) = \sigma_1^2 x_1^2 + \sigma_2^2 x_2^2 - 2 \sigma_1 \sigma_2 x_1 x_2$$
$$= (\sigma_1 x_1 - \sigma_2 x_2)^2$$

$$\sigma(\tilde{p}) = |\sigma_1 x_1 - \sigma_2 x_2|$$

其中，x_1，$x_2 \geq 0$，$x_1 + x_2 = 1$，应该说在均衡状态下，若不允许卖空，一般不存在完全负相关的证券，$\rho_{12} = -1$，只能看作一种极限情况。在这种情况下，当 $x_1 = \sigma_2/(\sigma_1 + \sigma_2)$ 时，组合的均方差等于 0，具有十分特别的意义：当完全负相关时，两个风险证券可以做出无风险的投资组合。组合的期望回报率随着 x_1 的增加而增加；但组合回报率的均方差却随着 x_1 的增加先是减少，到 $x_1 = \sigma_2/(\sigma_1 + \sigma_2)$ 处减至 0，然后逐步增加（见图 13-7）。

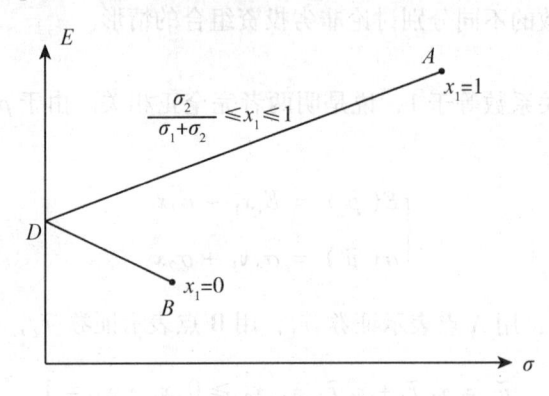

图 13-7 非劣投资组合：$\rho_{12} = -1$

通过以上分析我们可以得出结论，当 $\rho_{12} = -1$ 时，投资组合：

$$\tilde{p} = x_1 \tilde{r}_1 + x_2 \tilde{r}_2$$

当 $\sigma_2/(\sigma_1 + \sigma_2) \leq x_1 \leq 1$ 时才是非劣的，而当 $0 \leq x_1 < \sigma_2/(\sigma_1 + \sigma_2)$ 时是劣势的。如图 13-7 所示，组合的全体形成一条折线 ADB，注意，在我们的图中 $E_1 > E_2$，$\sigma_1 > \sigma_2$。

3. 一般情形：$-1 < \rho_{12} < 1$

在一般的 $-1 < \rho_{12} < 1$ 情形下，投资组合：

$$\tilde{p} = x_1 \tilde{r}_1 + x_2 \tilde{r}_2$$

的全体对不同的 ρ_{12} 构成从折线 ADB 到直线 AB 的曲线簇，如图 13-8 所示。

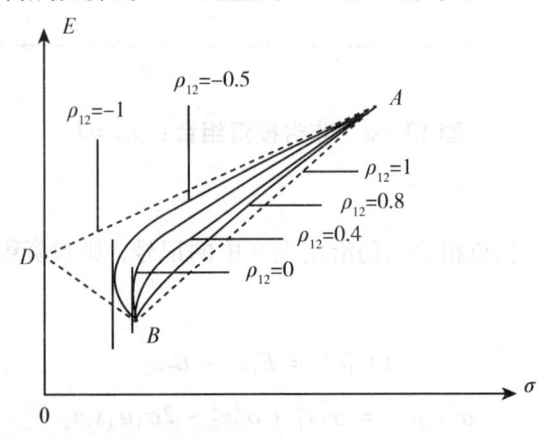

图 13-8 非劣投资组合，一般情形：$-1 < \rho_{12} < 1$

其中当 $\rho_{12} < \sigma_2/\sigma_1$ 时，投资组合中一部分是非劣的，另一部分是劣势的；而当 $\sigma_2/\sigma_1 \leq \rho_{12}$ 时全部组合都是非劣的。具体地说，当 $-1 < \rho_{12} < \sigma_2/\sigma_1$ 时，组合

$$\tilde{p} = x_1 \tilde{r}_1 + x_2 \tilde{r}_2$$

中对应于：

$$\frac{\sigma_2^2 - \rho_{12}\sigma_1\sigma_2}{\sigma_1^2 + \sigma_2^2 - 2\rho_{12}\sigma_1\sigma_2} \leq x_1 \leq 1 \tag{13.5}$$

的组合是非劣的，其余为劣势的[①]。再提醒一下我们关于证券 $\tilde{r}_1$（图中 A 点）和证券 $\tilde{r}_2$（图中 B 点）具有性质：$E_1 > E_2$，$\sigma_1 > \sigma_2$，其中 $E_2 = E(\tilde{r}_2)$，$\sigma_1 = \sigma(\tilde{r}_1)$，$\sigma_2 = \sigma(\tilde{r}_2)$。

三、由全部风险证券构成的投资组合

上节我们研究了由两个风险证券构成的投资组合问题，得知这些组合在一些情况下全部是非劣的，在另外的情况下一部分组合是非劣组合，另一部分是劣势的。这种情况依赖于相关系数与两个均方差的关系：在 $\sigma_1 > \sigma_2$ 的假定下若 $\rho_{12} \geq \sigma_2/\sigma_1$，则只存在非劣组合；若 $\rho_{12} < \sigma_2/\sigma_1$，则既存在非劣组合，又存在劣势集合。不管什么情形，全体投资组合形成一条连续的轨线。

现在我们考虑由全部风险证券构成的组合，其中 $E_i = E(\tilde{r}_i)$ 和 $\sigma_i = \sigma(\tilde{r}_i)$ 分别表示第 i 种证券的回报率的期望值和均方差，$i = 1, \cdots, N$，即假设风险证券共有 N 个，由于每个都是风险投资，故其风险 σ_1 都大于 0。此外，我们还需知道每两种证券回报率的相关系数 ρ_{ij} 或协方差，并且不存在完全负相关（即 $\rho_{ij} = -1$）的情形下，我们的任务是求出投资组合：

$$\tilde{p} = \sum_{i=1}^{N} x_i \tilde{r}_i, \text{其中} x_i \geq 0, \sum x_i = 1 \tag{13.6}$$

中的非劣组合。

与只有两个证券的情况一样，求出全部非劣组合，相当于求解一个线性二次两目标规划问题：

$$\begin{cases} \max E(\tilde{p}) = \sum_{i=1}^{N} E_1 x_i \\ \min \sigma^2(\tilde{p}) = \sum_{i=1}^{N} \sigma_i^2 x_i^2 + \sum_{i \neq j} \rho_{ij}\sigma_i\sigma_j x_i x_j \end{cases} \tag{13.7}$$

[①] 若存在劣势组合，则非劣组合与劣势组合交界处组合曲线的斜率 $= \infty$，即有一条竖直切线。由于 $dE/d\sigma = dE/dx_1 \div d\sigma/dx_1$，这意味着该点 $d\sigma/dx_1 = 0$，由于 $\sigma^2(p^2) = \sigma_1^2 x_1^2 + \sigma_2^2(1-x_1)^2 + 2\rho_{12}\sigma_1\sigma_2 x_1(1-x_1)$

$d\sigma/dx_1 = \frac{1}{2\sigma} d(\omega^2)/dx_1 = \frac{1}{2\sigma(\tilde{p})}[2(\sigma_1^2 + \sigma_2^2 - 2\rho_{12}\sigma_1\sigma_2)x_1 - 2(\sigma_2^2 - \rho_{12}\sigma_1\sigma_2)]$

由 $d\sigma/dx_1 = 0$，得出

$x_1 = \frac{\sigma_2^2 - \rho_{12}\sigma_1\sigma_2}{\sigma_1^2 + \sigma_2^2 - 2\rho_{12}\sigma_1\sigma_2}$

$x_1 \leq 1$ 是显然成立，而只有当 $\rho_{12} < \sigma_2/\sigma_1$ 时，x_1 才大于 0。

$$S.t. \ x_i \geq 0, i = 1, \cdots, N; \sum_{i=1}^{N} x_i = 1$$

这里我们不讨论求解的技术，而是一般认识一下非劣解集的形态。

1. 由三个风险证券构成的投资组合

设证券 A、B 和 C 为已给证券，其回报率分别为 $\tilde{r}_1$，$\tilde{r}_2$ 和 $\tilde{r}_3$，如图 13-9、图 13-10 所示。我们探讨一下由这三种证券构成的投资组合的全体在 $\sigma - E$ 平面上具有什么图形。

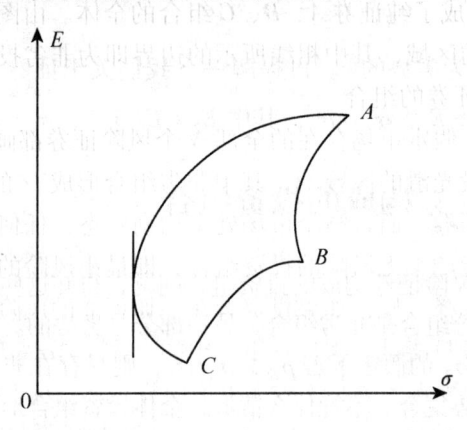

图 13-9 由三个证券构成的投资组合

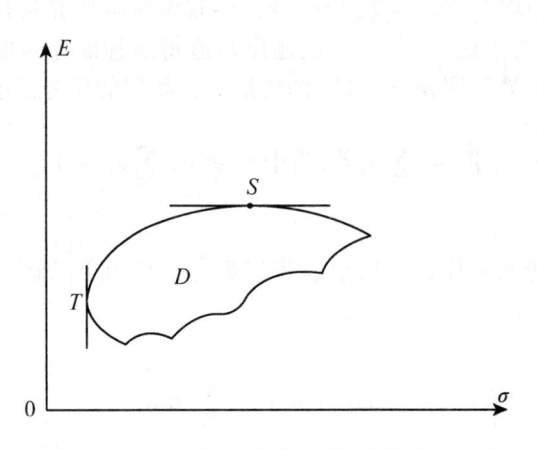

图 13-10 全部风险证券的投资组合

三种证券的任何投资组合，可以看做是第一种证券与第二、三两种组合的再组合，例如：

$$\tilde{p}_1 = \frac{1}{2}\tilde{r}_1 + \frac{1}{4}\tilde{r}_2 + \frac{1}{4}\tilde{r}_3$$

可以写成：

$$\tilde{p}_1 = \frac{1}{2}\tilde{r}_1 + \frac{1}{2}\left[\frac{1}{2}\tilde{r}_2 + \frac{1}{2}\tilde{r}_3\right]$$

又

$$\tilde{p}_2 = \frac{1}{3}\tilde{r}_1 + \frac{1}{2}\tilde{r}_2 + \frac{1}{6}\tilde{r}_3$$
$$= \frac{1}{3}\tilde{r}_1 + \frac{2}{3}\left[\frac{3}{4}\tilde{r}_2 + \frac{1}{4}\tilde{r}_3\right]$$

其方括号中都是第二、三两种证券的组合。

假如证券 A、B 组合的全体是曲线 AB，证券 B、C 的组合体体形成曲线 BC，那么证券 A 与曲线 BC 上每一个组合就构成了纯证券 A、B、C 组合的全体。由图 13-8 可以看出，其组合全体形成了一个形似甲壳虫的区域，其中粗线所示的边界即为非劣投资组合的集合。

2. 一般情形：全部风险证券的组合

现在我们考虑一般情形，假定市场存在的全部 N 个风险证券都画在了 $\sigma - E$ 平面上，其投资组合的全体，形成边界分段光滑的区域 $\mathscr{D}$，其中非劣组合形成 $\mathscr{D}$ 的左上边界弧线 ST。

由于我们关心的是风险证券，而且整个市场处于均衡状态，任何两证券不完全负相关，所以上述组合中无论如何不可能产生无风险的投资组合，即最小风险的组合 T，其风险也大于 0。

和在单纯的证券间进行选择一样，如果投资者在一切可能的风险投资组合中进行决策，以最大效用为目标，其最优决策只能是非劣投资组合中的一个。"$\sigma - E$" 等效用曲线簇陡峭的，最优决策应接近 T；等效用曲线族平缓的，最优决策应靠近 S。对于前一类投资者，我们称其为重度避免风险，其风险的"价格"高，对于后一类投资者则称其为轻度避风险者，其风险的"价格"低，但任何最优决策都逃不脱弧线 ST。

四、求非劣投资组合例题

用 $\tilde{r}_A$ 和 $\tilde{r}_B$ 分别表示两种证券 A 和 B 的回报率，说 $E(\tilde{r}_A) = 30\%$，$E(\tilde{r}_B) = 15\%$，$\sigma(\tilde{r}_A) = 40\%$，$\sigma(\tilde{r}_B) = 20\%$，$\rho = -0.5$。

(1) 在 $\sigma - E$ 平面上画出全部投资组合 $\tilde{p} = x\tilde{r}_A + (1-x)\tilde{r}_B$，其中 $0 \leq x \leq 1$ 组成的曲线。(x 间距为 0.1)；

(2) 求出全部的非劣投资组合，特别明确指出风险最小的投资组合；

(3) 如果允许以 10% 的利率自由借贷，即 $r_f = 10\%$，考虑形成为 $\tilde{q} = x_1\tilde{r}_f + x_2\tilde{r}_A + x_3\tilde{r}_B$，(其中 x_2，$x_3 \geq 0$)，$x_1 + x_2 + x_3 = 1$ 的组合，求出全部的非劣投资组合，并画图。

解：

(1) 对于由上述两证券构成的投资组合 $\tilde{p} = x\tilde{r}_A + (1-x)\tilde{r}_B$，则有

投资组合的期望回报率为：$E(\tilde{p}) = xE(\tilde{r}_A) + (1-x)E(\tilde{r}_B)$
$$= 0.3x + 0.15(1-x)$$
$$= 0.15 + 0.15x$$

投资组合的标准差为：

$$\sigma(\tilde{p}) = \sqrt{\sigma^2(\tilde{p})} = \sqrt{x^2\sigma^2(\tilde{r}_A) + (1-x)^2\sigma^2(\tilde{r}_B) + 2\rho x(1-x)\sigma(\tilde{r}_A)\sigma(\tilde{r}_B)}$$
$$= \sqrt{0.4^2 x^2 + 0.2^2(1-x)^2 + 2 \times (-0.5) \times 0.4 \times 0.2 x(1-x)}$$

$$= \sqrt{0.28x^2 - 0.16x + 0.04}$$

所以投资组合的期望回报率 $E(\tilde{p})$ 与标准差 $\sigma(\tilde{p})$ 及权重 x 的对应表如下：

权重（x）	0	0.1	0.2	0.3	0.4	0.5	0.6	0.7	0.8	0.9	1.0
期望回报率（$E(\tilde{p})$）	0.150	0.165	0.180	0.195	0.210	0.225	0.240	0.255	0.270	0.285	0.300
标准差（$\sigma(\tilde{p})$）	0.200	0.164	0.139	0.131	0.144	0.173	0.212	0.255	0.302	0.350	0.400

根据上表的数据在 $\sigma - E$ 平面上画出期望回报率与标准差的关系图，可以得出证券 A 和 B 的所有组合，其中所有非劣组合为曲线的上半部分。

（2）所有非劣投资组合为投资组合曲线垂直切线所分割的右上部分，如图 13-11 所示的 CB 部分。

投资组合的垂直切线即为：

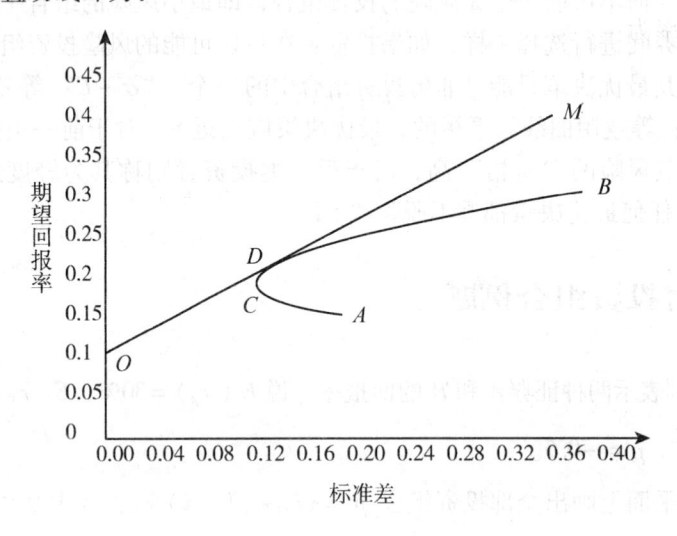

图 13-11 由 $\tilde{r}_A$ 和 $\tilde{r}_B$ 构成的投资组合

$$\frac{dE(\tilde{p})}{d\sigma(\tilde{p})} = \frac{dE(\tilde{p})/dx}{d\sigma(\tilde{p})/dx} = \infty \text{ 也就是 } \frac{d\sigma(\tilde{p})}{dE(\tilde{p})} = \frac{d\sigma(\tilde{p})/dx}{dE(\tilde{p})/dx} = 0$$

其中，

$$dE(\tilde{p})/dx = \frac{d(0.15 + 0.15x)}{dx} = 0.15$$

$$d\sigma(\tilde{p})/dx = \frac{d\sqrt{0.28x^2 - 0.16x + 0.04}}{dx}$$

$$= \frac{0.56x - 0.16}{2\sqrt{0.28x^2 - 0.16x + 0.04}}$$

即

$$\frac{d\sigma(\tilde{p})}{dE(\tilde{p})} = \frac{0.56x - 0.16}{0.3\sqrt{0.28x^2 - 0.16x + 0.04}} = 0$$

使分子为 0，即得 $x = 0.16 \div 0.56 = 0.286$

此时，对应的组合为：$\tilde{p}_L = 0.286\tilde{r}_A + 0.714\tilde{r}_B$

$$E(\tilde{p}_L) = 0.15 + 0.15 \times 0.256 = 0.193 \text{ 或 } 19.3\%$$

$$\sigma(\tilde{p}_L) = \sqrt{0.28 \times 0.286^2 - 0.16 \times 0.286 + 0.04} = 0.131 \text{ 或 } 13.1\%$$

由此得出风险最小的投资组合的坐标为 C (0.131, 0.193)。

(3) 假定允许以 10% 的利率自由借贷，则无风险投资可以与上述非劣投资组合再组合，得出新的组合直线，假定新组合直线 OM 与上述非劣投资组合曲线相切于点 $D(\sigma_0(\tilde{p}), E_0(\tilde{p}))$，此时非劣投资组合曲线的切线斜率为：

$$k = \frac{\mathrm{d}E_0(\tilde{p})}{\mathrm{d}\sigma_0(\tilde{p})} = \frac{\mathrm{d}E_0(\tilde{p})/\mathrm{d}x_0}{\mathrm{d}\sigma_0(\tilde{p})/\mathrm{d}x_0} = \frac{0.3 \times \sqrt{0.28x_0^2 - 0.16x_0 + 0.04}}{0.56x_0 - 0.16}$$

资本市场直线的斜率为：

$$k' \frac{E_0(\tilde{P}) - r_f}{\sigma_0(\tilde{P})}$$

其中，

$$E_0(\tilde{p}) = 0.15 + 0.15x_0$$

$$\sigma_0(\tilde{p}) = \sqrt{0.28x_0^2 - 0.16x_0 + 0.04}$$

即

$$k' = \frac{0.15 + 0.15x_0 - 0.1}{\sqrt{0.28x_0^2 - 0.16x_0 + 0.04}} = \frac{0.15x_0 + 0.05}{\sqrt{0.28x_0^2 - 0.16x_0 + 0.04}}$$

由 $k = k'$

得出：

$$x_0 = 5 \div 13 = 0.385$$

$$E_0(\tilde{p}) = 0.208$$

$$\sigma_0(\tilde{p}) = 0.141$$

$$k = k' = 0.764$$

则在可以以 10% 利率自由借贷时，全部新的投资组合为：

$$q = x'r_f + (1 - x')\left(\frac{5}{13}\tilde{r}_A + \frac{8}{13}\tilde{r}_B\right)$$

新组合的组合直线方程为：

$$E = 0.764\sigma + 0.1$$

第三节　资本市场直线

资本市场理论讨论是均衡状态。只要不存在破坏均衡的必然力量，一个均衡状态一旦形成，就可得到保持。资本市场的主要状态变量包括证券的持有量和价格，因此在均衡状态下各种证券的持有量和价格也都是均衡的。均衡状态由投资者的财富、偏好以及关于各种证券的预期所决定。

资本市场理论的主要内容是揭示均衡状态下重要变量之间的关系，例如，投资组合的期望回报率与风险的关系是什么，证券的期望回报率与风险的关系是什么等。有些问题我们在第十二章已做了一些讨论，本节再做一些理论上的补充。

本节涉及的是一致性的资本市场理论，即所有投资者关于未来预期是一致的情况，主要的假定是：

（1）每位投资者关于所有证券未来行为的预期都相同，即第 i 种证券回报率的期望值 $E(\tilde{r}_i) = E_i$，均方差 $\sigma(\tilde{r}_i) = \sigma_i$，第 i、j 种证券回报率的相关系数 ρ_{ij}，$i \neq j$，$i, j = 1, \cdots, N$，都得到一致的认同。

（2）承认投资组合理论的基本假定，即每个投资者都偏好于大的期望回报率和小的风险，即均方差。

（3）每个投资者都可以以无风险利率 r_f 任意借入或贷出。

当然还承认投资组合理论中其他假定，如果不存在交易成本，每个投资都可以完全细分，等。

一、市场投资组合和资本市场直线

我们紧接第二节的结论进行讨论。在上一节中我们得到了一个很重要的结果：全部风险证券构成的非劣投资组合的集合图 13-12 所示的一条光滑曲线 ST。因此如果只允许考虑风险投资的话，投资者的最优决策是曲线 ST 上一点。

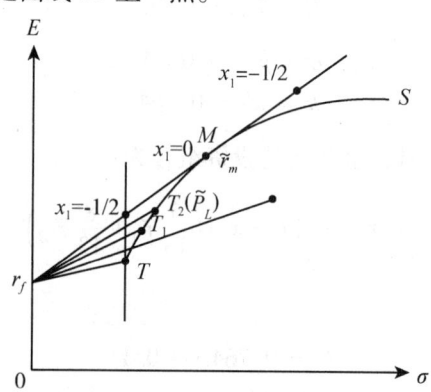

图 13-12　市场组合与资本市场直线的产生

现在让我们看一看，如果也允许选择无风险投资会出现什么情况。考虑无风险证券 r_f 与任何投资组合构成的组合：

$$\tilde{p}_f = x_1 r_f + x_2 \tilde{p}, x_1, x_2 \geq 0, x_1 + x_2 = 1$$

其中 $\tilde{p}$ 为某风险投资组合，而 r_f 是无风险利率，由于

$$E(\tilde{p}_f) = x_1 r_f + x_2 E(\tilde{p})$$

$$\sigma^2(\tilde{p}_f) = x_2^2 \sigma^2(\tilde{p})$$

或

$$\sigma(\tilde{p}_f) = x_2 \sigma(\tilde{p})$$

故上述组合 $\tilde{p}_f$ 的全体形成"$\sigma - E$"平面上连接 r_f 和 $\tilde{p}$ 的直线。因为一切非劣风险投资组合都在曲线 ST 上，为了求出全部风全证券与风险证券构成的非劣投资组合，只需考虑 ST 上的点即可。

考虑曲线上任意一点 T_1（代表风险投资组合 $\tilde{p}_1$），它与 r_f 的全体投资组合形成线段 $r_f T_1$，如图 13-13 所示。$r_f T_1$ 所表示的投资组合优于线段 $r_f T$ 和弧线 TT_1 所表示的投资组合，因为同样大小的风险 σ，前者具有更大的预期回报率 E。这样为了寻求最优，我们可以继续向上移动 T_1，直到这样一点 M，在该点曲线 ST 的切线恰好正是直线 $r_f M$。没有任何组合可优于 $r_f M$ 了。注意切线 $r_f M$ 是由以下组合取遍一切可能的 x_1, x_2 形成的：

$$\tilde{p}^* = x_1 r_f + x_2 \tilde{r}_m, x_1, x_2 \geq 0, x_1 + x_2 = 1 \tag{13.8}$$

其中 $\tilde{r}_m$ 是风险证券组合 M 的回报率。需要强调的是，$\tilde{r}_m$ 即 M 点表示资本市场上一切风险投资按其市场价值加权所形成的投资组合，简称市场组合，它具有十分重要的作用。如果某投资者将其全部资本都投入无风险证券，则 $x_1 = 1$；$x_2 = 0$，表现为图 13-13 中点 r_f。如果 50% 投入无风险证券，50% 投入组合 M，则 $x_1 = 1/2, x_2 = 1/2$，表现为线段 $r_f M$ 的中点……

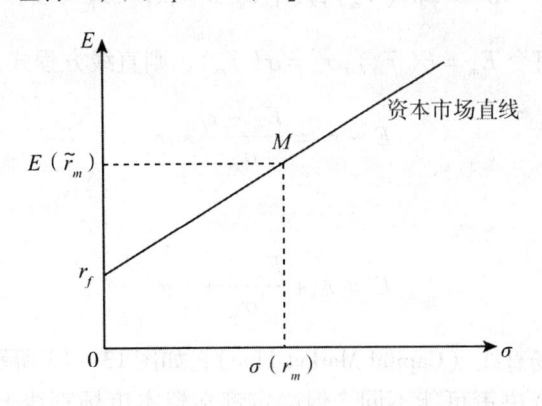

图 13-13 资本市场直线

现援引我们的假设，允许投资者借入资金，即出售无风险证券。换句话说，以无风险利率 r_f 向政府借钱，借得的钱连同自有资本，全部购买风险证券投资组合 M。这时会发生怎样的情

况呢？回想 r_fM 直线段是由：

$$\begin{cases} E(\tilde{p}^*) = x_1 r_f + x_2 E(\tilde{r}_m) \\ \sigma(\tilde{p}^*) = x_2 \sigma(\tilde{r}_m) \end{cases} \tag{13.9}$$

$x_1 \geq 0$，$x_2 \geq 0$，$x_1 + x_2 = 1$ 而形成的，投资者借入相当于组合中 r_f 的系数 x_1 为负。例如乙自有资本 \$1 000，以无风险利率借入 \$500，然后 \$1 500 全部购买投资组合 M。这时

$$x_1 = -500 \div 1\,000 = -0.5$$
$$x_2 = 1\,500 \div 1\,000 = 1.5$$

即在组合式（13.9）中

$$\tilde{p}^* = -\frac{1}{2} r_f + \frac{3}{2} \tilde{r}_m$$

相应地

$$E(\tilde{p}^*) = \frac{-1}{2} r_f + \frac{3}{2} E(\tilde{r}_m)$$
$$\sigma(\tilde{p}^*) = \frac{3}{2} \sigma(\tilde{r}_m)$$

说明该组合在线段 r_fM 的外 1/2 分点处。因此，当允许投资者借入时，直线 r_fM 可以向右延长。这时无风险证券和风险投资组合 M 构成的投资组合有以下形式：

$$\tilde{p}^* = x_1 r_f + x_2 \tilde{r}_m,\text{其中} x_2 \geq 0, x_1 + x_2 = 1 \tag{13.10}$$

而整条直线 r_fM 由下述方程确定

$$\begin{cases} E = x_1 r_f + x_2 E(\tilde{r}_m) \\ \sigma = x_2 \sigma(\tilde{r}_m),\text{其中} x_2 \geq 0, x_1 + x_2 = 1 \end{cases} \tag{13.11}$$

消去上式中参数 x_1，x_2 且令 $E_m = E(\tilde{r}_m)$，$\sigma_m = \sigma(\tilde{r}_m)$，则直线方程式为：

$$E - r_f = \frac{E_m - r_f}{\sigma_m} \cdot \sigma \tag{13.12}$$

或

$$E = r_f + \frac{E_m - r_f}{\sigma_m} \cdot \sigma \tag{13.13}$$

该直线称为资本市场直线（Capital Market Line），如图 13-13 所示。由于投资者的等效用曲线不一样，其最优投资决策可能不同，但必定都在资本市场直线上，全体投资者都按组合方式：

$$\tilde{p}^* = x_1 r_f + x_2 \tilde{r}_m = x r_f + (1-x) \tilde{r}_m$$

其中 x 无限制来投资，区别只是 x 的不同而已。

那么，市场投资组合 M 又是什么呢？上文已提及该投资组合 M 在均衡状态下就是市场风险投资组合，即由所有风险证券构成并且权数等于占市场价值的份额。市场投资组合有时我们常简称为市场组合，准确地说，投资组合 M 组成如下：

$$\tilde{r}_m = \sum_{i=1}^{N} x_1 \tilde{r}_i \tag{13.14}$$

其中

$$x_i = P_i Q_i / \sum_{i=1}^{N} P_i Q_i, i = 1, \cdots, N \tag{13.15}$$

式中，N——资本市场上风险证券总数；

P_i——第 i 种证券价格；

Q_i——第 i 种证券数量；

$\tilde{r}_i$——第 i 种证券回报率；

$\tilde{r}_m$——市场组合回报率。

特别注意（13.14）式中不包含无风险证券。

在第十二章，我们把风险定义为回报率的均方差。因此，资本市场直线阐明了回报率与风险的关系，在均衡状态下，非劣投资组合的期望回报率和其风险之间是一个简单的线性关系，它用资本市场直线来描述。

资本市场直线的纵向截距是无风险利率 r_f，一般认为无风险利率表示即期消费的成本。例如，当 $r_f = 6\%$ 时，一个人当用即期消费来代替明年的消费时，他必须牺牲 6% 的消费。或者换句话说，若等到明年，他可以比即期多得 6% 的消费。

资本市场直线的斜率是 $(E(\tilde{r}_m) - r_f)/\sigma(\tilde{r}_m) = (E_m - r_f)/\sigma_m$。它表明投资组合的风险每增加（或减少）1 个单位，其期望回报率增加（或减少）的幅度。例如，当 $r_f = 6\%$，$E(\tilde{r}_m) = 15\%$，$\sigma(\tilde{r}_m) = 0.20$ 时，该斜率为 $(0.15 - 0.06) \div 0.20 = 0.45$，说明非劣组合的风险每增加 1 个百分点，其回报率的期望值就增加 0.45 个百分点。

资本市场直线表示在均衡状态下非劣投资组合期望回报率与风险的关系，所以不能以为在任何时间其截距和斜率都保持不变，当新的均衡状态形成时，资本市场直线也就更新了。

资本市场理论的基点是投资者对于各种投资预期的共识，实际测量的结果可能与预期相差甚远。资本市场理论的价值在于先验的估计，而观察则是后验的结果，假若各证券的未来回报率能被准确地预测的话，投资者就不会进行多样化投资，他们将只选择绩效最好的证券，也就不存在投资组合理论和资本市场理论。但是，未来是无法准确预测的。而投资之前必须对未来做出估计。这种不确定性促成了投资组合理论和资本市场理论。

二、资本资产定价模型的导出

现考虑市场投资组合 M 和任意给定的风险证券 K 构成的投资组合：

$$\tilde{p} = x_m \tilde{r}_m + x_k \tilde{r} \tag{13.16}$$

式中，$\tilde{r}_m$——市场组合的回报率；
　　　$\tilde{r}$——证券 K 的回报率；
x_m 和 x_k 均为非负，但其和为 1。

这时：

$$E(\tilde{p}) = x_m E(\tilde{r}_m) + x_k E(\tilde{r})$$

$$\sigma(\tilde{p}) = \{x_m^2 \sigma^2(\tilde{r}_m) + x_k^2 \sigma^2(\tilde{r}) + 2 x_m x_k \rho_{mk} \sigma(\tilde{r}_m) \sigma(\tilde{r})\}^{1/2}$$

其中 $E(\tilde{r}_m)$，$E(\tilde{r})$，$\sigma(\tilde{r}_m)$，$\sigma(\tilde{r})$ 和 ρ_{mk} 均为已知，则对全部 $0 \leq x_m \leq 1$，组合（13.16）形成了"σ-E"平面上的一条曲线，这条曲线当然连接 $M(x_m=1)$ 和 $K(x_m=0)$。

首先证明，曲线 KM 在 M 点处与资本市场直线相切，换句话说资本市场直线 $r_f M$ 是曲线 KM 在 M 点的切线，如图 13-14（a）所示。

我们回想资本市场直线 $r_f M$ 是非劣投资组合的轨迹。那么在同样风险 σ 情况下，不存在期望值更高的投资组合。如果曲线 KM 与资本市场直线 $r_f M$ 在 M 点不相切，必然发生下述两种情形之一：

（1）曲线 KM 在 M 点的切线斜率小于资本市场直线的斜率；
（2）曲线 KM 在 M 点的切线斜率大于资本市场直线的斜率。

（a）$r_f M$ 与 KM 在 M 点相切：必然　　（b）$r_f M$ 与 KM 在 M 点不相切：不可能　　（c）$r_f M$ 与 KM 在 M 点不相切：不可能

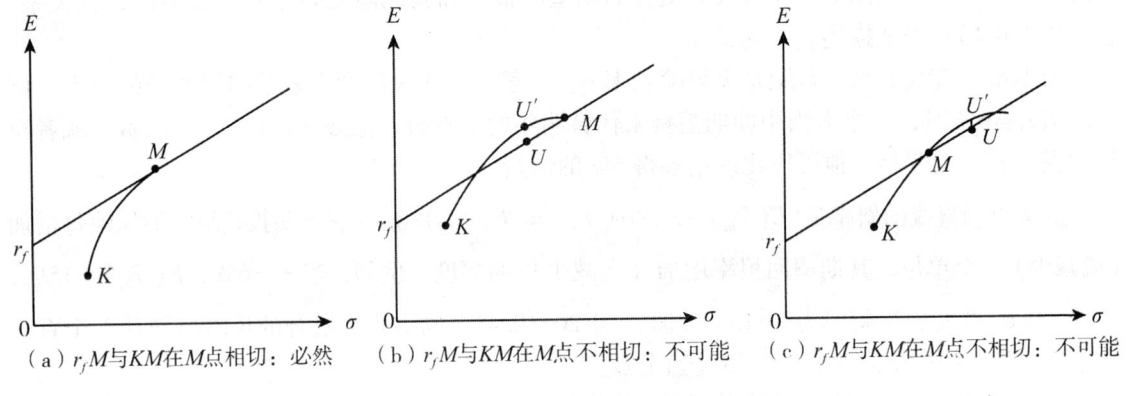

图 13-14　组合曲线 KM 与资本市场直线

下面我们说明情况（1）和（2）均不成立。首先，假如（1）成立，那么曲线 KM 必定有一段在资本市场直线的上方，如图 13-14（b）所示。在高过 KM 的曲线 KM 上任取一点 U'，过 U' 做 σ 轴垂直线交资本市场直线于 U。注意 U 是资本市场直线 $r_f M$ 上的点，因而是一个非劣投资组合；而 U' 是形如（13.17）式的一个投资组合，两者具有相同的风险，但 U' 比 U 有更高的期望回报率，这与 U 的非劣性相矛盾。因而情况（1）不能出现。其次我们假设（2）成立，会出现什么问题。注意证券 K 是构成市场组合 M 的一个组合成分，其加权系数不妨设为 0.000 1。这时若取组合（13.17）式中 $X_k = -0.000\,1$（或任何绝对值小于 0.000 1 的数），那么 $X_m = 1.000\,1$，相应的组合应表现为曲线 KM 延长线一个 U'，那么 U' 便是一个实实在在的风险证券投资组合，其组合系数均为正。其他证券的组合系数为正是显然的，证券 K 的系数为：

$$-0.0001 + 1.0001 \times 0.0001 = 10^{-8} > 0$$

但由于曲线 KM 在 M 点的切线斜率大于资本市场直线的斜率，曲线 KM 的延长曲线 MU' 必定在资本市场直线的上方。故 U' 在资本市场直线上方。这同样与资本市场直线的非劣性发生矛盾，所以曲线 KM 与资本市场直线必定在 M 点相切。

很容易求出曲线 KM 在 M 点的切线的斜率为：

$$\left.\frac{dE}{d\sigma}\right|_{\sigma=\sigma_m} = \left.\frac{dE/dx_k}{d\sigma/dx_k}\right|_{x_k=0} = \frac{\sigma_m[E(\tilde{r}) - E_m]}{\text{cov}(\tilde{r}, \tilde{r}_m) - \sigma_m^2} \tag{13.17}①$$

而资本市场的斜率为：

$$k_c = \frac{E_m - r_f}{\sigma_m} \tag{13.19}$$

由（13.17）式和（13.19）式相等化简整理便得：

$$E - r_f = \frac{\text{cov}(\tilde{r}, \tilde{r}_m)}{\sigma_m^2}[E_m - r_f] \tag{13.20}$$

或

$$E(\tilde{r}) - r_f = \frac{\text{cov}(\tilde{r}, \tilde{r}_m)}{\sigma^2(\tilde{r}_m)}[E(\tilde{r}_m) - r_f] \tag{13.21}$$

上式正是资本资产定价模型，

$$E(\tilde{r}) - r_f = \beta[E(\tilde{r}_m) - r_f]$$

其中

$$\beta = \frac{\text{cov}(\tilde{r}, \tilde{r}_m)}{\sigma^2(\tilde{r}_m)}$$

式（13.21）在 "$\beta - E$" 平面上表现为证券市场直线，它揭示了任何证券的期望回报率与

---

① 注：现推导如下，令 $t = X_K$，则（13.16）式变为：

$$\tilde{p} = t\tilde{r} + (1-t)\tilde{r}_m$$

这时

$$E(t) = Et + E_m(1-t)$$
$$\sigma^2(t) = \sigma^2 t^2 + \sigma_m^2(1-t)^2 + 2\text{cov}\tilde{r}, (\tilde{r}_m)t(1-t) \tag{13.18}$$

故 $dE/dt = E - E_m$

$$d\sigma/dt = \frac{1}{2\sigma(t)}d(\sigma^2)/dt = \frac{1}{2\sigma}\{2\sigma^2 t + 2\sigma m^2(t-1) - 2\text{cov}(\tilde{r}, \tilde{r}_m)(2t-1)\}$$

$$= \frac{1}{\sigma(t)}\{[\sigma^2 + \sigma_m^2 - 2\text{cov}(\tilde{r}, \tilde{r}_m)]t - [\sigma_m^2 - \text{cov}(\tilde{r}, \tilde{r}_m)]\}$$

从而 $\left.\dfrac{dE/dt}{d\sigma/dt}\right|_{t=0} = \dfrac{\sigma_m[E-E_m]}{\text{cov}\tilde{r}(\tilde{r}_m - \sigma_m^2)}$

其中 $E - E(\tilde{r})$，$E_m = (\tilde{r}_m)$，$\sigma_m = \sigma(\tilde{r}_m)$，$\sigma = \sigma(\tilde{r})$。

其风险的关系，不过这里风险是以 β 度量的系统风险。如果我们对式（13.20）稍做变形：

$$E(\tilde{r}) - r_f = \frac{E(\tilde{r}_m) - r_f}{\sigma^2(\tilde{r}_m)} \cdot \text{cov}(\tilde{r}, \tilde{r}_m)$$

说明资本资产定价模型在"$\text{cov}(\tilde{r}, \tilde{r}_m) - E$"平面上仍是一条直线，这条直线的斜率为 $[E(\tilde{r}_m) - r_f]/\sigma^2(\tilde{r}_m)$，表示当协方差 $\text{cov}(\tilde{r}, \tilde{r}_m)$ 每增加一个单位，证券的期望回报率增加 $[E(\tilde{r}_m) - r_f]/\sigma^2(\tilde{r}_m)$ 个单位。这里就可以把证券回报率 $\tilde{r}$ 与市场回报率 $\tilde{r}_m$ 的协方差 $\text{cov}(\tilde{r}, \tilde{r}_m)$ 理解为证券的系统风险。

第四节　资本市场的有效性假设

资本市场的目的是有效地实现资金从供给者（投资者）向需求者（融资者）转移。融资者个人或厂商可能有剩余的产品投资机会，其预期回报率超过由资本市场确定的借贷利率，但却自己无足够的资金充分利用这些投资机会。另一方面，投资者在用尽自己的产品投资机会以后，仍有剩余的资金，会愿意以市场确定的利率借出这些钱，以期比其他方式赢得更多的回报。借贷利率对于每一个生产者来说是一种重要信息，他们将接受投资项目，直至其投资回报率等于其资本的机会成本。

有效的资本市场（Efficient Capital Market）的假设，是当代财务金融学最重要的理念之一。如果证券市场是有效的，则购买或出售金融工具的交易净现值 NPV 都是 0，本节将讨论与资本市场的有效性相关的问题。

一、什么是有效的资本市场

资本市场的有效性假设，是指证券的市场价格是一切相关信息的瞬时反映。这当然意味着要求一切有关信息能及时、廉价地传播给投资者。

为了描述有效的资本市场，首先让我们复习一下完美的资本市场（Perfect Capital Market）的概念。完美的资本市场要求满足下述条件[①]：

（1）市场无摩擦，即不存在交易成本或交易税，所有资产（证券）都是可完全细分的，也是可交易的，不存在任何限制性法规。

（2）产品市场和证券市场都是完全竞争的，这意味着在产品市场上所有生产者以最小平均成本提供产品或服务，而在证券市场上所有参与者都是价格承受者。

（3）市场是信息有效的，即信息是无成本的，并同时传播给所有参与者。

（4）全部参与者都是理性的，最大化自己的效用。

资本市场的有效性比上述完美的资本市场的限制要少。有效的资本市场是指，价格完全

[①] 参见 T. Copeland and F. Weston, Financial Theory and Corporate Policy, 3rd ed., Addison-Wesleg, 1998, P.331. 关于完美市场的定义，请参考 C. Pass et al. Dictionary of Economics, Collins Reference, Collins London & Glasgow, 1998.

地、瞬时地反映了一切可供利用的有关信息。这意味着，当资产交易时，价格是准确的资本配置信号。当完美的资本市场所要求的某些条件不成立时，市场仍可能是有效的。例如，当市场不是无摩擦时，我们也可以有有效的资本市场。如果交易要支付佣金，如果人力资本不能被细分也不能出售，如果产品市场不是完美，我们仍然有效的资本市场，因为价格仍可完全、瞬时地反映一切可供利用的信息。最后，要求信息无成本也无必要。

由于影响资产未来现金流的因素和折现率的因素都是有关的信息，这些信息都已包含在了资产的市场价格中，因此在有效的资本市场里，按市场现行价格进行的证券交易，决不可能具有正的净现值 NPV。由于供需双方的净现值 NPV 都不能大于 0，而且证券的供方的净现值就是证券的需方的净现值乘以 –1，所以资本市场上任何按现行价格的交易，其现值均为 0。

在有效的资本市场的假设下，证券价格的变化是随机的，像物理学中微粒的布朗运动和随机行走一样。也就是说，证券价格的变化无规律或模式可以遵循，是不可以预测或预知的。为什么呢？道理是这样的：既然证券的价格反映了全部有关的信息，那么只有当新信息来到后，价格才能发生变化。由新信息的定义可知，它是不能被事先预报的，不然就不能称为新信息，因此价格的变化亦不能事先预测。或者说，如果认为证券的价格已经反映了全部信息，包括可以预测的信息，则证券价格的改变仅仅反映不可预测的信息。不可预测信息的发生是随机的，故证券价格的变化亦必然是随机的。

我们还可以从反面再说明这一问题。假如有人发现了某种证券的变化"规律"，则未来的"规律"会被自身破坏掉。例如，如果某公司的股票上个月每股 10 元，这个月上升到了 12 元，而预测下个月将直线攀升，达到每股 14 元。假如这一预测规律为广大投资者所认同的话，那么该股票价位不会像预测那样直线上升，在下个月达到 14 元，而是立即大幅度上扬。这是因为如果投资者认识到这一规律，就会竞相购买这种股票，大家都去买，导致价格立即上扬，等不到下个月或许就接近甚至超过 14 元了。

有效的证券市场必定是充分竞争的市场，这不仅是金融工具的购买者之间的竞争，出售者之间的竞争，还包括基础分析家和技术分析家各自之间的竞争。所谓基础分析家，是指分析研究企业的运营和业绩，揭露一切可能影响其股票价格的信息的分析家。所谓技术分析家是指分析证券的价格记录，寻求其变化规律的分析家。在资本市场发达的世界，这两类分析家都有庞大的队伍。基础分析家间的竞争，将企业一切有关的信息都挖掘出来，从而使价格反映全部有关信息。技术分析家间的竞争使现在证券的价格反映以往价格序列中的全部信息，而且未来价格的变化不能从过去价格记录中进行预测。

证券市场的价格竞争导致证券的价格反映其真正的价值，就像在完全竞争的拍卖市场一样。投资分析家之间的竞争将揭示一切有用的信息，从而使得证券市场任何时候的价格都反映真正的价值。所谓真正的价值，在这里指的是该时刻融入了全部可以利用信息的均衡价格。价格反映了真实的价值，这就是有效资本市场假设推论。

二、有效性的三种形式

在 20 世纪六七十年代，罗伯茨（Roberts）、法玛（Fama）等学者通过分析总结，对资本市场的有效性做了三个层次的定义。其主要区分在于价格反映了何种信息。

(一) 弱形式的有效性

在弱形式（Weak Form）有效资本市场中，当前证券价格反映着过去价格记录中所包含的一切信息。在这种有效资本市场中，技术分析家对过去价格记录的分析是没有价值的。基于过去的价格或回报率记录而开发的任何交易策略不可能赢得超额回报。

(二) 亚强形式的有效性

在亚强形式（Semi-strong Form）的有效资本市场中，当前证券反映着一切公开的信息，它不仅包括证券市场生产的价格信息，而且包括证券发行公司的全部公开信息，如股利政策、收益和保留盈余及其预期，以及会计原则的改变，组合机构的变更等。多数信息迅速、准确地反映到股票的价格上来。在亚强形式下的有效资本市场中，宏观经济和公司财务的公开信息对于投资者考虑证券价格的变化没有任何帮助的，因为这些信息已在证券价格中反映出来了。

(三) 强形式的有效性

在强形式（Strong Form）的有效资本市场中，当前证券价格反映了全部的信息，不仅包括过去证券价格中的信息、一切公开的信息，而且反映了基础分析家能够得到的关于整个经济和公司的一切信息。在这种形式下的证券市场，就像理想的拍卖行一样：价格总是公平的，而且没有哪一个投资者能够持续做出证券价格的准确预报。对职业管理的各种投资组合的研究证实，没有哪一家基金能够得到明显超出市场回报的业绩，甚至剔除不同的风险因素以后，其差异都是偶然性的。

三种市场有效性的划分，实际上是建立在"一切可供利用的有关信息"所限定的范围基础上的。

许多金融财务专家对资本市场的这三种有效性进行了实证研究。多数研究结果较好地支持了弱形式和亚强形式的有效性。对于强形式的有效性则有一定程度的保留。有的调查结果表明纽约证券市场交易所（NYSE）内部人士的投资回报率较高，企业内部人士投资本公司股票的回报率较高，小企业股票投资回报率相对较高，这些现象都与强形式的有效性不相符合。但其中有些问题是容易解释的。由于信息怕不对称性，业内人士掌握甚至连基础分析家也挖不出来的信息，使内部知情人士利用特定权利获取了额外收益。值得一提的是许多国家法律禁止公司管理人员操作本公司的证券，禁止证券交易所工作人员进行证券投资，这些限制都保障了强形式的有效性。我国也是如此，禁止证券从业人员自己投资证券。有些学者对我国深圳、上海股市进行有效性检验，从20世纪90年代初开始已有不少论文发表。其结果多数支持，少数不支持有效性假设。可兴奋之余，冷静地想想，两个股市10年轮回，从宏观上就不反映信息，你能说它有效？我们认为这或许是我国资本市场发育不完全的表现。

有效市场的假设很容易遭到误解，因为"有效"一词这里不能"顾名思义"。它既不指市场效率高，信息传输快，动作整齐有序，也不指交易成本低，委托—代理快捷方便，更不指对价格的完全预报能力。事实上，有效性仅仅意味着价格反映了一切可供利用的信息。

有人会怀疑股票价格时上时下，是否代表其真正的价值，有效性的假设还成立不成立？回答是肯定的，正因为股票的价格时常变动，才代表了其真正的价值。在1987年10月19日，星期一，美国道·琼斯平均指数一天内下跌了23%。同一天中国香港股市下跌45.8%，澳大利亚 44.9%，其他主要股市除日本下降 12.8% 较少以外，下降幅度均在 20% 以上。这样大幅度的股价变化并不多见，但也是自然的和合理的，完全符合有效性的假设。例如，我们援引匀速增长价格模型。如果期望的标准—普尔指数红利是 $DIV = 11$ 点，市场资本化利率是 $r = 15.2\%$，而预期红利增长速度为 $g = 13\%$，那么现在的标准—普尔指数应是：

$$PV = \frac{DIV}{r-g} = \frac{11}{0.152 - 0.13} = 500(点)$$

但是如果投资者突然意识到，市场资本化利率不应是 15.2%，由于风险加大了应该上升到 16%，(上升幅度为 5%) 预期的红利增长速度也达不到 13%，而是 11.6%，(下降幅度为 11%) 这些信息导致新的指数为：

$$PV = \frac{DIV}{r-g} = \frac{11}{(0.16 - 0.116)} = 250(点)$$

即下降为新信息前的 50%，市场资本化利率和预期红利率的变化率都不算大，但股票价格的变化是很大很大了。

人们买卖证券是为了获利。当某种使股价上涨的新信息到来时，每个投资者都可以共享这个信息，股价就已经上涨了。预期证券价格上涨，你会买进，否则你会卖出。这全凭你的预测，凭你的运气。长期持续预测准确的常胜将军是不存在的。

三、关于证券价格变化的研究

如果有谁能发现证券价格变化的规律性，预测价格变化，那么此人用不了多久就会成为世界上的首富。钱牵动脑筋，世界有成千上万的人从事过这一行当的研究，结果谁也没发现什么，谁也没有大富起来。不过，这些研究倒发现了它的反面：证券价格的变化是随机的，是无规律可循的，作为这些研究的副产品，出现了有效资本市场的假设 (见图 13-15)。

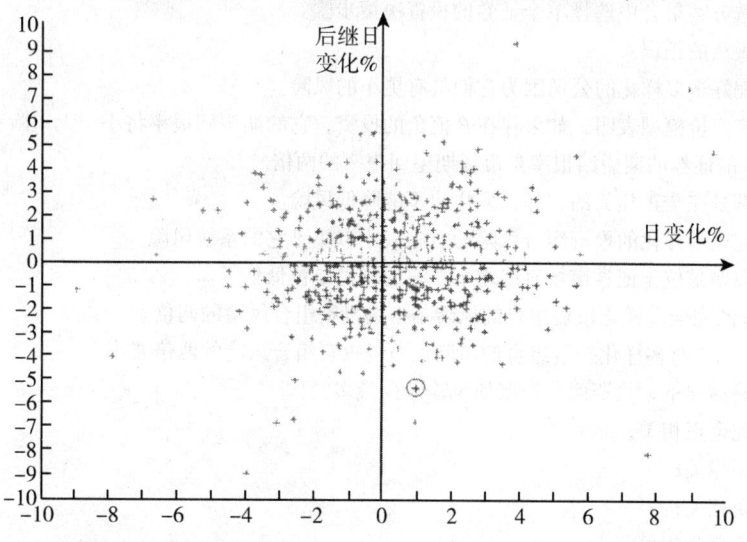

图 13-15　通用产品公司股票本日与后继日价格变化

关于证券价格的变化是随机的这一发现，可以追溯到 1990 年，但人们经常引用的工作是 1953 年肯德尔（M. Kendall）在英国皇家统计学会上宣读的一篇文章，主题是股票和商品的价格行为。肯德尔也曾寻求过股票价格变化的规律，不过使他惊奇的是找不到这种规律，倒是发现了我们在本节开始所说的价格随机行走现象。随机行走，意味着价格下一步如何变化不受现在（及过去）价格的影响。肯德尔的发现使世界震惊，也破了许多人的发财梦。

随后许多学者追随肯德尔做了大量的实验研究，提供了支持的大量证据。计算机的广泛使用，使得信息传输迅速快捷，统计和仿真工作容易多了。

一类工作是股票价格变化的仿真。假定股票年期望回报率为 12%，按算术平均则月回报率为 1%，周回报率为 0.25%。假定股票价格上升与下降的概率相等，都是 50%，每周上升的幅度为 3%，下降的幅度为 2.5%，则恰好周期望回报率为 $3\% \times 1/2 + (-2.5\%) \times 1/2 = 0.25\%$。有人用此法模拟了标准—普尔指数 5 年的数据，与真实的指数记录相比较，连行家里手也很难看出哪个是真的，哪个是假的。

另一类工作是检验证券价格下期变化与本期变化的相关性。图 13 – 15 是通用产品公司股票本日与后继日价格变化图。例如图中 + 处表示本日股票价上升 1%，而后继日下降 5%。统计用了 1986 ~ 1988 年三年的数据。这些点（大约 $53 \times 5 \times 3 = 800$ 个）给我们的印象是一盘散沙，即不集中在一、三象限，也不聚集在二、四象限。因此从直观上我们就知道本日价格的上升或下降对后继日的上升或下降无影响，或者说后继日价格的上升或下降不依赖于本日的上升或下降。事实上统计表明，这两者的相关程度非常低，相关系数仅为 + 0.03。

图 13 – 15 仅是此类研究的一例。研究者不仅研究了日变化，还研究了周变化、月变化，采样了许多不同国家不同时期的公司股票价格，计算价格上升、下降变化的次数，计算其相关系数，其结论都大同小异，也都支持肯德尔的发现。

习 题

1. 在有风险的条件下进行投资决策（比较两个项目的优劣）的准则。
2. 简述从备选方案集合中选择单个证券的投资决策步骤。
3. 判断下列说法的正误：
   (1) 投资者偏好于多样化的公司因为它们具有更小的风险。
   (2) 资本资产定价模型表明，如果存在 β 值负的投资，它的期望回报率将小于无风险利率。
   (3) β 值为 2 的证券的期望回报率是市场期望回报率的两倍。
   (4) 假如股票是完全正相关的，那么多样化不能降低风险。
   (5) 股票对完全多样化的投资组合风险的贡献大小取决于它的系统风险。
   (6) 如果某股票是位于证券市场直线之下，它的价值是被低估了。
   (7) β 值为 2 的完全多样化投资组合的风险是市场投资组合风险的两倍。
   (8) β 值为 2 的没有多样化投资组合的风险比市场投资组合风险的两倍要小。
4. 以下哪一种情况下，投资两只股票使风险减少最多？
   (1) 两股票完全正相关；
   (2) 两股票不相关；
   (3) 两股票负相关；
   (4) 两股票完全负相关。

5. 对以下说法做出评论：
（1）风险有偏大的风险和偏小的风险，标准差不能区别它们；
（2）风险对我来说是损失的概率；
（3）用 β 来度量风险存在一个假设前提，即 β 值是不变的。

6. 假定某人今年的收入为 160 元，明年的收入预计为 120 元，资本市场上允许以 20% 的利率自由借贷，以今年的消费额为横轴明年的消费额为纵轴，在图上画出其消费预算线，假定此人的效用函数为 $U(x,y) = (x+10)y$（其中 x 为今年的消费额，y 为明年的消费额），确定此人应投资多少才能达到效用最大化？

7. 假定市场回报率的票准差为 20%，
（1）计算 β 值为 1.5 的完全多样化投资组合回报率的标准差；
（2）计算 β 值为 0 的完全多样化投资组合回报率的标准差；
（3）计算标准差为 15% 的完全多样化投资组合的 β 值。

8. 以下是公司 A 和公司 B 风险的有关数据，已知市场回报率的标准差为 22%。

	公司 A	公司 B
β 值	0.84	1.27
回报率的标准差	22.9	37.8

（1）假定两公司回报率的相关系数为 0.40，计算等权重投资于两公司的投资组合的标准差；
（2）对于 1/3 投资于公司 A，1/3 投资于公司 B，1/3 投资于政府债券的投资组合，计算其标准差；
（3）如果投资组合是先借款 100%，再等量的投资于两家公司，计算该投资组合的标准差。

9. 某投资者将其全部钱的 60% 投资于股票 A，其余的钱投资于股票 B，股票 A 回报率的标准差为 10%，股票 B 的标准差为 20%，计算两者相关系数分别为 1.0、0.5、0 时，该投资者的回报率的方差。

10. 在 20 世纪 60 年代的美国股票市场上，股票回报率的标准差一般为 0.25，两股票之间的相关系数一般为 0.3，计算等量投资于 2 只、3 只……一直到 10 只股票的投资组全回报率的标准差和方差。根据计算结果，粗略估算不能通过多样化消除的基本市场风险的大小。

11. 假定市场组合的标准差为 20%，市场与股票 K 回报率之间的协方差为 800（%）^{2}，则
（1）计算股票 K 的 β 值；
（2）计算这些股票完全多样化的投资组合的标准差；
（3）计算所有股票的平均 β 值；
（4）如果市场投资组合的回报率比你预计的高 5%，则股票 K 的回报率超过你预期的回报率多少？

12. M 先生建议投资于股票 A 和股票 B，他预计股票 A 的回报率为 12%，标准差为 8%；股票 B 的回报率为 8%，标准差为 5%，两股票回报率之间的相关系数为 0.2。
（1）计算以下投资组合的期望回报率和标准差：

投资组合	股票 A 的权重（%）	股票 B 的权重（%）
1	50	50
2	25	75
3	75	25

（2）假定 M 先生可以以 5% 的利率自由借贷，则投资于股票 A 和股票 B 的权重应分别是多少？

13. 比较下列各组中两投资组合的优劣：
    (1) 投资组合 A　　　　$r=18\%$　　　　$\sigma=20\%$
        投资组合 B　　　　$r=14\%$　　　　$\sigma=20\%$
    (2) 投资组合 C　　　　$r=15\%$　　　　$\sigma=18\%$
        投资组合 D　　　　$r=13\%$　　　　$\sigma=8\%$
    (3) 投资组合 E　　　　$r=14\%$　　　　$\sigma16\%$
        投资组合 F　　　　$r=14\%$　　　　$\sigma=10\%$

14. P 先生上周分析了三个投资组合，投资组合 A 的期望回报率为 10%，标准差为 10%，投资组合 B 的期望回报率为 14%，标准差为 20%，然而，他忘记了投资组合 C 的期望回报率和标准差，只记得当利率为 5% 和 9% 之间时，投资组合 C 为最优投资组合，否则，他将投资于投资组合 A 和投资组合 B，并通过借贷来调整平衡，试问：
    (1) 投资组合 C 的期望回报率和标准差分别为多少？
    (2) 什么时候应投资于组合 A，什么时候应投资于组合 B？

15. H 先生将其所有的钱 60% 投资于股票 A，其余投资于股票 B，他判断它们前景如下：

	股票 A	股票 B
期望回报率（%）	15	20
标准差（%）	20	22
两股票回报率之间的相关系数	0.5	

    (1) 计算他的投资组合的期望回报率和标准差；
    (2) 假定相关系数定为 0 或 -0.5，计算此时该投资组合期望回报率和标准差；
    (3) H 先生的投资组合是优于全部投资于股票 A 还是劣于，还是不能确定？

16. 给定投资组合 A，B，C，D，E，F，G，H 如下：

投资组合（%）	A	B	C	D	E	F	G	H
期望回报率 r（%）	10	12.5	15	16	17	18	18	20
标准差 σ（%）	23	21	25	29	29	32	36	45

    (1) 在 $\sigma-E$ 平面上画出以上有风险的投资组合；
    (2) 判断哪些是非劣势投资组合，哪些是劣势投资组合；
    (3) 假定允许以 12% 的利率自由借贷，如个投资组合最优？
    (4) 假定你能够承受的标准差为 25%，如个投资组合在你无须借贷时的期望回报率最大？
    (5) 假定你能承受最大标准差为 25%，如果允许以 12% 的利率自由借贷，你的最优选择是什么？你能获得的最大期望回报率是多少？

17. 判断下列正误：
    (1) 股票价格的连续变化是不相关的；
    (2) 有效市场假说认为投资者有很好的预测能力；
    (3) 半强有效市场的假说认为股票的价格反映现有的一切公开信息；
    (4) 在强有效的市场中，各股票的期望回报率都相等；
    (5) 证券分析师和投资者的基础分析有助于使市场保持有效性。

(6) 对于投资者来说，股票的历史价格不能预测其将来的回报；

(7) 如果有效市场假说正确，管理者不能通过使收益增加的"会计包装"来提高股票价格。

18. "信息的竞争使证券市场有效"这种说法是否正确并加以解释。

19. 资本市场有效性的假设及其三种有效形式。

20. "有关记录显示，长期利率相对较高，大多数公司发现通过发行股票和银行借款来筹资相对较便宜。"对以上说法做出讨论。

21. "如果有效市场的假说正确，公司发行哪一种证券没有区别，它们都公平定价。"这种说法是否正确？

第十四章　关于风险概念的进一步讨论

前两章我们基于"$E-\sigma$"分析方法，得出了资本市场理论两个最重要的结果。其一是资本市场直线，说明非劣投资组合的期望回报率和其均方差是一个简单的线性关系，你想要更高的回报，就必须以更高的风险做补偿。其二是证券市场直线，阐述每个证券的期望回报率与其 β 是一个简单的线性关系，证券回报率预期高的，必定具有较大的 β。然而"$E-\sigma$"分析的基点之一是假定投资者是避免风险的，而风险又是用回报率的均方差来定义的。

本章我们将研究隐藏在这些假定背后的问题，这些问题本质上都与风险的概念有关。我们将指出上述风险的定义中的问题，提出风险的各种不同的定义方法，研究投资者对待风险的态度，进一步讨论回报率与风险的关系。这些讨论，对于把握难以捉摸的风险概念是至关重要的。

第一节　风险定义的问题

一、"$E-\sigma$"分析失效的情形

传统的投资组合分析中，将回报率的均方差定义为证券（或投资组合）的风险。每一备选方案都用两个数据来衡量：回报率的期望值 E 和回报率的均方差 σ，并且假定投资者都偏好于大的期望回报率和小的均方差。应该说第一点，即每个投资者都偏好于大的回报率期望值是一种理性的选择假设，因为谁都知道财富多比少好，因此可以说这一点是公理，任何情况下都不会发生怀疑。

问题出于第二点上，说投资者都是避免风险的，如果风险是指日常用语是指坏事而非好事，这倒也没错。但事实上用均方差定义风险，它表示回报率与期望值偏差的平方的期望值的平方根，因此只是表明回报率的波动程度，而这种偏离可正可负。若是正偏离，即回报离高于其期望值，并不是坏事而是好事。只有负偏离，即回报率低于其期望值才是不好的事。在这种风险定义下，无法证明投资者都是避免风险的这个假设的完全正确性。

"$E-\sigma$"方法，用两个数据 E 和 σ 来衡量证券或投资组合。现考虑两个备选方案，其回报率分别为 $\tilde{r}_1$ 和 $\tilde{r}_2$，则方案 1 用 $(E(\tilde{r}_1), \sigma(\tilde{r}_1)) = (E_1, \sigma_1)$ 来衡量，方案 2 用 $(E(\tilde{r}_2), \sigma(\tilde{r}_2)) = (E_2, \sigma_2)$ 来衡量。如果 $E_1 \geq E_2$，同时 $\sigma_1 < \sigma_2$ 或 $E_1 > E_2$ 同时 $\sigma_1 \leq \leq \sigma_2$，则方案 1 优于方案 2。如果这种情况出现，则全部投资者都会选择方案 1 投资。同理，如果方案 2 优于方案 1，则所有的投资者会选择方案 2。但如果出现方案 1 不优于方案 2 而方案 2 也不优于方案 1

这种情况，不妨设：

$$E_1 < E_2 \text{ 且 } \sigma_1 < \sigma_2$$

则按照"$E-\sigma$"方法，一般这两个方案就不能比较。根据对风险的偏好程度不同，为使效用最大化，有的投资者可能选择方案1，有的可能选择方案2，而不存在对全部投资者一致性的决策。

但有时却不这样，会出现所有投资者都一致选择方案2的情况。请研究下面的例子。

例：设证券1和证券2的回报率 $\tilde{r}_1$ 和 $\tilde{r}_2$ 分别服从均匀分布，其概率密度函数分别为 $f_1(x)$ 和 $f_2(x)$，定义如下：

$$f_1(x) = \begin{cases} 5, & \text{当 } 0 \leq x \leq 0.2 \\ 0, & \text{其他} \end{cases}$$

$$f_2(x) = \begin{cases} 2.5, & \text{当 } 0 \leq x \leq 0.4 \\ 0, & \text{其他} \end{cases}$$

容易计算，证券1和证券2回报率的期值分别为：

$$E(\tilde{r}_1) = \int_{-\infty}^{+\infty} x f_1(x) dx = \int_0^{0.2} 5x dx = 0.1$$

$$E(\tilde{r}_2) = \int_{-\infty}^{+\infty} x f_2(x) dx = \int_0^{0.4} 2.5x dx = 0.2$$

而其方差分别为：

$$\sigma^2(\tilde{r}_1) = \int_{-\infty}^{+\infty} [x - E(\tilde{r}_1)]^2 f_1(x) dx = \int_0^{0.2} 5(x - 0.1)^2 dx = 0.0033$$

$$\sigma^2(\tilde{r}_2) = \int_{-\infty}^{+\infty} [x - E(\tilde{r}_2)]^2 f_1(x) dx = \int_0^{0.4} 2.5(x - 0.2)^2 dx = 0.0133$$

从而得出：

$$\sigma(\tilde{r}_1) = 0.057, \sigma(\tilde{r}_2) = 0.115$$

显然

$$E(\tilde{r}_1) < E(\tilde{r}_1) \text{ 且 } \sigma(\tilde{r}_1) < \sigma(\tilde{r}_2)$$

即属于"$E-\sigma$"分析中不能断定谁优谁劣的情形。但实际上任何一个具备概率论最起码知识的投资者（投资者应该懂得一些概率论）都会一致地选择证券2，而无人选择证券1。

我们不妨回忆一下分布函数的概念。对任何实数 x，回报率 $\tilde{r} \leq x$ 是一个随机事件，记作 $\{\tilde{r} \leq x\}$，这个事件的概率定义为随机变量 $\tilde{r}$ 的概率分布函数 $F(x)$

$$F(x) = P(\{\tilde{r} \leq x\})$$

当然，不管是谁，对同一 x，$F(x)$ 越小越好。例如，$x = 0.10$，$F_1(0.1) = 0.5$，$F_2(0.1) = 0.25$。根据 $\tilde{r}_1$ 和 $\tilde{r}_2$ 的概率密度函数 $f_1(x)$ 和 $f_2(x)$，很容易画出其分布函数 $F_1(x)$ 和 $F_2(x)$ 的图形，如图 14-1 所示。

从图中显然可以看出：

$$\begin{cases} F_2(x) < F_1(x), \text{当 } 0 < x < 0.4 \\ F_2(x) = F_1(x), \text{其他} \end{cases}$$

也就是说，当 x 介于 0 和 40% 之间时，"证券 2 的回报率不大于 x" 这一事件的概率小于"证券 1 的回报率不大于 x" 这一事件的概率。而当 $x < 0$ 时，这两个事件的概率相等，都等于 0；当 $x > 0.4$ 时，这两个事件的概率也相等，都等于 1。那么十分明显，证券 2 要比证券 1 好，投资者会一致地选择证券 2，不管他们对待风险的态度如何。

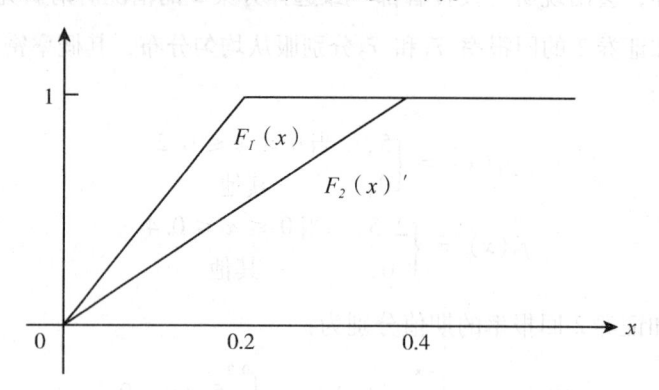

图 14-1 $\tilde{r}_1$ 和 $\tilde{r}_2$ 的分布函数

问题出在哪里呢？可能出在风险的定义或关于投资者都是避免这样定义的风险的假设上。事实上，马考维茨当初的这个假设是建立在更原始的假设基础上的，即假设回报率都服从联合正态分布。当回报率服从正态分布时，(E, σ) 两个数字唯一确定了分布函数；当不是正态分布时，只有这两个数字一般并不能唯一确定分布函数。在正态分布下，如果

$$E_1 < E_2, \sigma_1 < \sigma_2$$

不会出现

$$F_2(x) \leqslant F_1(x), -\infty < x < +\infty$$

的情形，只能对一部分 x，如 $x < c_0$ 时，或 $> d_0$ 时

$$F_1(x) < F_2(x)$$

而当 $c_0 \leqslant x \leqslant d_0$ 时

$$F_2(x) < F_1(x)$$

而事实上，并不能从理论上证明证券或投资组合的回报率都服从正态分布，而实际上普通股投资的回报率不服从正态分布。

二、风险的其他定义

"$E - \sigma$" 分析中把证券的风险定义为其回报率的均方差，以此为基础得出了一系列的重要理论结果。正像我们已经分析的那样，在这种定义下，做出投资者都是避免风险的这个假设就

不理直气壮,而且也出现了像上段例中失效的情形。基于以上理由,寻求一个比较好的风险定义,是一件有待完成的工作。下面我们简单讨论一下几种其他定义。

1. 概率分布函数

如果把风险理解为随机性,我们认为证券回报率的概率分布函数是对证券风险的完全合理的描述。可以通过其分布函数的大小关系,定义诸方案的优劣。假设证券1回报率的概率分布函数为 $F_1(x)$,证券2的回报率的概率分布函数为 $F_2(x)$,称证券1优于证券2,如果

$$\begin{cases} F_1(x) \leq F_2(x), 当 -\infty < x < +\infty \\ F_1(x_0) < F_2(x_0), 某 x_0 \end{cases}$$

这与一些学者提出的一级随机优于(First Order Stochastic Dominance)的概念相吻合。

分布函数包含的信息数量大,是对随机性的全面描述。但分布函数是定义在 $(-\infty, +\infty)$ 上的函数(具有性质 $\lim_{x \to -\infty} F(x) = 0$, $\lim_{x \to +\infty} F(x) = 1$ 而且是单调上升的),而不是一个数值,这就使得不同方案比较起来十分困难,不容易分出优劣,导致非劣方案太多,造成选择的困难。同时在计算投资组合的分布函数时,运算相当麻烦。

2. VaR

VaR(Value at Risk)译为风险的价值,其含义为分布函数的逆函数。它与分布函数实质上是一码事。这种风险的度量方法才兴起只有十几年的时间,大多为银行机构所采用。

3. 半方差

可以把回报率的半方差,或均半方差定义为该证券的风险,半方差的定义为:

$$E\{[\tilde{r} - E(\tilde{r})]^2\}$$

其中

$$x = \begin{cases} x, 当 x \leq 0, \\ 0, 当 x > 0 \end{cases}$$

即半方差表示负偏离平方的平均值。这一定义,与日常用语中的风险概述接近,而且适合投资者都是避免风险的这个假设。

例如:

$$\tilde{r} = \begin{cases} 0.1 & 概率 1/4 \\ 0.2 & 概率 1/2 \\ 0.3 & 概率 1/4 \end{cases}$$

容易计算出:

$$E(\tilde{r}) = 0.2, \sigma^2(\tilde{r}) = 0.005$$

但另一方面

$$[\tilde{r} - E(\tilde{r})] = \begin{cases} -0.1, & 概率 1/4 \\ 0, & 概率 3/4 \end{cases}$$

故

$$E\{[\tilde{r} - E(\tilde{r})]^2\} = 0.0025$$

实际运算和操作起来,半方差困难也很多。

4. 负偏差均值

类似半方差,可以用回报率的负偏差的期望值定义为该证券的风险,即

$$E\{|[\tilde{r} - E(\tilde{r})]|\} = -E\{[\tilde{r} - E(\tilde{r})]\}$$

其优缺点与半方差类似。

5. 分布跨度

分布跨度即最大的可能回报率与最小的可能回报率之差,援引上例,其分布跨度为:

$$0.3 - 0.1 = 0.2$$

分布跨度是回报率离散程度的一种表示,但它只考虑冒尖的两端,而未考虑中间层。亦可进而定义概率 α 跨度,其中 $0 \leq \alpha \leq 1/4$

$$\alpha \text{ 跨度} = x_2 - x_1$$

其中 x_1, x_2 满足: $F(x_1) = \alpha$, $F(x_2) = 1 - \alpha$, $F(x)$ 为回报率的概率分布函数。

跨度方法只是对随机性中的部分测量,而且运算起来并不简单。

还可以列举出一些关于风险的定义,由于篇幅限制,这里就不一一介绍了。

第二节 投资者的风险偏好问题

一、关于财务金融学的第二原则

通常认为,财务学有两条基本原则。第一个原则是现值原则,即:今天的一元钱的价值大于明天的一元钱的价值,这个现值原则举世公认,不存在任何异议。第二个原则是所谓风险原则,即:无风险的一元钱的价值大于有风险的一元钱的价值。对于风险原则的正确性,学者们的认识就不那么一致了。

问题的核心是什么是有风险的一元钱。有风险的一元钱在财务金融学中通常指的是期望值为一元钱的随机收入。如果是这样理解,则第二原则只有对避免风险的那些人才成立。

现考虑下述两种投资方案。

(1) 方案 1:付给你现金 $\alpha a + (1-\alpha)b$ 元。

(2) 方案 2:付给你多少现金要看你的运气:你有 α 的概率被付给 a 元,$1-\alpha$ 的概率被付给 b 元。

注意,方案 2 中收入是随机的,或者 a 元或者 b 元,但收入的期望值是 $\alpha a + (1-\alpha)b$ 元,方案 1 中的收入的均方差 $=0$,即无风险,方案 2 收入的均方差 $(a-b)\sqrt{\alpha(1-\alpha)} > 0$。按照法玛(Fama)米勒(Miller)等人的记法,把方案 2 称为一个赌博(Gamble),记作 $G(a, b; \alpha)$。方案 1 是无风险的 $\alpha a + (1-\alpha)b$ 元。而方案 2 是有风险的 $\alpha a + (1-\alpha)b$ 元。特别地,当 $\alpha a + (1-\alpha)b = 1$ 时,则方案 1 是无风险的一元钱,而方案 2 是有风险的一元钱。

上述两方案让你选择。如果你选择方案 1，那么就说你是避免风险的；如果你选择方案 2 那么就说你是嗜好风险的；如果你视两方案无差异，选择哪一个都一样，就说你是风险中性的。应该讲，在一般情况下，这三种类型的人都存在。

但是一个人对待风险的倾向可能随着涉及的钱 $\alpha a + (1-\alpha)b$ 的多少而变化：由嗜好风险变为避免风险。

例如，笔者曾多次在课堂上做过如下实验：作为对研究生获得公司财务学优秀成绩的奖励，受奖者可以从下述两个方案中任选其一：

(1) 现金 1 元；

(2) 赌博 G（1 000，0；0.001），即千分之一的概率得 1 000 元，千分之九百九十九的概率什么也得不到。

结果几乎 100% 的学生选择了方案 2，即有风险的一元钱。说明在这个水平上，绝大多数研究生是嗜好风险的。

如果提高奖金力度，把方案 1 中的 1 元改为 100 元，相应的把方案 2 改为 G（100 000，0；0.001）（即千分之一的机会可能得 10 万元，千分之九百九十九的机会一分钱也不得）。则选择方案 1 和 2 的学生几乎一半对一半。

如果再提高奖金力度，把方案 1 中的 1 元改为 1 000 元，方案 2 的赌博改为 G（1 000 000，0；0.001）测验结果在预料之中：绝大多数学生选择方案 1，即选择无风险的 1 000 元，而不是有风险的 1 000 元。

由此我们可以得出结论，人们对待风险的态度是有变化的，对待不认真的钱一般多数是嗜好风险的，对待认真的钱，一般多数是避免风险的。考虑投资时，对待的当是认真的钱。

但事情不能一概而论。众所周知，世界上至今仍有不少赌徒和投机者，而且这种人还会存在下去。如果不计交易成本，赌博是零和的，也就是说赌徒都是嗜好风险的，而且涉及的钱并非不认真。投资中的投机活动也一样，例如某些期权交易者，也是嗜好风险的。

二、效用理论中的风险

财务金融学关于投资者对风险的态度的划分，实际上是依据效用理论进行的。冯·诺伊曼（Von Neumann）和莫根斯特恩（O. Morgenstern）试图寻求定义社会经济参与者的"理性行为"的完备数学原理，并以此为基础，导出这种行为的一般特征。基于 5 条公理，他们建立了理性选择的一整套理论，即效用理论。效用理论把决策者按其对待风险的倾向，划分为三种类型：嗜好风险、风险中性和避免风险。

用 $u(\cdot)$ 表示决策者的一元效用函数。随机变量 $\tilde{r}$ 的分布仍用 $G(a, b; \alpha)$ 表示，则

$$u(\tilde{r}) = \begin{cases} u(a), \text{概率 } \alpha \\ u(b), \text{概率}(1-\alpha) \end{cases}$$

因此，利用效用函数可以这样定义：

(1) 如果 $u(E(\tilde{r})) > E(u(\tilde{r}))$，则决策者被称作避免风险；

(2) 如果 $u(E(\tilde{r})) = E(u(\tilde{r}))$，则决策者被称作风险中性；

(3) 如果 $u(E(\tilde{r})) < E(u(\tilde{r}))$，则决策者被称作嗜好风险。

图 14-2 效用函数

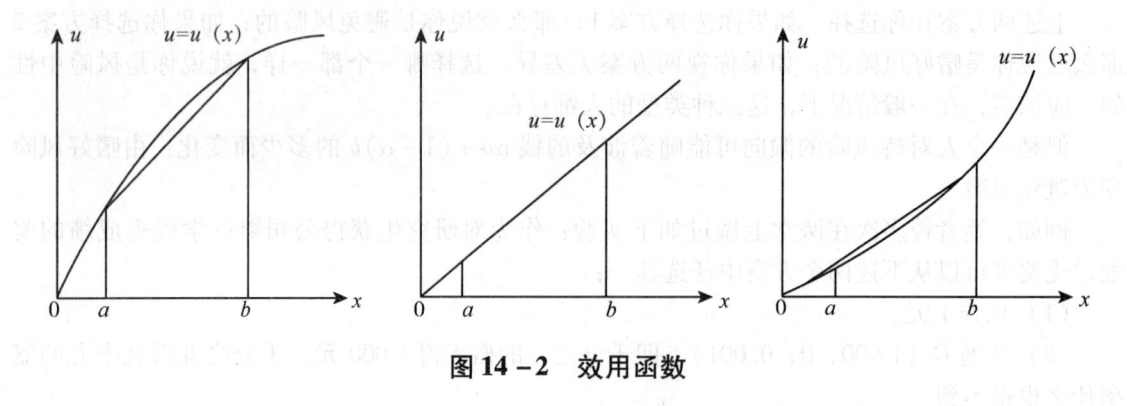

三种类型的效用函数，如图 14-2 所示。可以证明，若决策者是避免风险的，则其效用函数是凹的（Concave）；若决策者是嗜好风险的，则其效用函数是凸的（Convex）；若决策者是风险中性的，则其效用函数是直线。

第三节　系统风险和 β 的再认识

一、系统风险和特殊风险

我们再回到资本资产定价模型上来。在均衡状态下，任何证券的期望回报率 $E(\tilde{r})$ 与市场投资组合的期望回报率 $E(\tilde{r}_m)$ 间成立关系：

$$E(\tilde{r}) - r_f = \beta[E(\tilde{r}_m) - r_f]$$
$$= \text{cov}(\tilde{r}, \tilde{r}_m) \cdot \frac{E(\tilde{r}_m - r_f)}{\sigma^2(\tilde{r}_m)} \tag{14.1}$$

其中

$$\beta = \frac{\text{cov}(\tilde{r}, \tilde{r}_m)}{\sigma^2(\tilde{r}_m)}$$

为了得到较大的期望回报，必须具有更大的 β，注意 β 中只有协方差 $\text{cov}(\tilde{r}, \tilde{r}_m)$ 与该证券有关，而分母市场组合回报率的方差在均衡状态下是一个常数，正如 (14.1) 式后半式表示的那样，任何证券的期望回报率增益依赖于本身的因素是：

$$\text{cov}(\tilde{r}, \tilde{r}_m) = \beta \sigma^2(\tilde{r}_m)$$

而依赖于市场组合的因素是：

$$\frac{E(\tilde{r}_m) - r_f}{\sigma^2(\tilde{r}_m)}$$

因此，如果按照避免风险的原则把期望回报率与风险挂钩，而投资又只在乎系统风险，那么证券系统风险的适宜度量应是其 β 或协方差 $\text{cov}(\tilde{r}, \tilde{r}_m)$。再强调一下，资本资产定价模型说明,任何证券的期望回报率只与其 β 或协方差 $\text{cov}(\tilde{r}, \tilde{r}_m)$ 有关,而与其风险 $\sigma(\tilde{r})$ 无直接关系。当然这是视 $E(\tilde{r}_m)$,$\sigma(\tilde{r}_m)$,r_f 均为常数而言。

我们在第十二章指出,一个证券的风险等于其系统风险和特殊风险之和。但这只是一种模糊的叙述,而非严格的表达。现在我们有条件把这一点搞清楚了。

受资本资产定价模型的启发,我们可以用市场组合回报率 $\tilde{r}_m$ 与 $\tilde{r}_m$ 独立的另一个随机变量 $\tilde{\varepsilon}$ 来解释任何证券的回报率 $\tilde{r}$:

$$\tilde{r} = a + b\tilde{r}_m + \tilde{\varepsilon} \tag{14.2}$$

其中常数 a,b 由本证券决定,而 $\tilde{\varepsilon}$ 与 $\tilde{r}_m$ 互相独立,且无妨设 $E(\tilde{\varepsilon}) = 0$。

由 (14.2) 式,可知下述两个关系成立:

$$E(\tilde{r}) = a + bE(\tilde{r}_m) \tag{14.3}$$

$$b = \text{cov}(\tilde{r}, \tilde{r}_m)/\sigma^2(\tilde{r}_m) = \beta \tag{14.4}①$$

其中 (14.4) 式已经确定了 (14.2) 式中的 b,再由 (14.3) 式便可确定 a,这就完成证券回报率 $\tilde{r}$ 与市场组合回报率 $\tilde{r}_m$ 之间的关系的描述。

由于类似于 (14.4) 式的推导,由 (14.2) 式可知

$$\sigma^2(\tilde{r}) = b^2 \sigma^2(\tilde{r}_m) + \sigma^2(\tilde{\varepsilon}) \tag{14.5}$$

$$= \beta^2 \sigma^2(\tilde{r}_m) + \sigma^2(\tilde{\varepsilon}) \tag{14.6}$$

一开始我们说过一般用均方差度量证券的风险,但是有时也用方差度量证券的风险。现在这点派上了用场:$\sigma^2(\tilde{r})$ 是证券的风险 $\beta^2 \sigma^2(\tilde{r}_m) = \dfrac{[\text{cov}(\tilde{r}, \tilde{r}_m)]^2}{\sigma^2(\tilde{r}_m)}$ 表示证券的系统风险,而 $\sigma^2(\tilde{\varepsilon})$ 是证券的特殊风险,即完成了等式:

$$\text{证券的风险} = \text{系统风险} + \text{特殊风险} \tag{14.7}$$

我们终于清楚了它的含义。

这里涉及风险的度量问题。如果我们坚持用均方差 $\sigma(\tilde{r})$ 表示证券的风险,用 $\text{cov}(\tilde{r}, \tilde{r}_m)/\sigma(\tilde{r}_m)$ 表示它的统风险,而用 $\sigma(\tilde{\varepsilon})$ 表示它的特殊风险,那么 (14.7) 式则不再成立,而应代之以

$$(\text{证券风险})^2 = (\text{系统风险})^2 + (\text{特殊风险})^2 \tag{14.8}$$

注意 (14.7) 式和 (14.8) 式中所谓系统风险和特殊风险,均分别指该证券的系统风险和特殊风险。不同的证券,其系统风险一般也是不同的。

---

① 因为 $\text{cov}(\tilde{r}, \tilde{r}_m) = \text{cov}(a + b\tilde{r}_m) + \text{cov}(b\tilde{r}_m, \tilde{r}_m) + \text{cov}(\tilde{\varepsilon}_m) = 0 + b\sigma^2(\tilde{r}_m) + 0 = b\sigma^2(\tilde{r}_m)$。其中,$\text{cov}(a, \tilde{r}_m) = 0$ 是显然的,$\text{cov}(\tilde{\varepsilon}, \tilde{r}_m) = 0$ 是因为 $\tilde{\varepsilon}$ 与 $\tilde{r}_m$ 互相独立的假设。

注意（14.8）式证券系统风险的度量即非 β，又非 $\mathrm{cov}(\tilde{r}, \tilde{r}_m)$，而是二者之间的一个数 $\beta \cdot \sigma(\tilde{r}_m) = \mathrm{cov}(\tilde{r}, \tilde{r}_m)/\sigma(\tilde{r}_m)$。再把资本资产定价模型改写一下：

$$E(\tilde{r}) - r_f = \beta[E(\tilde{r}_m) - r_f]$$

$$= \frac{\mathrm{cov}(\tilde{r}, \tilde{r}_m)}{\sigma(\tilde{r}_m)} \cdot \frac{E(\tilde{r}_m) - r_f}{\sigma(\tilde{r}_m)}$$

$$= (系统风险) \times \frac{E(\tilde{r}_m) - r_f}{\sigma(\tilde{r}_m)} \tag{14.9}$$

（14.9）式说明，任何证券的期望回报率风险增益等于其系统风险的大小乘上因子（$E(\tilde{r}_m) - r_f)/\sigma(\tilde{r}_m)$，这一因子有时被称为"风险的价格"。

这样证券市场直线和资本市场直线在形式就完全一致了起来。资本市场直线说，任何非劣投资组合 $\tilde{p}$，其期望回报率 $E(\tilde{p})$ 和风险 $\sigma(\tilde{p})$ 满足关系：

$$E(\tilde{p}) - r_f = \sigma(\tilde{p}) \times \frac{E(\tilde{r}_m) - r_f}{\sigma(\tilde{r}_m)}$$

$$= (风险) \times \frac{E(\tilde{r}_m) - r_f}{\sigma(\tilde{r}_m)} \tag{14.10}$$

（14.10）式说明任何非劣投资组合的期望回报率增益等于其风险的大小乘上同一因子（$\tilde{E}(\tilde{r}_m) - r_f)/\sigma(\tilde{r}_m)$，即"风险的价格"。

至此，回报率和风险关系问题可以说是比较清楚了。

二、证券回报率对市场回报率变化的敏感度

在第十二章，为了给资本资产定价模型一个直观的解释，曾把证券 β 定义为该证券回报率的变化对市场投资组合回报率变化的敏感度，比如说，如果市场投资组合的回报率每上升 1%，某证券回报率平均上升 0.5%，就说该证券的 $\beta = 0.5$；如果市场投资组合的回报率每上升 1%，另一证券的回报率平均上升 2%，就说此证券的 $\beta = 2$，等等。现在我们论证 β 定义为这种敏感度的正确性。

由上段的（14.2）式和（14.4）式，我们知道任何证券回报 $\tilde{r}$ 和市场投资组合回报率 $\tilde{r}_m$（注意两者都是随机变量！）的关系如下：

$$\tilde{r} = \alpha + \beta\tilde{r}_m + \tilde{\varepsilon} \tag{14.11}$$

其中 $\tilde{\varepsilon}$ 是与 $\tilde{r}_m$ 互相独立的随机数量，$E(\tilde{\varepsilon}) = 0$，其中 $\alpha = E(\tilde{r}) - \beta E(\tilde{r}_m)$，$\beta = \mathrm{cov}(\tilde{r}, \tilde{r}_m)/\sigma^2(\tilde{r}_m)$。从（14.11）式，双方取数学期望，得出：

$$E(\tilde{r}) = \alpha + \beta E(\tilde{r}_m) \tag{14.12}$$

进而知道：

$$\Delta E(\tilde{r}) = \beta \Delta E(\tilde{r}_m) \tag{14.13}$$

（14.13）式说明：

$$\beta = \frac{\Delta E(\tilde{r})}{\Delta E(\tilde{r}_m)} \tag{14.14}$$

即 β 等于证券期望回报率的增量除以市场组合期望回报率的增量。实际中回报率期值的增量是无法度量的，但可以实测回报率的增量。因而可以直地估计出 β 值来（见图 14-3）。

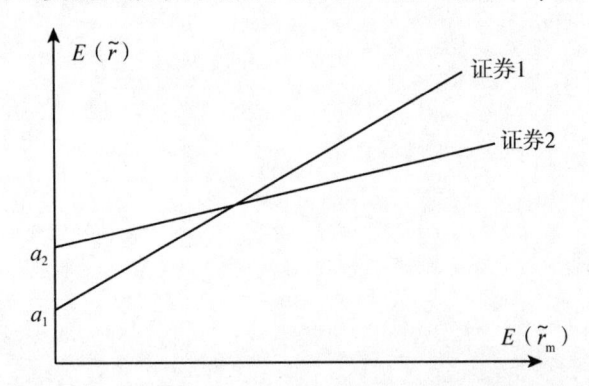

图 14-3 证券期望回报率和市场组合期望回报率的关系

值得说明的是用股票指数来代表市场投资组合时中，有的指数只是价格指数，并不包括红利，故计算市场回报率时还必须把红利因素加进去，不然就会出现系统的偏差。

习 题

1. 分别比较以下两个投资方案，判断哪个更优。

（1）假定证券 1 和证券 2 的回报率 $\tilde{r}_1$ 和 $\tilde{r}_2$ 分别服从均匀分布，其概率密度函数分别为 $f_1(x)$ 和 $f_2(x)$，即 $f_1(x) = \begin{cases} 4, & \text{当 } 0 \leq x \leq 0.25 \\ 0, & \text{其他情形} \end{cases}$

$$f_2(x) = \begin{cases} 2, & \text{当 } 0 \leq x \leq 0.50 \\ 0, & \text{其他情形} \end{cases}$$

（2）$f_1(x) = \begin{cases} x + \dfrac{1}{2}, & \text{当 } 0 \leq x \leq 1 \\ 0, & \text{其他情形} \end{cases}$

$$f_2(x) = \begin{cases} 2x + \dfrac{3}{2}, & \text{当 } 0 \leq x \leq 0.50 \\ 0, & \text{其他情形} \end{cases}$$

2. 假定证券 A 的回报率 $\tilde{r}_1$ 服从正态分布 $N(0.40, 0.30)$，证券 B 的回报率 $\tilde{r}_2$ 在 $(0, 0.2)$ 服从均匀分布。分别用标准差，风险价值（VaR），概率分布函数，半方差，负偏差均值，分布跨度来定义这两只证券的风险。

3. 风险为发生损失的概率，在什么样的条件下，用标准差来定义风险与上述的风险定义是一致的。

4. 对于两个互斥的一年期投资项目，所需的初始投资都为 100 元，项目 A 在一年末可收回 120 元，项目

B 在一年末有 50% 的概率只能收回 100 元，50% 的概率可收回 140 元，你将选择哪一个投资项目？说明你的风险偏好。

5. 假定用方差度量风险，市场组合的风险为 $\sigma^2(\tilde{r}_m) = 0.16$，某证券的 $\beta = 1.5$，$\sigma^2(\tilde{r}) = 0.40$，则该证券的系统风险和非系统风险各为多少？（分别用方差和标准差来度量）

6. 证券的 β 值定义为该证券回报率对市场组合回报率的敏感度，假定市场组合的期望回报率为 15% 时，某证券的期望回报率为 20%，现在市场回报率上升为 18%，该证券的期望回报率上升为 28%，试问该证券的 β 值为多少？

第六篇

资本结构与资本成本

资本结构主要是指企业负债与权益之间的比例关系，与其并存的另一个重要概念是资本成本。资本结构是现代财务金融学中最重要的问题之一，同时也是最复杂的问题之一。关于资本结构，自20世纪50年代以来，理论和实证研究汗牛充栋，但仍未有最终的定论。资本结构问题之所以重要是因为它直接关系到投资决策和筹资决策，关系到企业股东财富最大化是否能够实现，债权人是否可以提到与其承担的风险相对应的收益率。资本结构这一论题与当前财务金融学和经济学研究中所有主要理论都有一定的联系，例如委托—代理理论，博弈论等。然而资本结构理论至今仍在发展中，实践中也很难找到这样一个确切的最优结构，这是因为企业一直处于动态经济环境中，外界因素的不确定性直接对企业资本结构发生作用，影响其资本成本。因此，本质上最优资本结构应该处于一种动态调整状态，而资本成本也只能在均衡条件下达到相对稳定。

　　本篇就资本结构以及与之相关的内容进行讨论，共分为三章。第十五章着重于资本成本，分析了资本结构中的基本元素的概念和计量。第十六章讨论了经典资本结构理论和企业运营中的杠杆作用。第十七章在前两章阐述的基础上说明投资决策和筹资决策如何相互作用。

第十五章 资本成本

在公司财务管理中，估计企业的资本成本（the Cost of Capital）是一项很重要的工作。

大家知道，即使在相当发达的市场经济中，公用事业（诸如自来水、煤气、电力、电信和电话等）中的企业几乎都处于寡头或垄断地位，这是因为规模经济的缘故，也是因为关乎国计民生。但是这些企业必须接受政府的监控。监控的主要手段是控制产品价格。这些产品需求量比较稳定，价格弹性较小。制定产品价格的原则是，应使销售收入等于运营成本和其资本成本之和。这意味着公用事业主管部门要查明该类企业运营成本的合理性，要估算该类企业的资本成本的大小，进而制定出目标利润，以此确定其产品的价格水平；另外，价格要为消费者接受。其差额或由政府提供补贴。不用说，若资本成本被低估了，将无人再愿意进行投资，企业难以为继；若资本成本被高估了，则企业剥夺了消费者的利益。因此，对这类企业监控的关键是估计它们的资本成本。

资本成本的重要不仅体现在公用事业企业上。事实上，每当企业进行投资决策时，都需要正确估算自己的资本成本。进行其他决策时，如融资决策和运营资本政策的制定，也都需要知道本企业的资本成本。最后，财务管理的目的是使企业的价值最大化，这等价于资本成本最小化。因此，其管理者必须使企业的投入成本最小化，包括资本成本最小化。因此资本成本也广泛地运用于资产价值的评估。

本章我们将讨论加权平均资本成本及各资本成分成本的确定方法，阐述边际资本成本、历史成本等问题，并研究资本成分分析中所遇到的实际问题的处理方法。

第一节 资本成分及资本成本的概念

在公司财务学中，所谓资本是指企业购置资产和支持运营所筹集的资金。它表现为资产负债表右栏的各个项目。资产负债表的右栏，包括短期负债和长期负债、优先股和普通股权益，构成了企业的全部资本。

一、资本成分

尽管一般地说，资产负债表的右栏，即负债与权益构成了全部资本，但我们有必要深入研究一下，其中哪些是资本成分，哪些不是。由于资本成本多用于长期投资的决策过程当中，所以我们重点讨论以此为目的的资本成本估算。

首先看一看负债中的短期无息负债，诸如：应付账款、应计工薪和应计税款等。这些短期负债一般是任何经营活动不可避免的,一有经营活动便有这类短期负债自然发生。这些短期负债构成资金的来源。企业为购置资产,只需筹集总资产与此类短期负债的差额就可以了。例如,某一计划中的项目总成本为¥1 000万,由¥800万固定资产和¥200万的流动资产构成。但如果估计到运营中产生总计¥100万的应付款和应计款,那么这¥100万将冲抵流动资产,从而该项目的总筹资额为¥1 000 - ¥100 = ¥900万就可以了。而我们关心的也就是这¥900万的成本。因此,在估算资本成本时,就不必考虑自发产生的流动负债。实际上,这些负债的成本是零,即使考虑它们,对总的加权平均资本成本也不发生太大影响。

流动负债中的短期借款,多为银行贷款,不是自发产生的。处理方式,取决于该企业是否把此类短期负债作为长期投资项目的筹资手段。如果这类短期负债只作为暂时性的筹资,用于满足企业一般经营对流动资金的需求,那么在计算资本成本时,就无须考虑它。如果把上述短期负债当做企业长期筹资的一部分,那么就应把它计入资本成本的估算中,但是把短期负债作为长期筹资的一部分将加大企业的风险。因此,这类情况在管理良好企业中非常少见。由于我们估算资本成本主要用于长期投资决策,所以一般地,我们略去短期负债部分。这样,一般资本的成分包括:

(1) 全部长期负债;
(2) 全部优先股权益;
(3) 全部普通股权益,包括面值、超面值资本和保留盈余。

二、资本的加权平均成本

上述各资本成分的成本就是其投资者所要求的回报率。例如,3D公司普通股股东要求的回报率为15%,则它的普通股权益的成本就是15%。资本成本就是投资者作为一个整体所要求的"平均"回报率。当然,"平均"最合理的方式是按其市场价值加权平均。一般地,资本成本乃指资本的加权平均成本。不用说,由于企业的风险不同,它们的资本成分成本和资本成本也各不相同。

公司所得税影响长期负债成本。长期负债的税前成本就是债权人要求的回报率。它对企业来说体现为支付的负债利息。但是由于利息在税前支付,有减税的作用,产生税蔽,所以企业的实际现金支出等于利息减去税蔽。那么长期负债的实际成本,即税后成本,低于税前成本。由于公司管理的目标是使股东财富最大化,也就是股票价值最大化,而又只有税后(而不是税前)的收益才对股价产生影响,所以各种资本成分回报率都应以税后为基础,资本的加权平均成本也应是所得税后的加权平均成本。

在计算加权平均资本成本的过程中还遇到一个很重要的问题,是考虑企业的历史资本成本还是边际资本成本?所谓历史资本成本就是现存资本成分成本的加权平均,这是历史上已经实际发生的成本。所谓边际资本成本,是指现在企业再筹集一元钱的资本所花费的成本,是新筹资本的成本,这两者有联系也有区别。如果是为了制定公用事业企业的合理价格水平,则应引用资本的历史成本。反之,如果是为了编制新的资本预算,则应引用边际成本。例如,3D公司的现有负债与权益比为0.4:0.6(按市场价值),其长期负债利率为8%,公司边际所得税率为34%,权益回报率为15%。则其资本的历史成本为:

$$K_a^H = 0.4 \times 0.08 \times (1 - 0.34) + 0.6 \times 0.15$$
$$= 0.1111 \text{ 即 } 11.11\%$$

如果公司仍保持上述负债权益比，但新增负债利率上升为9%，相应地普通股权益回报率也提高为预期16%，则3D公司资本的边际成本为：

$$K_a^M = 0.4 \times 0.09 \times (1 - 0.34) + 0.6 \times 0.16$$
$$= 0.1198 \text{ 或 } 11.98\%$$

上述资本的历史成本和边际成本的计算，实际上给我们演示了一般计算资本的加权平均成本的方法。为了说明一般方法。我们引进以下记号：

K_d——所得税前负债成分的成本，或指企业的新债务的成本，或指已存债务的成本。

$K_d(1-T_c)$——税后负债成本，其中T_c为公司所得税边际税率。

K_P——优先股成分的成本。

K_s——保留盈余（内部权益）成分的成本。

K_e——外部权益或新发普通股票成分的成本。

K_a有时记作WACC（Weighted Average Cost Capital），资本的加权平均成本。K_a^H表示历史资本成本；K_a^M表示边际资本成本。

根据上述分析，我们知道，如果某企业的负债、优先股、保留盈余和新发股票的权重分别为W_d，W_P，W_s和W_e，则其资本的加权平均成本为：

$$K_a = W_d K_d (1 - T_c) + W_p K_p + W_s K_s + W_e k_e \tag{15.1}$$

因此，如果确定了各资本成分的成本，已知各成分的权重，那么计算企业的资本成本就只是一个简单的算术问题了。

第二节 资本成分的成本

一、负债成本

在理论上，负债成本的估算并不困难。但在实际中却往往遇到许多麻烦的问题。例如，首先要决定某些短期负债是否作为资本成分。其次，还必须分析不同长期负债的情形。有的负债有固定的偿还期，有的负债偿还期则不固定。有的是固定利率负债，有的是浮动利率负债，有的是普通债券，有的是可转换债券，甚至是附带回购期权的债券，有的负债要求企业建立偿债基金，有的则不要求。

最简单的典型是偿还期和偿还方式固定的情形。假定某债券的面值为¥1 000，分N年还本付息，假定第i年（有的也以半年计）还本P_i，付息I_i，$i=1,\cdots,N$，债券发售价格为P_0，则税前负债成本即是债券的到期收益率，即投资回报率K_d应满足：

$$P_0 = \sum_{i=1}^{N} \frac{P_i + I_i}{(1 + K_d)^i} \tag{15.2}$$

但因为发行债券涉及发行费用，包括佣金和其他费用，故每张价值为 P_0 的债券不能如数流到企业的现金库里，发行费用的比例与企业的信誉、发行总额、代理方式等因素有关。设发行费用占售价的百分比为 f，则企业实际遭遇的税前成本比到期收益率要高，即 K_d，不是由 (15.2) 式，而是由 (15.3) 式来确定：

$$P_0(1-f) = \sum_{i=1}^{N} \frac{P_i + I_i}{(1+K_d)^i} \tag{15.3}$$

例如，3D 公司的长期负债只由一种债券组成，每张面值为 ¥1 000，共 1 000 000 张。其售价为 ¥1 046.37，发行成本率为 1.5%，该债券票息率为 10.5%，每年支付一次，10 年末还本。求 3D 的税前负债成本。我们引用式 (15.3)：

$$1\,046.37 \times (1-0.015) = 1\,030.68 = \sum_{i=1}^{10} \frac{105}{(1+K_d)^i} + \frac{1\,000}{(1+K_d)^{10}}$$

用试错法求解，得到 $K_d = 10\%$，注意上公式中 $105 = 1\,000 \times 10.5\%$ 是每年支付给债主的利息。

求出公司的税前负债成本 K_d 以后，税后成本可以简单地再乘以因子 $(1-T_c)$ 得到；如 3D 公司的边际税率为 34%，则其税后负债成本为：

$$(1-T_c)K_d = (1-0.34) \times 10\%$$
$$= 6.6\%$$

这样计算税后负债成本实际上是不准确的，因为是支付的利息，而不是利率有减税的作用。以 3D 公司为例，它每年对每张债券支付利息 ¥105，但这个利息支出使公司少缴纳所得税 $105 \times T_c = 105 \times 0.34 = ¥35.7$。故 3D 公司税后实际支出利息为 $105 - 105 \times T_c = 105(1-T_c) = ¥69.3$。因此，该公司税后负债成本 K'_d 应由下式确定：

$$1\,030.68 = \sum_{i=1}^{N} \frac{P_i + I_i(1-T_c)}{(1+K'_d)^{10}}$$

求出 $K'_d = 6.5\%$，低于以前的估算 6.6%。

一般地，比较准确的税后负债成本 K'_d 应这样计算，求解下述方程：

$$P_0(1-f) = \sum_{i=1}^{N} \frac{P_i + I_i(1-T_c)}{(1+K'_d)^i} \tag{15.4}$$

当然用试错法求解上述方程中的 K'_d，比税前成本乘以因子 $(1-T_c)$ 复杂不了多少。

其他的负债，情形就可能比较复杂。例如带认购证或可转换债券，要分解出纯债券的价值，然后再求负债成本，参阅第二十四章。

还要注意，我们确定负债的成本，还必须明确是新负债成本还是现有负债成本。如果我们估算资本的加权平均成本是为了投资决策，那么我们就应该只对边际负债成本感兴趣。如果我们估算资本的加权平均成本是为了限制企业的产品价格水平，我们就应考虑历史成本。过去负债的成本实际上也是一种沉积成本，所以在考虑投资决策时不应计入。

二、优先股成本

优先股成本 K_p,是投资者要求的公司优先股的回报率。如果优先股每股发行价格为 P_P,每年每股红利为 D_P,则优先股成分的成本为:

$$K_P = \frac{D_P}{P_P} \tag{15.5}$$

这是投资者得到的回报率。如果优先股发行有发行成本的话,则企业每股实收现金 $P_P(1-f)$,其中 f 为发行成本率,那么对企业而言优先股成分的成本应为:

$$K_P = \frac{D_P}{P_P(1-f)} \tag{15.6}$$

例如,3D 公司优先股每股支付红利 ¥11.70,而其市场价值为 ¥100,按照式 (15.5),优先股成本为:

$$K_P = \frac{11.7}{100} = 11.7\%$$

但任何新的优先股发行时,发行费是必然发生的,上例中需支付 2.5% 的发行费用,即每股实收 ¥97.5,因此,按照公式 (15.6),3D 公司优先股的成本应为:

$$K_P = \frac{11.7}{97.5} = 12\%$$

三、保留盈余的成本

保留盈余的成本 K_s 是投资者要求的普通股权益保留盈余部分的回报率。保留盈余成本实质上是一种机会成本。与负债和优先股成本不同,企业并没有单独给保留盈余支付红利,而是给普通股,即包括原始股本和保留盈余作为一个整体来发放红利。从原则上讲,保留盈余属于股东,股东可用来再投资。假定进行与我们所考虑的企业风险一样的投资,能期望得到回报率 K_s,则投资者对保留盈余要求的回报率也正好是 K_s,即 $K_s = K_s$,因为他们可以用这批资本购置本公司的股票或其他类似投资,从市场上得到回报率 K_s,若企业的保留盈余回报率低于 K_s,企业则应把保留盈余发给股东,让他们自己去投资,以获取更大的利益,而不是留在企业内部。

从上述两段中我们知道,一般而论负债和优先股的成本是比较容易估算的,但估算保留盈余的成本并不容易。不过我们可以利用第八章、第十二章至第十四章各章的原理。首先,如果股票是处于均衡状态,则投资者要求的回报率就等于期望的回报率(即回报率的期望值)。因为若要求的回报率低于期望的回报率,则投资者会一致买进这种股票;反过来,若要求的回报率高于期望的回报率,则投资者会一致卖出这种股票,从而形不成均衡状态。所以在均衡状态下,投资者所要求的回报率不能高于,也不能低于该证券的回报率期望值。从而,求保留盈余的成本实际上转化为普通股投资期望回报率的估计问题,因为同一家公司的保留盈余与股票投资风险是一样的。

让我们回顾几种常用的估计普通股期望回报率的方法。

（一）无风险利率加风险增溢法

通过一段时间的统计数据，可以测算出公司股票期望回报率超出无风险利率的大小，即风险增溢 R_P。无风险利率 r_f 可用同期国库券回报率表示。一般地说，r_f 是资本市场的最基础的数据，很容易获得。因而，保留盈余成本最简单的估计是：

$$K_s = r_f + R_p \tag{15.7}$$

例如，3D 公司普通股的风险增溢估计为 8.8%，而无风险利率为 5.6%，则该公司的普通股期望回报率为：

$$K_s = 0.056 + 0.088 = 0.144 \text{ 或 } 14.4\%$$

此外，还可以利用第十二章引用的埃伯特逊四种投资组合股票收益率对政府长期债券或公司债券收益率的风险增溢，来估计公司的普通股期望回报率，但要格外小心才是。

（二）折现现金流方法

在第八章，我们讨论了股票价格与期望的今后各期红利和期望的回报率之间的关系问题。对于恒定型公司。今后各年每股红利都相等：$D_i = D_1$, $i = 1, 2, 3, \cdots$。如果时间基点是上期红利发放时间，则股票的价格 P_0 为：

$$P_0 = \sum_{i=1}^{\infty} \frac{D_1}{(1+K_s)^i} = \frac{D_1}{K_s}$$

则这时普通股期望的回报率 K_s 为：

$$K_s = \frac{D_1}{P_0} \tag{15.8}$$

其中 P_0，D_1 已知。(15.8) 式表明，保留盈余的成本可以通过第 1 年期望的红利和股价简单地计算出来。

如果公司是匀速增长型的。情形则稍许复杂一点，假定预计股票红利每年以增长率 g 增加，则股票的价格 P_0 为：

$$P_0 = \sum_{i=1}^{\infty} \frac{D_i}{(1+K_s)^i} = \sum_{i=1}^{\infty} \frac{D_1(1+g)^{i-1}}{(1+K_s)^i} = \frac{D_1}{K_s - g} \tag{15.9}$$

这时普通股期望的回报率 K_s 可由下式计算：

$$K_s = \frac{D_1}{P_o} + g \tag{15.10}$$

上式表明，对于匀速增长型公司，投资者期望收到红利收益率 D_1/P_0，外加资本增值率 g。在均衡的条件下，上述期望回报率乃是投资者要求的回报率 K_s，因而是保留盈余的成本。这种估计方法称作折现现金流方法。

相对而言，估计红利收益率比较容易，而估计适当的增长速度 g 比较困难。如果过去历年红利增长速度比较稳定，而且投资者预计将继续保持这种增长势头，则 g 可基于历史增长速度平均得出。可是，如果公司的过去增长速度特别高或特别低，不管是由于公司本身的经营所致还是由于整个经济环境所致，则投资者都不会认为这种增长速度会保持下去。在这种情况下，g 的数值必须另外估算。

事实上，证券分析家定期做出上市公司的盈利和红利的增长速度的预测，并预测销售收入、边际利润和竞争因素等。例如，美国的 Value Line 咨询公司出版物包含有 1 700 余家企业的预测数据。因此，可以基于这些预测来估计出增长速度 g 的近似值。

为了说明折现现金流方法的应用，我们看一下 3D 公司的例子，3D 公司股票市价为 ¥100，下期红利预期为 ¥8，而红利的期望增长速度为 7%，则 3D 公司普通期望回报率和要求的回报率，亦即保留盈余的成本 K_s 为：

$$K_s = \frac{8}{100} + 0.07 = 0.15 \text{ 或 } 15\%$$

这 15% 是管理者利用保留盈余期望的最低回报率，不然的话就应作为红利发给股东。

（三）利用资本资产定价模型

资本资产定价模型给出了普通股期望的回报率 $E(\tilde{r})$ 和它的市场风险 β 之间的关系：

$$E(\tilde{r}) = r_f + \beta(E(\tilde{r}_m) - r_f) \tag{15.11}$$

式中，r_f——无风险利率

$E(\tilde{r}_m)$——市场投资组合的期望回报率。

通过我们以上的分析，知道保留盈余的成本 K_s 即等于 $E(\tilde{r})$。

为了应用资本资产定价模型，必须先估计无风险利率 r_f，市场的期望回报率 $E(\tilde{r}_m)$，以及本公司普通股的 β。市场投资组合 $\tilde{r}_m$ 在理论上应包括均衡条件下的全体风险证券，但操作起来几乎是不可行。故通常用某种股票指数来代替，如标准—普尔 500 合成指数，其中 β 也是按这种指数辨识出来的。

如果无风险利率为 5.6%，市场组合的期望回报率为 14%，3D 公司普通股的 $\beta = 1.12$，则按资本资定价模型估计出 3D 公司的保留盈余成本为：

$$K_s = 0.056 + 1.12(0.14 - 0.056) = 0.15 \text{ 或 } 15\%$$

以上我们讨论了估计保留盈余成本的三种方法。三种方法得到的结果对于 3D 公司来说是比较接近的。

风险增益法　　　　　14.4%
折现现金流法　　　　15%
资本资产定价模型　　15%

因此我们可以断言，3D 公司保留盈余的成本就在 14.4% 和 15% 之间。但实践中用以上三种不同的方法来估计某家公司保留盈余的成本，可能不像我们这样幸运，这三种方法得到的结果可能相距较远。这时就需要进行仔细的分析和大胆的判断。如果存在一种简单易行的估算保留盈余成本的方法，那当然是再好不过了。不幸的是，现在还不存在，而财务学在一定程度上依赖于判断，我们只好面对这个现实。

四、外部权益的成本

外部权益，即新发行的普通股的成本 K_e，比保留盈余的成本要高，因为在发行中还有发行成本发生，新的权益资本至少应有多大的回报率才使发行新股是值得的呢？换句话说新普通股权益的成本是多少呢？

设发行成本率为 f，根据斯密斯的统计①，承购包销方式总发行成本（包括佣金和其他费用）最高可达 15.3%，最低为 4.0%，平均为 6.2%；代销方式总发行成本最高为 10.5%，最低为 4.0%，平均为 6.1%。不管何种方式，平均发行成本大约为 6% 左右。

一般地，新发普通股股票成本 K_e 由下式确定：

$$K_e = \frac{D_1}{P_0(1-f)} + g \tag{15.12}$$

式中，P_0——每股发行价；

D_1——下期每股期望红利；

g——红利期望增长率；

f——发行成本率。

例如，3D 公司又发行一批新普通股，售价每股为 $P_0 = ￥100$，期望每股红利为 $D_1 = ￥8$，红利增长率预期为 $g = 7\%$。设发行成本率为 9%，也就是说 3D 公司每股只能实际收到 ￥91。那么 3D 公司新发普通股权益的成本为：$K_e = \frac{8}{100(1-0.09)} + 0.07 = 0.158$ 或 15.8%。

如上所述，投资者要求普通股回报率为 15%。但由于有发行成本，那么企业的这部分权益资本必需赢得更高的回报率，才能提供给投资者以 15% 的回报率。具体地说，如果 3D 公司的这批新权益资本可以赢得 15.8% 的回报率，则期望的红利将不低于 ￥8，股票的价格不会降低（而且将随时间逐渐升高）。相反，如果这批新权益资本的回报率低于 15.8%，则每股盈利、每股红利以及红利增长率将会低于期望值，从而会导致股票价格下跌。同理，如果可以赢得高于 15.8% 的回报率，股票的价格会升高（除时间因素以外）。

五、如何计算权重

以上我们分别讨论了长期负债、优先股、保留盈余和新发行股票四种资本成分的成本，我们的目的是要估计公司的资本的加权平均成本，或者称合成成本。在下一章我们将会看到，理论上，每一个企业都有其最优资本结构，最优的负债、优先股和普通股价值的配比，以使公司股票的价值最大化。因此每一家管理有方的公司应建立自己的目标（最优）资本结构，每当筹集新的资本时，都应按最优资本结构进行。本章我们假定企业已经建立了最优资本结构，而

---

① C. W. Smith, "Alternative methods for Raising Capital: Right Versus Underwritten Offerings". Journal. of Financial Economics, 5: 273-307.

且已付诸实施。至于如何建立最优资本结构,我们将于下一章深入讨论。

例如,3D 公司的目标资本结构为 $W_d:W_p:W_s=0.3:0.1:0.6$,其边际所得税率为 $T=0.34$,由上述各段我们已知 $K_d=0.10$,$K_p=0.117$,$K_s=0.15$,则 3D 公司的资本成本应为:

$$K_a = W_d K_d (1-T) + W_p K_p + W_s K_s$$
$$= 0.3 \times 0.10 \times (1-0.34) + 0.1 \times 0.117 + 0.6 \times 0.15$$
$$= 0.1215 \text{ 或 } 12.15\%$$

从理论上讲,最优资本结构应以市场价值为基础。但是有些资本成分的市场价值不好估算。如优先股一般不上市交易,其市场价值就靠估算而不是像普通股靠市场记录。因此当估计其市场价值与账面价值相差不太悬殊时,也常采用账面价值为计算的基础。采用账面价值会带来计算上的方便。有许多业绩好的公司市场价值高于账面价值若干倍,如三至四倍甚至几十倍。在这种情况下,计算其资本成本时必须以市场价值为基础计算其成分的权重。表 15-1 是 3E 公司资本结构的账面价值与市场价值对照表。

表 15-1   3E 公司的资本结构

3E 公司负债与权益(货币单位:百万元)   1995 年 12 月 31 日

	账面价值		市场价值	
	金额	比重	金额	比重
长期负债	800	32%	720	14.80%
优先股	100	4%	130	2.7%
普通股	1 600	64%	4 000	82.5%
总计	2 500	100%	4 850	100%

如果 3E 公司的资本成分成本与 3D 公司相同,即 $K_d=0.10$,$K_p=0.117$,$K_s=0.15$ 则其以市场价值为基础的历史资本加权平均成本为:

$$K_a = 0.148 \times 0.10 \times (1-0.34) + 0.027 \times 0.117$$
$$+ 0.825 \times 0.15 = 0.1367 \text{ 或 } 13.67\%$$

而以账面价值为基础的历史资本加权平均成本为:

$$K_a = 0.32 \times 0.10 \times (1-0.34) + 0.04 \times 0.117$$
$$+ 0.64 \times 0.15 = 0.1218 \text{ 或 } 12.18\%$$

这两者差了大约 1.5 个百分点,应该说差别是显著的。

第三节 边际资本成本

边际资本加权平均成本或简称边际资本成本,是指新筹集的最后一块钱资本的成本。一般而言,边际资本成本随筹资数量的增加而加大。

在计算边际资本成本时,当然资本成分的成本也应是边际的,即长期负债成本应是新发行长期负债的成本,优先股成本应是新发行优先股成本。普通股成本,如果是靠保留盈余筹资,则应计为保留盈余成本 K_s,如果是靠新发行股票筹资,则应计为新发股票成本 K_e。

在进行加权平均时,边际资本成本的权重应取做最优(目标)资本结构的权重。

一、边际资本成本的跳跃

由于新发股票成本高于保留盈余成本,所以凡当保留盈余不能满足资本需求而必须发行新普通股时,边际资本成本将出现跳跃,即突然增高。

考虑 3F 公司,其目标资本结构为长期负债:优先股:普通股 = 3:1:6,如果该公司拟筹集 1 000(以万元计)新资本,则应发行 300 债券,100 优先股和新增 600 权益资本,新增权益资本有两个途径:保留盈余或发行新股票。

假定 3F 公司税后利润为 800,董事会决定其中 40% 作为红利发放。这样保留盈余增量为 $800 \times (1-0.4) = 480$。而该公司拟筹权益资本 600,因此必定有 $600 - 480 = 120$ 靠发行新股筹集,也就是说,如果筹资总额不超过 $480/0.6 = 800$ 的话,只利用保留盈余做权益资本就可以了。进一步假定 3F 公司的资本成分成本与 3D 公司相同,即 $K_d = 0.10$,$K_p = 0.117$,$K_s = 0.15$,$K_e = 0.158$ 所得税率 $T_c = 0.34$,那么 3F 公司的边际资本成本是:

$$\begin{aligned} K_a &= W_d K_d (1 - T_c) + W_p K_p + W_s K_s \\ &= 0.3 \times 0.1 \times (1 - 0.34) + 0.1 \times 0.117 + 0.6 \times 0.15 \\ &= 0.1215 \text{ 或 } 12.15\% \end{aligned}$$

如果该公司比 800 再多集 1 元钱,则这 1 元的权益成分必定来自新发股票,因为保留盈余已被用尽。仍假定其他成分的成本不变,则这 1 元钱资本的成本,亦即边际资本成本由于 K_e 比 K_s 大大增大了:

$$\begin{aligned} K_a &= W_d K_d (1 - T_c) + W_p K_p + W_e K_e \\ &= 0.3 \times 0.1 \times (1 - 0.34) + 0.1 \times 0.117 + 0.6 \times 0.158 \\ &= 0.1263 \text{ 或 } 12.63\% \end{aligned} \tag{15.13}$$

这说明当新筹集资本超过 800 时,边际资本成本增加了大约 0.5 个百分点。现公司拟筹集 1 000,所以其边际资本成本是 12.63% 而不是 12.15%,在 $c = 800$ 处,边际资本成本有一次跳跃,如图 15-1 所示。

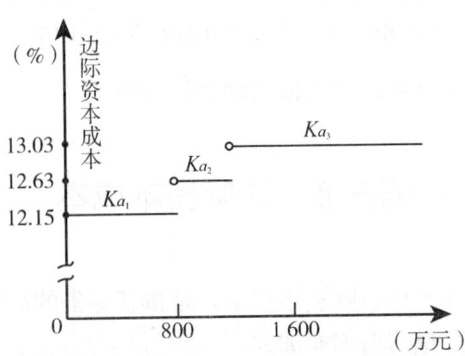

图 15-1 3F 公司的边际资本成本

边际资本成本还有无其他跳跃点呢？答案是肯定的，第一个跳跃点是由于引进新股东资本，而其成本高于保留盈余的成本所致。仔细考虑我们就会发现，负债的成本也是不固定的，而其他条件不变时，负债越多其成本也就越大。当然在一定范围内不一定能表现出来，但超过这个范围则表现出来了。例如，假定3F公司以10%的成本仅能借到资本360，超过这个限度其成本就要升至12%，于是在 $c = 360/0.3 = 1\,200$ 处边际资本成本就有另一个跳跃。这次跳跃是由于负债成本的突然增加。也就是说3F公司若集资超过￥1 200，则边际资本成本为：

$$K_a = W_d K_d (1 - T_c) + W_p K_p + W_e K_e$$
$$= 0.3 \times 0.12 \times (1 - 0.34) + 0.1 \times 0.117 + 0.6 \times 0.158$$
$$= 0.1303 \text{ 或 } 13.03\%$$

也就是说新增资本等于￥1 200时，边际资本成本又有一个跳跃点，又上升了0.4个百分点。

一般地，每当资本成分的成本出现跳跃时，边际资本成本就出现跳跃，这种跳跃点可能有许多个。设 C_i 为第 i 种资本成分成本出现跳跃的资本金额，W_i 为第 i 种资本成分的最优（目标）权重，则边际资本成本在

$$J_j = \frac{C_i}{W_i} \tag{15.14}$$

处就发生一次跳跃。同一种资本成分，如长期负债就可能导致多次跳跃。

二、投资决策与边际资本成本

我们可以把以上得出的边际资本成本图应用到投资决策过程中去。

假设3F公司具有6个备选投资项目，分别用Ⅰ、Ⅱ、Ⅲ、Ⅳ、Ⅴ和Ⅵ表示，这些项目的风险与原企业一样，因此估算项目的现值时，折现率就是本公司的边际资本成本。另外，我们假设这些项目的经济寿命周期一样。这些项目的投资额和内部回报率见表15-2。

我们的任务是选择投资项目使总净现值最大化。

表15-2　　　　　　　　　　　3F公司投资项目　　　　　　　　　　　单位：千元

项目标号	Ⅰ	Ⅱ	Ⅲ	Ⅳ	Ⅴ	Ⅵ
投资额度	400	300	200	250	300	400
内部回报率（%）	15	14.5	13.5	13.0	12.5	11.5

把上述项目的投资额度和内部回报率依次画在边际资本成本同一图上，如图15-2所示。为使总净现值最大化，我们可以借助边际资本成本图。

我们知道，一个投资项目的净现值NPV大于0等价于其内部回报率IRR大于资本的机会成本。现资本的机会成本是边际资本成本 K_a，例如项目Ⅰ，它的内部回报率为IRR = 15%，相应的资本机会成本为 $K_{a1} = 12.15\%$，故该项目是可以接受的。如果一开始项目的回报率就低于 K_{a1}，则任何项目都不可取。项目Ⅱ、Ⅲ、Ⅳ都是可以接受的。例如项目Ⅳ，它的内部回报率为13%，而此时的边际资本成本 $K_{a2} = 12.63\%$，尽管已经过了一次跳跃，但仍比内部回报率

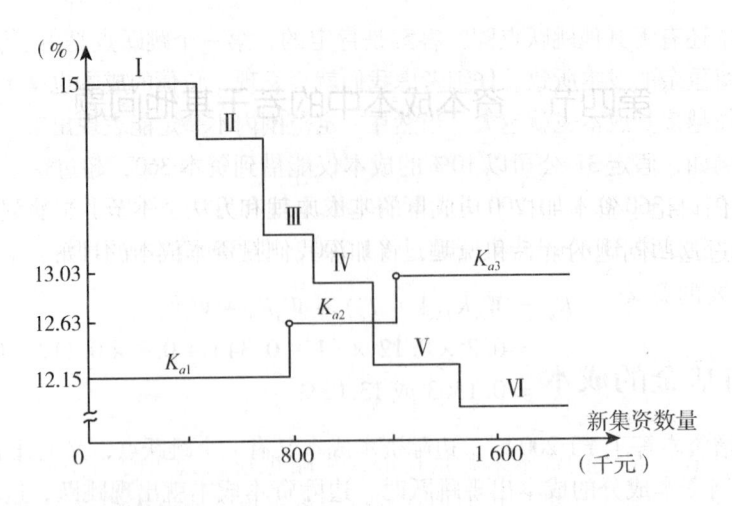

图 15-2　3F 公司投资机会与边际资本成本

低。故Ⅳ仍可接受。此时四个项目的投资总额已达 400 + 300 + 200 + 250 = 1 150。第Ⅴ项目的内部回报率 IRR = 12.5%，已低于边际资本成本（从 1 150 到 1 200 是 12.63%，1200 以上是 13.03%），因此应遭到否决。项目Ⅵ就更不用说了。这样，从稳健的原则出发，投资内部回报率折线和边际资本成本折线相交点就是最佳投资总额度。我们的 3F 公司例中，就是上马项目Ⅰ、Ⅱ、Ⅲ、Ⅳ，否决项目Ⅴ和Ⅵ。

这种投资决策方法比较简单易行，但实际中也许会遇到一些问题。比如，上例中项目Ⅴ，其内部回报为 12.5%。如果首先被考虑也可被接受，因为初始的边际资本成本为 K_{a1} = 12.15%，净现值为正。但是我们追求的是总的净现值最大。项目Ⅴ要是上马了会提高其他项目的资本的机会成本，即是减少其他项目的净现值，可能使总净现值减小。当然严格地说如果项目Ⅴ上马，对总净现值产生怎样的影响，还须具体试算。不过这里为稳妥起见，而且其内部回报率与边际资本成本相差不大明显。就不细致讨论了。

还可能发生这样的情况，某项目的一部分投资的边际资本成本小于内部回报率，而另一部分投资的边际资本成本大于内部回报率。例如，我们上例中项目Ⅴ的回报率若更改为 12.8% 就是这种情形。项目Ⅴ需要投入资本 ¥300，按图 15-2 的顺序，投资总额从 ¥1 150 到 ¥1 450，可是边际资本成本在其间有一次跳跃：

投资额度区间	[1 150, 1 200]	[1 200, 1 450]
边际资本成本（%）	12.63	13.03
项目内部回报率（%）	12.8	12.8

在这种假设的情况下，项目Ⅴ是接受还是拒绝？这个问题可以这样处理，计算按区间加权平均的边际资本成本，[12.63 × (1 200 - 1 150) + 13.03 × (1 450 - 1 200)]/(1 450 - 1 150) = 12.96%，它高于内部回报率 12.8%，因此若接受该项目，则产生负的净现值。所以项目Ⅴ应予否决。

最后，无论内部回报率决策准则也好，还是净现值决策准则也好，在临界地带，即内部回报率接近资本的机会成本时或 NPV 接近于 0 时，决策要特别当心，此时最好辅之以其他的分析，再做出投资决策。

第四节　资本成本中的若干其他问题

以上各节我们讨论了资本加权平均成本的基本原理和方法。本节我们将讨论影响资本成本的其他问题。通过这些问题的解答和说明，将加深我们对资本成本的理解，而且在实践中这些问题往往具有重要的意义。

一、折旧基金的成本

对许多公司来说，最大的资本来源是折旧，粗略地说，公司的当年运营现金流（即现金净收入）等于税后利润加上折旧。折旧现金流可以重新投资或返还给投资者（债权人）。也可以现金形式累积起来形成折旧基金，企业新增内部资本首先来源于折旧基金，其次才是当年保留盈余。

出于编制资本预算的目的，如何计算折旧基金的资本成本呢？应该明确地说，折旧基金资本是有成本的，不是没有成本。应采用公司资本的加权平均成本来认定折旧基金成本。折旧基金的成本也是一种机会成本，它是企业现在投资者的机会成本，而不是新投资者要求的回报率，因为折旧基金本来可以按资本结构比例返还给现有投资者，而他们把这部分资本重新投入到与本企业风险一样的企业，债券可期望得回报率 K_d，普通股可期望得回报率 K_s。上述 K_d 和 K_s 分别是本公司的负债成本和保留盈余成本。这样，折旧基金整体的成本，即老投资者的成本大致等于公司在筹集外部权益资本以前的资本加权平均成本，换句话说折旧基金成本大致等于以保留盈余成本表示普通股权益成本的资本加权平均成本。

只要是以保留盈余作为公司普通股权益的资本成本，估算公司的资本成本时，就无须考虑折旧基金的存在或大小，资本成本即大致上是折旧基金成本。但是当公司由于发行新股使资本成本增加时，必须适当调整以后才能作为折旧基金的成本。

二、递延税款的成本

递延税款的产生主要源于允许不同的折旧方法。许多情形下，允许用直线折旧方法向股东公布损益报告和资产负债表。但为了少缴纳所得税。又可以用加速折旧方法编制上述报表。这后者报表当然与直线制折旧数据上就有差别，假如当年直线折旧额为 D_1，加速折旧额为 D_2，且 $D_2 > D_1$，该公司销售净收入为 S，不包括折旧在内的成本费用为 C，所得税率为 T_c，则直线折旧法下税后利润为：

$$\pi_1 = (S - C - D_1)(1 - T_c) \tag{15.15}$$

所得税为：
$$T_1 = (S - C - D_1)T_c \tag{15.16}$$

而在加速折旧制下净利润为：

$$\pi_2 = (S - C - D_2)(1 - T_c) \tag{15.17}$$

所得税为:
$$T_2 = (S - C - D_2)T_c \tag{15.18}$$

因此，采用直线折旧制当年应多缴所得税:

$$\begin{aligned}T_1 - T_2 &= (S - C - D_1)T_c - (S - C - D_2)T_c \\ &= (D_2 - D_1)T_c\end{aligned} \tag{15.19}$$

但实际上这部分所得税可以缓交，当年只按 T_2 缴税。资产负债表仍以直线折旧法编制，为了平衡把可以缓交的税款列为负债，这就是递延税款。实际负债栏目下的递延税款是各年累计量。如果不增加新的固定资产（或无形资产或递延资产）的话，当一家公司新开张时，第一年递延税款为正，以后逐年增加，再以后减少直至 0，这是因为各种折旧法在折旧对象的生命期内各年折旧总和必须相等，一开始少缴纳所得税，到后来必定多缴纳，填平补齐。当然对于一般公司而言，由于不断增置固定资产，递延税款可能总是一个很大的量，而不是 0。

例如，3G 公司 1995 年净销售收入为 $S = ¥100$，折旧以外的成本费用为 $C = ¥60$，直线折旧额为 $D_1 = ¥10$，加速折旧额为 $D_2 = ¥20$，则直线折旧制的净收益和所得税分别为（该所得税率为 $T_c = 0.34$）:

$$\begin{aligned}\pi_1 &= (S - C - D_1)(1 - T_c) = (100 - 60 - 10) \times (1 - 0.34) \\ &= ¥19.8\end{aligned}$$

和

$$T_1 = (S - C - D_1)T_1 = ¥10.2$$

而加速折旧制的净收益和所得税分别为:

$$\begin{aligned}\pi_2 &= (S - C - D_2)(1 - T_c) = (100 - 60 - 20) \times (1 - 0.34) \\ &= ¥13.2\end{aligned}$$

和

$$T_2 = (S - C - D_2)T_c = ¥6.8$$

这 ¥6.8 是 3G 公司当年应缴纳的税款，与 ¥10.2 的差额 $(10.2 - 6.8) = ¥3.4$ 是当年递延税款。

3G 公司 1995 年的运营现金流为:

$$\begin{aligned}CF &= \pi_2 + D_2 \\ &= ¥13.2 + ¥20 = ¥33.2\end{aligned} \tag{15.20}$$

或

$$\begin{aligned}CF &= \pi_1 + D_1 + (D_2 - D_1)T_c \\ &= ¥19.8 + ¥10 + ¥3.4 = ¥33.2\end{aligned} \tag{15.21}$$

其中 $(D_2 - D_1)T_c$ 为当年递延税款。(15.21) 式很重要，说明当年运营现金流等于直线折旧法下的净利润加折旧再加当年递延税款。因此，当年递延税款构成现金来源，前提是采用直线折旧法，且加速折旧 D_2 大于直线折旧 D_1。

从表面上看，似乎递延税款是来自政府的无息贷款，其成本为 0。其实不然，正如折旧基金一样，它也有机会成本。作为现金流入，如果发还给投资者投资于与本公司风险等同的企业，期望得到回报率 K_a，其中 K_a 是本公司以保留盈余作为普通股成分的资本加权平均成本。

读者不妨编制一下不同折旧方式下的资产负债表。

递延税款的现金流入来自加速折旧。就和对待折旧基金一样，计算资本的加权平均成本时，它不作为资本成分。因为加权权重是按照目标资本结构确定的。而事实上，若采用加速折旧编制资产负债表，递延税款将化作折旧基金。

三、个人所得税对保留盈余成本的影响

我们在第二节讨论过，保留盈余的成本是一种机会成本，是股东用这部分资本再投资于风险等同的股票所要求的回报率，可是这里有两个暗含的假设：①股东的红利收入不缴纳个人所得税；②再投资不发生经纪费用。如果上述假设不成立，则保留盈余的机会成本就低于股票要求的投资收益率 K_s。

假定个人所得税边际税率为 T_p，再投资经纪费用比率为 b，则对保留盈余再投资要求的回报率 K_r 为：

$$K_r = K_s(1 - T_p)(1 - b)$$

例如，3F 公司 $K_s = 15\%$，又假定 $T_p = 30\%$，$b = 5\%$，则该公司保留盈余由股东再投资，要求的回报率：

$$K_r = 0.15 \times (1 - 0.3)(1 - 0.05)$$
$$= 0.0998 \text{ 或 } 9.98\%$$

这比 $K_s = 15\%$ 降低了很多。

四、测量问题和动态问题

在估计各种资本成分的成本过程中，尤其是普通股权益的成本，我们面临着很大的测量问题，我们很难得到资本资产定价模型或折现现金流公式中的基础数据。这样，我们就不敢说所得到的资本成本有多大的准确性。因此，一般地说，计算中精确到百分点后几位无多大的实际意义。

另外，资本预算和资本成本估计都是计划过程的一部分。其中所采用的是事先估计的或历史的数据而不是事后数据。我们可能估计不正确，犯第一类或第二类错误。而且，各个变化量都在动态地变化着。这样起初看起来很好的项目最后可能被证明是赔钱的无底洞。这是因为我们事先未能适当预测其边际资本成本。

尽管存在这样那样的问题，资本成本估计的重要性和必要性现为举世公认，而且已经开发出不少方法，这些方法的准确性对于应用而言一般是足够的了。

习 题

1. 解释以下概念：
（1）优先股成本；
（2）保留盈余成本；
（3）新增普通股权益成本；

（4）负债成本；

（5）发行成本；

（6）加权平均成本。

2. 公司的历史成本和边际成本有什么联系与区别？

3. 说明公司的边际资本成本为什么会发生跳跃？

4. 3S 公司去年发行 20 年期的面值为 1 000 元的债券，其票息率为 9%，每年支付一次，该债券现在的价格为 1 050 元，如果公司的税率为 25%，该负债的税后成本是多少？

5. 3M 公司去年的长期负债成本为 10%，其中 7% 是长期负债的无风险成本，经营风险增益为 2%，财务风险增益为 1%，现在公司希望获得一笔长期借款。

（1）假定公司的经营风险和财务风险不变，无风险成本变为 8%，则预计公司获得长期借款的利率为多少？

（2）公司由于借款，使得其财务风险增加，财务风险增长上升为 3%，预计公司的借款成本为多少？

（3）竞争对手的经营风险增益为 1%，财务风险增益为 2%，则这家公司的长期负债可能是多少？

6. 3W 公司发行期限为 15 年，每张面值为 1 000 元，票息率为 12% 的债券，每张债券的当前售价为 1 010 元，每张的发行费用为 30 元，公司的税率为 40%。

（1）确定发行债券所获得的收入；

（2）从公司的角度列出债券各年的现金流；

（3）计算负债的税前和税后成本。

7. 3S 公司计划发行面值为 100 元红利率为 10% 的优先股，该优先股市场上的售价为 94.50 元，公司要支付发行费用为市场价格的 5%，则公司优先股的成本为多少？

8. 3T 公司刚发行优先股，该优先股每年的红利率为 12%，面值为 1 000 元，售价为 975 元，发行费用为 25 元，计算公司优先股的成本。

9. 3P 公司股票的当前售价为每股 40 元，公司预计每股收益为 4 元且年终支付的红利为 2 元，

（1）如果投资者要求的回报率为 10%，则该公司预计的增长率为多少？

（2）如果该公司将保留盈余再投资于平均回报率等于股票的期望回报率的项目，试问下一年的每股收益为多少？

10. 3A 公司的收益、红利、股票价格预计每年以 8% 的速度增长，公司普通股的每股售价为 26 元，最近一次红利为 2.0 元，且公司在本年度将支付 2.16 元的红利。

（1）利用现金流累计折现的方法计算保留盈余的成本；

（2）如果公司的 β 值为 2.0，无风险利率为 9%，市场平均回报率为 12%，利用资本资产定价模型计算公司的权益成本；

（3）如果公司债券的收益率为 13%，采用债券收益加风险增益法来计算保留盈余的成本。假定风险增益为 2%。

11. 3J 公司普通股的 β 值为 1.2，无风险利率为 6%，市场回报率预计为 11%，

（1）确定 3J 公司普通股的风险增益；

（2）确定 3J 公司普通股的成本。

12. 3R 公司希望能够度量出其普通股权益的成本，公司股票的当前售价预计为 57.50 元，公司预计本年度末（2000 年）的红利为 3.40 元，公司过去 5 年发放的红利如下：

年度	1995	1996	1997	1998	1999
红利（元）	2.12	2.30	2.60	2.92	3.10

扣除折价和发行费用后，公司预计发行新股每股可获得52元收入。
（1）确定红利增长率；
（2）确定公司（发行新股）的实际所得款项；
（3）利用恒定增长模型，确定保留盈余的成本；
（4）利用恒定增长模型，确定新股的成本。

13. 3P公司的资本加权平均成本为12%，其负债到期收益率为9%，税率为40%，权益成本为15%，估算公司筹资的负债权益比率。

14. 3W公司的财务状况如下：

资本来源	账面价值（万元）	市场价值（万元）	税后成本（%）
长期负债	400	384	6.0
优先股	4	6	13.0
普通股	106	300	17.0
总计	510	690	—

（1）按账面价值来计算资本加权平均成本；
（2）按市场价值来计算资本加权平均成本；
（3）比较以上的结果，解释它们之间的差别。

15. 3T公司权益成本为15%，负债的税前成本为12%，公司的平均税率为40%，公司的股票以账面价值出售，公司的资本结构如下：长期负债为8 000元，权益为16 000元，总的负债和权益为24 000元。计算公司税后资本加权平均成本。

16. 3R公司股票市场价值总计为6 000万元，负债的总价值为4 000万元，公司的财务主管预计该公司股票的当前β值为1.5且市场风险增益为10%，政府短期债券的回报率为4%，试问：
（1）投资者对3R公司股票所要求的回报率为多少？
（2）假定负债没有风险，公司现在资产组合的β值为多少？
（3）假定公司的所得税税率为40%，估计该公司的资本成本。
（4）假定该公司想涉足眼镜制造行业，该行业没有负债时的β值为1.2，投资者对3R公司新业务所要求的回报率为多少？

17. 3B公司预计下一年获得的收益为2 500万元，红利支付率为40%，资产负债率为50%，公司没有优先股。
（1）该公司下一年保留盈余的增量为多少？
（2）公司筹资多少时会出现一个资本成本边际跳跃点？
（3）如果公司以10%的利率可以获得1 000万元的负债，以11%的利率可以再获得1 000万元的负债，再多负债的利率为12%，在负债多少时将出现边际资本成本跳跃点？

18. 3E公司有如下的资本结构，并考虑在当前及预计情形下达到最优的资本结构。公司当前的负债率（只有长期负债）为40%，管理者预计在下一年的税后收益为200万元，公司的过去的红利政策为将60%的收益用来发放红利，公司日后将继续采取这一红利政策。公司可以获得如下的借款：

借款总量（元）	利息率（%）
0～500 000	10
500 001～900 000	12
900 001 以上	14

公司的平均税率为40%，股票当前的市场价格每股为24元，最近一次红利为每股2.05元，公司的期望增长率为6%，外部权益（新普通股）以15%的发行成本销售。公司在下一年有如下的投资机会：

项目	投入成本（元）	每年的现金流入（元）	项目寿命（年）	内部回报率（%）
A	900 000	186 210	10	—
B	1 200 000	316 904	6	15.0
C	500 000	303 644	2	—
D	750 000	246 926	4	12.0
E	1 000 000	194 322	8	11.0

按顺序分别回答以下问题。

(1) 在公司的边际资本成本图中出现多少个跳跃点？在哪些地方出现？
(2) 在各个跳跃点之间，公司资本加权平均成本为多少？
(3) 项目A和项目C的内部回报率为多少？
(4) 画出投资机会和边际资本成本图。
(5) 公司应该选择接受哪些投资项目？
(6) 以上问题暗含什么样的项目风险假定？公司选择了(5)中的项目，如果你获悉项目A、B、C的风险大于平均的项目风险，这将产生什么影响？
(7) 以上假定公司的红利支付率为60%，如果红利支付率变为0、100%或两者之间，分析结果将如何变化？

19. 3W公司的有关资本成本和资本结构权重的数据如下表所示：

资本来源	新筹集资金的范围（万元）	税后成本（%）	权重（%）
长期负债	0～32	6	40
	32 以上	8	
优先股	0 以上	17	20
普通股	0～20	20	40
	20 以上	24	

(1) 确定各资金来源的新筹数量的范围和资本成本跳跃点；
(2) 确定总的新筹资数量的资本成本跳跃点；
(3) 确定在各筹资范围的资本加权平均成本；
(4) 用(3)的结果，和以下现有投资机会的有关信息，在同一张图上画出公司资本加权平均边际成本和投资机会图，对于这些投资项目，你推荐哪些？并作解释。

投资机会	内部回报率（%）	初始投资（万元）
A	19	20
B	15	30
C	22	10
D	14	60
E	23	20
F	13	10
G	21	30
H	17	10
I	16	40

第十六章 资本结构与财务杠杆

本章我们讨论公司财务学的重要论题之一：资本结构和财务杠杆问题。我们直接从现代资本结构理论入手，阐述 MM 的资本结构理论，继而引进 MM 模型及修正模型，导出最优资本结构模式。不对称信息理论，对于实际最优资本结构的确定有重要的作用。我们研究财务杠杆对权益回报率和企业风险的影响，给予了定量说明。最后，给出 3CA 公司确定最优资本结构的案例。

本章篇幅较长，读者首次阅读时可先抓住主要的概念和结论，回过头来再仔细研究理论和方法。

第一节 MM 的资本结构理论

企业的资本来源主要有两个：首先是股东权益资本，其次是负债。粗略地说，负债价值与权益价值的比例关系就是资本结构。资本结构理论是研究在一定条件下负债对企业价值的作用和影响，以及企业价值最大化问题。也就是说，企业引进负债会不会以及如何增加企业的价值，什么样的负债/权益比率使企业实现价值最大化。这是企业财务学最重要的问题之一。为简明起见，让我们回避早期的工作，而直接进入现代资本结构理论。现代资本结构理论是由著名的 F. 莫迪利亚尼（Franco Modigliani）[①] 和 M. 米勒（Merton H. Miller）两教授于 1958 年创建的，此后此二人被人们称为 MM。

一、一般概念与公式

为了叙述方便，让我们先引进一些概念和公式。

E——表示公司普通股权益的市场价值。它等于该公司股票价格乘以发行在外的股数。

D——表示公司负债的市场价值。为简单起见，假定公司只有一种负债，即年付等额票息负债，并且企业不存在优先股。

V——表示公司资产的价值，或简称公司的价值。由价值的可加性，我们知道公司的价值等于其负债的价值与权益的价值相加：$V = D + E$。

$EBIT$——息税前收益，有时也叫作营业净益。

---

① Franco Modigliani and Merton H. Miller: "The Cost of Capital, Corporation Finance, and the Theory of Investment", American Economic Review. June 1958.

和上一章一样，我们仍用 K_d、K_e 和 K_a 分别表示企业的负债成本、普通股权益成本和资本加权平均成本，T_c 表示公司所得税税率。

进而假定公司为恒定型公司，即盈利增长率为零。这样 EBIT 是一个常数，不受负债多少的影响，而且预期未来每年都相等。还有一个必然结果，即每年净收益 $\pi = (EBIT - K_d D)(1 - T_c)$ 都作为红利支付给股东。

根据第八章及上一章的讨论，我们列出以下重要公式：

$$E = \frac{\pi}{K_e} = \frac{(EBIT - D \times K_d)(1 - T_c)}{K_e} \tag{16.1}$$

注意（16.1）式中分子是股东的年红利收入，而分母为普通股成本。我们还可以用普通股权益的价值 E 及红利来计算普通股权成本：

$$K_e = \frac{\pi}{E} = \frac{(EBIT - D \times K_d)(1 - T_c)}{E} \tag{16.2}$$

由于 $V = D + E$，负债的权重为 D/V，权益的权重为 E/V，故公司的资本加权平均成本为：

$$K_a = WACC = \frac{D}{V} K_d (1 - T_c) + \frac{E}{V} K_e \tag{16.3}$$

$$K_a = \frac{EBIT(1 - T_c)}{V} \tag{16.4}$$

其中（16.3）式是加权平均成本的定义，而（16.4）式是（16.2）式代入（16.3）式的结果。同时企业的价值 V 可以通过 EBIT 和资本加权平均成本表达：

$$V = \frac{EBIT(1 - T_c)}{K_a} \tag{16.5}$$

该式说明在给定条件下，企业价值最大等价于其资本加权平均成本最小。

二、MM 在理想环境下的理论

MM 得出结论说，在理想环境下，企业的价值 V 只依赖于 EBIT，和借债多少没有关系。所谓理想环境是指没有所得税；另外还有如下的几个假设：

（1）投资者在投资时不存在交易成本。
（2）投资者，包括机构和个人，都可以以同一利率借款和贷款。
（3）不管企业和个人负债多少，上述（2）提到的利率都是无风险利率。
（4）不存在个人所得税。
（5）企业的经营风险（Business Risk）是可以度量的。经营风险相同，即认为风险相同。
（6）企业投资者与经理层具有完全相同的有关企业的信息。
（7）企业只发行两种要求权（Claim）：无风险债券和风险权益。
（8）无破产成本，并不存在代理成本。
（9）企业的 EBIT 预期是等额永续年金。

如果用 V_U 和 V_L 分别表示没有负债公司（记作公司 U）和存在负债公司（记作公司 L）的价值。用 E_U 表示公司 U 的权益的价值，用 E_L 和 D_L 分别表示公司 L 的权益和负债的价值，用 K_a 和 K_{eU} 分别表示公司 L 和公司 U 的资本成本。MM 提出的命题叙述如下：

命题 II：在上述假定下：

$$V_L = V_U \tag{16.6}$$

即举债的公司的价值与不举债的公司价值相等，其中：

$$V_L = D_L + E_L = \frac{EBIT}{K_a} \tag{16.7}$$

$$V_U = E_U = \frac{EBIT}{K_{eU}} \tag{16.8}$$

(16.8) 式还说明，无负债公司 U 的权益成本 K_{eU} 等于有负债公司 L 的资本加权平均成本，按这一资本成本把 EBIT "资本化"，即是企业的价值。这意味着，企业的价值独立于负债比率，与资本结构无关，它等于具有相同经营风险的没有负债的企业价值。

命题 II：

$$K_{eL} = K_{eU} + (K_{eU} - K_d)\frac{D_L}{E_L} \tag{16.9}$$

即有负债的公司 L 的普通股权益成本 K_{eL} 比相同经营风险的无负债公司 U 的普通股成本 K_{eU} 要高，高出部分体现为财务风险（Financial Risk）增益，该风险增益与 $\frac{D_L}{E_L}$ 成正比：负债比率越高，K_{eL} 越大。

因此，MM 的基本理论非常简单：不存在所得税的情况下，公司的资本结构对企业的价值和资本成本不产生任何影响。

实际上证明 MM 的基本理论并不复杂。假定公司 U 和公司 L 的 EBIT 相等，并于同一天发利息和红利。设想某甲先生具有公司 U 的 1% 股份，而某乙先生拥有公司 L 的 1% 股份和 1% 的债权，那么到了收获时日，

甲先生的收入为：$EBIT \times 0.01$

乙先生的收入为：债权利息 $D \times K_d \times 0.01$

红利 $(EBIT - D \times K_d) \times 0.01$

合计：$EBIT \times 0.01$

即甲乙二位先生的投资收入相等，都等于 $EBIT \times 0.01$。在完善的资本市场均衡条件下，甲、乙二位先生的投资价值必定相等，故 $E_U = E_L + D_L$，即：$V_U = V_L$，其中 $V_U = E_U$，$V_L = E_L + D_L$。

可以说明，为什么在均衡条件下 V_L 和 V_U 必定相等。例如，两家公司：没有负债公司 U 和有债务的公司 L 的有关数据如下：

$EBIT = ￥1\,000\,000$：两公司利息前利润（无所得税）；

$K_{eU} = 12.5\%$：公司 U 普通股权益成本；

$K_d = 7.5\%$：公司 L 负债利率，即负债成本；

$D_L = ¥4\,000\,000$：公司 L 负债总额。

根据 MM 的命题 I，

$$V_L = V_U = \frac{EBIT}{K_{eU}} = \frac{1\,000\,000}{0.125} = ¥8\,000\,000$$

即公司 U 和 L 的价值均为 $¥8\,000\,000$。由于公司 L 的负债为 $¥4\,000\,000$，故其普通股价值 $E_L = ¥8\,000\,000 - ¥4\,000\,000 = ¥4\,000\,000$。

我们看一看如果 $V_L > V_U$ 会发生怎样的情形。不妨设 $V_L = ¥9\,000\,000$（任何大于 $¥8\,000\,000$ 数都一样！）这时 $E_L = ¥9\,000\,000 - ¥4\,000\,000 = ¥5\,000\,000$，这就会发生普遍的套利交易使 V_L 降低而 V_U 升高，最终达到无套利均衡状态。

假定丙先生拥有公司 L 的 1% 股份，这时丙先生有两个投资方案：（1）继续保持公司 L 的 1% 股票；（2）出售公司 L 的这 1% 股票，借入公司 L 负债额的 1%，所得资本购买公司 U 的 1% 股票。只要 $V_L > V_U$，任何理性的投资者都会选择方案（2），即出售公司 L 的股票而购买公司 U 的股票。这导致公司 L 的股票价值下跌，公司 U 的价格上升，从而导致 E_L 减小而 E_U 增加，由于负债价值不变，即 V_L 下降和 V_U 上升，只有当 $V_L = V_U$ 时，这种套利过程才能终止。

方案（1）和方案（2）的投入是一样的，都不需要再投入一分钱。不仅如此，方案（2）在买卖过程中马上就赚了一笔钱，其收入支出现金账如下：

(1) 出售公司 L 的 1% 股票收入：$E_L \times 0.01 = ¥5\,000\,000 \times 0.01 = ¥50\,000$

加

(2) 借入公司 L 的 1% 负债额收入：$D_L \times 0.01 = ¥4\,000\,000 \times 0.01 = ¥40\,000$

减

(3) 购买公司 U 的 1% 股票支出：$E_U \times 0.01 = ¥8\,000\,000 \times 0.01 = ¥80\,000$

等于

(4) 结余，或净现金收入 NPV：$(E_L + D_L - E_U) \times 0.01 = (V_L - V_U) \times 0.01$
$= ¥10\,000$

结余 NPV 就是方案（2）立即赚得的钱，也就是说丙先生由采纳方案（2），即出售被高估价值的公司 L 的股票和购买被低估价值的公司 U 的股票能马上赚钱。

问题的另一面是，期末时两个方案的回报是完全一样的：

方案（1）：1% 公司 L 的红利 $= (EBIT - D \times K_d) \times 0.01$
$= (¥1\,000\,000 - ¥4\,000\,000 \times 0.75) \times 0.01$
$= ¥7\,000$

方案（2）：1% 公司 U 的红利 $= EBIT \times 0.01 = ¥1\,000\,000 \times 0.01 = ¥10\,000$

减

借款利息 $= D \times k_d \times 0.01 = ¥4\,000\,000 \times 0.75 \times 0.01 = ¥3\,000$

收入合计 $= (EBIT - D \times K_d) \times 0.01 = ¥10\,000 - ¥3\,000 = ¥7\,000$

这就证明了命题 I。至于命题 II，那就更简单了，它是以命题 I 为基础的。由于 $V_L = V_U$，而 $V_U = \frac{EBIT}{K_{eU}}$，则得出：

$$EBIT = k_{eU} \times V_U = K_{eU} \times V_L = K_{eU}(E_L + D_L) \qquad (16.10)$$

把 $EBIT$ 代入（16.2）式，得出（注意 $T_c = 0$）

$$K_{eL} = \frac{k_{eU}(E_L + D_L) - K_d \times D_L}{E_L}$$

$$= K_{eU} + (K_{eU} - K_d)\frac{D_L}{E_L} \tag{16.11}$$

此即命题中的（16.9）式。命题 II 说明，公司 L 的资本加权平均成本与公司 U 的权益成本相等：

$$K_a = \frac{E_L}{V_L}K_{eL} + \frac{D_L}{V_L}K_d = K_{eU} \tag{16.12}$$

三、存在公司所得税条件的 MM 理论

MM 继而向实际迈进了一步，考虑缴纳公司所得税条件下资本结构对企业价值的影响，他们的结论归纳为另外两个命题：

命题 I：负债公司的价值等于无负债公司的价值加上税蔽的现值，即

$$V_L = V_U + T_c \times D_L \tag{16.13}$$

命题 II：负债公司的普通股权益资本成本等于无负债公司的权益资本成本加上财务风险增益。而财务风险增益等于负债权益比率 D_L/E_L、1 减去税率即 $(1 - T_c)$ 和无负债公司的资本成本与负债利率之差 $(K_{eU} - K_d)$ 三因式乘积：

$$K_{eL} = K_{eU} + (K_{eU} - K_d)(1 - T_c)\frac{D_L}{E_L} \tag{16.14}$$

命题 I 说明，在存在所得税的情况下，公司的价值随着负债而增加，负债份额越多，公司价值越大，应该说这一结论只在某一限度内是正确的。实际情况一般并不支持这一结论。问题是 MM 忽略了其他重要因素，这将在以后讨论。

按照 MM 的理论，为什么负债会增加公司的价值呢？原因是税蔽，它以现金的形式流进了企业的腰包，增加了股东与债权人的共同收入，从而增加了企业的价值。

例如，公司 U 与公司 L 的年运营净收益 $EBIT$ 都是 ￥1 000（以千为单位）。公司 L 负债 $D_L = ￥4 000$，其成本 $K_d = 0.075$。设公司所得税率 $T_C = 0.40$，则这两家公司的损益报告如表 16 - 1 所示。

表 16 - 1 公司 U 和公司 L 的损益报告 单位：千元

	公司 U	公司 L
运营净收益	1 000	1 000
利息	0	300
税前净益	1 000	700

续表

	公司 U	公司 L
所得税	400	280
净利润	600	420
股东与债权人共同所得	600	720
税蔽		120

从表 16-1 中看出,对于公司 L 股东与债权人共同所得为 ¥720,而对于公司 U 为 ¥600,前者比后者多得 $D_L \times K_d \times T_c = ¥120$。这就是由于负债引起的税蔽。税蔽实际上是财富从政府向股东和债权人的转移。由于公司 L 的股东与债权人所得比公司 U 多,所以公司 L 的价值比公司 U 大。

公司 L 的税蔽每年为 $D_L \times K_d \times T_c$。假定公司 L 的负债 D_L 永远保持不变,则每年的税蔽收入是一个永续年金,其风险与负债一样,这样公司 L 比公司 U 增加的价值为:

$$\sum_{i=1}^{\infty} \frac{D_L \times K_d \times T_c}{(1 + K_d)^i} = \frac{D_L \times K_d \times T_c}{K_d} = D_L \times T_c \qquad (16.15)$$

这样我们便得到了公式:

$$V_L = V_U + T_c \times D_L \qquad (16.16)$$

这是命题 I。

类似无所得税情况下 MM 命题 II 的推导,注意 $V_U = V_L - T_c \times D_L = E_L + D_L - T_c \times D_L$,及 $EBIT = K_{eU} \times V_U/(1 - T_c)$,便可得出命题 II。命题 II 说明了存在所得税的情况下,负债公司 L 的权益资本成本与无负债公司 U 的权益资本成本、利率、税率以及负债权益比率的关系。

例:3W 公司是一家在经济欠发达地区的火力发电公司,该公司的运营情况如下。
(1) 公司目前无负债,其全部资本为普通股权益资本。
(2) 预期今后每年 $EBIT = ¥1\,000\,000$。
(3) 公司所得税率为 $T_c = 40\%$。
(4) 公司把全部盈利作为红利发放。
(5) 在无负债的条件下,股东要求的投资回报率为 $K_{eU} = 12.5\%$。
(6) 如果 3W 公司打算举债,不论多少,其利率都为 $K_d = 8\%$。
(7) 任何举债都不增加或减少公司的资产,也就是借来的钱用于等额回购本公司股票。

根据以上数据和假设,我们可以应用 MM 理论确定 3W 公司的价值。
首先,计算公司的现值,即无负债时的价值。运用式 (16.1),得出:

$$V_U = \frac{EBIT(1 - T_c)}{K_{eU}} = \frac{¥1\,000\,000 \times (1 - 0.4)}{0.125} = ¥4\,800\,000$$

其次,如果 3W 举债 $D_L = ¥2\,000\,000$,那么公司的价值要增加到:

$$V_L = V_U + T_c \times D_L = ¥4\,800\,000 + 0.4 \times ¥2\,000\,000$$
$$= ¥5\,600\,000$$

这时公司的普通股股票价值 E_L 上升到：

$$E_L = V_L - D_L = ¥5\,600\,000 - ¥2\,000\,000 = 3\,600\,000$$

本来无负债时股票价值为 ¥4 800 000，回购了 ¥2 000 000 还剩下 ¥2 800 000。由于负债的原因，这 ¥2 800 000 升值为 ¥3 600 000，换句话说，股东权益升值近28.60%。

相应地，负债以后，权益资本的成本也上升了：

$$K_{eL} = K_{eU} + (K_{eU} - K_d)(1 - T_c)\frac{D_L}{E_L}$$

$$= 0.125 + (0.125 - 0.08)(1 - 0.4)\frac{¥2\,000\,000}{¥3\,600\,000}$$

$$= 0.14 \text{ 即 } 14\%$$

而资本成本为：

$$K_a = \frac{EBIT(1 - T_c)}{V_L} = \frac{¥1\,000\,000(1 - 0.4)}{¥5\,600\,000}$$

$$= 0.1071 \text{ 即 } 10.71\%$$

或遵循加权平均公式，得出同一结果：

$$K_a = WACC = \frac{D_L}{V_L} \times Kd \times (1 - T_c) + \frac{E_L}{V_L} K_{eL}$$

$$= \frac{2\,000}{5\,600} \times 0.08 \times (1 - 0.4) + \frac{3\,600}{5\,600} \times 0.14$$

$$= 0.1071$$

第二节 个人所得税和财务危机条件下的资本结构理论

MM 理论忽略了现实世界的两个重要因素，即投资者个人所得税及财务危机等对企业价值的影响。本节我们讨论这些问题，建立相应的公司价值的模型。

一、存在个人所得税情况下的企业价值

MM 中的一位，M. 米勒提出了一个把公司所得税和个人所得税都考虑在内关于企业价值与负债比例关系的模型。和前述的 MM 两个模型相比较，我们就可以理解个人所得税对公司的价值产生重要影响，米勒模型是 MM 模型的推广。

我们仍设公司所得税率为 T_c，并增设普通股权益个人所得税率为 T_{pe}，债权人利息收益的个人所得税率为 T_{pd}，T_{pe} 实际上是红利收入和股票价值增值收入的加权平均税率。

假定 MM 的全部假设都成立，公司和个人都按以上税率缴纳所得税，并且股东和债权人都是个人。我们首先考虑无负债的公司 U 的价值。

由于我们假设营业净益 EBIT 预期不发生变化，而公司将全部净收益都作为红利发给股

东，而股东又必须再支付税率为 T_{pe} 的个人所得税，所以每年股东的净现金收入为：

$$CF_U = EBIT(1 - T_c)(1 - T_{pe}) \tag{16.17}$$

这是一个永续年金。而股东要求的回报率为 K_{eU}，则公司 U 的价值即为以 K_{eU} 为折现率的上述永续年金的现值：

$$V_U = \frac{EBIT(1 - T_c)(1 - T_{pe})}{K_{eU}} \tag{16.18}$$

然后，我们考察有负债的公司 L 的价值，这时股东每年支付个人所得税后的红利收入为：

$$(EBIT - I)(1 - T_c)(1 - T_{pe}) \tag{16.19}$$

而债权人每年个人所得税后的利息收入为：

$$I \times (1 - T_{pd}) \tag{16.20}$$

以上两式相加即为两者共同所得：

$$CF_L = EBIT(1 - T_c)(1 - T_{pe}) - I(1 - T_c)(1 - T_{pe}) + I \times (1 - T_{pd}) \tag{16.21}$$

上述永续年金共分三项，其中第一项与无负债的公司 U 的股东净收入相等，因此，投资者对这部分现金流要求的回报率必等于 K_{eU}，而第二项和第三项都是公司负债引起的，都是支付利息的结果，因此，投资者要求的回报率都是 K_d，根据现值的可加性，得负债公司 L 的价值为：

$$V_L = \sum PV(CF_L^i) = \frac{EBIT(1 - T_c)(1 - T_{pe})}{K_{eU}}$$
$$- \frac{I \times (1 - T_c)(1 - T_{pe})}{K_d} + \frac{I \times (1 - T_{pd})}{K_d} \tag{16.22}$$

又注意到公司 L 负债的市场价值为：

$$D_L = \frac{I \times (1 - T_{pd})}{K_d} \tag{16.23}$$

再代入（16.22）式，得到负债公司 L 的价值：

$$V_L = V_U + \left[1 - \frac{(1 - T_c)(1 - T_{pe})}{1 - T_{pd}}\right]D_L \tag{16.24}$$

这就是米勒模型。公式（16.24）中方括号中数值表示公司 L 价值对负债价值的敏感性，即公司增加 1 元钱负债带来的价值的增加。注意，当 $T_{pe} = 0$，$T_{pd} = 0$，即无个人所得税时，或 $T_{pe} = T_{pd}$ 时，米勒模型就化为 MM 模型。特别，当 $(1 - T_c)(1 - T_{pe}) = 1 - T_{pd}$ 时，方括弧中数值为 0，这时负债公司 L 的价值将等于无负债公司 U 的价值，负债的多少对公司的价值不发生影响。

米勒模型和 MM 第二模型一样，都主张为了使公司价值最大化，公司应有 100% 的负债，即公司的资本都由负债构成。但是从逻辑上讲，100% 的负债，就不存在股东了，债权人变成了实际上的企业所有者。从实际上考察，没有一家企业是 100% 负债的，所以学者们对 MM 理论和米勒理论持相当的怀疑态度。一般认为这些理论的推导本身没有错误，问题来自理论的假设。假设如果不符合实际，结论就极可能也不符合实际。归纳起来，不同意见主要有以下几点。

（1）MM 和米勒的论证暗含假定公司负债和投资者个人负债彼此可以互相代替。但实际上，个人举债比公司举债风险要大，因为个人借款是无限责任，而公司借款是有限责任。这一点制约了个人投资者的套利买卖活动，另外，一些规则也限制套利活动的发生。这样 V_L、V_U、K_{eU}、K_{eL} 等的均衡值可能偏离由公式确定的数值。

（2）MM 和米勒的假设都忽略了财务危机成本和代理成本。随着负债的增加财务危机发生的可能性增大，甚至还可能使公司破产。财务危机是有成本的。同样，代理成本也是存在的，这些成本都会降低企业的价值。

（3）MM 假定投资者个人可以与公司一样以无风险利率 K_d 借款。但实际上，一般情形是个人借款利率比公司借款利率高，而且还存在一些法规限制借款购买证券。

（4）MM 和米勒还忽略了经纪费用和其他交易成本，他们假定债券和股票的购买和出售都不发生成本，因此 E_L 和 D_L 可以无成本的转移。但事实上，包括经纪费用在内的交易费用是存在的。交易费用的存在会限制套利买卖。

二、财务危机成本和代理成本

负债公司应按约定支付负债的利息，偿还负债的本金。如果企业经营不善，发生亏损或现金周转不灵致使不能按期支付息还本，就会发生了财务危机，最严重的可以导致企业破产。财务危机是有成本的，而这些成本肯定会对公司的价值产生负面的影响。

（一）破产成本

当股东行使违约权时，公司就会发生破产。违约权是有价值的（参见第二十二章、第二十三章），当企业出现麻烦时，有限的债务责任可以使股东一走了事，把烂摊子留给债权人。原债权人变成了新股东，老股东的股票可能变成一堆废纸。

在大多体制下公司自动享有有限的债务责任。我们比较一下有限和无限债务责任的区别。现有两家公司，其资产和经营状况完全相同，每一家公司有相同的债务，答应一年后偿还债权人￥1 000（连本带利）。其中一家是有限责任；另一家不是，其股东个人对公司的负债也是负有责任的。

图 16-1 表示一年后两家公司债权人和股东可能得到的收入比较。只有当公司价值低于￥1 000 时才有区别。假如，这两家公司的价值降至￥500。这时有限责任公司会行使违约权，其股东拍拍屁股走掉，从公司拿不到一分钱的资产，而债权人得到价值为￥500 的公司资产。可是无限责任公司的股东却不可简单地溜掉，他们必须再拿出￥500，凑成￥1 000 来偿还给债权人。图 16-1 表明有限责任公司的股东比无限责任公司处于较好的地位，其中债权人收入是指债权人被偿还的本金和利息，而股东收入是指偿还负债以后的资产剩余额。无论是有限公司还是无限公司，债权人收入与股东收入之和是相等的，等于企业资产价值。对债权人而言，对无限责任公司贷款的风险小，因而要求的回报率低，对于有限责任公司贷款的风险大，因而要求的回报率高。相反，对股东而言，有限责任公司的股票投资风险小，要求的回报率低，而无

限责任公司的股票投资风险大，要求的回报率高。

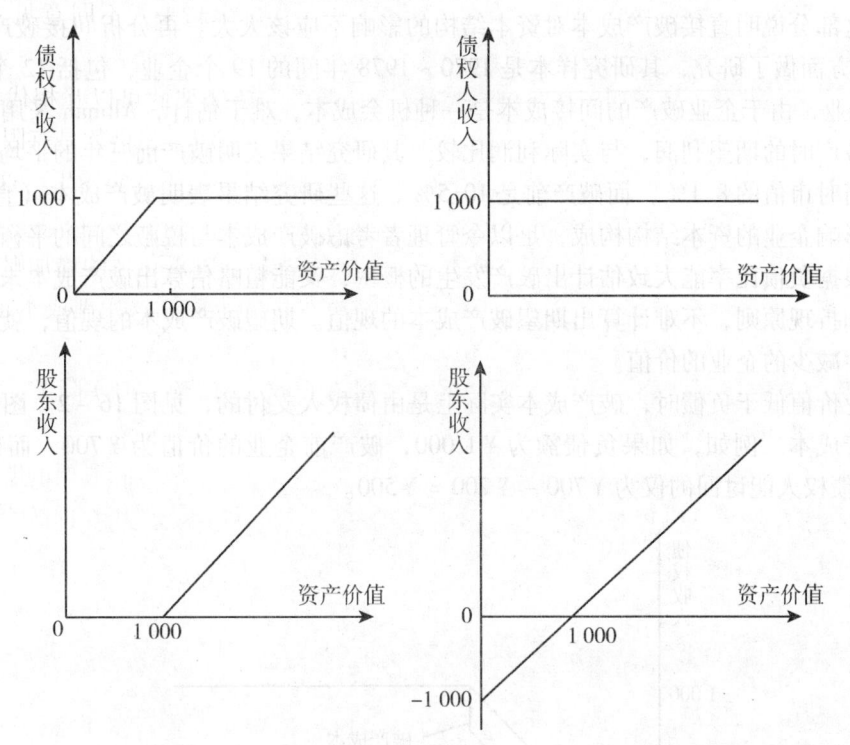

图 16-1 有限责任公司和无限责任公司的债权人收入和股东收入比较

企业破产是一种法律程序，是指当企业的资产降低到触发股东行使违约权时，债权人接管企业的过程。这要涉及企业清算和破产的法律程序。破产成本是由于企业破产而发生的各种费用和损失，可以分做直接成本和间接成本。破产直接成本一般指破产的法律程序费用和管理费用。直接成本比较容易估算，如果破产过程历时不特别长，占企业资产的份额比较小。破产间接成本一般指企业破产时资产遭受的损失，如固定资产、存货和无形资产的损失，以及由于破产导致的经营和管理中的各种降低企业价值的损失。破产程序一般要等上数年方能有结果，在此期间，机器可能生锈损坏，建筑物可能年久失修，存货可能变质失效。这些事件都会导致企业资产的损失，因而降低企业的价值。无形资产方面，商誉和商标的价值几乎损失殆尽，发展机会、技术优势和人力资源等也几乎都失去原有的价值。这部分成本，对于高技术企业尤其巨大。经营和管理方面，当企业可能面临破产时，遇到的困难和麻烦可想而知，尤其表现为产品的销售困难。间接成本的数额，通常是很可观的，尽管事先难以准确估量，例如，1987 年美国的 Texaco 公司宣告破产时，其股票市场价值降低了 8 亿多美元，其首要债权人 Pennzoil 公司股票的市场价值降低了 6 亿多美元，两者合计 14 亿多美元。尽管这股票价值的下降是否准确反映破产间接成本还有待进一步考证，但说明其数额之大是绝不可忽视的。

Warner[①] 收集了美国 1933~1955 年间 11 家铁路公司破产数据，研究破产的直接成本，结果表明直接破产成本相对于企业市值是比较小的。Warner 的研究指出，平均意义上，在破产

---

① Warner J., "Bankruptcy, Absolute Priority and the Pricing of Risky Debt Claims", Journal of Financial Economics, May 1977a.

前,其直接成本是公司市值的 5.3%。而且直接成本所占市值比率与破产公司的规模成反向变化关系。这部分说明直接破产成本对资本结构的影响不应该太大。再分析间接破产成本。Altman[①] 在这方面做了研究,其研究样本是 1970~1978 年间的 19 个企业,包括 12 个零售企业,7 个工业企业,由于企业破产的间接成本是一种机会成本,难于估计,Altman 采用时间序列方法获得非破产时的期望利润,与实际利润比较。其研究结果表明破产前三年的平均间接破产成本是公司当时市值的 8.1%,而破产前是 10.5%。这些研究结果表明破产成本(直接和间接)的确大到影响企业的资本结构构成,足以令管理者考虑破产成本与税蔽之间的平衡关系。

如果根据负债比率能大致估计出破产发生的概率,又能粗略估算出破产成本未来值,则依照期望值和折现原则,不难计算出期望破产成本的现值。期望破产成本的现值,就是由于存在破产可能性减少的企业的价值。

当企业价值低于负债时,破产成本实际上是由债权人支付的,见图 16-2。图 16-1 并未表现出破产成本。例如,如果负债额为 ¥1 000,破产前企业的价值为 ¥700,而破产成本为 ¥200,则债权人能讨回的仅为 ¥700 - ¥200 = ¥500。

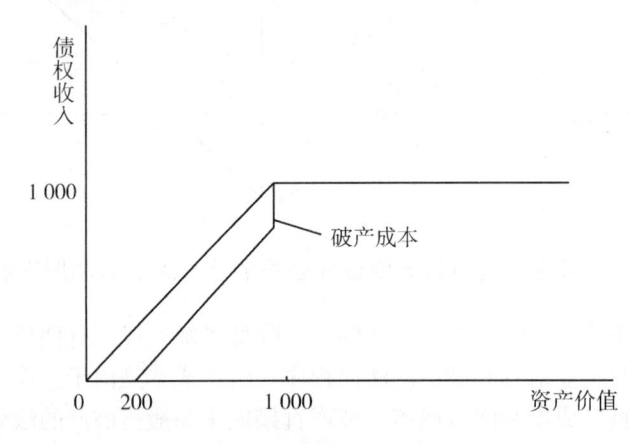

图 16-2 企业破产时债权人收入

(二) 不破产时的财务危机成本

财务危机不一定导致破产。只要公司能设法搞到足够多的现金偿付债务利息,就可能把破产推迟数年,也许最终企业能够走出困境,继续生存下去。

当公司发生财务危机时,债权人和股东共同希望企业能渡过难关,恢复正常运营。可是在其他方面,这两个利益集团的利益是矛盾的,双方为各自的利益就会展开博弈。如果这种利益冲突表现在经营和筹资、投资决策上时,财务危机就会耗费不少成本,这时股东也许会放弃追求企业价值最大化这一目标,而代之以追求狭隘的自身利益。出于股东的利益,管理层会使用许多伎俩和对策。但是这些伎俩和对策的成本是要由债权人承担的。以下我们简单叙述一下这种对策是如何导致财务危机成本的。

下表是 3F 公司的现在的账面值资产负债表(以百万元为单位):

---

① Altman. E. "A Further Empirical Investigation of the Bankruptcy Cost Question" Journal of Finance, Sept. 1984.

资 产		负债与权益	
流动资产	¥200	长期负债	¥500
固定资产	800	普通股	500
总资产	¥1 000	总负债与权益	¥1 000

由于3F遭到财务危机，它的市场价值降到了负债的账面价值以下，现在它的市场价值资产负债表如下：

资 产		负债与权益	
流动资产	¥200	长期负债	¥250
固定资产	100	普通股	50
总资产	¥300	总负债与权益	¥300

如果长期负债现在到期，3F 公司会行使违约权，让企业破产。但现在假定长期负债一年以后才到期，而公司又能蹒跚度日，债权人不能提前要求破产。

也正是因为 3F 有一年时间可以喘息，它的股票才有一些价值，公司拥有者要赌一赌运气，看它的价值能否升到 ¥500 以上，偿清负债以后还有剩余。拥有者手中的法宝是经营决策和投资决策。常用的伎俩如下：

(1) 转嫁风险。3F 公司由于其市场价值已低于负债账面价值，实际上公司已全部归债权人所有了。一种挣扎的办法是寻求高风险的投资机会，风险实际上是由债权人承担的，万一成功了，则企业能起死回生。例如，3F 公司找到了这样一个投资项目，投资额 C_0 = ¥100，其回报有极大的风险：估计有 10% 的概率得到收益 ¥1 200，有 90% 的概率得不到任何收益。这样一年后权益的期望值 C_1 = ¥120，折现率取 r = 50%，则该项目的净现值 NPV = -100 + 120/(1+0.5) = -¥20。这马上会影响 3F 公司的资产的市场价值：流动资产减少了 ¥100，这 ¥100 的投资只得到价值为 ¥80 的固定资产，因而固定资产增加 ¥80，所以公司资产的价值由 ¥300 降低为 ¥280，这差额就是企业（实为债权人）遭受的损失，应计入财务危机成本。

(2) 拒绝投资。假如出现了一个很好的投资机会：相对保险的资产投资，项目投资额为 ¥100，现值为 ¥150，其净现值为 ¥50，不过这时公司没有这笔钱，只有靠发行新股票筹资。项目上马以后，企业资产价值会上升到 ¥450（¥100 新投资 + NPV ¥50 + 原有 ¥300），尽管仍低于负债账面价值，但朝恢复的方向迈进了一步。

但股东肯定不上马这种项目，下表是假定上马后 3F 公司可能的资产负债表（市场价值）。

资 产		负债与权益	
流动资产	200	长期负债	320
固定资产	250	普通股	130
总资产	450	总负债与权益	450

注意3F公司的市值增加了￥150，其中负债的价值不再是￥250，而是￥320了，即增值了￥70，这是因为企业容纳了新增加的风险较小的资产价值为￥150，因而降低了违约发生的概率，而即使发生违约时债权人收入也增加了，所以使负债的市场价值上升了。

债权人的增值即股东的损失。权益的市场值不是增加￥150，而是￥150 - ￥70 = ￥80。股东新投入￥100的权益资本，但只增加￥80的市值，所以这种项目会增加企业的价值，但却损害股东的利益，股东是不干的。

（3）只出不进。股东不乐意向公司投放资本，却千方百计从公司中往外拿钱，例如以现金红利的形式。在有负债的情形下，如果红利支出￥100，权益的市场价值会降低，但降幅会小于￥100，因为企业的价值也有债权人的份，负债的风险加大了，因而负债的市场价值也会降低的。

（4）拖延战术。当企业陷入财务危机后，债权人希望速战速决，尽量少受损失，而股东则希望时间拖得越久越好。债权人实际上无计可施，而股东则握有主动权，拖延的办法有许多种，例如改变会计原则，以隐瞒企业的财务困难，或制造企业可以短期复苏的假象，或大量消减维修费用、研究与开发费用等，以求得喘息的机会，给外界以企业业绩还不太坏的虚假形象。

以上这些股东的对策，有的直接给企业造成损失，有的间接失去增值的机会或造成运营困难，都是以损失债权人的利益为代价的，这就是财务危机成本的来源。

（三）代理成本

债权人和股东之间实际上是一种委托—代理关系，这一点我们在第二章已经论及。如果没有任何限制，管理者就会利用债权人的钱只为股东谋利益。例如，管理者可能先借入少量风险小的债务，支付较小的利息，然后又突然发行大量债券。这样风险加大，使债权人要求的回报率升高，企业的资本成本K_a就会加大，企业价值降低，使原债权人承担了资本亏损。再如，管理者还可以调整资产结构，卖掉低风险的资产，购进高风险的资产（即高风险投资）。以后运营好了，股东是最大受益者，运营不好出现财务危机，损失大部落到债权人身上。

因为存在上述股东利己行为的可能性，长期负债都有保护性协议，以合法地保护债权人的利益。但是，这些保护性条款却在一定程度上阻碍和约束着企业的经营活动，可能丧失投资机会或筹资机会，降低效率，导致机会损失。这种损失要记在负债活动本身的账上，是一种代理成本。此外，为执行保护性协议，还必须对企业进行监督，监督的直接或间接费用也是一种代理成本。

以下我们把平时的代理成本和发生财务危机时遭遇的成本都归于代理成本。

三、存在财务危机和代理成本条件的资本结构

按照MM的理论，在存在公司所得税时，负债会增加企业的价值：

$$V_L = V_U + T_c \times D_L$$

企业负债越多，其价值就越大。按照MM理论，为了价值最大化，公司应100%负债。

但是，正如我们第二段讨论的那样，负债可引起代理成本和财务危机成本，尽管其中有些部分现在还难以准确计算出来，但它们的重要性是不容忽视的。代理成本和财务危机的成本随着负债额的增加而加大，财务危机不一定必然发生，我们关心的是它的期望值的现值。若有一

定数额的负债，代理成本是必然存在的。这两项和的现值记为 $PV(AC)$。代理成本会使公司价值减少，这个数额随着负债额度的增加而增加，因此，结合 MM 理论和上述分析，负债公司的价值 V_L 应为：

$$V_L = V_U + T_c \times D_L - PV(AC) \tag{16.25}$$

式中，V_U——无负债企业的市场价值；
T_c——公司所得税税率；
D_L——公司的负债市场价值；
$PV(AC)$——代理成本的现值。

图 16-3 表示负债公司的价值 V_L 与其负债/权益比率 D_L/E_L（坐标中为简明省去了下标 L）的关系。由（16.25）式知负债公司的价值曲线 $V = V_L$ 是由三条曲线合成的：无负债的公司价值 $V = V_U = E_U$ 直线；税蔽现值 $V = T_c \times D_L$ 曲线，以及代理成本现值 $V = PV(AC)$ 曲线。注意一开始，公司的价值 V_L 随负债比率的增加而增加，在 D^*/E^* 处达到最大，负债比率再增加，公司价值随之降低。实现公司价值最大的负债/权益比率称之为最佳资本结构。

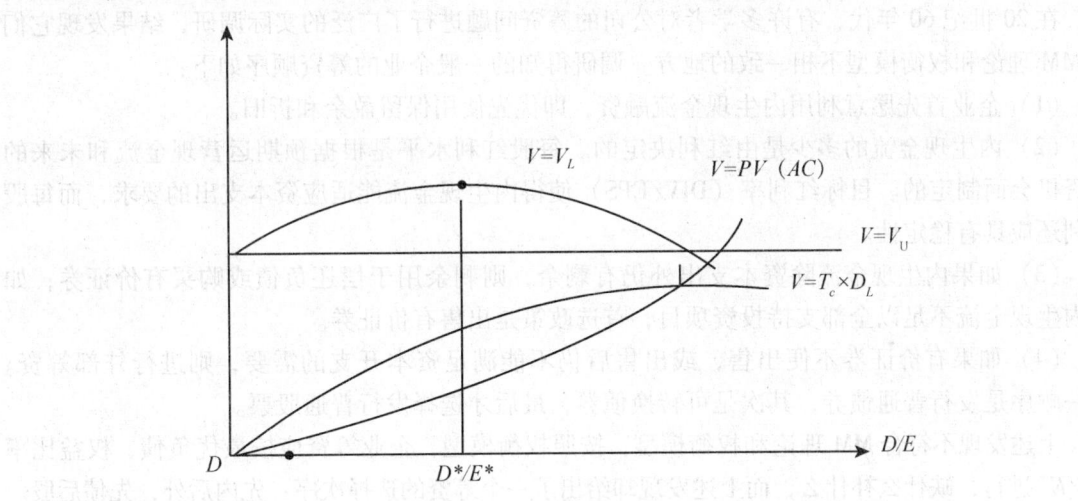

图 16-3　最佳资本结构

我们不妨把反映财务危机成本和代理成本的负债公司的价值式（16.25）称之为权衡（trade off）模型。由图 16-3 我们看到，随着负债比率的增加，税蔽的现值 $T_c \times D_L$ 增加缓慢而财务危机成本期望值的现值和代理成本的现值之和增加较快，当这两者增加速度相同时，就确定了最优资本结构 D^*/E^*。虽然还不能分析求出这个最优负债比率，但这个模型说明了几个财务变量的关系：

（1）资产风险大的企业应少负债。所谓资产风险大，即经营风险大，指资产的回报率变动性大。由于变动性大，则在给定的负债水平上发生财务危机的概率就大，财务危机成本的期望值就大，在同等条件下，其现值就大，公司的价值就低。因此风险大的企业最佳资本结构 D^*/E^* 数值较小、企业应少负债。

（2）固定资产份额大的企业，如航空公司、饭店，房地产开发公司和一般机械制造公司，应负较多的债；而无形资产份额大的企业，如高技术企业、专利、商誉和发展机会很值钱的企业等，应负较少的债，这是因为前一类企业财务危机成本比后一类小，在发生财务危机的概率相同的情况下，财务危机成本的期望值前一类比后一类小。

（3）税率高的企业应多借债，税率低的企业应少借债。这是因为所得税税率 T_c 高，则税蔽现值 $T_c \times D_L$ 就大，给企业增加的价值就多，这样最优资本结构 D^*/E^* 数值比较大。

根据权衡模型，每个企业都存在最优资本结构 D^*/E^*，以实现公司价值最大化。以上三点是确定最优资本结构所应遵循的原则，可以预见资产类型相同，经营风险相同，税率相同和获利能力相同的企业应有相同的或相近的最优资本结构。

第三节 信息不对称理论

一、筹资模式的实际观察

在 20 世纪 60 年代，有许多学者对公司的筹资问题进行了广泛的实际调研，结果发现它们与 MM 理论和权衡模型不相一致的地方。调研得知的一般企业的筹资顺序如下：

（1）企业首先愿意利用内生现金流融资，即优先使用保留盈余和折旧。

（2）内生现金流的多少是由红利决定的。每股红利水平是根据预期运营现金流和未来的投资机会而制定的。目标红利率（DIV/EPS）使得内生现金流能适应资本支出的要求，而每股红利还应具有稳定性。

（3）如果内生现金流除资本支出外仍有剩余，则剩余用于偿还负债或购买有价证券；如果内生现金流不足以全部支持投资项目，首选政策是出售有价证券。

（4）如果有价证券不便出售，或出售后仍不能满足资本开支的需要，则进行外部筹资。第一顺序是发行普通债券，其次是可转换债券，最后才选择发行普通股票。

上述发现不符合 MM 理论和权衡模型，按照权衡模型，企业筹资应按最优负债、权益比率 D^*/E^* 进行，缺什么补什么，而上述发现却给出了一个筹资的选择次序：先内后外，先债后股。

二、不称信息理论

迈耶斯（Stewart Myers）等学者由此提出了一种新的理论，被称之为"不对称信息理论"。他们指出，上述筹资选择顺序背离了资本结构理论。普通股权益有两种来源，保留盈余变成了首选融资手段，而增发普通股却变成了最后的选择。

迈耶斯还指出，修正模型假定所有市场参与者都有相同的预期。这必然导致如下结论：投资者和公司的股东、经理都有相同信息，包括运营净益的预期，而事实上其变化也是随机的。但他认为事实上投资者和股东、经理关于影响企业价值的信息是不相同的，即是不对称的，经理层有更多的信息。从这点出发，上述发现便可以有合理的解释了。更重要的是，不对称信息确实影响最优资本结构。

这里首先假设：一是企业的管理者始终发出理性的信号；二是信号意义清晰，不存在歧义。现在，考虑两家公司，一家公司（称为公司 G）的前景特别好，另外一家公司（称为公司B)的前景特别坏。假定公司G的研究与开发实验室发明了一种彻底治愈艾滋病的特效药。则公司G的总经理对这一新产品必须实行严格保密，以防竞争对手进入同一市场。为了生产此类药物要建设新的厂房，购买新设备，还要建立分销渠道，因而公司G需要筹集新的资本。但靠什么筹集呢？如果发行新股票，则当新产品开始流入市场时（实际是当新产品的信息公布时），股票价格会大幅度上升。新股票发行时，由于信息不对称，股票价格实际上被低估了。股票上涨以后，新股东是最大的受惠者，尽管老股东、经理也会由于股价急剧上扬而得益。但如果公司G不是靠发行新股票而是靠借债来融资，老股东就会独享企业价值的全部增值。因此，可以这样认为，当公司在前景十分有利时会尽量避免发行新股，而是靠举债和其他手段来筹集所需的资本，不管负债比率是否已经超出最优水平。

反过来让我们看一下公司B。假定其总经理已经获悉，由于其竞争对手使用了新工艺技术而大大提高了产品的品质，致使本公司的新订单已急剧下降。公司B若不更新技术，则有灭顶之灾。以巨大成本进行技术更新，可以保住目前的销售份额，但显然资产回报率将要大幅下降。在这种情况下，公司B如何筹措技改所需的资金呢？其做法正与公司G相反。公司G不愿意出售新股票来分享未来发展带来的利益。而前景不妙的公司B却愿意发行新股票以使新股东分担未来的损失。

当然对B来说，发行新股票时必须向公众披露有关信息，但是仅可能在不违法的限度之内，而不是完全公布总经理最害怕的信息，如果投资者知道的和总经理一样多，将不会有人以现价购买其股票，若考虑到未来的损失话，股票现价是被高估了。

从上述两个例子可以得出结论，前景极其光明的公司倾向于非股票融资，而前景十分暗淡的公司则偏好于外部权益资本。那么作为投资者的反应是怎样的呢？一般而言，如果某家公司计划发行新股，那将使投资者担心，因为他们知道如果公司未来前景十分好的话，公司不会发行股票。现在要发行，前景大半不妙。因此，每当阅读新的招股说明书时，投资者会降低对公司价值的估计，如果其他条件不变的话。特别是出售股票的厂家是大型的成熟的公司时，像通用汽车和IBM之类，经验表明这种逆反的程度会更大，因为它本来有多种筹资方式可选择。小型的尤其是成长中的企业情况可能不同，它们扩股可能真正意味着有一种非常好的投资机会，如果不发行新股则不能筹集到足够的资本，我国的许多企业应属于这种情形。因此，一家成熟的、具有备选融资方式的公司若宣布发行新的股票，是其管理者看到了前景不妙信号，这时其股票的价格应该下降。实证研究也证实上述结论。

以上基于信息不对称现象的结论对权衡模型中最优资本结构有何影响呢？回答是，在通常时期，公司少负一点债，保留一部分负债的容量，以便特别好的投资机会到来时再举债。这样，对于一般企业平时的目标资本结构，要比由图16-3所展示的要低。若存在不对称信息，只有当上述负债容量用尽，或现行股价被高估时，才发行新的股票。当存在信息不对称时，我们在第一段列举的融资顺序是合乎逻辑的，先用内部资金，其次举债，最后一招才是发新股。使用内部资金投资，加大了权益比重，也就增加了负债容量。一般情况下，存在负债容量，所以从外部筹资的首选方式是举债，若对资本仍有需求，最后只好发行新股票。

三、对资本结构理论的评说

现代资本结构理论，从MM理论、米勒模型，直到权衡模型，其重大贡献是在给定假设下定量地阐述了负债比率 D/E 对公司价值的影响，以及与资本加权平均成本的关系。在此以前，无资本结构理论可言，也不存在分析负债效应的系统方法。关于公司价值与负债/权益比率之间的数量关系，我们已绘于图 16-3 中，图 16-4 是权衡模型的补充。图 16-4 说明负债权益比率与权益成本 K_e、税后负债成本 $(1-T_c)K_d$ 和公司资本的加权平均成本 K_a 之间的关系，随着负债比率的上升，权益成本和负债成本一开始是缓慢而后是快速上升。而加权平均成本则一开始下降，到 D^*/E^* 处达到最小值，而后又上升。公司价值一开始上升，到达 D^*/E^* 时实现最大，然后下降，负债/权益比 D^*/E^* 即所谓最优资本结构。

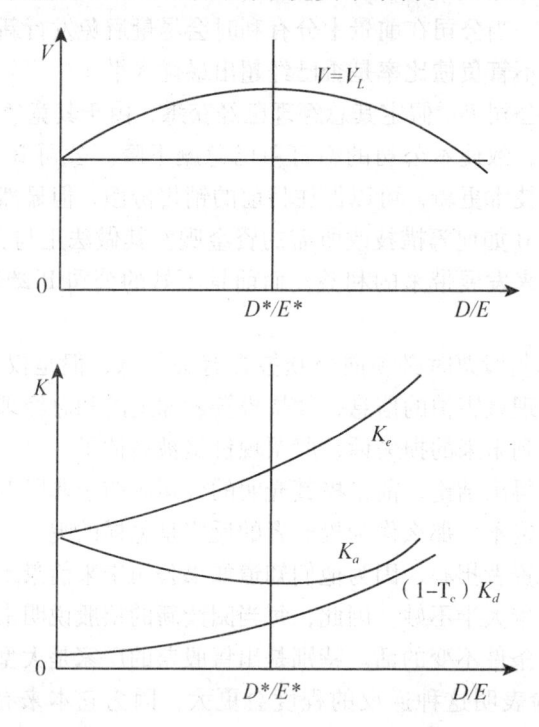

图 16-4 修正模型：V_L 和 K_a 与 D/E 的关系

每个企业理应存在图 16-4 所示最优资本结构，而且它应该是动态的；随着时间和资本市场的变化而不同。同时不同行业、不同的企业最优资本结构也可能不同。但许多学者还认为公司价值曲线 $V=V_L$ 和资本成本曲线 $K=K_a$ 是比较平缓的，换言之，负债/权益比率稍稍偏离最优的 D^*/E^* 时，公司价值和资本成本与最优值偏差不大，有的学者还提出了一个命题：最影响企业价值的因素在资产负债表的左栏（即资产）而不是右栏（即资本结构）。遗憾的是，由于财务危机成本期望值的现值和代理成本的现值很难测定，所以模型中最优资本结构 D^*/E^* 的准确值在实际中很难估算出来。

不对称信息理论指出，客观上可能存在不对称信息的状态，即关于企业的盈利前景，经理知道的信息多，而一般投资者少。而且，经理所追求的是老股东而非新股东的最大利益。因此，如果经理认为企业前景光明，则不发行新股，前景暗淡方发行股票筹资。这样，投资者对有备选筹资方案的公司招募新股看成是坏消息，因此消息一公布，股票市价会降低以示响应。投资者绝不傻，结果使新股筹资成本过大。这一因素必须在目标资本结构中予以考虑。

综合这两种理论，我们可以解释说明企业的实际筹资行为模式。由于所得税税蔽的作用，负债筹资可以增加企业的价值，负债越多价值越大。这是负债的第一种效应；但是财务危机成本期望的现值和代理成本现值引发公司价值的减少，负债越多，减少额越大，这是负债的第二效应。负债比率小时，第一种效应大，负债比率大时，第二种效应大。上述两种效应相抵消，企业应适度负债，所以公司的资本结构中应有一定数量的负债。最后，由于不对称信息的存在，企业要保留一定的负债容量以便诱人的投资机会来临时可发行债券，避免以太高的成本发行新股。

四、资本结构的国际比较

现实中不存在完全相同的资本结构，但是不能否认实际的资本结构中有某些共性的成分存在。以美国企业而言，它们的负债/权益比率一直比较低，大多企业相对而言更倾向于采用权益融资而不是负债融资。尽管这种经营决策行为引发较大的税收负担，但是企业却依然并不积极利用负债的税蔽效用。说明必定存在某些限制，妨碍了企业负债。对于日本企业而言，由于其特殊的银企关系，交叉持股的内部经济关系，其负债/权益比相对比较高，而且随时间发展，经济周期等原因不断调整。美国和日本的企业在融资方面差异是比较大的，但是以行业为基础比较，仍然有一些相似之处。

即使发达的资本主义国家，由于会计惯例不同，进行资本结构精确的国际比较也是困难的。不过统计资料显示，各国企业间的资产负债比率的差异是显著的。日本企业负债率最高，英国最低。基于历史成本法的账面价值的负债/总资产比率，1987~1988年数值如下：日本82%、瑞典65%、法国63%、意大利62%、西德61%、荷兰60%、美国57%、英国51%。同期我国国有企业的账面负债率也比较高，1989年，18个"优化资本结构试点"城市，把已查明的资产损失考虑在内的话，负债率高达89.9%。近年来上市公司的资本结构与此相比有明显的变化。据国家自然科学基金重点项目"我国企业投融资的运作与管理研究"2003年的所做的问题调查，共有626家公司回答了有关目标资本结构的问题。其中回答有目标资本结构的为408家，没有的218家，目标资产负债率的中位数为55%，均值为53.5%，具体分布为：资产负债率小于40%的占24.5，小于50%的占44.1%小于60%的占63%，小于70%的占90.2%小于80%的占98.7%。

由账面价值和市场价值计算的负债比率可能明显不同。我们在本章的前几节中的讨论都是用市场价值。一般而论，账面价值法会高估负债比率。

第四节 财务杠杆

企业有负债，就说它引进了财务杠杆（Financial Leverage）。财务杠杆通常以负债/权益比率来表示。杠杆本来是物理学的概念，其作用主要是用很小的力可以撬动很重的物体。杠杆这一概念被借用到了政治学，说某人握有政治杠杆，是指政治家的一句话或一个小动作能达到举足轻重的效果。移植到公司财务学，财务杠杆是指负债对于权益回报率和风险的放大作用。

我们在本章的前三节中主要讨论了财务杠杆对于公司价值及资本成本的影响，在这些讨论中，一个基本假设是认为公司的息税前收益 EBIT 不受负债多少影响，本章我们将集中研究财务杠杆对权益回报率和风险的影响。

一、权益回报率和企业风险

本段主要讨论权益回报率与财务杠杆关系和企业风险与财务杠杆的关系。

假设 L 公司为举债经营的公司，E 和 D 分别表示其普通股权益和负债的价值，则公司的资产价值为 $V = E + D$，为方便起见，暂设无公司所得税，则 L 公司的资产回报率为：

$$\tilde{r}_a = \frac{EBIT}{V} \qquad (16.26)$$

其中，EBIT 是 L 公司的营业净益。和前三节的讨论的假设不一样，这里的 EBIT 是实际要发生的，它不是确定性的，而是随机的。实际上 EBIT 影响公司价值 V。不管怎说，资产回报率是一个随机变量，故记为 $\tilde{r}_a$，它与资本的加权平均成本 K_a 在概念上不同。$\tilde{r}_a$ 是单位资产回报了多少，在特定的时间内是随机的，而 K_a 是各投资者（股东、债权人等）所要求的平均回报率。在特定时间它是确定的。

权益回报率 ROE 也是一个随机变量，我们用 $\tilde{r}_e$ 表示。用 K_d 表示负债的利率，则净收益：

$$\begin{aligned}\pi &= EBIT - D \times K_d = V \times \tilde{r}_a - D \times K_d \\ &= (E + D)\tilde{r}_a - D \times K_d\end{aligned} \qquad (16.27)$$

从而得出：

$$\tilde{r}_e = \frac{\pi}{E} = \tilde{r}_a + \frac{D}{E}(\tilde{r}_a - K_d) \qquad (16.28)$$

（16.28）式是一个很重要的公式，它给出了权益回报率与财务杠杆 D/E、资产回报率 $\tilde{r}_a$ 和负债利率 K_d 之间的关系。例如，3K 公司的负债/权益比为 $D/E = 2/3$，$K_d = 9\%$，其资产回报率 $\tilde{r}_a$ 分布如下：

$$\tilde{r}_a = \begin{cases} 8\%, & \text{概率 } 0.3 \\ 12\%, & \text{概率 } 0.4 \\ 16\%, & \text{概率 } 0.3 \end{cases}$$

则权益回报率 $\tilde{r}_e$，有以下概率分布：

$$\tilde{r}_a = \begin{cases} 7.3\%, & \text{概率 } 0.3 \\ 14\%, & \text{概率 } 0.4 \\ 20.7\%, & \text{概率 } 0.3 \end{cases}$$

实地上，当 D = 0 时，公式（16.28）也是成立的。即当公司不负债时权益回报率与资产回报率相等，即：$\tilde{r}_e = \tilde{r}_a$

由（16.28）式，两端取期望值，得出：

$$E(\tilde{r}_e) = E(\tilde{r}_a) + \frac{D}{E}[E(\tilde{r}_a) - K_d] \qquad (16.29)$$

（很遗憾，(16.29) 式中两个不同的 E。$E(\tilde{r})$ 表示 $\tilde{r}$ 的数学期望，而 D/E 中的 E 表示权益的价值）从 (16.29) 式中我们可以看出 D/E 的杠杆作用：权益回报率的期望值与资产回报率的期望值之差等于 D/E 与资产回报率期望值和负债利率之差的乘积。当 $E(\tilde{r}_a) > K_d$ 时，若 D/E 越大，则 $E(\tilde{r}_e)$ 越大；反之，当 $E(\tilde{r}_a) < K_d$ 时，若 D/E 越大，则 $E(\tilde{r}_e)$ 越小。特别注意，当资产回报率的期望值 $E(\tilde{r}_a) < K_d$ 时，财务杠杆起负作用，权益回报率的期望值低于资产回报率的期望值，而且负债越多，权益回报率越低，这时公司就不应举债。这是影响资本结构的重要因素。

当在均衡状态下，股东要求的回报率 K_e 与权益回报率期望值 $E(\tilde{r}_e)$ 应相等，投资者要求的回报率 K_a 与资产回报率的期望 $E(\tilde{r}_a)$ 也应相等，故 (16.28) 式变为：

$$K_e = K_a + \frac{D}{E}[K_a - K_d] \tag{16.30}$$

这不是别的，正是在无公司所得税时公司资本加权平均成本公式。

仍由 (16.28) 式出发，我们知道由于负债，公司的风险增加了。当无负债时，企业的风险为：

$$\sigma(\tilde{r}_e) = \sigma(\tilde{r}_a) \tag{16.31}$$

而当负债/权益比率为 D/E 时，企业的风险为：

$$\sigma(\tilde{r}_e) = \frac{E+D}{E}\sigma(\tilde{r}_a) = \left(1 + \frac{D}{E}\right)\sigma(\tilde{r}_a) \tag{16.32}$$

比无负债企业风险增加 D/E 倍。

继续考虑 3K 公司的例子，容易计算出：

$$E(\tilde{r}_a) = 0.12, \quad E(\tilde{r}_e) = 0.14$$

再计算出 $\tilde{r}_a$ 和 $\tilde{r}_e$ 的均方差：

$$\begin{aligned}\sigma^2(\tilde{r}_a) &= E(\tilde{r}_a - 0.12)^2 = (0.08 - 0.12)^2 \times 0.3 \\ &\quad + (0.12 - 0.12)^2 \times 0.4 + (0.16 - 0.12)^2 \times 0.3 \\ &= 0.00096\end{aligned}$$

$$\sigma(\tilde{r}_a) = \sqrt{\sigma^2(\tilde{r}_a)} = 0.031$$

$$\begin{aligned}\sigma^2(\tilde{r}_e) &= E(\tilde{r}_e - 0.14)^2 = (0.073 - 0.14)^2 \times 0.3 \\ &\quad + (0.14 - 0.14)^2 \times 0.4 + (0.207 - 0.14)^2 \times 0.3 \\ &= 0.00285\end{aligned}$$

$$\sigma(\tilde{r}_e) = \sqrt{\sigma^2(\tilde{r}_e)} = 0.053$$

说明当 3K 公司无负债时，企业的风险为 0.031，负债/权益比率为 2/3 时，企业的风险增加到 0.053，即增加到原来的 5/3 倍。

企业的系统风险大小可以用它的 β 来衡量。β 表示股票回报率对市场回报率变化的敏感性。类似，我们可以定义资产的 β 记为 β_a 和负债的 β 记为 β_d，为区分方便，我们把公司的 β，

即权益 β 记作 β_e。一般情况，负债的收益率 K_d 随市场组合变化很小，因此 β_d 很小，可以假定 $\beta_d = 0$。由 (16.27) 式可得出权益 β_e 和资产 β_a 之间的关系如下：

$$\beta_e = \frac{E+D}{E}\beta_a \tag{16.33}$$

或：

$$\beta_a = \frac{E}{V}\beta_e \tag{16.34}$$

利用 (16.33) 式和资本资产定价模型，可以求出近似的资本的（税前）加权平均成本。

当存在所得税时，设税率为 T_c，则上述结果只需要做一个简单的修正即可，如 (16.28)、(16.29)、(16.31) 式和 (16.32) 式右端要乘上因子 $(1-T_c)$。负债对期望的权益回报率和风险的作用仍是一样的。

二、经营风险

我们对于企业的风险概念已经讨论了很多，例如，我们在第十二章，把企业的风险列为系统风险和特殊风险，后来又给出了它们的度量，现在我们再引进两个关于企业风险的概念：经营风险（Business Risk）和财务风险（Financial Risk）。经营风险是当企业不使用债务时的资产的风险，而财务风险是由于使用债务股东所承担的附加的风险。本段我们先讨论经营风险，下段再研究财务风险。

经营风险是企业运营所固有的风险。我们知道，任何一家企业，它们的营业净益 EBIT 不是确定性的，而是随机的。假定企业无负债时其价值为 V_U，那么 V_U 就是权益的价值，也是资产的价值。这时资产收益率：

$$\tilde{r}_a = \frac{EBIT}{V_U} \tag{16.35}$$

也是随机的，我们用 $\tilde{r}_a$ 的均方差 $\sigma(\tilde{r}_a)$ 来表示经营风险。

造成 EBIT 波动，因而 $\tilde{r}_a$ 波动的因素很多，有经济环境的因素，有自身运作的因素，还有竞争对手的因素。从产业上来划分，不同产业的企业群，经营风险不同，例如现代食品加工业和商业零售业的企业通常具有较低的经营风险，而钢铁业和汽车制造业的企业一般具有很高的经营风险。由于 $\sigma(\tilde{r}_a)$ 表示资产回报率偏离其期望值的程度，因此 $\tilde{r}_a$ 变异性越大，企业的经营风险越高。下面我们列举出影响经营风险的一些重要因素：

（1）需求的稳定性。表现为市场规模和市场份额的稳定性，即销售商品的数量的稳定性。在其他条件不变时，需求越稳定，企业的经营风险越小。

（2）价格的稳定性。当其他条件一定时，产品售价波动小的企业其经营风险比售价波动大的企业的经营风险小。

（3）成本稳定性。其他因素一定时，产品总成本变化小的企业经营风险小。

（4）边际利润的稳定性。边际利润的稳定性是企业管理控制功能的一种表现，当投入的成本升高时，有的企业有能力提高其产品售价，有些则不能。前者边际利润比较稳定。其他因素一定时,边际利润越稳定,经营风险越小。

(5) 经营杠杆。经营杠杆表现为总成本中固定成本所占比重,显然经营杠杆越大,则经营风险越大,如果经营杠杆大,即产品的成本中固定成本比例高,当需求降低时,成本就降不下来,造成资产回报率的大幅度降低,因而经营风险大。

以上各因素,有些是由行业决定的,如经营杠杆,有些则在一定程度内是可控制的,与公司的政策措施有关。因此,经营风险在一定程度内可以控制。

三、财务风险

财务风险是由于财务杠杆导致股东所承担的附加风险。我们知道,当公司无负债时其风险为 $\sigma(\tilde{r}_a)$,即经营风险。当公司的负债为 D 时,其风险为 $\sigma(\tilde{r}_e)$。由公式(16.31)得知,$\sigma(\tilde{r}_e)$ 大于 $\sigma(\tilde{r}_a)$,这两者之差即为财务风险:

$$
\begin{aligned}
财务风险 &= \sigma(\tilde{r}_e) - \sigma(\tilde{r}_a) \\
&= \left(1 + \frac{D}{E}\right)\sigma(\tilde{r}_a) - \sigma(\tilde{r}_a) \\
&= \frac{D}{E}\sigma(\tilde{r}_a)
\end{aligned}
\tag{16.36}
$$

即财务风险是经营风险的 D/E 倍。由于经营风险对给定企业来说是固定的,因此负债越多,财务风险越大。

回过头来再考虑一下上两段中 3K 公司的情况。我们已经估算出:

$$\sigma(\tilde{r}_a) = 0.031$$

$$\sigma(\tilde{r}_e) = 0.053$$

即 3K 公司的经营风险为 0.031,而负债/权益比率为 2/3 时,企业的风险为 0.053,于是 3K 公司这时的由负债而附加的风险,即财务风险为:

$$\sigma(\tilde{r}_e) - \sigma(\tilde{r}_a) = 0.022$$

如果 3K 公司再增加负债,负债/权益比率由 2/3 上升至 7/3 时,则财务风险增加为:

$$\sigma(\tilde{r}_e) - \sigma(\tilde{r}_a) = \frac{7}{3}\sigma(\tilde{r}_a) = 0.072$$

第五节 目标资本结构的设定:案例

一、3CA 公司的目标资本结构

3CA 公司是一家由几个中年技术人员创办的生物高技术公司,它拥有几个专利产品,十年来发展很快,三年前3CA股票已经在SZSE公开上市。新聘请的公司总经理赵大为先生在南开大学获得MBA后已有8年管理经验,他踌躇满志,走马上任的第一件事是打算确定3CA公司最优资本结构。正如表16-2、表16-3所示,目前该公司无负债,全部资本为普通股权益资本。资产负债表中的账面价值是以股票上市时评估为基础的。可以看到,两年来公司的市场价值增加到50倍。

表16-2　　　　　　　　　　3CA公司资产负债表(简化)
1995年12月31日　　　　　　　　　　　　　单位:百万元

资 产		负债与权益	
流动资产	100	负债①	0
长期资产	100	普通股权益②	200
总资产	200	总负债与权益	200

注:① 事实上3CA有一小部分流动负债,为处理方便,已从流动资产中冲抵;
② 普通股共100 000 000股,其中15%为创建者握有。

表16-3　　　　　　　　　　3CA公司损益报告(简化)
1995年1月至12月31日　　　　　　　　　　单位:百万元

销售收入	10 000
固定成本	2 000
可变成本	6 000
营业净收益	2 000
利　息	0
税前收益	2 000
所得税(40%)	800
净收益	1 200

其他数据说明如下:

(1) 每股净收益 EPS = ¥1 200 000 000/100 000 000 = ¥12;

(2) 假定新的总经理取得了董事会的同意,全部盈利都作为红利发给股东,故每股红利 DPS = ¥12,因此预期下年 DPS = ¥12;

(3) 上述红利政策已经公开宣布,1995年末已发放当年红利,1995年最后一个交易日 3CA股票价格为每股 P_0 = ¥100;

(4) 3CA的市盈率 P_0/EPS = 100/12 = 8.33。

在总经理的主持下,3CA公司的目标资本结构的设定,主要步骤和结果如下。

(一) 首先确定负债的备选方案

从表16-2和表16-3及说明知道,3CA公司当无负债时的权益成本为 K_{eU} = 0.12。公司的账面价值为¥200(百万),而市场价值为股票市价×股数 = ¥100×100 000 000 =

¥10 000 000 000 即 ¥10 000（百万）。从而得出其市场价值与账面价值比 M/B = 50。

为了估算简单，确定负债的备选方案分别为 ¥1 000，¥2 000，¥3 000，¥4 000，¥5 000 和 ¥6 000（以百万计）。不管负债多少，假定公司的固定资产并不变化。公司的政策是，用发行债券筹资来的钱，如数赎回股票。当然，由于负债越多，股东承担的风险越大，因而要求的回报率会升高。但对于 3CA 公司，每股预期盈利 EPS 也增加，不同方案如何影响股票价格，以及负债权益比，下面再准确计算。例如，若负债 ¥1 000 时，权益的价值不是 ¥9 000 而是 ¥9 443，负债/权益比率为 10.6%（见后文分析）。

（二）负债成本和权益成本的估算

关于在不同负债水平上负债利率和相应的权益成本的估算，尤其后者是一件非常困难的工作。该公司会同资本市场专家、银行机构和潜在的债券发行代理机构的代表进行数次认真讨论，首先估计了不同负债水平上的债权人要求回报率 K_d（见表 16-5）。

权益成本的估计，进行了一系列的试算。一般地，普通股股东要求的回报率可以分解为三部分：无风险利率 + 经营风险增益率 + 财务风险增益率。其中前面两部分之和 = 12%，因为当无负债时权益回报率为 12%。财务风险增益率随着负债额的增加而增加。讨论中对各备选方案财务风险增益率进行了估算。

总经理突然回忆起了在公司财务管理课程所学的一个重要公式，这个由哈莫达（Robert Hamada）建议的公式来自 MM 第二个模型和资本资产定价模型的结合。设企业无负债时权益回报率为 $\tilde{r}_{eU}$，负债后为 $\tilde{r}_{eL}$；市场投资组合的回报率为 $\tilde{r}_m$，无风险利率 r_f，β_U 为无负债时公司的 β，则：

$$E(\tilde{r}_{eL}) = r_f + \beta_U [E(\tilde{r}_m) - r_f] + \beta_U \times \frac{D_L}{E_L} \times (1 - T_c) \times [E(\tilde{r}_m) - r_f] \quad (16.37①)$$

式中，D_L——负债数额；

---

① 按照 MM 有所得税时公司价值模型，$V_L = V_U + T \times D_L$ 而 $V_L = E_L + D_L$，从而得出 $V_U = E_L + D_L - T \times D_L$，当无负债时，$V_U = E_U$。由定义我们知道：

$$\tilde{r}_{eU} = \frac{EBIT \times (1 - T_c)}{E_U} \quad (16.38)$$

$$\tilde{r}_{eL} = \frac{(EBIT - D_L \times K_d)(1 - T_c)}{E_L}$$

$$= \frac{E_U \times \tilde{r}_{eU} - D_L \times K_d \times (1 - T_c)}{E_L} \quad (16.39)$$

把 $E_U = E_L + D_L - T_c \times D_L$，代入（16.39）式整理便可得出：

$$\tilde{r}_{eL} = \left[1 + \frac{D_L}{E_L}(1 - T_c)\right]\tilde{r}_{eU} - \frac{D_L}{E_L} \times K_d \times (1 - T_c) \quad (16.40)$$

根据 β 的定义，便可得出：

$$\beta_L = \left[1 + \frac{D_L}{E_L}(1 - T_c)\right]\beta_U \quad (16.41)$$

再利用资本定价模型，便得出（16.37）式。

E_L——权益的价值;

T_c——所得税率。

实际上这个公式并没有考虑财务危机成本和代理成本的效应,因而是不准确的。

当在均衡状态下,市场期望的回报率 $E(\tilde{r}_m)$ 就等于市场投资要求的回报率 K_m。普通股的期望回报率 $E(\tilde{r}_{eL})$ 就是普通股所要求的回报率,亦即权益资本成本 K_{eL}。故(16.37)式变成了:

$$K_{eL} = r_f + \beta_U(K_m - r_f) + \beta_U \times \frac{D_L}{E_L} \times (1 - T_c) \times (K_m - r_f) \qquad (16.42)$$

其中右端第一项是无风险利率,第二项是经营风险增益率,第三项是财务风险增益率。

在此基础上进行了若干修正,最后得出各备选方案的权益成本估计,一并列于表16-4中。

表 16-4　　　　　　　3CA 公司负债成本与权益成本

负债 D_L(百万元)	K_d(%)	K_{eL}(%)
0	—	12.0
1 000	8.0	12.2
2 000	8.3	12.6
3 000	9.0	13.2
4 000	10.0	14.0
5 000	12.0	15.2
6 000	15.0	16.8

(三) 权益价值 E_L 和股票价格 P_{oL} 的估算

假定预期的 *EBIT* 不变,根据公式:

$$E_L = \frac{(EBIT - D_L \times K_d)(1 - T_c)}{K_{eL}} \qquad (16.43)$$

计算出当负债为 D_L 后普通股权益的市场价值。如果表16-4列出的权益成分成本是被投资者认可的,则负债 D_L 的消息一经披露,股票的市场价值即由(16.43)式确定。因为负债价值为 D_L,已回收价值为 D_L 的股票,(16.43)式是剩余的股票价值,因为全部股票(包括已被回收和剩余的共 100 000 000 股)的价值为:

$$E_L + D_L = V_L \qquad (16.44)$$

则股票价格变为:

$$P_{oL} = \frac{E_L + D_L}{100\,000\,000} \quad (16.45)^{①}$$

从上述两式可以发现,公司价值最大化即等价于股票价格最大化。

例如,由于 $EBIT = ¥2\,000$ 不变,当 $D_L = ¥1\,000$, $K_d = 0.08$, $K_{eL} = 0.122$, $T_c = 40\%$

$$E_L = \frac{(EBIT - D_L \times K_d)(1 - T_c)}{K_{eL}} = \frac{(2\,000 - 1\,000 \times 0.08) \times 0.6}{0.122} = ¥9\,443$$

这时公司价值:

$$V_L = E_L + D_L = ¥9\,443 + ¥1\,000 = ¥10\,443$$

而股票价格为:

$$P_{nL} = \frac{10\,443\,000\,000}{100\,000\,000} = ¥104.43$$

应按市价 ¥104.33 而不是原来的价格 ¥100 回收股票。

由于假定 3CA 今后为恒定型公司,其股票价格还应满足:

$$P_{oL} = \frac{EPS}{K_{oL}} \quad (16.46)$$

但由于舍入的关系,由 (16.45) 式和 (16.46) 式得出的数值可能不准确相等。

(四) 计算资本的加权平均成本

由公式:

$$K_a = \frac{E_L}{V_L} \times K_{eL} + \frac{D_L}{V_L} \times K_d \times (1 - T_c) \quad (16.47)$$

计算出 3CA 公司在不同负债水平上的资本加权平均成本,例如,当 $D_L = ¥1\,000$ 时,

$$K_a = \frac{9\,443}{10\,443} \times 0.122 + \frac{1\,000}{10\,443} \times 0.08 \times (1 - 0.4) = 0.115$$

在我们的假定条件下,$EBIT$ 预期不变,再引用 (16.5) 式:

$$V_L = \frac{EBIT \times (1 - T_c)}{K_a} \quad (16.48)$$

故公司价值最大,其充分必要条件是资本成本最小。

---

① 假定原有的股票 n 股,由举债收入回收 x 股,价值为 D_L;则剩余 $n-x$ 股,价值为 E_L,两部分合起来仍为 n 股,价值之和为 $E_L + D_L = V_L$。被回收时,回收股票价格应与剩余股票价格一样,故股票价格 P_{oL} 应为:

$$P_{oL} = \frac{E_L + D_L}{n} = \frac{V_L}{n}$$

3CA 公司 $n = 100\,000\,000$ 股。

(五) 总结结果

因为无论在理论上还是实践中总结一下上段的结果特别重要,给定条件下:
(1) 公司价值最大化等价于股票价格最大化;
(2) 公司价值最大化等价于资本加权平均成本最小化。

(六) 估算结果并列表

全部估算结果列于表 16-5 中,结果发现当 $D_L = 3\,000$ 时,公司价值最大,$V_L = 10\,864$,这时负债/权益比率 D/E 为 0.381,即为 3CA 公司的最优资本结构大约为 $D/E = 38.1\%$。图 16-5 描述了本案例条件下公司价值与资本结构、资本成本与资本结构的关系。

表 16-5 3CA 公司最优资本结构

负债价值 $D_L(1)$ (百万元)	负债成本 $K_d(2)$ (%)	权益成本 $K_{eL}(3)$ (%)	权益价值 $E_L(4)$ (百万元)	公司价值 $V_L=(1)+(4)$ (百万元)	每股价值 $P_{oL}(5)$ (元)	负债/权益比 $D_L/E_L(1)/(4)$ (%)	资本成本 K_a (%)
0		12.00	10 000	10 000	100		12.00
1 000	8.00	12.20	9 443	10 443	104.43	10.60	11.49
2 000	8.30	12.60	8 733	10 733	107.34	22.90	11.18
3 000	9.00	13.20	7 864	10 864	108.64	38.10	11.04
4 000	10.00	14.00	6 857	10 857	108.57	58.33	11.05
5 000	12.00	15.20	5 526	10 526	105.26	90.50	11.40
6 000	15.00	16.80	3 929	9 929	99.29	152.70	12.08

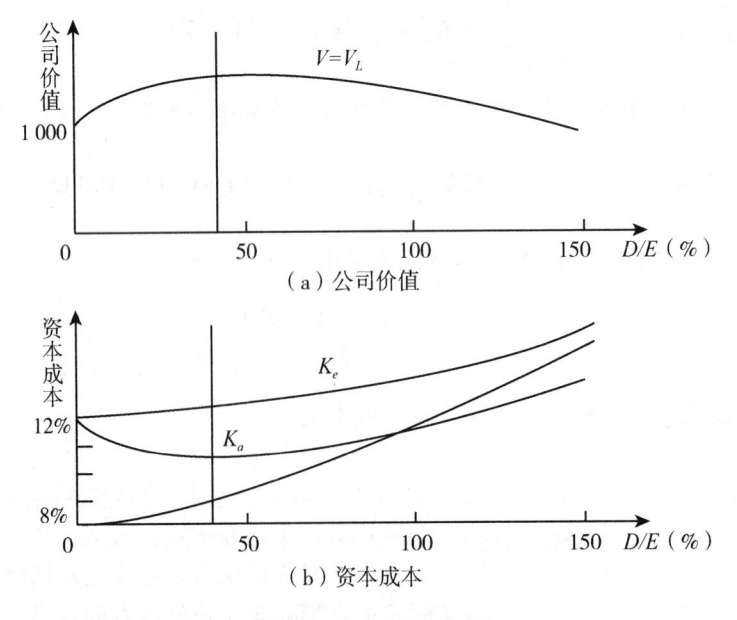

图 16-5 3CA 公司

二、选择目标资本结构的一般原则

上段我们分析了3CA公司最优资本结构的确定,演示了基本原则和方法。事实上,这项工作没有一个简单易行的方法,这里,我们建议确定最优资本结构的四项一般原则:所得税、风险、资产类型和负债容量。

(一)所得税

如果公司应缴较多的所得税,或较高的所得税率,则财务杠杆增加会减少纳税额,故此时应考虑较多地举债。相反,如果企业有大量的累计亏损,财务杠杆的增加不会减少纳税额。因此这时企业应少负债。

负债不是唯一取得税蔽而增加收入的方法,加速折旧及其他增加成本的方法也可以降低公司的所得税。

(二)风险

不管发生不发生破产,在市场经济体制下财务危机成本通常是相当大的。其他条件一定时,对于经营风险高的企业发生财务危机的可能较大。因此,经营风险高的企业应适当地少借债。

(三)资产类型

一般地说,财务危机成本对于价值主要依赖于增长机会和无形资产的公司来说,比对于价值主要依赖于不动产的公司要高得多。当企业发生财务危机甚至破产时,对于前一类公司其发展机会和无形资产将会损失殆尽,公司变得几乎一钱不值。因此,无形资产占价值比重大的公司应负较小的债。

(四)负债容量

从长期上说,公司的价值更多的渊源于投资决策和运营决策。因此,重要的一点是保持一定数量的负债容量,以便一有好的投资机会,便可以不失时机地筹集到所需资本。这一点对于高盈利投资项目尤为重要,因此,对于快速增长型公司应选择较保守的资本结构,即少借债。

三、对资本结构发生影响的其他因素

上文,我们提到决定目标资本结构的四个原则,它们勾勒出确定适用资本结构的大致的框架。这里,再提出一些细节性影响因素。

时机选择。一个公司决定发行证券以及证券的类型往往与资本、货币市场的状况有很大关系。进行长期融资时,有必要预测资本市场的发展走势。例如,在经济高涨时期,利率相对处于较高的水平,这时进行融资,以股票形式融资优于债券融资。又如,在企业的早期扩张时期,商业机会和投资计划都在不断地增长,那么此时长期融资显然要比短期融资要有利于企业的成长,而代价可能是较高的利率,融资时机的选择对于企业经营者而言是一种艺术甚于一种计算。因此企业融资往往需要求助于专业化更强的投资银行。

公司控制。 公司是由董事会控制的，但从根本上是全体股东通过选举董事会而实施控制。但是由于在许多大公司中，它们的一些股东实际上并不行使其投票权，因此很常见，少数大股东控制了董事会，进而控制了公司的经营决策。

一个公司有一些很好的商业机会，但是缺乏资本来支持投资。这时管理经营决策需要在如何筹资问题上选择。当前的董事会很可能由于担心发行新股稀释他们的投票权，影响他们的地位，而决定放弃股票融资方式，有时这种放弃也就意味着对发展机会的放弃。另外，公司债券的发行比较受这种董事会的青睐，因为他们的投票权可以保持完整，当这种公司债券的保护性条款并非极其苛刻时，董事会会选择债券融资。

期限结构。 所谓期限结构是指不同债券到期的时间不同，构成债券期限的组合结构。我们知道，进行短期融资应付企业的季节性资金需求是企业的重要融资决策之一，这种季节性短期融资显然比长期融资的成本要低而且灵活性也要强得多。同理，在一个企业的生命周期中，它对资金的需求是变化的，总会有一些时期企业的投资机会比较少，或产品需求出现滑坡。这时允许变动的企业资本结构显然就会比较有利，因为它具有跟随企业运营调整的灵活性。一个大企业，它具有不同到期时期的债券。在经济紧缩时期，它可以尽快清偿即将到期的债券，同时也可以利用由存货等方面回流的资金回购某些债券。

另一些情况，如企业进行短期投资，并且可以预期这些投资结束年限。那么这个企业就可以安排与投资项目相吻合的债券，保持平稳的现金流状况。事实上，债券由于存在期限结构调配的优势，在一些可预计事件、项目中，发行债券要优于发行股票。

习 题

1. 简述理想环境下 MM 理论的基本假设。
2. 分别简述理想环境下和存在公司所得税时的 MM 理论，及存在个人所得税时的米勒模型。
3. 判断以下说法的正误，并作简要说明。
（1）股东在公司价值增加时总是获利。
（2）负债导致权益风险增加的原因在于它增加了破产风险。
（3）只要公司能保证资产的回报率高于利息率，发行债券对股东有利。
（4）根据 MM 理论的命题，发行债券能够增加每股的期望收益，且导致市盈率降低。
4. 名词解释：
（1）目标资本结构、最优资本结构、目标范围；
（2）经营风险、财务风险、总风险；
（3）负债容量；
（4）信息不对称理论。
5. 3N 公司的普通股价值和债券价值分别为 5 000 万元和 3 000 万元，投资者对公司股票和债券所要求的回报率分别为 16% 和 8%。
（1）如果 3N 公司发行 1 000 万元的新股用于回购债券，假定资本结构的变化不影响负债的风险且公司没有所得税，该股票的期望回报率将如何变化？
（2）如果负债的风险发生变化，你是低估还是高估了该股票的期望回报率？
6. 3R 公司全部是权益筹资，公司共有 5 000 股，每股售价为 100 元，公司现在考虑调整其资本结构，低负债计划为发行 100 000 元的债券并用于回收股票；高负债计划为发行 200 000 元的债券来回收股票。债券支付利率为 10%，公司没有所得税。
（1）按计划调整后公司的负债权益比率各为多少？

(2) 如果利前税前收益（EBIT）不是 65 000 元就是 45 000 元，则各负债计划下的每股收益分别为多少？假定两种情形出现的概率相同，各资本结构下的每股收益分别为多少？

(3) 假定利前税前收益为 50 000 元，各资本结构下的每股收益是多少？

7. 3S 公司全部是权益筹资，其股票的 β 值为 1.0，公司没有所得税，股票的市盈率为 10，即期望回报率为 10%，公司决定发行债券来回购一半的股票，债券没有风险，收益率为 5%，分别计算：

(1) 调整资本结构后普通股的 β 值；

(2) 调整资本结构前普通股的期望回报率和风险增益；

(3) 调整资本结构后普通股的期望回报率和风险增益；

(4) 假定公司的经营利润预计保持不变，每股收益增加的百分率为多少？新的市盈率为多少？

8. 3H 公司资本的 80% 是通过发行股票来筹集的，20% 是通过发行债券来筹集的，股票的期望回报率为 12%，债券的利息率为 6%，假定债券没有违约风险，这里不存在所得税。现在假定该公司发行更多的债券用于回购股票，在新的资本结构下，60% 为权益，40% 为负债，如果债券仍没有违约风险，则权益回报率将如何变化？

9. 3M 公司当前的利前税前收益为 25 万元，且公司全部是权益筹资，预计利前税前收益保持不变，公司的所得税税率为 35%，公司的折现率为 10%，试问：

(1) 公司的市场价值为多少？

(2) 假定公司发行 100 万元利率为 6% 的负债用于回购股票，公司的负债为永久性负债，则公司的价值将如何变化？

(3) 假定负债提高了公司的破产风险，公司在三年后破产的可能性为 30%，如果破产，破产成本为 200 万元，则公司是否应该接受负债？

10. 3G 公司是一家生产汽缸发动机的公司，其目前的财务状况如下：

利前税前收益为 400 万元，税率为 35%，负债为 200 万元，负债利率为 10%，保留盈余的成本为 15%，公司的股票数为 60 万股，每股账面价值为 10 元，由于公司的市场稳定预计没有增长，所有的收益全部用于发放红利，负债为永久性负债。

(1) 计算公司的每股收益和每股市场价格；

(2) 计算公司的资本加权平均成本；

(3) 3G 公司的负债可增加 800 万元，使负债的总量达到 1 000 万元，使用新的负债以当前价格来回购其股票，其负债利息率为 12%（它将不得不偿还旧的负债），其权益成本将从 15% 上升到 17%，利前税前收益保持不变，则公司的资本结构是否发生了变化？

(4) 如果公司不用偿还 200 万元旧的负债，结果又如何？假定新负债和旧负债的风险等同，利息率为 12%，但旧负债的票息率为 10%。

11. 3T 希望计算不同资本结构率时下一年的权益回报率，3T 公司的总资产为 1 000 万元，平均税率为 40%，公司预计下一年的利前税前收益有三种概率分布，即 0.2 的概率为 300 万元，0.5 的概率为 200 万元，0.3 的概率为 50 万元，计算 3T 公司期望的权益回报率、标准差，以及资产负债率如下时与权益回报率变化的相关系数，并对所得出的结果做出评价。

资产负债率（%）	利息率（%）
0	
10	10
50	12
60	15

第十七章 投资决策和融资决策的相互作用

我们在第九章讨论投资决策时，未区分资本是怎么来的，或者说简单地认为资本全部是权益资本。这样投资和融资这两种决策时彼此孤立的。但在现实中，许多情形下的投资决策和融资决策是不能分开的，它们是相互作用的。我们将在本章重新考虑投资决策问题。基于可加性原理，本章将详细讨论当考虑投资决策与融资决策的相互关系后，如何修正在本章之前所阐述的投资决策方法。这种修正大概有两种方法：第一，调整项目的现金流；第二，调整项目的折现率。

第一种方法和第九章一样，先按权益资本计算项目的净现值，然后再加上由接受该项目导致的融资决策的净现值，这样得出项目的调整的净现值。这是第二节的内容。

第二种方法用调整的折现率来重新计算其净现值。我们将讨论调整折现率的各种方法。

第一节 调整的净现值准则

上述投融资决策的不相关关系之所以得以成立，在于这些理论本身已经假设了投资现金流以及折现率都保持不变，不受到融资行为的影响。从本节开始，我们将放宽这些假设。本节首先考虑当融资行为导致项目现金流改变时，该如何进行投资决策。一、基准折现率

在第九章研究投资决策时，我们认为净现值准则是最为合理的决策方法，净现值大致由以下五个步骤组成：

（一）预测项目的（税后）现金流序列。
（二）评估项目的风险。
（三）估计项目的资本的机会成本，即在资本市场上投资者对于该项目风险等价的投资所要求的回报率。在均衡状态下，该要求的回报率及时回报率的期望值。
（四）用折现现金流公式计算投资项目的净现值 NPV。
（五）进行投资决策：$NPV>0$ 时，则接受该项目；当 $NPV\leq 0$ 时，则否决该项目。

我们现在考虑接受投资项目时可能的附带融资效应，把上述计算出的净现值 NPV 成为基准净现值。

例如，现在考虑某地热供暖项目。某市附近发现丰富的地热资源，3G 公司准备开发，利用地热供应热水和暖气。他要求投资人民币 1 亿元（￥100，以百万计，下同），此后每年产生现金流￥20，共 10 年。该项目投资资本的机会成本估计为 14%，它反映了该项目的经营风险。把这个项目看成一个小的全权益公司，股东会要求 14% 的回报率。这样 3G 项目的基准现

金流 NPV 是：

$$NPV = -100 + \sum_{i=1}^{10} \frac{20}{(1+14\%)^i} = ¥4.32$$

由于投资额为 ¥100，基准净现值尽管大于 0，但不特别显著。按照净现值准则，应接受 3G 项目。但如果否决了该项目也不值得遗憾。

一、发行股票的成本

假定 3G 项目被接受后，要靠发行股票来筹集 ¥100 资本，而发行成本高达 6%，也就是说拟筹集 ¥100 的资本，要发行 $100/(1.0-0.06) = ¥106.38$ 的股票，其差额 ¥6.38 即为发行成本。

这个发行成本是由接受该项目而发行股票引发的一种附带效应。因此，项目的基准 NPV 要打折扣：从 NPV 中减去发行成本，得到项目调整的净现值（Adjusted NPV）ANPV：

$$ANPV = NPV - 发行成本 = 4.32 - 6.38 = -¥2.06$$

这样，计入融资的附带效应以后，调整的净现值变成了负的，故应否决这个项目。

二、负债容量

负债容量是指公司为达到最优资本结构可再增加的最大负债价值。公司为了不失去好的投资机会，往往保持一定的负债容量。

现考虑不同的融资情况。假定 3G 公司的最优资本结构是负债/权益 =1。如果权益投资增加了，负债可相应增加。因此，新的投资增加了公司的负债容量。

负债容量有没有价值呢？回答是肯定的，因为负债利息会产生税蔽。正如第十六章所讨论的，计入公司所得税的 MM 模型，认为负债公司的价值 V_L 等于无负债公司的价值 V_U 再加上税蔽的现值。MM 的理论告诉我们计算公司的价值可分两步走：先计算无负债情况下的公司价值，再加上由负债引起的税蔽的现值。项目调整的净现值 ANPV，把项目看成一个企业，也可按上述步骤计算出来。

例如，上段的 3G 项目，假定可增加公司资产 ¥100，因此企业可以再多借 ¥50 的债务。为简单起见，假定上述负债按等额本金还本，以保持目标资本结构（由于这 ¥100 资产的折旧，将使净资产减少，负债也按比例减下来）。假定负债利率为 8%，税率为 $T_c = 0.34$，则税蔽的现值为 ¥5.62。①

---

① ¥50 负债，每年末还本 ¥5，第一年利息为 $¥50 \times 0.08 = -¥4$。税蔽 $4 \times 0.34 = 1.36$。第二年由于本金减少 10%，税蔽相应减少 10%，即为 $1.36 \times 0.9 = ¥1.224$，以此类推，列表如下：

年份	1	2	3	4	5	6	7	8	9	10
税蔽	1.36	1.224	1.088	0.952	0.816	0.68	0.544	0.408	0.272	0.136

则税蔽的现值 $\frac{1.36}{1.08} + \frac{1.224}{(1.08)^2} + \cdots + \frac{0.136}{(1.08)^{10}} = ¥5.624$。

这是由于项目上马所增加的负债容量的价值。于是,我们把这个数值加到基准 NPV 上去便可得到调整的 NPV(不考虑股票发行成本):

$$ANPV = NPV + 税蔽现值$$
$$= 4.32 + 5.62 = ¥9.94$$

由此看来,计入附带效应以后,这个项目就显得好多了。

三、税蔽的价值

从表面看,我们简单地让每年的税蔽等于支付利息乘以所得税率 $T_c = 0.34$,这样计算 3G 项目税蔽的现值为 ¥5.62。但实际上,税蔽的真正价值是小于上述结果的。这是因为只有税前利润大于 0 才缴纳所得税,只有缴纳所得税才有税蔽。几乎没有一家企业敢肯定未来一定盈利,一定得到税蔽。换句话说,每年的税蔽不是确定性的,而是随机的,其最大值是 $I \times T_c$,因而其期望值小于 $I \times T_c$。其中 I 为利息。考虑到资本结构的权衡模型,负债还引发财务危机成本和代理成本。当负债率在最优资本结构以下时,实际税蔽适用的税率不应是 T_c,而是比 T_c 小的某个数 T^*,不过 T^* 的准确值目前难以计算出来。

假定在 3G 项目的例中,如果我们相信 $T^* = 25\%$,而不是 34%。这样,该项目的税蔽现值就不应是 ¥5.62,而应是:

$$5.62 \times 0.25 / 0.34 = ¥4.13$$

从而这个项目的调整的净现值 $ANPV$ 降低至:

$$ANPV = NPV + 税蔽的现值 = 4.32 + 4.13 = ¥8.45$$

还是很不错的一个投资项目。

调整的净现值准则的基础是,承认投资决策对于公司的融资决策有重要影响。当评估投资项目时,这些附带效应应该反映到项目的净现值中来。调整的净现值方法不是一次计入全部附带效果,而是计算一系列的现值。首先要按第九章的办法,把项目视为独立的全权益资本的小公司,先计算基准的净现值 NPV,然后考虑各种附带效应,估算这些效应的价值。最后再把基准的 NPV 和各种附带效应的现值加在一起,便得出调整的净现值。把上述原理可以总结成以下公式:

$$项目的\ ANPV = NPV + \sum(附带效应的现值) \tag{17.1}$$

例如,3G 项目的 $ANPV$ 就应等于:

$$ANPV = NPV + 发行成本现值 + 税蔽现值$$
$$= 4.32 - 6.38/2 + 4.13 = ¥5.26$$

一般说,$ANPV > 0$ 应接受该项目,否则就否定它。但是聪明的财务经理不仅仅如此,他们还要分析调整的净现值 $ANPV$ 是怎么得来的。例如,基准的 $NPV > 0$,但股票发行成本过大,致使 $ANPV < 0$,这时财务经理就应考虑有无替代的融资办法,以便可以接受该项目。

第二节 调整折现率的方法

计算调整的 ANPV 在计算上并不困难，可是确定和评估项目的附带融资效应则很不简单，它需要相当的技巧。因此，许多公司采用更简单的程序来处理投资决策问题，不是调整净现值，而是直接调整折现率。

一、调整的资本机会成本

一个投资项目的资本机会成本，或者折现率 r 是投资者在资本市场对风险等价的资产所要求的回报率。而调整的资本机会成本，或调整的折现率 r^* 是反映了投资的附带效果的资本的机会成本。

当附带融资效应不可忽略时，投资决策准则应是调整的净现值准则：$ANPV>0$，则接受该项目；否则，则否决该项目。如果我们要知道调整的折现率，则可不必先计算基准净现值，然后再去调整它。我们可以由调整的折现率，亦即调整的资本机会成本直接计算出调整的净现值 $ANPV$。问题是如何求出调整的折现率 r^* 呢？让我们先给出一个简单的例子，然后再介绍 MM 公式和迈勒斯（J. Miles）—埃泽尔（R. Ezzell）公式。

例如，设 3H 公司正考虑一个新能源项目，它要求投资 1 亿元，即 ￥100（以百万为单位），从第二年开始每年产生现金流 ￥26.4。由于该资产将有无限寿命，故这 ￥26.4 的现金流是永续年金。由于风险较高，该项目的经营风险要求的折现率，即资本的机会成本较高，$r=24\%$，则该项目的基准净现值：

$$NPV = -100 + \sum_{i=1}^{\infty}\frac{26.4}{(1+0.24)^i}$$
$$= -100 + \frac{26.4}{0.24} = ￥10$$

进而我们假定 3H 项目具有附带融资效应。它可增加公司负债容量 ￥40，由于项目具有无限寿命，故该负债容量可以支持永续负债。如果负债利率为 $r_D=15\%$，税蔽适用税率为 $T^*=0.30$，则每年税蔽为 $￥40×0.15×0.30=￥1.8$，税蔽永续年金的现值为 $￥1.8/0.15=￥12$，因而调整的净现值 $ANPV$ 为：

$$ANPV = NPV + 税蔽现值$$
$$= 10 + 12 = ￥22$$

由于税蔽的现值为 ￥12，故 3H 项目的基准净现值只要大于 $-￥12$，该项目仍是可以接受的，相应于 $NPV=-￥12$，项目每年的现金流量是多少呢？这可以很容易计算出来：

$$-￥12 = -100 + \frac{CF}{0.24}$$

求出 $CF=￥21.12$。于是项目可接受的最低年现金流为 $CF=￥21.12$，又由于投资 ￥100

的寿命是无限的，而上述现金流也是永续的，故可接受的最小内部回报率 IRR 为：

$$IRR = \frac{21.12}{100} = 0.2112 \text{ 或 } 21.12\%$$

这是可接受此类项目的最低回报率。因为内部回报率是使 ANPV = 0 的折现率。

从另一角度再考虑 3H 项目，我们知道，如果该项目的内部回报率大于 21.12%，则调整的净现值 ANPV > 0，若内部回报率小于 21.12%，则调整的 ANPV < 0。于是，可以简化我们的投资决策分析，用 $r^* = 21.12\%$ 来分析该项目的现金流。该 r^* 即是调整的资本机会成本，它既反映了项目的经营风险，又反映了它对负债容量的贡献。

注意，一般地说用调整的资本机会成本 r^* 作为折现率重新计算的净现值 NPV，其数值未必与调整基准净现值得到的 ANPV 数值相等，但两者符号相同。因此，调整的净现值准则现在变成：如果用调整的资本机会成本 r^* 作折现率得到的项目净现值 NPV > 0，则接受该项目；否则否决它。

二、MM 公式

莫迪利亚尼和米勒（MM）提出了一个计算调整的资本机会成本公式：

$$r^* = r(1 - T^*L) \tag{17.2}$$

式中，r——资本的机会成本；

T^*——税蔽适用税率；

L——项目的边际负债容量贡献率，即增加投资 ¥1 所增加的负债容量。

例如，3H 项目投资 ¥100 增加负债容量 ¥40，故边际负债容量贡献率为 0.04，资本的机会成本 $r = 24\%$，税蔽适用税率 $T^* = 0.3$，故：

$$r^* = r(1 - T^*L)$$
$$= 0.24(1 - 0.3 \times 0.4) = 0.2112 \text{ 或 } 21.12\%$$

这与上段例中求出的数值完全相同。

MM 公式的成立是有条件的。只有当下述两个条件都满足时，公式才完全正确，这两个条件是：

（1）项目的现金流每年相同，且是永续年金。

（2）项目的负债容量支持永久负债。

但是，实际中这两个条件难以全部满足，不过经验表明，在项目寿命有限，现金流不甚规则时，公式的近似程度也很好，误差一般不超过 7%。考虑到现金流预测可能偏高或偏低 20% 时，上述误差就是小巫见大巫。

三、迈勒斯—埃泽尔公式

对于任何资本预算项目，认为接受项目后负债水平永远固定，是把事情过于简单化了。例如 3H 项目，我们假定负债容量增加了 ¥40。这 ¥40 不仅是项目开始时，而且永无止境，这意味着项目的任何未来时刻风险将永远不变。这是一个非常强的假设。例如,假定3H项目上马以后一年,原油价格突然大幅度上涨。由于3H项目节省石油等现有资源,其现金流和价值也随之上升。假定其价值翻了一番。在这种情况下,负债容量是否也随之翻一番?原油价格下降时也会发生类似问题。

假定公司的政策是借3H项目价值的40%的债。而不总是固定借¥40的债,则每当项目的价值上升时,公司便增加负债;每当项目的价值下降时,公司便减少负债,在这样的政策下,我们就不能用负债利率来折现税蔽,因为税蔽不是确定性的了。税蔽的大小依赖于实际负债的数量,从而依赖于项目的价值。

当公司调节其负债额以保持负债比率为常数时,计算项目的调整的ANPV往往是一件令人烦恼的工作,所幸得是,迈勒斯和埃泽尔提出了一个调整的折现率公式:

$$r^* = r - R \times r_D \times T^* \left(\frac{1+r}{1+r_D} \right) \tag{17.3}$$

式中,r^*——调整的资本机会成本;
r——资本的机会成本;
R——负债/自陈比率;
T^*——税蔽适用利率;
r_D——负债利率。

按照上述公式,3H项目的调整的资本机会成本为:

$$r^* = 0.24 - 0.4 \times 0.15 \times 0.3 \times \frac{1.24}{1.15}$$

$$= 0.2206 \text{ 或 } 22.06$$

用 $r^* = 22.06\%$ 折现3H项目的现金流,得出:

$$NPV = -100 + \frac{26.4}{0.2206} = ¥19.68$$

迈勒斯—埃泽尔公式仅适用于负债比率保持常数的情况,其中项目的寿命是否无限或现金流是否每年相等都不影响其准确性。

四、如何运用调整的资本机会成本公式

以上我们介绍了两个调整的资本机会成本公式:MM公式和迈勒斯—埃泽尔公式。主要的区别是关于项目增加的负债容量的假设不同,前者假设负债容量是固定的,而后者假定负债容量由固定的负债/资产比率确定,每当项目的未来价值变化时,其负债容量将按比例变化。在理论上,迈勒斯—埃泽尔公式更具有吸引力,可是在实践中却不可以按此公式严格操作。因为没有哪家企业每当股票一涨价就增发债券,而当股票价格一下跌时就回收债券。正确的结论可能介于这两个公式之间。

无论如何,正确理解这两个公式的假设以及它们与更一般的调整的净现值ANPV准则的关系是很重要的。两个公式都认为项目的融资附带效应仅仅来自税蔽。这是一个过于简单化的假

设。大多数学者和实际工作者都同意税蔽具有价值。可是在实践中谁都不相信只有税蔽一个因素影响投资决策。接受项目的决定可以导致发行新的股票，和遭遇发行成本，也可能迫使公司改变红利政策，或者启用租赁等方式。但这两个调整的资本机会成本公式都假定上述这些附带效应不存在，或者即使存在也无影响。

第三节 资本成本公式

一、资本的加权平均成本作为调整的资本机会成本

我们引进过两个字面上差不多，但含义却很不同的概念：资本成本（即资本的加权平均成本）和资本的机会成本。资本的加权平均成本是对公司而言的，是指公司所使用的全部资本的平均成本，它反映了股东和债权人所要求的回报率。资本的机会成本是对其投资项目或资产而言，是指投资者在资本市场上对风险等价的投资所要求的回报率，也就是项目的折现率。所谓风险等价，是指经营风险相同。公司投资项目的资本的机会成本，可以等于也可以不等于该公司的资本成本。当项目的经营风险与公司的经营风险相同时，如不考虑投资的附带效应，则折现率应是公司为全权益公司时的要求的权益回报率（K_{eU}）。这是我们在讨论投资决策时所学过的内容。在同样的条件下，如果考虑附带效应，项目的折现率应调整，则调整的折现率或调整的资本机会成本不是别的，正是该公司的资本成本，下面我们将仔细讨论这一点。

由第十五章，我们知道，当公司权益价值为 E，负债价值为 D，债权人要求的利益为 K_d，股东要求的回报率为 K_e，所得税率为 T_c 时，该公司的资本成本为：

$$K_a = \frac{D}{V}(1 - T_c)K_d + \frac{E}{V}K_e$$

其中，$V = E + D$ 是公司的价值。当投资项目的经营风险等于公司的经营风险时，项目的调整的资本机会成本 r^* 就等于 K_a。

$$r^* = \frac{D}{V}(1 - T_c)K_d + \frac{E}{V}K_e \tag{17.4}$$

（17.4）式成立，除了要求项目的经营风险与公司的经营风险相同以外，还要求接受项目以后公司负债率 D/V 保持不变。如项目与公司的风险不同，或采纳项目以后与以前的资本结构不同，公式（17.4）就不正确了。

在要求的条件下为什么公式（17.5）成立呢？道理简单又直观。如果新项目有足够的利润支付其利息，得到的权益回报率超过 K_e 的话，该项目就是一个好项目，应予接受。

假若公司投资于某项目，其期望现金流为等额永续年金 C。如果公司保持其负债比率，则该项目上马应增加负债价值 ΔD：

$$\Delta D = \frac{D}{V} \times \Delta V$$

应增加的权益价值 ΔE

$$\Delta E = \frac{E}{V} \times \Delta V$$

式中，ΔV——项目上马后增加的市场价值。

但由于税蔽的作用，项目的税后利息成本为：

$$\frac{D}{V} \times \Delta V \times K_d \times (1 - T_c) \tag{17.5}$$

而对股票持有人而言，项目的最低可接受期望收益是：

$$\frac{E}{V} \times \Delta V \times K_e \tag{17.6}$$

因此，项目可接受的一个充分必要条件是每年现金流 C 超过上述两项之和：

$$C > \frac{D}{V} \times \Delta V \times K_d \times (1 - T_c) + \frac{E}{V} \times \Delta V \times K_e \tag{17.7}$$

两端除以 ΔV，得出：

$$\frac{C}{\Delta V} > \frac{D}{V} \times K_d \times (1 - T_c) + \frac{E}{V} \times K_e \tag{17.8}$$

注意（17.8）式左端 $C/\Delta V$ 是年收益与投资项目的价值之比，也就是项目的回报率。因此，公式右端即 r^* 是项目可接受的最低回报率，从而是调整的折现率，即调整的资本机会成本。

尽管我们仅对项目有无限寿命，并且其现金流为等额永续年金情形导出了公式（17.4），但只要资本结构不改变，其他情形结果仍然正确。但如果项目上马会导致负债比率 D/V 发生变化，则该公式就变成近似公式。

二、资本成本公式的运用

调整的资本成本公式（17.4），就是公司资本的加权平均成本公式。它有一个明显的特点，即可利用股票市场的资料来估计本公司的 K_e，即本公司股票持有人要求的回报率。由于负债利率 K_d 很容易估算，而负债的价值 D 和权益成本价值 E 也容易计算或估计，因此运用起来无太大困难。

公式（17.4）是公司的调整的资本机会成本。严格地说，该公式仅对与公司已存资产具有相同风险的项目，而且项目的负债率与公司的原负债率相同时才是正确的。比原公司的经营风险大的项目，其调整的折现率应在此 r^* 的基础上上调，而比原公司的经营风险小的项目，其调整的折现率应在此 r^* 的基础上下调。

例：继续讨论上节中的 3H 项目，假设该项目已经上马，而我们在上节利用调整的资本机会成本，得出其净现值：

$$NPV = ¥19.68$$

如果把该项目看成一个独立的小公司称为小 3H 的公司，那么其资产的市场价值为 $100 + NPV = ¥119.68$。按照 $D/E = 0.4/0.6$ 的资本结构，其负债的市场价值 $D = 119.68 \times 0.4 =$

¥47.87，权益的市场价值 $E = 119.68 \times 0.6 = ¥71.81$。由原来数据知道年现金流为 $C = ¥26.4$，$K_d = 0.15$，$T_c = 0.34$，故：

$$期望权益收入 = C - D \times K_d + D \times K_d \times T_c$$
$$= 26.4 - 47.87 \times 0.15 \times (1 - 0.34)$$
$$= ¥21.66$$

$$期望权益回报率 = \frac{21.66}{E} = \frac{21.66}{71.81} = 0.3016$$

现假定又出现了一个新的投资机会。这个新项目与原项目的经营风险完全一样，并且上马后资本结构仍保持为 0.4 : 0.6，考虑投资的附带效应，则该项目的折现率应是调整的折现率，即小 3H 公司的资本加权平均成本：

$$r^* = \frac{D}{V} \times K_d \times (1 - T_c) + \frac{E}{V} \times K_e$$
$$= 0.4 \times 0.15 \times (1 - 0.34) + 0.6 \times 0.3016$$
$$= 0.2206$$

这与用迈勒斯—埃泽尔公式估算出的调整的资本机会成本完全相同。

三、运用资本成本公式易犯的错误

把资本成本作为调整的资本机会成本，即调整的折现率，在考虑投资决策有附带效应时是很有用的，由于它简单易行，可操作性强，常诱使人们犯逻辑上的错误。

例如，某总经理甲先生正大力宣扬一个投资项目，甲先生的公司负债率很低，但他想，该项目上马其投资的 80% 可以借来。于是他认为 $D/V = 0.8$。现负债率为 $K_d = 0.08$，权益回报率为 $K_e = 0.15$，$T_c = 0.34$。他套用了调整的折现率的资本成本公式：

$$r^* = \frac{D}{V} \times K_d \times (1 - T_c) + \frac{E}{V} \times K_e$$
$$= 0.8 \times 0.08 \times (1 - 0.34) + 0.2 \times 0.15$$
$$= 0.0722$$

这个折现率很低，于是甲先生认为这个项目好得不得了。

但是，甲先生犯了如下几个错误：

（一）调整的折现率的资本成本公式仅当项目是公司的完全拷贝时才正确。现在甲先生项目的经营风险未必等于公司的经营风险，而公司的负债率又远低于 0.8，因而调整的折现率不正确。

（二）项目的资本来源构成对其折现率无直接联系，起作用的是项目所增加的负债容量。项目每投资 1 元钱并非增加公司负债容量 0.8 元，如果项目可以负债 80%，实际上是以现存资产为基础的。项目的任何高于老项目的负债率归功于老项目而非新项目本身。

（三）再有，即使公司愿意并且能够在整个公司范围内把负债率提高到 80%。其资本加权平均成本也不是经理先生所计算的 7.224%。因为，公司负债比率升高，其财务风险增大。债权人要求的回报率要大大高于原来 $K_d = 0.08$，股东要求的回报率也不会停留在原来 $K_d = 0.15$

的水平上,而是大幅度攀升。因此,这种情况下,资本成本要大大提高。

第四节　安全现金流的折现率

本节我们要研究一类特殊的现金流——安全现金流的折现率问题。首先,要明辨什么是安全现金流。其次,要弄清楚安全现金流的折现率应该是什么,这是计算其现值的关键问题。

一、安全现金流及其折现率

安全现金流(Safe Cash Flow)在实际上是指违约风险很小的一类现金流。违约风险很小就意味着不能收到或支付预期的现金流的事件发生的概率极小。但在理论上,按字面理解时,安全现金流应是无风险现金流,像政府债券的本息偿还一样。

例1:优惠贷款。假定你作为3K公司的总经理有办法可以得到¥1 000(以千为单位)优惠贷款,为期3年,年利率为4%。而同类贷款的市场利率为$K_d=12\%$,3K公司的所得税税率为$T_c=0.40$。问这批借款的净现值是多少?

这个问题是典型的累计折现现金流问题之一,上年的现金流见表17-1:

表17-1　　　　　　　　　　　　年现金流表　　　　　　　　　　　　单位:千元

年　份	0	1	2	3
现金流	¥1 000	-40	-40	-40-1 000

由于市场利率为$K_d=12\%$,故上述贷款的资本机会成本,即折现率可取12%,按照通常的做法,其净现值NPV为:

$$NPV = 1\ 000 - \frac{40}{1.12} - \frac{40}{1.12^2} - \frac{40}{1.12^3} - \frac{1\ 000}{1.12^3}$$

$$= ¥192.15$$

这意味着从这笔贷款中你从贷方那里赚了钱,其现值为¥192.15。

但是,上述计算在有所得税的情况下忽视了借款利息的税蔽作用。因此是错误的。每年税前¥40的利息支出,相当于$¥40×(1-T_c)=40×0.6=¥24$的税后现金支出。该借款的税后现金流见表17-2。

表17-2　　　　　　　　　考虑税蔽作用后的现金流　　　　　　　　单位:千元

年　份	0	1	2	3
本息现金流	¥1 000	-40	-40	-40-1 000
税蔽		16	16	16
税后现金流	¥1 000	-24	-24	-24-1 000

表 17-2 中税后现金流，计入了负债的"附带效应"即利息的税蔽，其折现率不应再是 $K_d = 12\%$，而是调整的折现率：

$$r^* = K_d \times (1 - T_c) = 0.12 \times (1 - 0.4) = 0.072$$

故该借款净现值的正确数应为：

$$NPV = 1\,000 - \frac{24}{1.072} - \frac{24}{1.072^2} - \frac{1\,024}{1.072^3}$$
$$= ¥125.51$$

这比税前的估计 ¥192.15 小多了。从上例，我们总结出以下重要规律：

安全现金流（税后）的正确折现率是调整的折现率：

$$r^* = K_d \times (1 - T_c)$$

式中，K_d——风险等价的投资的市场借款利率；

T_c——公司所得税率。

上述规律，我们将在下面予以论证。在论证以前，让我们再看两个例子。

例2：折旧税蔽。折旧和利息都有税蔽的功能。但这两者有不同之处，折旧是非现金支出。利息是现金支出。如果不计运营资本的变化，公司的年营运现金流：

$$\begin{aligned} CF &= \pi + D \\ &= (S - C - I - D)(1 - T_c) + D \\ &= (S - C - I)(1 - T_c) + D \times T_c \end{aligned}$$

式中，π——净利润；

D——折旧；

S——销售收入；

C——总成本（不包括折旧和利息）；

I——利息支出；

T_c——所得税率。

从上式知，折旧税蔽 $D \times T_c$ 是使公司增加的现金收入，而根据如下公式：

$$\begin{aligned} CF &= (S - C - D)(1 - T_c) + D - I \times (1 - T_c) \\ &= (S - C - D)(1 - T_c) + D - I + I \times T_c \end{aligned}$$

可知，利息税蔽 $I \times T_c$ 是由于存在所得税而使公司少支出的现金。而 $I - I \times T_c = I(1 - T_c)$ 是公司由负债导致税后现金支出。所以对公司而言，折旧税蔽 $D \times T_c$ 不是与利息税蔽 $I \times T_c$ 地位相同，而是与 $I(1 - T_c)$ 地位相同，如果企业肯定交付所得税，则折旧税比是安全的现金流，是一种负债等价现金流。所以，如果单独考虑折旧现金流现值，其折现率应是调整的折现率 $r^* = K_d \times (1 - T_c)$，其中 K_d 为公司的负债利率；T_c 为所得税率。例如，我们考虑 3Q 公司新近购进的价值为 ¥1 000（以千记）的计算机折旧税蔽的现值。仍假定 $T_c = 40\%$，计算机资产允许加速折旧，其税蔽见表 17-3：

表 17-3　　　　　　　　　　　　计算机折旧税蔽　　　　　　　　　　单位：千元

年份	0	1	2	3
折旧率（%）	33.33	44.454	14.811	7.41
折旧	￥333.3	44.517	448.1	74.1
税蔽	￥133.32	7.80	59.24	29.64

再设公司负债利率 $K_d = 12\%$，则调整的折现率 $r^* = K_d \times (1 - T_c) = 0.12 \times (1 - 0.4) = 0.072$，则折旧税蔽的现值为：

$$PV = \frac{13.32}{1.072} + \frac{177.8}{1.072^2} + \frac{59.24}{1.072^3} + \frac{29.64}{1.072^4} = ￥349.62$$

这就是折旧税蔽对公司价值的贡献。

例3：合同的现金支出。假定上述3Q公司计算机系统的维修保养承包给3P公司。两家公司签订合约，4年内每年3Q公司向3P公司支付费用￥50，而公司则保证机器正常运行。这种支付是与负债等价的现金流。因而其折现率也是调整的折现率 $r^* = K_d \times (1 - T_c)$。

二、为什么安全现金流的折现率要调整

这一段我们解释为什么与负债率等价的现金流应是调整的折现率 $r^* = K_d \times (1 - T_c)$。

为简明起见，先考虑一年期优惠借款￥1 000，利率为5%。假定市场利率为10%，$T_c = 40\%$。问该借款的现值是多少？

我们先列出现金收入支出见表 17-4。

表 17-4　　　　　　　　　　　现金流表　　　　　　　　　　　　　单位：千元

年份	0	1
本利现金流	￥1 000	-50—1 000
税蔽	0	20
税后现金流	￥1 000	-1 030

如果通过正常渠道借款，每借1元，年末税前要付出 $I \times K_d = 1 \times 10\% = 0.10$ 的利息，但由于税蔽的作用，税后的利息费用 $= I \times K_d \times (1 - T_c)$ 元，也就是说，借1元，一年后准备 $[1 + K_d \times (1 - T_c)] = 1.06$ 元偿还本息就可以了。现优惠借款一年后要偿还本息￥1 030，那么该借款的现值，即通过正常渠道可以借到款的数量：

$$PV = \frac{1\ 030}{1.06} = \frac{1\ 030}{1 + K_d \times (1 - T_c)} = ￥971.70$$

上式是简单的除法，但实质是对优惠借款现金流的折现。其折现率不是别的，正是调整的折现率 $r^* = K_d \times (1 - T_c)$。

本例说明，优惠借款现在真拿到现金￥1 000，只相当于正常借款￥971.70，其差额￥28.30 即为优惠借款的净现值。

我们只对一年期借款论证了为什么税后现金折现率应是 $r^* = K_d \times (1 - T_c)$，对多年期结果也是一样。

折现率往往是很难把握的论题，甚至连财务专家也会犯错误。所以，我们确定现金折现率要特别小心。其实上述规则想起来也十分简单：公司经常借款贷款，如果公司贷款，它所得到的利息是本公司缴纳所得税后利息，其贷款回报率是 $r^* = K_d \times (1 - T_c)$，式中 K_d 是贷款利率；T_c 为公司所得税率，如果公司在资本市场上借款，税后利率也是 $r^* = K_d \times (1 - T_c)$。因此，与负债等价的现金流投资的资本机会成本应是税后利率，即调整资本机会成本。

习 题

1. 简述采用调整的净现值准则进行投资决策的基本思想及其程序。
2. 仅考虑公司所得税，其边际税率为 0.46，分别计算以下负债的利息所产生税蔽的现值。
   （1）利率为 8% 的 1 年期贷款 1 000 元；
   （2）利率为 8% 的 5 年期贷款 1 000 元，假定到期才偿还本金；
   （3）利率为 7% 的永久性贷款 1 000 元。
3. 3M 公司的资产为 1 亿元，预计在未来保持不变，假定实际利率为 5%，公司的税率为 46%，利息在每年的年末支付，公司负债恒定为总资产的 30%，税蔽的现值为多少？
   （1）不存在通货膨胀；
   （2）预计每年的通货膨胀率为 10%。
4. 3J 公司准备投资于一个项目，该项目所要求的初始投资为 10 000 万元，预计在未来的 15 年，该项目每年能够产生 1 000 万元的现金流入，项目的资本机会成本为 15%，即为全权益公司股东要求的回报率，假定股票的发行成本为 0.06，此项投资使公司的负债容量增加 5 000 万元，公司的利率为 10%，税率为 40%，计算该项目调整后的净现值。
5. 3F 公司准备投资于一个永续项目，该项目所需的初始投资为 1 000 万元，预计每年的现金流入为 85 万元，公司全部是权益融资时的资本机会成本为 7%，假定利息的净税蔽每元为 0.30，计算该项目的调整后的净现值（ANPV）。假定负债容量为 500 万元。
6. 考虑一个经济寿命仅为一年的项目，初始投资为 1 000 万元，预计的现金流入为 1 200 元，资本的机会成本为 0.20，借款利率为 0.10，每元的净税蔽为 0.20，公司计划的借款额为项目价值的 30%。
   （1）计算该项目的基础净现值；
   （2）调整的现值（APV）为多少？
   （3）分别利用 MM 公式和迈勒斯—埃泽尔公式计算调整后的资本成本，并利用得出的资本成本计算该项目的净现值。
7. 3D 公司有经济寿命为两年的项目，所需的初始投资为 100 万元，第一年产生的税后回报为 60 万元，第二年为 70 万元，全部是权益融资的资本成本为 12%，借款利率为 8%，公司对该项目的目标资产负债率为 0.3，假定利息的净税蔽每元为 0.30。
   （1）假定资产负债率按账面价值固定，按一般的过程计算该项目的净项目；
   （2）按照用迈勒斯—埃泽尔公式调整后的折现率计算该项目的净现值；
   （3）利用 MM 公式调整后的资本成本来计算该项目的净现值。
8. 3K 公司获得一项 5 年期的优惠借款 100 万元，利息率为 4%，同类借款的市场利率为 12%，假定该公司的税率为 40%，则该项借款的净现值为多少？
9. 3T 公司进行固定资产投资 1 000 万元，公司采用 5 年期的双倍余额递减法计提折旧，公司的负债的利息率为 12%，税率为 40%，则折旧税蔽的现值为多少？

第七篇

融资决策

融资（Financing）决策是公司重要的财务决策。它是根据公司的财务战略、财务计划和投资方案决定的。整个融资决策的过程实质上是进行一系列决策，制定一系列政策。首先是股利政策，决定可以利用多少内生资金。如果还须利用外部资金，就要回答是用发行股票还是发行债券的手段融资的问题，制定债务政策。如果决定增加付债，就要决定是向银行借债还是发行债券。后者还要进一步决定发行何种债券：短期还是长期，固定票息还是浮动利率，普通债券还是可转换债券等。

在开篇之前，让我们先学习一些与融资活动有关的知识。

一、融资决策的备选方案

公司的投资方案确定之后，公司要根据投资需要和最优化资本结构筹集资金。公司融资有许多备选方案。使用公司普通股权益的保留盈余，称为内部融资。内部融资与股利政策是利润分配这一个问题的两个方面，因为利润分成两部分：保留盈余增量和红利。保留盈余是可以利用的资金。当利润一定时，分配多少红利，就决定了有多少保留盈余增量。所以这种内部融资也就是决策发放多少红利，即制定股利政策。另外，公司可以通过发放股票股利来增加权益资本，同时将现金留在公司内部供投资使用。

我们知道公司的运营现金流为 $CF = \pi + D - \Delta WC$，即运营现金净收入等于利润加上折旧分摊，再减去运营资本增量。如果我们将 ΔWC 分解为 $\Delta WC = \Delta CA - \Delta CL$，即流动资产增量减去流动负债增量，把流动资产的增加（资本占用）看成投资，把流动负债的增加理解为融资，即可把上述公式中 ΔWC 转化到别处。那么运营现金流就可以理解为 $CF = \pi + D$。又由于 $\pi = \Delta RE + DIV$，即利润等于保留盈余的增量（ΔRE）与红利（DIV）之和。因而内部可以利用的现金不是 ΔRE，而是 $\pi + D - \Delta WC = D + \Delta RE$，这就是内生现金流。上式中的 D，即当年的折旧与分摊，也可以用来投资，也是内部融资的一种手段。有些企业设有折旧基金。使用折旧基金或其他形式的现金，也是内部融资的一个备选方案。不过这种内部融资不影响资本结构，它既不增加负债也不增加权益，而是把一种资产化为另一种资产。而用当年保留盈余的增量融资，使权益增加，会改变现有资本结构。

除自有资金以外，公司财务人员还会考虑以其他方式进行融资。公司可以发行新股，发行普通股融资可得到一项永久资金，股本是不用偿还的。而且普通股股票不需要支付固定的开支。但增资发行新股涉及老股东的利益分配及控制权等问题，而且资本成本较高。

公司可以通过发行债券或长期借款来筹集投资需要的资金，这就涉及公司的债务政策。债务政策的内容很多。首先是举不举债，这一般根据资金需求量及公司的目标资本结构来确定。其次是关于负债方式的决策，是借款还是发行债券，发行何种债券的决策，包括可否转换、期限和票息票率的决策等等。即使长期负债的资本成本也低于普通股融资，而且利息是在税前支出，有税蔽作用。公司到底应该发行多少股票，担负多少债务，这由公司的目标资本结构决定。一个理想的资本结构实施公司的资本成本实现最小化。

财务租赁（Financial Leasing）对公司融资也是十分有意义的备选方案。财务租赁增加公司财务的灵活性，减少公司资产的风险，与负债相比又有较少的限制。另外，一些创新金融工具也可作为筹集资金的手段。衍生金融工具（Derivative Instrument）既是投资的有效工具，又是融资的有效工具。

二、NPV 准则

在本书第四篇的投资决策中，一开始是将投资决策和融资决策分开来分析的。在上一章，我们考虑了投资决策的附带效应——对融资决策的影响。普遍认为最科学和运用最广的投资决策的准则是净现值准则即 NPV 准则。一个项目是否被接受，取决于它的 NPV 是否大于 0。人们不禁要问，融资决策是否也依据净现值准则？

投资活动的首期现金流是负值，也就是现金流出。而融资活动不同，首期现金流是正值，也就是现金流入。投资活动在以后各期，公司通过投资获得收益，也即现金流为正值。而融资活动在以后各期还要付息还本，为现金流出，故以后各期的现金流为负值。

重新研究一下第十七章第四节中的例1。3K 公司总经理有办法从银行得到一笔优惠贷款。该贷款为 100 万元，为期 3 年，年利率 4%。而同类贷款的市场利率为 12%，我们已经计算出该贷款的净现值为：

$$NPV = 19.2 \text{ 万元}$$

显然，这 19.2 万元是 3K 公司从这笔贷款中赚来的。3K 公司现金流入的现值为 100 万元，而流出的现值为 80.8 万元。从银行的立场来考虑，则恰好相反，现金流出的现值为 100 万元，而流入的现值为 80.8 万元。因此，结论再明显不过了：公司所赚的钱就是银行所赔的钱。银行贷款给别人本来可以收 12% 的利息，而 3K 公司却优惠成 4%，不用计算也知道谁占了便宜，谁吃了亏。如果仅从经济行为出发，世界上不应存在这样的银行。只有年利率为资本的机会成本 $r = 12\%$ 时，银行才愿意出借这笔贷款，也只有这样，这种贷款的净现值才为 0，即对借贷双方现金流入和流出的现值都是 100 万元。

由上例，我们就可以推知，在完全竞争的资本市场上，得不到 NPV 明显大于

0 的融资。因为对融资者 NPV 大于 0，对投资者来说 NPV 就小于 0。如果融资者精明，投资者也不傻。尽管资本市场可以细分为许多子市场，但资本在这些市场之间的流动是很快的。精明的融资者善于利用机会，利用一切有利因素，但投资者也同样会这么做，甚至比融资者更精明。从上述分析中我们就会知道，融资决策不能以净现值大于 0 为准则，因为在完全竞争的资本市场上，融资交易的净现值都近似等于 0。

那么读者可能要问，既然 $NPV=0$，那为什么资本市场上还有投融资活动？很简单，投资者得到的是等于折现率的回报率；而融资者得到资本后进行生产可预期得到高于该折现率的回报。

三、投资决策与融资决策的不同

从某种意义上讲，投资决策比融资决策简单。投资决策只在为数不多的备选方案中进行选择，而融资决策却面临金融市场上种类繁多的金融工具，诸如普通股、优先股，再如债券、票据、贷款，还有期货、期权、远期、互换等。并且每一类更有不同的细分，如债券分为抵押债券和非抵押债券，可或不可转换、回收等。公司财务人员必须对这些金融工具的特点、性能十分熟悉，才能正确地进行融资决策。此外，公司还必须面对众多的金融机构，掌握层出不穷的新词汇、新术语等。

从另一角度看，投资决策又比融资决策困难，因为投资活动一旦付诸实施，就很难变更。已购买的生产设备、正在建设的厂房等等放弃的价值很低，变更的代价十分昂贵。而融资决策就相对灵活，若发行股票不能达到预期目的，可用其他方式补充；发行债券不合算，可以回购或换债，也就是融资决策放弃的价值较高，变更时的成本代价较低。日益繁多的金融工具给公司的融资决策带来了很大的方便和更多的选择余地。

融资决策和投资决策相比，最大的特点是融资决策的 NPV 值都是 0，而可行的投资活动的 NPV 大于 0。因为公司生产经营性投资所带来的竞争是在少数一些公司之间展开的，竞争不充分，某些公司可能因为自己拥有专利权、技术诀窍、良好的商誉、较大的市场份额等竞争优势，可以在某些投资活动中获取利润，得到正的净现值。而融资活动则不同，所有需求资本的公司、单位或个人都在金融市场上寻求资本成本低的资金来源，大家都平起平坐，激烈地竞争着。对于资本的供给者，也同样存在着激烈的竞争。投资者之间和融资者之间的竞争必然使融资活动成为公平交易。公司即使挖空心思，也极难在资本市场上通过融资交易获取正的净现值。融资活动本身不能赚钱，绝无"效益"可言。融资者所要做的只能是在各种融资方式、融资渠道和金融工具之间做出较为有利的选择。

除了传统的融资手段以外，衍生金融工具在融资决策中得到越来越多地应用，包括期权、期货、远期、互换等类型以及认购证、可转换债券、可回收债券等金融工具品种。这些问题我们将在第八篇进行讨论。

本篇包含四章。第十八章研讨股利政策和股利的发放；第十九章讨论股票发行；第二十章讨论长期负债；第二十一章讨论租赁。

第十八章 股利政策

股利政策主要是讨论税后利润的分配问题。以现金形式分给股东的股利，包括定期的股息，称为红利；其他形式的股利包括资产、实物以及股票股利等。股利政策就是指公司对股利支付与有关事项的确定，比如是否发放红利、发放多少红利、何时发放红利以及其他形式的股利等方面。围绕公司的目标（股东权益价值最大化），本章将讨论股利政策对公司股东权益价值的影响。有的学者认为发放红利对股价无直接影响，这就是红利无关论，最著名的无关论是MM理论；而有的学者则认为发放红利对公司股东权益价值有影响。本章还要进一步讨论各种不同的股利政策问题。其中一个重要的问题就是确定红利率（Dividend Ratio）。一般地，税后利润＝保留盈余增量＋股利。保留盈余是筹集资金的重要渠道。留存多少利润，和支付多少股利是一个矛盾的两个方面。公司的最佳股利政策就是能使这对矛盾得到适当解决，使公司的股东权益价值达到最高。另外，本章还将讨论股票股利和股票回购的问题。

第一节 红利对公司价值的影响

关于股利政策对公司股票价格影响的问题在20世纪50～60年代是公司财务学理论研究的一个热点问题，许多财务学专家都试图完美的解答这个问题。股利政策是否会影响公司股东权益价值呢？有的学者认为没有影响，有的则认为股利政策会影响公司价值。然而，直到现在还没有定论。

一、红利无关论

1961年，著名的财务金融学家米勒和莫迪里亚尼发表了一篇著名的论文："股利政策，增长和股票价值。"[1]

在文章中，他们提出了红利无关论："企业的价值只依赖于其基本盈利能力和经营风险，而不依赖于如何把利润在保留盈余和红利间进行划分。"后来人们把其理论称之为MM股利无关性理论。该理论是在无所得税、无摩擦的资本市场及其他完美性的前提下导出的，其假设如下：

（一）不存在个人和公司所得税。这一条件保证公司在发行新股获得的资本收入不被征税而

---

[1] Miller, M. H., and Franco Modigliani. 1961. Dividend Policy, Growth and the Valuation of Shares. *Journal of Business*. 34, pp: 411-433.

等于新股东实际支付的现金。另外，政府对红利收入不征税。这可保证股东获取一元红利与公司留存一元利润是等价的，他们都将之用于再投资。这样，就消除了资本增益与红利的差异。

（二）股票无发行成本。这一条件与第（一）条共同保证发行新股就像利润留存一样具有相等的资本成本，即利润的分配对公司的权益成本无影响。

（三）股票无交易成本。股票的交易成本限制了股票的完全自由买卖，只有在无交易成本条件下，股东才能按实际价格差获取资本利得。

（四）无信息成本。也就是要求管理当局与投资者可同时无条件地获得公司有关的信息。

（五）财务杠杆不影响资本成本。这是因为 MM 的资本结构命题，在上述条件下财务杠杆的大小不影响加权平均的资本成本。

（六）公司的投资政策与股利政策无关。

在这些条件下，MM 理论把股利政策看做是权衡保留盈余、现金股利、发行新股三者的结果。如果公司已经决定了新的投资方案和最优资本结构，那么公司的资本需要量和负债比例是确定的，公司可以确定需要多少权益资本，剩余的利润就分发给股东。如果当年利润不能满足投资的需要，公司当局就增发新股。

假设公司改变政策决定多发股利。在保证投资资本需求，并且在保证公司的目标资本结构的条件下，如何筹集资金来完成增发股利呢？唯一的办法就是增发新股，用这笔收入来支付老股东的股利，而新股东购买股票所付出的款项应当与股票的价值相当。

MM 股利无关论的证明并不复杂。其过程表明：公司的当前价值仅取决于企业未来投资决策（表现为 I）及投资获利能力（表现为 $EBIT$），MM 的股利无关论其实也意味着，股利政策独立于企业投资决策。

图 18－1 表现了靠增发股票来发放股利的过程。实际上，这里发生的是新股东与老股东之间的价值转移——老股东将自己拥有的一部分公司资产转让给新股东，新股东则把等价值的现金交付给老股东，公司的价值并没有发生变化。假设公司普通股权益的市场价值为 T。在图 18－1 中，假定公司新发了价值总额 1/3 的新股票。则新股东应支付给公司 T/3 的现金，公司又将这 T/3 作为红利支付给老股东。此后，老股东的权益由四个大方块变成了四个小方块，权益减少的价值为 T/3，而新股东的权益恰好为 T/3。老股东获得了 T/3 的红利。如图 18－2 表示，老股东的权益损失变成了他们的红利现金收入，整个过程对公司的价值没有影响。

正因为如此，Miller[①] 认为可用下面的话来通俗易懂的描述股利无关性理论：将左口袋的钱移到右口袋中，并不能使两口袋的钱数之和增加。

这里必须有一个前提，公司不会因为发行股票而负担费用，即股票发行不发生成本。同时，必须假设国家对公司与个人的收入不征收所得税。

如果证券市场比较完善的话，老股东可以在证券市场上自由出售手中的股票，那么他们同样可以获得需要的现金，而不以公司作为"中介"。

如图 18－3 所示，老股东同样可获得 T/3 的现金，新股东同样可获得公司 T/3 的权益。这两种方式效果是相同的，但这里又有一个前提：新股东不必为获得股票而支付交易费用，即股票无交易成本。

---

① 米勒（1986）："金融学：对其历史及未来的考察"，载 [美] 莫顿·米勒著，王中华、杨林译：《金融创新与市场的波动性》，首都经济贸易大学出版社 2002 年版。

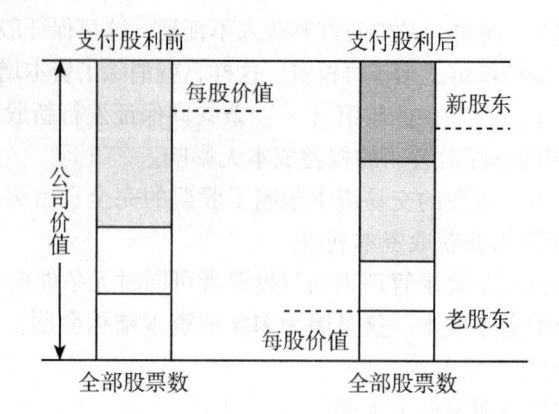

图 18-1 发行新股与增发红利示意图

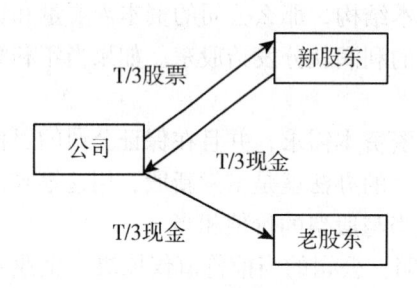

图 18-2 靠发行股票支付红利

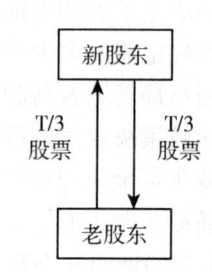

图 18-3 老股东出售股票

坚持红利无关论的学者认为：投资者对红利和资本增益无偏好差异。在利润分配过程中，保留盈余与红利支付是一对矛盾。若公司留存较多的利润用于再投资（假设在投资是净现值投资），则公司价值上升，也就是股票价格上升。此时，公司可以不发放红利或者支付较低红利，需要现金的股东可以在证券市场上出售股票换取现金。若公司发放较多的红利，股东可以用现金买入股票扩大权益。这样股东并不关心红利的分配，红利的支付比率也不会影响公司的价值。公司的价值完全由其投资的项目决定。

例1：3F 公司的资产负债表（市场价值）如表 18-1 所示。

表 18-1　　　　　　　　　3F 公司的资产负债表　　　　　　　　　单位：万元

资　产		负债与权益	
用于投资的现金	1 000	公司债	0
固定资产	9 000	股东权益	10 000
投资项目增值	NPV		NPV
全部资产	10 000 + NPV	总负债与权益	10 000 + NPV

该公司现有现金 1 000 万元，供投资于某项目，其净现值为 NPV。则该投资的价值为 $1\,000 + NPV$。假如这 1 000 万元是上年税后净利润。又设 NPV 为 2 000 万元，老股东股数为 1 000 万元，如果公司将 1 000 万元利润全部用于投资而不发放股利，则公司价值为 $10\,000 + NPV = 12\,000$（万元），股票价格 = 12 000 万元/1 000 万元 = 12（万元）。

如果公司决定发放 1 000 万元红利，公司就需要发行价值 1 000 万元的新股票，以筹集发放红利的现金。由于公司的投资决策和财务杠杆均无变化，故发行新股不影响公司的价值，仍为 10 000 + NPV。这时，老股东的股票价值为：

$$\begin{aligned}老股东的股票价值 &= 公司价值 - 新发行股票价值\\ &= (10\,000 + 2\,000) - 1\,000\\ &= 11\,000(万元)\end{aligned}$$

发行新股股票价格 = 11 000/1 000 = 11（元）。

老股东得到 1 000 万元的红利，同时却失去了 1 000 万元的权益。股东每股获得 1 元的红利，相应的股票价格也下降 1 元。

二、右派理论

许多传统的学者主张高红利政策，比如格拉汉姆（Graham）和窦乐德（Dold）早在 1951 年出版的一本[①]书中就有此种观点。另外还有一些学者有类似的主张。其中有人极力主张政府强迫所有公司将税后净利作为红利完全发放，认为这样"会使公司的价值增加一倍甚至增加两倍。"

（一）"在手之鸟"论

受"双鸟在林，不如一鸟在手"谚语的影响，部分学者认为红利收入使股东直接受益。虽然股票价格上升产生资本收益，但由于股价是波动的，资本收益不如红利稳定。因为红利，尤其是股息是有把握按时获得的收入。而股票价格的升降并不能完全由企业决定，具有很大的不确定性。也就是说，这部分学者认为资本收益的风险要高于红利收入的风险。有的股东这样认为，股票价格随时波动，一旦价格下跌，股票价格所代表的资本收益就化为灰烬，即使公司承诺在未来支付较高的红利，但其支付期距现在越远，投资者的不确定感也就越强，尽早尽多地发放红利会消除投资者的这种感觉。因而这种理论也被称为不确定感消除论。公司发放股利消除了股东的不确定感，从而对股票价格产生了实际的影响。

有些学者对这种理论提出了批评，他们认为股票的风险是由公司收益的风险状况决定的。一旦公司的投资政策和债务政策确定下来，它的收益风险是一定的，而不受股利政策的影响。尽管股利收益确实比资本收益更稳定，但这并不能反映公司的风险。

（二）信号传递论

这种理论的根源同不确定感消除论密切相关。有些学者坚持，红利给投资者传播了企业收益状况的信息，或者反映了公司高管层有了改善经营状况的决心。如果一个公司经营状况不十分理想，它可能会长期实施稳定的低支付率的股利政策。一旦公司改变股利政策，提高红利支付率，投资者会认为公司的财务状况已得以改善，或者管理层下决心改善公司未来收益状况。

[①] Graham, B., and D. L. Dold. 1951. Security Analysis: Principles and Techniques. 3rd. ed. McGraw-Hill Book Company. New York.

红利的提高传递了公司未来可能创造更多利润的信息，这样的股票会吸引更多的投资者。如果一个公司降低红利，那么它会传递相反的信息，股东可能会抛售这种股票。这一理论又被称为客户效应理论。客户效应是指企业股利策略的变动对股东的影响。其实客户效应理论是由米勒和莫迪里亚尼提出的，用来支持红利不相关理论。他们认为公司所吸引的投资者是那些对股利政策及其风险偏好与公司现行股利政策和风险相一致的投资者。这样的投资者的投资需求得到了满足。因而，公司股票的价格与红利的多少无直接关系，也就是说，股东对发放红利和保留盈余无偏好差异。增加红利对股票价格的有利影响不在于红利本身，而在于红利传递的"信息内容"。因此，对于公司来说，当没有可行的投资机会时，公司应尽可能分配红利，使股东可将资金投资在其他方向。

三、左派理论

大多数经济学家和企业研究人员都承认米勒和莫迪里亚尼的理论是正确的。但现实世界的资本市场是不完备的，也非完全有效，如股票的发行需要支付成本，股票的交易也需要付出成本，投资者的投资机会并非完全平等，政府对企业、个人都要征税。因而 MM 理论在现实中会出现偏差。

有许多国家关于股利收入和资本增益的所得税税率不一致。因而，左派理论以为：无论何时，只要股利收入的税率高于资本增益的税率，股东都会反对高红利政策，公司应该支付较低的红利。剩余利润留存在公司内部，要么再投资，要么回购股票。

1986 年在美国税法改革前，政府对股利收入征收的所得税税率最高达 50%，而对资本增益的税率最高为 20%。这种情况下，股东并不期望公司发放红利，而是希望通过资本收益获利、避税。因而发放高支付率的红利成为导致股票价格下降的因素。1986 年美国税制改革之后，二者税率一致了，这样左派理论失去了现实基础。

但是，目前还有许多国家与 1986 年以前的美国税制有相同的特点，英国就是如此。中国实际上也是如此。我国《个人所得税法》第六条规定股息、红利所得属于应纳税项目，税率 20%。从 1999 年开始存款利息也征收个人所得税 20%，后终止。而我国政府考虑到股市的实际情况和股票转让收益的特殊性，决定在近期内对资本增益暂不征收个人所得税。

第二节 股利的发放

一、股利的种类

（一）常见的股利发放形式

常见的股利发放形式有红利，股票股利等。

1. 红利，即现金股利

公司将股东应得的股利收益直接用现金支付给股东，这种形式发放的股利称之为红利。现金股利是最常见、最主要的股利发放形式。红利包括定期（例如每季度发放的）股息和年终一次发放的红利。

2. 股票股利

公司也可以增发股票的方式来支付股利，这种形式发放的股利称之为股票股利或红股。在发放股票股利时，公司往往给所有股东按一定比例增配股票，发放股票股利相当于把公司盈利转化为普通股票，这样并不会导致公司现金流的变化，更主要的是不会增加公司现金的流出量。但股票股利增加普通股流通股数，引起每股盈利的下降。因而导致每股市价按比例下降。但因为按比例发放，每位股东所持股票数占总数的份额不变。形式上股东的股数增加，但价值没有增多，股东并没有得到实惠。另外，值得一提的是按照《征收个人所得税若干问题的规定》以股票形式向股东个人支付应得的股息、红利，应以派发红股的股票票面金额确定收入额。这样，如果公司的股票价格高于面值的话，股票股利就是一种避税的方式。

（二）与股利发放有关的几个术语

1. 财产股利

有时公司可以现金以外的资产支付股利。这种资产可以是公司拥有其他公司的有价证券，如债券、股票。财产股利是现金股利的替代之一，这种方式目前在我国公司实务中很少使用，但并非是法律禁止的。

2. 实物股利

有时公司以某些实物作为股利发放，这种股利称之为实物股利。这种形式很少采用，发放时公司往往是以自己的产品作为股利发放的。如美国禁酒令实施之后，酒类产生滞销情况，许多酿酒公司将其所生产的酒作为股利发放给股东。

3. 负债股利

公司有时可以负债的方式支付股利，通常以公司的应付票据如本票作为股利交付给股东，在未来一定日期再偿付该项负债。有时公司也可以自身债券作为股利支付给股东。这种股利支付方式往往可使现金在一段时期内留在公司内，它也是现金股利的替代，在各国公司实务中很少使用，但并非法律禁止。我国也是如此。

二、利润分配项目

公司在利润分配过程中应遵守公开、公平、公正的"三公"原则，所有股东在公司中只以其股权比例享有合法权益，不得以其特殊地位而牟取私利。同时，我国法律在处理分配和积累的关系时有一定限制，另外在员工福利方面也有规定。按我国新《公司法》[①] 第一百六十七条规定，利润分配涉及法定公积金、任意公积金、红利。

（一）法定公积金

公司在分配当年税后利润时，应提取利润的10%，列入公司法定公积金，用于公司的积累与发展。具体来讲，法定公积金经公司股东大会决议，可用于弥补上一年度的累计亏损。当

---

① 本篇中所涉及的《公司法》均参考2005年10月27日第十届全国人民代表大会常务委员会第十八次会议修订、2005年10月27日中华人民共和国主席令第四十二号公布、2006年1月1日起施行的《中华人民共和国公司法》。

本年度累计盈利时，可用于新投资机会。另外，法定公积金累计达公司注册资本的50%以上的，可不再提取。

（二）任意公积金

任意公积金是在计提法定公积金和法定公益金之后，经股东会或者股东大会决议，还可以从税后利润中提取任意公积金。其提取比例或金额由股东会议确定，但要有合理的比例。当公司盈利多时可多提，盈利较少时可少提或不提，当亏损时，公司应不提。另外，当公司提取的公积金累计额占公司注册资本的比例较少时，可多提，否则应少提或不提。当公司有新的投资机会时可多提，否则少提或不提。在提取任意公积金时协调大小股东的利益。

（三）红利

红利是公司在弥补亏损、提取公积金之后以现金形式向股东分配的利润。

我国新《公司法》第三十五条规定，对于有限责任公司，股东按照实缴的出资比例分取红利。但是，全体股东约定不按照出资比例分取红利的除外。

而对于股份有限公司，《公司法》第一百六十七条规定，股利应该按照股东持有的股份比例分配，但股份有限公司章程规定不按持股比例分配的除外。

通常情况下，股利应从累计盈利中分派，无盈利不得支付股利。如果当年利润以及上年度累计利润不足以向股东支付股利，公司为了维护其股票信誉，经股东大会特别决议，公司也可用公积金支付股利，但其支付额不得超过股票面值的6%，且在支付股利后公司法定公积金累计不能低于公司注册资本的25%。

公司在利润分配过程中，应按一定的顺序进行。按照我国《公司法》第一百六十七条规定，公司的利润分配应按下列顺序进行。

1. 弥补公司以前年度亏损。公司的法定公积金不足以弥补以前年度亏损的，在依照规定提取法定公积金之前，应当先用当年利润弥补亏损。

公司的上一年度亏损额可用本年度税前利润来弥补，本年度税前利润不足弥补的，可以逐年延续弥补，但延续弥补期不得超过5年。公司应计算出本年度是累计盈利还是累计亏损。如果累计亏损，则不能进行后续的分配。此时公司应用有权支配的其他资金来弥补该项亏损，其中最重要的补亏资金是公积金。

2. 提取法定公积金。公司分配当年税后利润时，应当提取利润的10%列入公司法定公积金。公司法定公积金累计额为公司注册资本的50%以上的，可以不再提取。

如果公司本年度累计盈利，则应按抵减年初累计亏损后的本年度净利润计提法定公积金。提取法定公积金的基数不是累计盈利，也不一定是本年度的税后利润。只有不存在年初累计亏损时，才能按本年度税后利润计算。

3. 经股东会或者股东大会决议提取任意公积金。公司从税后利润中提取法定公积金后，经股东会或者股东大会决议，还可以从税后利润中提取任意公积金。

4. 支付红利。公司弥补亏损和提取公积金后所余税后利润，有限责任公司依照本法第三十五条的规定分配；股份有限公司按照股东持有的股份比例分配，但股份有限公司章程规定不按持股比例分配的除外。

《公司法》第一百六十七条规定，股东会、股东大会或者董事会违反规定，在公司弥补亏损和提取法定公积金之前向股东分配利润的,股东必须将违反规定分配的利润退还公司。此外,公司持有的本公司股份不得分配利润。

三、股利发放的程序

股份制有限公司向股东支付股利有一定的支付程序。其中涉及几个术语,叙述如下:

(一)股利宣告日(Declaration Date)。即公司董事会将股利支付情况予以公告的日期。比如,某食品公司每季度发放一次红利,公司董事会成员于20××年6月1日举行董事会议,讨论第三季度的股利分配问题,同时发布公告:"公司董事会在20××年6月1日的会议上决定,正常的红利分配为每股1元,公司将在20××年9月2日正式将上述红利支付给已在20××年8月15日登记为本公司股东的人士。"这里20××年6月1日为股利宣告日。

(二)股权登记日(Record Date)。即有权领取股利的股东资格登记的最后日期,只有在股权登记日之前在股东名册上有名的股东,才有权分享股利。这一日期又称为除权日。上例中,20××年8月15日为登记日。在这一天以后才列入公司股东名单的股东将得不到这次分配的股利,股利归原股东所有。这一差异将在股票价格上体现出来。

(三)除息日(Exdividend Date)。由于从股票交易的发生到公司注册股东名单的改变需要一定的手续和时间,为了避免混乱和不必要的矛盾,通常规定能够获得股利的股票的交易日与公司的股权登记日之间要有一定的时间间隔。只有在公司规定的登记日若干天之前进行的股票交易,新股东的名字才有可能出现在登记日那天的股东注册名单上,并获得股利收入。证券业一般规定在股权登记日的前四天为除息日。在此期间的股票交易称为无息交易,其股票成为无息股。也就是说,一个新股东要想取得本期股利,必须在股权登记日的四天之前购入股票。无息股的价格往往较低,差异的原因是股票不能带来本期股利收益。上例中,除息日是20××年8月11日。

(四)实际支付日(Payment Date)。股利实际支付日一般在分红通知书上列出。上例中,20××年9月2日是实际支付日,在这一天公司把股利支票寄发给登记日之前登记的股东。

这里,可将股利支付的几个关键日期在数轴上表示出来,如图18-4所示。

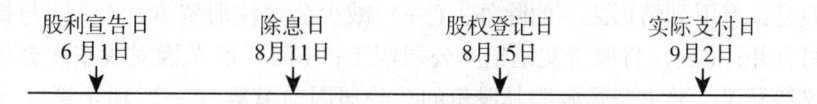

```
股利宣告日      除息日       股权登记日      实际支付日
  6月1日        8月11日       8月15日        9月2日
━━━━━━━━━━━━━━━━━━━━━━━━━━━━━━━━━━━━━━━━━━━
```

图18-4 红利关键日期的关系

第三节 不同的股利政策

股利政策(Dividend Policy)是指公司在支付股利方面所持的政策。股利决策是股份制有限公司的一项重要工作,它要确定公司是否发放股利,发放多少,何时发放,以及何种方式发放股利等。股利决策受许多因素影响,如股利理论、法律因素、企业财务状况、股东要求等。当期股利决策还要受公司长期股利政策的影响。因此本节主要讨论实务中的问题。

一、影响股利决策的因素

影响股利决策的因素除公司当局持有的股利理论、股利政策外,还包括:法律约束因素、债权人的约束、股东的要求、公司内部因素及其他外部因素。

(一) 法律约束因素

公司在支付股利时,要考虑法律方面的约束。

1. 资本完整性的要求

各国法律都要求公司在支付股利时要保全资本,禁止资本损害行为。资本是股东投资形成的,如果将资本作为股利发放给股东,债权人的利益有可能受到损害。我国《公司法》第一百六十七条规定:"股东会、股东大会或者董事会违反前款规定,在公司弥补亏损和提取法定公积金之前向股东分配利润的,股东必须将违反规定分配的利润退还公司。"这一条从分配的程序上保证了资本的完整性。美国大部分州规定,当可能导致公司的法定资本(Legal Capital)受到损害时,公司不得支付股利。在有的州,法定资本仅指普通股票面值或固定价值。在有些州,法定资本还包括超面额资本(Paid-in Capital)。这一限制主要是为了防止公司任意改变股东权益在资本结构中的比例,维护债权人的利益。

2. 净利润条件

各国法律都规定,公司的利润必须在弥补全部亏损之后才可发放股利。我国法律也是如此规定。一般对资本利得征税税率较低。这样的规定往往是为了鼓励公司积累资本。但有些公司通过积累利润,使股价上涨,帮助股东避税。因而许多国家规定公司不得超额积累利润。如美国国内税务局(Internal Revenue Service:IRS)对不合理的留存收益征收惩罚性税收。我国法律对公司累积利润尚未做出限制性规定。

3. 股票回购(Share Repurchase)的限制

股票回购后由于股票流通数减少,股价上涨,股东得到的是资本利得。关于资本利得的避税作用本章已多次论及,不再赘述。我国《公司法》第一百四十三条规定:"公司不得收购本公司股份。但是,有下列情形之一的除外:(一)减少公司注册资本;(二)与持有本公司股份的其他公司合并;(三)将股份奖励给本公司职工;(四)股东因对股东大会做出的公司合并、分立决议持异议,要求公司收购其股份的。公司因前款第(一)项至第(三)项的原因收购本公司股份的,应当经股东大会决议。公司依照前款规定收购本公司股份后,属于第(一)项情形的,应当自收购之日起十日内注销;属于第(二)项、第(四)项情形的,应当在六个月内转让或者注销。公司依照第一款第(三)项规定收购的本公司股份,不得超过本公司已发行股份总额的5%;用于收购的资金应当从公司的税后利润中支出;所收购的股份应当在一年内转让给职工。"由此可见,我国法律不允许公司拥有库藏股(Treasury Shares)。

(二) 债权人的约束

公司对外借债时,要签订债务合同,尤其是长期债务。债权人为防止股东、公司管理当局滥用权力,为了保护自身利益,往往在合同中加入现金支付程度的限制性条款,比如规定公司当局每股股利的最高限额，规定公司的某些重要财务比率，尤其是反映公司偿债能力的比率。这些限制有可能使公司的股利政策受到限制。

（三）股东的要求

1. 稳定收入的要求或避税的要求

股东对待风险有两种态度：避免风险和倾向于承担风险。具有前种态度的投资者往往是那些依靠股利维持生活的股东，他们要求公司支付稳定的股利，并且倾向于高股利支付率。具有后种态度的投资者往往是那些有其他大笔收入来源的股东，他们偏好风险，出于避税的考虑，往往反对高股利支付率，偏好资本利得。

2. 控制权的稀释

股东都明白，发行新股必然使自己持有股票的份额下降，自己对公司的控制权淡化，这就是控制权的稀释。如果公司实施高支付率红利政策，保留盈余必然很少，公积金盈余必然很少，公积金积累额一定不高，这同时又意味着公司发行新股融资的可能性加大。而有些股东，尤其控制权较大的大股东不愿看到自己的控制权被稀释，宁肯不分配股利而反对增发新股。

（四）公司内部因素

1. 利润和现金的稳定性

公司具有累计净利润是支付红利的前提基础。利润不稳定的公司一般只能采取低红利政策，而利润稳定的公司则在支付红利时有更大的灵活性。另外，红利是由现金支付的，因此现金状况又是红利支付的一个重要限制因素。即使企业有巨额利润，也未必有足够的现金。

2. 资产的流动性

资产的流动性是指资产的变现能力。支付现金红利会减少公司现金的持有量。当现金持有量降至一定程度，公司会发生财务危机。而增加现金的一种办法就是将资产变现，这就对公司资产的流动性有一定的要求。

3. 偿债能力

支付红利后，有可能会影响公司到期偿债能力，严重的可能会导致企业破产。因此当影响到公司到期偿债时，公司应支付少量或不支付红利。

4. 举债能力

具有较强举债能力的公司往往能及时筹措所需的现金，可采取宽松的股利政策，否则只能采取较紧的股利政策。

5. 股息支付频数

有些公司按季度支付红利，有的则按年或半年支付。支付频数会影响公司的股利政策。

（五）影响股利政策的其他外部因素

1. 投资机会的影响

公司可行的投资机会和现行的投资项目也都很大地影响着股利政策。这一因素在剩余股利政策中得到了强调。公司的投资会需要大量的现金，而红利支付也使用大量的现金，因而两者相互影响。具有良好投资机会的公司往往实行剩余股利政策，缺乏良好投资机会的公司则倾向于适当增加红利发放以增加股东的红利收入。比如，在20世纪50~60年代，IBM公司正处在高速发展的时期，投资占用了大量资金，它支付给股东的股利很少，同时股票价格并不低；70年代中期之后，IBM 公司的发展速度开始减慢，投资机会减少，企业利润剩余很多，因而 IBM 公司开始大幅度提高股利支付量，并运用股票回购的方式加大股东的资本利得。另外，现行投资项目的资金占用和现金产生的能力也较大地影响公司的股利政策。

2. 资本成本的影响

投资项目需要大量资金，而公司的融资渠道不外乎举债、增发股票和自我积累。与发行股票相比，保留盈余具有成本低的优点。大部分公司将保留盈余作为融资的第一选择。我国《公司法》也规定了法定公积金和任意公积金项目，鼓励公司进行资本积累，降低资本成本。

3. 通货膨胀

在通货膨胀的情况下，大多数公司的利润会随之提高，但大多数股东则希望公司能提供足以抵消通货膨胀不利影响的红利。另外，折旧是公司重置资产的资金主要来源之一，在通货膨胀的情况下，公司折旧基金的购买力水平下降，公司甚至没有足够的资金来源重置固定资产。这时保留盈余会被当作弥补资金不足的资金来源。因而通货膨胀对公司的压力较大，公司则要均衡各方面的资金需要，确定恰当的股利政策。

二、公司备选股利政策

在公司实务中，各公司受股利理论和各种因素的影响确定了各自的股利政策。公司常用的股利政策有以下几种：剩余股利政策；固定股利政策；稳定增长的股利政策；固定股利支付率政策；正常股利加额外股利政策。现分别叙述如下。

（一）剩余股利政策

不考虑通货膨胀，影响股利政策的外部因素主要是投资机会和资本成本。为了保持理想的资本结构，使资本成本最低，许多公司认为股利应当是资本投资过程中的剩余利润。可行的资本投资决策决定了资本投资额。而资本成本，是由负债成本和权益成本加权平均资本成本。假定公司存在一个最佳的资本结构（或目标资本结构），比如 30% 的负债和 70% 的权益。而权益资本是由利润留存和增发股票来获得，因而权益成本由保留盈余成本和增发股票成本组成。保留盈余成本是一种机会成本，它反映了投资者进行风险等价的投资所要求的回报率。保留盈余成本低于新发股票成本，因为新发股票需要支付发行费用。

既然保留盈余成本低，公司会尽可能留存利润来满足投资的需要以降低资本成本，这样会给股东带来利益。执行剩余股利政策的公司一般按以下步骤制定策略：

1. 根据投资决策确定投资的资金需求量；
2. 确定公司的目标资本结构，即 D^*/E^*（负债/权益），使资本成本最低。同时计算出所需的权益资本额；
3. 最大限度地留存利润，满足投资权益资本的需求；
4. 如果留存利润不足，则可通过增发普通股来融资；
5. 如果利润超过应留存的利润额，剩余的利润则以股利的形式支付给股东。

剩余股利的坚持者认为，在完备的资本市场条件下，股东对红利和资本利得无偏好，只要投资项目可行，即投资收益率高于股东期望的报酬率，且保持理想的资本结构，公司的价值会达到最高。但是剩余股利政策使股利与利润不直接相关联，最大的缺陷是导致股利支付的不连贯性。

（二）固定股利政策

如果公司有较高的且相对持久的利润和现金流量，公司可固定每次红利的支付额。

（三）稳定增长的股利政策

如果公司预期利润持续上升，且公司财务有足够的灵活性（最重要的是公司较强的融资能力），管理当局可以逐期增加股利的支付额。

实行固定的股利政策或稳定增长的股利政策的公司主要的目的在于避免股利减少对公司价值产生不利的影响。许多投资者对红利的依赖性较强，他们希望能获得稳定的收入以维持生活。红利增加会对他们产生更大的吸引力；不然，他们会抛售股票或者投资于其他股票来满足自己的需求。对于这些投资者，公司应尽可能避免减少红利，因为稳定的股利向投资者传递公司正常发展的信息，增强投资者的信心，稳定公司的价值，同时又有利于投资者合理安排收入与支出。红利忽高忽低的股票可能损害投资者的信心，使公司权益价值波动甚至下降。

实施固定股利政策或稳定增长的股利政策的公司，其红利支付与盈利脱节，在盈利较少时会出现财务状况紧张，甚至发生财务危机。另外，红利支付可能会影响投资方案的实施，或者使资本结构偏离目标值，加大了资本成本。更重要的是，如果公司出现盈利持续下降，现金会被消耗殆尽，红利甚至不付出，会导致权益价值狂跌。

（四）固定股利支付率政策

为了体现多盈利多分，少盈利少分，不盈利不分的原则，有的公司会固定股利的支付率。每次的红利支付额＝净利润×支付率。股利多寡完全取决于利润的多少。因此股利支付额随公司经营好坏而上下波动，甚至波动较大，极易造成公司不稳定的形象。现实中，公司很少采用稳定股利支付率的股利政策。

（五）正常股利加额外股利政策

正常红利有时又称为股息，一般是固定的，且数额较低。公司每年都按期支付固定的正常红利，往往吸引了那些对红利有一定依赖性的股东。同时又因支付额较低，在经营较差时不会给公司财务带来太大的压力。另外，还在一定程度上避免红利波动对权益价值的不良影响。

额外股利有时又称为分红所得。当公司盈利大幅度增加时，则可适度增发红利，会使股东对公司信心增强。这有利于稳定权益价值。但支付额外红利次数不应太频繁，否则会引起股东的误会，他们会把分红误认为是正常红利，这将对公司价值的稳定不利。

三、当期股利支付量

在公司实务中，支付多少红利是公司十分关心的问题。在实证研究的基础上，美国经济学家约翰·林特纳（John Lintner）提出了关于股利分配的模型。按照他的观点，公司的股利分配应该考虑以下几个方面：

（一）每个公司有一个长期的目标支付率（Target Payout Ratio），设为 R；

（二）股利的支付量与公司当期利润有关，用 EPS_i 表示第 i 期每股盈利，DPS_i 表示第 i 期每股股利，则：

$$DPS_i = R \times EPS_i \tag{18.1}$$

（三）股利的变化与公司长期盈利能力有关；

（四）公司管理人员更多关心的是股利的相对变化而非股利的绝对值，股利的增加如下：

$$DPS_i - DPS_{i-1} = R \times (EPS_i - EPS_{i-1}) \tag{18.2}$$

（五）由于股利减少会向投资者传递不利信息，因而公司管理者力争避免股利的减少，但长期来看每期的收益不可能稳定不变，但要协调两个期间股利相对变化就要调整股利的支付率，当每股收益较高时可将实际支付率调低一点，留存部分利润以备后期每股收益降低时支付股利。反映在计算公式上就是要在（18.2）式中加入股利调节率用 A 来表示，则：

$$DPS_i - DPS_{i-1} = A \times R \times (EPS_i - EPS_{i-1}) \tag{18.3}$$

在公司收益变化时，公司只须作适当的调节，使红利保持在一定水平上。变为：

$$DPS_i = A \times R \times EPS_i + (1 - A) \times DPS_{i-1} \tag{18.4}$$

（18.4）式中，调节率 A 反映了公司对股利变化的程度；当 $A = 0$ 时，$DPS_i = DPS_{i-1}$，因而公司实行的是固定股利政策；当 $A = 1$ 时，$DPS_i = R \times EPS_i$，公司实行的是固定支付率股利政策。（18.4）式中 $(1 - A) \times DPS_{i-1}$ 表示前期尚未分配完而调节给当期的利润；$A \times R \times EPS_i$ 表示当期利润用于发放红利的部分。由此可见，红利支付额与当期收益状况和上一期分配余额有关。一般地，当期收益增加，股利分配额增加的可能性就较大；当期收益减少，股利分配额很有可能减少或保持不变。

例 2：某公司一直以其税后利润的 20% 支付股利，并以渐进的过程对股利率进行调整，调整系数定在 $A = 1/2$，该公司去年的 EPS 为 6 元，支付红利为 1.2 元。公司预计今年的 EPS 将达到 8 元，并在今后至少 5 年的时间内会保持该水平。计算今年及今后 5 年的红利应如何变化？

根据（18.4）式：

$$DPS_i = A \times R \times EPS_i + (1 - A) \times DPS_{i-1}$$
$$DPS_1 = 1/2 \times 0.2 \times 8 + (1 - 1/2) \times 1.2 = 1.4(元)$$

并依次算出：

$$DPS_2 = 1.5; DPS_3 = 1.55; DPS_4 = 1.58; DPS_5 = 1.59; DPS_6 = 1.6$$

从图 18-5 中可以清楚地看出红利从第一年的 1.4 元逐年攀升至 1.6 元（$8 \times 0.2 = 1.6$ 元）。这期间将以每年调整剩余差异的 1/2。

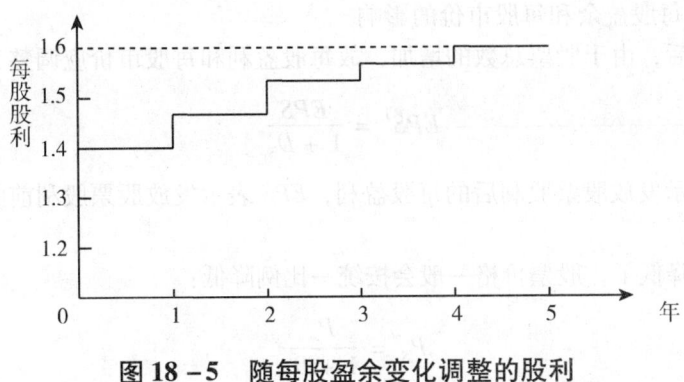

图 18-5　随每股盈余变化调整的股利

四、股票股利与股票分割

(一) 股票股利 (Stock Dividends)

公司以股票形式发放股利形成股票股利。在国外，公司可将库存股或增发的新股作为股利发放给股东；在我国，目前《公司法》不允许公司持有库存股，因而要发放股票股利，只能增发新股。发放股票股利称为分派红股。

1. 股票股利的会计处理

发放股票股利，在公司账面上，只需将相应的资本公积金、盈余公积金、未分配利润转变成资本，并通过中央清算登记系统增加股东持股数量。其会计处理如下列说明。

例 3：3T 食品公司发放股票股利前，股东权益状况如表 18-2 所示。

表 18-2　　　　　　　　3T 公司股东权益　　　　　　　　　　　　单位：元

普通股（面额 1 元，已发行 60 000 000 股）	60 000 000
资本公积	40 000 000
未分配利润	100 000 000
权益合计	200 000 000

假定 1996 年 5 月 1 日该公司宣布发放 10% 的股票股利，若当时的市价为 10 元/股，股票面值为 1 元每股，该公司应增发 60 000 000 × 10% = 6 000 000（股），而从"未分配利润"中转为资本的金额为 60 000 000 股 × 10% × 10 元 = 60 000 000（元）。其中 6 000 000 元转为股本，其余 54 000 000 元转入资本公积，发放股票股利后股东权益状况如表 18-3 所示。

表 18-3　　　　　　　3T 公司股东权益：股票股利后　　　　　　　　单位：元

普通股（面额 1 元，已发行 66 000 000 股）	66 000 000
资本公积	94 000 000
未分配利润	40 000 000
权益合计	200 000 000

2. 股票股利对每股盈余和每股市价的影响

支付股票股利后，由于股票总数的增加，故每股盈利和每股市价应调整为：

$$EPS' = \frac{EPS}{1 + D_s}$$

其中，EPS' 表示发放股票股利后的每股盈利，EPS 表示发放股票股利前的每股盈利，D_s 表示股票股利发放率。

由于每股盈利降低了，股票价格一般会按统一比例降低：

$$P_s = \frac{P_m}{1 + D_s}$$

式中，P_s——发放股票股利后的每股市价；

P_m——除息日股票的市场价格；

D_s——股票股利发放率。

可见，发放股票股利后，由于股票流通数增加，因而引起每股收益和每股市价的下降。

3. 股票股利的优点

第一，由于按比例配送红股，因此每个股东虽然所持股数增加，但所占份额不变，每位股东所持股票的市场价值总额仍不变。

第二，对股东在税负方面有利。因为股东并没有收到现金，而且股东所持有的财富也没有增加。在我国，对股票股利规定按股票面额征收个人所得税（这是不合理的），但我国政府对资本利得暂不征税。股票股利可帮助股东合理减少税赋。在国外，发放股票股利时政府对股东不征收个人所得税。因而在西方国家，股票股利可推迟股东纳税时间，只有当股东转让股票时，政府才会想起资本利得征税。

第三，股票股利将增发股票和支付股息有机地结合起来。支付股利并不增加公司的现金流出量，留存了大量的现金，同时又省去了证券发行方面的开支。

第四，公司通过支付一定比率的股票股利将股价维持在某一有利于交易的范围内，以便于吸引小额投资者。

4. 股票股利的不利之处

股票股利有以下主要问题：

第一，处理费用比现金红利高。

第二，有些公司在财务困难时利用股票股利留存现金，因而股票股利传递的信息不明确，有时会让股东误解，会对公司权益价值产生不利影响。

结合股票股利的特点，公司在发放股票股利时要配合现金红利。否则，连续、多次发放股票股利的行为有可能导致公司的价值下滑。

5. 股票股利与增股的区别

本质上，股票股利是将资金在权益内项目间转移，不产生现金流动。而增股则是将新股东手中的现金变成股东权益，企业增加现金，增加等值的股东权益。

一般股票股利占股票总数的比例较小，而增发股票往往规模较大。

（二）股票分割

股票分割是将面额较高的股票分割成面额较低股票的转变过程。转变后，面额按一定比例减少,同时股票数量按同一比例增多。通常股票分割是在股票市价急剧上升,而公司又试图大幅度降低价格而使用的一种手段,其产生的效果与发放股票股利近似。

与股票股利有一点不同,一般股票分割传递的是有利信息,因为公司股价急剧上升时才采取这种发放以稳定股价,此时投资者往往相信该公司每股收益会继续大幅度增加。

(三) 股票合并

股票合并是一种减少流通在外的普通股股数的反分割措施。当公司认为自己的股票价格太低时,为提高股价,可通过股票合并来实现。例如:1 对 3 股票合并,即指股东手中每 3 股票可交换成 1 股股票。同时,流通在外的普通股数量也将变为原来的1/3。

与股票分割和股票股利一样,股票合并计划的发布也会给投资者传递一种信息或信号,但股票合并所传递的信号往往是不利的。投资者对股票合并的反映多数是怀疑公司可能出现了财务危机。其实,对公司来说,有时股票合并是管理当局想降低交易和服务费用,将合并后的股票进入一个高价位的交易范围而采取的行动。尽管如此,实证研究已证明,在其他因素不变的情况下,一旦宣布某股票合并,该股票的价格会大幅度地下跌。因此,企业在实施股票合并计划时必须谨慎从事,做好事前宣传工作,以免造成股价波动,从而给权益价值带来负面影响。

第四节 股票回购

一、股票回购问题

在第一节中我们论述了公司可以通过发行新股来筹集向老股东支付股利的资金,实际上相当于老股东卖掉部分股票来换取部分现金(相当于股利),同时股票价格下降。这一过程可以反过来进行,也就是说公司可以出资购回本公司的股票,而代替向剩余股东支付股利。一般地,股票回购使流通股数减少,相应地股价上涨,股东从而获得资本利得,因而股票回购可以看作是现金股利的一种替代方式。

例4:3V 食品公司 1989 年每股收益、每股市价等资料如表 18-4 所示。

表 18-4　　　　　　　　　　3V 公司有关数据

税后利润	4 400 000 元
流通股数	1 100 000 股
每股盈利	4 元/股
每股市价	20 元

公司决定红利支付率为50%,也就是用 2 200 000 元来支付股利,每股股利为 2 元。但公司决定用这 2 200 000 元来回购股票。招标价格为每股 22 元,假定招标成功,公司以 22 元价格回购 100 000 股。

公司的市盈率为 20÷4=5（元），每股盈利变为：

$$EPS = \frac{4\,400\,000}{1\,100\,000 - 100\,000} = 4.4(元/股)$$

新的每股市价 = 市盈率 × EPS = 5 × 4.4 = 22(元)

从上例中，我们看到股东以 2 元的每股股利换成了 2 元的每股资本利得。

在计算过程中，我们做了几点假设：①市盈率保持不变；②股票以 22 元/股被回购。但是招标价格高于 22 元时，剩余股东的利益就会受到损失，如果低于 22 元，招标可能会失败。

二、回购股票的途径

公司回购股票有以下三种途径：

（1）在证券市场上收购。这是股票回购的主要方式。但这种收购行为受到种种限制。例如在美国，证券交易委员会规定从公开市场上买进已发行股票不能用私下谈判的方式进行。还规定回购时不能发行新股，因为回购股票伴随着股价上涨，此时发行新股有可能损害投资者利益。还有，回购时，购回的股票不能超过公司已发行股票总额的一定比例，因为过多回购公司会过多支付现金。将现金以过多的资本利得转移给股东，有可能影响债权人的利益，等等。

（2）招标（Tender Offer）。由公司确定一合理的招标价格，委托有关金融机构进行回购工作，并向其支付必要的费用。招标价格一般高于当时股票的市场价格，以吸引部分股东尤其是小股东。

（3）与大股东协商回购。用这种方式进行交易时应注意保持公正合理的回购价格，以避免损害剩余股东的利益。股票协商回购方式在企业兼并与反兼并的斗争中经常使用。

三、股票回购的影响

对股东来说，股东在回购过程中处于主动地位，拥有出售或不出售的选择权。当部分股东满意招标价格或协商价格时，他们会放弃股权获取资本收益。而剩余股票也会因流通数减少而股价上涨，剩余股东同样可获得资本收益。资本收益往往可使股东减少税赋或避税。在这一过程中，关键在于公司出价问题上。公司出价过高，则该价位不能维持，会使剩余股东利益受损；出价过低则交易不能成功。另外价格的波动往往使剩余股东的利益不稳定。

当公司权益资本比例过高时，可通过回购股票减少权益资本来调整资本结构，同时财务杠杆的增大以及股数的减少使 EPS 增加，在一定程度上使股东受益。另外，回购股票往往是企业兼并过程中的部分工作，因此回购股票可为企业兼并打下基础。相应地，回购股票也可以用来防止某些股东的恶性控股或反恶意兼并。

对公司来说，库存股可以作为公司的资金储备。当现金不足时，公司可以抛售库存股来获取现金。在西方国家出售库存股一般不必经过股东认可，也不一定要让老股东认购。

股票回购可能产生某种误会。西方学者实证研究证明许多实行股票回购的公司往往收益增长率下降，投资机会减少。如果公司回购股票的行为传递的是这种信息的话，回购行为会对公司价值产生不利影响。基于这个原因，公司一般在回购股票之前应宣布回购计划，阐明回购股票的原因。

另外，回购股票还会给公司带来一些不利影响。如当政府认为公司的回购行为是为了帮助股东逃税，公司会受到惩罚性税收。还有，回购股票有时会引起操纵股价的嫌疑，可能会受到政府的调查或处罚。因此实施股票回购计划必须谨慎。

习 题

1. "红利无关论"和"股票价格是未来期望红利的现值"这两种说法看上去是相矛盾的，以下说明了它们的完全一致性，对其加以评论。

3M 公司的股票当前价格为 50 元，下一年的每股收益和每股红利分别为 4 元和 2 元，以后预计每年以 8%的速度恒定增长，投资者要求的期望回报率为 12%，则由恒定增长红利折现模型：$P_0 = DIV_1/(r-g) = 2/(0.12-0.08) = 50$(元)，假定该公司宣布红利支付率为 100%，再发行必要的股票来支持增长，利用恒定增长红利折现模型说明股票价格没有发生变化。

2. 大量资料表明，当公司宣布增加红利发放时，该公司的股票价格会上升。红利无关论如何解释这一现象？

3. 简述"在手之鸟"论和信息传播论。

4. 简述股份有限公司向股东支付股利的程序及影响股利政策的因素。

5. 股票股利的优缺点是什么？发放股票股利同增股、股票分割有何区别？

6. 股票细分非常重要，因为它们能够传递某些信息，试举出其他一些有关传递信息的融资政策。

7. 假定某公司将其股票细分，每股送一股，即公司的股票数量翻倍，这种细分没有给公司的投资带来任何变化，试问：

(1) 细分的结果是否给公司带来新的资产？

(2) 公司的资产价值是否发生了变化？

(3) 公司的每股收益发生了什么变化？

(4) 公司的股票价格将发生什么变化？

(5) 投资者的财富是否发生变化？

8. 对于以下四类公司，你能否预计它们各自的分配占收益率的比率是高还是低？你能否预计它们各自的市盈率相对是高还是低？

(1) 风险较高的公司；

(2) 利润最近出现下滑的公司；

(3) 利润预计将下降的公司；

(4) 具有有价值的投资机会的"增长"公司。

9. 假定你拥有 1 000 股 3N 公司的股票，公司计划支付 25% 的股票股利，该股票当前的售价为每股 50 元，试问：

(1) 发放完股票红利后你拥有的股票数量和总价值各为多少？

(2) 如果公司不是发放股票股利，而是将股票按四股送一股进行细分，则你拥有的股票数量和总价值各为多少？

10. 3G 公司全部是权益融资，公司的当前市场总价值是 100 万元，共 20 000 股，

(1) 公司公布的股利为每股 5 元，股票将于明天除息，忽略所得税，该股票今天的售价应为多少？假定红利收入的所得税税率为 28%，资本收益的所得税税率为零，今天的股票价格应为多少？

(2) 现在假定公司不发放股利，而改为回购 10 万元的股票，则回购前后的股票价格各为多少？假定某拥有 2 000 股的投资者在回购中出售了 200 股给公司，此时没有红利税和资本收益税，说明公司发放红利还是回购股票对该投资者的不同影响。另外，假定红利所得税税率为 28%，资本收益不征收所得税，说明公司回收

股票比发放红利价值更高。

11. 投资者对其投资的股票所要求的税后回报率为10%，假定红利的税率为28%，而资本收益不征收所得税，公司一年后发放的红利为每股2元，发放完红利后预计其股票价格为每股20元，
（1）计算股票的当前价格；
（2）计算一年持有期内的税前期望回报率；
（3）假定红利为每股3元，期望的税后回报率仍为10%，投资者预计股票1年内的售价仍为20元，股票现在的价格应为多少？
（4）税前的回报率为多少？为何此时高于（2）中的回报率？

12. 3B公司的市场价值资产负债表如下，

单位：元

资产		负债和权益	
现金	2 000	负债	10 000
固定资产	28 000	权益	20 000

其股票的当前售价为每股20元，共发行了1 000股，公司将发放每股1元的红利或回购1 000元的股票，不考虑所得税。
（1）计算两种情形下的股票价格；
（2）如果公司总收益为每年2 000元，分别确定两种情形下的每股收益和市盈率。

13. 假定公司发放每股10元的红利，预计在以下各情形下，在除权日股票的价格将分别下降多少？
（1）资本市场完全竞争并且没有所得税；
（2）投资者的红利税率为20%；
（3）投资者的红利税率为20%，资本收益税率为8%。

14. 3P公司发放的红利为1元，假定预计股票的价格在除息日的价格将下降0.90元，你将是在除息日之前还在除息日之后购入该股票？（1）假定你没有所得税；（2）假定所得税的边际税率为40%（且资本收益税税率为16%）。

15. 3W公司预计下一年的税后收益为1 000万元，公司当前的资产负债率为40%，现有一所投资额为800万元的可获利的投资机会，公司希望保持现有的资本结构，采用剩余红利政策发放红利，公司下一年的红利支付率应为多少？

16. 3M公司考虑进行股票细分，经原来每2股拆分为3股。公司当前股票权益状况如下表所示，当前的股票价格为每股120元，普通股的最近收益包括在保留盈余中。

单位：元

优先股	¥1 000 000
普通股（面值3元，共100 000股）	300 000
超面值资本	1 700 000
保留盈余	10 000 000
总股东权益	¥13 000 000

（1）股票细分对公司有什么样的影响？
（2）预计股票细分对股票价格的变化。

（3）股票细分前后公司可支付的最大红利分别为多少？（假定法定资本包括所有的超面值资本）。
（4）假定公司采用发放 50% 的股票股利政策，同以上的结果对照。
（5）解释股票股利与股票细分的区别。

17. 许多公司采用股票回购来增加每股收益，例如，某公司的财务状况如下：

净利润为 1 000 万元；回购前的股票数为 100 万股；每股收益为 10 元，股票价格为 200 元；公司现在以每股 200 元的价格回购 20 万股，使总股数下降到 80 万股，每股收益增加为 12.5 元，假定市盈率保持为 20，股票的价格必将上升到 250 元。对以上的说法展开讨论。

18. 3K 公司 1998 年支付的红利总额为 300 万元，其当年的税后收入为 900 万元，公司过去 10 年的年收入以 10% 的固定增长率增长，然而预计 1999 年公司的净利润将上升到 1 200 万元，公司预计有一个 700 万元的投资机会，公司在 1999 年后的净收益增长率将回到以前 10% 的水平，公司的目标资产负债比率为 40%。

（1）计算 3K 公司分别采用以下红利政策时 1999 年所发放的红利：①1999 年发放的红利按收益的长期增长率增长；②按照 1998 年的红利率支付；③完全采用剩余的红利政策（所需 700 万元投资的 40% 是通过负债来融资的）；④公司采用固定加额外的政策，固定的红利为根据公司的长期增长率，额外的红利按照剩余红利政策发放。

（2）以上的红利政策你推荐哪一个？给出理由。

（3）假定投资者预期 3K 公司在 1999 年发放的红利为 750 万元，1999 年后的红利以 10% 的增长率增长，公司股票的总市场价值为 15 000 万元，公司的权益成本为多少？

（4）公司的长期平均权益回报率为多少？

（5）根据（3）和（4），3K 公司在 1999 年的红利为 750 万元是否合理？如果不合理是过高还是过低？

19. 3S 公司的普通股现在的收益为 200 万元，共有 500 000 股，每股的价格为 60 元，公司考虑支付每股 2 元的现金红利。

（1）计算公司当前的每股收益和市盈率；
（2）公司能够以每股 62 元的价格回购股票，用其可发放的红利可回购多少股票？
（3）回购后的每股收益为多少？
（4）假定公司股票仍以回购前的市盈率（P/E 比率）出售，回购后的市场价值将变为多少？
（5）对照和比较发放红利和回购股票对股东产生的影响。

第十九章 股票发行

公司通过发行股票来筹集永久性资本,这些资本与保留盈余一起构成公司的权益。股票是公司签发的证明股东所持股份的凭证。股票证书是股东持有公司股份的凭证。根据持股数,股东相应享受一定比例的权利和承担一定比例的有限义务。

第一节 普通股和优先股

一、股票的种类

股票可按不同标准来划分。

(一) 普通股和优先股

按股东的权利和义务分为普通股和优先股。普通股是公司股票的主体,持有人是公司的所有人,每股享有平等的权利,承担相应的义务,无固定股利。普通股是最基本的股票。优先股是介于普通股与债券之间的一种有价证券。优先股股东可优先于普通股获得固定的股利,在破产和清算时,有优先于普通股获得剩余资产的权利,而且优先于普通股参与分红。有些国家《公司法》允许公司成立时发行优先股,而有些国家则对优先股限制较多。

(二) 记名股票和无记名股票

按是否记有股东名称,可分为记名股票和无记名股票。记名股票上记载股东的名字或名称。我国《公司法》规定,公司向发起人、法人发行的股票,应当为记名股票,并应当记载该发起人、法人的名称或者姓名,不得另立户名或者以代表人姓名记名。对社会公众发行的股票,可以是记名股票也可以是无记名股票。公司发行记名股票的,应当置备股东名册,记载下列事项:①股东的姓名或者名称及住所;②各股东所持股份数;③各股东所持股票的编号;④各股东取得股份的日期。发行无记名股票的,公司应当记载其股票数量、编号及发行日期。记名股票的转让按股东以背书方式或者法律、行政法规规定的其他方式进行,且由公司将受让人的姓名或名称及住所载于股东名册。无记名股票票面上不记载股东名称。转让时不必办理过户手续。

(三) 有面值股票和无面值股票

按票面是否标明面值可分为有面值股票和无面值股票。有面值股票在票面上标有一定金额，持有这种股票的股东，按其持有股票总额在全部股票中占有的比例享有权利，并按其总值承担有限责任。无面值股票不标明面值，只标明其占股本总额的比例或股份数。我国《公司法》不承认无面值股票，规定股票发行价格可以按票面金额，也可以超过票面金额，但不得低于票面金额。

（四）国家股、法人股、个人股和外资股

我国公司按投资主体的不同，可分为国家股、法人股、个人股和外资股。国家股是有权代表国家投资的部门或机构以国有资产向公司投资而形成的股份。法人股是企业法人以其可支配的资产向公司投资形成的股份，或具有法人资格的事业单位和社会团体以国家允许用于经营的资产向公司投资而形成的股份。个人股是社会个人或公司内部职工以个人合法财产投入公司而形成的股份。外资股是外国和我国港、澳、台地区投资者购买人民币特种股票而形成的股份。

（五）A种股票、B种股票、H种股票和N种股票

我国公司按发行对象和上市地区可分为A种股票、B种股票、H种股票和N种股票。A种股票是向地区个人或法人发行的、以人民币标明面值并以人民币认购和交易的股票。B种股票、H种股票和N种股票是向外国和我国港、澳、台投资者发行的，以人民币标明面值，但以外币认购和交易的股票。此外，还有少量在海外上市的股票。2000年2月，证监会决定允许境内居民以合法持有的外汇开立B股账户，交易B股。其中，B种股票是在沪市和深市上市；H种股票在香港上市；N种股票在纽约上市。

以上分类是我国公司实务特有的，其他国家还有将股票分为A级、B级和E级的。A级股票是向社会公众发行，支付股利但在一段时期内无表决权的股票；B级是由公司发起人保留，有表决权但在一段时期内不支付股利的股票；E级股票拥有部分表决权。

二、普通股股东的权利

我国《公司法》第八十七条规定，招股说明书应当附有发起人制定的公司章程，并载明股东的权利和义务。普通股股东的权利包括下述各项。

（一）资产受益权

投资者投资于股票的动机在于获利。当董事会宣布发放红利时，股东会直接获利。我国《公司法》第一百六十七条规定，公司弥补亏损和提取公积金后所余税后利润按照股东持有的股份比例分配给股东。另外，当公司将剩余利润留存在公司内部，股票价格会上涨，股东可能会从股价上涨中间接获利。尤其当公司将留存利润用于新的可行的投资项目时，它常常会带来股价的上涨。

（二）表决权

许多投资者投资股票的目的在于参与公司经营，参与经营的方式主要通过在股东大会上行使表决权来实现参与公司重大决策和选择管理人员的权利。我国《公司法》第三十八条规定了股东大会的11项职权：（1）决定公司的经营方针和投资计划；（2）选举和更换非由职工代

表担任的董事、监事,决定有关董事、监事的报酬事项;(3)审议批准董事会的报告;(4)审议批准监事会或者监事的报告;(5)审议批准公司的年度财务预算方案、决算方案;(6)审议批准公司的利润分配方案和弥补亏损方案;(7)对公司增加或者减少注册资本作出决议;(8)对发行公司债券作出决议;(9)对公司合并、分立、解散、清算或者变更公司形式作出决议;(10)修改公司章程;(11)公司章程规定的其他职权。

股东也只有通过在股东大会上行使表决权来实现自己的经营愿望。我国《公司法》第一百零四条还规定,股东出席股东大会会议,所持每一股份有一表决权。但是,公司持有的本公司股份没有表决权。

1. 委托—代理表决

股东不出席股东大会的,可以委托—代理的方式投票表决。我国《公司法》第一百零七条对委托—代理做了规定。股东可以委托代理人出席股东大会会议,代理人应当向公司提交股东授权委托书,并在授权范围内行使表决权。在公司绩效欠佳而管理人员有待整顿,董事会有待调整时,委托—代理投票权的争斗就会十分明显。许多股东团体试图通过委托—代理赢得更多的表决权,从而能加入董事会、更换管理人员等等,以便对公司进行控制,维护和争取自己的利益。

2. 表决方式

我国《公司法》第一百零六条规定:股东大会选举董事、监事,可以依照公司章程的规定或者股东大会的决议,实行累积投票制。所谓累积投票制,是指股东大会选举董事或者监事时,每一股份拥有与应选董事或者监事人数相同的表决权,股东拥有的表决权可以集中使用。在西方国家公司实务中,表决方式一般采取多数表决制和累积表决制。多数表决制对每个表决目标来讲,每一股份一个投票权,占多数的候选事物或个人当选。在累积表决制下,股东可将所有票数集中支持一个候选人。这样有利于小股东或少数股东推出自己的候选人,维护少数股东的利益。

(三) 股票转让权

我国《公司法》第一百三十八条规定股票可以依法转让,但我国《公司法》第一百三十九条又规定股东转让其股份,应当在依法设立的证券交易场所进行或者按照国务院规定的其他方式进行。并且我国《公司法》第一百四十条和第一百四十一条还分别对记名股票和无记名股票的转让做了详细的规定。记名股票,由股东以背书方式或者法律、行政法规规定的其他方式转让;转让后由公司将受让人的姓名或者名称及住所记载于股东名册。无记名股票的转让,由股东将该股票交付给受让人后即发生转让的效力。《公司法》规定,发起人持有的本公司股份,自公司成立之日起一年内不得转让。公司公开发行股份前已发行的股份,自公司股票在证券交易所上市交易之日起一年内不得转让。股票的转让权使股东获取资本利得成为可能,是股票流通的前提。

(四) 获取信息的质询权和建议权

我国《公司法》第九十八条规定:"股东有权查阅公司章程、股东名册、公司债券存根、股东大会会议记录、董事会会议决议、监事会会议决议、财务会计报告,对公司的经营提出建议或者质询。"理论上,股东有对公司账簿进行查询的权利,但实际中是有困难的。公司通常通过定期向股东公布财务报表来满足这项股东权利。

（五）参与公司剩余财产分配的权利

我国《公司法》第一百八十七条规定，清算组在清理公司财产、编制资产负债表和财产清单后，应当制订清算方案，并报股东会、股东大会或者人民法院确认。公司财产在分别支付清算费用、职工的工资、社会保险费用和法定补偿金，缴纳所欠税款，清偿公司债务后的剩余财产，有限责任公司按照股东的出资比例分配，股份有限公司按照股东持有的股份比例分配。

（六）公司章程规定的其他权利

公司成立时，公司章程必须明确规定股东的权利，当然这些权利首先应该合法。一般地，大多数公司为维护老股东的利益，赋予老股东优先购买权。优先购买权是指公司在增资发行新股时，老股东有优先认购的权利。这项权利的目的在于维护老股东的控制地位，它允许老股东以相应比例优先购买新股或可转换为普通股的证券，这样可以防止老股东的控制权被稀释。

三、优先股股东的权利及优先股的特点

许多国家的公司法规定可以在公司设立时发行优先股，也可以在公司增资发行新股时发行；而有些国家只允许在特定条件下才可发行优先股。我国《公司法》中没有关于优先股的规定，这里我们以西方公司实务为依据来介绍优先股股东的权利和优先股的特点。

（一）优先股的权利

1. 优先分配固定股利

优先股股东通常先于普通股股东获得股利，而且股利固定，这一点类似于债券。只不过债券利息在所得税前支付，而优先股股利却在税后支付。有的优先股发行时规定，某一年度未支付股利可累计到下一年度，由下一年度的利润一起偿付，这种优先股称为累积优先股。如果不存在这种规定，某年度公司亏损，可以不支付股利，且以后年度不必再偿付，这种优先股称为非累积优先股。有的优先股在获取固定股利之后，还可参与剩余利润的分配，这样的优先股称为参与优先股；不具有这种权利的优先股称为非参与优先股。

2. 优先分配公司剩余资产

在公司破产和清算时，如果偿还全部债务和付清各种清算费用之后还有剩余资产，优先股股东先于普通股股东分配剩余资产。如果剩余资产的市价较高，优先股股东往往还可以获得面值和股利，有时甚至还会加一些酬金。

从上述两个特点来看，普通股股东才是公司风险的主要承担者。

但是优先股股东通常没有表决权。只要公司不违约，正常支付固定股利，优先股股东一般无表决权。有些优先股股东根据规定具有表决权，这些优先股股东像普通股股东一样具有"一票一权"，但这类股东人数往往很少，一般不会对表决结果产生较大影响。根据规定，有些优先股股东在某些特定情况下具有表决权，比如，在优先股利未能按时发放，或公司违反了保护性条款时，这类优先股股东具有表决权，这种表决权称为临时表决权。某些优先股具有分类表决权，这类股东可以投票选举规定数额的董事来保护自己的利益，但仍不能控制公司。有

些优先股股东具有将优先股转换为普通股的选择权，这类优先股称为可转换优先股。这类优先股股东在完成转换后具有表决权，甚至稀释了老股东的控制权。

（二）优先股筹资的特点

（1）优先股是股东权益，一般无到期日，这是与债券不同的一点。但有时在优先股合约中规定了偿还条款，如可增加回收条款等。

（2）优先股股东一般没有表决权，公司在发行优先股之后，既可以增加公司的权益资本，又不影响老股东的控制权。即使在某种条件下，优先股股东具有某些权利，但也不会给普通股股东带来太大的影响。

（3）优先股使公司的权益资本增加，优先股股东在公司财务状况陷入危机时没有权利提出破产的要求。在公司财务状况欠佳时，公司可以拖欠优先股股利从而减轻财务压力。

（4）优先股股利固定，在一定程度上起到财务杠杆的作用。当公司经营状况良好时，每股收益会增加，因而普通股股东受益较大。

对公司来讲，优先股筹资也有一些不利之处：

首先是成本较高。优先股与负债类似，但破产和清算时，剩余资产分配次序在债权人之后。而且债券利息税前支付有税收屏蔽作用，但优先股股利在税后支付，无税收屏蔽作用。因此资本成本比负债高。

其次是在公司破产和清算时，优先股股东的资产分配次序在普通股股东之前；而且正常经营时，优先股股东先于普通股股东获得股利。这对普通股股东来讲是加大了风险。

四、与股票有关的一些事项

（一）公司章程

我国《公司法》规定股份有限公司成立时要向国务院证券管理部门报送公司章程。股份有限公司章程应当载明下列事项：（1）公司名称和住所；（2）公司经营范围；（3）公司设立方式；（4）公司股份总数、每股金额和注册资本；（5）发起人的姓名或者名称、认购的股份数、出资方式和出资时间；（6）董事会的组成、职权和议事规则；（7）公司法定代表人；（8）监事会的组成、职权和议事规则；（9）公司利润分配办法；（10）公司的解散事由与清算办法；（11）公司的通知和公告办法；（12）股东大会会议认为需要规定的其他事项。

（二）授权股、发行股、库藏股、流通股

授权股是公司章程上注明的授权可发行的普通股数量，是在不修改公司章程条件下公司能发行股票的最大限额。实际发行售出的股票为发行股，发行股票的实际数量小于授权股，公司一般保留相当数量已授权、但未发行的股票，这为以后增股、股票分割、股票股利留有余地。已发行的而且在外流通的股票称为流通股，流通股是在证券市场上被股东持有的已发行股。库藏股是公司自己持有的本公司已发行股票，一般库藏股是通过股票回购获得的。我国《公司法》第一百四十三条规定，公司不得收购本公司股份。但是，有下列情形之一的除外：（1）减少公司注册资本；（2）与持有本公司股份的其他公司合并；（3）将股份奖励给本公司

职工；(4) 股东因对股东大会作出的公司合并、分立决议持异议，要求公司收购其股份的。公司因前款第 (1) 项至第 (3) 项的原因收购本公司股份的，应当经股东大会决议。我国不允许公司拥有库藏股，但在许多国家中库藏股是合法的。已发行股票的数量等于库藏股和流通股之和。

第二节 普通股的发行价格

一、普通股价格确定的一般原则

如果一个企业初建时即为股份制，那么普通股价格的确定比较简单。但一般是股份制企业增发股票或非股份制企业进行股份制改造，这时确定股票价格就比较复杂，而且涉及新老股东的利益格局问题。以下讨论这种情形下发行股票定价的一般原则。

首先要进行现有净资产，即现有权益的市场价值评估，本书第八章对此问题进行了讨论。在企业为上市公司时，企业的净价值可以简单地估计为每股市价乘以股数。注意，发行新股是为了扩大投资。上述净价值应是投资计划公布以前的价值，把它记作 V_0，并设原有股份数为 n_0 股。

其次估计投资项目的净现值 NPV，具体方法可参阅本书第九章及第十七章。大家知道，当公司的投资计划落实以后，其资产的价值就马上增加了：由 V_0 变为 $V_0 + NPV$。上市公司立即体现为股票价格的上涨。

假定拟筹集的新权益资本、即新发行股票的市场价值为 V_n，根据现值的可加性原理，知道新投资计划上马并发行新股后该公司权益价值为：

$$V = V_0 + NPV + V_n \tag{19.1}$$

当然，上述权益价值 V 可以不用三项相加，而是直接评估出来，用类似求 V_0 的办法，这时每股新、老股票应有相同的市场价值。老权益有 n_0 股，而其价值为：

$$V - V_n = V_0 + NPV \tag{19.2}$$

故发行新股后老股每股市价为：

$$P = \frac{V - V_n}{n_0} \tag{19.3}$$

上述 P 亦是新股的价格。

价格确定以后，再确定发行新股数 n_n：

$$n_n = \frac{V_n}{P} \tag{19.4}$$

出于策略上的考虑，实际发行定价要低于 (19.3) 式确定的价格。从上述各式可知，如果低估老权益价值 $V_0 + NPV$，导致股票价格过低，或人为太多压低股价，都会使老股东权益受损，新股东占便宜。相反，如果高估老股东权益或股价定位太高，老股东就侵占了新股东的利益。一般而言，没有这样傻的新投资者，这种情况下，筹资计划是完不成的。

这里要提出两点需要注意的问题：第一是不要以为新股发行价格必定是现老股市场价格。从理论上说，新股发行价格应是：

$$P = P_0 + \frac{NPV}{n_0} \tag{19.5}$$

式中，P_0——发行前投资计划尚未公布时每股市价；

NPV——投资计划的净现值；

n_0——老股股数。

NPV 有正、有负，只有 $NPV=0$ 时发行价格才等于老股价格。但由于信息不对称的影响及投资者对公司投资的净现值 NPV 可能有与公司不一致的认同，发行价格即使不人为下调，也比由（19.5）式确定的要低。

第二点应注意的是，在进行股份制改造时，对老股东权益的市场价值估计要包含投资计划的净现值。不能简单地把原先对资产净值的估计当成确定股票价格的依据，而应包括发展机会。我国国有企业改制时，国有资产往往被低估，造成国有资产的流失。

二、确定总权益价值的方法

由上段的讨论我们知道，确定新股票发行价格要遵循以下步骤：先确定股票发行后新老总权益的市场价值，从中减去新股权益的市场价值即拟新筹资数额，即等于老权益的市场价值。然后除以老股股数，便得出每股市价。由新筹资额和每股市价得出新发行股票股数。本段我们简要说明一下，如何确定新老总权益的市场价值，其实基本原理已在第八章讨论过了。

（一）累计折现现金流方法

我们可以用类似求股票价值的方法来确定总权益的市场价值。假定企业的市场资本化利率为 r，预期第一年盈利为 ERN_1，如果该企业为恒定型公司，则权益的总价值为：

$$V = \frac{ERN_1}{r} \tag{19.6}$$

假定用 DVD_i 表示第 i 年预期发放的红利，则

$$V = \sum_{i=1}^{\infty} \frac{DVD_i}{(1+r)^i} \tag{19.7}$$

再假定用 V_i 表示总权益在第 i 年已发过红利后的价值，则上式可改写为：

$$V = \sum_{i=1}^{N} \frac{DVD_i}{(1+r)^i} + \frac{V_N}{(1+r)^N} \tag{19.8}$$

其中 $N \geq 1$。当在第 N 年后的公司权益价值好估计时（如步入恒定型），上式特别有用。

类似于第八章的其他公式也可以使用。

(二) 市盈率法

首先估计预期每年盈利 ERN，理论上应是恒定型公司的每年盈利期望。然后估计投资、筹资计划发布后该公司的市盈率，它可以与老的市盈率相同或者不相同。在后一情形，已有业内与本企业发行股票后风险相类似的企业市盈率可以作为主要参考。市盈率乘上 ERN 即为估计的总权益的市场价值：

$$V = ERN \times \frac{P}{E} \tag{19.9}$$

(三) 账面价值法

用类似风险企业的市场价值与账面价值的比率 R，乘以本公司的账面价值 V_R，即得出本企业权益的市场价值：

$$V = V_B \times R \tag{19.10}$$

注意本企业的账面价值就是原有权益的账面价值加上筹资数量。

三、3W 公司增股案例

3W 公司是一家磨床制造厂家，近几年运营状况不佳，其权益的市场价值已跌落到账面价值以下。为了改进经营，公司拟发行新股。发行前企业的基本数据如表 19-1 所示。

表 19-1　　　　　　　　　　3W 公司基本数据　　　　　　　　　　金额单位：元

(1) 权益账面值	100 000	
(2) 股数	1 000	
(3) 每股账面值	100	(1)/(2) = 100 000/1 000 = 100
(4) 税后利润	8 000	权益回报率为 8%
(5) 每股盈利	8	
(6) 市盈率	10	
(7) 股票价格	80	(5)×(6) = 8×10 = 80
(8) 权益市场价格	80 000	(7)×(2) = 80×1 000 = 80 000

从表 19-1 中可以看出，权益每股账面价值为 100 元，而市场价值仅为 80 元。公司并非亏损，只是权益回报率仅为 8%；而按恒定型估计，市场资本化利率为 10%。权益回报率低于市场资本化利率是其市场价值低于账面价值的原因。

现 3W 公司拟发行总价值为 10 000 元的新股。财务经理请某大学的实习生草拟一个发行计划，该实习生做了如下的分析：

既然现在每股市价为 80 元，拟筹资 10 000 元，则需增发：

$$\frac{10\ 000}{80} = 125(股)$$

于是发行后账面价值为 110 000 元，而股数为 1 125。每股账面价值降为：

$$\frac{100\ 000}{1\ 125} = 97.78(元)$$

假定权益回报率仍不变，则发股后净收益升至 8 800 元，而每股盈利却降至：

$$\frac{8\ 800}{1\ 125} = 7.82(元)$$

又假定市盈率不变，该实习生又计算出每股市价要跌至 78.20 元，比发行前每股跌了 1.80 元，而总权益的市场价值由 80 000 元增至 88 000 元。

    实习生把由两页纸书写的报告送到财务经理办公室。财务经理只瞄了两眼，便用铅笔在报告上无情地划了两个大"×"。财务经理教训实习生说，你犯了两个错误：第一，不存在这么傻的投资者，用每股 80 元购买股票，而转眼间价格却落至 78.20 元；第二，股东从中损失了市场价值：原权益市场价值 80 000 元加上新发行 10 000 元，总计为 90 000 元，而发行后降至 88 000 元，其差额 2 000 元是老股东的损失，这样的计划董事会肯定是通不过的。

    该实习生一个晚上没能睡觉，冥思苦想直到天明。上午九点钟他把第二份报告放到了财务经理的办公桌上。第二份报告终于把每股发行价格搞清楚了。

发行后账面价值为 110 000 元，权益回报率为 8%，故预期每年净利润为：

$$110\ 000 \times 8\% = 8\ 800(元)$$

假定市盈率不变，仍为 10，则总权益的市场价值为：

$$8\ 800 \times 10 = 88\ 000(元)$$

而新权益的市场价值为 10 000 元，故老权益的市场价值为：

$$88\ 000 - 10\ 000 = 78\ 000(元)$$

从而得出股票发行价应为：

$$\frac{78\ 000}{1\ 000} = 78.00(元)$$

其中 1 000 为老股股数。通过发行价格要求出发行股数：

$$n = \frac{10\ 000}{78.00} = 128(舍入)$$

    上午九点半，实习生又被招到办公室。财务经理说，有进步，你弄清楚了发行股票怎么定价。但问题是老股东的权益通过发行股票仍然受到了损害，本来是每股 80 元，发行后降为 78 元，即老股东权益仍然损失了 2 000 元。

    实习生又想了整整一天，到晚上九点才想清楚问题发生在哪里。问题发生在新筹权益资本的回报率低于市场资本化利率，这必然导致老股东权益的贬值。具体地说，如果新筹资本的权益回报率低于市场资本化利率，则其增加的市场价值低于增加的账面价值，二者的差额只能由老股东负担。本例中筹集的 10 000 元，由于回报率仍为 8%，故只增加 10 000×8% = 800（元）的净利润，这导致市场价值增加额为 800×10（市盈率）= 8 000（元）。这差额 10 000 - 8 000 = 2 000（元）就是老股东的损失。

该实习生进一步想，发行新股票筹资是为了改善经营。这只有当新资本的回报率高于市场资本化利率时才能实现，包括新投资对老资产的附带效应在内。例如，如果新资本的回报率 = 10%，那么新资本的税后净收益为 10 000×10% = 1 000（元），连同原净收益 8 000 元，使企业筹资后总利润达 9 000 元，故其总权益的市场价值为 9 000×10 = 90 000（元），从中减去新权益的市场价值 10 000 元，得出老股票的总市场价值仍为 80 000 元，从而每股市值仍为 80 元，老股东既未吃亏也未占便宜。

如果新权益回报率为 40%，则筹资后利润总额达到：

$$8\,000 + 10\,000 \times 40\% = 12\,000(元)$$

其中 8 000 元为老股东权益的回报，回报率仍为 8%。这时总权益的市场价值上升为：

$$12\,000 \times 10 = 120\,000(元)$$

由于新筹资的市场价值为 10 000 元，故老股东权益的市场价值为：

$$120\,000 - 10\,000 = 110\,000(元)$$

由此计算出每股市价为：

$$\frac{110\,000}{1\,000} = 100(元)$$

而应发行股数为 91 股（舍入）。考虑到发行前股票价格只是 80 元，发行价狂升至 110 元，每股升值 30 元，老股东权益升值 30×1 000 = 30 000（元）。董事会肯定会通过这类方案。

实习生连夜工作，第二天财务经理一上班就看到了一份计算机打印的报告。主要内容如表 19-2 所示。

表 19-2　　　　　　　3W 公司筹资前后股票价格　　　　　　金额单位：元

	筹资前	筹资后	筹资后
（0）新资本的 ROE	—	10%	40%
（1）权益账面值	100 000	110 000	110 000
（2）股数	1 000	1 125	1 091
（3）每股账面值	100	97.8	100
（4）税后利润	8 000	9 000	12 000
（5）每股盈利	8	8	11
（6）市盈率	10	10	10
（7）股票价格	80	80	110
（8）权益市场价值	80 000	90 000	120 000

实习生忐忑不安地度过了一个上午，不敢离开办公桌半步。十一点半秘书小姐来电话告知，财务经理十分高兴，晚上要请他吃饭。

第三节 股票的发行程序

股票的发行应该遵守国家《公司法》和有关的其他法规，其中《股票发行与交易管理暂行条例》也十分重要（以下简称《暂行条例》）。股份有限公司可以在设立时发行股票，也可以在设立后根据生产经营的需要增资发行新股。我国《公司法》第一百二十六条、第一百二十七条、第一百二十八条规定了发行股票的一般要求，它规定股份有限公司的资本划分为股份，每一股的金额相等。公司的股份采取股票的形式。股份的发行，实行公平、公正的原则，同种类的每一股份应当具有同等权利。同次发行的同种类股票，每股的发行条件和价格应当相同；任何单位或者个人所认购的股份，每股应当支付相同价额。股票发行价格可以按票面金额，也可以超过票面金额，但不得低于票面金额。

一、公司设立时的股票发行

（一）发行条件

设立时的发行条件首先应满足股份有限公司的设立条件，我国《公司法》和《证券法》规定，设立股份有限公司应当符合下列条件：(1) 发起人符合法定人数；(2) 发起人认购和募集的股本达到法定资本最低限额；(3) 股份发行、筹办事项符合法律规定；(4) 发起人制订公司章程，采用募集方式设立的经创立大会通过；(5) 有公司名称，建立符合股份有限公司要求的组织机构；(6) 有公司住所。

我国《公司法》第七十八条规定在设立时公司可采取发起设立和募集设立的方式。发起设立是指由发起人认购公司应发行的全部股份而设立公司。募集设立是指发起人认购公司应发行股份的一部分，其余部分向社会公开募集而设立公司。

股份有限公司发行股票，应符合以下规定与条件：(1) 每股金额相等。同次发行的股票，每股的发行条件和价格应当相同。(2) 股票发行价格可以按票面金额，也可以超过票面金额，但不得低于票面金额。(3) 股票应当载明公司名称、公司登记日期、股票种类、票面金额及代表的股份数、股票编号等主要事项。(4) 向发起人、国家授权投资的机构、法人发行的股票，应当为记名股票；对社会公众发行的股票，可以为记名股票，也可以为无记名股票。(5) 公司发行记名股票的，应当置备股东名册，记载股东的姓名或者名称、住所、各股东所持股份、各股东所持股票编号、各股东取得其股份的日期；发行无记名股票的，公司应当记载其股票数量、编号及发行日期。(6) 公司发行新股，必须具备下列条件：具备健全且运行良好的组织机构；具有持续盈利能力，财务状况良好；最近3年财务会计文件无虚假记载，无其他重大违法行为；经国务院批准的国务院证券监督管理机构规定的其他条件。(7) 公司发行新股，应由股东大会做出有关下列事项的决议：新股种类及数额；新股发行价格；新股发行的起止日期；向原有股东发行新股的种类及数额。

（二）设立时发行股票的程序

1. 提出公开发行股票的申请

根据《证券法》的规定，设立股份有限公司公开发行股票，应当符合《中华人民共和国公司法》规定的条件和经国务院批准的国务院证券监督管理机构规定的其他条件，向国务院证券监督管理机构报送募股申请和下列文件：（1）公司章程；（2）发起人协议；（3）发起人姓名或者名称，发起人认购的股份数、出资种类及验资证明；（4）招股说明书；（5）代收股款银行的名称及地址；（6）承销机构名称及有关的协议。依照证券法规定聘请保荐人的，还应当报送保荐人出具的发行保荐书。法律、行政法规规定设立公司必须报经批准，还应当提交相应的批准文件。

2. 公告招股说明书，制作认股书，签订承销协议和代收款协议

经批准可发行股票后，发起人应在规定期限内向社会公告招股说明书。招股说明书应当附有发起人制订的公司章程，并载明下列事项：（1）发起人认购的股份数；（2）每股的票面金额和发行价格；（3）无记名股票的发行总数；（4）募集资金的用途；（5）认股人的权利、义务；（6）本次募股的起止期限及逾期未募足时认股人可以撤回所认股份的说明。在公告招股说明书时，应制作认股书。认股书应当载明招股说明书所列事项，并由认股人填写所认股数、金额、住所，并签名、盖章。认股人按照所认购股数缴纳股款。

发起人向社会公开发行股票，应当由依法设立的证券机构承销，承销包括包销和代销两种方式。证券公司承销证券，应当同发行人签订代销或者包销协议，载明下列事项：（1）当事人的名称、住所及法定代表人姓名；（2）代销、包销证券的种类、数量、金额及发行价格；（3）代销、包销的期限及起止日期；（4）代销、包销的付款方式及日期；（5）代销、包销的费用和结算办法；（6）违约责任；（7）国务院证券监督管理机构规定的其他事项。另外，发起人还应同银行签订代收股款协议。

3. 证券机构承销、招认股份、收集股款

证券公司承销证券，应当对公开发行募集文件的真实性、准确性、完整性进行核查；发现有虚假记载、误导性陈述或者重大遗漏的，不得进行销售活动；已经销售的，必须立即停止销售活动，并采取纠正措施。向不特定对象发行的证券票面总值超过人民币5000万元的，应当由承销团承销。承销团应当由主承销和参与承销的证券公司组成。证券的代销、包销期限最长不得超过90日。在承销期内，认股人认股且按照认股书上的认股数向代收股款银行缴纳股款。代收股款的银行应当按照协议代收和保存股款，向缴纳股款的认股人出具收款单据，并负有向有关部门出具收款证明的义务。发行股份的股款缴足后，必须经依法设立的验资机构验资并出具证明。

4. 召开创立大会

发起人应当自股款缴足之日起30日内主持召开公司创立大会。并在创立大会召开15日前将会议日期通知各认股人或者予以公告。创立大会由发起人、认股人组成。应有代表股份总数过半数的发起人、认股人出席方可举行。创立大会行使下列职权：（1）审议发起人关于公司筹办情况的报告；（2）通过公司章程；（3）选举董事会成员；（4）选举监事会成员；（5）对公司的设立费用进行审核；（6）对发起人用于抵作股款的财产的作价进行审核；（7）发生不可抗力或者经营条件发生重大变化直接影响公司设立的，可以做出不设立公司的决议。创立大

会对前款所列事项做出决议，必须经出席会议的认股人所持表决权过半数通过。

5. 办理设立登记，交割股票

经创立大会选举产生的董事会应于创立大会结束后30日内，向公司登记机关报送下列文件，申请设立登记：（1）公司登记申请书；（2）创立大会的会议记录；（3）公司章程；（4）验资证明；（5）法定代表人、董事、监事的任职文件及其身份证明；（6）发起人的法人资格证明或者自然人身份证明；（7）公司住所证明。以募集方式设立股份有限公司公开发行股票的，还应当向公司登记机关报送国务院证券监督管理机构的核准文件。公司登记机关在接到股份有限公司设立登记申请之日起30日内做出是否予以登记的决定，对于符合我国《公司法》规定条件的予以登记，发给公司营业执照。

股份有限公司成立后，即向股东正式交付股票。公司成立前不得向股东交付股票。

二、增发股票

(一) 增发股票的条件

公司为了经营需要，可以增资发行新股。《证券法》第十三条规定：公司公开发行新股，应当符合下列条件：（1）具备健全且运行良好的组织机构；（2）具有持续盈利能力，财务状况良好；（3）最近3年财务会计文件无虚假记载，无其他重大违法行为；（4）符合经国务院批准的国务院证券监督管理机构规定的其他条件。

(二) 增股的程序

增资发行新股的基本程序如下：

（1）股东大会做出增股决议。我国《公司法》第一百三十四条规定，公司发行新股，股东大会应当对下列事项作出决议：①新股种类及数额；②新股发行价格；③新股发行的起止日期；④向原有股东发行新股的种类及数额。上市公司非公开发行新股，应当符合经国务院批准的国务院证券监督管理机构规定的条件，并报国务院证券监督管理机构核准。

（2）提出增股申请。公司聘请会计师事务所、资产评估机构、律师事务所等专业性机构对其资信、资产、财务状况进行审定、评估和就有关事项出具法律意见书后，向国务院授权的部门或省级人民政府申请并经批准，属于向社会公开募集的，须经国务院证券管理部门批准。

（3）公告新股招股说明书和财务会计报表及附属明细表，制作认股书，与证券经营机构签订承销协议，定向募集时向新股认购人发出认购公告或通知。

（4）招认股份，缴纳股款。

（5）改组董事会、监事会，向公司登记机关办理变更登记并公告。

(三) 增发股票对老股东利益的影响

增发股票会对老股东的利益和控制权带来影响。在上一节我们讨论了发行股票的定价问题。为了顺利进行工作，而且为以后股票价格的攀升留足空间，在确定一级市场发行价格时往往定价低于市场价值，因而老股东的利益受损。老股东在增股前拥有公司全部的控制权，而增股后只具有一部分控制权，因而增股会给老股东的控制权带来稀释作用。

有的公司为了消除增股对老股东的不利影响，在公司章程中授予老股东优先购买新股的权利。与向社会公众发行新股不同，向公司现有股东增发新股，购价的高低虽然会影响公司原有股票价格，但不会影响老股东的利益和控制权，这种发行方式称为认股权发行（Rights Offering），关于认股权，我们将在期权一章详细讨论。

三、发行方式、销售方式、发行成本

（一）股票的发行方式

股票发行方式有两种：公开发行和私募。

1. 公开发行

公开发行往往是通过证券机构向公众发行股票。这种发行方式发行范围广，发行对象多，影响力大，有助于提高公司的知名度。但这种发行方式手续繁杂，发行成本高。我国公司实务中，募集设立方式和向社会公众发行新股都是采用这种方式。

2. 私募

私募往往是向少数特定的对象直接发行股票，可以免去繁杂的发行手续，节省部分开支，也有助于保守公司秘密。这种发行方式不需证券公司作为中介，发行范围小，流通性差。我国公司实务中，发起设立方式属于私募方式。

（二）承销股票的方式

1. 包销

包销就是证券机构依据承销协议以低于销售价格的协商价格将承包发行的股票全部买进，然后再以较高的价格出售给最终购买者。如果股票不能全部销售出去，承销者将承担有关损失。对发行公司来讲包销可及时筹足资本，免予承担发行风险，但会损失部分发行溢价。发行风险由承销的证券机构承担。

2. 代销

代销是证券经营机构为发行公司代售股票，并因此获取一定的佣金，但不承担发行风险。如果有部分股票销售不掉，承销证券机构可以将股票退回给发行公司。

（三）股票的发行成本

发行股票时发行公司要承担一定的成本，这一成本由两部分组成：一部分是公司付给承销证券机构的佣金或承销证券机构买入卖出股票的差价；另一部分是行政法律费用、印刷成本、公告费用、邮寄分发等费用。

习 题

1. 按照一般的公司章程，普通股股东有哪些权利？
2. 简述股份有限公司设立时，申请公开发行应符合的条件以及发行股票的程序。
3. 简述股份有限公司增发新股的条件和程序。
4. 简述优先股股东的权利及优先股的特点。
5. 优先股在什么情形下类似于长期负债，在什么情形下类似于普通股？

6. 3D 公司为了打开一个新市场，打算采用配股筹资，每两股配一股，配股价格为每股 10 元，公司的现有股票量为 100 万股，每股价格为 40 元，假定新筹集的资金能够获得良好的回报，分别计算：
（1）新股的数量；
（2）新投资的总量；
（3）发行后公司的总价值；
（4）发行后股票的总数；
（5）发行后的股票价格。

7. 3P 公司准备采用四股配一股的配股方案，配股价为每股 5 元，配股前公司的股票数为 1 000 万股，股价为 6 元，试问：
（1）这次配股能筹资多少？
（2）配股发行后，公司的股票价格为多少？
（3）假定配股价为 4 元，需要发行多少新股才能筹集相同的资金？

8. 3F 公司现有的股票数量为 100 000 股，其每股的账面价值为 30 元，每股的市场价格为 25 元，公司准备发行 40 000 新股，每股价格为 25 元，筹资 100 万元投资于一个新项目。
（1）若该新项目的净现值为零，则每股的账面价值和价格将如何变化？
（2）若该新项目的净现值为 10 万元，则每股的账面价值和价格将如何变化？公司筹资 100 万元需要发行多少股？

9. 3B 公司当前的目标负债率为 40%，公司正考虑一个扩张现有业务的项目，所需的投入为 100 万元，所能产生的永续现金流每年为 13 万元。公司不知是否应该进行扩张以及如何筹资。现在公司有两种筹资方案可供选择，一种是通过发行 100 万元的股票，另一种是发行 100 万元的 20 年期的长期债券，股票的发行费用为 5%，债券的发行费用为 1.5%，预计公司股票要求的回报率为 14%，加上发行费用总共是 19%，因而该项目不可行；另外，债券的收益率为 7%，加上发行费用总共是 8.5%，因而该项目可行。你对上述看法做出评论，说说你对该项目的看法。

10. 3T 公司是一家提供制冷制热设施的公司，公司获得太阳能加热系统的专利，因而 6 个月内的订单较多，为了满足这一需求，公司计划投资 800 万元用来将其生产能力扩大 40%，另一方面公司想保持资产负债率为 40% 的资本结构，红利支付率为上一年税后净收益的 40%，去年的税后净收益为 400 万元，则公司今年需要外部筹资多少来满足扩张的需要？

11. 3N 建筑公司最近的有关财务数据如下：股票价格为 40 元，总股数为 10 000 股，账面净值为 50 万元，公司的市场价值为 40 万元，每股收益为 4 元，投资回报率为 8%。然而公司希望通过发行新股来投资于一个非常有希望的市场，公司的财务总管认为发行股票并不是一个好的选择，他指出，以低于每股账面价值的价格发行股票将使股票价格下跌，从而损害老股东的利益，假定以 40 元的价格发行 2 000 新股（不考虑发行成本），公司的投资回报率不变，那么，公司的账面净值为 58 万元，总收益为 58 × 0.08 = 4.64 万元，每股收益为 3.87 元，因此，公司的每股收益下降，每股账面价值下降，股票的价格也相应地降低到 38.70 元，对这位财务总管的看法做出评价（注意以上推理中的内在假定）。

12. 增发新股的定价原则是什么？在第 2 节正文 3W 公司增股的案例中，假定新筹资本的权益回报率为 25%，求出新发行股票的数量、价格以及发行后权益的总市场价值。

第二十章 长期负债

在当代的企业中，大多数都存在负债。由于负债的资本成本低，可以发挥财务杠杆作用，公司使用负债的方式进行融资，可以得到很多好处。为与会计报表保持一致，长短期以一年为界限划分，一年内为短期负债，一年以上为长期负债。短期负债一般是为了解决短期流动资金的短缺，长期负债往往是为了调整资本结构和长期投资。短期负债与长期负债有时是可以相互转变的。本章主要讨论长期负债。

第一节 长期负债的种类

公司为了满足投资的需要可向金融机构贷款，也可向社会大众发行债券，因而长期负债的主要方式为长期借款和长期债券。

一、长期借款

长期借款是指公司向银行或者其他金融机构借入的使用年限在一年以上的借款。长期借款与短期借款一样可根据有无担保分为担保贷款和无担保贷款。一般公司可向银行申请贷款，我国各商业银行都可向工商企业提供商业性贷款。另外，我国执行国家政策性贷款业务的银行可向公司提供政策性贷款，比如国家开发银行向国家重点建设项目提供的贷款，国家进出口银行向进出口大型设备提供的贷款等。

通常，与长期债券筹资方式相比，长期借款筹资方式成本较高，但是更为灵活。当公司短时间内需要大量资本时，长期借款更为现实。而债券融资由于手续复杂、时间长，更适合事先规划好的资本需求。

二、长期债券

（一）长期债券融资的特点

债券是一种债权凭证。债券通常包含几个基本要素：票面值、票息率、到期日。长期债券通常是指到期日在 1 年以上的债券。企业使用长期债券融资，一般具有如下的优缺点：

1. 优点

（1）资本成本比普通股票低，通常比银行贷款成本也低。与普通股相比，债权人的要求权在股票要求权之前，债券收益又稳定，故投资者对公司要求的回报率较低。而且债券的利息允许在税前支付，利息有抵税作用。因此，发行公司实际承担的成本较轻。

(2) 可利用财务杠杆作用。恰当的负债，会使公司享受财务杠杆的好处，提高公司的权益回报率，进而提高公司的权益价值。

(3) 在增加资本的同时，与普通股融资相比较，不会稀释控制权。

2. 缺点

(1) 增加公司固定现金流支出的负担。公司负债后，要按期支付到期利息和本金，对公司形成刚性支出，不利于公司充分利用投资机会。

(2) 加大公司的财务风险。公司负债增加到一定数量后，财务风险随之提高，给公司带来不利影响，会导致公司资本成本上升。

(3) 对公司限制条件多。在长期债券合约中，往往有一般性条款和保护性条款，限制公司的股息政策、投资支出和其他融资政策等，有可能导致公司丧失好的投资机会。

(二) 一般长期债券的分类

公司债券可分为许多种。在长期债券合约中，有一些债券带有一些期权合约，称为附带期权的债券。我们称不附带期权的债券为一般长期债券。由于附带期权的债券较为特殊，我们专门在第三节中讨论。

1. 附息债券和贴现债券

根据是否在债券到期前支付利息，长期债券可以分为附息债券和贴现债券。

附息债券是指债券券面上附有息票的债券，是按照债券票面载明的面值、利率及支付方式支付票息的债券。老式的纸制债券息票上标有利息额、支付利息的期限和债券号码等内容。持有人可从债券上剪下息票，并据此领取利息。利息支付方式一般是在偿还期内按期付息，如每半年或一年付息一次。现在多为电子账户。

贴现债券指债券券面上不附有息票，发行时按一定的折现率，以低于债券面值的价格即折价发行，到期按面值支付本金的债券。零息债券（Zero Coupon Bonds）是典型的折价债券。折价债券的折现率，即到期收益率就是债券持有人的回报率。我国市场上出现的一次性单利债券实际上属于贴现债券。例如，平价发行的 5 年期债券，单利率为 3.4%，票面值 1 000 元，每年利息应该为 34 元，但不是每年支付，而是到 5 年后到期时与本金一同支付，即支付利息总额 170 元。折算成等价的复利，只有 3.2%。

2. 固定利率和浮动利率债券

按照每期支付利息是否固定，债券可以分为固定利率债券和浮动利率债券。

固定利率债券，在第八章已进行了讨论。

浮动利率债券，指在每一次付息期的利率不同。例如，国际上常见的浮动利息债券利率确定方式，是 LIBOR 加上一个固定的溢价。我国企业债券市场的浮动利率起始于 2003 年的首都旅游股份有限公司发行的 10 亿元企业债券。浮动利率债券的好处是可以避免企业在利率下降期，承担过去发行债券的高固定利息负担。

3. 担保债券和无担保债券

按照有无担保，债券可以分为担保债券和无担保债券。

无担保债券（Unsecured Bonds）又可基本分为信誉债券（Debentures）和次级信用债券

(Subordinated Bonds)。信誉债券指不需要任何有形资产，或者任何其他形式资产作为抵押的债券。债权人完全根据该公司的经营状况和获利能力确定其收益保障程度。由于这种债券无抵押和担保，在公司破产和清算时，信用债券持有人自动成为一般债权人。尽管这种债券没有担保，但债权人仍受到债券契约中各种限制性条款的保护，其中最主要的是负抵押条款（Negative Pledge Clause），即公司不能将某些财产抵押给其他债权人。这个规定维护了债权人的利益，保证了公司财产的完整无缺。由于信誉债券持有者购买债券时主要看发行人的信誉程度，只有信誉良好的大公司才可能发行这种债券，其息票率一般略高于抵押债券。而次级信用债券与信用债券不同，首先债权人在公司破产和清算时的要求权排列在信用债券和普通银行借款之后，但在优先股和普通股之前。因此，次级信用债券的债权人一般也视为一般债权人。由于次级信用债券的债权排列顺序在债券类中靠后，故资本成本较高，也就是公司要支付更高的债券利息，而又由于其债权先于优先股和普通股，资本成本又较之略低。公司财务主管为了降低资本成本，往往给次级信用债券持有人附加可转换为普通股票的选择，成为可转换债券。

担保债券（Secured Bonds）一般分为抵押债券（Mortgage Bonds）、质押信托债券（Collateral Trust Bonds）和第三方保证债券（Guaranteed Bonds）。抵押债券是担保债券中的主要形式，是以公司的某项实产（有形资产）作为抵押品的债券。在公司无力清偿债务时，债权人可根据债券合同对抵押品进行处理，维护债权人的利益。抵押类债券也有债券排列顺序之分，一般可分为第一抵押债券（First-Mortgage bonds）和第二抵押债券（Second-Mortgage bonds）。第一抵押债券的债权的追索权排列在第二抵押债券债权人之前，因而这一类债券又被称为高级债券（Senior Bonds），在公司破产清算时，这类债权人优先满足财产要求权。第二抵押债券的债的追索权排列在第一抵押债券之后，公司清算时只有在第一抵押债权人的利益满足之后才被考虑。一般地，第一抵押债券抵押品价值超过第一抵押债券的总值时，才可发行第二抵押债券。由于第二抵押债券债权人利益保障程度低于第一抵押债券，因此又被称为低级债券（Junior Bonds）。有的第一抵押债券的债务合同中规定不能再以同样的资产作为抵押发行第二抵押债券，这样的条款成为封口，这类债券称为封口抵押债券（Close-end Mortgage Bonds）。封口条款限制了公司进一步筹资的能力，但保护了债权人的利益。有的第一抵押债券的债务合同并未有封口条款，允许发行公司以同一资产作为抵押发行新债券，这样的抵押债券称为开口抵押债券（Open-end Mortgage Bonds）。在发行抵押债券时，有时公司以企业所有资产作为抵押品，如企业无力偿债，所有资产均可被拍卖，直到债务得到补偿，这样的债券称为一般抵押债券（Blanket Mortgage Bonds）。

所谓质押债券，指公司在发行债券时，以金融资产作为抵押品。质押信托债券一般由控股公司发行。母公司持有子公司的控股权，可利用其持有的股票作为抵押发行债券。公司一般将抵押有价证券交给受托管理人保管，受托管理人一般为信托公司或大商业银行的信托部。质押信托债券的追索权排列在抵押债券之后。而且有价证券的价值在子公司破产清算时价值往往一落千丈，因此母公司在发行质押信托债券后往往会限制相应子公司发行债券和优先股的范围。还有一种担保债券，称为设备信托单证（Equipment Trust Certificates），往往被交通公司所采用，是以交通运输设备作为抵押品而发行的债券。发行设备信托单证一般与租赁融资活动联系在一起，国外被广泛用于铁路、航空、汽车运输公司等。最初这种单证由铁路部门发行，用以解决铁路公司购买设备的困难。铁路公司与受托管理人（一般为大商业银行）协商，然后向设备制造商订购设备，同时向投资者发行设备信托单证融集资金。设备制造商交货时，铁路公司自己支付部分资金，例如20%，剩余部分用融集的资金支付。之后，设备所有权归托管人所有，由托管人出租给铁路公司。铁路公司定期支付租赁费用，托管人用租金收入支付利息费用，分批偿还到期的本金和自己的佣金。一旦铁路公司支付完最后一笔租金后，受托人将设备所有权移交给铁路公司。如果铁路公司不按协议支付租金，受托人就接管设备或清算资产以保护债权人的利益。

第三方担保债券，是指由第三方金融机构或财团或大型企业对发行人所发行的债券的偿还进行担保，以其较高的信用级别提升债券的信用级别，是一种借助于第三方信用对所发行债券进行信用增级的行为，所发行债券的信用评级基本上取决于第三方的信用级别。发行第三方担保债券，要求第三方担保人的信用等级高于发行人，且担保人资产质量良好，其未被设定担保或者采取保全措施的净资产不少于其累计对外担保的金额。从国内固定收益类证券的担保实践来看，银行、中央大型企业是第三方担保的担保人。

4. 记名债券和不记名债券

记名债券（Registered Bonds）指在券面上记有债权人的姓名。转让时，一般以原持有人背书等方式进行，并向发行公司呈报。发行人只对记名人偿本付息。无记名债券（Bearer Bonds）指券面上不记载债权人的姓名，债券转让时也不用背书和登记。无记名债券往往附有息票（Coupon），一般实行剪票付息。

另外，根据偿付方式又可将债券分为一次到期债券和分批到期债权。有的债券除了定期可以获得利息外，还享有在一定程度上参与发行公司利润分配的权利，这种债券称为参与债券。按照发行地点，债券可以分为国外债券和国内债券。例如美国就有一种特殊形式的叫欧洲债券（Eurobonds）。一般地，国外债券的发行受投资者所在国有关法律的限制，而欧洲债券的发行没有这类限制。另外有种受投资者特别关注的债券，因具有高风险、高收益的特性，被投资者称为垃圾债券（Junk Bonds），陷入财务危机或者LBO的债券被称为垃圾债券。因为垃圾债券发行人负债率很高，而且有很大的收购失败、兼并失败的可能性，所以债权人承担的风险较大，由此相应债权人期望的收益也很高。

在我国债券市场上，还有另外两种特殊类型的债券分类，即企业债券和公司债券。根据《公司法》的规定，可发行公司债券的只能是股份有限公司和有限责任公司，与此相比企业的范畴要远大于公司。我国企业债券发行主要是根据1993年出台的《企业债券管理条例》，而公司债券发行的依据为2007年开始实行的《公司债券发行试点办法》。2007年9月19日，长江电力股份有限公司发行公司债券的申请获得中国证监会正式核准，它标志着公司债券这一品种在我国的正式诞生。

我国企业债券和公司债券的主要区别为以下几点：（1）发行主体差别。我国企业债券的发行主体主要是国有独资企业、国有控股企业等。而公司债券的发行主体主要为股份有限公司或有限责任公司。（2）发行资金用途差别。公司债券是公司根据经营运作需要所发行的债券，主要用途包括固定资产投资、技术更新改造、改善公司资金来源的结构、调整公司资产结构、降低公司财务成本、支持公司并购和资产重组等等，只要不违反有关制度规定，发债资金如何使用根据发债公司的资金需要而定，无须经过政府部门审批。但在我国的企业债券中，发债资金的用途主要限制在固定资产投资和技术革新改造方面，并与政府部门审批的项目直接相联系。（3）信用基础的差别。公司债券的信用级别取决于发债公司的资产质量、经营状况、盈利水平和可持续发展能力等，由于各家公司的具体情况不尽相同，公司债券的信用级别也相差甚多。与此不同，我国的企业债券，不仅通过国有机制体现了政府信用，而且在行政上存在着强制性的担保机制，使得政府部门在一定程度上为企业债券进行担保，提高了企业债券的信用级别。(4) 管制程序的差别。公司债券的发行通常实行登记注册制，即只要发债公司的登记材料符合法律等制度规定，监管机关无权限制其发债行为。债券市场监管机关主要审核发债登记材料的合法性、严格债券的信用评级、监管发债主体的信息披露和债券市场的活动等方面。但我国企业债券的发行中，发债需经国家发改委报国务院审批。(5) 市场功能的差别。公司债券是各类公司获得中长期债务性资金的一个主要方式，而且也是金融体系发展完善、市场利率化的重要力量。企业债券的发行受到行政机制的严格控制。不论在众多的企业融资中，还是在金融市场和金融体系中，其作用都不大。

（三）债券的资信评估

公司债券具有一定的风险，公司公开发行债券通常需要债券评信机构评定等级。资信评估就是对发行公司的经营状况、获利能力、债权债务等资金信用进行评估。国际上著名的债权信用评级机构包括标准普尔公司（Standard and Poor's）、穆迪公司（Moody's）。目前国际上流行的评定等级符号就是由这两家评级公司所创立。如表20-1所示，债券信用等级越高，表示风险越低，质量越好。一般来说，信用等级越高，公司所发行债券的利息率可能越低，筹资的成本越低。

表20-1 债券信用等级及其含义

标准—普尔公司	穆迪公司	信用程度
AAA	Aaa	最优等级，最小风险
AA	Aa	高等级，低风险
A	A	中上质量，有一定风险
BBB	Baa	中等质量，有相当风险
BB	Ba	中下质量，含投资风险
B	B	低质量，投机
CCC	Caa	劣等质量，投机
CC	Ca	高度投机
C		最差的投机级
DDD, DD	C	失败等级

中国人民银行规定，凡是向社会公众公开发行的公司债券，须由中国人民银行或其授权的分行认定的资信评估机构进行评信。一般资信评估机构根据发行公司的公司素质、财务质量、项目状况、项目前景和偿债能力进行评价。

第二节 债券的发行与偿还

一、债券的发行

一般债券发行有两种方式：一是公开发行；二是私募。公开发行是在证券市场上向社会公众公开出售公司债券。私募是指公司向某些金融机构或财团举债，私募方式一般不需要在证券机构办理有关手续，而是由公司和投资者直接交涉，也可以委托投资银行来办理。私募时，公司只需向有关投资者签发一个商业票据，程序简单，并且由于债权人少，双方容易达成协议，但有时投资者的限制条件十分苛刻。另外，私募时公司不必雇佣承销商，不必印制债券，发行成本较低。但私募债券不能在证券市场上交易，流动性差，因而利率较高。公开发行的债券是一些标准化、规范化的债券，流动性强。本节主要介绍债券的公开发行。

(一) 我国公司发行债券的资格和条件

1. 发行公司的资格

我国2006年1月1日开始实施的《公司法》对于发行公司的资格没有特别限定。《公司法》第一百五十四条规定，"本法所称公司债券，是指公司依照法定程序发行、约定在一定期限还本付息的有价证券。"实际上认定，依法成立的公司有资格发行公司债券。

2. 发行条件

我国现行的两种债券，即企业债券和公司债券并存的状况，使得两种债券发行条件不尽相同。

根据国家有关规定，我国企业债券发行的条件为：

(1) 所筹资金用途符合国家产业政策和行业发展规划，须用于本企业的生产经营活动；
(2) 净资产达到规定的要求；
(3) 经济效益良好，近三个会计年度连续盈利；
(4) 现金流量状况良好，具有较强的到期偿债能力；
(5) 近3年没有违法和重大违规行为；
(6) 前一次发行的企业债券已足额募集；
(7) 已经发行的企业债券没有延期支付本息的情形；
(8) 企业发行债券余额不得超过其股东权益的40%，用于固定资产投资项目的，累计发行额不得超过该项目总投资的20%；
(9) 符合国家发展改革委根据国家产业政策、行业发展规划和宏观调控需要确定的企业债券重点支持行业、最低经资产规模以及发债规模的上、下限；
(10) 符合相关法律、法规的规定。

根据2007年8月14日开始实施的《公司债券发行试点办法》第七条，公司债券的发行条件为：

(1) 公司的生产经营符合法律、行政法规和公司章程的规定，符合国家产业政策；
(2) 公司内部控制制度健全，内部控制制度的完整性、合理性、有效性不存在重大缺陷；

(3) 经资信评级机构评级，债券信用级别良好；
(4) 公司最近一期末经审计的股东权益额应符合法律、行政法规和中国证监会的有关规定；
(5) 最近3个会计年度实现的年均可分配利润不少于公司债券一年的利息；
(6) 本次发行后累计公司债券余额不超过最近一期末股东权益额的40%；金融类公司的累计公司债券余额按金融企业的有关规定计算。

同时第八条规定，存在下列情形之一的，不得发行公司债券：
(1) 最近36个月内公司财务会计文件存在虚假记载，或公司存在其他重大违法行为；
(2) 本次发行申请文件存在虚假记载、误导性陈述或者重大遗漏；
(3) 对已发行的公司债券或者其他债务有违约或者迟延支付本息的事实，仍处于继续状态；
(4) 严重损害投资者合法权益和社会公共利益的其他情形。

（二）债券发行的程序

1. 债券发行的决议

在我国，《公司法》第三十八条规定，股东大会"对发行公司债券作出决议"。对于国有独资公司，第六十七条规定，"国有资产监督管理机构可以授权公司董事会行使股东会的部分职权，决定公司的重大事项，但公司的合并、分立、解散、增加或者减少注册资本和发行公司债券，必须由国有资产监督管理机构决定。"决定的主要内容包括公司债券的发行总额、发行价格、募集办法、票面利率、到期日以及偿还方式等。在国外，公司发行债券前一般要经过董事会决议，有2/3以上的董事出席且超过半数的董事通过。

2. 债券发行的申报

《中华人民共和国证券法》第十条规定，"公开发行证券，必须符合法律、行政法规规定的条件，并依法报经国务院证券监督管理机构或者国务院授权的部门核准；未经依法核准，任何单位和个人不得公开发行证券。"第十七条规定，申请公开发行公司债券，应当向国务院授权的部门或者国务院证券监督管理机构报送下列文件：公司营业执照、公司章程、公司债券募集办法、资产评估报告和验资报告、国务院授权的部门或者国务院证券监督管理机构规定的其他文件。依照本法规定聘请保荐人的，还应当报送保荐人出具的发行保荐书。

一般来说，企业债券的发行需要向国家发展和改革委员会申请，获得批准后才能发行。公司债券的发行需要报送中华人民共和国证券监督委员会核准。

3. 债券发行公告

在债券发行申请经批准或者核准之后，应当依照我国《公司法》第一百五十五条规定，公告公司债券募集办法。具体内容包括：公司名称、债券募集资金的用途、债券总额和债券的票面金额、债券利率的确定方式、还本付息的期限和方式、债券担保情况、债券的发行价格、发行的起止日期、公司净资产额、已发行的尚未到期的公司债券总额、公司债券的承销机构。

4. 发行债券

公司一般采用公开发行的方式，也就是委托承销机构向社会公众发售债券。承销机构一般是证券公司，代表发行公司出售债券，然后与发行公司结算债款。《中华人民共和国证券法》第二十八条规定，"发行人向不特定对象发行的证券，法律、行政法规规定应当由证券公司承销的,发行人应当同证券公司签订承销协议。证券承销业务采取代销或者包销方式。""证券代销是指证券公司代发行人发售证券,在承销期结束时,将未售出的证券全部退还给发行人的承销方式。""证券包销是指证券公司将发行人的证券按照协议全部购入或者在承销期结束时将售后剩余证券全部自行购入的承销方式。"

《中华人民共和国证券法》第三十条规定,证券公司承销证券,应当同发行人签订代销或者包销协议,载明下列事项:(1)当事人的名称、住所及法定代表人姓名;(2)代销、包销证券的种类、数量、金额及发行价格;(3)代销、包销的期限及起止日期;(4)代销、包销的付款方式及日期;(5)代销、包销的费用和结算办法;(6)违约责任;(7)国务院证券监督管理机构规定的其他事项。

《公司法》第一百五十六条规定,公司以实物券方式发行公司债券的,必须在债券上载明公司名称、债券票面金额、利率、偿还期限等事项,并由法定代表人签名,公司盖章。第一百五十八条规定,公司发行公司债券应当置备公司债券存根簿。发行记名公司债券的,应当在公司债券存根簿上载明下列事项:(1)债券持有人的姓名或者名称及住所;(2)债券持有人取得债券的日期及债券的编号;(3)债券总额,债券的票面金额、利率、还本付息的期限和方式;(4)债券的发行日期。发行无记名公司债券的,应当在公司债券存根簿上载明债券总额、利率、偿还期限和方式、发行日期及债券的编号。

债券也可以私下发行,这样可以直接出售给投资者,节省发行费用,但筹集资金涉及的范围较小,发行方式受限制,故极少使用。

(三) 债券的发行价格

由第八章第一节可知,债券的价值可用累计折现现金流方法确定。(从略)

折现率即到期收率受风险、债券的流动性、通货膨胀等因素的影响,详见第八章。

二、债券的偿还

公司债券在发行时,除了一般性条款、保护性条款,往往还要有一些规定负债偿还方式的条款。根据这些内容,偿还方式可分为一次偿还、分期偿还、偿债基金、可提前回购、可转换等。

(一) 一次偿还和分期偿还

一次偿还方式是指发行公司在到期日一次偿付全部负债的偿还方式。而分期偿还债券则不同。分期偿还债券是指发行公司在到期日之前,经过一定的宽限期后,每隔半年或一年偿还一定比例的债券,直到最后全部收回。设备信托单证和市政债券通常以分批到期的形式偿还。分期偿还的具体方式分为抽签偿还和买入注销两种。抽签偿还在市场价格超过票面价格呈上升趋势时采用,抽签的依据是债券的号码,中签的债券可以领回本金。买入注销经常在市场价格低于票面额并呈下降趋势时采用,这种发行方式只对发行者有利。

(二) 偿债基金

偿债基金(Sinking Funds)是指发行公司为了收回债券、偿付本息,定期提取一定比例的金额交给债权人代表（一般为金融机构）。偿债基金一般可用于投资风险较低的证券。往往债券合同规定了偿债基金的总额、时间、每年提取的比例等项。发行公司可用偿债基金赎回债券，一般有两种形式。债权人代表将基金存入银行，定期用偿债基金支付债权利息，在到期日偿还本金。或者发行公司定期用偿债基金在证券市场上购买一定比例的债券。

（三）可提前收回债券

有些债券在债务合同中规定公司有提前收回债券的选择权。这一条款使发行公司有权力在到期日之前以一定的价格购回债券。一般收回价格高于债券面值，超过部分约等于年应计利息额，这一部分被称为收回溢价（Call Premium）。收回时，发行公司出的价格为收回价格。公司拥有的这种权力为收回权，又称为收回选择权（Optional Call）。通常，发行公司只能在特定的时期以特定的价格执行收回权。

可转换债券将于下节专门研究。

第三节　可转换债券

公司发行的一些债券附带某种期权（Option）条款。例如，债券附带有发行公司可收回条款，称为可收回债券（Callable Bonds）。附带有可转换条款（Conversion）的债券称为可转换债券（Convertible Bonds）。在公司实践中，可转换债券的应用越来越多。而且可转换债券可以附加很多除了转换外的条款，例如可收回条款。可转换债券已经成为公司融资中的一大类工具。

一、什么是可转换债券

可转换公司债券是一种公司债券，它赋予持有人在发债后一定时间内，根据持有人意愿，选择是否依约定的条件将持有的债券转换为发行公司的股票或者另外一家公司股票的权利。换言之，可转换公司债券持有人可以选择持有至债券到期，要求公司按照约定条件还本付息；也可选择在约定的时间内转换成股票，享受今后的股利分配或资本增值。

除了普通债券的面值、票息率和到期期限三要素之外，可转换债券的要素还包括转换期限、转换价格、转换比率等要素。转换期限就是可转换债券可以转换为股票的起讫时间。转换期限可以有多种设置方式，如债券的整个存续期，也就是从发行日到到期日，但一般来说发行日之后某日到到期日较为常见。转换期限越长，投资者选择机会就越多，转换权利就越值钱。

转换价格指将可转换债券转换为公司股票时，相当于对每股股票所支付的价格。转换比率是每张可转换债券可以转换成股票的股数。转换价格与转换比率之积等于债券面值。例如债券面值为100元，转换价格定为20元，如果投资者决定转换，可以换成5股普通股票，也就是转换比率为5。转换比率与可转换的股票市场价格之积，称为转换价值。例如，上述可转换债券，如果股票价格为25元，那么转换价值为125元（5×25）。此时，转换价值超过可转换债券的面值。

可转换债券在发行时，通常面值高于转换价值5%~25%左右，超过部分称为转换溢价。

所以，发行可转换债券类似于提前溢价发行股票，比按照当时股价发行股票能够多获得资金。在上例中，例如当时股票价格为 16 元，那么转换价值为 80 元（5×16），而发行可转换债券可以得到 100 元。100 元比 80 元高出 25%，称为转换溢价。或者转换价格、转换溢价、当时股票价格之间也可以用下式表示：

$$转换价格 = 基础股票价格 \times (1 + 转换溢价比率)$$

可转换债券起源于美国。1843 年美国 New York Erie 铁道公司发行了第一张可转换公司债券。但此后 100 多年，可转换公司债券一直没有得到市场的重视。直到 20 世纪 70 年代，债券投资人为抵御通货膨胀的影响，开始寻找新的投资工具。由于其既具有债性又具有股性的特点，可转换公司债券在此后 30 年在全球迅速发展起来。1992 年底，深圳宝安公司成功发行了我国资本市场上第一张 A 股上市公司可转换公司债券。

二、转股价格的调整和修正

可转换公司债券发行后，因发行新股、送股及其他原因引起公司股份发生变动的，因此导致股票价格发生变动时，发行人应当及时调整转股价格，并向社会公布，以避免由此给持有人造成的损失。因此，一般在可转换债券合约中规定的转股价格为初始转股价格。

例如 G 丰原 2005 年中期利润分配方案为，资本公积金转增股本，向全体股东每 10 股转增 10 股。这样转增股本后，每股权益就会减半。根据有关规定，当可转债发行后，公司因转增股本情况使股东权益发生变化时，转换价格应按下述公式调整：

$$转增股本: P_1 = P_0 \div (1 + N)$$

其中：调整后转股价格为 P_1，调整前转股价格为 P_0，每股转增股本数为 N。

根据上述规定，公司在 2005 年 12 月 6 日（股权登记日）实施 2005 年中期每 10 股转增 10 股分配方案后，"丰原转债"转股价格则相应由原来的每股人民币 4.80 元调整为 2.40 元[①]。

发行公司为了保护自身利益，有时也在合约中加入转股价格的修正条款。修正条款指在转股期内，如公司股票连续若干个交易日的收盘价低于当期转股价格的一定比例，例如 95% 时，公司董事会有权向下修正转股价格，但修正后的转股价格不低于前几个交易日，例如 5 个交易日，公司股票平均收盘价格。

三、可转换债券的性质

从可转换公司债券的概念可以看出，可转换公司债券既具有债权性，又具有股权性。

1. 债权性质

可转换公司债券首先是一种公司债券，是固定收益证券，具有普通债券拥有的特性，如确定的债券期限和确定的票息率，可以为投资者提供稳定的利息收入和还本保证，因此可转换公司债券具有较充分的债权性质。在企业资产负债表上，可转换公司债券属于企业"或有负债"，在转换成股票之前，可转换公司债券仍然属于企业的负债资产，只有在可转换公司债

---

① 参见丰原生化公司（000930）2003 年可转换债券募集说明书和公司有关公告。

转换成股票以后，才会从负债账户上转至权益账户。

可转换债券实际上相当于一张普通债券，加上一份内嵌股票择购期权。投资者购买了可转换债券，除了获得一张普通债券外，还获得了期权。因此，可转换公司债券的票面利率通常低于同等条件和同等资信的普通公司债券，所获得的期权作为低票息的补偿。

2. 股票性质

可转换公司债券为投资者提供了转换成股票的权利。投资者可以按照自己的意愿，根据约定，在适当的时间，行使转换权，将可转换公司债券转换成公司的普通股票。当然，既然是一种权利，投资者也可以放弃这种转换权，持有债券到期。由于按照约定可转换债券可以转换成的股票数量是固定的，当股票价格上涨使得可转换债券的转换价值（股票价格×转换比率）高于其含有的普通债券的价值时，可转换债券的价值会随着股价的上涨而上涨。也就是可转换债券持有者可以获得股票升值的好处。从这一点来看，可转换债券具有股权性质。

四、可转换债券的种类

一般可转换债券是普通债券加上内嵌的买入期权，通常按照面值平价发行。由于期权的存在，可转换债券比同等期限、信用等级等条件下的普通债券票息要低。除此之外，通过调整可转换债券的票息高低，以及所附条款的不同，可转换债券还可以表现出多种形式。

（一）可分离可转换债券

可分离可转换债券，指在发行可转换债券时，基础普通债券与附有的期权（认股权证）可以分拆。发行之后，投资者可以将基础普通债券和附有的期权分开交易。这种可转换债券实际上相当于普通债券与认股权证捆绑发行，而不是实际意义上的可转换债券。在执行认股权证时，使用现金而不是债券。

（二）可交换债券

可交换债券是指转换的标的股票不是债券发行公司的股票，而是另一家公司的股票。可交换债券的一个主要功能是可以通过发行可交换债券有秩序地减持某些股票，发行人可以及时收取现金，也可避免有关股票因大量抛售而股价受到太大的冲击。比如香港的公司和记黄埔曾两度发行可交换债券以减持万达丰。欧洲很多企业为提高透明度和向其他方向发展，曾发行此类债券以解除公司之间的互相控制。另外，可交换债券行权方式可以较为灵活，例如可以实物交割，也可以现金交割，即发行人不向债券持有人交割股票，而只是根据内嵌期权，向债券持有人支付现金。

（三）可赎回可转换债券

可赎回可转换债券指发行公司在一定条件下，可以选择按照事先约定的价格，赎回已经发行的可转换债券。可赎回可转换债券，也就是在一般可转换债券中嵌入可赎回条款。发行公司设立赎回条款的主要目的，是避免因市场利率下降，而造成的利息支付过高的损失，从而降低资本成本。同时，利用赎回条款，发行公司也能够加速转股过程，减轻到期还款的财务压力。为了保护投资者的利益，通常设立赎回保护期，即可转换公司债券从发行日至第一次赎回日的期间。赎回保护期越长,债券被赎回的期限越短,对投资者也就越有利。赎回保护期过后,便是赎回期。

在赎回期,按照赎回条件的不同,赎回可以分为无条件赎回(即硬赎回)和有条件赎回(即软赎回)。无条件赎回指公司在一个固定的赎回期内,按事先约定的价格买回未转股的可转换公司债券;有条件赎回一般没有固定的赎回期,在不确定的时间内,在标的股票价格上涨到一定幅度(如130%),并且维持了一段时间之后,公司按事先约定的价格买回未转股的可转换公司债券。

赎回价格是事先约定的,它一般为可转换公司债券面值的103%~106%。对于定时赎回,其赎回价一般逐年递减;而对于不定时赎回,通常赎回价格除利息外是固定的。

一旦公司发出赎回通知,可转换公司债券持有者必须立即在转股或卖出可转换公司债券之间做出选择。因为赎回通常是在对发行公司有利情况下作出的,可转换债券持有者一般应选择转股。可见,赎回条款另外一个主要功能是强制可转换公司债券持有者行使其转股权,从而加速转换,因此赎回条款又称为加速条款。

(四) 可回售可转换债券

可回售可转换债券指债券持有人在一定条件下,可以选择向发行公司回售持有的可转换债券。可回售可转换债券,也就是在一般可转换债券中嵌入可回售条款。回售条款是为投资者提供的一项安全性保障。当可转换公司债券的转换价值远低于债券面值时,持有人行使转换权利无利可图。如果按照持有人的预期,股票价值升值可能性小,此时投资人可以依据约定的条件,要求发行公司以面额加计利息补偿金的价格,收回可转换公司债券。计算利息补偿金时的利率要比可转换债券的票面利率高。回售实质上是一种可转换债券的择售权,是赋予投资者的一种权利,投资者可以根据市场的变化而选择是否行使这种权利,是投资者向发行公司转移风险的一种方式。

回售也分为无条件回售和有条件回售。无条件回售是指无特别指定的原因设定回售。无条件通常在固定回售时间进行。固定回售时间一般在可转换债券期限的1/3或者一半之后。对于10年期以上的可转换债券,回售期多在5年以后。有条件回售一般在时间上不固定,是指公司股票价格在一段时期内连续低于转股价格并达到某一幅度时,可转换公司债券持有人按事先约定的价格将所持债券卖给发行人。

五、可转换债券的发行条件

《中华人民共和国证券法》第十六条规定了公司公开发行债券的条件。如果公司发行可转换为股票的债券,除应当符合第十六条第一款规定的条件外,还应当符合本法关于公开发行股票的条件,并报国务院证券监督管理机构核准。也就是:(1)股份有限公司的净资产不低于人民币3 000万元,有限责任公司的净资产不低于人民币6 000万元;(2)具备健全且运行良好的组织机构;(3)具有持续盈利能力,财务状况良好;(4)最近3年财务会计文件无虚假记载,无其他重大违法行为;(5)经国务院批准的国务院证券监督管理机构规定的其他条件。

在中华人民共和国证券监督管理委员会2006年5月8日颁布的《上市公司证券发行管理办法》中第十四条规定,公开发行可转换债券的公司,除应当符合第二章第一节发行证券的一般性规定之外，还应符合下述规定：（1）最近3个会计年度加权平均净资产收益率平均不低于6%。扣除非经常性损益后的净利润与扣除前的净利润相比，以低者作为加权平均净资产收益率的计算依据；（2）本次发行后累计公司债券余额不超过最近一期末净资产额的40%；（3）最近3个会计年度实现的年均可分配利润不少于公司债券1年的利息。

习 题

1. 长期债券有哪些主要形式？
2. 债券筹资的优点和缺点有哪些？
3. 简要介绍我国公司发行债券的条件和程序。
4. 简要介绍影响债券发行价格的主要因素。
5. 公司债券的偿还方式主要有哪些？
6. 公司发行债券时以下附带条款分别是增加还是减少其债券的价值？
    （1）回收条款；
    （2）限制增加负债条款；
    （3）债券抵押条款；
    （4）可转换股票的条款；
    （5）偿债基金。
7. 债券发行定价的主要影响因素有哪些？
8. 发行固定利率债券和浮动利率债券对于公司各有哪些影响？
9. 公司发行可转换债券与普通债券的条件有什么不同？
10. 可转换公司债券的赎回条款和回售条款对于债券价值有什么影响？
11. 可转换债券的面值为100元，可转换成10股普通股，计算可转换债券的转换价格。
12. 可转换债券的面值为100元，转换价格为25元，计算可转换债券的转换比率。
13. 可转换债券的面值为100元，转换价格为25元，目前股票价格为20元，计算可转换债券的转换价值、转换溢价率。可转换债券还有5年到期，票息率为3%，每年付息，该可转换债券价值的下限是多少？（5年期同等风险普通债券市场利率为3%）
14. 某公司发行了面值为100元的可转换债券，这些债券可转换成10股普通股，债券每年的票息率为2%，期限为6年。当前同样风险的不可转换债券的利率为6%。
    （1）计算与可转换债券有相同票息、相同风险的不可转换债券的价值；
    （2）当股票的市场价格为每股6元、7元、10元、12元时，分别计算债券的转换价值和转换溢价率；
    （3）可转换债券中嵌入的择购期权的价值大约是多少？

第二十一章 租 赁

租赁（Leasing）是按照租赁合同，资产使用者定期向资产所有人支付一定量的租金从而长期获得某种资产使用权的经济行为。资产的使用者称为承租人（Lessee），资产所有人称为出租人（Lesser）。出租人可以是设备制造公司、银行，也可以是专业租赁公司。比如，美国GATX公司是美国铁路上最大的单节车皮出租人；美国IBM公司是美国最大的计算机出租人。

自20世纪50年代中期，一些银行或其他金融机构开始介入租赁市场，尤其后来形成了专业的租赁公司，租赁市场日益发达。对于公司，租赁不再是简单的出租、承租活动，它与发行股票、发行债券、长期借款以及留存利润一样成为公司主要的融资渠道之一。我国公司实务中，运输业、房地产业方面的租赁市场比较发达，但整体的租赁市场尚处在发展的初级阶段。但随着经济的发展，一些专业租赁公司也相继出现，租赁市场日益完善。相信不远的将来，租赁活动会在我国公司实务中占据重要地位。

第一节 租赁的种类与特点

与分期付款销售方式相似，租赁的承租方应定期向出租方以类似年金的方式支付一定金额。但如何区别两者呢？美国国内税务局（Internal Revenue Service，IRS）规定真正的租赁符合以下几点：

（1）租期应该小于资产的经济寿命；
（2）出租人应获得合理的租金回报；
（3）在租期结束时承租人可以用公平的价格来购买承租资产。

通常，租赁双方是通过租赁合同来确定租赁关系。租赁合同规定了租赁条件、租期、租金、维护、购买以及其他有关方面条件。根据租赁的性质，租赁活动可分为经营租赁（Operating Leasing）和融资租赁（Financing Leasing，又称为财务租赁）。我国财政部2006年颁布的《企业会计准则第21号——租赁》规定：判断一项租赁是否属于融资租赁，不在于租赁协议，而在于交易的实质。如在一项租赁中，与资产所有权有关的全部风险和报酬实质上已转移，这种租赁应是融资租赁，并确定符合下列一项和数项标准的，应当认定为融资租赁：

（1）在租期届满时，租赁资产的所有权转移给承租人；
（2）承租人有购买租赁资产的选择权，所订立的购买价格预计将远低于行使选择权时租赁资产的公允价值，因而在租赁开始日就可以合理确定承租人将会行使这种选择权；
（3）即使资产的所有权不转移，但租赁期占租赁资产使用寿命的大部分；
（4）承租人在租赁开始日的最低租赁付款额现值，几乎相当于租赁开始日租赁资产的公允价值；出租人在租赁开始日的最低租赁收款额现值，几乎相当于租赁开始日租赁资产的公允价值；

（5）租赁资产性质特殊，如果不做较大改造，只有承租人才能使用。

一、经营租赁

不满足以上条件任何一个的租赁称之为经营租赁，经营租赁具有以下几个特点：

（1）租赁期短，往往远小于资产的经济寿命。出租方并未在一次租赁期内补偿全部或大部分投资，因而经营租赁又被称为不完全支付租赁。

（2）可撤销性。承租方可根据公司的需要在租赁期末结束之前取消租赁关系，一般要提前通知出租人并给予出租人一定的经济赔偿。

（3）出租人提供专门服务，承担租赁资产的风险，并负责资产的维护、保养等服务，但要收取较高的租赁费，因而又被称为服务租赁（Service Leases）。

另外，值得一提的是，经营租赁也具有短期融资的特性。经常用于经营性租赁的资产有：运输工具如车皮、汽车，办公设备如复印机、电子计算机，通信设备如移动电话，以及一些重型设备等。

二、融资租赁

（一）融资租赁的特点

融资租赁又称为财务租赁，是出租人将与租赁资产有关的全部风险和收益转移给承租人的一种租赁，与经营租赁相比有以下特点：

（1）租赁期长，占据租赁资产经济寿命的大部分。其间，承租人支付租金的现值超过了资产的市场价值，即出租方在一次租赁期内可收回全部投资。因而又被称为完全支付租赁（Full Payment Leases）。

（2）不可撤销性。租赁关系在租约期间一般不能取消，或者只有在某些特殊条件下才能取消。这些特殊条件一般包括：①发生某些极为偶然的意外事件，比如承租人破产等；②经出租人同意；③承租人与原出租人就同一资产或同样资产签订了新的租赁合同，等等。

（3）出租人拥有租赁资产的所有权，但承租人承担了与租赁资产有关的全部风险，并获取租赁资产产生的全部收益。承租方拥有使用权，一般要承担租赁资产的维护、维修、保养等，尤其实际上承担租赁资产的折旧费用。

（4）租赁期结束时，承租人或者将租赁资产退还给出租人，或者继续租赁，但承租人有廉价购买租赁资产的优先权。

融资租赁从本质上看与长期负债甚为相似。从现金流上分析，融资租赁活动在期初租入设备或其他资产，而长期负债活动在期初是借入资金购买设备或其他资产；融资租赁活动在各会计期间支付租金，而长期负债活动在各会计期间要付息还本。二者在现金流形式上是完全一样的，因此融资租赁是重要的融资方式之一，它通常是对房地产、大型固定资产甚至整个工厂进行租赁。

(二) 融资租赁的形式

融资租赁的形式一般有净租赁（Net Leases）和全方位服务式租赁（Service Leases）。在净租赁活动中，出租人只对承租人提供财务融资方面的支持，承租人负责租赁资产的维护保养，承担其保险并缴纳财产税。在全方位服务式租赁活动中，出租人不仅在财务融资方面支持了承租人，而且出租人还负责租赁资产的维护保养、保险并缴纳财产税。融资租赁较少采用全方位服务式租赁，大部分服务租赁是属于经营租赁的。

净租赁又有几种重要形式，如直接租赁（Direct Leases）、杠杆租赁（Leaveraged Leases）、售后租回（Sale and Lease-back）。

1. 直接租赁

承租人直接向制造商租赁资产或者承租人先向出租人申请，出租人按承租人要求购买资产，然后出租给承租人，这种租赁方式叫作直接租赁。在直接租赁活动中，出租人可以是制造商、批发商、租赁公司或金融机构甚至个人。

2. 杠杆租赁

杠杆租赁是直接租赁的一种特殊形式。杠杆租赁涉及的租赁费往往昂贵，出租人只投入部分资金，其余资金向第三方贷款。因而参与杠杆租赁有三方：出租人、承租人和债权人。像其他形式租赁一样，承租人依然定期支付租金。出租人在此租赁活动中只出部分资金，然后以租赁资产抵押向债权人贷款。在租赁期间，出租人用承租人的租金向债权人还本付息，并从中获取一定比例的佣金。在杠杆租赁活动中，出租人一方面是租赁资产的所有人，另一方面又是债务人，正是由于出租人负债，其财务状况具有杠杆效应，因而才称之为杠杆租赁。杠杆租赁可以是融资租赁，也适用于经营租赁。

3. 售后租回

在售后租回的租赁活动中，公司先将资产出售，然后再从新所有人那里租回卖出的资产。公司在此过程中因出售资产而获得一笔现金收入，同时因将资产租回又具有该资产的使用权。另外，承租人的租金又可抵消部分所得税。

三、租赁的优缺点

租赁作为获得资产使用权的方式，有许多好处。

(一) 经营租赁给承租人带来的好处

（1）短期租赁活动为公司提供便利。比如某公司在筹备外地市场时，为了给工作人员交通提供便利，公司需要使用一个月的小汽车。而公司拥有的小汽车都有专用，怎么办？此时，只要向出租汽车公司申请租赁便可解决问题。

（2）维修便利。在短期租赁中，设备的维修保养工作一般由出租人承担，尤其是专业租赁公司拥有一批专业技术人员，他们往往能提供优质的服务。承租人不可能为短期租赁的资产配备专业维修人员，从这一点来看，承租节约了成本。

（3）承租人可将资产陈旧的风险进行转嫁。在技术迅猛发展的今天，技术更新周期变短，资产的无形损耗很高，许多资产往往因科技发展而陈旧甚至废弃，如计算机，其市场价值必然下降。在这种情况下，许多资产所有人会迅速失去大笔投资。承租人可通过经营租赁获得资产使用权，同时又可有效地降低风险。但是，成本费用支出一般也较高。

(二) 融资租赁给承租人带来的好处

(1) 融资的灵活性。虽然融资租赁与长期负债对现金流影响相似，但相比之下租赁的手续较为简单，出租方可较放心地向承租人出租资产而不必详细了解企业的具体经营状况，同时这一点又意味着管理成本和交易成本较低。

(2) 租金支付的灵活性较大，承租人可以根据租赁资产产生回报的周期与出租人协商安排租金支付，有助于稳定现金流量。稳定的现金流量使承租人易于准确预测现金流量，便于承租人安排经营计划。

(3) 在租赁活动中，承租人一方面维持了充裕的周转资金；另一方面又拥有资产的使用权。

(4) 租赁筹资限制较少。长期负债的债权人可能对企业进一步筹资进行限制，有的还要对企业的现金支付做出种种限制。这些限制不同程度上保证了债权人的利益，但同时束缚了公司的行为。适当的租赁关系往往可以减少一些限制，但程度有限。

(5) 有利于小企业的融资。无论融资租赁还是经营租赁都具有融资的作用。在租赁—贷款购买决策中，有时租赁的成本现值大于贷款购买的成本现值，但是企业的整体投资方案的 NPV 是大于 0 的，这样的方案称为可行性方案。对于小企业来说争取银行贷款，尤其是大额贷款是比较困难的，而小企业采取租赁方式往往可以获得使用相应资产的权力。

第二节 租赁决策

一、租赁的会计处理

经营租赁条件下，公司的租赁费用支付并不体现在资产负债表上，但必须在公司财务报表的注解中说明租赁费的支出情况。而在融资租赁条件下，公司租赁的资产计入资产负债表中。

(一) 融资租赁资产与负债的入账价值

在我国，根据《企业会计准则第 21 号——租赁》的规定，以融资租赁方式租入的固定资产，按照最低租赁付款额现值与租赁开始日租赁资产公允价值两者中较低者作为租入资产的入账价值。将最低租赁付款额作为长期应付款的入账价值的，其差额作为未确认融资费用，在每期支付租金时，确认为当期融资费用。而根据美国财务会计准则委员会的第 13 号准则，融资租赁必须体现在企业的资产负债表上，同时增加资产方和负债方，增加的资产和负债额应等于租赁期内最低支付租赁费的现值。

例 1：3F 公司以融资租赁方式租入一条生产线，按租赁协议规定租期 5 年，每年支付 20 万元的租金。假设租赁开始日租赁资产的公允价值为 95 万元，最低租赁付款额现值为 90 万元，企业另以银行存款支付运费、保险费、安装调试费，共计 10 万元。假设该资产不存在残值，生产线折旧年限为 5 年。

租赁前的资产负债表如表 21-1 所示。

表 21-1　　　　　　　　3F 公司租赁前资产负债表　　　　　　　　单位：万元

现金、应收账款	50	流动负债	200
租赁	20	长期负债	300
长期投资	30	实收资本	400
固定资产	900	未分配利润	100
合计	1 000	合计	1 000

租赁发生后，企业固定资产增加 100 万元，现金减少 10 万元，资产负债表变为表 21-2。

表 21-2　　　　　　　　3F 公司租赁后资产负债表　　　　　　　　单位：万元

现金、应收账款	40	流动负债	200
租赁	20	长期负债（注2）	390
长期投资	30	实收资本	400
固定资产（注1）	1 000	未分配利润	100
合计	1 090	合计	1 090

注1：固定资产 = 900 + 90 + 10 = 1 000（万元）。

注2：长期负债 = 300 + 20 × 5 - 10 = 390（万元）。

（二）租赁费用的税务处理

按照我国 2007 年 3 月颁布的《中华人民共和国企业所得税法》的规定，以经营租赁方式租入固定资产而发生的租赁费可以据实扣除，融资租赁发生的租赁费不得扣除，但可按规定计提折旧费用，折旧政策应与承租人自有资产折旧政策相一致。

二、租赁决策的做出

（一）租赁的税收作用

租赁活动涉及出租人和承租人两方。在经营租赁中，政府对出租人的租金收入征收所得税，而承租人的租金支出计入成本费用因而有抵税作用。当租赁双方适用的所得税税率相同时，出租人租金的税收损失，正好是承租人租金的税收抵消部分。因而双方都十分关心租赁对税负的影响问题。这里主要是从承租人的角度来介绍租赁的税收作用。

对于融资租赁，在这里要讨论一下租赁费抵税问题。美国国内税务局（IRS）为了防止企业滥用租赁方式抵税，规定了租赁抵税的条件：

（1）租赁期不短于资产经济寿命的 75%，且不能超过 30 年；

（2）承租人支付租赁费溢价必须等于同类资产租赁的溢价，一般 10% ~ 15% 的溢价是合理的；

（3）续租的权利是合理的。但如果外单位愿意以更高的价格支付租金，出租人不能以更低的租赁费向原承租人续租；

（4）不允许有特殊的购买权利。出租人提供购买权利的价格不能低于其他单位愿意购买的价格；

（5）杠杆租赁时，出租人必须提供购买价格20%以上的资金。

公司实务中，由于租金支付额在实际支付时直接计入成本，往往大于贷款购买方式的资产折旧，因而能产生更大的抵税作用。

在我国公司实务中，有关法规规定租赁费用不能直接计入成本费用，而是以固定资产折旧方式间接计入成本费用，因而不可能产生比折旧更大的抵税作用。

（二）租赁—贷款购置决策优劣

租赁—贷款购置决策（Lease-Borrow Trade-off）实质是投资决策。在进行租赁—贷款购买决策之前首先要保证租赁方案与贷款的购买方案都是可行性方案，即方案的 NPV > 0。租赁—贷款购买决策是确定两种方案哪一个成本更小。一般按如下步骤决策：①确定租赁方案对公司现金流出量的影响；②确定贷款购买方案对公司现金流出量的影响；③计算两个方案有关现金流出量的现值；④比较两者成本现值后，取成本小者为优。

1. 折现率问题

在借款购买设备的方案中，公司每期都要为贷款支付利息，而利息在会计处理中直接计入成本费用，因而有抵税的作用，在求现值过程中应考虑利息的抵税作用。于是，求现值的折现率一般采取税后利率，用 T 代表所得税税率，用 r 表示利率，则折现率可表示为 $r - r \times T = r \times (1 - T)$，这也称为税后折现率。前面我们分析过，租赁融资现金流形式与长期负债十分类似。每期支付的租赁费可由相应的借款额代替，因此在求租赁方案相关现金流出的现值时，折现率也应取税后贴现率 $r \times (1 - T)$。

2. 租赁费的抵税问题

在我国公司实务中，经营租赁活动的租赁费用直接计入成本费用，可作为所得税应税项目的扣除项目，因而具有抵税作用。这一点在中西方财务会计中是一致的。一般在同一期内，租赁费要高于购买方式的同期折旧，因而有较大的抵税作用。然而对于融资租赁而言，美国国内税务局规定了可以抵扣所得税的条件，这些条件前面已详述。只要满足这些条件的租赁都在一定程度上给公司带来抵税的好处。但我国法律在这一点上十分严格，融资租赁的会计处理必须与购买方式一致，都采用折旧方式间接计入成本费用，这是我国税法的特点。

3. 租赁—贷款购置决策分析

例2：3U 公司拟在某繁华地段投资建设一个面包糕点现做现售的大型店铺，设备总投资30 000 000 元，期限为3年。设备投资方案有两个：

一是向银行贷款，假定贷款利率为10%，期限3年，每年年末等额偿还。且公司对这些资产采取直线折旧法，3年后预期残值12 000 000 元，每年应提取折旧[(30 000 000 - 12 000 000) ÷ 3] = 6 000 000（元）。另外，公司每年要对设备进行维修保养，费用支出为1 200 000 元。

二是公司可向租赁公司租赁这套设备，但必须每年支付13 200 000 元的租赁费，租期3

年,维修保养费用由租赁公司承担。

假设所得税税率40%,问哪种方案更合理?

(1) 与租赁有关的现金流出分析。

租赁费支出、资产维修保养费、资产保险费都是与租赁有关的现金流出。一般在经营租赁中承租人只承担租赁费,其他支出由出租人承担,而在融资租赁中要依租赁合同而定,这是双方协商的结果。以上几项都是税前现金流出,因为这些项目都是应税项目的扣除项目。而税后现金流出应少于税前现金流出,税后现金流出 = 税前现金流出 × (1 - 税率)。

3U 公司租赁税后现金流出如表 21 - 3 所示。

表 21 - 3　　　　　　　3U 公司租赁方案税后现金流出　　　　　　　单位:元

年　份	租赁费	租金抵税	税后现金流出
1	13 200 000	5 280 000	7 920 000
2	13 200 000	5 280 000	7 920 000
3	13 200 000	5 280 000	7 920 000

(2) 与贷款购买方式有关的现金流出分析。

3U 向银行贷款购买设备时,每年与之有关的现金流出涉及贷款本息支付额、维修费用,同时利息、折旧还有抵税作用。因此税后现金流出 = 贷款利息支付额 + 维修保养费用 - (利息 + 折旧) × 税率。

此次贷款每年支付为 30 000 000 ÷ 年金系数 = 30 000 000 ÷ 2.487 = 12 062 700 (元),该次贷款购买活动利息支付可按表 21 - 4 的摊销计划进行。

表 21 - 4　　　　　　　3U 公司贷款活动现金流出　　　　　　　单位:元

年　份	年初余额	年初支付额	利　息	本金偿还额	年末余额
0					30 000 000
1	30 000 000	12 062 700	3 000 000	9 062 700	20 937 300
2	20 937 300	12 062 700	2 093 730	9 969 000	10 968 300
3	10 968 300	12 062 700	1 094 400	10 968 300	0
总计		36 188 100	6 188 100	30 000 000	

税后现金流分析如表 21 - 5 所示。

表 21 - 5　　　　　　　3U 公司贷款购置方案现金流出　　　　　　　单位:元

年份 (1)	年金 (2)	利息 (3)	折旧 (4)	维修费用 (5)	税蔽 (6) = [(3)+(4)+(5)]×0.4	年末余额 (7) = (2)+(5)-(6)
1	12 062 700	3 000 000	6 000 000	1 200 000	4 080 000	9 182 700
2	12 062 700	2 093 700	6 000 000	1 200 000	3 717 500	9 545 200
3	12 062 700	1 094 400	6 000 000	1 200 000	3 317 800	9 944 900

注:第三年税后现金流实际值为 27 449 元。

因第三年末设备有 12 000 000 元的残值，平价处理税后收入为 12 000 000 元。因此，第三年与贷款购买有关的实际现金流出为 9 944 900 – 12 000 000 = – 2 055 100 元（现金流入）。

（3）计算两种方案现金流出方案的现值。

前面我们已经论述过税后折现率问题，此处税后折现率 = 10% × (1 – 40%) = 6% 或 0.06，因而与租赁活动有关的成本现值为：

$$PV_1 = \frac{7\,920\,000}{1+0.06} + \frac{7\,920\,000}{(1+0.06)^2} + \frac{7\,920\,000}{(1+0.06)^3}$$
$$= 7\,920\,000 \times 2.673$$
$$= 21\,170\,200(元)$$

与贷款购买行为有关的成本现值为：

$$PV_2 = \frac{9\,182\,700}{1+0.06} + \frac{9\,545\,200}{(1+0.06)^2} + \frac{-2\,055\,100}{(1+0.06)^3}$$
$$= 15\,432\,600(元)$$

十分明显，租赁方案的成本较高，故应采用贷款购买方案。但如果租赁公司将每年收取的租金由 13 200 000 元降为 9 600 000 元，那么租赁方案的税后现金流出由 7 920 000 元变为 5 760 000 元。于是与租赁活动有关的成本现值为：

$$PV_1' = \frac{5\,760\,000}{1+0.06} + \frac{5\,760\,000}{(1+0.06)^2} + \frac{5\,760\,000}{(1+0.06)^3}$$
$$= 15\,396\,500(元)$$

此时租赁方案成本较低，故应采取租赁方案。

（4）租赁费临界值。

对 3U 公司来讲，租金定为多少本企业能接受呢？这个数据十分重要，它是租赁协议达成的依据，是承租方谈判的依据。其实计算很简单，只需将贷款购买行为的现金流出现值进行年金分摊即可求得。设租金为 A，只需让

$$15\,432\,600 = \frac{0.6 \times A}{1+0.06} + \frac{0.6 \times A}{(1+0.06)^2} + \frac{0.6 \times A}{(1+0.06)^3}$$

可求得：

$$A = 9\,622\,500（元）$$

习 题

1. 如何判断一项经济活动是否属于租赁？如何判断一项租赁是否属于融资租赁？
2. 简述经营租赁的特点及融资租赁的特点。
3. 简述经营租赁给企业带来的益处。
4. 简述融资租赁给企业带来的益处。
5. 对于以下给定的租赁支出和期限，确定各公司每年的现金流出，假定租赁费用在每年末支出，公司的边际税率为 40%，且不存在择购权。

公　司	每年的租赁支出（元）	租赁期限（年）
A	100 000	4
B	80 000	14
C	150 000	8
D	60 000	25
E	20 000	10

6. 3L公司试图确定是租赁还是自己购买研究设备，公司的税率为40%，当前负债的税后成本为8%，租赁和购买的期限如下。

租赁：租赁期限为3年，每年末支付25 200元，所有的维修费由出租人承担，保险费和其他费用由承租人承担，承租人在租赁期满后将执行以5 000元的价格购买该项资产的期权。

购买：研究设备的成本为60 000元，可以完全通过年利率为14%的贷款来筹资，每年末支付25 844元，公司采用3年期的双倍余额折旧方法，另外公司每年将支付1 800元的维修、服务及其他费用，公司计划持有该设备并在3年后继续使用。

（1）计算各方案的税后现金流出；
（2）利用负债的税后成本计算各现金流出的净现值；
（3）你建议采用哪一方案，为什么？

7. 给定以下租赁项目的支付费用、保留期限以及折现率，假定租赁费用在每年的年末支付，计算各租赁项目的现值。

租　赁	每年支付的租金（元）	保留期限（年）	折现率（%）
A	40 000	12	10
B	120 000	8	12
C	9 000	18	14
D	16 000	3	9
E	47 000	20	11

第八篇

期权及其在财务决策中的应用

衍生金融工具（Derivative Instruments）的理论和应用是财务金融学近40年来的重要创新和发展。布莱克—斯科尔斯的期权定价模型（1973）第一次定量的给出了择购权的价值，是20世纪70年代的标志性成果。由于对期权定价问题研究的杰出贡献，默顿和斯科尔斯荣获1997年诺贝尔经济学奖。

衍生金融工具可以分为四大类，即期货（Futures）、期权（Options）、远期（Forwards）和互换（Swaps）。大家都以为这些都是全新的概念，在某种意义上对。但早在公元前350年亚里士多德的《政治学》一书上，就描述了一位哲人运用期权的例子。

期货是指买卖双方之间的协议，根据协议价格（Exercise Price）和数量在将来某个时刻交割某种商品或资产。交易的期货又称标准期货，买卖双方要经过中介机构（一般是期货交易所）按规定签订协议，并交一定的佣金和保证金。

远期与期货十分相似，但不需要中介机构，也不必规范化，它是交易双方直接协议。根据协议规定甲方在特定日期以特定价格向乙方购买特定的资产。例如，公司为减少外汇汇率变化的风险，可以向银行购进或售出货币远期。而银行从1983年以来也进入了远期合同市场。如果某公司购买了远期利率合同（Forward Rate Agreement，FRA），则同意在将来借入一定数量的现金，其利率是现在合同中规定好了的。如果某公司售出FRA，则承诺在将来贷出。

互换指协议双方根据协议按特定的计算方法在特定的期限互相交换现金流的交易行为。主要有货币互换和利率互换两种。利率互换（Interest Rate Swap）是互换中最常见的一种，又称为掉期。

详细研究期货、远期、互换等工具，超出了本书的范围。本篇从管理的角度专门研究期权问题，即重点是期权的理论、方法及其在财务管理中的应用，而不着重讨论期权市场及其交易规则。

本篇分两章，第二十二章介绍期权的基本概念和定价的理论和方法，第二十三章研讨期权在财务决策中的应用。

第二十二章 期 权

期权理论与实践是财务金融学近40年来最重要的一项创新和发展。1973年首次在芝加哥期权交易所进行有组织的规范化交易，交易量和品种飞速发展，大获成功。人们普遍认为，期权是最活跃的衍生工具之一。

当代的企业高层管理者，尤其是财务经理必须掌握期权的理论和方法。对于金融业的人士，这一点的重要性十分显然。对于非金融企业的管理层，其意义也十分重要。因为，这些企业也有可能在期权市场上进行投资；另外，它们几乎天天与货币期权、商品期权和利率期权等期权打交道；最重要的是企业的投资和融资等财务决策中蕴涵着许多期权问题，而这些期权的价值就是管理所创造的价值。

本章将论述期权的概念，讨论期权的价值，并简单介绍期权交易。

第一节 期权的概念

一、期权的定义

期权（Option）是指对特定标的物的选择权。这种权利只能在将来的某一天或某一天以前行使。特别应强调的是，既然期权是选择权、它就不是义务。也就是说，对期权的拥有者来说，可以选择行使或不行使这项权利。

具体地说，期权是按事先约定的价格在将来某天或某天以前购买或出售某标的物（Underlying）的权利契约。按其拥有者的选择行为来划分，可以分为择购权（Call Option）和择售权（Put Option）。期权的"标的物"，现已发展到许多品种，例如各大公司的普通股股票、政府债券（利率）、货币、股票指数和商品期货等。"事先约定好的"价格称为执行价格（Exercise Price 或 Striking Price）。"将来的某天"称为执行日或到期日（Expiration Date）。欧洲式期权只能在执行日当天行使。而美国式期权可以在执行日或该日以前任何一天行使。无论欧洲式或是美国式期权，过了执行日就作废了。下文我们将会说明，欧洲式择购权和美国式择购权的价值是一样的，在不另外说明时，我们的讨论以欧洲式期权为背景。

二、期权交易

假定2007年11月21日，甲先生在芝加哥期权交易所（Chicago Board Option Exchange，CBOE）购得IBM公司7月份到期（规范为该月的第三个星期五）的股票择购权一份。按规定一份股票择购权合100股，执行价格为每股100美元。从表22-1可知，当天该IBM股票择购权市价为每股12.2美元。这样，甲先生支付了12.2×100=1 220（美元）。由表22-1还知道，11月21日IBM公司股票每股价格为102.22美元。

表22-1　　　　　　　　　　IBM股票期权行情　　　　　　　　2007年11月21日

2007年11月21日IBM股票价收盘价：102.22美元

到期日	执行价格	择购权			择售权		
		收盘价	交易量	和约数	收盘价	交易量	和约数
Jan	70.00	33.10	13	1 747	0.15	110	6 843
Jul	70.00	35.30	10	3	1.10	150	12
Jan	75.00	29.80	1	2 278	0.30	268	9 814
Apr	75.00	30.20	9	64	0.90	106	266
Jul	75.00	30.90	26	…	1.60	1	26
Jan	80.00	…	…	5 365	0.40	248	16 025
Apr	80.00	25.90	26	242	1.40	82	246
Jul	80.00	26.90	48	33	2.30	10	33
Jan	85.00	…	…	9 589	0.70	1 289	16 318
Apr	85.00	22.00	132	711	…	…	1 949
Jul	85.00	22.70	10	45	3.10	3	32
Dec	90.00	14.00	75	132	0.45	415	2 971
Jan	90.00	15.00	24	10 419	1.30	150	16 106
Apr	90.00	17.40	1	718	2.90	299	4 591
Jul	90.00	…	…	190	4.30	44	46
Dec	95.00	9.32	21	282	1.00	768	4 826
Jan	95.00	11.10	18	16 893	2.25	237	10 590
Apr	95.00	13.90	10	643	4.10	39	1 775
Jul	95.00	…	…	67	5.90	154	55
Dec	100.00	4.90	201	1 016	2.35	2 671	7 427
Jan	100.00	6.70	255	12 182	3.80	169	27 250
Apr	100.00	10.60	26	1 239	5.70	54	3 017
Jul	100.00	12.20	134	45	7.40	21	174
Dec	105.00	2.45	360	2 924	4.30	3 506	7 501
Jan	105.00	4.30	238	11 097	6.00	161	15 317
Apr	105.00	7.81	73	1 096	…	…	1 666

续表

到期日	执行价格	择购权			择售权		
		收盘价	交易量	和约数	收盘价	交易量	和约数
Jul	105.00	…	…	108	10.00	100	124
Dec	110.00	0.90	592	5 947	7.60	22	2 916
Jan	110.00	2.40	432	14 519	8.80	468	17 106
Apr	110.00	5.30	29	3 367	11.70	46	3 639
Jul	110.00	7.65	5	28	…	…	110
Dec	115.00	0.30	734	3 982	12.00	5	870
Jan	115.00	1.30	1 019	13 166	11.90	211	6 995
Apr	115.00	3.90	16	4 370	14.50	18	3 603
Dec	120.00	0.10	108	3 982	…	…	502
Jan	120.00	0.65	121	19 268	17.40	5	4 969
Apr	120.00	2.60	14	3 169	…	…	946
Jul	120.00	4.20	3	112	…	…	13
Dec	125.00	0.05	43	3 412	…	…	77
Jan	125.00	0.30	28	5 174	22.30	70	466
Apr	125.00	1.60	2	1 928	21.80	13	730
Jul	125.00	3.10	3	13	…	…	…
Jan	130.00	0.15	46	7 947	…	…	31
Apr	130.00	1.10	17	2 616	27.00	10	955
Jul	130.00	2.15	36	173	…	…	…
Jan	140.00	0.05	11	1 745	…	…	61

Underlying stock price represents listed exchange price only. It may not match the composite closing price.

资料来源：根据 CBOE 有关数据整理。

如果到了 2008 年 7 月的第三个星期五，IBM 股票价格升至每股 116 美元，那么甲先生当然要执行其择购权，即以每股 100 美元的执行价格购买股票 100 股。不计交易费用，其收入为：

$$(116 - 100) \times 100 = 1\,600(\text{美元})$$

从 11 月 21 日至 7 月 18 日差不多是 8 个月的时间，1 220 美元投资得到 1 600 美元的收益，其回报率为 $\frac{1\,600 - 1\,220}{1\,220} = 31.15\%$。折成年回报率即为 50%，这当然是十分诱人的回报率。

不过事情并不一定总这么美妙。如果到了执行日，IBM 公司股票市价为每股 102 美元，则甲先生在执行日的收入仅为 200 美元。这样时间过了 8 个月，其择购权投资是赔了钱，回报率

为 -83.6%，折成年回报率约为 -93%，实在是令人沮丧的事。

更有甚者，如果 IBM 公司股票在执行日的价格低于执行价格 100 美元，甲先生会伤心地不执行其择购权，眼看着 1 220 美元的投资全泡了汤！

由此可见，期权投资是一种高风险的投资活动。

在期权交易中，获得期权的一方称为期权购买人（Option Buyer），上例中甲先生就是择购权购买人。期权出售方称为期权出售人（Option Seller）或期权出具人（Writer）。值得说明的是，股票择购期权的出售人未必拥有该股票，更不必是该企业的法人，可以"卖空"。期权是有价值的。出售人在出售时收取价款，同时承担了义务。择购权出售人有义务在执行日按执行价格出售标的物，择售权出售人有义务在执行日按执行日价格购置标的物。当然，不是一定要进行标的物的实物交割，期权出售人只须按价差补足现金便可。按规章要求，出售人要缴纳保证金。例如上述例中，如果 7 月份股票价格攀升至 116 美元，甲先生不必真的以 110 美元的执行价格购买 100 股（当然，你也可以这样理解：以 110 美元买进，同时又以 116 美元卖出），但择购权的出售人必须向甲先生交付差价款 600 美元。

由上述讨论我们可看出，期权交易本身是一种零和对策，它并不产生价值。期权购买者所得便是期权出售者所失；期权出售者所得即是期权购买者所失。

期权的私下交易由来已久。在期权交易史上，1973 年是划时代的一年。当年 4 月 26 日，美国率先成立了芝加哥期权交易所（CBOE），使期权契约在交割数额、交割日期和交易程序等方面实现了标准化。同时，期权交易开始以公开竞争的拍卖方式组织，交易技术也日趋完善，交易品种和数量迅速增加，形成了一个完整的期权市场。随后，其他国家也陆续建立了期权市场。不同的交易所的章程不完全一样，一份期权所包含的数量也不尽相同。目前中国尚未开展期权交易。

除了上述股票期权以外，还有许多种交易品种，下面我们扼要地加以说明。

1. 指数期权（Index Options）。

指数期权是以股票价格指数为标的物的期权。这种交易纯粹是价差的运作，而没有标的物的实际交割。交易品种包括纽约股票交易所价格指数期权、S&P100 指数期权、S&P500 指数期权等数十种。规定指数中的一个"点"代表若干钱，例如 500 美元（不同指数在不同交易所有不同规定）。

2. 外币期权（Foreign Currency Options）。

外币期权是以外币为标的物的期权。这类期权可以交割外币，也可以交割价差。在美国交易的品种包括其主要的外币。不同的交易所每份期权包含的外币数量不同，例如每份英镑期权合约在芝加哥期权交易所为 25 000 英镑，而在费城期权交易所则为 12 500 英镑。

3. 利率期权（Interest Rate Options）。

在美国，重要的债券也进行期权交易，这类期权称为利率期权。其标的物包括美国国库券、政府中期债券、政府长期债券、大额可转让存单等。

4. 期货期权（Futures Options）。

期货期权的标的物是金融资产期货或商品期货契约。值得注意的是，此类期权要求交割的并不是期货契约所代表的商品，而是期货契约本身，不过事实上大多仍是价差交割而已。

有些译著把择购权（Call Option）译为看涨期权，把择售权（Put Option）译为看跌期权，是从期权交易市场出发的。如果对某标的物价格看涨，预期涨过执行价格，就会购置择购权；

反之对某标的物的价格看跌，预期跌过执行价格，就会购置择售权。期权购买者的投资支出是一定的，即市场价格，而在执行日其收入是不确定的。相反，期权出售者的收入是一定的（等于购买者的支出），而在执行日的支出是不确定的（等于期权购买者的收入）。

今后如果不加说明，期权均指标的物自然单位期权。

三、财务决策中的期权

在上一段我们简要讨论了期权交易，其特点是交易本身就是投资或筹资的手段。另外有一大类期权是不可以进行交易的，它们是由管理所创造的，即所谓实物期权（Real Option）其价值就是管理为企业创造的价值。这些问题我们在一下章还将详细论述，现在只是把管理中隐含的一些期权问题提出来。

1. 认股证。

企业发行认股证，就是出售股票择购权。我们有些企业在发行股票时事先发行认股证。

2. 信誉债券。

3K 公司现拟发行面值为 1 亿美元的信誉债券，无票息，为期 3 年。这相当于 3K 公司购买择售权，当企业的资产价值低于 1 亿美元时，把企业"卖给"债权人，所以发行债券相当于购进标的物为企业资产的美国式择售权，执行价格为负债面值。

还可以认为，发行债券就等于把企业象征性地卖给债权人，而企业股东同时买到择购权，在到期日企业价值若高于债券面值，则股东会执行择购权，把企业资产买回来。

3. 可转换债券。

可转换债券多转换为普通股股票，每一张债券（例如面值为 1 000 美元）在规定时间内可换成多少股事先是确定好了的。可转换债券相当于普通信誉债券外加可转换承诺。这种承诺实际上出售了股票择购权，不过不是用普通货币，而是以债券为"货币"，也就是说债权人为行使股票择购必须牺牲其债券。这样，企业发行可转换债券，等于购买企业资产择售权，执行价格为债券总面值，加上出售以债券为"货币"的股票择购权，执行价格即为转换率。

4. 可回收债券。

可回收债券是发行者在一定期限内可以按事前规定好的价格收回的债券。相当于信誉债券加上债券择购权。

5. 财产保险。

企业通常为可能发生危险的重要资产，如飞机、火箭发射等进行财产保险。当财产遭受损失时，保险公司按承保金额进行赔偿。财产保险，对企业来说，实质上是购进择售权，执行价格即是承保金额。

6. 可选择时间的项目投资。

假设某一固定资产投资项目净现值大于 0，该项目不是要么上马，要么永远不上马的项目，而是可选择上马时间的项目，例如 5 年内，哪年市场前景看好就上马否则永远不上马。提出这种项目实际上等于购买项目资产的择购权，其执行价格就是项目投资总额。

第二节 期权在执行日的价值与期权转换

一、期权在执行日的价值

这一段我们以普通股期权为例,说明在执行日期权的价值与标的物价格之间的关系。

我们首先考虑在执行日择购权与标的物价格之间的关系。

假定乙先生握有 3L 公司的欧式普通股一股择购权,执行日为 1996 年 12 月 20 日,执行价格为 100 美元。如果到了执行日这一天,3L 公司的投票价格变为每股 105 美元,那么乙先生肯定会执行其择购权,即用 100 美元买进一股股票。这时择购权的价值为:

$$105 - 100 = 5(美元)$$

股票价格高于执行价格,这说明乙先生的运气不错。也可能他不太走运,到了执行日 3L 公司的股票价格跌至 96 美元,这说明乙先生会放弃择购权,即不以 100 美元代价换取价值仅值 96 美元的一股股票。此时择购权是无用之物,因而其价值为 0。

一般地,用 T 表示执行日,E_x 表示执行价格,P_T 表示执行日股票市价,V_{CT} 表示择购权在执行日的价值,则下述关系成立:

$$V_{CT} = \begin{cases} P_T - E_x, & 当 P_T > E_x \\ 0, & 当 P_T \leq E_x \end{cases}$$

$$= \max\{0, P_T - E_x\} \tag{22.1}$$

即在执行日,择购权的价值是 0 和 $P_T - E_x$ 中较大者。上述关系如图 22-1(a)所示,其中 $E_x = 100$。

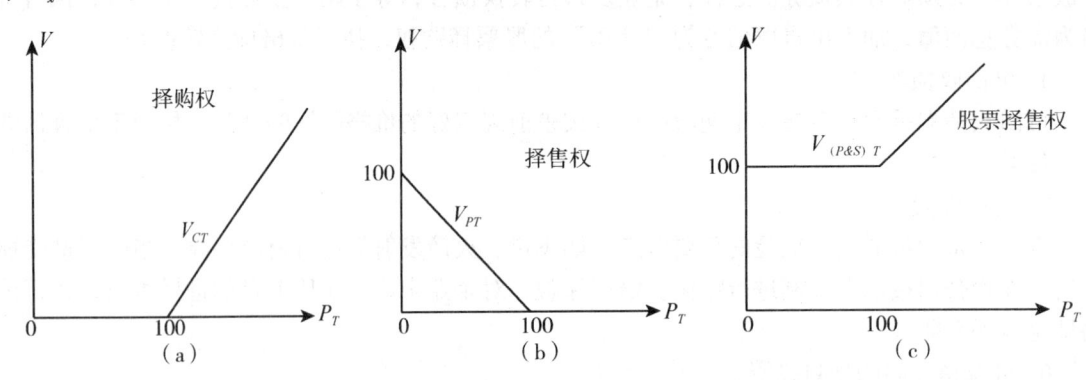

图 22-1 期权在执行日的价值

进而我们考虑择售权在执行日的价值与标的物价格的关系。现假定丙先生手中握有 3G 公司欧式普通股股票择售权一份,执行日仍为 12 月 20 日,执行价格仍为 100 美元。如果在执行日,3G 公司股票每股市价为 108 美元,丙先生当然不以 100 美元价格出售,这时择售权价格为 0;如果该日每股市价为 96 美元,丙先生会以 100 美元价格出售。这时择售权价值为 100 –

96 = 4（美元）。

一般地，仍有 E_x 和 P_T 分别表示执行价格和执行日的股票价格，用 V_{PT} 表示执行日的择售权价值，则：

$$V_{PT} = \begin{cases} 0, & \text{当 } P_T \geq E_x \\ E_x - P_T, & \text{当 } P_T < E_x \end{cases}$$
$$= \max\{0, E_x - P_T\} \tag{22.2}$$

上述关系表现于图 22-1（b）中，其中 $E_x = 100$。

实际的择售权交易中，不必真的要出售股票（你可以不拥有股票），只是按差价 $E_x - P_T$ 交割即可，也就是说如不考虑交易费用，在执行日持有者可得的收益是执行价格与股价之差。但若你同时具有一份择售权和一股股票，情形就不一样，当执行日股价 P_T 小于执行价格 E_x 时，拥有者一定会把股票以执行价格卖掉，得到收益 E_x；当股价 P_T 大于执行价格时，拥有者的择售权则无任何价值。其财富表现为股价 P_T。从上述分析中可得出：

$$V_{(p\&S)T} = \begin{cases} P_T, & \text{当 } P_T > E_x \\ E_x, & \text{当 } P_T \leq E_x \end{cases}$$
$$= \max\{P_T, E_x\} \tag{22.3}$$

式中，$V_{(p\&S)T}$ 表示一份择售权和一股股票在执行日的价值，其余符号同前，见图 22-1（c）。

最后，提醒读者注意，我们上述讨论的是择购权、择售权和股票的价值在执行日与标的物即股票价格的关系，而不是这些衍生工具现在的价值。同时，上述分析是站在期权拥有者或者说购买者的立场上。期权购买者的所得，便是出售者的所失。在购买期权时，购买者的支出便是出售者的收入；在执行日购买者的收入由出售者支付。因此，把图 22-1 沿 P_T 轴翻转 180°，便是期权出售人在执行日的所得。

二、期权的组合与转换

我们仍从期权购买者的立场考虑期权问题。现在看一看当投资者同时购买两种证券时发生怎样的情况。考虑以下两种不同的投资策略：

A：购买一份股票择售权和一股股票；

B：购买一份股票择购权和投资于无风险证券，投资额是执行价格的现值，折现率为无风险利率 r_f。

当然，方案 A 和 B 中的标的物是同一家公司的股票，而且执行日和执行价和 E_x 均相同。我们先考察一下在执行日这一天上述两种投资方案的价值。在上段中我们已经知道了方案 A 的价值 V_{AT}：

$$V_{AT} = V_{(p\&S)T} = \max\{E_x, P_T\}$$

式中，E_x——择售权的执行价格；

P_T——执行日的股票价格。

方案 B 的价值由两部分组成，一部分是择购权的价值 V_{CT}，另一部分是无风险投资，在执行日其价值为执行价格 E_x。由上段分析可知：

$$V_{CT} = \max\{0, P_T - E_X\}$$

故方案 B 在执行日的价值 V_{BT} 为:

$$V_{BT} = V_{CT} + E_X = \max\{0, P_T - E_X\} + E_X$$
$$= \max\{E_X, P_T\} \tag{22.4}$$

所以,
$$V_{BT} = V_{AT} \tag{22.5}$$

即投资方案 A 和方案 B 在执行日价值相等,也就是说投资方案 A 和方案 B 在执行日的回报完全相等。因此,在有效的资产市场中,这两种投资方案在任何时候都应具有相同的价格。所以,对于欧洲式期权,下述基本关系在任何时刻都成立:

$$\text{方案 B 的价值} = \text{择购权的价值} + \text{执行价格的现值}$$
$$= \text{择售权的价值} + \text{股票价格}$$
$$= \text{方案 A 的价值} \tag{22.6}$$

用代数式表示为:
$$V_{ct} + PV_t(E_X) = V_{pt} + P_t, 0 \leq t \leq T \tag{22.7}$$

式中,V_{ct}、V_{pt} 和 P_t——择购权、择售权和股票在任何时刻 t 的价格;

$PV_t(E_X)$——执行价格 E_x 在时刻 t 的现值;

T——由此刻到执行日的时间。

再重复一遍,基本公式(22.7)之所以成立,是因为:

投资方案 A(购买一份择售权和一股股票)和投资方案 B(购买一份择购权和投资执行价格的现值于无风险证券)有相同的回报。在完善的资本市场机制下,有相同回报的投资方案应在任何时刻有相同的价值。

由(22.7)式,易得出:

$$V_{ct} - V_{pt} = P_t - PV_t(E_X) \tag{22.8}$$

上式说明,下述两种投资和集资方案:

D:购买一份择购权和出售一份择售权;

E:购买一股股票和借入执行价格的现值(假定借入利率仍为无风险利率 r_f)在任何时刻都有相等的价值。

由(22.7)式,还容易得到:

$$V_{pt} = V_{ct} - P_t + PV_t(E_X) \tag{22.9}$$

这意味着,购买一份择售权完全等价于下述投资集资方案:购买一份择购权,出售一股股票和购买价值为执行价格现值的无风险证券。换句话说,下述两方案:

P:购买一份择售权;

Q:购买一份择购权、出售一股股票并购买价值为执行价格现值的无风险证券,在任何时刻都是等价的,即具有相同的价值。上式把择售权的价值转换为择购权的价值,称之为转换公式。因此,择购权与择售权的价值,知道其中的一个,便可以利用上述公式计算出另一个。

本节我们导出了在执行日期权价值与标的物价格间的关系式。需要说明的是并不能通过这些关系利用折现的方法求得期权在执行日以前的价值。折现的方法之所以失效。是因为股票价格变动会导致期权风险的变化,因此找不到一个适当的折现率。在下一节我们将探讨期权的定价方法。

第三节 期权的价值：定性分析

从本节开始我们研究期权的价值问题，即期权在执行日以前的价格构成问题，这是期权理论的核心问题。在上一节我们讨论了在执行日期价值与标的物价格之间的关系。这里特别是要强调指出，在执行日的这种关系，在执行日以前并不成立。因为期权交易都在执行日以前，非交易期权也需要在执行日以前知道其价值，因此关于在执行日前的价值研究，具有十分重要的意义。在上节我们导出了期权转换公式，因此今后我们只讨论择购权的价值就可以了，择售权的价值可由转换公式得出。本节中，我们将首先讨论择购权价值的界限，然后研究各自变量单独变化时如何影响择购权的价值。

一、择购权价值的界限

我们仍以股票择购权为例，说明在执行日以前择购权价值与股票价格和执行价格现值之间的关系。

1. 若股票的价格为0，则其择购权的价值也必然为0。

当标的物——股票的现在价格是0时，则说明股票的价格今后没有大于0的可能性。因为如果该股票价格在未来某时刻有可能大于0，或者说其价格大于0的事件概率大于0，譬如说股价大于1块钱的概率为10%，则其价格在该未来时刻大于$1 \times 10\% = 0.1$元。不管用多大的折现率折现，则其股票现在的价格大于0.1元的现值，因此大于0。这意味着，若一种股票现价为0，则其未来价值永远为0，其择购权无任何价值，或者说择购权价值为0。

2. 当股票价格大于0时，择购权现在的价值总小于股票现在的价格。考虑两种投资方案。方案A：购买股票择购权；方案B：购买该股票。到了执行日，方案A的收益为：

$$\max(0, P_T - E_X)$$

式中，P_T——执行日股价；

E_X——择购权执行价格。

而方案B在执行日收益为P_T，即执行日股价。前者显然小于后者，除非执行价格$E_X = 0$。在任何情况下方案A的回报低于方案B的回报。在有效市场的前提下，方案A的现值必然小于方案B的现值，即择购权的价值必定小于股票的价值，除非执行价格为0。

3. 当股票价格大于0时，择购权的价值大于0，又大于股票价格与执行价格现值之差。换言之，择购权的价值现值：

$$V_C > \max\{0, P - PV(E_X)\}$$

式中，V_C——择购权现值；

P——股票现价；

$PV(E_X)$——执行价格的现值，按连续复利折现。

$$PV(E_X) = E_X e^{-r_f T}$$

式中，r_f——无风险利率；

T——由此刻到执行日的时间；

E_X——执行价格。

为了证明上述结论，考虑下述两种投资方案。方案 D：购买股票择购权；方案 E：购买股票，并借入执行价格的现值。在执行日，如果股票的市价 P_T 小于或等于执行价格 E_X，则方案 D 的收入为 0，而方案 E 的收入为 $P_T - E_X$（负值）；如果股票的市价 P_T 大于执行价格 E_X，则方案 D 的收入为 $P_T - E_X$，而方案 E 的收入仍为 $P_T - E_X$。即在执行日，当 $P_T \leq E_X$ 时，方案 D 的收入（为 0）大于方案 E 的收入（小于 0）；而当 $P_T > E_X$ 时，方案 D 和方案 E 的收入相同。因此，在功能完善的资本市场上，方案 D 的现值必大于方案 E 的现值。方案 D 的现值即为股票择购权的价值 V_C，而方案 E 的现值即为股票现在价格减去执行价格的现值，于是：

$$V_C > P - E_X e^{-r_f T} = P - PV(E_X) \tag{22.10}$$

而另一方面，当股价 $P > 0$ 时，择购权的现在价值 V_C 大于 0 这一点是显然的，即：

$$V_C > 0 \tag{22.11}$$

结合（22.10）式和（22.11）式，最后得出：择购权的现在价值大于 0 和股票现在价格与执行价格现值之差两者中的较大者，即：

$$\begin{aligned} V_C &> \max\{0, P - PV(E_X)\} \\ &= \max\{0, P - E_X e^{-r_f T}\} \end{aligned} \tag{22.12}$$

这里要特别提醒读者，择购权的价值不仅大于 $\max\{0, P - E_X\}$，而且大于 $\max\{0, P - PV(E_X)\}$。由于 E_X 的现值 $PV(E_X)$ 自然小于 E_X，故：

$$P - PV(E_X) > P - E_X$$

由（22.12）式，易得：

$$V_C > \max\{0, P - E_X\} \tag{22.13}$$

但准确的关系应为（22.12）式。

4. 当股票价格很高时，择购权的价值趋向于股票价格与执行价格的现值之差。用极限符号表示，即为：

$$\lim_{P \to \infty} \{V_C - [P - PV(E_X)]\} = 0 \tag{22.14}$$

这是因为股票的价格（相对于执行价格）越高，最终行使择购权的概率越大。如果股票价格升高到一定程度，则行使择购权就变成确定性的了，而股票价格降低到执行价格以下的概率几乎为 0，如果你拥有股票择购权，并且知道最终将执行择购权，把择购权变成股票，那么你事实上等于拥有了股票。唯一不同的是此刻你不必支付股票的价格。在这种情形下，购买股票择购权等价于购买股票但同时借入部分资本，其借入数额等于执行价格的现值。故当股票价格无限大时，择购权的价值等于股票价格减去执行价格的现值。

综上所述，择购权的价值应是图22-2所示的一条曲线，它囿于一个梯形区域；其中三条边分别为 $V=P$, $V=0$ 和 $V=P-PV(E_X)$[①]。

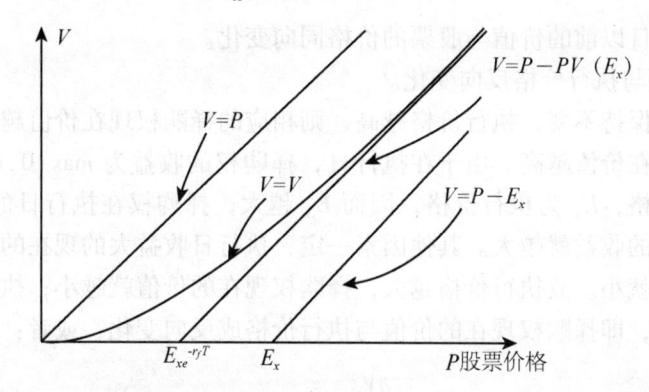

图22-2 择购权现在的价值与股票现价及执行价格现值的关系

二、择购权的价值与诸变量之间的关系

由以上的论述，我们已经明白了择购权在执行日以前的价值依赖股票当时的价格、执行价格、无风险利率和到执行日的时间间隔，还有另外一个重要因素是不言自明的，那就是股票价格的方差或均方差。由于我们考虑的是欧洲式期权，而且假定执行日以前不发放红利，所以股票价格变化率的方差即是普通股回报率的方差。这样，我们已经知道，下述五因素决定股票择购权的价值：

$$V_C = V(P, E_X, r_f, T, \sigma) \tag{22.15}$$

式中，V_C——股票择购权现在的价值；
$V(\cdot)$——某种函数关系；
P——股票现在的价格；
E_X——执行价格；
r_f——无风险利率；
T——从现在到执行日的时间；
σ——股票价格变化率的均方差（用百分数表示）。

下面我们逐一研究，当上述五种因素中有一个发生变化而其余的保持不变时，择购权的价值如何变化。

1. 择购权的价值与股票价格同向变化。

其他四个因素保持不变，股票现在价格越高，其择购权的价值越大；反之股票现在价格越低，其择购权的价值越小。这是因为股票现在价格越高，到执行日价格的期望值就高，执行日择购权的收益就大，因而择购权现在的价值就大；反之亦然。用偏导数的符号，可得：

---

① 正确的结论是这样，梯形的横截距是 $PV(E_X)$，而非 E_X，不少书，包括美国最著名在大陆风行的两本教材最新版这张图都给划错了，请读者明辨。

$$\frac{\partial V_C}{\partial P} > 0 \tag{22.16}$$

即择购权在执行日以前的价值与股票的价格同向变化。

2. 择购权的价值与执行价格反向变化。

若其他四个因素保持不变，执行价格越高，则相应的择购权现在价值越低；反之，执行价格越低，则择购权现在价值越高。由于在执行日，择购权的收益为 $\max\{0, P_T - E_X\}$，其中 P_T 为股票在执行日的价格，E_X 为执行价格，因而 E_X 越大，择购权在执行日的收益越小；E_X 越小，择购权在执行日的收益就越大。其他因素一定，执行日收益大的现在的价值就大，执行日收益小的现在的价值就小。故执行价格越大，择购权现在的价值就越小；执行价格越小，择购权现在的价值就越大，即择购权现在的价值与执行价格成反向变化，或者：

$$\frac{\partial V_C}{\partial E_X} < 0 \tag{22.17}$$

3. 择购权的价值与无风险利率同向变化。

其他四因素保持不变，现只考虑无风险利率变化。由以前的论述我们知道，当择购权执行时，握有股票择购权相当于握有该股票同时拥有数额等于执行价格的负债，由于执行价格的现值为 $PV(E_X) = E_X e^{-r_f T}$，因而无风险利率 r_f 越大，则 $e^{-r_f T}$ 越小，从而得知负债额越小，择购权的现值就越大，当择购权不执行时，其价值与无风险利率没有关系。综上所述，当无风险利率 r_f 大时，择购权现在的价值就大；当无风险利率 r_f 小时，择购权现在的价值就小，也就是说择购权现在的价值与无风险利率同向变化，即为：

$$\frac{\partial V_C}{\partial T_X} > 0 \tag{22.18}$$

4. 择购权的价值与到执行日的时间长短同向变化。

与无风险利率一样，当到执行日时间长时，择购权现在的价值就大；当到执行日时间短时，择购权现在的价值就小，即择购权现在的价值与到执行日的时间长短同向变化，即为：

$$\frac{\partial V_C}{\partial T} > 0 \tag{22.19}$$

5. 择购权的价值与股票收益率的均方差同向变化。

现考虑 3G 公司股票择购权和 3L 公司股票择购权，假定股票价格 P，执行价格 E_X，无风险利率 r_f 和到执行日的时间 T 都相同，唯一的差别是 3G 公司的普通股回报率的方差大于 3L 公司普通股回报率的方差。

设 3G 公司和 3L 公司股票价格变化率的分布密度分别为 $f_G(P_T)$ 和 $f_L(P_T)$，其中 P_T 为执行日股票价格，由图 22-3 容易看出：在执行日，3G 公司股票择购权的收益期望值明显大于 3L 公司股票择购权的收益期望值，即为：

$$\int_{E_X}^{+\infty} f_G(P_T)(P_T - E_X) dP_T > \int_{E_X}^{+\infty} f_L(P_T)(P_T - E_X) dP_T \tag{22.20}$$

换言之，在执行日 3G 公司股票择购权的价值大于 3L 公司股票择购权的价值。从而得出 3G 公司股票择购权的现在价值大于 3L 公司股票择购权的现在价值。由此得出结论，其他因素

择购权收入

3L公司股票价格分布密度

择购权收入

执行价格 E_X

股票价格 P_T

（a）

择购权收入

3G公司股票价格分布密度

择购权收入

执行价格 E_X

股票价格 P_T

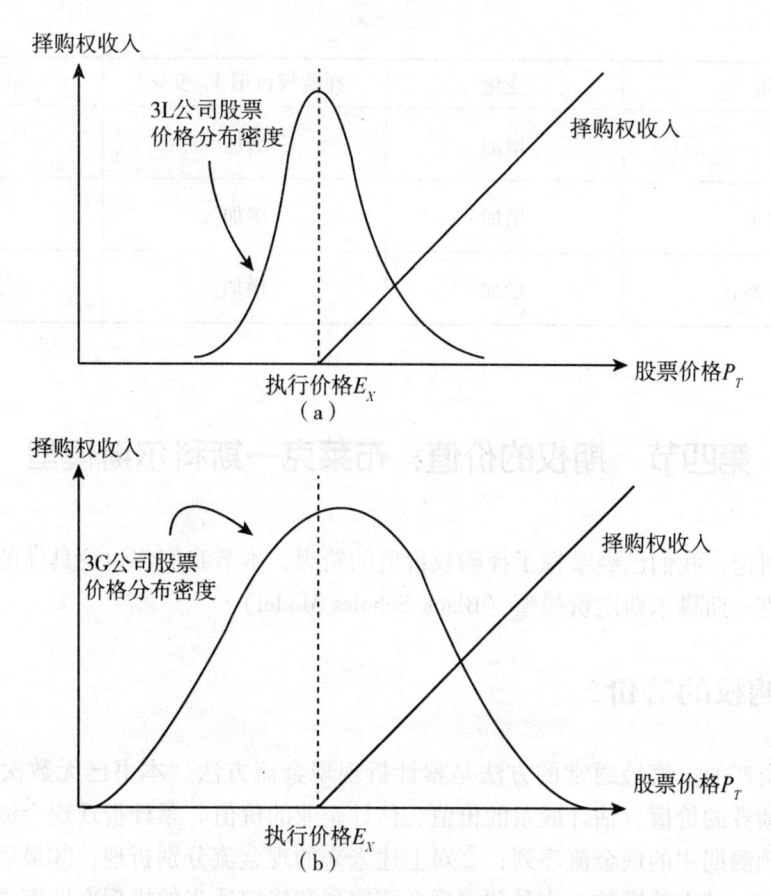

（b）

图 22 – 3　不同方差的股票择权在执行日的收益比较

不变，择购权的价值与股票价格变化率的均方差同向变化，即为：

$$\frac{\partial V_C}{\partial \sigma} > 0 \tag{22.21}$$

综上所述，尽管目前我们尚不知道择购权价值的确切表达式，但我们知道它依赖于五个变量：股票价格 P，执行价格 E_X，无风险利率 r_f，到执行日的时间 T 和股票价格变化率的均方差 σ，而且我们已经知道，当股票价格 P，无风险利率 r_f，到执行日的时间 T 和股票价格方差分别增加时，股票择购权的现在价值也增加；当执行价格 E_X 增加时，股票择购权的现在价值减少。我们把上述结果列于表 22 – 2。

表 22 – 2　各因素单独变化对择购权现在价值的影响

自变量	变化	择购权价值 V_C 变化	偏导数符号
1. 股票价格 P	增加	增加	$\dfrac{\partial V_C}{\partial P} > 0$
2. 执行价格 E_X	增加	减少	$\dfrac{\partial V_C}{\partial E_X} < 0$

续表

自变量	变化	择购权价值 V_C 变化	偏导数符号
3. 无风险利率 r_f	增加	增加	$\dfrac{\partial V_C}{\partial r_f} > 0$
4. 到执行日时间 T	增加	增加	$\dfrac{\partial V_C}{\partial T} > 0$
5. 股票价格均方差 σ	增加	增加	$\dfrac{\partial V_C}{\partial \sigma} > 0$

第四节 期权的价值：布莱克—斯科尔斯模型

由上节的讨论，我们已经掌握了择购权价值的轮廓。本节我们将讨论具体的定量方法，论述著名的布莱克—斯科尔斯定价模型（Black-Scholes Model）。

一、择购权的等价

估计一项资产的价值最通常的方法是累计折现现金流方法，本书已无数次采用过该种方法，例如估计债券的价值、估计股票的价值、估计企业的价值。累计折现现金流方法的主要步骤是：①首先预测期望的现金流序列；②对上述未来的现金流分别折现；③最后将各现金流的折现值累计起来。其中关键的工作是预测现金流序列和确定适当的折现率即资本的机会成本。

那么，累计折现现金流方法对于期权的估值是否仍适用呢？很遗憾，回答是否定的。这也是期权定价问题困扰经济学家达多年之久的一个主要原因。累计折现现金流方法的第一步，即预测未来的现金流的期望值尽管十分繁杂，但在方法上仍是可行的。问题出在第二步上，找到适当的资本的机会成本被证明是不可能的。因为每当股票价格变化时，期权的风险就发生变化，甚至当股票价格保持不变时，期权的风险也会发生变化。而我们知道，股票价格的变化在期权的有效期内是随机的。

当你购买股票择购权时，事实上是处于这样一种地位，即准备购买该股票，只不过比直接购买股票投入较少的钱。这样，期权投资有较高的回报率期望，同时具有较高的风险，即较大的回报率均方差。期权的风险比股票的风险高出多少，依赖于股票价格与执行价格之差。股价大于执行价格时择购权的风险，小于股价小于执行价格时择购权的风险。因此，股票价格上升会使择购权的价格上升，同时减少其风险。相反，股票价格下降会使择购权价格下降，同时增加其风险。这就是为什么期权投资者要求的回报率每当股票价格变化时就发生变化的原因。

期权等价方法的出现打破了在期权定价问题上的困境。关键的技巧是建立择购权的等价方案：购买股票并借入一部分资本。购买择购权等价的成本必定等于择购权的价值，而择购权等价的成本是容易确定的。我们用下述例子展示期权等价方法工作的机理。

假设 3S 公司的股票现价为每股 \$100，并为简单起见，进一步假定一年内股票价格只能升到 \$120，或降至 \$90，即股票价格只有两个可能的后果。还假定无风险利率为 10%，一年期欧洲式股票择购权的执行价格为 $100。我们比较下述两方案：

(1) 购买 3S 公司一股股票择购权；
(2) 择购权等价：购买 3S 公司 1/3 股股票，并借入现金 $27.27。

如果到了执行日，股票价格降至 $90，则（1）择购权无任何收益。而此时择购权等价（2）的收益为：

$$\text{股票收入 } \$90 \times 1/3 = \$30$$
$$\underline{-\text{偿还债务 } \$27.27 \times 1.1 = -\$30}$$
$$\text{择购权等价}(2)\text{的收入} = 0$$

即当 3S 公司股票价格变为 $90 时，（1）购买择购权与（2）购买择购权等价有相同的回报。如果在执行日股票价格上升为 $120，则（1）择购权收益为：

$$\$120 - \$110 = \$10$$

而（2）择购权等价的收益为：

$$\text{股票收入 } \$120 \times 1/3 = \$40$$
$$\underline{-\text{偿还债务 } \$27.27 \times 1.1 = -\$30}$$
$$\text{择购权等价}(2)\text{的收入} = 10$$

上式表明，当执行日股票价格为 $120 时，（1）购买择购权与（2）购买期权等价有相同的回报。

综上所述，在任何情况下，购买（1）择购权与购买（2）择购权等价都有相同的回报，即（2）与择购权是真正等价的。那么上述两种投资方案应有相同的价值，即择购权的价值就等于 1/3 股股票价值减去借款数额：

$$V_C = 1/3 \text{ 股票的价值} - \text{借款数量}$$
$$= 1/3 \times \$100 - \$27.27$$
$$= \$6.06$$

这样，尽管十分简单，可又相当重要：我们求出了 3S 公司股票择购权现在的价值

$$V_C = \$6.06$$

读者可能会问，为什么择购权等价是购买 1/3 股股票和借入 $27.27？或者说这 1/3 和 $27.27 是根据什么确定的？其实由上面的计算我们已经得到一些启发。

如果购买 3S 公司 1 股股票并借入 1 年后最低股价 $90 的现值，即借入 $90/1.1 = $81.82，则 1 年后收益如下：

	当股票价格为 $90	当股票价格为 $120
股价	$90	$120
-偿债	$-81.82 \times 1.1 = -90$	-90
=收益	0	$30

相当于 3 股股票择购权的收入。所以与 1 股股票择购权等价的方案应是购买 1/3 股股票并

借入 $90/1.1 的 1/3，即 $81.82 × 1/3 = $27.27。

本例中的 1/3 称为套期保值比率（Hedge Ratio）或择购权 δ（Option Delta）。事实上，本例中

$$\delta = \frac{1}{3} = \frac{120-110}{120-90}$$

$$= \frac{\text{执行日择购权最大收益}}{\text{执行日股票可能的最大差价}}$$

后式即套期保值比率的定义。该定义表明，择购权的等价方案为：购买 δ 股股票同时以无风险利率借入执行日股票可能的最低价现值的 δ 倍。

二、风险中性方法

请读者注意，上例中 3S 股票择购权价格为 $6.06。如果它的价格高于 $6.06，你肯定可以从下述交易活动中获利：出售 3 股股票择购权，购买 1 股股票，并借入 $81.82。类似地，如果择购权的价格低于 $6.06，你同样会从以下交易活动中受益：购买 3 股股票择购权，出售 1 股股票（你可以卖空），并贷出 $81.82。无论哪种情形，只要择购权的价格不等于 $6.06，就会产生出一个"造钱机器"来。大家知道，"造钱机器"如果有，也会由于套利行为而自生自灭，也就是说在完善市场机制下，3S 股票择购权的价格只能是 $6.06。

在上述分析中，我们没有关心投资者对待风险的态度，期权的价值不受投资者对风险态度的影响。承认这一结论，就可以提出估计期权价值的另一种方法，即风险中性方法（Risk-Neutral Method）：我们假设所有投资者对待风险的态度都是中性的，先求出期权在执行日的期望值，然后用无风险利率作折现率，求出期权现在的价值。

现在我们用风险中性方法重新求解 3S 公司股票择购权的价值。既然投资者对待不同风险是无差异的，他们对股票投资的期望回报率当然应当等于无风险利率 $r_f = 10\%$。由上例中所设，一年内股票价格或者上升 20%（由 $100 到 $120），或者下降 10%（由 $100 到 $90），而年回报率是 10%，这就确定了上升和下降的概率：

$$\text{期望回报率} = \text{上升概率} \times 20\% + \text{下降概率} \times (-10\%)$$
$$= P_{up} \times 20\% + (1 - P_{up}) \times (-10\%)$$
$$= 10\%$$

据此，易求出：

$$\text{股票价格上升的概率} = P_{up} = 0.67$$
$$\text{股票价格下降的概率} = 1 - P_{up} = 0.33$$

从而在一年后择购权的价值期望值为：

$$(120 - 110) \times 0.67 + 0 \times 0.33 = \$6.7$$

择购权的现值为：

$$\frac{\text{期望未来值}}{1 + \text{无风险利率}} = \frac{\$6.7}{1.1} = \$6.06$$

这与期权等价方法求得的结果完全一样。

三、布莱克—斯科尔斯模型

以上我们用两种方法计算了3S股票择购权的价值，其目的是演示不同的方法。但我们把事情过于简化了。事实上，在执行日股票价格的变化绝不只是两个不同的后果，而且其分布一般也是连续的而不是离散的。1973年布莱克—斯科尔斯基于期权等价的概念，提出了计算择购权价值的数学模型。① 下述模型适合执行日以前不发"红利"的欧洲式股票择购权：

$$V_C = N(d_1) \times P - N(d_2) \times PV(E_X) \tag{22.22}$$

式中　V_C——股票择购权现在的价值：

$N(d)$——d 的标准正态分布函数值，即 $N(d) = \text{Prob.}(\xi \leq d)$；

$$d_1 = \frac{\ln[P/PV(E_X)]}{\sigma\sqrt{T}} + \frac{\sigma\sqrt{T}}{2}$$

$$= \frac{\ln(P/E_X) + (r_f + \sigma^2/2)T}{\sigma\sqrt{T}} \quad (\ln \text{ 为自然对数})$$

$$d_2 = d_1 - \sigma\sqrt{T}$$

$$= \frac{\ln(P/E_X) + (r_f - \sigma^2/2)T}{\sigma\sqrt{T}}$$

$PV(E_X)$——执行价格的现值，按无风险连续利率折现，$PV(E_X) = E_X e^{-r_f T}$；

T——到执行日的时间，以年为单位；

P——股票现在价格；

σ——股票年回报率均方差，由于不发红利，等于股票年价格变化率的均方差。

在第三节中，我们定性分析了期权的价值与股票现在的价格 P、执行价格 E_X、无风险利率 r_f、到执行日的时间 T 和股票价格变化率的均方差 σ 变化的关系。择购权价值模型中实际上也只包含上述五个自变量。尽管股票回报率的期望值可以影响到期日的股票价格，但对择购权的价值却无影响。投资者对风险的态度也不影响择购权的价值。实际上，择购权价值公式

$$V_C = N(d_1) \times P - N(d_2) \times E_X e^{-r_f T} \tag{22.23}$$

中 $N(d_1)$ 即期权 δ，而 $N(d_2) \times E_X e^{-r_f T}$ 则是借入资本的数额。

需要说明的是，上述布莱克—斯科尔斯定价模型是在一定条件下成立的，这些条件包括：

(1) 股票不发红利；

(2) 无交易费用，无税负；

(3) 无风险利率是常数；

(4) 允许股票卖空，且无惩罚；

(5) 市场运作是连续的，而且股票价格的变化也是连续的（严格地说，应服从连续的 Ito

---

① 见 F. Black and M. Schloes："The Pricing of Options and Corporate Liabilities"，Journal of Political Economy, 81：637 - 654 (May - June 1973)。

过程①);

(6) 期末股票的价格变化率(回报率)服务对数正态分布。

详细的推导超出了本书的范围,我们的目的是应用。下例说明,如何应用这个模型求出择购权和择售权的价值。

例1:3H公司股票择购权和股票择售权的价值。3H公司股票现价为 $140,执行价格为 $160。择购权到期日为4年后的今天,其股票价格年变化率的均方差估计为40%,无风险利率为 $r_f = 10\%$,求其股票择购权和择售权的价值。

我们先按布莱克—斯科尔斯模型计算择购权的价值。

(1) 计算 $\sigma\sqrt{T} = 0.40 \times \sqrt{4} = 0.80$。

(2) 计算股票市价与执行价格现值之比:

$$\frac{P}{PV(E_X)} = \frac{140}{160e^{-0.1 \times 4}} = 1.30$$

(3) 从本书末附表5查出:

$$\frac{V_C}{P} = 40.4\%$$

于是,择购权价值为:$V_C = \$140 \times 40.4\% = \$56.56$

另外,我们可利用(1)和(2)的结果从附表6查出择购权的 δ 为77%(舍入后),这意味着,为达到花 $56.56购买1股择购权的同样收益,可以购买0.77股票(支出为140 × 0.77 = $107.80)并借入差额 $107.80 - 56.56 = $51.24。

然后,我们计算择售权的价值。利用转换公式(22.9),求出股票择售权的价值为:

$$V_P = V_C - P + PV(E_X)$$
$$= \$56.56 - 140 + 160e^{-0.1 \times 4}$$
$$= \$56.56 - 140 + 107.25$$
$$= \$23.81$$

顺便指出,择售权的 δ 等于择购权的 δ 减去1,

$$\text{择售权的 } \delta = \text{择购权 } \delta - 1$$
$$= 0.77 - 1$$
$$= -0.23$$

换句话说,支出 $23.81购买3H公司股票择售权等价于下述方案:出售0.23股股票(得现金收入为 $140 × 0.23 = $32.20)并且用资本($23.81 + $32.20 = $56.01)购买国库券。

最后,有必要说一说关于"红利"的理解问题。(22.22)式的解释是针对以普通股股票为期权标的物的。因此,这里所说的"红利"即指股东每股所分得的现金红利,在此期间无股票红利、股票回收以及股票分割等。如在执行日以前发放现金红利,并且可以求出其现值 $PV(DIV)$ 的话。则布莱克—斯科尔斯模型仍可利用,这时只需把公式中的股票现值 P 改为 P –

---

① 见 Darrell Duffie. Dynamic Asset Pricing Theory, 2nd. Ed. Princeton University Press, 1996, P. 84.

$PV(DIV)$。因为发红利的话,其股票现在价格 P 中包含了红利的现值。若不计以后的红利,则股票价值应为 $P - PV(DIV)$。当然有一点不同。即发放红利时股票投资的回报率由两部分组成:股票价格变化率$(P_1 - P_0)/P_0$ 及红利率(DIV_1/P_0),一般地说,普通股回报率的均方差不等于股票价格变化率的均方差。因而这样估计择购权的价值是近似的。

当期权的标的物是企业资产时,"红利"就是资产产出的现金流。当期权的标的物是某种外币时,"红利"就是该种外币产生的利息。为了说明这一点,我们给出下例。

例2:在1996年6月20日,根据道·琼斯给出的数据,1英镑可换成1.542美元(即英镑的价格 P),求执行日为1997年6月20日的英镑择购权的现在价值,执行价格为1.52美元,英镑对美元汇率变化率的均方差为10%。假定英镑年利率 r_t 为8%,而美元无风险利率 r_f 为6%。

要解上述问题,首先要调整英镑的现在价格,如果不是购买期权,而是购买了英镑,那么英镑可以产生"红利",即利息,1英镑一年利息的现值为:

$$PV(DIV) = \frac{P(e^{r_t} - 1)}{e^{r_t}}$$

而调整的英镑价格为:

$$P^* = P - PV(DIV) = P - \frac{P(e^{r_t} - 1)}{e^{r_t}}$$

$$= \frac{P}{e^{r_t}} = \frac{1.542}{e^{0.08}} = 1.423$$

$$\sigma\sqrt{T} = 0.10\sqrt{1} = 0.10$$

$$\frac{P^*}{PV(E_X)} = \frac{P^*}{E_X \cdot e^{-r_f T}} = \frac{1.423}{1.52 \times e^{-0.06}} = 0.994$$

从本书末附表5查出:

$$\frac{V_C}{P^*} = 3.75\%$$

于是得出:

$$V_C = P^* \times 0.0375 = 1.423 \times 0.0375$$
$$= 0.053$$

即每英镑的择购权价值为5.3美分。

第五节 期权的价值:二项式方法

本节我们继续讨论期权的价值问题,讨论二项式方法。原则上讲,二项式方法可以处理任何复杂的期权问题。

一、关于均方差与时间单位关系的注解

在上节的布莱克—斯科尔斯定价模型中，我们假定时间单位为年，而 σ 是股票价格年变化率的均方差。如果时间单位改换一下，例如采用以月为单位，股票价格月变化率的均方差 σ_1 与 σ 有什么关系？在其他场合，我们也时常遇到与此类似的回报率时间单位转换问题。设某项风险资产的年回报率为 $\tilde{r}$。我们知道 $V_P = V_C - P + PV(E_X)$ 是随机变量。再设第 i 月份的回报率为 $\tilde{r}_i (i = 1, \cdots, 12)$。其中，$\tilde{r}_i$，$\tilde{r}_j$ 互相独立，且同分布，$i \neq j$。按算术平均方法，则：

$$\tilde{r} = \tilde{r}_1 + \cdots + \tilde{r}_{12} = \sum_{i=1}^{12} \tilde{r}_i$$

又由于：

$$E(\tilde{r}_i) = E(\tilde{r}_1) \triangleq E_1$$
$$\sigma^2(\tilde{r}_i) = \sigma^2(\tilde{r}_1) \triangleq \sigma_1^2 \quad i = 1, \cdots, 12$$

易得出：

$$E(\tilde{r}) = \sum_{i=1}^{12} E(\tilde{r}_i) = 12 E_1 \tag{22.24}$$

$$\sigma^2(\tilde{r}) = \sum_{i=1}^{12} \sigma^2(\tilde{r}_i) + \sum_{i \neq j} \text{cov}(\tilde{r}_i, \tilde{r}_j)$$
$$= 12 \sigma_1^2 \tag{22.25}$$

（22.25）式之所以成立，是因为 $\tilde{r}_i$，$\tilde{r}_j$ 互相独立，故不相关，因此协方差 $\text{cov}(\tilde{r}_i, \tilde{r}_j) = 0$。把上式加以简化，我们得到：

$$E_{年} = 12 E_{月}$$
$$\sigma_{年}^2 = 12 \sigma_{月}^2 \tag{22.26}$$

其中 $E_{年}$ 和 $E_{月}$ 分别表示年回报率和月回报率的期望值，$\sigma_{年}^2$ 和 $\sigma_{月}^2$ 分别表示年回报率和月回报率的方差。类似于（22.26）式，不同时间单位的回报率和均方差可以相互转换。

例如，年回报率的均方差为 σ，则月回报率的均方差 σ_1 为：

$$\sigma_1 = \sqrt{\frac{1}{12}} \sigma$$

不管采用什么样的时间单位，布莱克—斯科尔斯模型中的 $\sigma \sqrt{T}$ 的数值是一样的。例如由年改为以月为单位：

$$\sigma \sqrt{T} = (\sqrt{12} \sigma_1) \sqrt{\frac{T_1}{12}} = \sigma_1 \sqrt{T_1}$$

其中 T_1 是从现在到执行日的月份数，$T_1 = 12 T$，所以布莱克—斯科尔斯模型与采用何种时间单位无关。

二、二项式方法

我们在上节讨论了风险中性方法。二项式方法（Binomial method）是风险中性方法的一个扩充和推广。把一年划分成 n 期（例 $n=1, 2, 4, \cdots$），二项式方法假定标的物的价格在每期发生一次变化，而且变化只有两种可能性：上升某个百分比，或下降某个百分比。如果适当选取上升和下降的百分数，一年后则可能有 $n+1$ 个不同的后果，正如二项式分布一样。对于每个后果计算出相应期权的价值，然后由后往前逐期推算，像决策树一样，最后求得期权的现在价值。二项式方法是一种近似方法，当期数 n 相当大时，可以取得理想的效果，它可以处理十分复杂的问题，例如有红利发放的美国式择售权价值等问题。

假设：已知标的物的现在价格，期权执行价格，无风险利率，到执行日的时间（以年为单位）以及标的物价格年变化率的均方差 σ。

步骤：

1. 把 1 年划分为 n 期（例如 $n=1, 2, 4, 12, \cdots$），假定标的物价格在每期发生一次变化：上升 K_u 或下降 K_d（百分数），其中 K_u 和 K_d 由下式确定：

$$K_u = e^{\sigma\sqrt{\frac{1}{n}}} - 1 \tag{22.27}$$

$$K_d = e^{-\sigma\sqrt{\frac{1}{n}}} - 1 = \frac{1}{1+K_u} - 1 \tag{22.28}$$

这样规定上升和下降幅度，有两个好处：一是只要上升的次数相等（自然，下降的次数就相等），后果就一样。例上升一次 $1 \xrightarrow{\text{上升}} 1+K_u = e^{\sigma\sqrt{\frac{1}{n}}}$，再下降一次 $1+K_u \xrightarrow{\text{下降}} (1+K_u)(1+K_d) = (1+K_u)\frac{1}{1+K_u} = 1$，和先下降一次再上升一次结果相同：

$$1 \xrightarrow{\text{下降}} (1+K_d) \xrightarrow{\text{上升}} (1+K_d)(1+K_u) = 1$$

这样 n 期变化只有 $n+1$ 个不同的后果。第二个好处是，按以下方法确定上升或下降的概率，当 n 很大时，这种二项分布的均方差近似等于已给均方差 σ。

2. 由下式确定上升的概率 P_{up}

$$(1+K_u)P_{up} + (1+K_d)(1-P_{up}) = e^{r_f \frac{1}{n}}$$

$$\approx 1 + \frac{r_f}{n} \tag{22.29}$$

上式说明，每期的期望回报率为 r_f/n。由上式可解出上升的概率：

$$P_{up} = \frac{(e^{\frac{r_f}{n}} - 1) - K_d}{K_u - K_d} \approx \frac{\frac{r_f}{n} - K_d}{K_u - K_d} \tag{22.30}$$

而下降的概率 $P_{down} = 1 - P_{up}$

例如，如果 $\sigma = 28.8\%$，当 $n=1$ 时，可计算出：

$$K_u = e^{0.288\sqrt{1}} - 1 = 33.38\%$$

$$K_c = e^{-0.288\sqrt{1}} - 1 = -25.02\%$$

即上升33.38%或下降25.02%。又假定无风险利率为5%，则上升的概率 P_{up} 为：

$$P_{up} = \frac{\dfrac{r_f}{n} - K_d}{K_u - K_d} = \frac{0.05 - (-0.2502)}{0.3338 - (-0.2502)} = 0.516$$

$$P_{down} = 0.484$$

当 $n = 2$ 时，

$$K_u = e^{0.288\sqrt{\frac{1}{2}}} - 1 = 22.59\%$$

$$K_d = e^{-0.288\sqrt{\frac{1}{2}}} - 1 = -18.42\%$$

$$P_{up} = \frac{\dfrac{0.05}{2} - K_d}{K_u - K_d} = 0.51$$

$$P_{down} = 0.49$$

3. 按上述公式求出各期标的物可能的价值及末期期权的价值，然后由后向前逐期计算期权的价值，直到得出其现在的价值。

例3：用二项式方法估计3Q公司欧洲式股票择售权的现值。现在，3Q公司股票市价为 \$110，执行价格为 \$100，无风险利率为5%，到执行日的时间为1年，3Q公司股票价格年变化率的均方差为 $\sigma = 28.8\%$。

我们分别把1年分为 $n = 1, 2, 4, 12, 52$ 期，计算该择售权的价值。

（1） $n = 1$

由前例，已知道上升幅度：

$$K_u = 33.38\%$$

下降幅度：

$$K_d = -25.02\%$$

而上升的概率为：

$$P_{up} = 0.516$$

下降的概率为：

$$P_{down} = 0.484$$

由以上数据得出3Q公司股票价格可能变化图，如图22-4所示。

当一年股票价格上升至 \$146.7（= \$110×1.3338）时，择售权的价值为0；若股票价格下降至 \$82.5（= \$110×0.7498），择售权价值为 \$100 - \$82.5 = \$17.5，于是一年后择售权价值的期望值为：

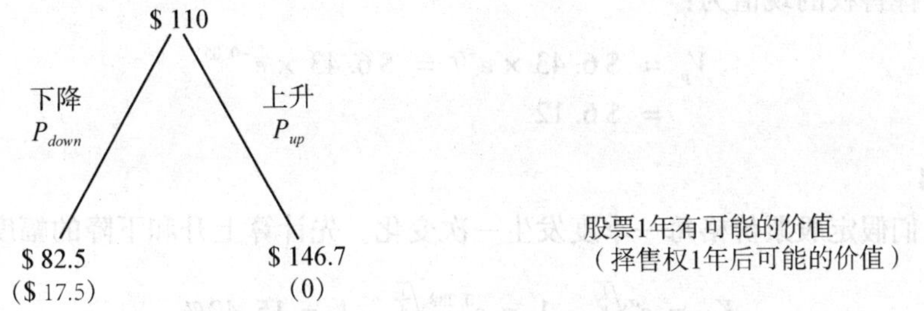

```
         $110
        /    \
    下降      上升
  P_down     P_up
    /          \
$82.5         $146.7          股票1年有可能的价值
($17.5)        (0)          （择售权1年后可能的价值）
```

图 22-4　3Q 公司股票价值 1 年内变化: $n=1$

$$\$17.35 \times P_{down} + \$0 \times P_{up}$$
$$= \$17.5 \times 0.484 + \$0 \times 0.516$$
$$= \$8.47$$

择售权现在的价值为:

$$V_P = \frac{\$8.47}{e^{r_f}} = \frac{\$8.47}{e^{0.05}} = \$8.06$$

(2) $n=2$

由上例已知, $K_u = 22.59\%$, $K_d = -18.42\%$, 可得出 3Q 公司股票价格变化图, 如图 22-5 所示。

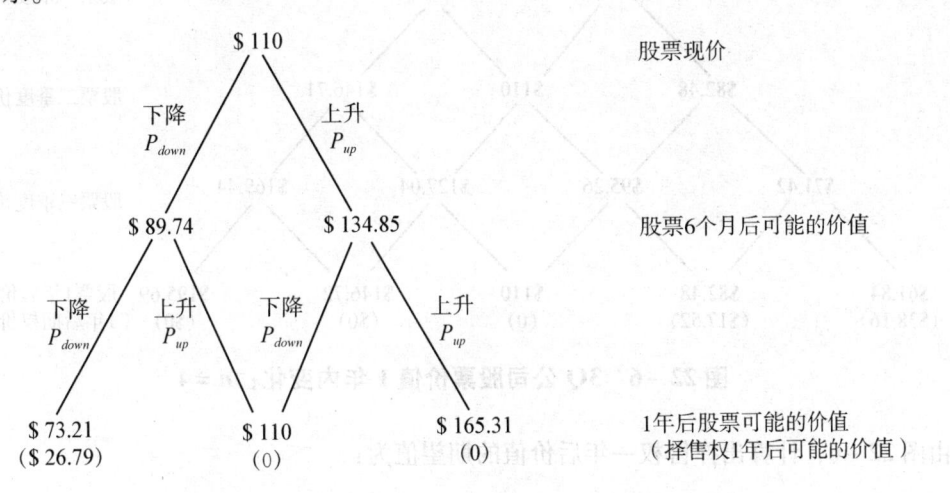

```
              $110                         股票现价
            /      \
         下降        上升
        P_down      P_up
        /              \
    $89.74          $134.85              股票6个月后可能的价值
    /    \          /      \
  下降   上升     下降      上升
 P_down  P_up   P_down    P_up
  /       \      /          \
$73.21        $110         $165.31      1年后股票可能的价值
($26.79)       (0)           (0)       （择售权1年后可能的价值）
```

图 22-5　3Q 公司股票价值 1 年内变化: $n=2$

由图 22-5 可知, 一年后股票价格有三个可能的后果: 下降至 $73.21, 保持 $110, 或上升至 $165.31, 那么择售权相应的价值分别为 $100 - $73.21 = $26.79, 0 或 0。

由上例知道上升和下降的概率分别为 $P_{up} = 0.51$ 和 $P_{down} = 0.49$。我们可以计算出择售权的一年后价值的期望值为:

$$\$26.79 \times (P_{down})^2 + \$0 \times 2P_{up}P_{down} + \$0 \times (P_{up})^2$$
$$= \$26.79 \times (0.49)^2 = \$6.43$$

于是得出择售权的现值为：

$$V_p = \$6.43 \times e^{-r_f} = \$6.43 \times e^{-0.05}$$
$$= \$6.12$$

(3) $n = 4$

这时，我们假定股票价格每一季度发生一次变化。先计算上升和下降的幅度：

$$K_u = e^{\sigma\sqrt{\frac{1}{n}}} - 1 = e^{0.288\sqrt{\frac{1}{4}}} - 1 = 15.49\%$$

$$K_d = e^{-\sigma\sqrt{\frac{1}{n}}} - 1 = e^{-0.288\sqrt{\frac{1}{4}}} - 1 = -13.41\%$$

再计算上升和下降的概率：

$$P_{up} = \frac{e^{\frac{r_f}{4}} - 1 - K_d}{K_u - K_d} = \frac{0.1467}{0.2890} = 0.5075$$

$$P_{down} = 0.4925$$

图 22-6 表示各季度内股票价格可能的变化。

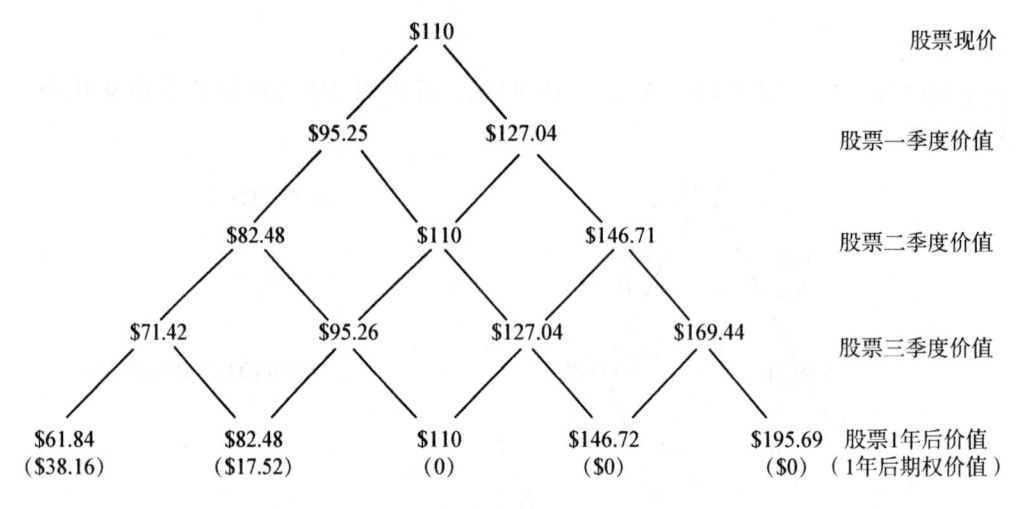

```
                        $110                        股票现价
                  $95.25    $127.04                 股票一季度价值
              $82.48   $110    $146.71              股票二季度价值
           $71.42  $95.26  $127.04  $169.44         股票三季度价值
         $61.84  $82.48  $110   $146.72  $195.69    股票1年后价值
        ($38.16)($17.52)  (0)    ($0)    ($0)     （1年后期权价值）
```

图 22-6　3Q 公司股票价值 1 年内变化：$n = 4$

由图 22-6，计算出择售权一年后价值的期望值为：

$$\$38.16 \times (P_{down})^4 + \$17.52 \times C_4^1 \times (P_{down})^3 \times P_{up}$$
$$= \$38.16 \times (0.4925)^4 + \$17.52 \times 4 \times (0.4925)^3 \times 0.5075$$
$$= \$2.245 + \$4.249$$
$$= \$6.49$$

择售权的现值为：

$$V_P = \frac{\$6.49}{e^{r_f}} = \$6.49 e^{-0.05}$$
$$= \$6.17$$

(4) $n = 12$

同理，可计算出：

$$K_u = e^{\sigma\sqrt{\frac{1}{12}}} - 1 = e^{0.288\sqrt{\frac{1}{12}}} - 1 = 8.67\%$$

$$K_d = e^{-\sigma\sqrt{\frac{1}{12}}} - 1 = -7.98\%$$

$$P_{up} = \frac{e^{\frac{r_f}{12}} - 1 - K_d}{K_u - K_d} = 0.5044$$

$$P_{down} = 1 - P_{up} = 0.4956$$

最后得出：

$$VP = \$5.95$$

(5) $n = 52$

从计算机程序得出，过程从略。

$$V_P = \$5.92$$

(6) 利用布莱克—斯科尔斯模型

$$\sigma\sqrt{T} = 0.288\sqrt{1} = 0.288$$

$$\frac{P}{PV(E_X)} = \frac{110}{100e^{-0.05}} = 1.1564$$

查附表 5，得出：

$$\frac{V_C}{P} = 18.9\%$$

$$V_C = P \times 18.9\% = \$110 \times 18.9\% = \$20.79$$

最后利用转换公式，得到择售价值为：

$$V_P = V_C - P + PV(E_X) = \$20.70 - \$110 + 100e^{-0.05}$$
$$= \$5.91$$

最后，我们把不同期数二项式方法得出的结果与布莱克—斯科尔斯模型计算结果对比见表 22-3。

表 22-3　利用二项式方法估计 3Q 公司股票择售权价值与利用 Black-Scholes 模型比较

	期数 n	择售权价值
二项式方法	1	\$8.06
	2	\$6.12
	4	\$6.17
	12	\$5.95
	52	\$5.92
布莱克—斯科尔斯模型		\$5.91

表 22-3 表明，当 $n=12$ 时，利用二项式方法估值与布莱克—斯科尔斯模型已经十分接近了。

为了说明二项式方法的应用，我们再给出一个例子。

例 4：发放红利的美国式股票择购权的价值。

3N 公司股票现价为 \$100，根据历年统计，1 年后只可能发生两种变化：股票价格上升 30% 或下降 15%，但不管发生怎样的情况，每股均支付红利 \$15。求执行期为 2 年的美国式股票择购权的价值，其执行价格为 \$90，无风险利率为 $r_f = 12\%$。

美国式期权在执行日以前任何时刻都可以执行，但是根据我们的假定，股票价格每年才发生一次变化，因此，择购权可能现在或 1 年后或 2 年后执行。我们先画出股票价格变化图，如图 22-7 所示。

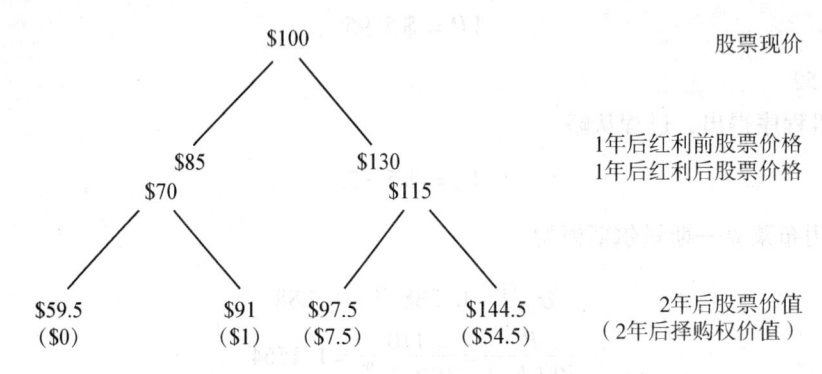

```
                    $100                           股票现价

         $85                $130                   1年后红利前股票价格
         $70                $115                   1年后红利后股票价格

    $59.5      $91      $97.5      $144.5          2年后股票价值
    ($0)       ($1)     ($7.5)     ($54.5)         （2年后择购权价值）
```

图 22-7 3N 公司股票价格及 2 年后择购权价值

当 1 年后股票价格下跌时，由于跌破执行价格（跌至 \$85），所以肯定不执行择购权。第 2 年后，股票价格或为 \$59.5 或为 \$91，则相应地，择购权价值分别为 \$0 和 \$1。根据上升、下降幅度和无风险利率，求出股价上升的概率：

$$P_{up} = \frac{0.12 - (-0.15)}{0.30 - (-0.15)} = 0.60$$

和下降的概率：

$$P_{down} = 0.40$$

计算出当第 1 年股价下跌时，择购权 2 年后的价值期望值为：

$$\$0 \times 0.4 + \$1 \times 0.6 = \$0.6$$

则其一年后的价值为：

$$\frac{\$0.6}{1.12} = \$0.54$$

由于 1 年后红利前股价为 \$85，低于执行价格，若执行择购权，则收益为 0；但若等待，其价格为 \$0.54，故应等待。

当第 1 年股票价格上升时（上升至 \$130），若执行择购权可得收益 \$130 - \$90 = \$40。但若等待，2 年后择购权价值的期望值为：

$$\$7.75 \times 0.4 + \$54.5 \times 0.6 = \$35.8$$

折算到 1 年后，择购权价值为：

$$\frac{\$35.8}{1.12} = \$31.96$$

它小于执行择购权的收益 $40，故此时应于第 1 年后执行择购权，价值 $40。

最后考虑现在是执行择购权还是等待。若现在执行，即得收入 $100 - $90 = $10。若等待，1 年后择购权的价值期望值为：

$$\$40 \times 0.6 + \$0.54 \times 0.4 = \$24.22$$

折现得择购权现值为：

$$\frac{\$24.22}{1.12} = \$21.62$$

大于执行的收益 $10，故现在应等待，择购权的价值为 $21.62。

综上所述，可以得出这样的结论：3N 公司美国式股票择购权持有人应采取这样的策略，即现在不执行股票择购权；1 年后若股票价格上升则执行，若股票价格下降则仍等待。股票择购权现在的价值为 $21.62，也就是说它的市场价值应是 21.62 美元。如图 22-8 所示。

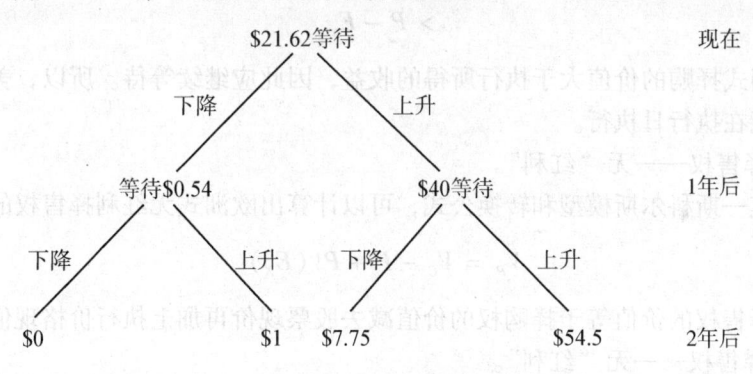

图 22-8 3N 公司美国式股票择购权的价值

三、美、欧式期权比较

以上本章主要讨论了欧洲式择购权的价值，尽管也涉及了一些美式择购权。在现实生活中会遇到各种复杂的情形，这里简要地就解决这些问题做一些提示。

1. 欧洲式择购权——无"红利"。

可用布莱克—斯科尔斯或二项式方法求解，不再赘述。

2. 美国式择购权——无"红利"。

由第三节定性分析中，我们知道：

$$\frac{\partial V_C}{\partial T} > 0$$

即择购权随到执行日时间的延长而增加其价值，若提前执行美国式择购权，等于减少了到执行日的时间，因而降低了其价值。所以，在无"红利"的条件下，美国式择购权尽管理论上可以在执行日以前任一天行使，但绝不行使。因此，美国式择购权等价于欧洲式择购权，即其价值等于欧洲式择购权的价值，可以利用布莱克—斯科尔斯模型。

因为这个问题太重要了，我们不妨换个角度重新论证以上结论。

因为美国式择购权的选择机会多，因而其价值不低于欧洲式期权的价值。但由第三节，我们知道欧洲式择购权的价值大于：

$$\max\{0, P - PV(E_x)\}$$

即大于 0 和股票现价与执行价格现值之差这两者中较大者。

如果股票现在价格低于执行价格，则任何投资者绝不会执行择购者。如果股票现在价格大于执行价格，存在执行择购权的动力。若执行，得到收益为：

$$P - E_x$$

若不执行，继续等待，则其价值（或者卖掉择购权得到的收入）大于：

$$\max\{0, P - PV(E_x)\}$$
$$\geq P - PV(E_x)$$
$$> P - E_x$$

即此时美国式择购的价值大于执行所得的收益，因此应继续等待。所以，美国式无红利股票择购权也只能在执行日执行。

3. 欧洲式择售权——无"红利"。

利用布莱克—斯科尔斯模型和转换公式，可以计算出欧洲式无红利择售权的价值。

$$V_P = V_C - P + PV(E_X)$$

即欧洲式择售权的价值等于择购权的价值减去股票现价再加上执行价格现值。

4. 美国式择售权——无"红利"。

有时提前执行美国式择售权会给投资者带来益处；可以把执行价格提前进行投资。例如，如果购买美国式股票择售权后，投票价格突然跌至 0。在此种情形下，保留该择售权无任何益处，因为不可能再增值了。因此最好是立即执行择售权，并把得来的钱（执行价格）进行再投资。这样我们得出结论：美国式择售权比欧洲式择售权有更高的价值。在上述极端情形下，两者之差等于执行价格从现在到执行日所盈得利息的现值。其余情况两者之差小于上述数字。

由于布莱克—斯科尔斯模型不允许提前行使期权，因此只适用于欧洲择售权而不适用于美国式择售权。二项式方法，可以用来求无"红利"的美国式择售权的价值。

5. 欧洲式择购权——有"红利"。

可以利用二项方法求解其价值；或利用布莱克—斯科尔斯模型，在公式中把股票现在价格 P 换为 $P - PV(DIV)$，式中 $PV(DIV)$ 表示红利的现值。

6. 美国式择购权——有"红利"。

像上段中例子一样，利用二项式方法可求出标的物有"红利"的择购权的价值。

7. 欧洲式择售权——有"红利"。
利用调整的布莱克—斯科尔斯模型及转换公式，或二项式方法求其价值。
8. 美国式择售权——有"红利"。
采用二项式方法可以求出标的物有"红利"的美国式择售物的价值。

习 题

1. 为什么在购得期权后，期权持有人只拥有权利而不承担义务？期权持有人所拥有的权利是什么？
2. 如某公司股票期权的执行价格为每股60元，该公司股票按1分3进行分割后对其股票期权有什么影响？
3. 比较出具一份择购权和购买一份择售权的异同。
4. 一份股票择购权的执行价格为每股40元，4个月后至期，每份期权能购买100股股票。当发生下列情况后，期权合约应相应发生什么变化：
(1) 发放10%的股票红利。
(2) 发放10%的现金红利。
(3) 按1分4进行股票分割。
5. 根据表22-1，2007年11月21日在芝加哥期权交易所购买IBM公司股票择售权，如选择的执行价格为每股85美元，执行日为7月份，则每购买一份择售权需支付多少钱？如果在到期日股票价格比现价：(1) 上升了25%；(2) 下降了25%，是否执行该择售权？购买该择售权的收益率是多少？
6. 根据表22-1，假定2007年11月21日甲先生购买IBM公司股票期权一份（每份合100股），执行日为4月份。到了执行日，假定公司股票市场价格为105美元，如果所购期权合约如下所示，计算在各种情况下甲先生的投资收益。
(1) 择购权，执行价格为每股100美元。
(2) 择售权，执行价格为每股100美元。
(3) 择购权，执行价格为每股105美元。
(4) 择售权，执行价格为每股105美元。
(5) 择购权，执行价格为每股110美元。
(6) 择售权，执行价格为每股110美元。
7. 某公司股票的期权合约每份合100股，择购权价格为每份3元，执行价格为每股30元，在下列两种情况下，投资者购买500股票并出具5份择购权的最小现金投资额是多少？
(1) 股票价格为每股28元。
(2) 股票价格为每股32元。
8. 财务决策中的期权主要有哪些？它们各具有什么特点？
9. 如果某投资者购买了一份某企业股票的择购权，执行价格为每股80元，同时该投资者又购买了一份该企业股票的择售权，执行价格为每股70元，择购权与择售权具有相同的执行日。试画图表示该投资者在期权执行日的收益情况。
10. 在财务学中，资产的价值通常可以用现金流折现的方法来确定，为什么期权定价不能使这种方法？
11. 择购权的价值受哪些因素的影响，如何理解这些影响关系？
12. 假定某公司股票期权的到期期限为6个月，执行价格为每股40元，股票现价为每股42元，无风险连续利率为每年10%，股票每年波动的变异性为20%，计算股票择购权价值，套期保值比率和股票择售权价值。
13. 假定某公司欧式股票择售权的执行价格为每股50元，目前股票价格为50元，连续无风险年利率为10%，股票年回报率均方差估计为30%，择售权到期期限为3个月，计算该择售权的价值。

14. 某公司股票的现价为 21 元,股票择购权执行价格为每股 20 元,3 个月后到期,连续无风险年利率为 10%。如果目前该股票择购权价值为 1.875 元,则意味着股票年回报率的均方差为多少?

15. 某公司股票现价为每股 50 元,股票择购权执行价格每股 50 元,6 个月后到期,股票年回报率的均方差为 40%,按单利计算的无风险年利率为 6%,求股票择购权的价值。到期日执行价格均相同的择售权价值为多少?

16. 某公司股票的年回报率均方差为 30%,该股票的月回报率均方差为多少(每年按 365 天计算)?

17. 某公司股票欧式择购权 6 个月后到期,但该公司计划分别于 2 个月和 5 个月后各支付一次现金红利,每次支付红利为每股 0.5 元。如果该股票择购权执行价格为每股 40 元,目前股票价格为每股 40 元,股票价格变化均方差为 30%(按年计算),连续无风险年利率为 9%,计算该股票择购权的价值。

18. 一份欧式标准普尔 500 股指数期权 2 个月后到期,执行价为 300,目前指数值为 310,指数年变化的均方差为 20%,连续无风险年利率为 8%,预计第 1 个月后现金红利率为 0.2%,第 2 个月后的现金红利率为 0.3%。计算该指数期权的价值。

19. 某公司股票目前价格为每股 40 元,1 个月后股票价格可能为每股 42 元或 38 元。如果连续无风险年利率为 8%,则执行价格为每股 39 元、期限为 1 个月的欧式择购权价值是多少?

20. 什么是期权的 δ?其意义是什么?

21. 某公司股票目前价格为每股 50 元,6 个月后其价格可能为 45 元或 55 元。如果连续无风险年利率为 10%,则期限为 6 个月,执行价格为每股 50 元的欧式择售权的价值是多少?

22. 某公司股票目前价格为每股 100 元,在以后每个月期间内股价可能提高或降低 10%。如果连续无风险年利率为 8%,执行价格为 100 元的 1 年期欧式择购权的价值是多少?

23. 在 22 题中,如各方面条件均不变,仅将择购权改为择售权,则该择售权的价值是多少?试用上述结果验证期权等价方法。

第二十三章　期权在财务决策中的应用

本章我们研究期权在管理中的应用问题。除了交易的期权以外，管理中还有许多实物期权，是由管理创造出的。我们在上一章列举了一些。这些期权的价值，就是战略的价值，是管理创造出来的价值。

我们将首先讨论投资决策中经常遇到的实际期权问题，包括后继投资选择权、放弃投资选择权和投资时机选择权，然后我们探讨套期保值和保险问题。进而分析研究认购证和可转换债券，并进行比较。

第一节　投资决策中的期权

一、项目投资时机的选择权

我们知道，企业进行实产投资，最根本的分析方法是净现值法。这要求先预报投资后诸年的现金流序列$\hat{C}_1$，$\hat{C}_2$，…，$\hat{C}_n$，然后确定适当的资本机会成本，即折现率r，计算该项目的现值：

$$PV = \sum_{i=1}^{N} \frac{\hat{C}_i}{(1+r)^i}$$

如果资本支出的现值为C_0，则该项目净现值为：

$$NPV = -C_0 + PV$$

净现值准则告诉我们：若$NPV>0$，则项目上马；若$NPV\leqslant 0$，则否决该项目。

提出一个投资项目，相当于创造了一个以项目资产为标的物的择购权，执行价格为资本投入的现值C_0，标的物的价格就是项目的现值PV。大家知道，PV具有不确定性。如果现在就决定该项目上马或不上马，相当于上述择购权的执行日就是现在，因此该择购权的价值为：

$$V_{CT} = \max\{0, PV - C_0\}$$
$$= \max\{0, NPV\}$$

这表现为图23-1上的折线。

但如果不必马上做出投资决策，而是今后T年内，比如说3年内都可以做出，那么该投资项目就是相当于执行期为T年的美国式择购权，其价值如图23-1中曲线所示，显然比现在就做出项目决策有更大的价值。

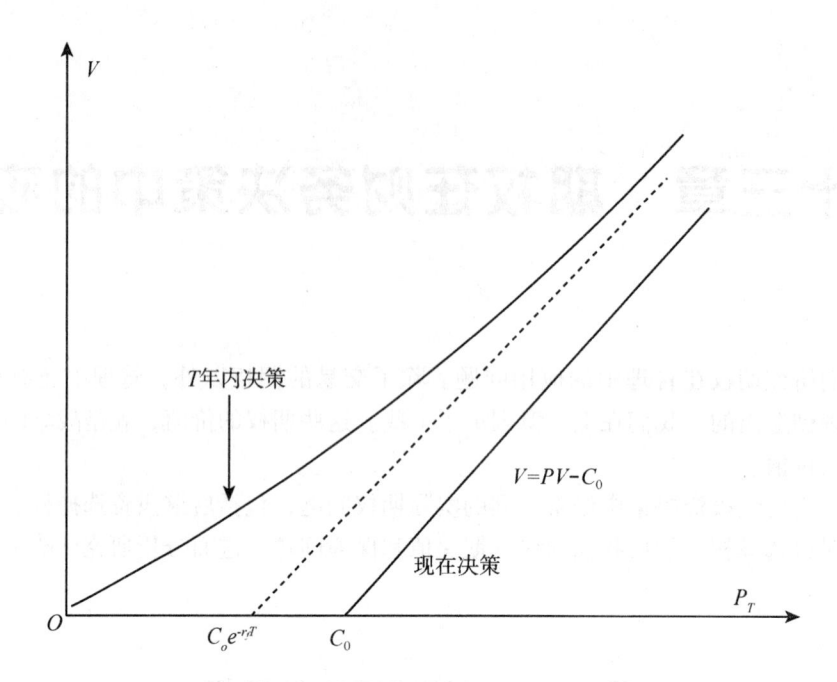

图 23-1 可选择投资时间的项目价值

这个择购权的标的物，即项目资产是支付"红利"的，"红利"就是项目上马后产生的现金流。该项目早上马意味着早得现金流，但要早投入资本 C_0；晚上马意味着损失现金流，但赢得投入资本 C_0 的利息。如果是"好"项目，晚上马会造成损失；如果是"坏"项目，晚上马或不上马则带来收益。权衡利弊得失，求出最优上马时间（或不上马）是管理者的任务。因为只要可以等待，管理者就有机会捕捉最有利的时机，增加收益，避免损失。

从第二十二章的讨论我们知道，无"红利"的美国式择购权是不会提前执行的。有"红利"的也不总是提前执行。但如果"红利"数额相当大，会使其拥有者在"红利"支付前行使择购权。财务经理在投资决策时也会采用相同的行动：当投资项目的预报现金流充分大时，他们会马上投资，抓住这些现金流。可是当预报的现金流比较小时，财务经理则倾向于继续保持其择购权，而不是马上投资，甚至 $NPV>0$ 时也是如此。这恰恰说明了为什么经理们有时对 $NPV>0$ 的项目也犹豫不决。在 NPV 接近 0 时，持有择购权会给企业增加最大的价值。

例1：生态洗衣粉项目。

3B 生物技术公司致力于开发生产无污染的天然生活用品。考虑到现在市场上出售的各种洗涤剂和洗衣粉均为化学制品，对环境造成相当破坏和污染，它最近推出一个生态洗衣粉项目，以皂角和草木天然植物为原料制造家用洗衣粉。该洗衣粉的制造和使用过程不会造成环境污染，因此该产品预期会受到社会的欢迎。经过初步测算，投资现值为 \$900（以千计，下同），而项目的现值 $PV=\$1\,000$，该项目可以永续生产。

众所周知，天然制品市场具有很大的不确定性，这取决于消费者的环境意识和竞争产品的营销策略。如果对生态洗衣粉的需求低，则第一年的现金流仅为 \$80，以此为基础估计该项目第一年末的现值 $PV_1=\$80/0.1=\$800$（永续年金现值）。其中 0.1 即 10% 为资本的机会成本。另外，如果第一年市场需求高，则现金流可达 \$125，导致第一年末该项目

的现值 $PV_1 = \$125/0.1 = \$1\,250$。在第一年市场低需求的条件下，若第二年仍为低需求，则第二年现金流会降至 $\$64$，导致第二年末项目的现值 $PV_2 = \$64/0.1 = \$640$；若第二年变为高需求，则第二年现金流为 $\$100$，导致第二年末项目的现值 $PV_2 = \$100/0.1 = \$1\,000$。其余情形见图 23-2。

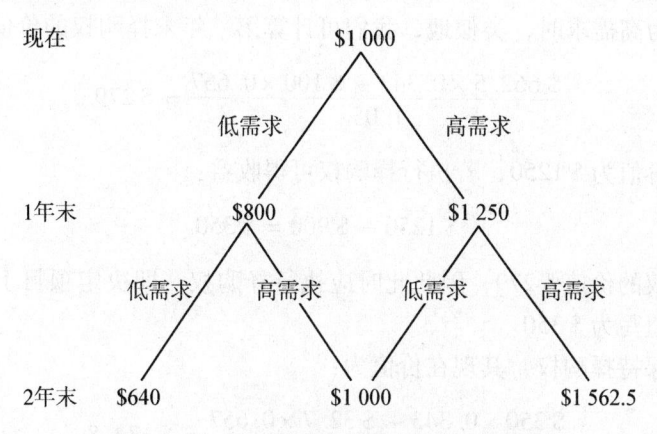

图 23-2　生态洗衣粉项目可能的现值

如果第一年市场是高需求，项目的回报率为 $(\$125+1\,250)/100-1=0.375$。如果是低需求，项目的回报率是 $(\$80+800)/1\,000-1=-0.12$。按照二项式风险中性方法，如果无风险利率为 0.05，即 5%，可以通过下式：

$$期望回报率 = 0.05 = P_{up} \times 0.375 + (1-P_{up})(-0.12)$$

求出市场高需求的概率 $P_{up}=0.343$。因此低市场需求的概率 $P_{down}=1-0.343=0.657$。

如图 23-3 容易看出，在第二年末择购权的价值，分别为 $\$0$，$\$100$ 和 $\$663$（列于图 23-3 的底部）。

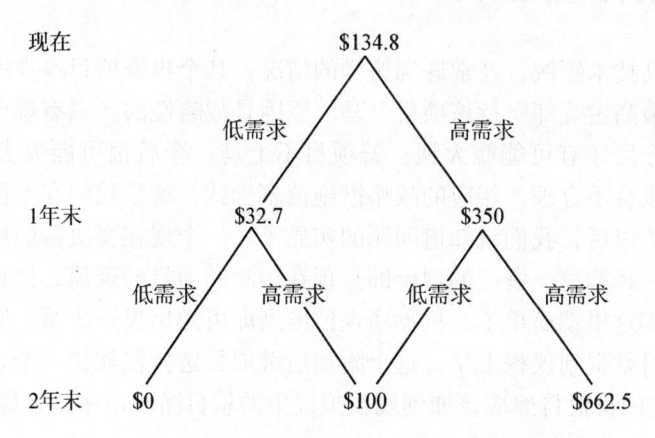

图 23-3　生态洗衣粉项目权可能的价值

当第一年为市场需求低时，第二年择购权价值的期望值为：

$$\$100 \times 0.343 + \$0 \times 0.657 = \$34.3$$

折算到第一年末，则择购的价值为：

$$\frac{\$34.3}{1+0.05} = \$32.7$$

这时项目的现值为 $800,低于执行价格 $900,故此时不执行择购权,即项目不上马,择购权的价值处填上数字 $32.7。

当第一年市场为高需求时,类似地,我们可计算第一年末择购权的价值为:

$$\frac{\$662.5 \times 0.343 + \$100 \times 0.657}{1.05} = \$279$$

但此时项目的价值为 $1250,若执行择购权可得收益:

$$\$1250 - \$900 = \$350$$

大于持有择购权的价值 $279,因此此时应执行择购权,即决定项目上马。这样,我们把该处期权可能的价值写为 $350。

由此求出,若保持择购权,其现在价值为:

$$\frac{\$350 \times 0.343 + \$32.7 \times 0.657}{1.05} = \$134.8$$

大于立即执行的收益 $1 000 - $900 = $100。故应等待,并得出择购权的价值为 $134.8。

这样,我们最后得出了:投资时间可选择的生态洗衣粉项目给企业增加 $134.8(以千计)的价值。最优决策应是这样:现在项目不上马;若第一年为高需求,则年末上马;若第一年为低需求则仍等待;第二年若转为高需求时,项目上马;第二年若仍为低需求,放弃项目。

二、后继项目投资选择权

在竞争激烈的高技术领域,经常遇到这样的情况:某个投资项目本身的净现值接近于零或为负值,但企业的最高主管却坚持该项目上马。原因是战略性的:只有现项目上马了,后继项目才有可能上马,今后才有可能赚大钱;若项目不上马,今后很可能失去在该行业竞争的机会。那么,这种决策合不合理,相应的战略措施值多少钱,这是我们在本段要研究的问题。

学过了期权理论以后,我们就知道问题的实质了。一个现在要决策的投资项目,即是一个执行日为今天的资产择购权,资产的现价即是现在预测的项目的现值,执行价格就是投资的额度。但问题要停止到这里就简单了,根据净现值准则即可做出投资决策。问题是,现项目上马后,两年后后继项目就提到议程上来。这个附加后继项目选择权就是一个 2 年后执行的资产择购权(欧洲式),它的价值自然应该加到现在拟议中的项目净现值中去,即:

现项目的净现值 = 不附带后继投资的项目的净现值 + 后继项目投资选择权的价值

其中,后继项目投资选择权的价值等于资产择购权的价值。

让我们来研究以下案例。

例 2:3H 高技术公司"686"项目。

3H 高技术公司是一个雄心勃勃的新兴公司,决心与 IBM、苹果等老牌公司在个人计算机行业中比试一番。1996年元旦后上班的第一天，董事长便召集董事会，讨论总经理呈交的"686"项目。该项目是拟生产H—H—H牌686个人计算机的项目，其净现值是负的，但现项目上马后，两年后有后继项目"886"（生产886型个人计算机）可供决策；若现项目不上马，则"886"项目永远不能上马。表23-1是财务经理准备的简要项目分析资料。

表23-1　　　　　　　　3H公司"686"、"886"项目数据　　　　　　　　单位：百万

项目	投资现值 C_0	项目现值 PV	项目净现值 NPV
686	$80	$75	-$5
886*	$400	$400	0

*项目"886"的数值均为折算为1998年，而项目"686"的数据系折算为1996年。

财务经理并且补充说，两个项目的资本机会成本均取做25%，其未来现金流均具有很高的不确定性，变化率的均方差估计为30%。

董事会上众说纷纭。以总经理为首的"少壮派"主张"686"上马，其中多数人是从战略考虑，受个人计算机丰厚利润的驱使。但是，以副总经理为首的"老成派"却反对"686"上马，原因是认为"686"的净现值为负500万美元，即使"886"上马，其两年后净现值是0，折算到现在也是0，两个加起来净现值仍是负500万美元，因此上马是绝对划不来的。

最后还是财务经理的意见占了上风。他说，后继项目投资选择权是以项目资产为标的物的择购权。项目资产的价值即表23-1中项目的现值，现在估计它2年后是$400（相当于现值 $P = 400/1.25^2 = \$256$）。在今后两年内，对它的估计可能发生很大的变化，真的到了两年后，它的数值可能很高，当然，也可能比$400低。对它的估值变化越大，择购权的价值就越高。

他接着通过投影仪计算了上述"886"项目选择权的价值。如果无风险利率取为10%，则执行价格的现值为：

$$PV(E_x) = \$400/e^{0.1 \times 2} = \$327.5$$

标的物现价与执行价格现值之比率

$$\frac{P}{PV(E_x)} = \frac{\$256}{\$327.5} = 0.78$$

$$\sigma\sqrt{T} = 0.30\sqrt{2} = 0.42$$

从附表5可求出择购权价值与标的物现价之比：

$$\frac{V_c}{P} = 0.08$$

从而得出：$V_c = P \times 0.08 = \$256 \times 0.08 = \$24.5$

即"886"项目投资选择权的价值为$24.5。因此，"686"项目的净现值不应是负$5，而是负$5加上后继"886"项目投资选择权的价值$24.5，即$19.5。事实上，"686"价值可能比这个还大，因为"886"还可能引发更新项目投资的选择权等等，但对于这些择购权的价值，目前尚不考虑。

尽管有一些董事对期权还没有弄明白，但觉得财务经理的论证无懈可击，同时，大家也都

搞清楚了,原来"战略"措施还可以算出价值来,于是一致同意"686"项目上马。

三、投资项目放弃选择权

放弃价值低是一般投资决策区别于筹资决策的特点之一,也就是说,企业的实产投资项目放弃价值一般很低,以至于一旦项目上马,不管市场好坏,资产的市场价值变成多少,只有硬着头皮干下去。但也有些投资项目也有比较高的放弃价值(高过资产的最低限),对于这类项目就存在放弃项目的选择权。

我们考虑下面简单的例子。

3A公司是一家专门生产摩托车的企业,最近它推出了"96-300"项目,拟生产一种全新设计的300C.C.摩托车,但由于现在摩托车市场已接近饱和,竞争十分激烈,该项目的现金流预测包含很大的不确定性,加上高通货膨胀率,该项目的折现率高达25%。经过市场专家估计,该项目第1年现金流为$17.6(以百万为单位,下同)的概率为0.588,为$35.6的概率为0.412,则第1年现金流期望值为:

$$\$17.6 \times 0.588 + \$35.6 \times 0.412 = \$25$$

按永续年金近似计算,项目的净值:

$$PV = \frac{\$25}{0.25} = \$100$$

如果市场需求不高,第一年末项目的现值下降为:

$$\frac{\$17.6}{0.25} = \$70.2$$

而如果市场需求高,第一年末项目的现值上升为:

$$\frac{\$35.6}{0.25} = \$142.4$$

其余类推,我们得出了"96-300"项目3年内价值的变化的图式,如图23-4所示。

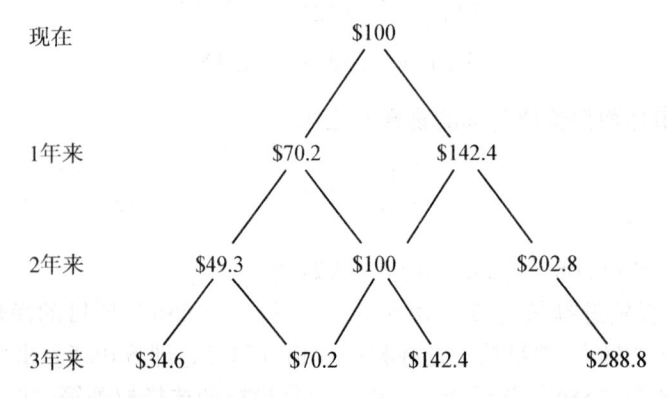

```
现在                              $100
                                  /    \
1年来                        $70.2      $142.4
                            /    \     /    \
2年来                  $49.3      $100      $202.8
                      /    \    /    \    /    \
3年来              $34.6    $70.2    $142.4    $288.8
```

图23-4 3A公司"96-300"项目可能的价值

注意第一年的现金流 $17.6 或 $35.6 是项目资产支付的红利,未标明在图中。还要注意,上述各期项目的价值,均不包括项目放弃权。

如果假设"96-300"项目的固定资产在前3年内可变卖 $72,也就是说,前3年内该项目的放弃价值为 $72(不变价)。这就相当于在原有项目附加了一个以 $72 为执行价格的择售权。注意,股票的择售权是一种保险政策,使得当股票价格低于执行价格时,择售权持有者的权益受到底限的保护。同样,上述项目的放弃权也起到相同的作用:当产品销售不畅时,实现 $72 的项目价值。总之,该项目的总价值等于假定不存在放弃选择权的项目的价值(我们估算其数值为 $100)加之放弃选择权即择售权的价值。

为了估算这个择售权的价值,我们再次运用二项式方法。因为该方法的一个基本假定是风险中性,也就是说,投资者要求的回报率就是无风险利率 r_f(这里我们假定为10%)。第一年末项目的价值也扣除了当年的现金流(分别为 $17.6 和 $35.6),为实现回报率10%,其项目价值上升的概率 P_{up} 和下降的概率 P_{down} 应满足以下关系:

$$(\$17.6 + 70.2) \times (1 - P_{up}) + (\$35.6 + 142.4) \times P_{up} = 100 \times 1.1$$

由上式得出:

$$P_{up} = 0.246 \quad P_{down} = 1 - P_{up} = 0.754$$

图 23-5 的最下部是第三年末择售权的价值。

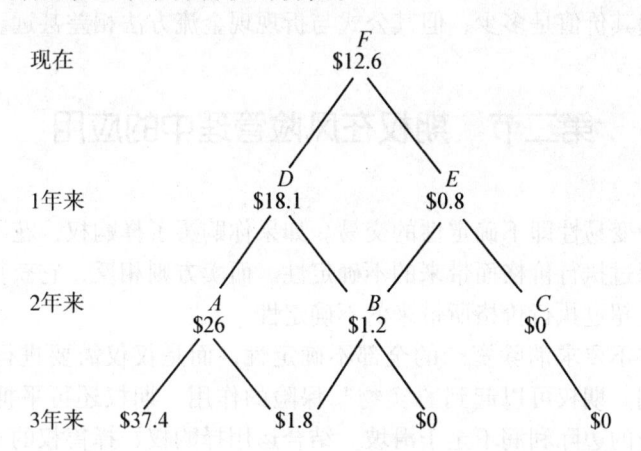

图 23-5 3A 公司"96-300"项目择售权的价值

对照图 23-5,在节点 A 处,若执行择售权,得权益 $72 - $49.3 = $22.7,但若等待,继续持有择售权,其第三年末期望的价值为:

$$\$37.4 \times P_{down} + \$1.8 \times P_{up} = \$37.4 \times 0.754 + \$1.8 \times 0.246 = \$28.6$$

折到第二年末,择售权的价值为:

$$\$28.6/1.1 = \$26$$

大于执行的收益,故此时应继续持有择售权,第二年末 A 处填上择售权价值 $26,同理,在 B、C、D、E 处填上相应择售权的价值,最后计算出择售权的现在价值 F 为 $12.6。

这样,我们就计算出了该项目放弃选择权的价值,而整个项目的价值为:

$$100 + \$12.6 = \$112.6$$

这可以作为净现值决策准则的基础。

四、管理的价值

以上我们分析研究了三种投资决策中期权的价值，即项目投资时机选择权、后继项目投资选择权和投资项目放弃选择权的价值问题，尽管例子相当简化，但却给我们解决实际问题提供了依据和基础。一个立即上马或永远不上马的项目，是执行日为今天的择购权，净现值准则告诉我们，当项目要上马时，管理给企业增加的价值就是 NPV。但若一个投资项目再附有上述选择权，其总的净现值应是不具有选择权项目的净现值，加上上述选择权的价值，这些都是管理为企业创造的价值。

回想我们用折现现金流方法首先研究了债券和股票的定价问题。持有债券和股票的投资者必定是被动的。他们不能决定赢得的利息和红利是多少，不能影响他们投资的回报率。当然，债券和股票可以出售，但不过是在被动的投资者中间转转手而已。

期权和可转换债券等包含期权的工具则完全不同。持有期权的投资者绝不再是被动的，他们有权进行选择，做出决策，利用好的时机，减少损失。当存在不确定性时，这种选择权就有价值，而且不确定性越高，其价值就越大。不幸的是，计算期权的价值不是简单的折现。期权定价理论能告诉我们其价值是多少，但其公式与折现现金流方法相差甚远。

第二节　期权在风险管理中的应用

期权实际是一种变易性即不确定性的交易。如果你购买了择购权，花了一定成本，补偿是消除了标的物价格超过执行价格而带来的不确定性。而卖方则相反，它获得了一定收入，代价是承担了标的物价格超过执行价格所带来的不确定性。

一个企业一般并不要求消除资产的全部不确定性，而是仅仅需要进行保险以避免极端损失。这就是保险机制。期权可以起到"实物"保险的作用。期权还可平抑某些原材料过高的价格，从而保证企业的边际利润不至于滑坡。结合运用择购权、择售权的买卖策略，可以产生套期保值的效果，给企业带来丰厚的利润。

一、金融价格的保护

金融资产的价格称为金融价格。浮动利率债务人为进行利息封顶（Interest Rate Cap）可购入利率择购权，当浮动利率超过执行利率时，按后者付息。这当然要支付额外成本。

利率择购权可以通过购买适量的美国政府债券（价格）择售权来实现。例如 3L 公司向银行借一年期浮动利率债 1 000 万美元，到期还本付息，利率为一年期政府债券当时的到期收益率 r 加 0.5%。现该收益率 8.5%，估计一年后绝不会超过 11%，即 $r \leq 0.11$。公司设定封顶利率为 9.5%。1 000 万美元相当于政府债券 100 手（每手 10 万美元）。为实现利率封顶，公司可同时购买执行日与债务到期日相同的、执行价格为 10/1.09 万美元的一年期无票息政府债券

择售权 $100 \times 1.09 \times 1.11 \doteq 122$ 手。一年后，当 $r \leq 9\%$ 时，债券价格不低于 $10/1.09$ 万美元，不执行择售权，实付利率 $\leq 9.5\%$。当 $r > 9\%$ 时，执行择售权。这时每手债券市价为 $10/(1+r)$，故择售权总收益为 $[10/1.09 - 10/(1+r)] \times 100 \times 1.09 \times 1.11 \geq 1\,000(r-9\%)$ 万美元。公司支付利息 $1\,000(r+0.5\%)$，扣除上述收益，净利息 $\leq 1\,000 \times 9.5\%$，即利率不超过 9.5%，如图 23-6 所示。

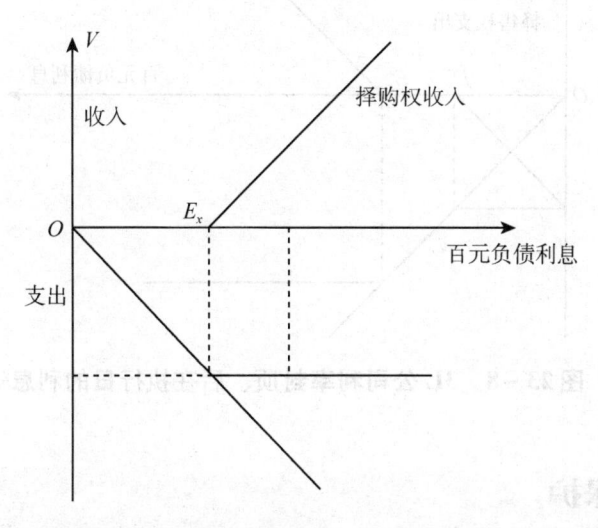

图 23-6 3L 公司利率封顶后的执行日的利息支付（不计购买成本）

利率保护的另一形式是所谓利率保底（Interest Rate Floor），即购买有关利率的择售权，债权人购买了利率择售权以后，可以保障利率不低于执行利率的水平减去购买成本利率，如图 23-7 所示。

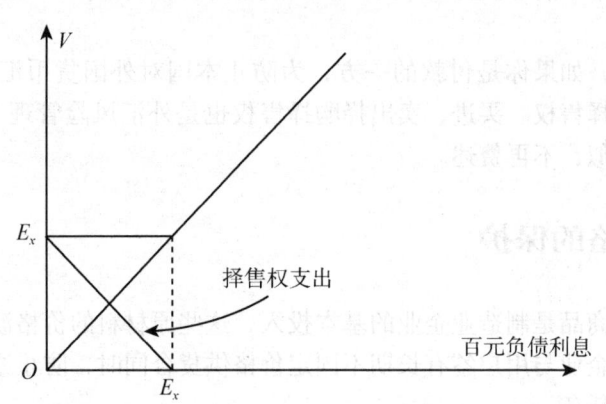

图 23-7 3L 公司债权人利率保底后在执行日的利息收入（不计购买成本）

上述利率封顶和利率保底既可以使公司减少风险，又能降低筹资成本，或增加投资收益。因此购买利率择购权、出售利率择购权、购买利率择售权和出售利率择售权是利率套期保值的四个基本策略，其组合运用可达到特殊的目标。

例如，某公司有数额很大的浮动利率债券。它想购买利率择购权——利率封顶，不过觉得其成本太高。但如果该公司同时出售利率保底即利率择售权，其（保底）执行利率低于择购权的（封项）利率，则其收入可冲抵一部分或全部择购成本，使得到期日负债利率只能在保底利率和封项利率之间波动，见图 23-8。

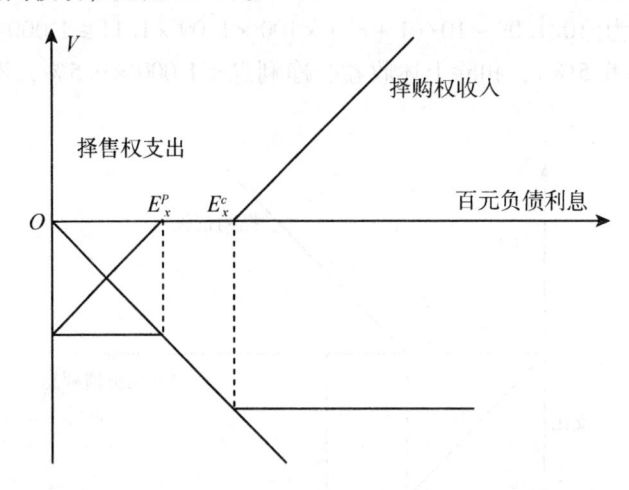

图 23-8　3L 公司利率封顶、后在执行日的利息

二、汇率的保护

如果你的企业刚赢得一宗国外的招标合同，或者你的企业是以出口为主，而且付款比较长，那么你的实际收入就受外国货币与本国货币之间汇率的影响。为了避免汇率升高而造成实际收入降低，你应该买进同期汇率择购权。买进汇率择购权，当然要支出一定成本，但却使你的企业承担的实际汇率不高于执行汇率外回加买成本的折合利率，从而避免因汇率过高而招致的损失。

与金融价格一样，如果你是付款的一方，为防止本国对外国货币汇率的下降而带来的损失，你可以购进汇率择售权。买进、卖出择购择售权也是外汇风险管理中最基本的四个策略，这与利率风险管理相似，不再赘述。

三、商品价格的保护

能源商品和金属商品是制造业企业的基本投入，这些原材料的价格波动对公司产品的价格有很大影响。当这些企业与用户签有长期不固定价格供货合同时，防止原材料价格上升，是该企业管理的一项重要任务。

价格的变动不是一两个企业所能决定的。但企业可购买原材料的择购权，防止原材料价格的上涨。如果再出售相应的择售权，则可以减少或冲抵购买择购权的成本，并且使原材料的实际价格保持在某一个范围内。

四、股东权益的保护

许多公司股票回报率的主要贡献不是红利而是资本增益，即股票价格的上升。股东一般没有办法影响股票的价格，但却有办法使自己的股票收益不低于某个水平。这个办法就是购入同等数量的股票择售权。

如果你是某家大的投资公司的总经理，手中掌握的股票其组成类似于某种指数。为了保护你的最低回报率，你固然可以分别购入相应的股票择售权。但期权市场上有更简便的办法，即购入类似的指数期权。

以上我们讨论了一些价格、资产或回报率保护的办法。实际机理是，花了成本（是否等于期权的价值？）购买了期权，减少了某些风险。期权的交易实质是风险的转移和转换。如果市场上定价合理，你就实际上没占到便宜：获得的期权的价值就等于你付出的成本。但市场不总是公平的，老练的投资者善于捕捉市场机会，购入低估的期权，出售高估的期权，从中获得可观的利润。

第三节 认 购 证

许多公司负债是债券与认购证一揽子发行的。近来中国"股改"，也推出了"权证"，并上市交易。本节我们将讨论认购证的价值及其他有关问题。

一、什么是认购证

相当大的一部分私募债券和一小部分公开发行的债券是与认购证（Warrants）一起发行的。认购证一般指认购普通股的权利，即是一种普通股择购权。它与专门交易的股票择购权不一样，它的执行日距发行时有很长的时间（专门交易的股票期权一般都在一年内），而且执行时多半有实物即股票交割，也就是说公司真的增加了股票，而且这一揽子的出售人都是该公司。不过，近来有些投资银行和金融机构开始发行别的公司的认购证。有些认购证还附加于普通股或优先股一起发行。

一般地，带认购证的债券和认购证是一揽子交易的，但有时也可以分开买卖。

例如，在1990年BCE公司发行1 000万套（每套由一个优先股和一股认购证组成）集资了 \$417.5（以百万为单位）。每一认购证赋予持有者在1995年4月28日以 \$45.75 的价格购买 BCE 的普通股 1 股。发行时股票的价格是 \$38.38，而每套的发行价格是 \$41.75。

BCE 的发行还有一些特色：如果持有者不愿意以 \$45.75 购买 1 股普通股，还可以以 1 股优先股加上 \$4.00 换取 1 股普通股。

有时情形还相当复杂。例如，1968年 Loew's 兼并了 Lorillard。对于 Lorillard 原每一普通股，Loew's 给以面值为 \$62 的次级信誉债券，外加一认股证。该认股证允许其持有者在 1969～1980 年间购买其股票，但价格阶梯式上升：前 4 年为 \$35.00，再 4 年为 \$37.50，后 4 年为 \$40.00。

二、认购证的价值

认购证的价值就是美国式股票择购权的价值。如果在执行以前不发红利，可以直接利用布莱克—斯科尔斯模型进行计算。若有红利发放，可以估计其现值，修正现在股票价格，再利用同一公式计算，或利用二项式方法。由于认购权的持有者无权分取红利，有时提前执行认购证对持有者可能更有利。

与交易的期权相比，还有一种复杂情况：执行认购证后增加了普通股的数量。这意味着企业的净资产和盈利的分配加大了分母（当然由于这些新的购买会增加权益资本，也可能会增加盈利）。所以，有些国家的法规要求认购证数量较大的公司的财务报告要以"稀释"后为基础。而交易的择购权则不存在这样的问题，当人们买卖 IBM 公司股票期权时，对其资产和实际股票数均无影响。

例 3：3U 公司的附有认购证的债券。

3U 公司是一个成长较快的橡胶制品企业，主要产品为大型运输汽车的轮胎。现在它的负债与权益市场价值如下（以百万为单位）：

信誉债券	$40
普通股权益	$100
负债与权益总计	$140

现有股票 $n = 1\,000\,000$ 股，每股定价为 $100。今拟发行附有认股证的债券 20 000 张，每张面值 $1\,000$，共筹资 $20\,000\,000$。每张债券配搭 5 个认购证，这样新发行的认购证为 $5 \times 20\,000 = 100\,000$ 张。每张认购证可认购普通股 1 股，执行期为 4 年，执行价格为 $120，此期间不发放红利。另外根据测算，3U 公司股票回报率的均方差为，$\sigma = 0.40$，无风险利率为 $r_f = 0.10$。

假定若没有认购证，每张债券只能售 $850。由此推算，每张认购证投资者支出的成本为：

$$\$(1\,000 - 850)/5 = \$30$$

认购证的总支出为：

$$\$30 \times 5 \times 20\,000 = \$3\,000\,000$$

而单纯债券的价值为 $17\,000\,000$。这样，上述债券发行后，3U 公司的负债与权益的市场价值变为：

信誉债券	$40
新发纯债券	$17
总负债	$57
认购证	$3
权益	$100
总权益	$103
负债与权益总计	$160

按布莱克—斯科尔斯模型，

$$\sigma\sqrt{T} = 0.40\sqrt{4} = 0.8$$

$$\frac{P}{PV(E_X)} = \frac{100}{120e^{-0.1 \times 4}} = 1.24$$

从附表 5 查出该认购证的价值为：

$$V_C = P \times 0.39 = \$39$$

价值为 $\$39$ 的择购权只作价 $\$30$，看来上述发行对投资者来说是很合算，而 3U 公司则赔了钱。

但是，上述计算忽略了一个很重要的因素，即股票的稀释问题。如果 3U 公司的认购证全执行了，其权益资本将增加：

$$100\,000 \times \$120 = \$12\,000\,000$$

而股票数将增加 $100\,000$ 股（占已发行股票的 10%，记为 q）。

假定执行前 3U 公司的权益价值为 V，那么执行后股票价格将变为：

$$P_T^* = \frac{V + E_X \times n \times q}{n + n \times q} = \frac{V/n + E_X \times q}{1 + q} \tag{23.1}$$

我们知道，在执行日认购证的价值为：

$$\begin{aligned}
V_{CT} &= \max\{P_T^* - E_X, 0\} \\
&= \max\left\{\frac{V/n + E_X \times q}{1+q} - E_X, 0\right\} \\
&= \max\left\{\frac{V/n - E_X}{1+q}, 0\right\} \\
&= \frac{1}{1+q}\max\{V/n - E_X, 0\}
\end{aligned} \tag{23.2}$$

如果一家参照公司，不存在认购证，执行日前其权益价值为 V，股票数也是 n，则 V/n 为执行日的股票价格。(23.2) 式说明在执行日认购证的价值等于参照公司的股票择购权价值的 $1/(1+q)$ 倍。其他条件一样，现在认购证的价值也应等于参照公司股票择购权价值的 $1/(1+q)$ 倍。

注意到参照公司权益的市场价值 V 等于 3U 公司发行后的总资产价值减去其负债价值，现在：

$$V = \$160 - \$57 = \$103$$

而参照公司股票价格变化率的均方差 σ^* 估计如下：设 $\tilde{r}_A$ 为资产价值变化率，$\tilde{r}_E$ 为股票价格变化率（无红利），$\tilde{r}_D$ 为负债价值变化率，则：

$$\tilde{r}_A = \frac{E}{A}\tilde{r}_E + \frac{D}{A}\tilde{r}_D$$

现实中可认为 $\tilde{r}_D$ 是常数，从而

$$\sigma^2(\tilde{r}_A) = \left(\frac{E}{A}\right)^2 \sigma^2(\tilde{r}_E)$$

于是，

$$\sigma(\tilde{r}_A) = \frac{E}{A}\sigma(\tilde{r}_E) = \frac{E}{A}\sigma \tag{23.3}$$

即资产价值变化率的均方差等于权益/资产比率乘以股票价格变化率的均方差。假定 3U 公司在发行认购证前股票价格变化率为 40%，则原来资产价值变化率的均方差：

$$\sigma(\tilde{r}_A) = \frac{E}{A}\sigma = \frac{100}{140} \times 0.4 = 0.286$$

可以假定 3U 公司的资产的风险不受发行带认购证的债券的影响，发行后权益资产比率为 103/160，则：

$$0.286 = \frac{103}{160}\sigma^*$$

得出 $\sigma^* = 0.444$，即参照公司的股票回报率均方差，这时

$$\sigma^* \sqrt{T} = 0.444 \times \sqrt{4} = 0.888$$

参照公司的股票现在价格为：

$$P' = \frac{\$103}{1} = \$103$$

执行价格的现值 $PV(E_X) = \$120 \times e^{-0.1 \times 4} = \$80.44$

$$\frac{P'}{PV(E_X)} = 1.28$$

从附表 5 中查出参照公司的股票择购权价值为：

$$\$103 \times 0.410 = \$42.2$$

故 3U 公司的认购证价值是：

$$\frac{\$42.2}{1+q} = \frac{\$42.2}{1.1} = \$38.4$$

但每一认购证仅卖了 $30，因此，上述发行对于 3U 公司来说，仍是一笔亏本生意。

上述计算中用到 3U 公司的权益价值 V，它等于普通股价值加上认购证的收入（而不是价值），即总资产减去负债。上述计算实际上是把总权益的价值分割成两部分：普通股的价值和认购证的价值。例子表明，$103 的权益中，认购证的总价值应为：

$$\$38.4 \times 100\ 000 = \$3.84(百万)$$

而股票的总价值应为：

$$\$103 - \$3.84 = \$99.16(百万)$$

每股比发行前的 $100 降低了 $0.84，这便是股东的损失。

由 (23.1) 式和 (23.2) 式可知，在执行日当 $V/n > E_X$ 时，执行后的股票价格也大于执行价格 E_X，但认购证持有者的收入也只相当于参照公司的股票择购权价值的 $1/(1+q)$ 倍。

认购证的持有者不享受股东的权利，但其正当权益受到发行条款的保护，例如公司进行股票细分或发放股票红利时执行价格要进行相应调整。

第四节 可转换债券

一、什么是可转换债券

可转换债券（Convertible Bonds）与附有认购证的债券很相似。带有认购证的债券允许持有者在一定时期内按执行价格购买股票，而可转换债券则允许按一定比例把债券转换成一定数量的股票。

例如3C公司在1996年发行了$250（以百万计）年利为8%的信誉债券，为期10年。每张债券面值为$1000，可以在10年内换成3C公司的普通股40股。每张债券可转换成股票的股数称为债券的转换率（Conversion Ratio）。3C公司的债券转换率为40。转换中，债券的价值按其面值计算，面值除以转换率即为股票转换价格。3C公司的股票转换价格为$1 000/40 = $25，即每股25美元。在发行可转换债券时，3C公司的股票价格为$20。

在发行时，3C公司还作了以下承诺：当公司进行股票细分或发放股票红利时，转换率要进行相应调整。如股票进行1:2细分时，转换率自动调整为80。

上述3C公司的可转换债券是一个简单的典型例子。现在有些情形要复杂得多。通常是转换价格阶梯形上升，但也有个别情形是阶梯形下降。有时还要求债券持有者除了拿出债券外，还要缴付一定的手续费。这等于提高了转换价格。

可转换债券是以债券作"货币"的股票的择购权（可不可以说也是以股票为"货币"的债券择售权？）。现在也有一些公司发行可转换优先股，或债券对债券的转换，即所谓"来回互换"（flip-flop），允许持有者转换多次。

可转换债券的拥有者和附有认购证债券的拥有者一样，都拥有债券和普通择购权。不同的是可转换债券的拥有者必须放弃债券才能执行择购权，即必须用债券作"货币"执行择购权；而附有认购证的债券拥有者只需用现金来执行择购权，同时可继续保持债券本身。如果把可转换债券先按债券分析，再按择购权分析，理解起来就比较容易。

二、可转换债券在执行日的价值

继续考虑上段的3C公司的例子。我们知道，3C公司每张可转换债券售价为$1 000。在任何时候，可转换债券的价值等于债券价值和转换价值的最大值。债券价值即是不可转换的债券的价值，而转换价值是立即转换成股票的价值。3C公司每张可转换债券的转换价值为：

$$\$20 \times 40 = \$800$$

3C公司发行了250 000张债券，如果全部执行的话，可以转换成250 000 × 40 = 10 000 000股。若公司现存股票20 000 000股，则不管什么情形，总的转换价值为企业价值的1/3。

图23-9（a）表示可转换债券的转换价值，图23-9（b）表示在执行日的债券价值。假定3C公司只有这一笔债券，因此当企业价值低于$250时将出现违约，债券的价值就等于企

业的价值。当转换价值大于债券价值时将发生转换，即执行择购权，这时，可转换债券的价值就是其转换价值，不然其价值就是其债券价值。通过上述分析可知：

$$可转换债券的价值 = \max\{债券价值, 转换价值\}$$

图 23 – 9（c）表示在执行日可转换债券的价值。

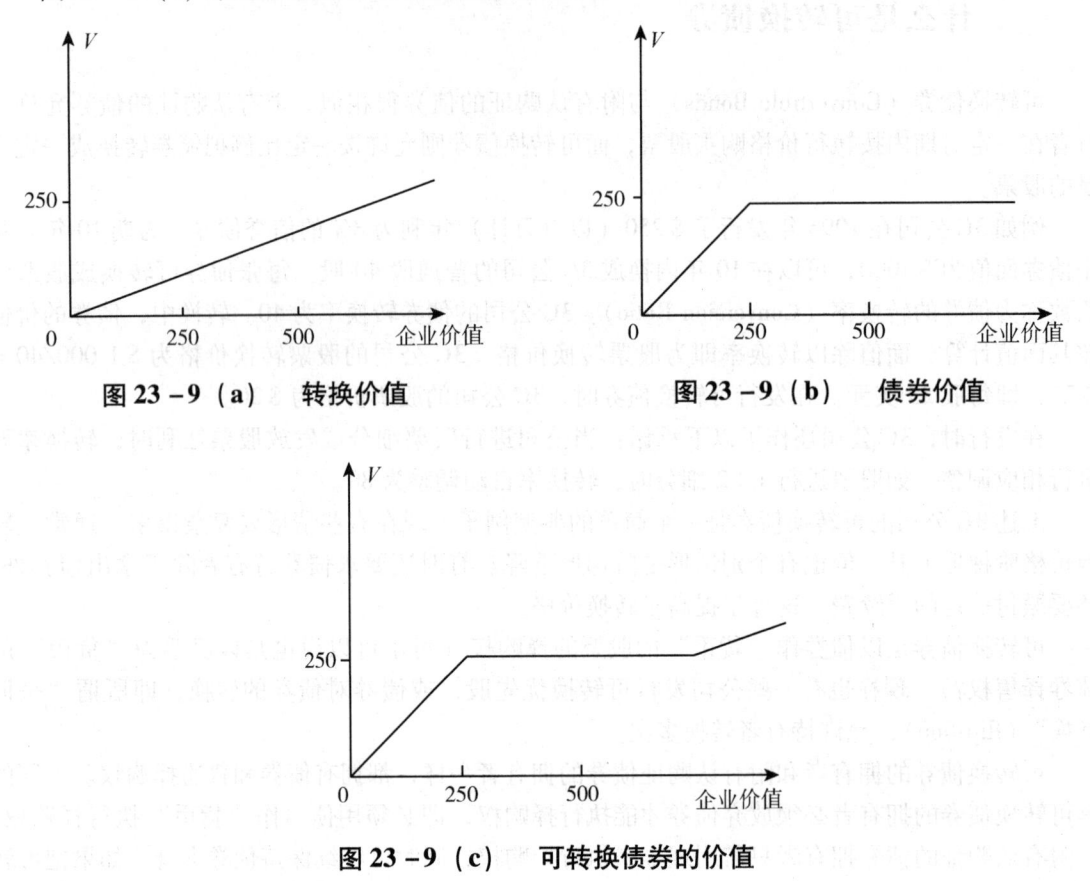

图 23 – 9（a） 转换价值

图 23 – 9（b） 债券价值

图 23 – 9（c） 可转换债券的价值

三、可转换债券在执行日前的价值

由于风险债券的价值等于无风险债券的价值减去企业择售权的价值，故风险债券现在的价值小于执行日的债券价值，见图 23 – 10（a）。

如果现在就进行决策，即决定立即转换或永远不换，则可转换债券的价值是债券价值和转换价值中的较大者，如图 23 – 10（a）、（b）、（c）所示。但由于转换的决策可以延迟到执行日进行，因而现在可转换债券的价值要高于 23 – 10（c）的曲线，其形态如 23 – 10（d）所示。

由上面的分析我们知道，当有股票细分或发放股票红利时，只要借款条例中有相应的调整转换价格的条款，整个可转换债券的价值就不会受影响。

如果债券进行了转换，企业并未收到额外的现金，但却省了利息支出，整个红利必须在更多的股票中进行分配，期末也不再偿还债务的面值。转换债券并无现金流动，只是把相应的负

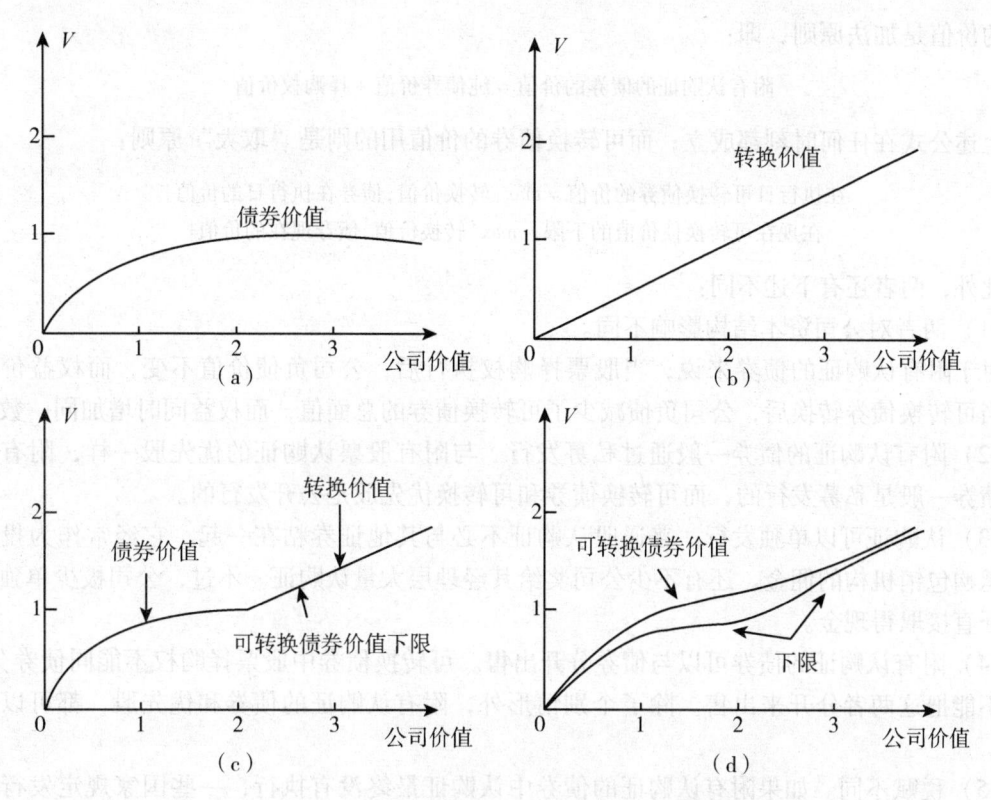

图 23-10 债券与可转换债券与公司价值的关系

债改为权益。它不影响企业的总价值，只影响权益/负债比。有些国家要求财务报表必须表现可转换债券如何受稀释的影响。

四、强制转换

可转换债券还有一种复杂的情况，即公司在转换期后一定时期内（例如 30 天）具有按事先确定好的执行价格回收债券的选择权，即债券择购权。如果债主不执行股票择购权（转换），而公司行使债券择购权，则债主的收入是执行价格。企业当且仅当其价值高于执行价格时才回收可转换债券。

附有公司回收权的可转换债券的价值低于无回收权的可转换债券的价值。

第五节 公司为何要发行认购证和可转换债券

一、附有认购证的债券与可转换债券的异同

本节是以上两节的总结。从以上讨论中我们知道，附有认购证的债券是风险债券外加普通股择购权，而可转换债券是风险债券外加以债券为"货币"的普通股择购权。附有认购证的

债券的价值是加法原则,即:

$$附有认购证的债券的价值 = 纯债券价值 + 择购权价值$$

上述公式在任何时刻都成立;而可转换债券的价值用的则是"取大"原则:

$$在执行日可转换债券的价值 = \max\{转换价值,债券在执行日的价值\}$$
$$在现在可转换债价值的下限 = \max\{转换价值,债券现在的价值\}$$

此外,两者还有下述不同:

(1) 两者对公司资本结构影响不同。

对于附有认购证的债券来说,当股票择购权执行后,公司负债价值不变,而权益价值增加;当可转换债券转换后,公司负债减少了可转换债券的总面值,而权益同时增加同一数额。

(2) 附有认购证的债券一般通过私募发行。与附有股票认购证的优先股一样,附有认购证的债券一般是私募发行的,而可转换债券和可转换优先股是公开发行的。

(3) 认购证可以单独发行。普通股认购证不必与其他证券粘在一起。它经常作为投资银行或承购包销机构的佣金。还有不少公司奖给其经理层大量认购证。不过,公司极少单独出售认购证直接取得现金。

(4) 附有认购证的债券可以与债券分开出售。可转换债券中股票择购权不能同债券分开,人们不能把这两者分开来出售。除了个别情形外,附有认购证的债券和优先股,都可以分开出售。

(5) 税赋不同。如果附有认购证的债券中认购证最终没有执行,一些国家规定发行时收到的认购证的总价值为资本增益,而另一些国家则认为是正常运营收入,两者通常税率不同。另外,如果可转换债券中的择购权在执行日无任何价值,这时可转换债券的价值降至发行价以下,投资者的这种损失不计入公司纳税收入。

(6) 认购证一般不能回收。一般公司无认购证择购权。想摆脱认购证的唯一政策是大幅提高红利水平,促使持有者执行认购权;而可转换债券则可附加回收条款,即公司在发行时就赋予自己债券择购权。

二、发行公平吗

有许多人怀疑附有认购证的债券和可转换债券的发行有失公平:它总对公司即老股东有利而对新投资者不利。

笼统地这样讲是不正确的。发行以上两种债券是否公平,关键要看认购证和转换权定价是否合理。定价合理即是公平交易,定价过高则公司占了投资者的便宜,而定价过低则是公司吃了亏,投资者占了便宜。

假如你的公司股票价格现为 $100,你作为总经理打算发行 3 年期带有认购证的债券,每股认购证定价 $10,执行价格为 $130。如果 3 年内你的股票价格上升不到 $130,则认购证变成了废纸,你的公司坐收了 $10,购买者完全损失了其投资($10)。如果股票价格能上升到 $135,则投资者会执行认购权,你的公司会每股再收到 $130,而投资者前后花了 $140($10 成本加 $130 执行价格)买到了价值为 $135 的资产,这时投资者实际上也赔了钱。如果股票价格上升到 $200,则公司每股蒙受损失 $60,公司先收到 $10,现收到 $130,可要付出价值＄200的1股。而此时，认购证的购买者发了财：先投资＄10，现又补充＄130，购得了可卖＄200的股票。

值得说明的是，以上例子过分简化了，它忽略两件重要的事情：一是稀释作用；二是现值原理。但上例的基本点是说明，当你出售认购证时，你是在出售期权而得到与价格相应的现金。从第二十三章中我们理解：期权是有价值的证券。只要认购证定价是适度的，那么发行认购证就是一种公平交易，即发行本身谁都不盈不亏，是一种零NPV交易。

认购证的执行价格一般都定在股票现价的120%以上。有人认为要想现在发行股票只能折价发行。如果认购证被执行的话，则等于"超值"发行股票；如果不被执行，则公司干得一笔收入。因此，认为发行认购证只有对公司有利。

这种论点的错误在于把未来时期内股票价值与现在价格混成了一回事。须知，在未来，执行价格可能超过了股票的现价，但也可能低于当时的市价，因此不能说是"超值"发行。而实际上，如果不计稀释作用，例如当认购证比例很小时，执行认购证而售出股票总是"折价"发行的。

三、为什么要发行附有认购证的债券和可转换债券

有些经理认为可转换债券是"廉价的负债"，这是因为他们尚未掌握期权的入门知识。可转换债券类似单纯的债券和股票择购权。它的价格与单纯的债券的价格之差就是投资者为购买择购权所花的价格。因此，可转换债券是不是"价廉"，依赖于择购权的价值是不是被低估了（即"价格"低于其价值）。

还有的经理认为，发行带认购证的债券和可转换债券是延迟发行的普通股。这种认识不全面。可转换债券给予其持有者以债券换股票的选择权，但他们可能做，也可能不做。若选择权被执行，可转换债券的发行就相当于延迟的普通股发行。不然的话，就相当于发行了单纯的债务。因此，如果公司真正需要增加权益资本的话，发行可转换债券不是稳妥的办法。

一般而言，发行可转换债券的公司多数为小型公司或投机性较强的公司，其信誉级别都比较低。有些是"幼稚"企业，即新建不久或从事全新产品的生产经营的企业。如果你是潜在的投资者，你很难断定这些公司失败的机会有多大，所以你就不知道你若直接贷款，要求的回报率究竟是多少。而且你贷款后，该公司的管理层会不会使公司增加新的风险，例如举借信誉级别更高的债等。

因此，发行带认购证的债券和可转换债券的动因可列举如下：

1. 把债权人先拉进自己的船。

对一般债权人来说，只要公司不发生财务危机，绩效好坏对他们的关系并不大；而带认购证和可转换债券的持有者则不然：股票价格越高，其收益则越大。债权人不必再费尽心机估计债权的风险，因为不再是被动债权人，而是有了选择的自由，花钱降低了一定的风险。这些"准股东"与老股东会同舟共济。

2. 发行单纯的债券很难成功。

如果单纯的债券的回报率即到期收益率订得太高，公司的财务负担太重，加大了企业的财务危机风险，到头来债权人也不利。如果回报率太低则无人购买债券，达不到筹资的目的。因此，这些公司发行单纯的债券很难成功，而发行认购证和可转换债券比较容易奏效。

3. 增加近期现金流。

带认购证和可转换权的债券价格与单纯的债券相比是多得的现金流入。而且带认购证的债券和可转换债券的票息率一般都比较低或为 0，这就减少了到期前的利息支出。现金收入的增多和支出的减少，使现金流增加。

4. 有可能降低发行成本。

如果认购证和转换权被执行了的话，相当于公司发行了两次证券：债券和股票。若债券和股票各发行一次，其成本总和一般大于发行带有认购证的债券和可转换债券的成本。

习 题

1. 为什么某些投资项目在财务评价中净现值为负，但仍具有一定的投资价值？
2. 假设某计算机公司拟开发生产一种新型产品，预计项目的净现金流量如下表所示。

年份	0	1	2	3	4	5
净现金流	−450	60	59	195	310	125

上述项目上马 3 年后可决定是否继续开发生产后续产品，如果该项目不上马，则无法进行后续产品的开发和生产。假设无风险收益率为 10%，后续项目的有关数据如下：

(1) 投资总额 900 万元，首期一次性支付。
(2) 投资之后各年的净现金流入是首期项目的 2 倍（项目寿命期与首期项目相同，都是 5 年）。
(3) 后续项目的现金流量是随机变量，假定其标准差为每年 35%。

如果按资本的机会成本得到的首期和后续项目的基准折现率均为 20%，问首期项目是否应上马，为什么？

3. 该某公司计划建一座工厂，要投资 1.8 亿元，但从目前的资料对该厂产品未来的需求进行预测不确定性很大。假如这个投资机会一去不返，即如果现在不投资，将永远丧失这个投资机会。新建工厂现金流状况和各年底资产的价值，如下图表示：

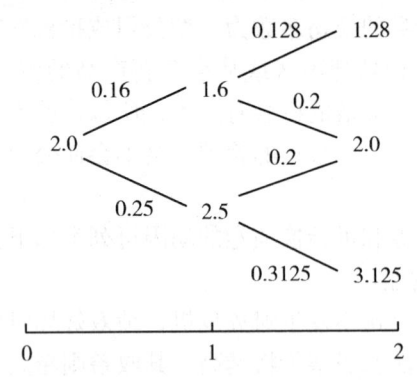

项目当前价值为 2 亿元，如果需求疲软，第一年的现金流量仅为 0.16 亿元，项目价值年底降为 1.6 亿元；相反如果需求旺盛，第一年的现金流量为 0.25 亿元，年底项目价值提高到 2.5 亿元。第二年情况类似，1.28、2.0 和 3.125 分别表示项目资产在第二年末的价值。如果按连续利率计算的无风险年利率为 5%，问该项目是否应立即上马？为什么？

4. 以期权术语描述下列各种情况：

(1) 在未开采地区所拥有的采油权。目前，石油的开采和生产项目的净现值为负（达到盈亏平衡时要求石油价格达到每桶 32 美元，而目前油价仅为每桶 20 美元），是否开采的决策可推迟 5 年，开采成本以每年 5% 的速度递增。

（2）一家餐馆每年产生的净现金流为 70 万元，没有上升或下降的趋势，但每年现金流波动的标准差为 15%。餐馆所占用的房地产为自有，而非租赁，市场价值 500 万元。忽略税收效应。

（3）在情形（2）中，假设只要餐馆开业，就必须承担 30 万元的固定成本。这样

$$净现金流 = 收益 - 可变成本 - 固定成本$$
$$= 700\ 000 - 5\ 000\ 000 - 3\ 000\ 000$$

收益减去可变成本年变化的标准差为 10.5%，利息率为 10%，不考虑税收。

5. 假定你拥有某城市中心一块土地的择购权，执行价格为 200 万美元，期限为 1 年，目前土地的市场估价为 170 万美元。现在这块土地仅作为停车场使用，只能产生够支付地产税的现金流。在过去 5 年中，类似地块平均每年增值 20%。地价变动的年标准差为 15%，连续无风险年利率为 12%，该地块择购权的价值是多少？

6. 我国某进出口公司参与一笔国外购货合同的投标工作，合同金额 1 000 万美元，开标日期为 3 个月后。如公司中标，则 9 个月后将能获得 1 000 万美元的收入。但公司在标书投出之后的 3 个月内不知道是否能中标。你认为该公司应如何进行外汇风险管理？

7. 某种取暖设备价值 1 000 美元，按照目前的原料价格每年可节约 250 美元的燃料费。如果资本成本为 15%，取暖设备寿命期 10 年，无残值，则使用这种取暖设备的现值及净现值分别是多少？

如果燃料的价格是波动的，则燃料费节约可能会随价格波动从 50～240 美元不等，连续无风险年利率为 10%。在这种情况下，用户应该立即投资购买新设备，还是应观察燃料费的变化情况，等待时机再决定？

8. 1999 年 4 月，新世纪公司以每股 6 美元的价格发行股票 100 万股，以每份 0.2 美元的价格发行认股权证 100 万份，共筹得资金 620 万美元。每份认股权证允许持有者在 2003 年 4 月之前的任何时间以每股 7.2 美元的价格购买一股股票。这次发行之后，新世纪公司共有 300 万股股票和 100 万份认股权证。如果新世纪公司按 1 分 3 进行股票分割，则

（1）股票分割后公司将拥有多少股份和认股权证？

（2）股票分割后的认股权证执行价格会发生什么变化？

（3）当认股权证到期后，股价为每股 10 美元，认股权证的价值是多少？

（4）假定到期前一年股价达到每股 10 美元，认股权证的价值是应高于还是低于（3）中计算出的结果？这些认股权证会以理论价值出售吗？为什么？

（5）1999 年新世纪公司的净利润为 46.4 美元，年末共有 300 万股股票。计算稀释前后的每股盈余。

9. 可转换债券的发行利率一般低于普通债券的发行利率，因此在债券存续期内可转换债券支付的利息少。是否可以据此断定对公司来说，发行可转换债券的资本成本低于发行普通债券的资本成本，为什么？

10. 远东公司在 1999 年发行有面值为 1 000 万美元的可转换债券，债券的各种特征如下：

转换价格	25 美元
目前回购价格	105% × 面值
目前的交易价格	130% × 面值
到期日	2009 年
目前股票价格	每股 30 美元
票息率	10%（按面值）

说明下列问题：

（1）债券的转换价值是多少？

（2）解释为什么债券以高于转换价值的价格出售。

（3）远东公司是否应回收债券？如果目前回购会有什么影响？

11. Faversham 渔场已发行期限为 20 年、年利率为 7.75% 的可转换债券。每 1 000 美元的债券可转换 25 股普通股，公司也发行了期限大致相近的直接债券。因此比较容易计算可转换债券的直接债券价值，Faversham 公司普通股股价易波动，最近一年的几个观测值如下：

	观测值				
	1	2	3	4	5
每股市价	$40	$45	$32	$23	$18
直接债券价值	690	700	650	600	550
可转换债券市价	1 065	1 140	890	740	640

（1）计算每个观测值的转换价值溢价（以美元为单位）和直接债券溢价。

（2）通过图形或目视比较这两个溢价，两者相互关系揭示出可转换债券价值的什么信息？

12. 下一年，Faversham 渔场（见上题）其股价跌为每股 10 美元，可转换债券市价为 440 美元。直接债券价值也跌到每份 410 美元。求出转换价值定价和直接债券溢价。由此你可对可转换债券的价值下降作何解释？

13. Bates Pet Motel 公司正在考虑开设一个新的分店。如果在其新的分店里建造一间办公室和 100 只宠物笼子，那么需要初始现金支出 10 万美元。在今后 15 年内每年能产生净现金流量 1.7 万美元，而 15 年以后土地的租期已满，该项目不会有任何残余价值。公司的预期报酬率为 18%。如果该分店确实很有吸引力，很成功，那么 Bates Pet Motel 公司将在第四年末再扩建 100 只宠物笼子。第二阶段的扩建需要现金支出 2 万美元。因为增加了 100 只宠物笼子，预期第 5 年至第 15 年的现金流量每年将再增加 1.7 万美元。公司认为这个新分店很成功的几率为 50%。假设无风险收益率为 10%。

（1）初始项目可以被接受吗？为什么？

（2）扩张的期权的价值是多少？

（3）在具有该期权的情况下项目的总价值为多少？

（4）现在项目可以被接受吗？为什么？

14. 随着我国修订的《公司法》的正式执行，最高人员的股票期权激励方式可以合法的执行了。假如你是某上市公司的独立董事，负责设计股票期权激励计划。你如何确定股票期权的执行价格？

第九篇 财务计划与运营资本管理

复杂多变的企业环境对财务管理提出了严峻的挑战，企业财务管理必须弄清企业环境的状况和变化趋势，以此作为基本出发点，从战略的高度重新认识财务决策，以战略的眼光进行财务管理工作。对公司财务主管而言，最重要的工作就是首先明确企业财务管理目标，并由此制定财务战略，并根据财务战略综合考虑投资、融资决策给企业财务状况带来的影响，最终形成公司财务计划。财务计划能统筹企业在一定期间现金流入与现金流出，有效进行资金的平衡与调度，从而挖掘财务潜力，保证财务目标的顺利实现。同时，财务计划还有助于企业确立一个具体的指标，从而激励管理者为实现此指标而努力工作，并以此作为考核其工作成果的依据。

在编制财务计划的基础上，企业应做好日常财务管理工作，即运营资本管理工作。运营资本管理是对流动资产和流动负债的管理，目的是确定流动资产各项目的合理配置，解决短期筹资的有关问题。为保障流动资产的流动性与营利性的统一，企业应将流动资产与流动负债相互联系起来，制定合理的运营资本管理政策。

本篇由两章构成，第二十四章讨论财务战略、长期财务计划和短期财务计划；第二十五章对流动资产投资政策和筹资政策、现金管理、应收账款管理、存货管理和短期负债管理等展开讨论。

第二十四章　财务战略与财务计划

本章由三节构成，第一节讨论企业财务战略，主要介绍战略产生的历史背景；企业战略和财务战略的含义；财务战略的类型；财务战略的制定及实施。第二节讨论长期财务计划，从财务战略与长期财务计划的关系入手，介绍长期财务计划的内容和财务预测方法。第三节讨论短期财务计划，重点说明生产经营全面预算的编制原理和编制方法。

第一节　财务战略

一、战略管理产生的历史背景

20世纪50年代以前，大多数企业所处的外部环境相对稳定，它们在一定的地区向一定的顾客提供单一的产品或服务。这时企业管理的重点是其内部各种职能（如财务、市场营销、生产、人事等）之间的协调，而非外部环境的变化。50年代之后，企业的运营环境开始发生重大的变化：消费者需求不断变化，市场竞争日益加剧，新技术、新产业层出不穷；许多企业开始实行多角化经营，它们进入新产业，扩展产品和服务的种类，为更加多样化的顾客服务，并逐步进入具有不同文化背景的其他国家开展国际化经营；与此同时，能源危机与环境保护意识的日益高涨，持续不断的通货膨胀，国际政治、经济格局的重新构建，社会文化心理的变迁等因素也开始对企业的经营管理产生重要影响。传统的内向型管理理论与方法，无法应付这种动荡不安和日益复杂的环境变化，不能胜任企业生产经营的实际要求，在这种背景下，战略管理应运而生了。

战略管理的真正提出始于20世纪70年代。战略管理的宗旨是在全面分析、预测企业内外环境的基础上，制定适宜的发展战略和竞争战略，以此来指导企业的经营活动，提高企业的竞争能力，获得长远发展。战略管理已为世界上许多国家的企业所采用，成为企业发展繁荣的重要保证。一些调查研究结果也显示，实行战略管理的企业，其经营绩效普遍优于其他企业。

企业环境的复杂多变同样需要财务战略。企业的内外环境是企业财务管理活动赖以运行的基础和条件，财务管理不可避免地要受到企业环境的影响和制约。无论是企业外部的政治、经济、金融市场、技术和产品市场等方面的变化，还是企业内部的、组织、人员等方面的变化，都对企业财务管理有着直接或间接的，有时甚至是非常重要的影响。因此，复杂多变的企业环境对企业财务管理提出了严峻的挑战。能否把握住环境变化的趋势，趋利避害，已成为财务管理成败的关键。在复杂多变的企业环境下，企业财务管理必须弄清企业环境的状况和变化趋势作为出发点，把提高财务管理工作对环境的适应能力、应变能力和利用能力放在首要位置，从战略的高度重新认识财务管理，以战略的眼光进行财务管理工作。

实施财务战略管理也是我国企业的现实需要。改革开放以前，我国长期实行计划经济体制：企业的资金主要来源于财政拨款，资金无偿使用，盈利全部上缴；投资权掌握在国家手中，企业不能按照市场需要进行投资活动，即使是留给企业的各种基金，也必须"专款专用"。在这种体制下，企业基本上没有真正意义上的财务管理，因而财务战略也无从谈起。随着改革开放的深化，社会主义市场经济体制的逐步建立以及现代企业制度的建立和完善，我国企业的经营机制已经发生了翻天覆地的变化，企业开始拥有筹资权和投资权。与此同时，企业环境日益复杂，竞争日趋激烈，制定和实施财务战略就有了客观需要和可能。因此，制定实施财务战略，更好地为企业的竞争发展筹集资金，投放资金，不断提高资金利用效果，对我国企业就显得更为必要和重要。

二、企业战略与财务战略的含义

"战略"一词源于军事领域，在现代军事理论中，战略的含义则逐步演化为对战争全局的筹划和指导。人们对企业战略的释义存在着分歧，但在一些基本认识上却不乏共识，主要反映在以下几个方面：第一，在空间上，战略是对企业全局的整体性决策；第二，在时间上，战略是对企业未来的长期性决策；第三，在依据上，战略是在对企业外部环境和内部状况深入分析和准确判断的基础上形成并实施的，战略的核心是企业的发展方向与对未来环境的适应性；第四，在重大程度上，战略对企业具有决定性的影响；第五，战略的本质在于创造和变革，在于创造和维持企业的竞争优势。因此，企业战略就是指在对企业内、外环境全面分析、预测的基础上，为适应未来的发展变化，求得长期生存与发展，企业就其整体的未来所做的长期性和决定性的谋划，以创造和维持企业的竞争优势。战略管理从内容上看包含以下五个部分：（1）定义经营与发展理念；（2）设定目标；（3）确定为实现目标的战略与规划；（4）执行战略；（5）考评业绩及战略调整。

财务管理是企业管理的核心之一，企业财务战略是战略理论在企业财务管理方面的应用与延伸。英国学者 Keith Ward 在其所著的《公司财务战略》一书中认为：财务战略是"为适应公司总体的竞争战略而筹集必要的资本，并在组织内有效地管理与运用这些资本的方略"。可见财务战略更加技术化、具体化。财务管理的核心内容是如何保持企业资金均衡、有效的流动。因为资金流动受到企业外部和内部许多环境因素的影响，企业环境的复杂多变，使资金流动变得更加难以准确预测和控制。在这种形势下，保持资金均衡、有效的流动必须要运用战略这个思想武器，努力增强企业资金流动计划对未来环境的适应性。因此，企业财务战略是指企业为谋求资金均衡有效地流动和实现企业战略，为增强财务竞争优势，在分析企业内、外环境因素对资金流动影响的基础上，对企业资金流动进行的全局性、长期性和创造性的谋划，并确保其执行的过程。

企业战略与财务战略之间是整体与部分，主战略与子战略之间的关系。财务战略虽然只是企业整体战略的一部分，然而由于资金是决定企业生存发展的最重要的驱动因素之一，财务战略也就往往构成企业战略的中坚。企业战略与财务战略之间并不是相互平行、相互独立的关系，而是企业战略居于主导地位，对财务战略具有指导作用，财务战略居于从属地位，它的制定和实施必须服从并服务于企业战略的总体要求。在企业战略体系中，财务战略对企业战略及其他子战略起支持和促进作用。但是，企业财务战略并不仅仅是单纯地执行企业战略的要求，或被动地支持其他子战略，它具有自己的相对独立性，并对企业战略及其他子战略的制定与修订具有不可忽视的作用。

三、企业财务战略的类型

（一）按财务管理的内容划分

一般而言，企业财务管理的内容包括资金筹措、资金投放与使用、资金收回与收益分配等活动。因此，财务战略按财务管理的内容可分为企业融资战略、企业投资战略和企业利润分配战略三种形态。

企业融资战略主要解决战略期间内企业融资的目标、原则、方向、规模、结构、渠道、方式和对子公司的筹资管理政策等一系列重大问题。

与融资战略是企业初创期和发展期中的战略重点。

投资战略主要解决企业资金投放的目标、投资决策标准、投资规模、投资方向、投资方式和时机等重大问题。它是企业步入发展期、成熟期乃至衰退期的战略重点。

分配战略是从属性的，但有时也是主动性的。从属性是指分配管理在很大程度是筹资管理的补充；另一方面，它又是主动性的，这是因为当企业分配政策有利于协调生产经营时，企业发展的速度就快，反之则相反。

（二）按企业生命周期划分

生命周期是指从引入到退出经济活动所经历的时间。企业生命周期分析须借助于行业生命周期来考虑。一般认为，行业生命周期分为幼稚期、成长期、成熟期和衰退期四个阶段。行业生命周期在很大程度上决定了企业生命周期。与行业生命周期一样，企业的生命周期也分为四个阶段，即初创期、成长期、成熟期和衰退期。处于不同阶段的企业有不同战略重点，从而有着不同的财务战略。从财务战略对经营战略的支持性以及经营风险与财务风险的互逆性看，各个时期的财务战略是不同的。基于此，财务战略可分为初创期的财务战略、成长期的财务战略、成熟期的财务战略和衰退期的财务战略四种类型。

（三）按企业经营能力大小划分

按企业经营能力大小分，企业财务战略可分为扩张性财务战略、防御性财务战略与稳固发展型财务战略。

扩张型财务战略。要求进行大量投资和新产品开发，以扩大现有市场的占有率和进入新市场。它涵盖了以下重大决策事项：（1）扩张的方式选择，是自我积累还是对外购并；（2）对外扩张的范围与领域，是横向还是纵向或者是综合性的扩张；（3）扩张的速度，是适度还是超常式发展；（4）扩张的资本来源。

稳固发展型的财务战略。这是大多数企业发展的模式。稳固发展型财务战略的特征主要有：（1）企业根据自身经营状况来确定最佳发展速度，不急于冒进；（2）从财务上追求稳健，控制负债额度与负债比率、强调税后利润的留存，并正确处理好内部积累与股利发放的关系；

(3) 慎重从事企业并购，慎重进入与企业经营不相关的领域，走专业化、规模化战略；
(4) 根据企业规模的发展与市场变化，对企业组织结构进行微调，而不进行大的组织变革，以保持管理上的连续性等。

防御型财务战略。它一般包括收获战略、调整战略、放弃战略和清算战略。收获型财务战略强调减少公司在某一特定领域的投资。调整型财务战略主要应用于财务状况不佳、运营效率低下时的公司。当收获战略和调整战略均告失效后，企业只能采用放弃型财务战略，即变卖公司一个主要经营部门，放弃战略的主旨在于先死而后生。清算型财务战略是通过拍卖资产或停止全部经营业务来结束公司的存在，作为一种战略，它是不得已而为之的。

四、财务战略制定的依据

财务战略制定的依据主要有资本市场、企业文化、公司治理结构和管理者对风险的态度。

（一）资本市场

资本市场对财务战略制定与实施的影响主要表现在以下三个方面：

第一，资本市场为财务战略的制定，尤其是融资战略的制定提供了前提。资本市场是企业融资的主要场所，制定财务战略时不仅要考虑资本市场所提供的资本能否在数量上予以保障，而且要考虑在融资速度与质量上是否符合财务战略的要求。离开资本市场所制定的财务战略无异于"无源之水，无本之木"。

第二，资本市场为财务战略的实施提供依据。财务战略的实施需要各种各样的手段，如购并、股票发行等，它们都需要有适宜的市场环境与操作规则。

第三，资本市场在某种程度上是在向公司提供市场信号，这种信号作用表明，公司财务战略的制定与实施，离不开对市场信号这一环境因素的分析，只有将资本市场作为战略制定的环境因素来考虑，趋利避害，才能使公司的财务战略符合现实。

（二）企业文化

企业发展到一定规模与层次，就有了自己的企业文化，其中财务意识的树立是构建企业管理文化非常重要的一个环节。战略管理要求全员上下都围绕企业战略，处理好长期利益与短期利益、部门利益与整体利益，企业利益与社会利益等的关系。未来管理要淡化"被管理者"的概念，每个参与者都是主动的、有激励的。财务战略的制定与实施离不开组织体制的保障，也离不开维持组织高效运转的企业文化。

（三）公司治理结构

不同的公司治理有着不同的战略决策。这是因为：第一，不同的公司治理机制会产生不同的战略决策与选择程序；第二，不同的公司治理结构会产生不同的战略导向。

（四）管理者对风险的态度

财务战略的制定与实施的主体是高层管理者。在对待战略管理问题上，始终存在着管理者的意识，尤其是风险意思问题。对待风险的态度有三种类型，即风险厌恶者、风险中性者和风险偏好者。但理性的管理者都是风险厌恶者,只不过厌恶的程度不同,从而以不同的方式来制定与实施财务战略。一般认为,高度风险厌恶型管理者会选择稳健型的财务战略,低度风险厌恶型管理者比较乐意选择更具激进型的财务战略,如较多的债务与较小的股本并存、大胆对外兼并等。

五、财务战略决策与实施

良好的战略并未必有良好的执行,其原因可能是多方面的,大体可归纳为:(1)财务战略实施过程要比原计划需要更多的时间;(2)出现未料的意外事项;(3)财务组织与财务高层管理者间缺乏有效地协调;(4)对具体从事财务管理的人员的能力估计不足;(5)对实施财务战略所需的关键任务与活动缺乏明确的说明;(6)财务信息系统不完善而导致监控不足;(7)财务经理没有足够的能力来引导员工;等等。因此,围绕这些问题,为更有效地实施公司财务战略,必须做好以下六项关键工作:(1)明确财务战略;(2)再造组织结构与管理分工;(3)构建财务信息、业绩评价及其他监控系统;(4)形成共享的价值观;(5)明确财务人员分布与调整;(6)提高财务人员技能。

第二节　长期财务计划

一、财务战略与长期财务计划的关系

公司战略是公司对外部环境、机会与威胁及企业现状的一种总体把握。它决定和揭示企业的目的和目标,提出实现目标的方针与计划,确定企业的业务范围及组合,决定企业对社会、股东、顾客、员工应做出的贡献。因此,公司战略解决企业向何处发展和如何去竞争这两个问题。

财务战略是公司战略下的一项职能战略,它隶属于公司战略,并为公司战略的执行服务。财务战略从财务角度对公司面临的投资机会、筹资选择进行分析评估,并预测各种决策所带来的后果,从而做出对公司最有利的选择,而这种选择的体现和具体结果就是公司的长期财务计划。

二、长期财务计划的内容

一个完整的长期财务计划对一家大公司是很重要的。而对一家中等规模的公司来说,他的长期财务计划与大公司相比会显得较为粗略、简单,但其基本内容是一样的。不过,对一些很小的公司而言,长期财务计划可能不会形成正式文件,而只是大约存在于经营者头脑中而已。一个完整的长期计划应当包括一下基本内容:

(1)财务预测报表。财务预测报表包括预测的资产负债表、预测的损益表、预测的现金流量表。这些预测报表显示了公司各种战略决策的财务结果,设定了公司今后所谋求的财务目标。这些报表的准确性依赖于销售预测及公司对环境假设的准确性。通常,预测报表显示的利

润目标停留在实际能达到的数目和管理当局所期望的利润值中间的某个地方。

（2）投资计划。长期财务计划会描述未来几年计划的投资项目，这些项目通常被分门别类地归为设备扩充或更新改造项目、生产新产品的设备投资项目等。此外，长期财务计划还表述企业拟采取的竞争战略，如扩大生产规模以获得规模经济；投资于研究与发展计划以开发新技术；或向上游延伸以有效控制原材料供应等。事实上，公司正是基于企业竞争战略，准备投资计划，并评估竞争者的反应后，才能做出较合理的长期销售预测。在制定企业竞争战略及投资计划时，应吸收各部门经理参加，这样才能保证每个部门能正确理解和执行计划，并主动去推动计划的开展。

（3）融资计划。企业扩展投资需要资金支持，长期财务计划应对如何取得这些资金列出计划，这就是公司的融资计划。融资计划应回答公司准备何时，从哪些渠道，以何种形式筹集多少资金，应采取什么样的股权政策等问题。在回答这些问题时，公司应综合考虑融资的成本，合理的资本结构，对公司股票价格影响等因素。

融资计划的复杂性与重要性随公司不同而有很大区别。对于一个投资机会有限，又足够现金流入的公司，它会有高额流动资产或许多未使用的借贷容量。这类公司的财务主管会很悠闲自在，公司的融资计划也简单得多。但对一家积极扩张的公司，它需要大量的资本投入，公司的财务主管就会眉头紧锁，需仔细权衡融资具有的一大串问题，而最终决定的融资计划就会重要而且复杂。

三、财务预测

财务预测是财务计划过程中很重要的一个内容，其产出—预测财务报表是长期财务计划的重要组成部分。预测财务报表一般有五种方法：（1）销售百分比法；（2）线性回归法；（3）曲线回归法；（4）多元回归法；（5）专门项目预测法。这里，我们介绍最常见、也是最基本的销售百分比法。

销售百分比法始于销售预测。这是财务预测最为关键的一步，其准确性直接影响着预测财务报表的准确性，并进而影响到公司的方方面面。假如实际市场需要大于预测，公司就会失去发展的机会。但如果预测过于乐观，又会使设备闲置，库存增多。在公司资金是负债的情况下，公司甚至可能无法产生足够的现金流入来支付利息和偿还本金。

（一）销售预测的方法

预测的基本方法可分为定量方法与定性方法两类。

定量方法主要是根据过去的统计资料，运用一定的数学方法进行加工整理，借以预测未来的方法。它又可分为两类：一类是把变量本身过去的变化趋势作为预测未来的依据，认为未来将是过去这种趋势的自然延伸；另一类是以过去该预测变量与其他变量间的相互关系作为预测根据，来进行对未来的预测。

定性方法是依据市场调查或咨询专家的意见来预测未来。定量方法与定性方法都各有其适用性，但并不互相排斥，而是可以相互补充的。在实际进行预测时，应注意两类方法的结合。

下面我们介绍几种基本的预测方法：

1. 购买者意图调查法。

这种方法在购买者人数不多，可以有效接触他们，他们的购买意图明显，购买有一定计划，并愿意透露其购买意图的情况下显得很有价值。一般而言，这种方法主要适合于价值较昂贵的工业产品和耐用消费品。

2. 销售人员意见综合法。

销售人员经常接触客户，掌握着第一手的市场资料，他们对市场情况有着较好了解，所以利用销售人员的预测是有价值的。不过，销售人员对未来或者过于乐观，或者过于悲观，或者会出现对高预测值而带来的高销售定额的担心而故意调低预测。这些都使他们的预测有些偏差，需要主管予以调整，进而将调整后的数字加以汇总，得出市场预测值。

3. 专家意见法。

公司还可借助公司外部的有关专家的意见得出市场预测来。其中经常提到是德尔菲法。它的应用步骤大体是：首先，选定一专家组，要求他们对公司经营的业务熟悉了解，并且相关经验丰富，专家组的人数可多可少，但不宜过少以免使得出的结论有失偏颇；其次，公司把要求预测的问题及其背景分别告诉专家组成员，并要求他们独立作出自己的预测；然后公司主持预测的人员将专家的回答进行收集和整理，并在此基础上，提出下一轮问题，请每位专家进一步回答。重复上述步骤，直至得出满意结果为止。

4. 时间序列分析法。

公司可以用过去的数据作为它们预测的基础。这种方法假设经过统计分析，可以从过去数据中发现因果关系，这些关系可用于预测未来的销售。

一个产品过去销售的时间序列（Y）可以分解为四种主要成分：

第一个成分是趋势（T），是人口、技术发展的结果。通过对过去销售的分析可以发现它是一条直线或曲线。

第二个成分是周期（C），可以从销售的波动中发现。许多产品的销售会受到经济波动的影响，而且这种波动往往会呈现某种周期性。

第三个成分是季节（S），是指一年中销售活动呈现的某种规律性的形态，它也可以为销售预测提供一个依据。

第四个成分是偶发事件（E），包括战乱、罢工、政治危机等。它们一般是无法事先预测的。但为了较好地观察以往的销售以利于未来预测，应把这些因素对销售的影响排除出去。

时间序列分析把一个原始的销售序列分解成 T、C、S、E 四个部分，然后再把它们组合以产生销售预测。

5. 统计需求分析法。

该方法是为了揭示影响销售的重要因素的一种统计方法。影响销售的一些常见的重要因素有收入、人口、价格等。

统计需要分析方法试图用各种影响需求的自变量 $X_1, X_2, \cdots, X_n$ 来解释销售额 Q，即求出：

$$Q = f(X_1, X_2, \cdots, X_n)$$

应用经济计量学的知识可以帮助我们寻找到最适合的函数方程式。

(二) 销售百分比法的应用

财务预测的销售百分比法，假设资产、负债和费用与销售收入存在稳定的百分比关系，根据预计销售额和相应的百分比预计资产、负债和所有者权益，然后利用会计等式确定融资需求。其的基本步骤如下：

1. 销售预测

财务预测的起点是销售预测。一般情况下，财务预测把销售数据视为已知数，作为财务预测的起点。销售预测本身不是财务管理的职能，但它是财务预测的基础，销售预测完成后才能开始财务预测。

2. 估计需要的资产

通常，资产是销售收入的函数，根据历史数据可以分析出该函数的关系。根据预计销售收入，以及资产与销售收入的函数，可以预测所需资产的数额。大部分经营负债也是销售的函数，亦应预测负债的自发增长，这种增长可以减少企业外部融资的数额。

3. 估计各项费用和保留盈余

假设各项费用也是销售的函数，可以根据预计销售收入估计费用、支出和损失，并在此基础上确定净收益。净收益和股利支付率共同决定保留盈余所能提供的资金数额。

4. 估计所需融资

根据预计资产总量，减去已有的资产、负债的自发增长和内部提供的资金来源便可以得出外部融资需求。

在介绍这个方法之前，我们先了解资产负债表和利润表的几个概念：

a. 资产负债表的有关概念

基本等式：　　　　　　　净经营资产 = 净金融负债 + 股东权益

其中：　　　　　　　　　净经营资产 = 经营资产 – 经营负债

　　　　　　　　　　　　净金融负债 = 金融负债 – 金融资产

在上面的等式中，注意区分经营资产和金融资产的主要标志是有无利息，如果能取得利息则列为金融资产，比如：货币资金、交易性金融资产和可供出售金融资产等；区分经营负债和金融负债的主要标志是有无利息要求，如果是公司筹资活动形成的有息负债是金融负债，比如：短期借款、长期借款、应付债券和交易性金融负债等。

b. 利润表的有关概念

基本等式：　　　　　　　净利润 = 经营利润 – 净利息费用

其中：　　　　　　　　　经营利润 = 税前经营利润 × (1 – 所得税税率)

　　　　　　　　　　　　净利息费用 = 利息费用 × (1 – 所得税税率)

在上面的等式中，我们把收益分为经营活动损益和金融活动损益，金融活动的损益是净利息费用，即利息收支的净额；经营活动损益内部，可以进一步区分主要经营利润、其他营业利润和营业外收支。

假设3P公司2011年预计销售收入为4 000万元，2010年的数据取自调整的资产负债表和调整的利润表（表24–1）。

各项目销售百分比 = 基期资产(负债) ÷ 基期销售额

根据 2010 年销售收入（3 000 万元）计算的各项经营资产和经营负债的百分比。

下面我们以 3P 公司为例介绍如何使用这种方法。该公司 2010 年调整的资产负债表和利润表，见表 24-1（a）和表 24-1（b）。

表 24-1（a）　　　　　　　　　　3P 公司调整资产负债表

2010 年 12 月 31 日　　　　　　　　　　　　　单位：万元

项目	2010 年实际	项目	2010 年实际
经营资产：		金融负债：	
应收账款	398	短期借款	60
存货	276	交易性金融负债	0
固定资产净值	1 270	长期借款	450
经营资产合计：	1 944	应付债券	240
		金融负债合计：	750
经营负债：		金融资产：	
应付账款	100	货币资金	50
应付票据	188	交易性金融资产	6
应付职工薪酬	2	可供出售金融资产	0
经营负债合计：	290	金融资产合计：	56
		净负债	694
		股东权益：	
		股本	100
		保留盈余	860
		股东权益合计：	960
净经营资产	1 654	净负债及股东权益	1 654

表 24-1（b）　　　　　　　　　　3P 公司调整利润表

2010 年度　　　　　　　　　　　　　　　　　单位：万元

项目	本年金额	上年金额
经营活动：		
营业收入	3 000	2 850
减：营业成本	2 644	2 503
毛利	356	347
减：销售费用	96	88
税前经营利润	260	259
减：经营利润所得税费用	104	103.60

续表

项目	本年金额	上年金额
经营利润	156	155.40
金融活动：		
税前利息费用	110	96
减：利息费用减少所得税	44	38.40
净利息费用	66	57.60
税后净利润	90	97.80
减：红利（收益的33%）	30	32.27
保留盈余增加	60	65.53

1. 确定资产和负债项目的销售百分比

根据2010年销售收入（3 000万元）计算的各项经营资产和经营负债的百分比，见表24-2的销售百分比部分所示。

表24-2　　　　　　　　　　　　净经营资产的预计　　　　　　　　　　单位：万元

项目	2010年实际	销售百分比%	2011年预测
经营资产：			
应收账款	398	13.27	531
存货	276	9.20	368
固定资产净值	1 270	42.33	1 693
经营资产合计：	1 944	64.80	2 592
经营负债			
应付账款	100	3.33	133
应付票据	188	6.27	251
应付职工薪酬	2	0.07	3
经营负债合计：	290	9.67	387
净经营资产	1 654	55.13	2 205

2. 预计各项经营资产和经营负债

各项经营资产(负债) = 预计销售收入 × 各项目销售百分比

根据2011年销售收入（4 000万元）和各项目销售百分比计算的各项经营资产和经营负债，见表24-2的2011年预测部分。

资金总需求 = 预计净经营资产合计 - 基期净经营资产合计 = 2 205 - 1 654 = 551（万元）

该公司2011年需要筹资551万元，如何筹集该资金取决于它的筹资政策。通常，筹资的优先顺序如下：（1）动用现存的金融资产；（2）增加留存收益；（3）增加金融负债；（4）增加股本。

3. 预计可以动用的金融资产

该公司2010年底的金融资产为56万元。根据过去经验，公司至少要保留20万元的货币资金，以备各种意外支付。

$$可动用金融资产 = 56 - 20 = 36（万元）$$
$$尚需筹集资金 = 551 - 36 = 515（万元）$$

4. 预计增加的留存收益

留存收益是公司内部的筹资来源。只要公司有盈利并且不是全部支付股利，留存收益会使股东权益增长，可以满足或部分满足企业的筹资要求。这部分资金的多少，取决于收益的多少和股利支付率的高低。

$$留存收益增加 = 预计销售额 \times 计划销售净利率 \times (1 - 股利支付率)$$

假设3P公司2011年计划销售净利率为4.5%（与2010年实际接近），由于需要的筹资额比较大，2011年3P公司不支付股利。

$$留存收益增加 = 4\ 000 \times 4.5\% = 180（万元）$$
$$需要的外部筹资数额 = 515 - 180 = 335（万元）$$

这里需要注意一个问题：该留存收益增加额的计算方法隐含了一个假设，即计划销售净利率可以涵盖增加的利息。设置该假设的目的是为了摆脱筹资预测的数据循环。在筹资预测时，需要先确定留存收益的增加数额，然后确定需要的增加的借款，但是借款的改变反过来影响留存收益。其数据关系如下：在股利支付率确定之后，留存收益受净利润的影响；净利润多少受利息支付的影响；利息多少受借款数额的影响；借款增加数额要视留存收益增加额而定。为了解该数据循环问题，一种办法是使用多次迭代法，逐步逼近可以使数据平衡的留存收益和借款数额；另一个简单的办法是假设销售净利率可以涵盖借款增加的利息，先确定留存收益，然后确定借款的数额。我们这里使用了后一种处理方法。

5. 预计增加的借款

需要的外部筹资额，可以通过增加借款或增发股本筹集，涉及资本结构管理问题。通常，在目标资本结构允许时企业会优先使用借款筹集。如果已经不宜再增加借款，则需要增发股本。

假设3P公司可以通过借款筹集资金335万元，则：

$$筹集资金总额 = 动用金额资产 + 增加留存收益 + 增加借款$$
$$= 36 + 180 + 335$$
$$= 551（万元）$$

销售百分比法是一种比较简单、粗略的预测方法。首先，该方法假设各项经营资产和经营负债与销售额保持稳定的百分比，可能与事实不符。其次，该方法假设计划销售利润率可以涵盖借款利息的增加，也不一定合理。

四、增长模型

为保证公司的健康成长,必须做好销售目标与经营效率及财务资源等方面的平衡工作。否则,如果一味追求快速增长,可能会因财务资源的限制而失败。增长模型就是确定与公司实际和金融市场状况相结合的销售增长率。增长模型作为有效的计划工具,在美国惠普等许多著名的公司得到了广泛的应用。

(一) 内在增长率

设企业的销售净利率、资产与销售率之比、股利支付率、负债与权益之比均为常数。内在增长率假设满足销售增长的资金来源于新增加的保留盈余。内在增长率(Internal Growth Rate)就是仅使用该项资金所能产生的最大增长率。为便于分析,我们假设:

A/S——资产与销售之比的目标值;

P——销售净利率目标值;

d——红利支付率目标值;

S_0——基期销售收入;

g——销售增长率。

根据内在增长的定义,可以得到:

$$\frac{A}{S}S_0 g = S_0(1+g)P(1-d) \tag{24.1}$$

求出 g,可得:

$$g = \frac{P(1-d)}{\frac{A}{S} - P(1-d)} \tag{24.2}$$

从公式中可以看出,内在增长率(不使用外部资金的最大增长率可能)与销售净利率正相关,与股利支付率负相关。

例1:某公司本年销售收入100万元,资产与收入之比的目标值为0.6,销售净利率为12%,股利支付率为1/2。则该公司在不借入资金的情况下,最大增长率为:

$$g = \frac{0.12(1-1/2)}{0.6 - 0.12(1-1/2)} = 11.11\%$$

因此,公司内部资金能使其销售增长率维持在11.11%的水平上,超过这一增长水平就必须追加外部资金。

(二) 持续增长率

持续增长率(Sustainable Growth Rate)是根据负债比率、红利支付率等目标值确定的公司销售额的最大年增长率。如果实际增长率超过持续增长率,必定有一些变量脱离目标值。将增长过程模型化,使得我们能够在充分考虑资源限制的条件下,确定科学的增长速度。为便于分析持续增长率的计算过程,我们将持续增长率分为常态增长率和变动增长率。

1. 常态持续增长率模型

在计算常态持续增长率时,我们假设:公司目前的资本结构是最佳的,即公司无须外部股权融资,也就是说权益只能通过保留盈余的增加而增加。

如果公司销售增长对资金的需求完全来源于内部,那么,经过一段时间之后,股东权益所占比例将增加,财务杠杆将下降。如果公司希望保持原有的资本结构,就必须借入新债。常态持续增长率是指在公司财务杠杆不变时,运用内部资金和外部资金所能获得的最大增长比率。

$$\frac{A}{S}S_0 g = PS_0(1+g)(1-d) + PS_0(1+g)(1-d)\frac{B}{E} \tag{24.3}$$

求出 g,则:

$$g = \frac{P(1-d)\left(1+\frac{B}{E}\right)}{\frac{A}{S} - P(1-d)\left(1+\frac{B}{E}\right)} \tag{24.4}$$

可见,常态持续增长率与杠杆比率 B/E 及销售净利率正相关,与红利支付率 d 负相关。仍按上例,若该公司负债与股东权益之比的目标值为 50%,该公司最大可能增长率为:

$$g = \frac{0.12 \times (1 - 1/2) \times (1 + 0.5)}{0.6 - 0.12 \times (1 - 1/2) \times (1 + 0.5)} = 17.65\%$$

因此,若考虑债务筹资,公司的可持续增长率为 17.65%。若增长率超过 17.65%,公司将需要额外的权益资本或提高公司的杠杆比率。

2. 变化的持续增长模型

如果放松常态持续增长模型的假设,可以建立变化的持续增长率模型。实际上,由于经营效率的提高,可以有更多的保留盈余和更高的负债比率,企业也可以根据需要放行新股。变化的持续增长模型就是在考虑有关因素变动的基础上确定最大增长率。设

E_{q0}——基期股东权益;

E_{qn}——新筹集的权益资本;

D——全年红利支付额。

根据这些变量,得:

$$\frac{A}{S}S_0(1+g) = [E_{q0} + E_{qn} + S_0(1+g)P - D](1+)\left(1+\frac{B}{E}\right)$$

求出 g,则:

$$g = \frac{(E_{q0} + E_{qn} - D)\left(1+\frac{B}{E}\right)\left(\frac{S}{A}\right)}{1 - P\left(1+\frac{B}{E}\right)\left(\frac{S}{A}\right)}\left(\frac{1}{S_0}\right) - 1$$

例 2:某公司本年股东权益为 1 200 万元,负债总额 800 万元,销售额 3 000 万元。该公司在计划年度的资产与销售之比目标值为 0.62,销售净利率为 0.05,负债与股东权益之比的目

标值 0.8，计划年度准备筹措新的权益资本 100 万元，计划年度支付股利 30 万元。该公司持续增长比率为：

$$g = \frac{(1\,200 + 100 - 30) \times (1 + 0.8) \times \frac{1}{0.62}}{1 - 0.05 \times (1 + 0.8) \times \frac{1}{0.62}} \times \left(\frac{1}{3\,000}\right) - 1 = 43.77\%$$

应注意的是，按该模型所计算的某一年度较高的增长率，并不意味着该比率在将来也会同样高。实际上，除非经营效率持续提高，负债比率也不断提高，才能保持如此高的增长率。否则，持续增长率将会下降。所以，从某些意义上说，该模型表示的是一次性调整的结果。

第三节 短期财务计划

一、长短期财务计划的联系

长期财务计划的跨度一般为 5~10 年，因为时间跨度大，很难要求长期计划做到非常精确。所以，长期财务计划只能给公司提供一些粗略的前瞻性看法，不能给公司的短期运作提供全面的控制标准，这就需要制定短期财务计划来加以补充。

短期财务计划的时间跨度通常在一年以内。因为时间跨度短，短期财务计划一般较为详细全面，准确性相对较高。短期财务计划中的预测财务报表是通过生产经营全面预算体系来推算的。

二、生产经营全面预算

生产经营全面预算是指用数量和表格形式反映的企业销售、生产、分配及筹资等经济活动过程的正式计划。换句话说，全面预算就是企业总体规划的数量说明。

企业在一定期间内生产经营活动的全面预算主要包括：销售预算、生产预算、直接材料预算、直接人工预算、制造费用预算、销售与管理费预算、现金预算、预计的损益表、预计的资产负债表等。这些预算囊括了企业日常经营的各个方面，为企业整体及其各方面树立了明确目标，同时也成为企业评价各方面经营工作成果的标准。在生产经营中，企业通过定期考核实际成果和预算之间的差异，分析造成这些差异的原因，并对一些重大差异实行例外管理，从而保证企业能按设定的轨迹朝目标前进。这些预算的关系如图 24-1 所示。

生产经营的全面预算通常以年为单位，以和会计年度保持一致，并便于二者的比较。年度预算内要分季，而对于当期季度，还要有当月的数字；近期的预算数应比远期更细一些。近来许多企业采用了滚动预算制，即原预算中有一个季度执行完后，预算自动延伸一个季度。这可以使管理人员经常对未来一年的经营活动进行筹划，不至于等到原预算执行快结束时，再编制新的预算。

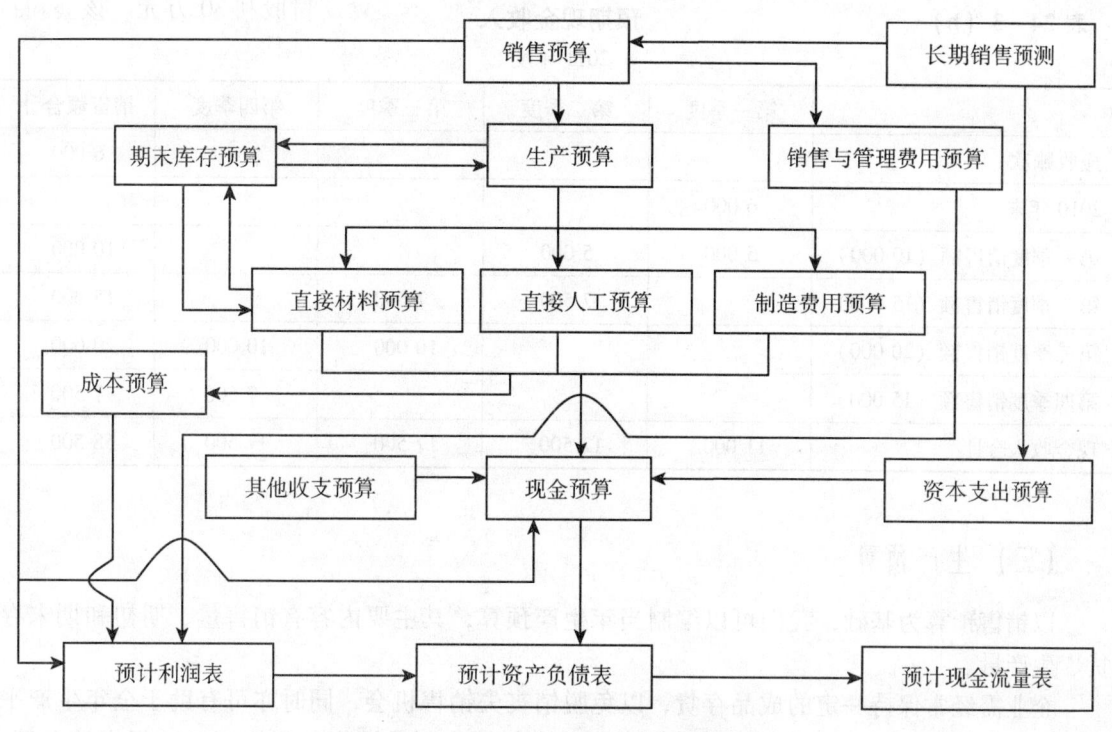

图 24-1 生产经营全面预算体系

（一）销售预算

销售预算是全面预算的起点，生产预算、直接材料预算等其他预算都要以销售预算为基础才能编制。销售预算的主要内容是预计销售量、单位售价和销售收入。在实际工作中，为便于编制现金预算，销售预算还应附有预算期间的预期现金收入。预期现金收入主要包括收回前期应收货款和本期销售收入的收现部分。

要做出销售预算，需要进行各期销售预测，同时还要研究顾客的付款方式。这里我们以 P&E 公司为例，设公司目前只生产一种产品，其 2011 年度预期的销售数量、单位产品价格和销售收入及其分季的预算见表 24-3（a）。此外，该公司在研究顾客付款方式后，发现 50% 顾客在购买当季即付款，而另外 50% 则要延迟到下一季度才能收现。

表 24-3（a）   **P&E 公司销售预算**

2011 年度

单位：万元

	第一季度	第二季度	第三季度	第四季度	全年合计
预计销量（万个）	100	150	200	150	600
单位售价（元）	100	100	100	100	400
销售收入（万元）	10 000	15 000	20 000	15 000	60 000

表24-3（b）　　　　　　　　　预期现金收入
2011年度

	第一季度	第二季度	第三季度	第四季度	销售额合计
应收账款					6 000
2010年末	6 000				
第一季度销售额（10 000）	5 000	5 000			10 000
第二季度销售额（15 000）		7 500	7 500		15 000
第三季度销售额（20 000）			10 000	10 000	20 000
第四季度销售额（15 000）				7 500	7 500
现金收入合计	11 000	12 500	17 500	17 500	58 500

（二）生产预算

以销售预算为基础，我们可以编制当年生产预算，其主要内容有销售量、期初和期末存货、生产量。

企业需经常保持一定的成品存货，以免脱销丧失销售机会，同时亦可有助于全年生产平衡，充分使用设备。P&E公司规定季末存货量应保持为下季销售预测的10%，根据该政策，我们可排出公司2011年度生产预算，见表24-4。

表24-4　　　　　　　　　P&E公司生产预算
2011年度　　　　　　　　　　　　　　　　　　　　　　　　单位：万个

	第一季度	第二季度	第三季度	第四季度	全年合计
预计销量	100	150	200	150	600
+预计期末存货	15	20	15	15	15（年末）
合计	115	170	215	165	615
−预计期初存货	15	15	20	15	15（年初）
预计生产量	100	155	195	150	600

（三）直接材料成本预算

直接材料预算的编制是建立在生产预算基础上的。在直接材料预算中，包括直接材料单位成品耗用量、单位直接材料价格、直接材料期初期末余额等。设P&E公司在生产成品时，只需消耗一种直接材料，且只有一道工序，公司政策规定该材料每季末的存货水平为下季预计用量的10%。另外，为了便于以后编制现金预算，在编制直接材料预算时，还附列出购买原材料所耗用的现金。这里，假设公司的支付政策是本季付款50%，下季付清应付款。根据以上政策及相关信息，我们可得到公司预期的直接材料现金支出表，见表24-5。

表 24-5		直接材料预期的现金支出			单位：万元
	第一季度	第二季度	第三季度	第四季度	采购额合计
2010 年末应付账款	2 000				2 000
第一季度采购额（2 000）	1 000	1 000			2 000
第二季度采购额（3 180）		1 590	1 590		3 180
第三季度采购额（3 810）			1 905	1 905	3 810
第四季度采购额（3 000）				1 500	1 500
现金支出合计	3 000	2 590	3 495	3 405	12 490

注：设产品只经一个工序即可完工且无在制品。

（四）直接人工成本预算

直接人工预算也是以生产预算为基础编制的。在 P&E 公司预算中，以各期生产的产成品数乘以生产单位产品所耗工时求得各期所用的直接人工工时，再将每小时的直接人工成本与其相乘，即可求出各期的预计直接人工成本。这里仍假设公司无在制品，直接人工的工种只有一种，且工人的工资均以现金于当期支付。P&E 公司生产单位产品需耗时 5 小时，每小时的直接人工成本为 6 元。据此可计算出公司各期直接人工成本，见表 24-6。

表 24-6		2011 年直接人工成本			单位：万元
	第一季度	第二季度	第三季度	第四季度	全年合计
各期直接人工成本	3 000	4 650	5 850	4 500	18 000

（五）制造费用预算

生产成本中不属于直接材料和直接人工的部分，都属制造费用。制造费用包含的子项目很多，且经常占生产成本的很大比例，因此，对制造费用的预算应作为一个重点。制造费用的各项目按成本性态可分为变动性制造费用和固定性制造费用。在编制制造费用预算时，变动性制造费用可以根据预计生产量和预计变动制造费用分配率加以计算；固定制造费用通常以上年度发生额为基础并考虑预算期间的变动后加以确定。

为便于编制现金预算，制造费用也应附有预计现金支出。由于固定资产折旧属非现金支出项目，在计算预计现金支出时应予以剔除。在 2011 年 P&E 公司的预算中，固定制造费用预算为 6 000 万元（其中折旧 1 000 万元）；变动制造费用预算为 6 000 万元，单位小时变动制造费用分配率 2 元。所以在 2011 年制造费用预算中，现金支出仅为 11 000 万元（制造费用预算12 000 - 折旧 1 000）。

（六）销售与管理费用预算

销售和管理费用是计算利润时的扣除项目。该费用是为了支持销售和企业运转所发生的。P&E 公司 2011 年的销管费用预算为 7 200 万元，该费用按成本性态亦可分为变动性销售与管理费用和固定性销售与管理费用。其中变动费用计 6 000 万元，固定费用计 1 200 万元。

（七）现金流预算

现金预算主体包括四部分：
a) 现金收入；
b) 现金支出；
c) 现金多余或不足；
d) 资金的筹集和运用。

现金收入部分包括期初现金余额与本期现金收入两部分。

现金支出部分包含了当期的各种现金支出，如营业费用、股利的发放等。

现金多余或不足部分显示了在未向外部筹资前，企业经营活动产生的现金支付各种开支后的余额。若该余额为负值，表明企业应寻找外部资金来维持企业的生存和发展。

资金的筹集和运用部分显示了企业用来弥补资金缺口的各种筹资组合，并列出因此而发生的费用支出。

P&E 公司在 2010 年末有 2 000 万元的短期借款和 2 000 万元的长期债务，其中 2 000 万元的短期借款在 2011 年第 1 季末到期。设短期借款 2011 年的市场利率为 10%，长期借款利率为 12%。

P&E 公司的 2011 年现金预算，见表 24-7。

表 24-7　　　　　　　　　P&E 公司现金流预算

2011 年度　　　　　　　　　　　　　　　　　　单位：万元

	第一季度	第二季度	第三季度	第四季度	合　计
期初现金金额	2 000	1 770	2 000	2 415	2 000（期初）
现金收入额	11 000	12 500	17 500	17 500	58 500
合计	13 000	14 270	19 500	19 915	60 500
减支出数：总数	11 180	14 220	20 965	15 945	62 310
包括：					
直接材料	3 000	2 590	3 495	3 405	12 490
直接人工	3 000	4 650	5 850	4 500	18 000
变动制造费用	1 000	1 550	1 950	1 500	6 000
固定制造费用	1 250	1 250	1 250	1 250	5 000
变动销售管理费用	1 000	1 500	2 000	1 500	6 000
固定销售管理费用	300	300	300	300	1 200
支付应付费用	1 000	1 000	2 000		4 000
购买设备			2 000		2 000
已借债务的利息	110	110	160	280	660

续表

	第一季度	第二季度	第三季度	第四季度	合 计
股利				2 000	2 000
所得税	520	1 270	1 960	1 210	4 960
现金多余或不足	1 820	50	(1 460)	3 970	(1 810)
资金筹集运用					
向银行借款	2 000	2 000	4 000		8 000
偿还借款				(2 000)	(2 000)
为新借款项支付利息	(50)	(50)	(120)		(220)
期末现金金额	1 770	2 000	2 415	3 970	3 970（期末）

注：1. 应付费用在第一季度末偿还 1 000 元，在第二季度末偿还 1 000 元，第三季度末全部还完；

2. 第一季度和第二季度的借款均为一年期的短期借款，第三季度的借款为长期借款。

（八）预计表利润表

根据以上各项预算可得到预计的损益见表 24－8。

表 24－8　　　　　　P&E 公司 2011 年度预计利润表　　　　　　单位：万元

	第一季度	第二季度	第三季度	第四季度	合 计
销售量	10 000	15 000	20 000	15 000	60 000
减：销售成本（平均每件 70 件）	7 000	10 500	14 000	10 500	42 000
毛利	3 000	4 500	6 000	4 500	18 000
减：					
销售管理费用	1 800	1 800	1 800	1 800	7 200
财务费用	160	160	280	280	880
税前净利	1 040	2 540	3 920	2 420	9 920
减：所得税	520	1 270	1 960	1 210	4 960
净利	520	1 270	1 960	1 210	4 960
减：股利					2 000
保留盈余增加					2 960

注：假设所得税率为 50%。

（九）预计资产负债表

P&E 公司 2010 年 12 月 31 日实际资产负债表见表 24－9。

表24-9　　P&E 公司资产负债表
2010年12月31日　　　　　　　　　　　　　　　　　单位：万元

资产		负债	
流动资产		流动负债	
现金	2 000	短期借款	2 000
应收账款	6 000	应付账款	2 000
存货	1 360（其中：材料31万件，产成品15万个）	应付费用	4 000
		长期负债	2 000
		股东权益	
固定资产	10 000	股本	6 000
		保留盈余	3 360
总计	19 360	负债和权益合计	19 360

以此为基础，结合前面已叙述过的各项预算，可得到 P&E 公司 2011 年的预计资产负债表，见表 24-10。

表24-10　　P&E 公司预计资产负债表
2011年12月31日　　　　　　　　　　　　　　　　　单位：万元

流动资产		流动负债	
现金	3 970	短期借款	4 000
应收账款	7 500	应付账款	1 500
存货	1 350	长期负债	6 000
固定资产	12 000		
减：折旧	1 000	股东权益	
固定资产净值	11 000	股本	6 000
		保留盈余	6 320
资产总计	23 820	负债和权益合计	23 820

注：①原材料30万件，产成品15万件；
②6 320 = 3 360 + 2 960。

习　题

1. "公司的财务战略就是公司财务计划"，这种说法对吗？为什么？
2. 高科技企业在企业起步阶段应采取什么样的财务战略？
3. 制订公司财务计划时，必须由公司中的有关部门如生产部门、销售部门等共同参与，为什么？
4. 制订公司财务计划的前提和目标分别是什么？
5. 使用下列信息完成调整后企业的资产负债表和损益表：

　　财务杠杆度 × $\left(\dfrac{\text{长期负债}}{\text{长期资本}}\right)$　　　0.4

　　利息倍数　　　　　　　　　　　8

流动比率	1.4
速动比率	1.0
资产回报率	0.18
权益回报率	0.41
存货周转率（销售成本/平均存货）	5.0
应收账款平均收账期	71.2 天

调整的资产负债表

	2010 年	2011 年
固定资产净额		25
应收账款		24
存货		26
经营资产合计		75
应付票据	30	35
应付账款	25	30
经营负债合计		65
净经营资产合计		10
长期负债		20
金融负债合计		20
现金		30
金融资产合计		30
权益		30
净负债及股东权益合计	115	20

调整利润表

经营活动：	
销售收入	
销售成本	10
销售及一般管理费用	20
折旧	
税前经营利润	
经营利润所得税费用	
经营利润	

续表

金融活动：	
税前利息费用	
利息费用减少所得税	
净利息费用	
税后净利润	

6. 通货膨胀对制造型公司的资产负债表和损益表有什么影响？你所得出的结论是否和公司的负债率相关？

7. 公司财务计划常用来作为评价将来业绩的基础，你认为从财务计划和工作业绩之间的比较可以得到什么结果？这样的比较通常会产生什么问题？如何处理这些问题？

8. 如何才能使财务计划适应公司实际情况的需要？

9. 某体育用品公司的会计报表如下表所示：

2011 年利润表

单位：万元

销售收入	950
销售成本及费用	250
EBIT	700
所得税	200
净利润	500

资产负债表

单位：万元

	2010 年	2011 年		2010 年	2011 年
资产	2 700	3 000	负债	900	1 000
			权益	1 800	2 000
合计	2 700	3 000	合计	2 700	3 000

为计算简便起见，假定利息费用包含在销售成本及费用中，并且公司的资产数额与销售额成比例变化。

A. 如果公司仍保持60%的红利支付率及15%（销售收入）的增长率，是否需要外部融资，需要多少？

B. 如果公司采用发行新股的方式融资，对公司会计报表会有什么影响？

C. 如果公司计划只发行 1 100 万元的长期债务而不发行新股，红利支付率是否发生变化？变化多少？

10. 某公司会计报表如下所示：

2011 年利润表　　　　　　　　　　　　　　　　　　　　　　　单位：万元

销售收入	1 800
固定成本	56
变动成本（销售收入的80%）	1 440
折旧	80
利息（按年初负债额的8%计）	24
利润总额	200
所得税	80
净利润	120
股息	80
留存收益	40

资产负债表　　　　　　　　　　　　　　　　　　　　　　　单位：万元

	2010 年	2011 年
资产		
净营运资本	400	400
固定资产	800	800
资产总额	1 200	1 200
负债和权益		
负债	300	300
权益	900	900
负债和权益总额	1 200	1 200

尽管公司近几年来基本上没有增长，但公司管理层仍计划在未来5年内以固定资产净额每年增加200万元的速度扩张。经预测，销售收入对资产总额的比例将稳定维持在1.5左右，年折旧费用为年初资产额的10%，固定成本基本维持在56万元，变动成本与销售收入的比例为80%。公司政策是维持账面资产负债率为25%，股息支付率为2/3。

（1）预测2012年公司会计报表。假定净运营资本等于固定资产的50%。

（2）假定不发行新股，所缺资金已负债弥补，预测年的公司会计报表，在2012年公司的资产负债率会发生什么变化？

11. 3P公司年初为其主要产品A确定的目标利润是100万元，并且已知该产品市场价格为15元，单位变动成本为10元，固定成本为20万元，求为了达到该目标利润，销售量和销售额各应为多少？

12. 3W公司税后利润分配中，法定盈余公积金与公益金的提取率分别为10%和5%，根据投资者目标利润要求及企业内部规划，次年将按资本金的15%来向投资者分红，并且未分配利润为200万元，假定3W公司的资本金总额为10 000万元，求目标利润（所得税率为33%）。

13. 3D公司预计下两年的销售收入为240万美元。根据下列信息，编制预计损益表和年末的预计资产负债表：

现金：最低现金余额为年销售额的 4%
应收账款：以年销售额计算的平均收现期为 60 天
存货：一年周转 8 次
应付账款：一个月的购买金额
银行借款：现为 5 万美元，借款限额为 25 万美元
应计费用：销售额的 3%
固定资产净值：现为 50 万美元，折旧每年 25 万元
长期负债：现为 30 万美元，年底偿还 7.5 万美元
普通股：10 万美元。无额外发行计划
保留盈余：50 万美元、
销售净利率：8%
股利：无
销售成本：销售额的 60%
外购：销售成本的 50%
所得税：税前利润的 50%

第二十五章 运营资本管理

本章由五节内容构成。第一节主要讨论运营资本的含义,流动资产投资政策和融资政策以及不同运营资本政策与风险和回报率的关系。第二节讨论现金管理,主要包括最佳现金持有量的确定和现金的日常管理。第三节讨论应收账款管理,包括信用条件的决定,信用等级的评价、应收账款的收账管理和保理业务。第四节讨论存货管理,本节在说明存货管理重要性的基础上,重点讨论存货管理的基本模型。第五节讨论短期负债管理,主要介绍几种常见的短期融资方式。

第一节 运营资本的定义和作用

一、运营资本的定义及其变化

运营资本(Working Capital,WC)是指流动资产(简写为 CA)减流动负债(简写为 CL)。用公式表示即有:

$$WC = CA - CL \tag{25.1}$$

由会计恒等式 $CA + FA(\text{固定资产}) = CL + LL(\text{长期负债}) + E(\text{股权})$ 能推导出:

$$WC = LL + E - FA \tag{25.2}$$

利用公式(25.2),我们可以追踪导致运营资本 WC 变化的原因。以 3D 公司为例,做一说明。3D 公司 2010 年末和 2011 年末资产负债表见表 25 – 1。

表 25 – 1　　　　　　　　　　3D 公司资产负债表　　　　　　　　　　单位:千元

	2010 年 12 月 31 日	2011 年 12 月 31 日
流动资产		
现金	4	5
有价证券	0	5
应收账款	25	30
存货	26	25

续表

	2010 年 12 月 31 日	2011 年 12 月 31 日
流动资产合计	55	65
固定资产	40	50
资产总计	95	115
流动负债		
短期借款	5	0
应付款	20	27
流动负债合计	25	27
长期负债	5	12
股东权益	65	76
负债与股权合计	95	115

由表 25-1，算出 2010 年 3D 公司的运营资本 $WC = 55 - 25 = 30$（千元），2011 年该公司的运营资本 $WC = 65 - 27 = 38$（千元），3D 公司的运营资本变化为 $\Delta WC = 38 - 30 = 8$（千元），那么是什么造成 WC 的变动呢？其原因如表 25-2 所示。该公司长期负债增加 7 000 元，股东权益增加 1.1 万元，两项合计增加 1.8 万元。这构成运营资本的来源。但固定资产（净）增加 1 万元，构成运营资本的运用。来源与运用相抵，使运营资本增加 8 000 元。

表 25-2　　　　　　　　　　3D 公司 WC 变动原因解析

科目	数量
ΔLL	7（=12-5）
$+\Delta E$	11（=76-65）
$-\Delta FA$	10（=50-40）
ΔWC	8

二、运营资本与风险和回报率的关系

流动资产的投资和融资政策选择都对企业风险、资产回报率产生影响。

流动资产投资政策分为"宽松型""适中型""紧缩型"。"宽松型"指公司用较多的现金、应收账款、存货来支持一定的销售额；"紧缩型"则指公司在达到一定销售额时，力图使流动资产各项目都降至最低限度；"适中型"政策则取其中。它们的区别可以用图 25-1 表示。

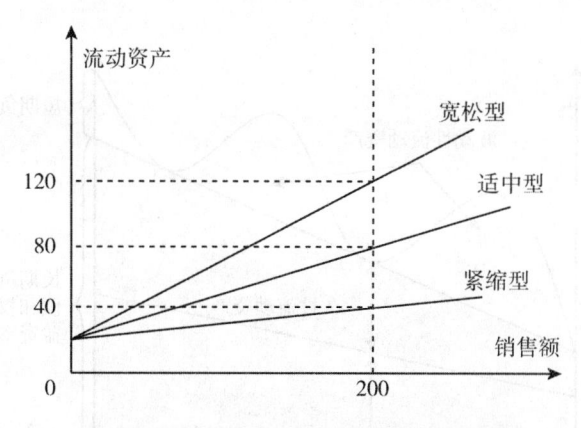

```
        流动资产
              │                           宽松型
          120 ┤ - - - - - - - - - - - -
              │                         适中型
           80 ┤ - - - - - - - - - - - -
              │                          紧缩型
           40 ┤ - - - - - - - - - - - -
              │                              销售额
            0 └─────────────────────200──────
```

图 25 – 1 三种不同的流动资产政策

决定企业回报多少的主导因素是固定资产。在其他情况相同的条件下，采取"紧缩型"政策的公司资产回报率高，但因为其保持的安全库存少，采取信用紧缩政策，将使公司面临停产脱销和销售降低的风险。而当公司采取"宽松型"政策时，公司因为使用相对更多的流动资产来产生相同的利润，结果是必然降低了公司的资产回报率。不过，因为公司一方面保持了较多的安全库存，降低了停产脱销的风险；另一方面，公司实行的宽松的信用政策也可能会起到刺激销售的作用。所以公司在决定采取何种运营资本政策时，应仔细权衡风险及相应的回报率。

企业的流动资产可进一步分为波动性流动资产和永久性流动资产。波动性流动资产是指受季节性和周期性影响的那部分流动资产；永久性流动资产是指用于满足企业长期最低需要的那部分流动资产。永久性流动资产与企业的固定资产有两点极为相似：一是资金占用的长期性；二是对一个处于成长过程中的企业来说，资产占用水平会随着时间变化而增加与资产的占用相适应，企业的融资需要也可划分为永久性资金需要和波动性资金需要两部分。企业固定资产和永久性流动资产共同构成永久性资金需要；而波动性流动资产则构成波动性资金需要。在财务管理中，对永久性与波动性资金需要的融资政策亦可分为三种类型："适中型""激进型""保守型"。"激进型"融资政策指公司用短期借款来支持部分永久性流动资产，甚至是固定资产的融资政策；"保守型"政策指公司采用长期性资金来源来支持部分波动性流动资产、永久性流动资产和固定资产的融资政策；"适中型"政策是用长期资金来源来支持固定资产和永久性流动资产，用短期负债来支持波动性流动资产。这三种政策间的区别，如图 25 – 2 所示。

一般而言，长期资金来源的成本要高于短期资金来源。因此，"激进型"政策因为采用了短期资金来源来支持其永久性流动资产、甚至固定资产的政策而降低了利息支出，从而使公司利润率高于同样情况下选择"适中型"或"保守型"政策的公司。不过，从另一方面来看，因为利率的多变性使得有些情况下短期借款利率要高于长期借款利率，以及公司短期借款到期后存在不能获得延期的可能性，又使得采取"激进型"政策的公司所面临的风险要大于"适中型"和"保守型"的公司。因此，财务主管在决定流动资产融资政策时，同样应仔细权衡风险和回报率的得与失。表 25 – 3 可以清楚解释不同运营资本政策与回报的关系。

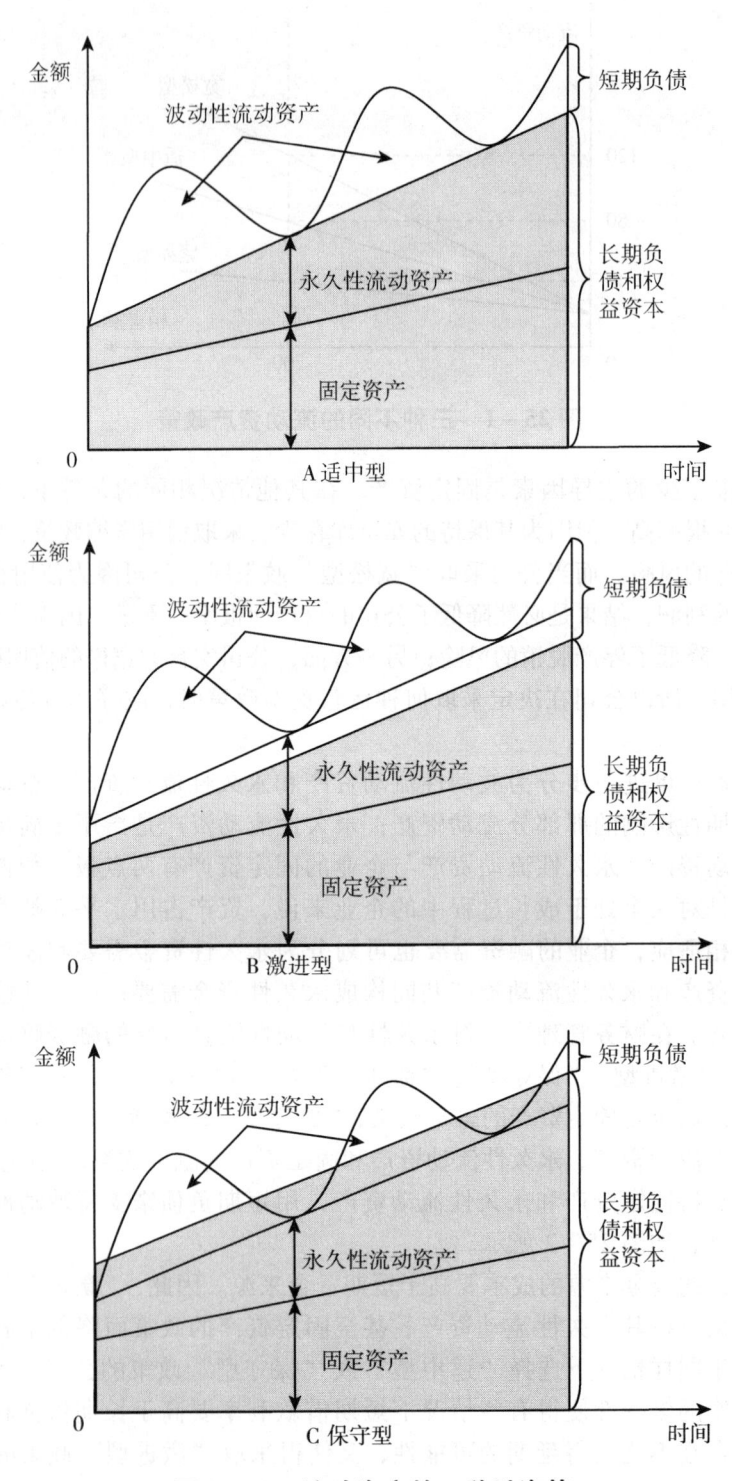

图 25–2　流动资产的三种融资策

表 25-3　　　　　　　　　运营资本与回报率的关系　　　　　　　　单位：百万元

项　目	公司类型		
资产负债表	"风险型"公司	"一般型"公司	"保守型"公司
流动资产	40	50	60
固定资产	50	50	50
总资产	90	100	110
流动负债	45	25	0
长期负债	0	25	55
股东权益	45	50	55
负债与权益合计	90	100	110
运营资本净额	-5	25	60
损益报告			
销售额	120	120	120
销售成本费用	100	100	100
税息前利润（EBIT）	20	20	20
减：利息	2.7	3.5	4.4
税前利润	17.3	16.5	15.6
减：所得税	8.65	8.25	7.8
净利润	8.65	8.25	7.8
权益回报率（ROE）	19.2%	16.5%	14.2%

注：①假设短期负债的平均利率为6%，长期负债的平均利率为8%。
②假设所得税税率为50%。

由表 25-3 可知，在期望的条件下，"风险型"公司的权益回报可高达 19.2%，而"保守型"公司只有 14.2%，差异是显著的。

三、零（负）运营资本

"零运营资本"管理作为一种极限式的"紧缩型"管理模式，其基本原理是在满足企业对流动资产基本需求的前提下，尽可能地降低企业在流动资产上的投资，并大量地利用短期负债进行流动资产的融资。企业实现"零运营资本"减少了流动资产对资金的占用，由于流动资产的盈利能力低于固定资产，所以较少地持有流动资产提高了企业的资产报酬率。"零运营资本"管理模式也有潜在的风险。由于长期资产的回收期较长，不确定因素也较多，所以固定资产投资的风险大于流动资产,同时企业的净营运资本越少,意味着流动资产与流动负债之间的差额越小,则陷入技术性无力清偿的可能性也就越大,因此企业在进行"零运营资本"管理时,应特别注意收益和风险之间的权衡,控制企业的财务风险和经营风险。现实中,很多公司是通过其特殊的经营模式或强大的谈判能力来实现零(负)运营资本的,前者如戴尔公司、亚马逊网上书店,后者有沃尔玛和家乐福等企业。以戴尔公司为例,客户通过戴尔网站购买一台电脑需要先通过信用卡等手段先支付一定资金,然后戴尔公司接收到订单之后组装电脑,最后交接给客户。可见,戴尔公司在发货之前可以先用别人的钱来经营自己的业务,这样就有可能获得负的运营资本。

第二节 现金管理

一、企业持有现金的目的

经济学家凯恩斯认为个人持有现金是出于三种需求的作用:交易性需求、预防性需求和投机性需求。照此,我们可以解释企业持有现金的目的。

(一) 交易性需求

企业的交易性需求是企业为了维持日常周转及正常商业活动所需持有的现金额。企业每日都在发生许多支出和收入,这些支出和收入在数额上不相等及时间上不匹配使企业需要持有一定现金来调节,以使生产经营活动能继续进行。

另外,企业业务的季节性,使企业逐渐增加存货以等待季节性的销售高潮。这时,一般会发生季节性的现金支出,公司现金余额下降,随后又随着销售高潮到来,存货减少,而现金又逐渐恢复到原来水平。

(二) 预防性需求

预防性需求是指企业需要维持充足现金,以应付突发事件。这种突发事件可能是政治环境变化(如东道国政府对跨国公司在东道国所设子公司的国有化),公司突发性偿付,也可能是公司的某大客户违约等等。尽管财务主管试图利用各种手段来较准确地估算企业需要现金数,但这些突发事件会使原本很好的财务计划失去效果。因此,企业为了应付突发事件,有必要维持比日常正常运转所需金额更多的现金。

(三) 投机性需求

投机性需求是企业为了抓住突然出现的获利机会而持有的现金,这种机会大都是一闪即逝的,如证券价格的突然下跌,企业若没有用于投机的现金,就会错过这一机会。

除了上述三种基本的现金需求以外,许多公司持有现金是作为补偿性余额。补偿性余额是公司同意保持的账户余额。它是公司对银行所提供借款或其他服务的一种间接付款。

二、最优现金水平的确定

确定最优现金水平的模型有几个,这里我们介绍两个模型。

(一) 鲍莫模型

鲍莫(W. Baumol)模型实际上是存货经济批量模型在现金管理上的延伸,它假设公司一定时期对现金的需求为已知常数,单位时间现金使用量是一稳定值。鲍莫模型的基本原理是将现金持有量与有价证券联系起来衡量,即将持有现金的成本与转换为有价证券所发生的交易性成本进行平衡,以求得使两项成本之和最低时的现金持有量,即最优现金持有量。图25-3显示了现金持有的变化,图25-4表示现金总成本的特性。

设:

C——最优现金持有量;

K——持有现金的机会成本(这种机会成本是因持有现金而放弃了别的有利投资机会,如购买高利率国债带来的获利机会);

T——一定时期内公司耗用的现金额;

F——进行证券交易或贷款的固定成本;

由于

$$现金总成本 = 持有现金成本 + 现金交易性成本$$
$$= \frac{C}{2}K + \frac{T}{C}F$$

可得:

$$C = \sqrt{\frac{2FT}{K}}$$

图25-3 现金持有量曲线

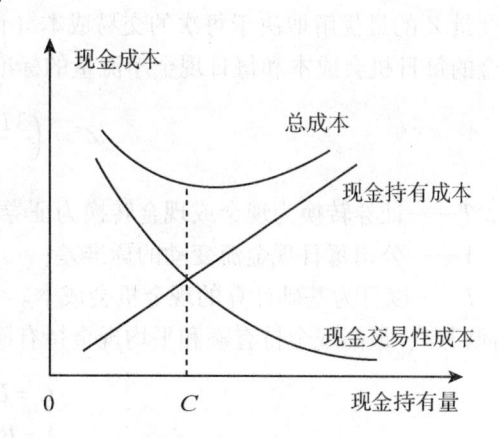

图25-4 现金总成本

(二) 米勒—奥尔模型

鲍莫模型是建立在未来现金流量稳定均衡且可以预测的基础之上的。但在实际工作中,企业现金流量往往具有很大的不确定性。在现金流量不能准确预测的情况下，可借助于其他模型确定现金最佳持有量。米勒（M. Miller）和奥尔（D. Orr）设计了一个在现金流入、流出不稳定情况下确定现金最优持有量的模型。他们假定每日现金净流量的分布接近正态分布，每日现金流量可能低于也可能高于期望值，其变化是随机的。由于现金流量波动是随机的，只能对现金持有量确定一个控制区域，定出上限和下限。当企业现金余额在上限和下限之间波动时，表明企业现金持有量处于合理的水平，无须进行调整。当现金余额达到上限时，则将部分现金转换为有价证券；当现金余额下降到下限时，则卖出部分证券。

图 25-5 显示了米勒—奥尔模型，该模型有两条控制线和一条回归线。最低控制线 B 取决于模型之外的因素，其数额是由现金管理部经理在综合考虑短缺现金的风险程度、公司借款能力、公司日常周转所需资金、银行要求的补偿性余额等因素的基础上确定的。最高控制线 A 比最低控制线 B 高 $3Z(Z=C-B)$，回归线 C 比 B 高 Z。当现金持有量达到 A 时，公司购买金额为 $2Z$ 的证券，使现金持有量降至回归点；而当公司现金持有量降至 B 时，将卖出金额为 Z 的证券，使现金余额增至 C。

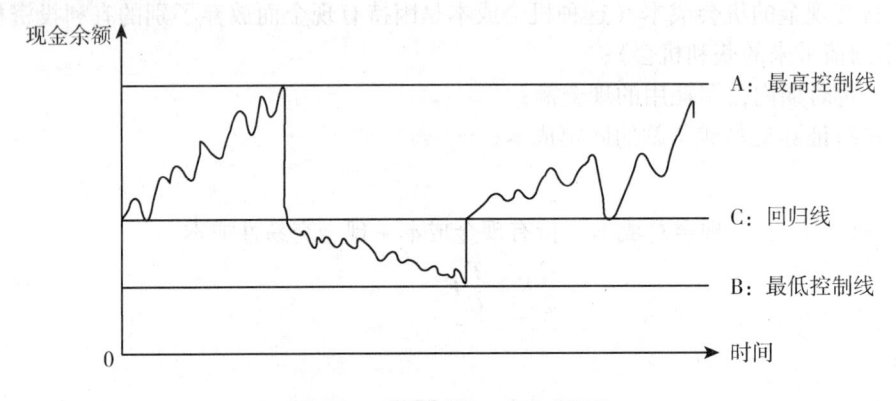

图 25-5 米勒—奥尔模型

变量 Z 的最优解取决于每次的交易成本（证券转换为现金或现金转换为证券的成本）、持有现金的每日机会成本和每日现金净流量的标准差，计算公式为：

$$Z = \left(\frac{3T \times V^2}{4I}\right)^{\frac{1}{3}} \tag{25.3}$$

式中，T——证券转换为现金或现金转换为证券的成本；
　　　V——公司每日现金流变动的标准差；
　　　I——以日为基础计算的现金机会成本。

回归点、最高现金持有额和平均现金持有额分别为：

$$C = B + Z$$
$$A = B + 3Z$$
$$平均现金余额 = B + \frac{4}{3}Z$$

例 1：设某公司现金部经理决定 B 值应为 10 000 元，估计公司现金流量标准差为 1 000 元，持有现金的年机会成本为 15%，换算为 I 值是 0.00039，T = 150 元。根据该模型，可求得：

$$Z = \left(\frac{3 \times 150 \times 1\,000^2}{4 \times 0.00039}\right)^{\frac{1}{3}} = 6\,607(元)$$

$$C = 10\,000 + 6\,607 = 16\,607(元)$$

$$A = 10\,000 + 3 \times 6\,607 = 29\,821(元)$$

$$平均现金余额 = 10\,000 + \frac{4}{3} \times 6\,607 = 18\,809(元)$$

该公司目标现金余额为 16 607 元。若现金持有额达到 29 821 元，则买进 13 214 元的证券；若现金持有额降至 10 000 元，则卖出 6 607 元的证券。

现实中企业的现金持有量往往是多种因素共同影响的结果，下面对其他几种能够解释现金持有量的理论作简单介绍：①静态权衡理论。该理论认为，现金持有量的多少依赖于持有现金的成本与收益，权衡二者就可找到现金持有的最优量。②融资新优序理论。根据该理论，企业应当增加现金及有价证券的持有量。因为，在信息不对称的条件下，进行外部融资（包括权益融资和负债融资）往往会大幅度提高其融资成本。所以，当企业没有好的投资项目时，现金或者有价证券的储存量应该逐渐增加，为将来好的投资项目做好资金准备。③自由现金流理论。该理论认为企业持有大量的现金为管理者提供了滥用现金的机会，降低投资效率和企业价值，所以企业应该减少现金持有量。另外，宏观经济以及行业周期等因素也不同程度的影响着最优现金持有水平。

三、现金周转期

为了确定企业的现金周转期，需要我们来了解运营资本的循环过程：首先，企业要购买原材料，但是并不是购买原材料的当天就马上付款，这一延迟的时间段就是应付账款周转期。企业对原材料进行加工最终转变为产成品并将之卖出。这一时间段被称之为存货周转期。产品卖出后到收到顾客支付的货款的这一时间段被称之为应收账款周转期。而现金周转期，就是指介于公司支付现金与收到现金之间的时间段，也就是存货周转期与应收账款周转期之和减去应付账款周转期。具体循环过程如图 25-6 所示。

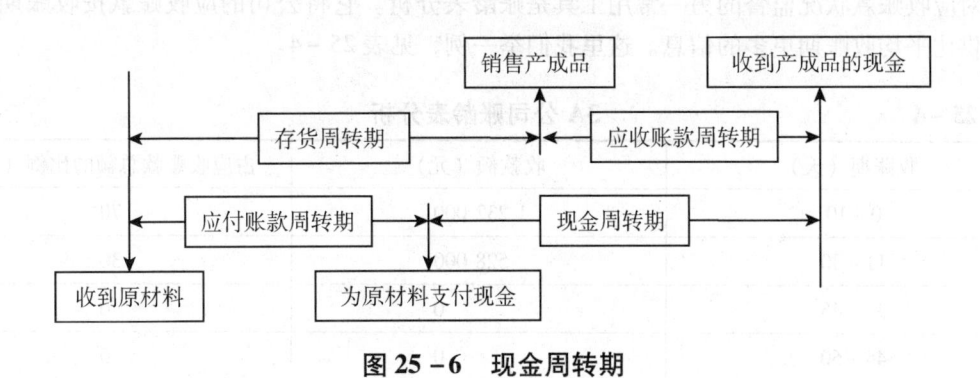

图 25-6 现金周转期

用公式来表示就是：

现金周转期 = 存货周转期 + 应收账款周转期 - 应付账款周转期

其中：

$$存货周转期 = 平均存货/每天的销货成本$$
$$应收账款周转期 = 平均应收账款/每天的销货收入$$
$$应付账款周转期 = 平均应付账款/每天的销货成本$$

所以，如果要减少现金周转期，可以从以下方面着手：加快制造与销售产成品来减少存货周转期；加速应收账款的回收来减少应收账款周转期；减缓支付应付账款来延长应付账款周转期，从而最终达到减少现金周转期的目的。

第三节　应收账款管理

一、应收账款管理的重要性及监督

大多数公司都希望在他们销售时，客户能一手交钱一手提货。但随着竞争的日益加剧，企业为了维持和增加销售，越来越多地采用了赊销这一竞争手段，于是企业的应收账款就发生并且日渐增加了。良好的应收账款管理可以刺激销售，将应收账款控制在适当水平，不使其占用过多资金，同时还可以有效防止过量坏账的产生。相反，不能有效地进行应收账款管理会使赊销为企业带来的利益小于因此而发生的成本，使赊销变得得不偿失。

对应收账款状况的监督通常有两种方法，其一是计算应收账款的平均收账期法，另一方法是账龄分析法，下面分别予以介绍。

应收账款的平均收账期计算公式是 $\dfrac{平均应收账款余额 \times 360}{销售额}$，其中平均应收账款余额为计算期的期初、期末应收款余额的平均值。计算出的平均收账期反映了公司平均每笔应收账款收现的时间长度，它可以和同行业的平均指标比较，也可和公司的历史数据相比较，以反映公司收账期变化趋势。平均收账期过长通常是公司应收账款管理失控的一个标志，应引起管理层的重视，并分析原因所在。

对应收账款状况监督的另一常用工具是账龄表分析。它将公司的应收账款按收账期分类，能提供比平均收账期更多的信息。这里我们举一例，见表25-4。

表25-4　　　　　　　　　3A公司账龄表分析

收账期（天）	收款额（元）	占应收账款总额的比例（%）
0~10	1 232 000	70
11~30	528 000	30
31~45	0	0
46~60	0	0
60天以上	0	0
应收账款总额	1 760 000	100

二、应收账款管理的步骤

应收账款的管理可分为以下四步:
(1) 首先企业应决定自己的信用条件,其中信用包括赊销期限和现金折扣两个内容;
(2) 判断客户的信用等级标准,即客户准时付款的可能性会有多大;
(3) 决定客户以何种方式表明其欠有公司债务,并决定授予客户多大信用额度;
(4) 当应收账款到期时进行收账。
下面我们逐一论述。

(一) 决定公司的信用条件

决定公司的信用条件可采用增量分析法和净现值法。

增量分析法就是通过分析不同信用条件对销售和成本的影响,选择最佳信用条件。为促使销售的增长,企业往往采取延长信用期,提高公司的现金折扣等措施。但销售的上升需要生产更多的产品,这也带来了成本的提高。此外,因延长信用期所导致的应收账款增加会占用企业更多的资金,使公司利息费用或占用资金的机会成本上升,坏账损失和现金折扣也会增加。若信用条件变化带来了正的利润增量,并足以补偿风险时,就应改变信用条件。为了考虑信用条件变化对利润的影响,我们用下述公式加以分析。

设:S_0——现有销售额;
S_N——信用条件变化后的销售额;
V——可变成本与销售额的比率。可变成本包括生产成本,库存存储费用,以及除坏账损失,有关应收款投资的利息费用,现金折扣成本等所有其他可变成本;
K——应收款投资的融资成本;
ΔI——应收款投资的变化;
ACP_0——原信用条件下的平均收账期;
ACP_N——信用条件改变后的平均收账期;
B_0——原销售额情况下,坏账损失占原销售额的比例;
B_N——新销售水平下,坏账损失占新销售额的比例;
P_0——原信用条件下,享受折扣优惠的客户比例;
P_N——新信用条件下,享受折扣优惠的客户比例;
C_0——原信用条件下的收账费用;
C_N——新信用条件下的收账费用;
D_0——原信用条件下的现金折扣率;
D_N——新信用条件下的现金折扣率。

设公司在改变信用条件后,期望销售额将会有所增长,这种增长可能来自老客户,也可能是新客户,在这种情况下,

$$\Delta I = \{与原销售相关的应收款投资增量\} + \{与销售增量相关的应收款投资增量\}$$
$$= \{平均收账期变化\}\{原日销售额\} + V\{(ACP_N)(日销售额增量)\}$$
$$= [(ACP_N - ACP_0)(S_0/360)] + V[(ACP_N)(S_N - S_0)/360] \tag{25.4}$$

若公司信用条件改变后，预期销售额将降低，则相应的应收款投资变化如下：

$$\Delta I = [保留的原客户应收款投资减少额] + [离去客户的应收款投资减少额]$$
$$= [平均收账期变化][日保留销售额] + V[ACP_0][日销售增量]$$
$$= [(ACP_N - ACP_0)(S_N/360)] + V[(ACP_0)(S_N - S_0)/360] \quad (25.5)$$

根据应收款投资变化，可计算出信用条件变化后，公司税前利润变化如下：

$$\Delta \pi = \{边际贡献变化\} - \{应收款投资成本变化\} - \{坏账损失变化\}$$
$$- \{现金折扣成本变化\} - \{收账费用变化\}$$
$$= (S_N - S_0)(1 - V) - K(\Delta I) - (B_N S_N - B_0 S_0) - (D_N S_N P_N$$
$$- D_0 S_0 P_0) - (C_N - C_0) \quad (25.6)$$

这里举一个例子以解释如何应用上述公式。超巨公司是家计算机零部件厂商，该公司现行的信用条件为"2/10，净/20"，即20天内付清款项，10天内付款可享受2%的现金折扣。目前公司的销售额为36万元，单位产品售价为5元，产品可变成本为4元。平均收账期为30天，年收账费用为3 000元，坏账损失率为1%。享受折扣的客户购买额占总销量的5%。目前公司财务主管拟改变信用条件为"5/10，净/40"，以试图扩大公司利润。财务主管预测在改变信用条件后，公司销售额将增至54万元，但应收款的平均收账期将延长至50天，年收账费用增至5 000元，坏账损失比也增加至2%。另外，他估计享受折扣的客户比例将保持不变，当年应收款投资的融资成本为10%。按照上述信息，公司的应收款投资变化为：

$$\Delta I = (50 - 30) \times \frac{360\ 000}{360} + \frac{4}{5} \times 50 \times \frac{540\ 000 - 360\ 000}{360}$$
$$= 40\ 000$$

$$\Delta \pi = (540\ 000 - 360\ 000) \times (1 - 4/5) - 0.1 \times 40\ 000 - (2\% \times 540\ 000 - 1\% \times 360\ 000)$$
$$- (5\% \times 540\ 000 \times 5\% - 2\% \times 360\ 000 \times 5\%) - (5\ 000 - 3\ 000)$$
$$= 36\ 000 - 4\ 000 - 7\ 200 - 990 - 2\ 000 = 21\ 810(元)$$

因此，公司应改变信用条件，并可增加21 810元的利润。

企业在实际决定其信用条件时，可反复计算不同信用条件对利润增量的影响，从而最终决定最优的信用条件。

净现值法是通过比较不同信用条件下现金流量的净现值，选择最佳信用条件。其原理与资本预算相同。

例2：巨星公司现行的信用条件为"净/30"，目前销售收入为300万元，销售成本为180万元，平均收账期为45天，坏账损失率1.5%。公司财务主管拟将信用条件改变为"2/15，净/30"，信用条件改变后，预计销售额将增至315万元，销售成本增至186万元，预计将有70%的客户（按销售额计算）在折扣期内付款，29%的客户的平均收款期为45天，坏账损失率为1%，该公司应收账款的年融资成本为12%。

按现行信用政策，在时间0要求有180万元的投资，在1.5个月后预计有2 955 000元的现金流入（300万元的销售收入扣除1.5%的坏账损失），按照每月1%的必要报酬率（即应账款的月融资成本），在现行信用条件下的净现值（NPV_0）为：

$$NPV_0 = \frac{0.985 \times 3\,000\,000}{(1.01)^{1.5}} - 1\,800\,000$$
$$= 2\,911\,224 - 1\,800\,000 = 1\,111\,224(元)$$

公司财务主管拟采用的信用条件增加了销售收入和销售成本，导致在时间 0 有 1 860 000 元的现金流出，并在第 0.5 个月和第 1.5 个月分别有 2 160 900 元（即 $0.70 \times 0.98 \times 3\,150\,000$）和 913 500 元（即 $3\,150\,000 \times 0.29$）的现金流入。因此，新信用条件下的净现值（NPV_1）为：

$$NPV_1 = \frac{2\,160\,900}{(1.01)^{0.5}} + \frac{913\,500}{(1.01)^{1.5}} - 1\,860\,000$$
$$= 2\,150\,175 + 899\,967 - 1\,860\,000 = 1\,190\,142(元)$$

由于拟采用的信用条件有更大的净现值，所以，公司应改变信用政策。

需要说明的是，由于企业之间竞争的压力，使同行业中各公司的信用条件惊人的相似。因此，在决定公司的信用条件时，应首先考虑同行业其他公司的信用条件。在此基础上，结合本公司的战略方向和变化了的经济环境，决定更适合自己公司的信用条件。

（二）评价客户的信用等级标准

评价客户的信用标准主要是为了衡量客户是否有资格享用信用条件，为决定客户的信用额度和采用何种结算方式提供依据。评价客户信用标准关键是评价客户拖延付款甚至拒付而给公司带来坏账损失的可能性。

企业可以通过各种途径来判断客户拖延付款和拒付的可能性。一种常用的方法是观察客户过去的付款记录，向该客户的其他供应商了解其付款情况。如果一个客户的过去付款记录是良好的，那么这个客户的信用通常是良好的。

企业还可以向一些专业的信用调查机构咨询，也可以向客户银行做调查，当然这些都要支付一定的费用。另外，企业还可以要求客户提供注册会计师审计过的财务报表，并对其进行必要的财务分析，以判断客户是否处于财务困境中，拒付的可能性有多大。

目前被广为使用的一种信用评价方法是信用评分制。它有两种形式：一种主要采用了调查问卷的方式；另一种则更多使用了数理统计方法。第一种形式较易使用，企业列出一些他们认为对判断客户信用有帮助的问题，并对不同的问题依其重要性赋予一定权数，然后对客户按表做如实调查，根据实际情况给每个问题一定分数，最后将所有问题得分加权求和即可得出客户的信用分数。第二种形式又称为多元判断分析法。多元判断法是一种统计方法，这里我们通过举例来简单说明这种方法。假设瑞达公司要把客户分为如期付款和非如期付款两部分，公司用资产回报率 ROA 和速动比率作为判断依据，客户的这两个比率被列示在图 25 – 7 中，其中"×"表示过去是非如期付款的客户，"·"表示那些如期付款的客户。

判别分析是制作一条分界线以将如期付款的客户与不能如期付款的客户分开。这条分界线被称为"判别函数"，它可被求出。这样，这个判别函数即可作为判定一新客户信用的依据。不过，多元判别分析并非完全准确，它可能会将如期付款的客户判为非如期付款的客户。为提高判别准确性，可增加一些变量如平均收账期等。

这方面一个很好的例子是奥曼用多元判别法区分破产和非破产企业的模型。他的判别函数是：

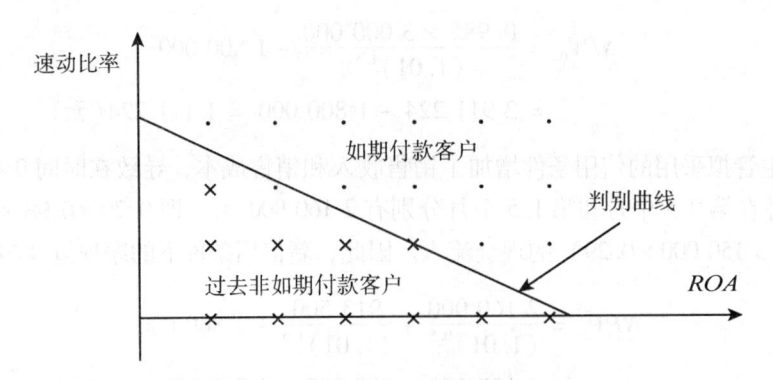

[图 25-7 如期付款与非如期付款的区别线]

$$Z = 3.3 \times \frac{\text{税息前利润}}{\text{总资产}} + 1.0 \times \frac{\text{销售额}}{\text{总资产}} + 0.6 \times \frac{\text{公司市场价值}}{\text{债务的账面价值}}$$

$$+ 1.4 \times \frac{\text{留存收益}}{\text{总资产}} + 1.2 \times \frac{\text{运营资本}}{\text{总资产}} \tag{25.7}$$

该函数能很好地判别破产与非破产企业。其中 Z 的得分低于 2.7 的企业中，有 94% 破产了，而 97% 非破产企业的 Z 的得分高于 2.7。

(三) 决定客户的信用额度及结算方式

在对客户信用等级做出评价后，企业就可以此为基础来决定给予客户的最高信用额度是多少及应采取何种结算方式。

对于那些信用等级高的老客户，企业可能只要求签订一简单合同即可发货。但对于那些新客户或信用不好的客户，企业可能会要求现金交易，或者采用商业承兑汇票、银行承兑汇票的结算方式。而对于那些国外的客户，则信用证的结算方式就更为普遍了。

企业财务主管在决定给予客户信用后，通常会给予该顾客一个最高信用限额。只要顾客的未付款余额在此额度之下，该账户可按例行程序处理。但若是顾客的订货使其欠款数额高出了规定的额度，则必须经过财务主管批准后方可发货。财务主管应定期检查授予客户的额度，对于那些财务状况恶化或付款记录差的公司应削减其额度；而对于那些信用好，有发展潜力的客户可增加其额度。负责信用管理的财务主管应记住他们的责任不是使公司坏账最小化，而应是使公司利润最大化。这意味着只要客户付款的概率乘以从他们那里获得的利润大于拒付的概率乘以货物成本，公司就应增加客户的信用额度。此外，信用部经理不要过于短视，丧失掉把边缘顾客转换为可靠的老客户的机会。

(四) 应收账款的收账

若是所有的顾客都能按时付款，那自然是最好不过。但总会有些顾客付款拖拖拉拉，甚至拒付。所以企业收账方针的目的是加速回收货款和减少坏账的百分比。注意不要冒犯那些可能因特殊原因未按时付款的客户。

加速应收款的回收需要耐心和判断。主要是确定允许账户过期多久才应开始严厉的收账步骤。收款方针过于宽松，会使一些顾客付款更慢，坏账增多；但若过于严厉，又会得罪一些好顾客而失去他们。

公司对那些未按时付款的客户，可以先去一封措辞有礼的催收账款的信件，提醒客户支付款项。在第一封信未产生反应时可发出口气更严肃的信件。再下一步可能是信用部经理打去的催收电话。若还是未能引起反应，可能就得由律师出面解决这一问题了。

企业还可以通过信用保险方式来避免大量的坏账损失。不过靠信用保险的承保范围只限于异常原因造成的非正常损失，如客户破产而无法支付货款。

三、应收账款保理业务

应收账款保理业务是指企业将因赊销而形成的未到期应收账款，在满足一定条件的情况下转让至保理机构，由后者为企业提供资金并负责管理、催收应收账款和提供坏账担保的一种方式。应收账款保理能够避免应收账款对企业资金占用，加速资金周转，增强现金流动性，尤其是对于那些客户实力较强，有良好信誉，而收款期限较长的企业作用尤为明显。例如，建筑施工企业大多根据合同约定按照一定的时间或阶段进行工程进度结算，由于建筑市场竞争的加剧，施工企业经常把垫资作为竞争手段，在实际的招标项目中，施工企业还需要交纳工期保证金等很多类别的保证金，由于工期较长，造成建筑施工企业的应收账款规模大、周转期长，使得施工企业的资金链受到很大的约束。如果施工企业合理利用应收账款保理，提前将大部分施工款收回，将在很大程度上改善企业的流动资金周转，加快企业发展速度。

（一）应收账款保理业务的种类

应收账款保理业务主要有以下几种分类：

1. 有追索权保理和无追索权保理。有追索权保理是指销售合同不转让给银行，银行只取得该合同的部分收款权，一旦采购商最终没有履行合同的付款义务，银行有权向销售商要求付款。无追索权保理是指银行将销售合同完全买断，并承担全部的收款风险。

2. 明保理和暗保理。明保理是指银行和销售商需要将销售合同被转让的情况通知采购商，并签订银行、销售商、采购商之间的三方合同。暗保理是指销售商并不将债权转让情况通知客户，货款到期时仍由销售商出面催款，再向银行偿还借款。

3. 折扣保理和到期保理。折扣保理是在销售合同到期前，银行将剩余未收款部分先预付给销售商，一般不超过全部合同额的 80%~90%。到期保理是指银行并不提供预付账款融资，而是在赊销到期时才支付，届时不管货款是否收到，银行都必须向销售商支付货款。

（二）应收账款保理的作用

1. 加快资金周转，改善资产结构。应收账款保理的实质是一种利用未到期应收账款这种流动资产作为抵押，获得银行短期借款的一种融资方式。一般情况下，保理业务中银行只收取相应的手续费用，企业的融资成本要低于短期银行贷款的利息成本。由于通过保理业务所提供资金最高可达合同金额的 80%~90%，在该方式下企业对流动资金的大部分需求可以得到充分满足，而且如果企业使用得当，可以循环使用银行对企业的保理业务授信额度，从而最大程度地发挥保理业务的融资功能。

2. 降低企业应收账款风险。保理公司有专业技术人员和完善的业务运行机制，会详细调查销售客户的信用状况，建立有效的收款政策，保证账款及时收回，从而控制应收账款风险。

3. 增强销售能力，拓宽了企业的销售渠道。企业把应收账款让与专门的保理商进行管理，可利用保理商的专业知识和信息，建立企业的销售客户体系。由于销售商有进行保理业务的能力，会对采购商的付款期限做出较大让步，从而大大增加了销售合同成功签订的可能性。该项资金还可随企业销售的增长而增加，形成良性循环的态势。

4. 改善财务报表。

在无追索权的买断式保理方式下，企业可以在短期内大大降低应收账款的余额水平，加快应收账款的周转速度，改善财务报表的资产管理比率指标，改善资产结构，增加经营性现金净流量。

另外，保理业务还可以减轻企业财务部门进行应收账款管理的压力，使之能够专注提供高质量的财务信息支持。

（三）应收账款保理业务的操作程序

企业应按照一定的流程办理应收账款保理业务。

第一，与银行协商、签订保理合同。企业应该与熟悉自己企业背景情况和业务能力的银行进行沟通，阐明申请保理的理由和内在需求；提供客观、真实的会计资料与经营资料；核定应收账款保理业务的融资期；按照银行的要求，积极准备需要提供的各种材料，与银行进行沟通，签订保理合同。

第二，申请保理融资、转让发票。公司需要银行提供保理融资服务时，应向银行提出申请，按照银行要求提交销售发票、货物合同、货运单据等，填写《应收账款转让通知书》、并出具货款明细。银行将按发票金额的一定比例向企业提供资金。

第三，银行进行催收、买方付款。银行收款后即与企业结清余款，如果发生间接付款，企业应立即通知银行作相应处理。

第四节 存货管理

一、存货管理的重要性

存货是企业流动资产的一个重要组成部分，制造业的企业包括原材料、在制品和成品三部分。存货是企业必不可少的一部分，但又是流动资产中流动性最差的部分，一旦管理出现错误，代价将相当高昂，这对那些季节性产品或更新快的产品来说尤为如此。所以，管理部门必须对存货的品种、数量进行严格控制。这里我们举一个例子，以说明存货管理不善将给企业带来经营困难。

某服装公司夏季销售的游泳衣须在一月份订货，货物当在4月底前运到，以满足5~6月的大量需求。游泳衣有多种款式、颜色和尺寸。若公司库存在数量、款式、颜色或尺寸的搭配上不合适，销售时就会遇到困难。若是库存不足，将丧失销售机会，但若过多或不合乎需求，公司将被迫降价处理存货。

该公司的初始资产负债表如下（单位：元）：

| 库存（基本库存） | 10 000 | 普通股本 | 10 000 |

| 总资产 | 10 000 | 负债及权益 | 10 000 |

公司预测夏季可售出 5 000 元的游泳衣，于是向银行借了短期借款以购进 5 000 元的货物。这时，公司资产负债表变为（单位：元）：

季节性库存	5 000	应付银行票据	5 000
基本库存	10 000	普通股本	10 000
总资产	15 000	负债及权益	15 000

到了夏季，公司发现他们的预测过于乐观了。当年夏季，他们只售出了 1 000 元的库存，这 1 000 元库存的出售给公司带来的利润为 200 元，公司的资产负债表变为（单位：元）：

现金	1 200	应付银行票据	5 000
季节性库存	4 000	普通股本	10 000
基本库存	10 000	留存收益	200
总资产	15 200	负债及权益	15 200

因短期借款到期，银行要求公司归还贷款。公司发现他们账上只有 1 200 元资金，远低于 5 000 元的贷款本金。公司若无法从银行那里获得借款展期，而又没有别的资金来源，就会面临极为困难的境地。他们唯一的选择或许只能是忍痛削价处理库存，以获得资金归还借款。这个例子明白地告诉我们，对存货进行严格管理是重要而且必要的。

二、存货给企业带来的利与弊

如果企业能使其供应商的供应速度、企业生产速度、销售速度三者完全一致的话，企业就可以不再需要存货。但企业面临的外部环境千变万化，要想上述三种速度完全一致，可能性很小，这就使存货的存在对企业是很有必要的。存货对企业的好处大致可归为三个方面：第一，产成品存货的存在可使企业在突然到来的销售高峰前，不致错失销售机会；第二，原材料存货及半成品存货可保证企业生产过程的顺利进行，使设备、劳动力得到充分利用；第三，企业若能大批量采购，通常供应商会提供批量折扣。但是存货不是没有成本的。其成本也大致可归为三类：第一，存货的取得成本，指为获得存货而花费的各种费用，如订货费用、存货价格等；第二，存货的保持成本，包括保持存货所占用的资金成本，管理库存发生的各种费用等；第三，老式过时损失与变质损失，如果存货属于季节性商品或更新速度快的商品如电脑、时装，或存货易变质，不易长期保存时，上述两种成本就很容易发生。对于这类产品的存货，其数量应严格予以控制。

三、存货管理模型

存货管理的模型有很多，这里我们介绍几个经常用到的模型。

（一）经济订货模型

经济订货模型是建立在一系列严格假设基础上的。这些假设包括：①存货总需求量是已知常数；②订货提前期是常数；③货物是一次性入库；④单位货物成本为常数，无批量折扣；⑤库存持有成本与库存水平呈线性关系；⑥货物是一种独立需求的物品，不受其他货物影响。

这里我们用一个例子来解释该模型。设某公司每年所需的原材料为 104 000 件。即每周平均消耗 2 000 件。如果我们每次订购 10 000 件，则可够公司 5 周的原材料需要。五周后，原材料存货降至零，同时一批新的订货又将入库。这种关系可参考图 25-8（a）。现设公司决定改变每次订货量为 5 000 件。这样，每次订货只能供公司两周半生产所需，订货的次数较前者增加了 1 倍，但平均库存水平也只有前者一半，可参考图 25-8（b）。

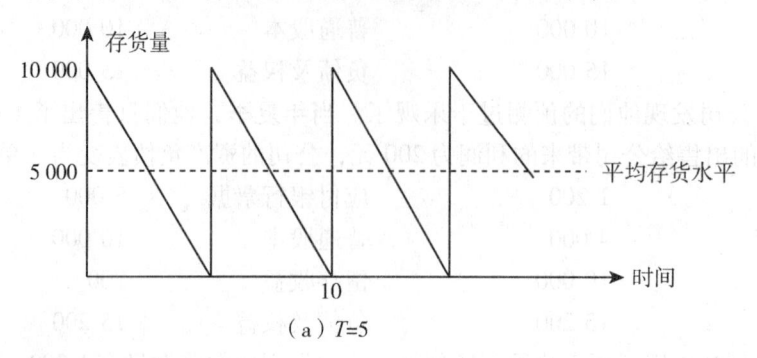

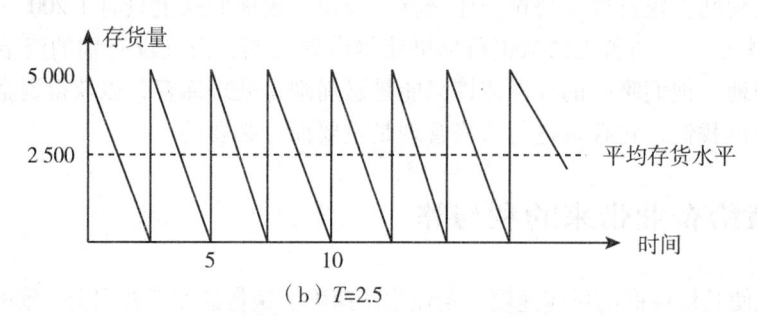

图 25-8 存货水平与订货

前面已讲过，存货是有成本的。这里的相关成本表现为订货成本和持有成本。订货成本与订货次数成正比关系，而持有成本则与存货平均水平成正比关系。设公司每次订货费用为 20 元，存货年持有费率为 0.8 元每件。则存货的年总成本 TIC：

$$TIC = 20 \times \frac{104\ 000}{Q} + \frac{Q}{2} \times 0.8 \tag{25.8}$$

式中，Q——每次订货批量。

我们的目的是要使公司 TIC 最小化。由此例，我们可抽象出经济订货模型。存货的总成本为：

$$TIC = C_0 \times \frac{R}{Q} + \frac{Q}{2} \times C_h \tag{25.9}$$

式中，TIC——每期存货的总成本；

R——每期对存货的总需求；

Q——每次订货批量；

C_0——每次订货费用；

C_h——每期单位存货持有费率。

使 TIC 最小的批量 Q 即为经济订货批量 EOQ。利用数学知识，可推导出：

$$EOQ = \sqrt{\frac{2RC_0}{C_h}} \quad TIC = \sqrt{2C_0C_hR} \tag{25.10}$$

从该公式，我们可算出公司的经济订货批量和最小存货成本：

$$EOQ = \sqrt{\frac{2 \times 104\,000 \times 20}{0.8}} = 2\,280.35(件)$$

$$TIC = \sqrt{2C_0C_hR} = \sqrt{2 \times 20 \times 0.8 \times 104\,000} = 1\,824.28(元/件)$$

订货批量存货与成本、订货费用、持有成本的关系如图 25-9 所示。

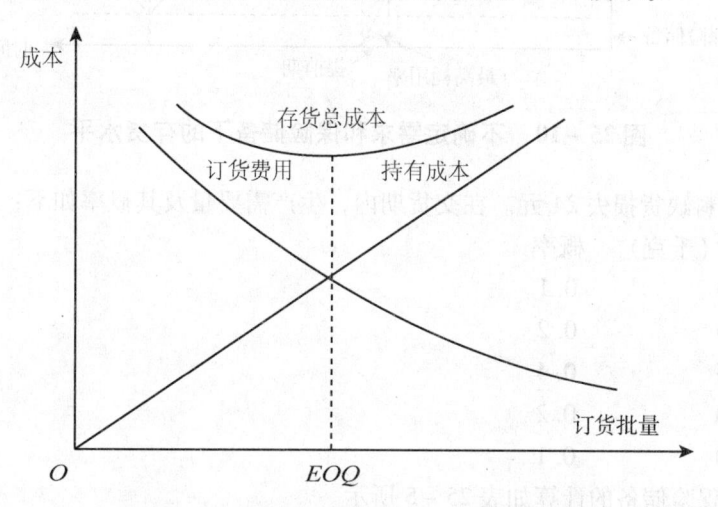

图 25-9 存货总成本与订货批量的关系

有很多方法来扩展经济订货模型，以使其适用范围更广。事实上，许多存货模型研究都是立足于经济订货模型，但扩展了其假设。

（二）保险储备

前面讨论的经济订货量是以供需稳定为前提的。但实际情况并非完全如此，企业对存货的需求量可能发生变化，交货时间也可能会延误。在交货期内，如果发生需求量增大或交货时间延误，就会发生缺货。为防止由此造成的损失，企业应有一定的保险储备。图 25-10 显示了在具有保险储备时的存货水平。图 25-10 中，在再订货点，公司按 EOQ 订货。在交货期内，如果对存货的需求量很大，或交货时间由于某种原因被延误，公司可能发生缺货。为防止存货中断，再订货点应等于交货期内的预计需求与保险储备之和。即：

再订货点 = 预计交货期内的需求 + 保险储备

企业应保持多少保险储备才合适？这取决于存货中断的概率和存货中断的损失。较高的保险储备可降低缺货损失，但也增加了存货的持有成本。因此，最佳的保险储备应该是使缺货损失和保险储备的持有成本之和达到最低。

例3：信达公司计划年度耗用某材料 100 000 千克，材料单价 50 元，经济订货量 25 000 千克，全年订货 4 次（100 000/25 000），定货点为 1 200 千克。单位材料年持有成本为材料单价

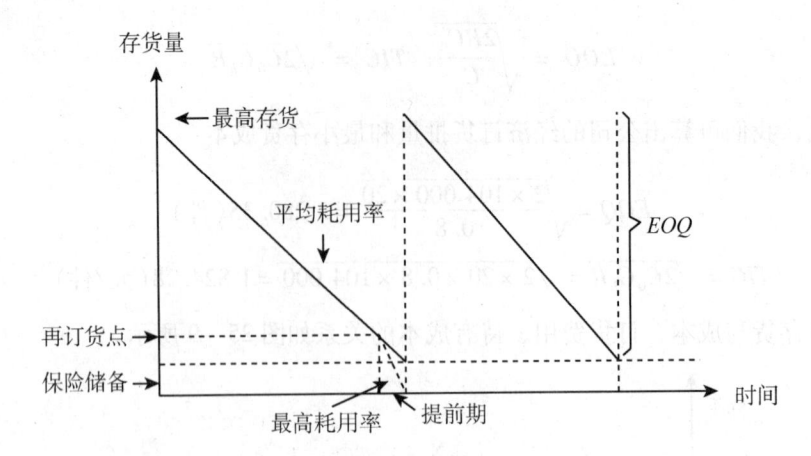

图 25-10 不确定需求和保险储备下的存货水平

的 25%，单位材料缺货损失 24 元。在交货期内，生产需要量及其概率如下：

生产需要量（千克）	概率
1 000	0.1
1 100	0.2
1 200	0.4
1 300	0.2
1 400	0.1

该公司最佳保险储备的计算如表 25-5 所示。

表 25-5　　　　　　　　　　保险储备分析　　　　　　　　　　单位：元

保险储备量	缺货量	缺货概率	缺货损失	保险储备的持有成本	总成本
0	0	0.1	0		
	0	0.2	0		
	0	0.4	0		
	100	0.2	4×100×0.2×24=1 920		
	200	0.1	4×200×0.1×24=1 920		
			缺货损失期望值 3 840	0	3 840
100	0	0.1	0		
	0	0.2	0		
	0	0.4	0		
	0	0.2	0		
	100	0.1	4×100×0.1×24=960		
			缺货损失期望值 960	100×50×0.25=1 250	2 210
200	0	0.1	0		

续表

保险储备量	缺货量	缺货概率	缺货损失	保险储备的持有成本	总成本
	0	0.2	0		
	0	0.4	0		
	0	0.2	0		
	0	0.1	0		
			缺货损失期望值 0	200×50×0.25=2 500	2 500

注：缺货损失 = 每年订货次数×缺货数量×缺货概率×单位缺货损失。

从表 25-5 可以看出，当保险储备为 100 千克时，缺货损失与持有成本之和最低。因此，该企业保险储备量为 100 千克比较合适。

上例说明了考虑交货期间生产需求量时的最佳保险储备量的确定方法。至于因延误供货引起的缺货可以通过估计延误时间和平均每日耗用量来计算增加的保险储备量。

库存管理不仅需要各种模型帮助确定适当的库存水平，还需要建立相应的库存控制系统。传统的库存控制系统有定量控制系统和定时控制系统两种，定量控制系统是指当存货下降到一定存货水平时即发出订货单，订货数量是固定的和事先决定的。定时控制系统是每隔一固定时期，无论现有存货水平多少，即发出订货申请，这两种系统都较简单和易于理解，但不够精准。现在许多大型公司都已采用了计算机库存控制系统。当库存数据输入计算机后，计算机即对这批货物开始跟踪。此后，每当有该货物取出时，计算机就及时做出记录并修正库存余额。当库存下降到订货点时，计算机自动发出订单，并在收到订货时记下所有的库存量。

四、库存控制系统

伴随着业务流程的重组的兴起以及计算机行业的发展，库存管理系统也得到了很大的发展。从 MRP（物料资源规划）发展到 MRP-Ⅱ（制造资源规划）、再到 ERP（企业资源规划），以及后来的柔性制造和供应链管理，甚至是外包（out-sourcing）等管理方法的快速发展，都大大地提高了企业库存管理方法的发展。这些新的生产方式把信息技术革命和管理进步融为一体，提高了企业的整体运作效率。以下将对两个典型的库存控制系统进行介绍。

（一）ABC 控制系统

类似于二八原则，企业中有重要价值的库存往往不在数量上占优。ABC 控制法〔或者称之为价值分配法（distribution by value）〕就是把企业种类繁多的存货，依据其重要程度、价值大小或者资金占用等标准分为三大类：A 类高价值库存，品种数量约占整个库存的 10%~15%，但价值约占全部库存的 50%~70%；B 类中等价值库存，品种数量约占全部库存的 20%~25%，价值约占全部库存的 15%~20%；C 类低价值库存，品种数量多，约占整个库存的 60%~70%，价值约占全部库存的 10%~35%。针对不同类别的库存分别采用不同的管理方法，A 类库存应作为管理的重点，实行重点控制、严格管理；而对 B 类和 C 类库存的重视程度则可依次降低,采取一般管理。

(二) 适时制 (Just-in-Time) 库存控制系统

适时制库存控制系统在我国早就引进了,又称无库存管理,看板管理系统。它最早是由丰田公司提出并将其应用于实践,是指制造企业事先和供应商和客户协调好:只有当制造企业在生产过程中需要原料或零件时,供应商才会将原料或零件送来;而每当产品生产出来就被客户拉走。这样,制造企业的库存持有水平就可以大大下降。显然,适时制库存控制系统需要的是稳定而标准的生产程序以及与供应商的诚信,否则,任何一环出现差错将导致整个生产线的停止。目前,已有越来越多的公司利用适时制库存控制系统减少甚至消除对库存的需求——即实行零库存管理,比如沃尔玛、丰田、海尔等。适时制库存控制系统进一步的发展被应用于企业整个生产管理过程中——集开发、生产、库存和分销于一体,大大提高了企业运营管理效率。

第五节 短期负债管理

短期负债包括短期银行贷款、应付账款、应付费用等组成部分,是企业一项重要资金来源。企业短期融资主要来源有以下几种方式:自然融资、银行贷款、商业票据。下面我们一一加以讨论。

一、自然融资

自然融资是企业在生产经营或商品交易过程中自然形成的,其数额取决于企业经营水平。主要包括应计未付款和应付账款。

(一) 应计未付款

应计未付款是企业在生产经营和利润分配过程中已经计提但尚未以货币支付的款项。主要包括应付工资、应缴税金、应付利润或应付股利等。以应付工资为例,企业通常以半月或月为单位支付工资,在应付工资已计但未付的这段时间,就会形成应计未付款。它相当于职工给企业的一个信用。应缴税金、应付利润或应付股利也有类似的性质。应计未付款随着企业规模扩大而增加,企业使用这些自然形成的资金无须付出任何代价。但企业不是总能控制这些款项,因为其支付是有一定时间的,企业不能总拖欠这些款项。所以,企业尽管可以充分利用应计未付款项,但并不能控制这些账目的水平。

(二) 应付账款

应付账款是供应商给企业提供的一个商业信用。由于购买者往往在到货一段时间后才付款,商业信用就成为企业短期资金来源。如企业规定对所有账单均见票后若干日付款,商业信用就成为随生产周转而变化的一项内在的资金来源。当企业扩大生产规模,其进货和应付账款相应增长,商业信用就提供了增产需要的部分资金。

商业信用条件常包括以下两种：

（1）有信用期，但无现金折扣。如"净/30"表示30天内按发票金额全数支付。

（2）有信用期和现金折扣，如"2/10，净/30"表示10天内付款享受现金折扣2%，若买方放弃折扣，30天内必须付清款项。

供应商在信用条件中规定有现金折扣，目的主要在于加速资金回收。企业在决定是否享受现金折扣时，应仔细考虑。通常，放弃现金折扣的成本是高昂的。下面是放弃折扣的成本的近似计算公式：

$$放弃折扣的成本的近似值 = \frac{每百元折扣}{100-每百元折扣} \times \frac{360}{付款期-折扣期限}$$

以"2/20，净/30"条件为例，设企业放弃了折扣，并在第30天支付货款。则其成本为：

$$放弃折扣的成本 = \frac{2}{98} \times \frac{360}{30-10} = 36.7\%$$

该成本是按单利计算的，若按复利计算，则放弃折扣的成本会更高。按复利计算的放弃折扣的成本为：

$$放弃折扣的成本 = \left(1 + \frac{每百元折扣}{100-每百元折扣}\right)^{\frac{360}{付款期-折扣期限}} - 1$$

按上例，若按复利计算，则放弃折扣的成本为：

$$放弃折扣的成本 = \left(1 + \frac{2}{100-2}\right)^{\frac{360}{30-10}} - 1 = 43.9\%$$

当然，企业可以通过逾期付款的方式降低放弃折扣的成本。仍按上例，如果企业不是在第30天付款，而是在第60天付款，按复利计算，则实际隐含的利息成本下降到：

$$放弃折扣的成本 = \left(1 + \frac{2}{100-2}\right)^{\frac{360}{60-10}} - 1 = 15.7\%$$

显然，这样做的后果是使公司的信誉降低，供应商会把公司打入到信誉低的客户名单中，使公司享受的信用额度降低，甚至得不到供应商提供的信用，从而对公司的长期利润产生损害。

二、短期贷款

（一）短期贷款的特点

短期贷款与长期贷款相比，有以下特点：

（1）获得短期贷款的速度较快，短期贷款在短时间内即会得到偿还，即使是财务状况不佳的企业在短期内倒闭的可能性也不大，所以银行在给予短期贷款时审查较少，企业获得资金的速度也自然加快。

（2）短期贷款具有弹性，短期贷款主要是为了满足企业短期或季节性资金需要，其取得和偿还都较容易。而长期贷款主要用来支持固定资产投资，其获得成本较高，且除非在合同中订立可提前偿还条款，否则长期贷款的提前偿还将被罚以重金。

(3) 短期贷款成本通常低于长期贷款。
(4) 短期贷款使企业承受较大风险，特别是在利率波动大、市场资金和企业资金紧张的情形下。

(二) 短期贷款的分类

短期银行贷款分为两类，一类是无担保贷款，另一类是有担保贷款。对无担保贷款，银行会根据企业情况提供一透借限额或与企业达成周转贷款协定。透借限额是根据银行与借款人之间的正式或非正式协定确定的，协定规定银行愿意为客户提供的最高贷款额度，在额度内，企业可向银行要求增加贷款，直至最高限额。透借限额的有效期常为一年，其是否延缓要由银行决定。周转贷款协定事实上是另一种形式的信用额度，在最高限额内，贷款可以或多或少周转使用下去。周转贷款协定与透借限额有所不同。周转贷款协定往往具有法律效力，借款人不仅要对其已使用的信用额度支付利息，对其未使用的信用额度也要支付承诺费，这笔承诺费增加了企业的借款成本，也为银行向企业承诺的可动用资金提高了补偿。

(三) 短期贷款成本

企业在考虑采用短期贷款融资时，要注意对利率的考察。不仅要关注名义利率，更要关注实际利率。实际利率受利息支付方式和补偿性余额所占比例等因素的影响。

1. 单利（Simple Interest Rate）。

在单利方式下，企业可得到全部借款额，在贷款到期时一次还本付息。如果借款期限为一年，贷款的利率单利和复相等。如果贷款期限小于一年，业内惯例用单利。这样企业承担的利率会大于单利率。例如，企业从银行取得一笔面值为 100 000 元、利率 12%、90 天到期的贷款。当贷款到期时，企业必须支付 3 000 元的利息。如果这笔贷款被展期 3 次，则一年后该企业要负担 12 000 元的利息。但由于贷款期限只有 90 天，企业每隔 90 天就要支付 3 000 元的利息，而不是一年后才支付 12 000 元的利息，实际支付的利率会大于 12%。若用 n 表示一年内计息次数，则贷款的年利率为：

$$实际利率 = \left(1 + \frac{名义利率}{n}\right)^n - 1$$

按本例数据，贷款的实际利率 $= \left(1 + \frac{12\%}{4}\right)^4 - 1 = 12.55\%$

2. 折现利率（Discount Interest Rate）。

在贴现利率贷款的情况下，银行在发放贷款时，会预先扣除贷款利息，借款企业实际得到的资金数额小于其举借的数额。由于银行预先扣除借款利息，使得贴现借款的实际利率提高。

例 4：企业从银行取得金额为 100 000 元、利率为 12%、一年后到期的贴现利率借款。在扣除 12 000 元的借款利息后，企业只能收到 88 000 元，则实现的利率为：

$$实现的利率 = \frac{12\ 000}{88\ 000}$$

或

$$\frac{0.12}{1 - 0.12} = 13.64\%$$

若贴现贷款期限小于一年，实现的利率为：

$$实现的利率 = \left(1 + \frac{利息支出}{企业实际得到的借款}\right)^n - 1$$

按上例，若贷款期限为 3 个月，则每次利息支出 3 000 元，实际利率为：

$$实现的利率 = \left(1 + \frac{3\,000}{100\,000 - 3\,000}\right)^4 - 1 = 0.1296 = 12.96\%$$

3. 有补偿余额的实际利率。

银行在发放贷款时，可能会要求借款企业将贷款额的 5%～20% 作为补偿性存款保留在银行存款账上，其目的是保障贷款的安全。由于有补偿性余额，企业可动用的借款就会小于所申请的借款，造成借款的实际利率高于名义利率。在存在补偿性余额时，若采用单利，实现的利率为：

$$实现的利率 = \frac{名义利率}{1 - 补偿性余额比例}$$

例：企业向银行申请利率为 12%、一年后到期的贷款 100 000 元。若银行要求该企业必须将贷款的 20% 作为补偿性余额，则该笔贷款的实现的利率为：

$$实现的利率 = \frac{0.12}{1 - 0.2} = 0.15 = 15\%$$

若采用贴现利率贷款方式，银行对补偿性余额的规定，会使得实际利率更高。实现的利率为：

$$实现的利率 = \frac{名义利率}{1 - 名义利率 - 补偿性余额比例}$$

上例中，若采用贴现利率贷款方式，则实现的利率为：

$$实现的利率 = \frac{0.12}{1 - 0.12 - 0.2} = 0.1765 = 17.65\%$$

4. 附加利率（Add-on Interest Rate）。

在附加利率方式下，银行首先按名义利率计算贷款利息，再将利息加到企业贷得的资金上面，以此作为贷款的面值。附加利率的计息方式往往用于分期付款的场合。例如，企业按照附加利率的方式借到名义利率为 12% 的款项 100 000 元，企业打算分 12 个月等额偿还这笔借款。在附加利率方式下，贷款的面值为 112 000 元（即 100 000 元 + 利息 12 000 元）。由于必须将借款按月等额偿还，企业只能在第一个月使用借款 100 000 元，以后每隔一个月，所能使用的借款就会减少 8 333.33 元（即 100 000 ÷ 12）。一年中平均可动用借款只有 50 000 元，实际利率高达 24%。若按公式计算，实现的利率为：

$$实现的利率 = \frac{利息支出}{借款额 \div 2}$$

（四）有担保的短期贷款

银行在发放贷款前会对借款人的信用做评价。信用好的企业将获得银行提供的无担保贷款，而信用不佳的企业要想取得贷款，则往往需要提供某种有形担保。这种有形担保可以是有价证券、应收账款甚至是存货。

在应收账款作为担保品的贷款方式下，贷款人不仅拥有应收账款的受偿权，而且还可以对借款企业行使追索权，即当企业的债务人未能如期偿还应收账款时，银行有要求借款企业偿还借款的权力。因此，借款企业依旧要承担应收账款的违约风险。银行为使贷款更为安全，贷款金额通常小于应收款额。由于在应收账款抵押贷款中，银行需经常监督应收账款情况，所以，这种方式的贷款利率通常要高出银行最优惠利率2~4个百分点。此外，许多银行还要求加收一定的手续费。以存货为担保的贷款额一般为存货账面价值的50%~70%。不过，这种担保品与应收账款相比，对银行吸引力较小，这主要是因为：存货的变现力相对较差；存货的看管监督要花去很多时间，花费也较多。所以，以存货为担保品的短期银行贷款，利率通常会高于以应收款为担保品的银行贷款利率。

三、商业票据

商业票据是由公司是向公众发行的短期无担保票据。商业票据融资就是企业通过商业票据的发行和转让获取资金的一种融资行为。商业票据是企业的一种直接融资方式，并不依据一定的商业经济行为（购销活动）而发生。企业在流通手段不足时，签发商业票据创造信用流通工具，持有未到期票据的企业出现短期资金困难时，可将手中的票据在市场上交易以获得资金。规模较大的金融公司可直接将它的票据销售给投资者，而较小的金融公司和大多数非金融公司则大多需要通过商业票据商卖出商业票据。商业票据的主要销售对象是其他企业、保险公司、养老基金、货币市场共同基金和商业银行。

商业票据融资的特点具体体现在以下方面：

(1) 无须以实体财产做抵押和担保。企业以自己的声誉、实力以及与商业银行的良好合作关系为担保，相对于资本市场融资和银行贷款而言，票据融资是企业最为便捷的方式。

(2) 期限相对较短。商业票据的期限不超过一年，通常只有1~9个月。

(3) 成本较低。商业票据利率一般高于国库券利率，但低于银行贷款利率，对企业的融资成本来说相对不大且更易于流通和有支付保证。其利率随货币市场供应和需求状况的变化而变化。

商业票据融资业务受到大企业和商业银行的青睐。对许多信誉卓著的大公司来说，商业票据是银行贷款的低成本替代物，直接或通过独立的交易商出售商业票据，发行人能迅速有效地筹集大量资金。对于商业银行，商业票据不仅可以收取保证金，其贴现利息和手续费也成为银行获取盈利的主要途径，票据融资还可以为银行留住相当数量的老客户，并提高运营安全性和有效规避风险。

在我国，短期融资券是本质上与商业票据类似的融资品种。根据《银行间债券市场非金融企业债务融资工具管理办法》的规定，企业的短期融资券只在银行间债券市场发行，且对发行条件的规定比较严格，主要发行主体是资信状况较好的大中型企业。但众多中小企业，尤其是作为大型企业配套服务为主的二级供应商均可以成为持票人，并通过向商业银行办理贴现或向上下游企业转让其手中获取的背书票据，最终获得资金和原材料等所需资源的支持。可以预计，在政府和企业的共同努力下，商业票据市场的发展及商业票据发行规模的扩大将是一个必然的趋势。

习 题

1. 公司能否通过适当调整运营资本而改变风险、收益特性？
2. 如想尽可能降低资本成本，公司应采取什么样的运营资本融资策略？
3. 当公司与银行签订了贷款额度协议后（在额度范围内公司可自行决定贷款数量，银行应予以满足），公司持有现金的目的是什么？
4. 公司销售范围非常广泛，遍及全国各地，试设计一至两种现金管理方案，使公司最大可能地加快现金回收。
5. "公司的应收账款是随着公司的经营而自然发生的"，这种说法是否正确，为什么？你对公司应收账款的变化是如何看待的？
6. 存货是公司资金的占用，为了提高资金使用效率，是否应尽可能地减少公司存货？减少到什么程度合适？
7. 商业票据和银行短期贷款各具有什么特点，适应什么类型的公司？
8. 某公司有4种现金持有方案，具体方案数额如下表所示。

单位：元

方案 项目	A	B	C	D
现金余额	25 000	50 000	75 000	100 000
管理成本	20 000	20 000	20 000	20 000
短缺成本	12 000	6 750	2 500	0

如公司持有现金的机会成本为12%，计算公司的目标现金余额。

9. 3B公司发行的有价证券年利率为9%，每次转换成本为50元，3B公司认为任何时候其银行存款及现金余额不得低于1 000元，又根据以往经验测算出现金余额波动的标准差为800元。利用米勒—奥尔模型计算3B公司最高现金持有额和目标现金余额。

10. 某公司以2/10, $n/30$ 的条件购买一批商品，价值100 000元。计算：
(1) 如果该公司在10天内付款，则免费信用额为多少？
(2) 如果放弃这笔折扣，在30天付款，该公司使用这笔信用额的资本成本是多少？
(3) 如果公司延至50天付款，则资本成本下降为多少？

11. A公司年初存货为30 000元，年初应收账款为25 400元，本年末计算出流动比率为3.0，速动比率为1.3，存货周转率为4次，流动资产合计为54 000元，公司本年的销售额是多少？忽略除应收账款以外的其他速动资产，计算应收账款的平均收账期。销售成本是销售收入的80%。

12. 某公司估计在目前的运营政策下，今年销售额将达100万元。该公司销售的变动成本率（变动成本/销售收入）为0.8，资本成本为16%。目前的信用政策无现金折扣，为 $N/25$。由于部分客户经常拖欠货款，平均收现期超过公司制定的信用政策，为30天，坏账损失为1%。

在上述情况下，该公司财务总监拟改变信用政策，信用条件改为 $N/40$，预期影响如下：
销售额增加10万元；
增加部分的坏账损失比率为4%；
全部销售的平均收现期为45天。
要求：
(1) 计算改变信用政策预期资金变动额。

(2) 计算改变信用政策预期利润变动额。

13. 某批发经销商经营中档网球拍的批发，单位售价 800 元，单位进价 560 元。若实行 20 天的销售信用期，估计年销量可达 2 000 只，若实行 30 天的销售信用期，估计年销售量可达 2 500 只。不论实行何种信用期，都会发生 1 000 元的固定性经营费用。计算不同信用期下的应收账款资金占用额（以信用期天数代替平均收现期）。

14. 3T 公司以往销售方式采用现金交易，每年销售 12 万件产品，每年产品单位售价为 15 元，变动成本率为 60%，固定成本为 10 万元。企业尚有 40% 的剩余生产能力，现准备通过给客户一定的信用政策，以达到扩大销售之目的。经过测试可知：如果信用期限为一个月，可以增加销售 25%，坏账损失率（坏账损失/年赊销额）为 2.5%，收账费用为 22 000 元；如果信用期限为两个月，可以增加销售 32%，但坏账损失率为 4%，收账费用为 3 万元。假使资金成本率（或有价证券利息率）为 20%。

要求：
(1) 做出采用何种方案的决策；
(2) 如果企业采用的信用期限为一个月，但为了加速应收账款的回收，决定使用现金折扣的办法，条件为 "2/10, 1/20, n/30"，估计将有 65% 的客户利用 2% 的折扣，20% 的客户利用 1% 的折扣，坏账损失率下降到 1.5%，收账费用下降到 15 000 元，试做出是否采用现金折扣方案的决策。

15. 已知 3Y 公司每年约需要使用某种材料 36 000 吨，每次订货成本 1 250 元，每吨该材料的变动年存储成本 10 元，每吨原材料购置成本为 500 元。要求计算该材料的最优经济订货量，计算最优经济订货量下的存货的总成本；计算最优订货次数。

16. 3Q 公司当年耗用某种材料 3 600 吨，该材料单位存储成本 200 元，一次性订货成本 2 500 元，材料单位购买成本 1 000 元。试利用经济订货量基本模型和图解法求出经济订货量和占用资金。

17. 条件如 17 题所示，如果单位缺货成本为 500 元，交货时间为 10 天。交货期的材料日需要量及其概率分布如下：

需要量	8	9	10	11	12	13
概率	0.03	0.12	0.45	0.30	0.08	0.02

计算确定最佳的再订货点。

18. A 公司向 B 公司销售一批价值 10 000 元的材料，开出的信用条件是 "3/10, N/60"，市场利率为 12%。
(1) B 公司若享受现金折扣，可少支付多少货款？
(2) B 公司放弃现金折扣是否合理？

19. 某公司向银行借款 100 万元，期限为 1 年，按单利计算的年利率为 8%，按银行规定每季度付息一次，并且贷款账户中需保留 10% 的贷款余额不能使用。计算该公司向银行借款的有效利率是多少？

第十篇

专题研究

做企业都想发展。一般而言，企业变大有两个途径：内部增长和外部扩张。购并是企业扩张的最典型、最快速和最重要的方式。但是，任何经济体内，有创业就有消亡，有兴就有衰。失败的企业可能面临整顿、被购并或破产清算等财务问题。控股公司是企业资本运作的重要方式之一，洞察投资于控股公司的回报与风险之间的关系，也是财务经理的必修课。EVA是一种新的估值方法。行为公司财务学也是近些年兴起的一个财务学分支。这些内容都在本篇予以介绍。本篇由5章组成。

第二十六章　企业购并

企业购并在国外频频发生，在我国也日趋活跃。在本章中，我们将讨论企业购并的类型及发生的动因，并对购并的法律程序进行介绍，然后着重从财务学的角度对购并中的财务问题进行分析，以指导决策。

第一节　企业购并的概念与购并风潮

一、企业购并的概念

企业购并是企业收购（Acquisition）和兼并（Merger）的统称。

收购是指企业用现金、债券或股票购买另一家企业的部分或全部资产或股权，以获得该企业的控制权。收购的经济实质是取得控制权。

兼并通常是指一家企业以现金、证券或其他形式购买其他企业的产权，使其他企业丧失法人资格或改变法人实体，并取得对这些企业决策控制权的经济行为。从这个意义上讲，兼并等同于我国《公司法》中的吸收合并，指一个公司吸收其他公司而存续，被吸收公司解散。《公司法》规定的另一种合并形式为新设合并，指两个或两个以上公司合并设立一个新的公司，合并各方的法人实体地位都消失。无论是吸收合并（兼并）还是新设合并，合并各方的债权债务都应由合并后存续的公司或者新设的公司承担。

收购与兼并、合并有许多相似之处，主要表现在：

（1）基本动因相似，都是增强企业实力的外部主张途径。
（2）都以企业产权为交易对象，都是企业资本经营的基本方式。

兼并与收购的区别在于：

（1）在兼并中，被合并企业作为法人实体不复存在；而在收购中，被收购企业仍可以法人实体形式存在，其产权可以是部分转让。
（2）兼并后，兼并企业成为被兼并企业新的所有者和债权债务的承担者，是资产、债权、债务的一种转换；而在收购中，收购企业是被收购企业的新股东，以收购出资的股本为限承担被收购企业的风险。
（3）兼并多发生在被兼并企业财务状况不佳、生产经营停滞或半停滞之时，兼并后一般需调整其生产经营，重新组合其资产；而收购一般发生在企业正常生产经营状态，产权流动相对平和。

由于在运作中，企业兼并和收购的联系远远超过其区别，所以兼并与收购常作为同义词一起使用,统称为"并购"或"购并",泛指在市场机制作用下企业为了获得其他企业的控制权而进行的产权交易活动。我们在后文的讨论中也使用"购并"这一概念。

二、美国企业五次购并浪潮

在市场经济中,企业购并是企业变更和终止的方式之一,是企业竞争中优胜劣汰的正常现象,也是商品经济高度发展的产物。企业购并最早出现在英国,而美国是继英国之后的经济大国,是企业购并最为活跃、典型的国家。在工业发展早期,购并现象就已出现,随着19世纪60年代工业化开始,企业购并在证券市场上逐渐活跃起来。

在美国产业发展史上,曾发生了五次大规模的购并。

第一次大规模购并发生在19世纪与20世纪之交,这次购并是为了形成大企业,以取得垄断地位和规模经济。

第二次大规模购并发生在20世纪20年代,以1928年为高潮。自1919~1930年期间,有近12 000家企业被购并,涉及公用事业、银行、制造业和采矿业。这次购并加强了企业集中,加剧了市场竞争,纵向购并也使购并成功率大大提高。

第三次大规模购并发生在20世纪50~60年代,60年代后期形成高潮。这次购并涉及范围广,而且改变了企业的组织结构,其主要形式是混合购并。1967~1969年,被购并企业达到10 858个,而且规模较大,大规模的购并数占3.3%,资产存量占42.6%。

第四次大规模购并发生在20世纪70年代中期至80年代末。这次购并处于经济周期的扩张阶段,产业结构面临着由高加工度化向高技术化的调整。战略驱动型兼并是其主要特点,表现为集中于相关产品之上的多元化战略,多元化成长购并进入新兴行业;公司重组(扩张、收缩、所有权变更)取代混合购并成为主要形式;强强兼并与"小吃大"并存,并向海外兼并;购并资产规模达到了空前高度。在1985年,购并事件达3 000多起。10亿美元以上的特大型购并事件,1984年有18起,1985年有32起。

第五次企业购并高潮发生于20世纪90年代初期至今。这次兼并在数量、规模、垄断程度上均创历史最高水平。主要特点是:以经营业务相关联为主的购并扩大与大企业的分解相交织。行业内大集团与大集团合作合并成行业内最大的公司,同时大企业收缩经营业务,分解、分割业务,将企业按业务划分,突出核心业务,集中资金支持核心产品,保持有利竞争地位。其次,金融业、信息业兼并加剧,兼并数量多、涉及金额巨大、力度大也是其特点。

1994年,美国购并总额达3 400亿美元。1995年达5 190亿美元,占全球购并总额的59.9%。1996年为6 588亿美元,占全球购并总额的57.8%。1997年,购并总金额超过1万亿美元,比1996年增加50%以上,占全球兼并总额的60%以上,1997年全年美国企业兼并总额超过10亿美元的兼并案有156起,比1996年增加60%。

1998年全球企业的购并活动更趋活跃和频繁,全世界发生的公司合并价值达2.4万亿美元,比创纪录的1997年还增加了50%。1998年的购并事件遍及传统的制造业,如汽车、石油等;一些日新月异的高科技产业,如电信、信息技术和制药等以及一些竞争激烈的金融服务业也进行了大规模的购并。其中,许多大型企业的购并,足以影响和改变该行业的格局。据美联社报道,到1998年为止,世界上规模最大的10起购并事件中,发生在1998年的就有6起。

而规模排名最前的5起,均发生在1998年,其中有4起的交易金额在500亿美元以上。

1998 年进行购并的大公司有：美国国民银行和美洲银行合并，合并的价值总额为 725.6 亿美元，它们合并后使美国出现了第一家全国性银行；美国 SBC 通讯公司兼并亚美达科技公司，合并金额为 723.6 亿美元，两家公司合并后使其成为美国地方电信业务的龙头；美国花旗银行和旅游者集团的合并，合并金额为 700 亿美元；美国电信公司和美国电话电报公司合并，合并金额为 452.7 亿美元；孟山都与美国家庭用品公司合并，合并金额为 391.3 亿美元；富国银行公司与西北银行公司合并，合并金额为 343.5 亿美元；第一银行公司与芝加哥第一公司合并，合并金额为 296.2 亿美元；康柏公司出资 96 亿美元购买数字设备公司（DEC），这起电脑业迄今规模最大的合并造就了仅次于 IBM 和惠普的全能型巨人。

第六次并购浪潮似乎正在形成。根据全球金融数据供应商 Dealogic 的统计，2005 年全球并购总额达到 2.9 万亿美元，较 2004 年增长 40%，成为 2000 年以来并购交易额最高的一年。而华尔街规模最大的四家投资银行 2005 年并购业务收入高达 46 亿美元。很多专业机构都对未来几年新的并购浪潮抱有相当乐观的态度。

三、我国企业的购并风潮

近年来，我国企业购并市场活跃。在市场经济比较发达的国家，企业购并往往是企业因为激烈的市场竞争而主动选择的一种企业发展战略。而中国的企业购并可能走了一条相反的路。企业购并是因为企业亏损严重，失去竞争力而被迫选择的一种措施。

我国企业的购并大体经历了五个阶段。

第一个阶段发生在 1984～1987 年，为企业购并的自发阶段。这一阶段的基本态势是：优势企业希望迅速发展又苦于场地、资金等方面的因素限制，希望通过购并达到规模效益；劣势企业已濒临破产，急于通过购并寻找新的出路。

第二个阶段发生在 1988 年，购并已形成气候，企业购并活动从少数城市向全国迅速展开。这一阶段与前几年的情况相比，具有：①购并目标不只是单纯为消灭亏损企业，而是自觉地优化经济结构方向发展；②发展速度快、转让方式多样化；③政府以国有资产所有者身份，开始自觉地以产权转让的方式搞活企业；④购并数量不是企业购并第一阶段时一对一的单一购并，而是一对多的复合购并，甚至出现优势企业购并几个、十几个企业以扩大生产经营规模的情况；⑤购并范围突破了企业购并初期的只在本地区、本行业操作的界限，走向跨地区、跨行业的更大范围；⑥购并程序逐步向规范化发展等特点。同时，全国有武汉、成都、保定、郑州、洛阳、太原等城市组建了产权交易市场，为购并活动提供了便利条件。

第三个阶段发生在 1989～1991 年。1989 年 2 月 19 日，国家体改委、国家计委、财政部、国家国有资产管理局联合发布了《关于企业兼并的暂行办法》等文件，对购并进行了政策性的规范和指导。这一阶段，企业购并的形式大约有三种：一是出资购买式；二是承担债务式；三是行政划转式。在这一阶段，以国有资产管理部门为主组建的产权交易市场也获得了迅速发展，在促进企业购并方面发挥了明显的促进作用。这一阶段的主要特点是：①发展平稳。据有关部门对全国 25 个省、自治区、直辖市和 13 个计划单列市统计，1989 年共有 2 315 户企业购并了 2 559 户企业，共转移存量资产 20.15 亿元，减少亏损企业 1 204 户，减亏损 1.34 亿元；②调整产业结构成为主要动因。

第四个阶段从 1992～1998 年。随着我国建立现代企业制度的深入，产权制度改革成为企业改革的重头戏，而产权改革的重要组成部分——产权交易、转让和产权市场的培育、发展越来越受到政府的重视。为了优化资本结构，盘活存量资产，实现规模经济，转变经济增长方式，越来越多的企业将购并作为优化经济结构的重要举措。

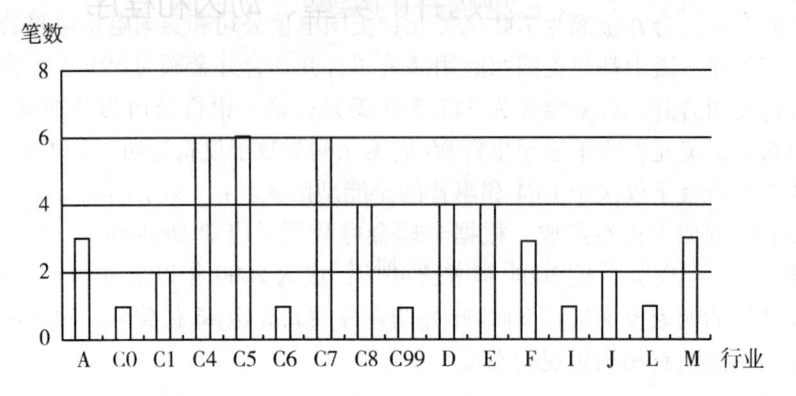

图 26-1 上市公司并购交易行业分布图

注：1. 截止日期为 2006 年；
2. 行业分类依据证监会公布的上市公司行业分类及行业代码：A 农业，C0 食品饮料，C1 纺织服装皮毛，C4 石油化学塑胶塑料，C5 电子，C6 金属、非金属，C7 机械设备仪表，C8 医药生物制品，C99 其他制造业，D 电力、煤气及水的生产和供应业，E 建筑业，E 交通运输仓储，I 金融保险业，J 房地产，L 传播与文化产业，M 综合类。

资料来源：http://www.online-ma.com.cn/bgzhiehu/no0610/hyfb-1.htm。

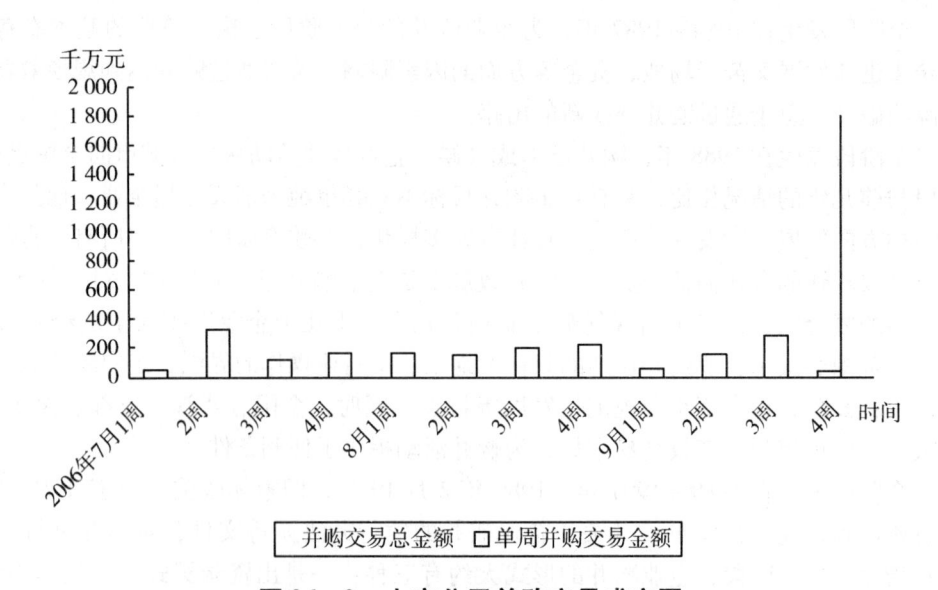

图 26-2 上市公司并购交易成交图

资料来源：中国并购交易网全球并购研究中心。

第五个阶段为 1999 年之后，上市公司的并购才呈现迅猛的发展。市场主导是这个时期并购活动的重要特点。图 26-1 和图 26-2 是 2006 年中国上市公司并购活动的统计结果，可以看出并购活动的范围几乎涉及到了所有的行业，而并购的规模也达到将近 1 800 亿元。这个时期的并购不仅在行业内部群聚起来,而且在相互推动,造成了大规模的并购活动发生。

第二节　企业购并的类型、动因和程序

一、企业购并的类型

企业购并的形式多种多样,按照不同的分类标准可划分为许多不同的类型。

(一) 按购并双方产品与产业的联系划分

按双方产品与产业的联系划分,购并可分为横向购并、纵向购并、混合购并三种。
1. 横向购并。
横向购并是指同一行业的企业之间的购并,如机械制造企业之间的购并。
2. 纵向购并。
纵向购并是企业对原材料供应厂商或产品销售企业的购并。前者称为后向购并,后者称为前向购并。
3. 综合购并。
综合购并指经营不同业务或制造不同产品的企业间的购并,这类购并的目的是从事多样化经营以减少经营风险,其性质兼具前两种购并类型的特点。按其购并目的不同也可分为三种类型:
(1) 产品扩展式购并,这类购并是为扩大企业的生产范围。
(2) 地域营销扩展式购并,主要是指具有不同销售网络和区域的企业间的购并,这类购并是希望通过购并扩大产品或商品的销售覆盖面。
(3) 其他联合式购并,除上述两种联合购并外其他形式的联合购并。

(二) 按购并的实现方式划分

按购并的实现方式划分,购并可分为承担债务式、现金购买式和股份交易式三种。
1. 承担债务式购并。
承担债务式购并是在被购并企业资不抵债或资产债务相等的情况下,购并方以承担被购并方全部或部分债务为条件,取得被购并方的资产所有权和经营权。
2. 现金购买式购并。
现金购买式购并有两种情况:
(1) 购并方筹集足额的现金购买被购并方全部资产,使被购并方除现金外没有持续经营的物质基础,成为有资本结构而无生产资源的空壳,不得不从法律意义上消失。
(2) 购并方以现金通过市场、柜台或协商购买目标公司的股票或股权,一旦拥有其大部分或全部股本,目标公司就被购并了。
3. 股份交易式购并。
股份交易式购并也有两种情况:
(1) 以股权换股权。这是指购并公司向目标公司的股东发行自己公司的股票,以换取目

标公司的大部分或全部股票，达到控制目标公司的目的。通过购并，目标公司或者成为购并公司的分公司或子公司，或者解散并入购并公司。

(2) 以股权换资产。购并公司向目标公司发行购并公司自己的股票，以换取目标公司的资产，购并公司在有选择的情况下承担目标公司的全部或部分责任。目标公司也要把拥有的购并公司的股票分配给自己的股东。

(三) 按购并交易是否通过证券交易所划分

按购并交易是否通过证券交易所划分，购并分为要约收购与协议收购。

1. 要约收购。

要约收购是指购并公司通过证券交易所的证券交易，持有一个上市公司（目标公司）已发行股份的30%时，依法向该公司所有股东发出公开收购要约、按符合法律的价格以货币付款方式购买股票，获取目标公司股权的收购方式。要约收购直接在股票市场中进行，受到市场规则的严格限制，风险较大，但自主性强，速战速决。敌意购并多采取要约收购的方式。

2. 协议收购。

协议收购指购并公司不通过证券交易所，直接与目标公司取得联系，通过谈判、协商达成共同协议，据以实现目标公司股权转移的收购方式。协议收购易取得目标公司的理解与合作，有利于降低收购行动的风险与成本，但谈判过程中的契约成本较高。协议收购一般属于善意购并。

二、企业购并的动机

市场经济环境下，企业作为独立的经济主体，其一切经济行为都受到利益动机驱使，购并行为的目标也是为实现企业价值最大化。在现实经济生活中，企业购并往往并非仅仅出于某一具体的动机，而是基于多个动机。这些具体的动机主要包括：

1. 规模经济。

追求规模经济效益是企业横向购并的主要目的。通过横向购并，将多个工厂置于同一企业领导之下，可以实现服务设施，如办公设备、会计、财务、管理资源等的共享，从而节省管理费用；可以节约营销费用；可以集中研究开发费用等。通过购并来扩大企业规模比起自己创立一个企业要快捷、方便得多。

2. 纵向整体化效益。

通过纵向购并，企业可以获得对整个生产过程尽可能多的控制权，包括向后控制原材料供应，向前控制产品销售，使生产经营活动的协调和管理更加有效和方便，有效解决由专业化引起的生产流程的分离，提高企业效益。例如，某航空公司的飞行航线是从上海飞往北京，这个航空公司自身没有飞机，它必须向其他飞机公司租用飞机。如果经营规模非常小，或许可行。但对于大规模经营的航空公司，每天安排上百次的飞机租赁合同，而且要使这些业务很好地配合，这种工作几乎无法完成。如果公司能通过后向购并，对飞机公司有较大的控制权，可以随时使用这些飞机，组织工作就非常容易。

3. 协同效应。

指企业购并之后所产生的利润，比个别公司单独经营时所获得的利润总额要大，即产生

"1+1＞2"的效果。不同的公司拥有各自的优势，同时又有各自的不足，通过购并可以使各公司互相取长补短，向对方提供所缺乏的资源。例如，Carrier 公司与 Affiliated 瓦斯设备公司之间的合并，合并之后能够提供整套的空气设备和暖气设备。又如，有研究和开发特长的公司可以和有雄厚生产能力和销售能力的公司合并，对双方都有好处。

4. 利用税避。

有时公司有潜在的税避但却不能利用。例如，Penn-Central 公司在破产和重组后，由于处于亏损状态，有数十亿美元未利用的税避，利用这些税避来购买 Buckeye Pipeline 公司。

5. 利用多余资金。

有些公司已经步入成熟期，每年有丰厚的收入，但它缺乏良好的投资机会。理想情况下，应该把多余资金通过增发红利或回购股票发给股东。除此之外，公司也可以购买别的公司的股份。一些公司有多余资金而不愿将它们发给股东，便将购并其他企业作为资金使用的一个重要方向。

6. 消除无效。

总有一些公司因管理不善而浪费掉大笔资金，这些公司不能寻找有效的措施来降低成本、扩大销售、增加盈利，它们自然成为其他公司购并的目标。通过购并可以改善管理，提高效率。例如，某企业有一支高效率的管理队伍，其管理能力超出管理该企业的需要，但这批人才只能集体实现其效率，企业不能通过解聘释放能量，那么该企业就可购并那些由于缺乏管理人才而效率低下的企业，利用这支管理队伍通过提高整体效率水平而获利。虽然购并是一种消除无效的简单且可行的方法，但它不是改善管理的唯一方法。许多大的上市公司的股东对于他们的公司运行如何以及谁来经营它并不产生直接的影响。如果不能正确分析被购并企业存在的问题，过高估计自己的管理能力也会产生一些错误的购并行为。

7. 多样化经营。

有些企业希望通过对其他行业的购并来实行多样化经营，以达到减少经营风险、稳定收入的目的。但出于多样化经营目的而进行的购并是否有利，还值得怀疑。例如，1977 年，Kaiser Industries 作为一个控股公司被解散了，其原因却是多样化经营减少了企业的价值。因此，要深入分析为多样化经营而进行的购并对股东的影响：如果股东无法通过自己的投资行为来分散风险或只能以较高的成本来分散风险时，企业的这种购并行为对股东是有利的；如果股东自己能够以较低的成本分散风险，这种购并有违于股东的利益。因而，在以多样化为目的进行购并时，企业必须谨慎行事。

8. 获得特殊资产。

企图获取某项特殊资产往往是购并的重要动因。特殊资产可能是一些对企业发展至关重要的特定资产。如土地是企业发展的重要资源，一些有实力、有前途的企业往往会由于狭小的空间难以扩展，而另一些经营不善、产品市场不景气的企业却占有较多的土地和优越的地理位置，这时优势企业就可能通过购并劣势企业以获取其优越的土地资源。另外，购并还可能是为了得到目标企业所拥有的有效管理队伍、优秀研究人员或专门人才以及专有技术、商标、品牌等无形资产。

9. 经理个人动机。

以上购并动机都是出于经济上的考虑，除此以外，最普遍的动机是出于经理个人事业的雄心。每一位经理在事业上都有自我实现的需要；同时，企业的经营规模越大，他拥有的权力就越大,高层经理的工资也越高。尽管没有一位经理会承认这一原因,但它确实存在。只要出于这一动机的购并能给股东带来经济效益,这种购并也未尝不可。

10. 出于企业长期发展战略的需要。

从短期看,购并也许不能给企业带来经济利益,甚至带来损失;但从长期看,会产生经济利益。比如通过购并减少竞争对手,扩大市场占有率。例如,德国前卡特尔局局长汝尔夫冈·卡特承认,企业购并可能是应付世界上众多竞争对手的一种"合适的"对策。他表示,由于国际上建造巨轮的竞争日趋激烈,他本人会接受把德国所有造船厂联合在一起的建议。

其他一些购并动机也值得思考,例如,通过购并以提高每股盈余或降低财务成本。

三、企业购并的程序

2006年7月31日颁布的《上市公司收购管理办法》规定了上市公司兼并收购的程序,在进行上市公司兼并收购的过程中应该着重考虑以下几个方面的问题。

1. 收购人资格:根据《上市公司收购管理办法》规定,有下列情形之一的,不得收购上市公司:(1)收购人负有数额较大债务,到期未清偿,且处于持续状态;(2)收购人最近3年有重大违法行为或者涉嫌有重大违法行为;(3)收购人最近3年有严重的证券市场失信行为;(4)收购人为自然人的,存在《公司法》第一百四十七条规定情形;(5)法律、行政法规规定以及中国证监会认定的不得收购上市公司的其他情形。

2. 财务顾问:根据《上市公司收购管理办法》规定,收购人进行上市公司的收购,应当聘请在中国注册的具有从事财务顾问业务资格的专业机构担任财务顾问。收购人未按照本办法规定聘请财务顾问的,不得收购上市公司。财务顾问认为收购人利用上市公司的收购损害被收购公司及其股东合法权益的,应当拒绝为收购人提供财务顾问服务。

3. 信息披露:根据《上市公司收购管理办法》规定,通过证券交易所的证券交易,投资者及其一致行动人拥有权益的股份达到一个上市公司已发行股份的5%时,应当在该事实发生之日起3日内编制权益变动报告书,向中国证监会、证券交易所提交书面报告,抄报该上市公司所在地的中国证监会派出机构(以下简称"派出机构"),通知该上市公司,并予公告;在上述期限内,不得再行买卖该上市公司的股票。前述投资者及其一致行动人拥有权益的股份达到一个上市公司已发行股份的5%后,通过证券交易所的证券交易,其拥有权益的股份占该上市公司已发行股份的比例每增加或者减少5%,应当依照前款规定进行报告和公告。在报告期限内和做出报告、公告后2日内,不得再行买卖该上市公司的股票。通过协议转让方式,投资者及其一致行动人在一个上市公司中拥有权益的股份拟达到或者超过一个上市公司已发行股份的5%时,应当在该事实发生之日起3日内编制权益变动报告书,向中国证监会、证券交易所提交书面报告,抄报派出机构,通知该上市公司,并予公告。投资者及其一致行动人拥有权益的股份达到一个上市公司已发行股份的5%后,其拥有权益的股份占该上市公司已发行股份的比例每增加或者减少达到或者超过5%的,应当依照前款规定履行报告、公告义务。前两款规定的投资者及其一致行动人在作出报告、公告前,不得再行买卖该上市公司的股票。相关股份转让及过户登记手续按照本办法第四章及证券交易所、证券登记结算机构的规定办理。投资者及其一致行动人拥有权益的股份达到或者超过一个上市公司已发行股份的20%但未超过30%的,应当编制详细权益变动报告书,除须披露前条规定的信息外,还应当披露以下内容:

(1) 投资者及其一致行动人的控股股东、实际控制人及其股权控制关系结构图；(2) 取得相关股份的价格、所需资金额、资金来源，或者其他支付安排；(3) 投资者、一致行动人及其控股股东、实际控制人所从事的业务与上市公司的业务是否存在同业竞争或者潜在的同业竞争，是否存在持续关联交易；存在同业竞争或者持续关联交易的，是否已做出相应的安排，确保投资者、一致行动人及其关联方与上市公司之间避免同业竞争以及保持上市公司的独立性；(4) 未来 12 个月内对上市公司资产、业务、人员、组织结构、公司章程等进行调整的后续计划；(5) 前 24 个月内投资者及其一致行动人与上市公司之间的重大交易；(6) 不存在本办法第六条规定的情形；(7) 能够按照本办法第五十条的规定提供相关文件。前述投资者及其一致行动人为上市公司第一大股东或者实际控制人的，还应当聘请财务顾问对上述权益变动报告书所披露的内容出具核查意见，但国有股行政划转或者变更、股份转让在同一实际控制人控制的不同主体之间进行、因继承取得股份的除外。投资者及其一致行动人承诺至少 3 年放弃行使相关股份表决权的，可免于聘请财务顾问和提供前款第（7）项规定的文件。

4. 发出要约：通过证券交易所的证券交易，收购人持有一个上市公司的股份达到该公司已发行股份的 30% 时，继续增持股份的，应当采取要约方式进行，发出全面要约或者部分要约。以要约方式进行上市公司收购的，收购人应当公平对待被收购公司的所有股东。持有同一种类股份的股东应当得到同等对待。以要约方式收购上市公司股份的，收购人应当编制要约收购报告书，并应当聘请财务顾问向中国证监会、证券交易所提交书面报告，抄报派出机构，通知被收购公司，同时对要约收购报告书摘要做出提示性公告。收购人依照前款规定报送符合中国证监会规定的要约收购报告书及《上市公司收购管理办法》第五十条规定的相关文件之日起 15 日后，公告其要约收购报告书、财务顾问专业意见和律师出具的法律意见书。在 15 日内，中国证监会对要约收购报告书披露的内容表示无异议的，收购人可以进行公告；中国证监会发现要约收购报告书不符合法律、行政法规及相关规定的，及时告知收购人，收购人不得公告其收购要约。收购人按照本办法规定进行要约收购的，对同一种类股票的要约价格，不得低于要约收购提示性公告日前 6 个月内收购人取得该种股票所支付的最高价格。要约价格低于提示性公告日前 30 个交易日该种股票的每日加权平均价格的算术平均值的，收购人聘请的财务顾问应当就该种股票前 6 个月的交易情况进行分析，说明是否存在股价被操纵、收购人是否有未披露的一致行动人、收购人前 6 个月取得公司股份是否存在其他支付安排、要约价格的合理性等。

收购人拟通过协议方式收购一个上市公司的股份超过 30% 的，超过 30% 的部分，应当改以要约方式进行；但符合《上市公司收购管理办法》第六章规定情形的，收购人可以向中国证监会申请免除发出要约。收购人在取得中国证监会豁免后，履行其收购协议；未取得中国证监会豁免且拟继续履行其收购协议的，或者不申请豁免的，在履行其收购协议前，应当发出全面要约。以协议方式收购上市公司股份超过 30%，收购人拟依据《上市公司收购管理办法》第六章的规定申请豁免的，应当在与上市公司股东达成收购协议之日起 3 日内编制上市公司收购报告书，提交豁免申请及《上市公司收购管理办法》第五十条规定的相关文件，委托财务顾问向中国证监会、证券交易所提交书面报告，同时抄报派出机构，通知被收购公司，并公告上市公司收购报告书摘要。派出机构收到书面报告后通报上市公司所在地省级人民政府。收购人自取得中国证监会的豁免之日起 3 日内公告其收购报告书、财务顾问专业意见和律师出具的法律意见书；收购人未取得豁免的，应当自收到中国证监会的决定之日起 3 日内予以公告，并按照《上市公司收购管理办法》第六十一条第二款的规定办理。

5. 豁免申请：有下列情形之一的，收购人可以向中国证监会提出免于以要约方式增持股份的申请：(1) 收购人与出让人能够证明本次转让未导致上市公司的实际控制人发生变化；(2) 上市公司面临严重财务困难，收购人提出的挽救公司的重组方案取得该公司股东大会批准，且收购人承诺3年内不转让其在该公司中所拥有的权益；(3) 经上市公司股东大会非关联股东批准，收购人取得上市公司向其发行的新股，导致其在该公司拥有权益的股份超过该公司已发行股份的30%，收购人承诺3年内不转让其拥有权益的股份，且公司股东大会同意收购人免于发出要约；(4) 中国证监会为适应证券市场发展变化和保护投资者合法权益的需要而认定的其他情形。收购人报送的豁免申请文件符合规定，并且已经按照本办法的规定履行报告、公告义务的，中国证监会予以受理；不符合规定或者未履行报告、公告义务的，中国证监会不予受理。中国证监会在受理豁免申请后20个工作日内，就收购人所申请的具体事项做出是否予以豁免的决定；取得豁免的，收购人可以继续增持股份。有下列情形之一的，当事人可以向中国证监会申请以简易程序免除发出要约：(1) 经政府或者国有资产管理部门批准进行国有资产无偿划转、变更、合并，导致投资者在一个上市公司中拥有权益的股份占该公司已发行股份的比例超过30%；(2) 在一个上市公司中拥有权益的股份达到或者超过该公司已发行股份的30%的，自上述事实发生之日起一年后，每12个月内增加其在该公司中拥有权益的股份不超过该公司已发行股份的2%；(3) 在一个上市公司中拥有权益的股份达到或者超过该公司已发行股份的50%的，继续增加其在该公司拥有的权益不影响该公司的上市地位；(4) 因上市公司按照股东大会批准的确定价格向特定股东回购股份而减少股本，导致当事人在该公司中拥有权益的股份超过该公司已发行股份的30%；(5) 证券公司、银行等金融机构在其经营范围内依法从事承销、贷款等业务导致其持有一个上市公司已发行股份超过30%，没有实际控制该公司的行为或者意图，并且提出在合理期限内向非关联方转让相关股份的解决方案；(6) 因继承导致在一个上市公司中拥有权益的股份超过该公司已发行股份的30%；(7) 中国证监会为适应证券市场发展变化和保护投资者合法权益的需要而认定的其他情形。

中国证监会自收到符合规定的申请文件之日起5个工作日内未提出异议的，相关投资者可以向证券交易所和证券登记结算机构申请办理股份转让和过户登记手续。中国证监会不同意其以简易程序申请的，相关投资者应当按照本办法第六十二条的规定提出申请。

6. 法律责任：发出收购要约的收购人在收购要约期限届满，不按照约定支付收购价款或者购买预售股份的，自该事实发生之日起3年内不得收购上市公司，中国证监会不受理收购人及其关联方提交的申报文件；涉嫌虚假信息披露、操纵证券市场的，中国证监会对收购人进行立案稽查，依法追究其法律责任。前款规定的收购人聘请的财务顾问没有充分证据表明其勤勉尽责的，中国证监会依法追究法律责任。上市公司控股股东和实际控制人在转让其对公司的控制权时，未清偿其对公司的负债，未解除公司为其提供的担保，或者未对其损害公司利益的其他情形做出纠正的，中国证监会责令改正、责令暂停或者停止收购活动。被收购公司董事会未能依法采取有效措施促使公司控股股东、实际控制人予以纠正，或者在收购完成后未能促使收购人履行承诺、安排或者保证的，中国证监会可以认定相关董事为不适当人选。

在西方，由于企业购并涉及很多法律和政策问题，如商业交易的基本政策、《会计准则》《金融法》《公司法》《证券法》《税法》《反托拉斯法》等，因此，企业购并可以说是一个极其复杂的交易过程。这里仅从《公司法》的角度出发，简要地对西方国家《公司法》中有关企业购并的程序介绍如下：
(1) 购并双方的公司董事会，应各自通过有关购并的决议。
(2) 董事会将通过的决议提交股东大会讨论，并由股东大会予以批准。
美国《公司法》一般规定，在获得有表决权的多数股东的赞成票后，决议应予以通过。
德国的《公司法》规定，凡股份有限公司的购并决议，需要全部有表决权的股东的3/4多数通过方为有效。
(3) 购并双方签订购并合同。购并合同必须经各方董事会和股东大会批准。
(4) 兼并合同一经股东大会批准，应在限定时间内到政府部门登记。这时，存续公司应当进行变更登记，新设公司应进行设立登记注册，被解散的公司应进行解散登记。只有在有关政府部门登记注册后，购并才正式生效。在德国等西欧国家，购并事项在上报商业注册处之后必须予以公布。购并一经登记，因购并合同而解散的公司的一切资产和债务、全部由存续公司或新设公司承担。

第三节 企业购并分析和决策

企业购并是购并公司和目标公司两方面的事情，对于购并公司来说，它希望在购并以后目标公司未来现金流入的现值超过它的购并成本，从而能产生净收益；而目标公司却希望购并时它所获得的收入超过公司继续生存下去时现金流入的现值。本节是站在购并公司的立场上讨论购并问题，进行资本预算分析，估计购并目标公司的未来现金流入，选用适当的折现率来计算增加的现金流入的现值。

一、购并的分类

从财务分析评判的角度看，企业购并可分为经营购并和财务购并两种类型。

（一）经营购并

经营购并是企业为提高管理效率而实行的购并，期望购并会带来协同效应而把管理系统整合为一体。整合后的公司价值应大于购并支出与本公司价值之和。对于战略购并，整合后的公司价值应包括发展机会的净现值。

（二）财务购并

财务购并即联合企业的经营管理仍是两套系统，购并是为了获得经营规模效益。财务购并要求购并以后目标公司的价值应大于购并支出。

经营和财务购并的区别就在于购并后企业的管理系统上，如果管理系统合并则为经营购并，如果两企业管理系统仍各自独立，则为财务购并。购并既可以是这两种基本形式，也可以是这两种形式的有机结合。

二、购并决策准则和估值方法

无论哪种类型，购并应为本公司创造价值，即购并的净现值大于 0。购并净现值等于购并后的公司价值减去购并全部支出。对于财务购并，由现值的可加性原理，购并后的公司价值等于购并前本公司的价值加上购并后的目标公司价值。

对于购并后公司价值的估计，最常用的是累计折现方法，可参阅本书第七章。关于折现率，对于财务购并建议使用并后的目标公司的权益成本；对于经营购并建议使用整合后的公司的权益成本。

实践中越来越多的公司采用期权法估值。最简单的就是把目标公司的股权视为择购权，然后运用例如本书第二十二章 B/S 模型或其他方法。另外，Hayne E. Leland（1994）在 JOF 发表的研究，及其他学者在实物期权定价及相关领域的成果，也给实物期权的定价提出了新的方法。由于涉及较深的数学工具和烦闷的计算，就不在这里展开了。

三、目标公司价值的估算：一个案例

我们以案例的形式来说明企业购并中如何估算目标公司的价值，包括如何预测现金流和如何确定折现率等。

EXP 捷运公司是 CNT 运输公司购并的对象。在表 26-1 中，EXP 公司现行负债率为 30%，CNT 运输公司打算在将其购并后将负债率提高到 50%，两公司所在的州地方公司所得税税率为 40%。

（一）现金流预测

表 26-1 是 EXP 捷运公司预计被购并后的现金流量表。下面对表中数据作一说明。

表 26-1　　　　EXP 捷运公司预计被购并后的现金流量表　　　　单位：百万美元

年　份	1987	1988	1989	1990	1991
销售收入	105	126	151	174	191
减：销售成本	80	94	111	127	137
销售及管理费用	10	12	13	15	16
息税前收益	15	20	27	32	38
减：利息	3	4	5	6	6
税前收益	12	16	22	26	32
减：所得税	5	6	9	10	13
净收益	7	10	13	16	19
减：留存收益	2	2	4	6	8
大陆公司可得现金	5	8	9	10	11
最终价值					121
现金净流量	5	8	9	10	132

（1）表中利息是将现行负债利息，加上把负债比率提高到 50% 后的额外利息，再加上购

并后为扩大经营规模而贷款的利息进行估算的。

（2）关于所得税的计算。这里的所得税是根据 EXP 捷运的 EBIT 计算的。购并后申请综合税率，EXP 捷运和 CNT 运输公司的现金流量不支付额外税款。

（3）关于购并后 EXP 捷运净收益的处理。购并后其净收益的分配有两个方向：一部分作为留存收益（增加股东权益账面值），用于再投资；另一部分给大陆运输公司，用来支付股利或其他用途。

（4）公司最后的运营现金流应为净收益加折旧，即 $CF = NI + D$，这里假设折旧用于投资，即净投资为 0。

（5）假定 EXP 捷运公司从购并后的 1991 年进入匀速增长阶段，增长率为 8.3%，所以，EXP 捷运公司 1991 年后的价值可以用匀速增长型公司的价值模型来估算，其价值为 CNT 运输公司的价值增加。1992 年 CNT 运输公司从 EXP 捷运获得的现金流入量为 11 百万美元的 1.083 倍，以此开始的永续年金价值折算到 1991 年 V_{1991} 为：

$$V_{1991} = \frac{CF_{1992}}{r - g} = \frac{11 \times 1.082}{0.1815 - 0.083} = 121（百万美元）$$

（6）CNT 运输公司可从 EXP 捷运公司得到的现金流入为 1987～1991 年的现金流入和 1991 年之后的企业价值。这里假定由于购并而使 CNT 捷运公司获得了增长机会。

对购并后的现金流进行预测通常是极其复杂而又绝对必要的，需要将影响现金流的因素详细地分析，并且逐个加以讨论。如果为纯财务购并，由于购并后两个公司管理独立，而且各自独立经营，购并后的现金流量只需对两个公司未来现金流量进行估算。但是如果发生了经营兼并，两个公司的管理体系合二为一，准确地预算现金流量将非常困难。

（二）折现率的确定

在资本成本一章中，曾讨论了权益资本成本、负债资本成本和总资本成本概念。这里应运用哪个资本成本作为折现率呢？

权益资本成本反映了现金净流量的风险报酬，适当的折现率应以 EXP 捷运公司的权益资本成本为基础，而不是以大陆公司或购并后的公司集团的权益资本成本为基础。

EXP 捷运兼并前资本市场系数 β 为 1.28，这是负债比率为 30% 时的 β 系数。采用哈玛达等式（Hamada Equations）计算公司债务比率为 0 时的 β 系数为：

$$\beta_u = \frac{\beta_L}{1(1-T)(D/E)}$$
$$= \frac{1.28}{1 + (1 - 0.4) \times (0.30/0.70)}$$
$$= \frac{1.28}{1.26} = 1.02$$

再计算公司负债为 50% 时的 β 系数：

$$\beta_L = \beta_u [1 + (1-T)D/E]$$
$$= 1.02 \times [1 + (1 - 0.4) \times (0.50/0.50)]$$
$$= 1.63$$

用 CAPM 模型来计算兼并后的权益资本成本率，无风险报酬率 $r_f = 10\%$，市场风险增益 $E(\tilde{r}_m) - r_f = 5\%$，则兼并后 EXP 捷运的权益资本成本：

$$K_s = r_f + \beta_L [E(\tilde{r}_m) - r_f]$$
$$= 10\% + 1.63 \times 5\%$$
$$= 18.15\%$$

（三）EXP 捷运现值的计算

以 18.15% 为折现率，计算 EXP 捷运公司在购并时即 1986 年底的价值：

$$PV_{1986} = \frac{5}{1.1815} + \frac{8}{1.1815^2} + \frac{9}{1.1815^3} + \frac{10}{1.1815^4} + \frac{132}{1.1815^5}$$
$$= 78 \text{（百万美元）}$$

因此，如果大陆公司以不超过 7 800 万美元购并捷运公司，则这项购并是合适的。

习 题

1. 简述企业购并的类型及其发生的范围或条件。
2. 对于企业购并的动机，你支持哪种理论？阐述说明，可结合实例。
3. 比较说明我国和西方国家在企业购并程序上的差异。
4. 分析不同的企业购并方式所具有的优点和缺点。
5. 收集我国上市公司购并的资料，说明我国股市中企业购并的动机，分析这是否可以用本书中的理论来解释。
6. 实证研究表明混合兼并的公司的 β 值通常大于 1。分析对于以混合购并作为实现多元化经营途径的公司，这样的实证结果意味着什么？
7. 假设：
（1）在一个不存在税收的环境中；
（2）影响企业价值的参数的变动不可预测，即存在参数分布变动的可能性；
（3）A 公司和 B 公司具有如下参数：

$\sigma_A = \sigma_B = 0.2$ 标准差
$T_A = T_B = 4$ 年   债务到期年限
$V_A = V_B = 2\,000$ 企业价值 $V = D + E$
$r_f = 0.06$ 无风险利率
$D_A = D_B = 1\,000$ 债务的面值

A、B 两公司的现金流相关系数为 0.6，如果发生购并，合并后的公司价值 $4\,000 = V_A + V_B$，但新企业的标准差会变为多少？那么被购并公司的债务市场价值会是多少？如果不存在其他购并效应，股东们是否会同意购并？

8. W 是一个个人电脑公司，它正在考虑实施购并以取得更高的利润并快速成长。它已经将兼并目标缩至两个公司：AL 公司是计算机生产企业，具有很强的研发能力和良好的内部盈利能力。SA 公司则是具有很广泛的销售渠道，包括一系列的连锁店，有关 3 个公司的数据见表 1。

另外每个公司的负债利率均为 15%，税率为 40%，10 年为超常延长期，之后不再延长。
问：
（1）每个公司的总资产是多少？

(2) 如果每个公司税前基于总资产的盈利率为 r，则每个公司的净资产收益率是多少？

(3) 比较购并后 W 公司的增值情况，有关数据见表 2。

表 1

	W	AL	SA
每股账面价值（元）	10	10	10
股数（百万股）	5.0	2.0	2.0
负债/权益	1	1	1
内部盈利率 r（税后）	0.09	0.18	0.15
投资率 K	1.0	1.0	1.5
延长 $g = Kr$	0.09	0.18	0.225
WACC	9%	11%	12%

表 2

	W – AL	W – SA
净运营收入（百万元）	30	23
内部盈利率 r	20.09%	16%
WACC	11%	12%
投资率 K	1.1	1.0
增长率 $g = kr$	0.221	0.16

9. 思考企业购并重组可能对企业最优资本结构的影响。

10. 思考企业购并重组与企业依靠内部积累这两种发展方式之间的关系。

第二十七章 企业失败、重整和清算

在现实经济生活中,不是所有的企业都能获得成功。某些企业会由于种种原因而导致失败,主要表现为两个方面:一是企业的收入不足以弥补成本而导致长期亏损;二是企业不能偿还到期债务而产生财务危机。解决企业失败的方式主要有两种:一是财务重整;二是破产清算。本章主要讨论企业失败的原因、类型及其预测与财务重整的方式,以及清算的类型和程序。当然,我国从计划经济向市场经济过渡的过程中,曾经出现过企业长期亏损和不能偿还到期债务,要靠政府救助才能继续经营等一系列的问题,也就是所谓的"软预算约束"问题。国内外学者如2007年诺贝尔经济学奖获得者 Eric Maskin 和中国学者林毅夫等都对此问题进行了深入细致的研究,有兴趣的读者可以参阅相关的文献[①]。

第一节 企业失败及其预测

一、企业失败的原因

企业失败的原因有很多,有来自企业内部的原因,也有来自企业外部的原因。来自企业自身的原因主要有两个:

(1) 管理不善。这是导致企业失败的主要原因。管理不善的形式有很多,如不顾企业的实际能力和经济状况而盲目扩张,营销不力而导致产品销路不畅,生产成本太高而失去竞争力等。目前,我国90%以上的国有企业失败主要是由于管理上的无能造成的,而地震、水灾、火灾等不测事件致使企业失败的仅为5%。国有企业管理不善,决策失误,造成销售下降,成本失控,存货积压,应收账款长期收不回来,使得企业资产的流动性极差,企业长期亏损,并由此导致企业陷入财务困境,直至失败。

(2) 企业步入成熟期。商品一般有自己的生命周期,它也要历经诞生、成长、成熟和衰退4个阶段。当企业的商品走过成熟期后如果不进行产品更新,它将不可避免地要步入衰退期,企业将随之走向失败。企业可以采取措施,延长成长期或推迟进入成熟期,如加强研究和开发,进行技术创新,加速产品的更新换代,多角化经营或转换经营领域。企业管理人员应在企业失败之前进行清算或与其他企业进行合并。

[①] Dewatripont, M., Maskin, E., 1995. Credit and efficiency in centralized and decentralized economies. Review of Economic Studies 62, 541–556; Lin, J. Y. and Tan, G., 1999. Policy burden, accountability, and the soft budget constraint. American Economic Review 89, 426–431.

来自企业外部的原因主要是经济衰退，市场萎缩。由于经济衰退而使企业的市场规模、市场容量大大缩小，企业的市场份额下降；企业产品销售收入过低，无法补偿成本，企业出现入不敷出的局面；同时，衰退期间的高利率使企业的资金成本大大上升，企业筹措不到资金。这些因素使得那些应变能力差、只能在正常经济形势下生存的企业走向失败。

二、企业失败的类型

企业失败可以分为三种类型。

（一）经济失败

经济失败是指企业的收入低于成本费用，长期处于亏损状态。造成经济失败的原因是企业经营不力或决策失误等。亏损企业如果不能扭转其发展趋势，则必然造成巨大的财务困难，进而走向破产。

（二）经营失败

经营失败是指企业面临流动资金短缺的危机，无力支付到期债务，但企业的资产总额仍大于债务总额，股东权益仍为正值。盈利企业也可能由于财务安排不当而导致经营失败。这类企业如果能在短期内将某些资产变现或能设法筹到新的资金，仍可继续生存下去，否则企业会走向破产。

（三）破产

当企业债务总额超过资产总额，即资不抵债，股东权益为负值时，企业就要破产。此时，债权人对企业资产进行清算，收回自己的资金。

三、企业财务失败的预测

预测企业财务失败的方法很多，这里介绍运用财务指标进行财务失败预测的方法。企业可以使用单个财务指标或几个财务指标的组合来预测企业财务失败。

（一）单个财务指标的预测方法

单个财务指标的预测方法产生于20世纪60年代后期的美国，这种方法在预测企业财务失败时只使用单个指标。企业可以使用下述指标对财务失败进行预测：
(1) 现金净流入与债务总额之比；
(2) 资产回报率；
(3) 债务总额与资产总额之比（负债比率）。
以上三个指标是按照其预测财务失败能力的大小排列的。

企业还可以从流动资产项目的下列重要关系来预测财务失败：
(1) 财务失败的企业在失败前现金越来越少，而应收账款越来越多。
(2) 当把现金和应收账款加在一起放在流动资产和速动资产之中用来计算有关财务指标

时，财务失败的企业和财务成功的企业并没有明显的区别。但是现金和应收账款变动所起的作用正好是相反的。

(3) 财务失败的企业在走向失败的过程中，存货总是越来越少。

因此，当企业在对财务报表进行趋势分析后，如果发现现金和存货越来越少，而应收账款却越来越多，应引起警惕，应结合其他信息进一步分析企业是否有财务失败的危险。

(二) 多个财务指标的预测方法

多个财务指标的预测方法是运用多变量模式思路，建立多元线性函数关系，即运用多种财务指标加权汇总产生的总判别分（称为 Z 值）来预测财务危机。最初的"Z 计分模型"由美国爱德华·奥特曼（Edward Altman）在 20 世纪 60 年代中期提出，用以计量企业破产的可能性。其判别函数为：

$$Z = 0.012x_1 + 0.014x_2 + 0.033x_3 + 0.006x_4 + 0.999x_5$$

式中，Z——判别函数值；

x_1——（营运资本÷资产总额）×100%；

x_2——（保留盈余÷资产总额）×100%；

x_3——（息税前利润÷资产总额）×100%；

x_4——（普通股和优先股市场价值总额÷负债账面价值总额）×100%；

x_5——销售收入÷资产总额。

该模型实际上是通过用五种财务比率表示的变量，将企业偿债能力的指标（x_1，x_4）、获利能力指标（x_2，x_3）和营运能力指标（x_5）有机地联系起来，综合分析预测企业财务失败或破产的可能性。一般地，Z 值越低企业越有可能发生破产。奥特曼根据美国 1970~1973 年的计算资料，还提出了判断企业破产的临界值：如果企业的 Z 值大于 2.675，则表明企业的财务状况良好，发生破产的可能性较小；反之，若 Z 值小于 1.81，则企业存在很大的破产危险；如果 Z 值处于 1.81~2.675 之间，奥特曼称之"灰色地带"，进入这个区间的企业财务是极不稳定的。目前，我国尚无这方面的统计资料。

企业在预测财务失败时，最好能将单个财务指标的预测方法和多个财务指标的预测方法结合起来使用，并参照其他一些辅助性指标，不能武断地得出企业财务失败的结论。

第二节 企业财务重整

企业财务重整是指对陷入财务危机，但仍有转机和重建价值的企业根据一定程序进行重新整顿，使企业得以维持和复兴的做法。财务重整可能会使濒临破产企业中的一部分，甚至大部分能够重新振作起来，摆脱破产厄运，走上继续发展之路。根据相关的经济学文献，企业财务重组的过程可以看作是一个重新谈判的过程，相关论述可以参阅 2007 年诺贝尔经济学奖获得者 Eric Maskin 的论文[①]。企业重整的经验证明，大部分企业经过财务重整可以起死回生。因

---

① Maskin and Moore, *Implementation and Renegotiation*, Review of Economic Studies, 1999, 66: 39-56.

此，企业财务重整可减少债权人和股东的损失；给濒临破产的企业以背水一战、争取生存的最后机会；能尽量减少社会财富的损失和因破产而失业的人口的数量。

财务重整按是否通过法律程序分为非正式财务重整和正式财务重整两种。

一、非正式财务重整

当企业只是面临暂时性的财务危机时，债权人通常更愿意直接同企业联系，进行谈判，实施非正式财务重整，以避免因进入正式法律程序而发生的庞大费用和冗长的诉讼时间。非正式财务重整主要包括债务展期、债务和解、债权人控制和准改组4种方式。

（一）债务展期

债务展期是指推迟到期债务要求付款的日期。如果债权人认为企业尚有发展前途，可以同意延长债务的偿还期限，给企业以喘息之机。但债务展期必须获得所有债权人的同意，如果某些债权人不同意，则这些债务不能延展。

（二）债务和解

债务和解是指债权人同意减少债务人的债务，包括同意减少债务人偿还的本金数额，或同意降低利率，或同意将一部分债权转化为股权，或选择上述几种方法混合使用。债权人同意这样做是因为他们认为通过避免各种法律程序和相关支出，和解收回的款项将不低于企业清算收回的款项。

（三）债权人控制

债权人控制是指如果债权人认为企业破产可以通过更换管理人员来解决，则债权人可以接管企业，更换管理人员，直至企业所有债务偿清时为止。

（四）准改组

当企业长期发生严重亏损，保留盈余出现了巨额赤字，而且资产的账面价值严重不符合实际时，如果撤换了管理部门负责人，实施了新的经营方针，则可望在将来扭亏为盈。为此，企业便通过减资来消除大量亏损，并采取一些旨在使将来经营成功的措施。

准改组的财务处理方法是：

（1）由于固定资产等项目的账面价值已不符合其持续经营价值，有关的资产应重新计价，调低的数额应冲减保留盈余。

（2）股东权益（甚至负债）应重新计价，将保留盈余的红字调整为零。

（3）准改组要经债权人和股东批准，通常由法院监督，以确保有关各方的利益，避免法律纠纷。同时要按《公司法》的规定，公告有关的债权人。

（4）在准改组当年的财务报表中，应当充分披露准改组的程序和影响，并在此后的3~10年期间内，加注说明保留盈余的积累日期。

非正式重整使谈判有更大的灵活性，有时更易达成协议，可以为债务人和债权人双方都带来一定的好处。但是当债权人人数很多时，可能难以达成一致；没有法院的正式参与，协议的执行也缺乏法律保障。

二、正式财务重整

企业和债权人如不能达成非正式重整的协议，企业将被迫破产。破产后的企业有两种结局：一是进行正式重整；二是进行清算。因此，正式财务重整也称为破产企业财务重整。

企业在其正常的经营活动中，有时会由于各种原因不能如期偿还债务，从而陷入暂时的财务困难，如果破产企业的重整价值大于清算价值，便可以通过与债权人协商达成协议后，按照法定的程序改变企业的资本结构，合理地解决其所欠债权人的债务，以便使企业继续生存下去。在正式重整中，法院起着重要的作用，特别是要对协议中的企业重整计划的公正性和可行性做出判断。为保护原有企业债权人的利益，在企业重整期间企业股东大会和董事会的权力将被终止，应由法院指定受托人接管企业债务并处理改组事务。

财务重整的基本程序如下。

（一）向法院提出重组申请

在向法院申请企业重组时，必须阐明对企业实施重组的必要性，以及不采用非正式重整的原因。同时要满足一定的条件：

（1）企业发生财务危机或者在债务到期时企业无法偿还；

（2）企业有三个或者三个以上债权人的债权合计数达到一定的数额。如果企业重组的申请符合有关规定，法院将批准重组申请。

（二）法院任命债权人委员会

在法院批准重整之后，应成立债权人会议，所有债权人均为债权人会议成员，我国还规定有工会代表参加债权人会议。债权人委员会的权限与职责是：

（1）挑选并委托若干律师、注册会计师或者其他中介机构作为其代表履行职责；

（2）就企业财产的管理情况向受托人和债务人提出质询；

（3）对企业的经营活动、企业的财产及债务状况等进行调查，了解企业希望继续经营的程度以及其他任何与制定重组计划有关的问题，在此基础上，制定企业的继续经营计划并呈交法院；

（4）参与重组计划的制订，并就所制订的重组计划提出建议提交给法院；

（5）如果事先法院没有任命受托人，应向法院提出任命受托人的要求等。

（三）制订企业重整计划

重整计划是对企业现有债权、股权的清理和变更做出安排，重整企业资本结构，提出未来的经营方案与实施办法。经法院批准的重整计划，对企业本身、全体债权人及全体股东均有约束力。一般来讲，制订重整计划需要包括下述四项内容：

（1）估算重整企业的价值；

（2）调整企业的资本结构，通过对某些债务展期，通过将某些债务转换为优先股、普通股等安排削减企业的债务负担和利息支出，为企业的继续经营创造一个适当的财务环境；

(3) 企业新的资本结构确定之后，新的证券替换了旧的证券，实现企业资本结构的转换；

(4) 重整计划通常还包括以下措施：第一，对企业管理人员进行调整，选择有能力的管理人员；第二，对那些已经贬值的存货及其他资产的价值进行调整，以确定企业资产的当前价值，这也是重整企业资本结构、重新安排企业债权和股权的基础；第三，改进企业的生产、营销、广告等各项工作；第四，必要时还需要制订新产品开发计划和设备更新计划，以提高生产能力。

（四）执行企业重整计划

执行企业重整计划，并随时将整顿情况报告债权人会议，以使债权人及时了解企业的重整情况。

（五）经法院认定宣告终止重整

当发生以下三种情况之一时，法院应宣告终止重整：

(1) 企业经过重整后，能按协议及时偿还债务；

(2) 重整期满，不能按协议清偿债务；

(3) 重整期间，不履行重整计划，欺骗债权人利益，致使财务状况继续恶化。当发生后两种情况时，法院应终止企业重整，并宣告其破产清算。

第三节 企业清算

一、企业清算的含义和类型

企业清算是指在企业终止过程中，为保护债权人、股东等利益相关者的合法权益，依法对企业财产、债务等进行清理、变卖，以终止其经营活动，并依法取消其法人资格的行为。

企业清算按其原因可分为破产清算和解散清算。

根据我国《公司法》第一百八十三条公司经营管理发生严重困难，继续存续会使股东利益受到重大损失，通过其他途径不能解决的，持有公司全部股东表决权百分之十以上的股东，可以请求人民法院解散公司。其情形有二：一是企业的负债总额大于其资产总额，事实上已不能支付到期债务；二是虽然企业的资产总额大于其负债总额，但因缺少偿付到期债务的现金资产，未能偿还到期债务，被迫依法宣告破产。

根据我国《公司法》第一百八十二条，企业解散清算的原因主要有：

(1) 公司章程规定的营业期限届满或者公司章程规定的其他解散事由出现；

(2) 股东会或者股东大会决议解散；

(3) 因公司合并或者分立需要解散；

(4) 依法被吊销营业执照、责令关闭或者被撤销；

(5) 人民法院依照《公司法》第一百八十三条的规定予以解散。

二、破产清算

企业破产制度是商品经济发展的一个必不可少的重要调节机制。企业破产制度对鼓励竞争，淘汰落后的生产方式和经营方式，有效实现优胜劣汰的市场经济原则，防止更大浪费的发生，提高社会经济效益，维护市场经济的有序发展，促进社会经济的高速增长，及时清理债权债务，保护债权人、债务人的合法权益，具有重要意义。

根据我国《破产法》的有关规定，企业破产清算的基本程序大致可分为三个阶段：一是破产申请阶段；二是和解整顿阶段；三是破产清算阶段。和解整顿阶段已在上一节介绍，现就破产申请阶段和破产清算阶段的主要操作程序概括如下：

（一）提出破产申请

《破产法》规定，提出破产申请的既可以是债权人，也可以是债务人。企业在提出破产申请前，应对其资产进行全面的清查，对债权债务进行清理，然后由会计师事务所对企业进行全面的审计，并出具资不抵债的审计报告。

（二）法院接受申请

人民法院接到破产申请后即进行受理与否的审查、鉴定。受理债权人破产申请案件10日内应通知债务人，并发布破产案件受理公告。受理债务人破产申请案件后，应在案件受理后10日内通知债权人申报债权，直接发布债权申报公告。

（三）债权人申报债权

债权人应当在收到通知后一个月内，未收到通知的债权人应当自公告之日起三个月内，向人民法院申报债权，说明债权的数额和有无财产担保，并且提交有关证据资料。逾期未申报债权的，视为自动放弃债权。

（四）法院裁定，宣告企业破产

人民法院对于企业的破产申请进行审理，符合《破产法》规定情形的，即由人民法院依法裁定并宣告该企业破产。

（五）组建清算组

按照《破产法》的规定，人民法院应当自宣告企业破产之日起15日内成立清算组，接管破产企业。清算组成立后，在法院的指导下，依法进行必要的民事活动。清算组内一般设立若干个小组，负责企业职工的思想工作、财产保管工作、债权债务清理工作、破产财产处置工作以及职工的安置工作等。

（六）接管破产企业，进行资产处置等工作

清算组成立后，应接管破产企业的一切财产、账册、文书、资料和印章等，并负责破产财产的保管、清理、估价、处理和分配等。

(七) 编报、实施破产财产分配方案

清算组在清理、处置破产财产并验证破产债权后，应在确定企业破产财产的基础上拟订破产财产的分配方案，经债权人会议通过，并报请人民法院裁定后，按一定的债务清偿顺序进行分配。

(八) 报告清算工作

清算组在破产财产分配完毕之后，应编制有关清算工作的报告文件，向法院报告清算工作，并提请人民法院终结破产程序，破产程序的终结有三种情况：

(1) 债务人与债权人会议达成和解协议。企业经过整顿，能够根据和解协议清偿债务，人民法院应当终结该企业的破产程序并且予以公告。

(2) 破产财产不足以支付破产费用，人民法院应当宣布破产程序终结。

(3) 破产财产分配完毕，立即向人民法院提出关于破产财产分配完毕的报告，提请法院终结破产程序。法院接到此报告后，应及时做出破产程序的裁定并公告此裁定，破产程序即为终结。

(九) 注销破产企业

清算组在接到法院终结破产程序的裁定后，应及时办理破产企业的注销登记手续。

三、解散清算

解散清算的主要程序如下。

(一) 确定清算人或成立清算组

根据《公司法》的有关规定，企业应在公布解散的15天之内成立清算小组，逾期不成立清算组的，由法院根据债权人的指定成立清算组。清算组的职权包括：清理公司财产，分别编制资产负债表及财产清单；通知或者公告债权人；处理与清算有关的企业未了结的业务；清缴所欠税款；清理债权、债务，处理企业清偿债务后的剩余财产；代表企业参与民事诉讼活动。

(二) 债权人进行债权登记

在清算组成立或者聘请受托人的一定期限内通知债权人进行债权申报，要求其应在规定的期限内对其债权的数额及其有无财产担保进行申请，并提供证明材料，以便清算组或受托人进行债权登记。

(三) 清理企业财产，编制资产负债表及财产清单

在这一过程中，如果发现企业资不抵债的，应向法院申请破产。

(四) 在对企业资产进行估价的基础上，制订清算方案

清算方案包括清算的程序和步骤、财产定价方法和估价结果、债权收回和财产变卖的具体

方案、债务的清偿顺序、剩余财产的分配以及对企业遗留问题的处理等。

(五) 执行清算方案

主要包括以下工作：
(1) 确定清算财产的范围并作价。
(2) 确定清算损益。
(3) 确定债务的清偿顺序并清偿债务。在拨付清算费用后，依照以下顺序清偿债务：应付职工工资、劳动保险等；应交税金；尚未偿付的债务。同一顺序不足清偿全部的，按比例清偿。
(4) 按照合同、章程的有关条款分配剩余财产。

(六) 办理清算的法律手续

企业清算结束后，应编制清算后的资产负债表和损益表，经企业董事会或职工代表大会批准后宣布清算结束。其后，清算机构提出的清算报告连同清算期间内收支报表和各种财务账册，经会计师事务所审计后，一并报主管财政机关，并向工商行政管理部门办理企业注销手续，向税务部门注销税务登记。

四、企业清算的实施

(一) 资产的清算

1. 清算财产的界定。

清算财产包括企业在清算程序终结前拥有的全部财产以及应当由企业行使的其他财产权利。企业下列财产计入清算财产：
(1) 宣告清算时企业经营管理的全部财产，包括各种流动资产、固定资产、对外投资以及无形资产；
(2) 企业宣告清算后至清算程序终结前所取得的财产，包括债权人放弃优先受偿权利、清算财产转让价值超过其账面净值的差额部分；
(3) 清算期间收回的投资收益和取得的其他收益等；
(4) 应当由破产企业行使的其他财产权利。

人民法院受理清算案件前6个月至破产宣告日期间内，清算企业的下列行为无效，清算组有权向人民法院申请追回财产，并入清算财产：
(1) 隐匿、私分或者无偿转让财产；
(2) 非正常压价出售财产；
(3) 对原来没有财产担保的债务提供担保；
(4) 对未到期的债务提前清偿；
(5) 放弃自己的债权。

2. 清算财产的作价。

清算财产的作价一般以清算价值为依据，同时参考账面净值和重估价值。对清算企业的财产物资出卖和处理时，一般以成交价格即变现收入作为财产的作价依据。对于企业的货币资产等应按其账面价值作价。

（二）负债和所有者权益的清算

1. 清算企业的负债。

（1）清算债务的界定。清算债务是指经清算组确认的至企业宣告破产或解散止，清算企业的各项债务。企业清算债务主要包括下列各项：破产或解散宣告前设立的无财产担保债务；宣告时未到期的债务，视为已到期的债务减去未到期利息后的债务；债权人放弃优先受偿权利的有财产担保债务；有财产担保债务其数额超过担保物价款未受偿部分的债务；保证人代替企业偿还债务后，其代替偿还款为企业清算债务；清算组解除企业未履行合同致使其他当事人受到损害的，其损害赔偿款为企业清算债务等。

但下列费用不得作为企业清算债务：宣告日后的债务；债权人参加清算程序按规定应自行负担的费用；债权人逾期未申报的债权；超过诉讼时效的债务。

（2）债务清偿的最高额度。有限责任公司和股份有限公司清偿债务的最高还欠义务为其注册资本额。企业实收资本额等于注册资本时，企业的实收资本就是最高还欠责任；如实收资本尚不足注册资本，现有资本又不足偿付债务，有限责任公司的投资各方必须补足各自认缴份额，使实收资本达到注册资本以清偿债务。

2. 所有者权益的清算。

（1）清算费用。清算费用是指企业清算过程中所发生的各项支出。清算费用应当从清算财产中优先拨付，一般随时发生随时支付。清算财产不足以支付清算费用的，清算程序相应终结，未清偿的债务不再清偿。

清算费用的开支范围包括：清算期间职工生活费；清算财产管理、变卖和分配所需费用；破产案件诉讼费用；清算期间企业设施和设备维护费用、审计评估费用；为债权人共同利益而支付的其他费用，包括债权人会议会务费、破产企业催收债务差旅费及其他费用。企业清算组应严格按照经债权人会议审核的开支范围和标准拨付清算费用。

现行政策要求各级主管财政机关协助做好国有破产企业职工的生活救济和就业安置工作。破产企业被整体接收的，安置期间的职工生活费用由接收方企业发放，从企业管理费用中开支，其标准应不低于试点城市规定的最低生活救济标准。破产企业职工的社会保险费由接收方企业从接收破产企业之日起缴纳。接收方企业收到的安置费在资本公积金中单独反映。鼓励破产企业职工自谋职业，对自谋职业的职工，清算组可从破产企业土地使用权等破产财产中，按规定拨付有关安置费用。一次性安置破产企业离退休职工的离退休费和医疗费从企业土地使用权出售所得中支付，处置土地使用权所得不足以支付的，不足部分从处理其他破产财产所得中优先支付。破产企业职工的安置费用来源不足的，按照企业隶属关系，由破产企业所在地人民政府负担。

（2）清算损益。企业清算中发生的财产盘盈、财产变价净收入、因债权人原因确实无法归还的债务，以及清算期间的经营收益等计入企业清算收益。

企业清算终了，清算收益大于清算损失、清算费用的部分，依法缴纳所得税。

（3）剩余财产的分配。企业清偿债务后剩余财产的分配，一般应按合同、章程的有关条款处理，充分体现公平、对等原则，均衡各方利益。清算后各项剩余财产的净值，不论实物或现金，均应按投资各方的出资比例或者合同、章程的规定分配，其中，有限责任公司除公司章程另有规定外，按投资各方出资比例分配。股份有限公司按照优先股股份面值对优先股股东优先分配，其后的剩余部分再按照普通股东的股份比例进行分配。如果企业剩余财产尚不足金额偿还优先股股金，则按照各优先股股东所持比例分配。如果是国有企业，则其剩余财产应全部上缴财政。

习 题

1. 企业失败的原因有哪些？
2. 企业失败有哪几种类型？它们之间的相互关系如何？
3. 预测企业财务失败有哪几种方法？在运用这些方法时应注意哪些问题？
4. 非正式财务重整有哪几种方式？它们各自具备什么特点？
5. 正式财务重整的基本程序是什么？
6. 什么是企业清算？企业清算有哪些类型？
7. 破产清算的一般程序是什么？应注意哪些问题？
8. 解散清算的程序是什么？应注意哪些问题？
9. 清算财产包括哪些内容？确定清算财产时应注意哪些问题？
10. 清算负债包括哪些内容？确定清算负债时应注意哪些问题？
11. 清算损益包括哪些内容？确定清算损益时应注意哪些问题？

第二十八章 控股公司

一般来说，现代公司组织分成三种类型：集权式的 U 型结构公司、分权式的 M 型结构公司和 H 型结构的控股公司。控股公司（holding company）是各种经济体制下十分重要的企业组织形式，我国已决定将一些全国性行业总公司改组为控股公司。在本章中我们将研究控股公司的概念、类型和特征，并讨论控股公司的风险与其回报率的关系等问题。

第一节 控股公司的概念和特征

控股公司最早出现于 1889 年。20 世纪初，控股公司在某些资本主义国家占主导地位，至今仍是欧洲和日本等国家管理和控制其多层公司系统的关键机构，在英国许多大型控股公司仍枝繁叶茂，像帝国石油公司（B. P.）就拥有 1 300 个子公司。大型国有控股公司在第二次世界大战前后首先在欧洲一些国家建立，例如意大利，随后是奥地利和瑞典。在 20 世纪 70 年代，赞比亚、巴基斯坦、孟加拉国等发展中国家几乎将全部公共企业都转化为控股公司体系。亚非其他发展中国家，如印度、菲律宾、尼日利亚和加纳等都建立了国有控股公司。90 年代以来，东欧国家如波兰、捷克斯洛伐克、罗马尼亚等都出现了具有国有控股公司特征的新型经济组织。在中国经济体制改革的过程中，出现了一系列的控股公司。这些控股公司持有上市公司的股权，但是由于这些股权无法上市流通，因此控股公司在获取收益的过程中出现了违规占用上市公司资金、关联交易、利用上市公司资产对外担保等一系列问题，损害了中小股东的权益。同时，还有一部分上市公司的控股股东操纵股东大会议程和投票程序，支付高额的现金股利，影响了上市公司的发展潜力，由此形成了所谓的隧道效应，有兴趣的读者可以参阅相关文献[①]。

一、控股公司的概念和类型

控股公司，是指拥有其他公司达到决定性表决权的股份，并推动整个体系经营的股权经营管理组织。控股公司在整个体系中居于支配地位，又叫母公司（Parent Company）；处于被控制地位的公司叫做子公司（Subsidiaries）或经营公司（Operating Companies）。子公司又可以用同样的方法控制另外一些公司，称其为孙公司。这样层层控制，形成金字塔式的控制体系。

按照母公司除从其子公司取得股权投资收益之外是否兼营其他业务，控股公司可以分为纯

---

① Johnson, S., La Porta, R., Lopez-De-Silanes, F., and Shleifer, A., 2000a, *Tunneling*. American Economic Review 90, 22 – 27.

控股公司（Pure Holding Company）和混合控股公司（Mixed Holding Company）。

纯控股公司设立的目的只是单纯从事股权活动，通过掌握其他公司的股份，控制这些公司的股权，然后利用控股权，影响股东大会和董事会，支配被控制公司的重大决策和经营活动，实现其控制意图，而控股公司本身不从事其他生产经营业务。例如，新加坡的淡马锡控股公司（Temasek），该公司成立于1974年6月，公司章程明确规定：淡马锡控股公司的经营目标是通过对企业实施控股、参股或买卖企业有价证券等经营方式，在国内和世界各地从事作为投资和控股公司的各种经营活动。

混合控股公司，是指既从事股权控制，又直接从事某种商品生产经营的公司。一方面它以现金收买或其他方式取得目标公司的股份，掌握控制权，继而支配其生产经营决策，使被控制公司的业务活动有利于控股公司自身所从事的实际业务；另一方面它又从事实际生产经营活动。如美国的IBM公司，美国电话电报公司（AT&T）都属此类控股公司。

二、控股公司的优缺点

控股公司作为一种公司组织形式，其优点和缺点是明显的。

（一）控股公司的优点

1. 能以较少的投资额获得对另一家公司的控制权。

从理论上讲，要获得对一家公司的控制权，至少要掌握其50%以上的股份。但实际经济生活中，由于股份的数量一般很大，股票面额较小，持股人和股权都很分散，使得控股公司以比50%低得多的股份便可获得对另一家公司的控制权。有些西方发达国家企业只要持有其他企业30%的股份就能控制所有权，进而控制其经营权。而一些特大型企业，控股比例往往更低，只要持有5%～10%的股份，就能控制其所有权和经营权。例如，《美国公共事业控股法》规定："任何公司已发行的有表决权的股票中，如果有10%或更多的数量为另一公司所掌握时，该公司即为另一公司的子公司。"在我国，一般认为，企业对被投资单位的投资额占被投资单位资本金的比例如果超过20%，视为对被投资单位拥有实际控制权。

如果控制一系列子公司，而各级子公司又都引进了财务杠杆，则控股公司可以实现极高的财务杠杆效应：以少量的投资控制大量的资产。

2. 避免风险。

控股可以在一定意义上避免风险，其原因有二：

一是控股使企业经营范围扩大，并有利于企业开展多样化经营，避免经营单一产品可能导致的风险，而这绝不是规模有限的单个企业所能负担的。

二是控股公司体系中各经营公司都是独立的法人企业，彼此的职责是互不关联的。因而，任一企业发生的灾难性亏损不会传递给其他的企业。这只是从一般意义上讲的，可事实并非总是如此。第一，为了保持它的良好声誉和顾客，母公司被迫替其子公司偿还债务，尽管法律上它可以不这样做。例如，美国的捷运公司曾因其子公司卷入了一场诈骗案而为其偿还了1亿美元的债务。第二，母公司被迫向它的子公司提供资金以保障子公司的初始投资。美国通用公共设施公司继续为子公司提供资金以支持其三里岛核电站的建设就是一个例子。第三，当银行贷款给控股公司系统中某个子公司时，银行会要求母公司提供担保。第四，控股公司有时被用来防止系统中一个公司损失而影响其他公司。

3. 作为企业扩张的一种形式，可以降低企业间的交易费用。

控股与购并不同，它并不伴随组织的融合。为支配、控制一个公司只需购买所需股份即可，当事人容易在相对平静的状态下达成协议，从而可以避免并购过程中时常发生的与公司债权人、工会、少数股东等的纠纷。即使在难以达成协议时，也可以通过证券市场买进其股份以单方面促成结合关系、而不需要征求股东的意见。所以，控股公司可以大大节约为达成结合关系而与对方谈判、交涉等交易费用。

（二）控股公司的缺点

1. 多重课税。

母公司的收入主要为股利收入，在其子公司缴纳所得税后，控股公司收到的红利也必须纳税，从而造成重复纳税。如果控股公司的子公司层次很多，会造成相当大的纳税现金流出。例如，美国规定，如果控股公司拥有子公司不少于80%具有投票权的股份，则可以合并收入纳税，母公司收到的红利可以免征所得税；但如果股份少于80%，则收益不能合并纳税，母公司收到股利的45%必须纳税，税率为34%，这就意味着，母公司股利的有效税率为 $0.45 \times 34\% = 15.3\%$。这种局部多重税收多少抵销了控股公司有限所有权控制的好处。控股公司在纳税方面也有一些优势：由于控股公司对子公司的控制力得以在财务上协同，从而在它与子公司之间及子公司相互之间进行收入或费用调整、抽调资金，以降低税负，尤其在控股公司从事跨国经营时，则更可以利用税率、汇率、利率差异等多种工具以及巧妙采用转移定价等方法灵活调度，减少纳税额。

2. 控股公司的经营信条、战略计划、方针等难以彻底地向子公司渗透、贯彻。

母子公司完全以资本结合为主，以投资收益率、盈利状况等为评价标准，在经营和管理上的渗透并不太强，因此在战略思想的贯彻中难以达成一致。

3. 控股公司中资金分散管理，资金周转、拆借的效率低，难以实现集团式的统筹管理。

控股公司的投资协调也比较困难；子公司的投资不受总部的直接控制，子公司的利润被用于其自身的投资，因而较难从公司全局的未来利益出发，利用子公司的利润进行长期投资。同时子公司之间的协调也较差。

4. 容易被强制解散。

在美国，如果控股公司的联系非常松散，或者一个企业没有购并另一个企业，控股公司会被强行拆散。

三、控股公司的资金杠杆作用

一般地讲，公司的负债能力由其自有资本、还款可能性和提供的担保决定。但控股公司在负债能力上具有杠杆效应，这种杠杆效应产生于控股使企业规模日益庞大，并形成一个金字塔式的控制体系。层层连锁控股使其可依据同样的资本取得更多的借款，从而提高负债的可能，对其控制的资产和收益发挥很大的杠杆作用。

图28-1表示了一个三层的控股公司体系，处于金字塔底层的孙公司共拥有8 000万元的资产，负债和股东权益各4 000万元，即资产负债率为50%；处于子公司地位的控股公司可以

将孙公司的股票作为其资产,从子公司的个别资产负债表看,子公司的资产为4 000万元,负债和股东权益各2 000万元,资产负债率也为50%;而拥有子公司股权的母公司的个别资产负债表中,资产为2 000万元,负债和股东权益各为1 000万元,资产负债率也为50%。

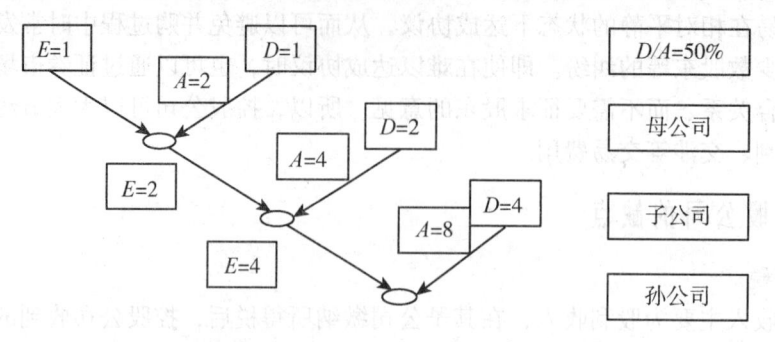

图28-1 控股公司的财务杠杆作用

如果编制整个控股公司体系的合并会计报表,集团公司的资产为8 000万元,负债为7 000万元,股东权益为1 000万元,资产负债率为87.5%。也就是说,母公司的股东只要投入1 000万元的股本,通过母公司就可以控制8 000万元的营业资产。只要孙公司经营状况良好,所有的公司都有利可图,母公司的股东可以获得较高的报酬率。但控股公司在提高股东回报率的同时,也扩大了风险。

第二节 控股公司的风险与回报率

控股公司运营过程中充满着风险。本节主要讨论控股公司多样化经营和多层控股对风险与回报率的影响。

一、控股公司多样化经营对风险与回报率影响

控股公司通过多样化、跨行业、跨地区和跨国经营可以有效地分散非系统风险,并且控股公司系统中母公司(控股公司)与各子公司都是独立经营的法人企业,所以某一个企业发生的灾难性亏损不会作为负债传递给其他企业,而母公司能够得到子公司获利的好处;而且倘若附属公司的经营业绩恶化,母公司还可以卖出股份而转嫁其经营责任。因此,与M型结构和U型结构的公司相比,控股公司所承担的风险较小,发生亏损等不利事件时不会拖累全体,且撤退更为容易。因此,从直觉上看,如果股东持有了多样化经营的控股公司的股票就可以实现多样化组合的目标,从而可以增加股东的效用。但实际情况是否如此呢?

(一)在完备市场中控股公司多样化经营对风险与回报率的影响

在完备的市场(Perfect Market)中,评价控股公司的股票及其回报率最有效的工具是资本资产定价模型(CAPM)。根据资本资产定价模型,任何一项证券的期望回报率可以用下列公式表示:

$$E(\tilde{r}_i) = r_f + \beta_i [E(\tilde{r}_m) - r_f] \tag{28.1}$$

式中：$E(\tilde{r}_i)$——证券 i 的期望回报率；

r_f——无风险利率；

β_i——证券 i 的系统风险，$\beta_i = \dfrac{\mathrm{cov}(\tilde{r}_i, \tilde{r}_m)}{\sigma^2(\tilde{r}_m)}$；

$\mathrm{cov}(\tilde{r}_i, \tilde{r}_m)$——风险证券 i 和市场组合的协方差；

$\sigma(\tilde{r}_m)$——市场组合期望回报率的方差；

$E(\tilde{r}_i)$——市场组合的期望回报率。

公式（28.1）也可以变化为以下形式：

$$E(\tilde{r}_i) = r_f + \frac{E(\tilde{r}_i) - r_f}{\sigma(\tilde{r}_m)} \times \frac{\mathrm{cov}(\tilde{r}_i, \tilde{r}_m)}{\sigma(\tilde{r}_m)} \tag{28.2}$$

其中：$\dfrac{E(\tilde{r}_m) - r_f}{\sigma(\tilde{r}_m)}$ 表示单位风险的价格，即在资本市场均衡的状态下，回报率和风险的边际替代率；$\dfrac{\mathrm{cov}(\tilde{r}_i, \tilde{r}_m)}{\sigma(\tilde{r}_m)}$ 表示第 i 种证券风险的数量；因此 $\dfrac{E(\tilde{r}_i) - r_f}{\sigma(\tilde{r}_m)} \times \dfrac{\mathrm{cov}(\tilde{r}_i, \tilde{r}_m)}{\sigma(\tilde{r}_m)}$ 表示投资者由于承担风险而获得的风险报酬。

资本资产定价模型可以用于评价任何一项证券或证券组合的价格（期望回报率）是否合理。

当

$$E(\tilde{r}_i) - r_f - \beta_i [E(\tilde{r}_m) - r_f] = a$$

而且 $a > 0$ 时，证券的价格被低估；或

$a < 0$ 时，证券的价格被高估；或 $a = 0$ 时，证券的价格被正确估计。

在资本市场达到均衡的条件下，a 必定等于 0，否则市场上会存在套利行为。在均衡状态下，所有投资者的非劣证券组合成构成了一条资本市场线（CML），如图 28-2 所示。

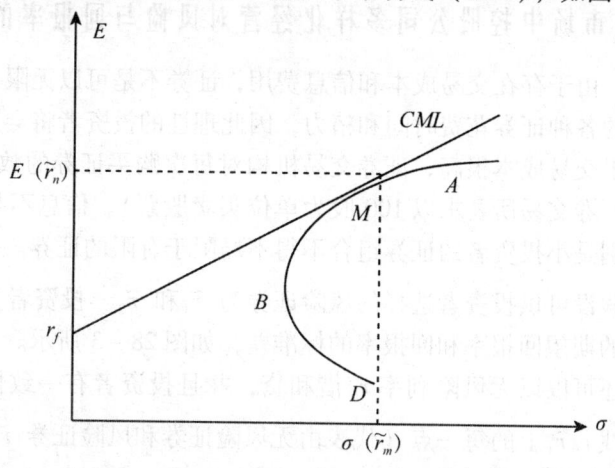

图 28-2 由风险证券和所有风险证券组成的非劣投资组合

如果没有无风险利率 r_f，则所有理性投资者的非劣投资组合构成了图 28-2 中抛物线 *AMBD* 的左上边界 *AMB*。如果存在 r_f 并且投资可以无风险利率 r_f 借和贷，那么所有投资者的投资组合在资本市场线 *CML* 上，并且所有投资者的投资组合都可以表示成无风险证券和市场组合的组合。在该投资组合中，投资者已经分散了所有的非系统风险。

现在假设某一控股公司通过持有不同类型公司（h_1，h_2，h_3，…，h_j）的股份并实现控股，从而能从事多样化经营，我们也用符号（h_1，h_2，h_3，…，h_j）表示该控股公司所持有的证券组合 *H*，如果控股公司不发生管理费用，那么对这一证券组合 *H* 的期望回报率（也即控股公司的股东对控股公司股票的期望回报率）为：

$$E(\tilde{r}_H) = r_f + \beta_H [E(\tilde{r}_m) - r_f] \qquad (28.3)$$

其中：
$$\beta_H = \sum_j h_j \beta_j$$

在完备的资本市场上，投资者无论投资于该控股公司的股票，还是自己在资本市场上复制与控股公司的证券组合 *H* 相同的证券组合，期望的回报率都是相同的，因为相同的风险会获得相同的期望回报。因此，在资本市场上，投资者不会更偏好于控股公司的股票，也就是说，投资者对控股公司股票的效用和对与控股公司股票相同风险的证券组合的效用是无差异的。因为理性的投资者可以自己在资本市场上进行多样化投资，并获得与持有控股公司的股票相同甚至更大的效用，控股公司并不能在风险一定的情况下给股东带来更多的回报，因此，在完备的资本市场上控股公司没有存在的必要。

有些人认为：多样化经营的公司因为其违约风险较小，比非多样化经营的公司具有更大的举债能力，因此投资者更偏好于这类公司的股票。这一观点对完全兼并成一个单一法律实体的多样化经营的公司可能是正确的，但对控股公司来说却未必正确。控股公司体系中的母公司及各个子公司是相互独立的法律实体。即使控股公司体系中的某一子公司的举债能力因控股公司体系中的其他子公司或母公司对其债务提供担保而增强，从而可能使该子公司的股票价格上升，但对提供担保的公司的股票的价格又会产生怎样的影响呢？

因此，在完备的市场中，因为控股公司多样化经营分散风险的功能完全可以由完备的资本市场，所以没有存在控股公司这一财务中介的理由。

(二) 在非完备市场中控股公司多样化经营对风险与回报率的影响

在非完备市场中，由于存在交易成本和信息费用，证券不是可以无限分割的，并且投资者还需要为管理所持有的各种证券花费时间和精力，因此理性的投资者将会发现持有多样化的股票是非常困难的。如果交易成本很高、证券交易机构对每次购买证券的数量存在限制（例如，我国上海和深圳两大证券交易所要求以 100 股为单位买卖股票）、信息不是可以免费自由获取的，那么投资者，特别是小投资者的证券组合不得不局限于有限的证券。

为了说明方便，假设可供投资者选择的风险证券为 $\tilde{r}_1$ 和 $\tilde{r}_2$。投资者只能从中选择一种进行投资，各风险证券的期望回报率和回报率的标准差，如图 28-3 所示。

此外假设投资者还可以以无风险利率 r_f 借和贷，并且投资者有一致性的预期，那么在相同的风险水平上，直线 $r_f \tilde{r}_1$ 上的每一点（代表由无风险证券和风险证券 $\tilde{r}_1$ 所构成的证券组合）都优于直线 $r_f \tilde{r}_2$ 上相应的点（代表由无风险证券和风险证券 $\tilde{r}_2$ 所构成的证券组合）。这说明资本市场还未达到均衡,市场上会存在套利行为,即投资者会一致性地抛售证券 $\tilde{r}_2$,而争相购买证券 $\tilde{r}_1$,导致证券 $\tilde{r}_2$ 的价格下降、期望回报率上升和风险下降;证券 $\tilde{r}_1$ 的价格上升、期望回报率下降和风险上升,直到市场达到均衡,如图 28-4 所示。

由于资本市场不是完备的,投资者只能投资于有限种类的证券,因此投资者证券组合的风险中包含了非系统风险,因此不能用 β,而只能用 σ 来衡量证券的风险。图 28-4 反映了均衡状态下证券期望回报率和风险之间的线性关系。

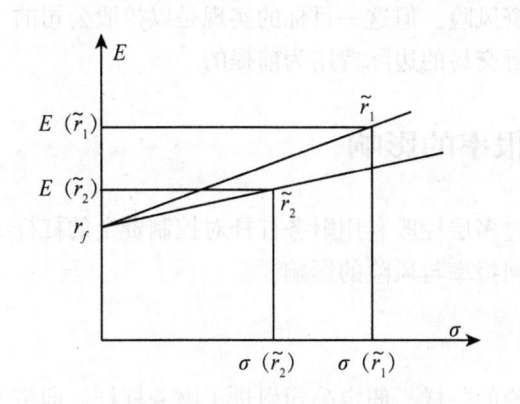

图 28-3 证券 $\tilde{r}_1$ 和 $\tilde{r}_2$ 的期望回报率和风险

图 28-4 均衡状态下证券 $\tilde{r}_1$ 和 $\tilde{r}_2$ 的期望回报率和风险

如果在不完备的资本市场上存在控股公司(大投资者),控股公司在资本市场上将独立的证券 $\tilde{r}_1$ 和证券 $\tilde{r}_2$ 组合成自己的证券组合 H,图 28-5 表示了存在控股公司的市场均衡情况。由于控股公司经营目标的多样性,控股公司的投资组合可能不是非劣的,因此,在图 28-5 中,直线 r_fH 和抛物线可能相交而不相切。

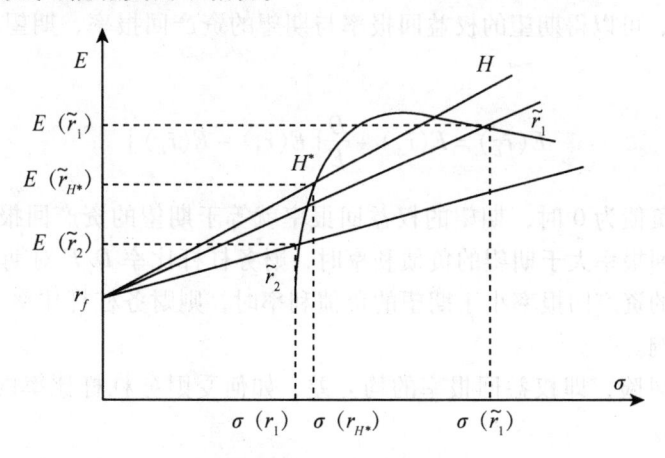

图 28-5 均衡状态下控股公司证券组合 H 的期望回报率和风险

从图 28-5 可以看出,在同等风险水平上直线 r_fH 上的任何一点代表的证券组合都比直线

$r_f\tilde{r}_1$ 和直线 $r_f\tilde{r}_2$ 上相应的点所代表的证券组合的回报率要高；或者说，在同一回报率水平上，直线 r_fH 上的任何一点代表的证券组合都比直线 $r_f\tilde{r}_1$ 和直线 $r_f\tilde{r}_2$ 上相应的点所代表的证券组合的风险要低。因此如果市场不完备，小投资者通过持有控股公司的股票，可以在同等风险水平上获得更高的报酬（大投资者可以自己选择适当的证券获得与控股公司相同风险及回报率的证券组合）。

综上所述，如果市场不是完备的，那么控股公司能够在同等风险水平上增加小投资者的财富；或者在相同回报率的水平上降低小投资者的投资风险。但这一目标的实现是以控股公司的边际管理费用不大于小投资者直接在资本市场上进行交易的边际费用为前提的。

二、控股公司多层控股对风险与回报率的影响

在上一节，我们通过例子，说明了控股公司通过多层控股利用财务杠杆对控制资金的杠杆作用，本段我们将一般地讨论控股公司多层控股对回报率与风险的影响。

（一）非控股公司的回报率与风险

我们先回顾一般公司的结果。与第十六章所讨论的一样，假定公司引进了财务杠杆，即举债经营，设该公司负债的市场价值为 D，股东权益的市场价值为 E，权益回报率为 $\tilde{r}_A$，资产回报率为 $\tilde{r}_A$（以上两个回报率均按市场价值计算），负债的利率为 $\tilde{r}_L$，则下述关系成立：

$$\tilde{r}_E = \tilde{r}_A + \frac{D}{E}(\tilde{r}_A - \tilde{r}_L) \tag{28.4}$$

事实上，$\tilde{r}_E$、$\tilde{r}_A$、$\tilde{r}_L$ 都是随机的。这里还假定不存在所得税。在存在所得税的情况下，结果很容易修正。

由（28.4）式，可以得期望的权益回报率与期望的资产回报率、期望的负债利率以及财务杠杆比率的关系：

$$E(\tilde{r}_E) = E(\tilde{r}_A) + \frac{D}{E}[E(\tilde{r}_A) - E(\tilde{r}_L)] \tag{28.5}$$

上式说明，当负债为 0 时，期望的权益回报率就等于期望的资产回报率。当负债不为 0 时，若期望的资产回报率大于期望的负债利率时，财务杠杆比率 D/E 对期望的权益回报率有正面贡献；若期望的资产回报率小于期望的负债利率时，则财务杠杆比率 D/E 对期望的权益回报率有负面的影响。

我们再看一看风险，即权益回报率的均方差，如何受财务杠杆比率的影响。由（28.4）式易知下述公式成立：

$$\sigma^2(\tilde{r}_E) = \left(1+\frac{D}{E}\right)^2\sigma^2(\tilde{r}_A) + \left(\frac{D}{E}\right)^2\sigma^2(\tilde{r}_L) - 2\frac{D}{E}\left(1+\frac{D}{E}\right)\text{cov}(\tilde{r}_A,\tilde{r}_L) \tag{28.6}$$

其中，$\sigma^2(\cdot)$ 和 $\text{cov}(\cdot,\cdot)$ 分别为方差和协方差。在负债利率为确定性的情形即 $\tilde{r}_A = r_L$ 时，$\sigma^2(\tilde{r}_L)$ 和 $\text{cov}(\tilde{r}_A,\tilde{r}_L)$ 均为 0，这时，

$$\sigma(\tilde{r}_E) = \left(1 + \frac{D}{E}\right)\sigma(\tilde{r}_A) \tag{28.7}$$

即普通股权益的风险等于资产风险的 $1 + \frac{D}{E}$ 倍。也就是说，引进财务杠杆，使权益风险增大了，增加的份额为杠杆比率 D/E。

当负债利率 $\tilde{r}_L$ 为随机的，但与 $\tilde{r}_A$ 不相关时，这时协方差 $\text{cov}(\tilde{r}_A,\tilde{r}_L)=0$，则：

$$\sigma(\tilde{r}_E) = \left[\left(1+\frac{D}{E}\right)^2\sigma^2(\tilde{r}_A) + \left(\frac{D}{E}\right)^2\sigma^2(\tilde{r}_L)\right]^{\frac{1}{2}} \tag{28.8}$$

上式说明了在这种情况下权益的风险变得更大，并且随财务杠杆比率 D/E 的加大而加大。

事实上负债利率 $\tilde{r}_L$ 和资产回报率 $\tilde{r}_A$ 之间的相关性往往很小，也就是说其协方差 $\text{cov}(\tilde{r}_A,\tilde{r}_L)$ 接近于 0，所以我们可以按上述模式进行分析。由 (28.6) 式可知，当 $\tilde{r}_L$ 与 $\tilde{r}_A$ 负相关时，财务杠杆加大风险的作用更强了。

（二）控股公司的回报率与风险

假设控股公司体系有 n 级：最上层为控股公司 n，下层控股公司 -1，…，控股公司 2，直至最下层的经营公司 1。

又假设各级控股比例均为 λ，而且各级控股公司的唯一收益来源为下级公司的普通股收益，此外，各级控股公司的全部资本都用于持有下一级公司的普通股，仍不考虑所得税。

用 $\tilde{r}_{E_i}$ 表示第 i 公司（公司 i）的权益回报率，用 $\tilde{r}_{A_i}$ 表示第 i 公司（公司 i）的资产回报率，用 D_i、E_i、V_i 分别表示公司 i 的负债、权益和总资产的市场价值，$i=1,2,\cdots,n$，又设各级公司的负债都有统一的利率 $\tilde{r}_L$:，各级公司的负债/权益比 D_i/E_i 为定值 k，则下述关系成立。

$$\tilde{r}_{A_{i+1}} = \tilde{r}_{E_i}, i = n-1,\cdots,2,1 \tag{28.9}$$

$$V_{i+1} = D_{i+1} + E_{i+1} = \lambda E_i, i = n-1,\cdots,2,1 \tag{28.10}$$

(28.9) 式说明公司 n 的资产回报率等于其子公司 $n-1$ 的权益回报率，公司 $n-1$ 的资产收益率等于其子公司 $n-2$ 的权益回报率。(28.10) 式说明公司 n 的资产等于其负债价值与权益价值之和，又等于其子公司 $n-1$ 的权益价值的 λ（控股比例）倍；公司 $n-1$ 的资产等于其负债价值与权益价值之和，又等于其子公司 $n-2$ 的权益价值的 λ 倍。

把上述结果应用到公式 (28.4)，可以得出：

$$\tilde{r}_{E_n} = \tilde{r}_{A_n} + k(\tilde{r}_{A_n} - \tilde{r}_L) = (1+k)\tilde{r}_{A_n} - k\tilde{r}_L$$

逐级推导，便得到：

$$\tilde{r}_{E_n} = (1+k)^n(\tilde{r}_{A_1} - \tilde{r}_L) + \tilde{r}_L \tag{28.11}$$

$$(1+k)^n\tilde{r}_{A_1} - [(1+k)^n - 1]\tilde{r}_L \tag{28.12}$$

(28.12) 式揭示了控股公司 n 的权益回报率 $\tilde{r}_{E_n}$ 和最底层子公司 1 的资产回报率 $\tilde{r}_{A_1}$ 以及负债利率 $\tilde{r}_L$ 之间的关系。上述关系对于期望的权希回报率仍然成立：

$$E(\tilde{r}_{E_n}) = (1+k)^n E(\tilde{r}_{A_1}) - [(1+k)^n - 1]E(\tilde{r}_L) \tag{28.13}$$

其中，$k = D_i/E_i$ 为财务杠杆比率。如果 $E(\tilde{r}_{A_1})$ 大于 $E(\tilde{r}_L)$，即最底层子公司的期望的资产回报率高于期望的负债利率（通常是这样），则财务杠杆对控股公司 n 的期望权益回报率有明显的放大作用：

$$E(\tilde{r}_{E_n}) = (1+k)^n [E(\tilde{r}_{A_1}) - E(\tilde{r}_L)] + E(\tilde{r}_L) \qquad (28.14)$$

显然放大作用随杠杆比率 k 和控股级数 n 的增加而加大。

但是，另一方面，由于财务杠杆和控股级数的增加，风险也明显增加，其数量关系如下：

$$\sigma^2(\tilde{r}_{E_n}) = (1+k)^{2n} \sigma^2(\tilde{r}_{A_1}) + [(1+k)^n - 1]^2 \sigma^2(\tilde{r}_L) \\ - 2[(1+k)^{2n} - (1+k)^n] \text{cov}(\tilde{r}_{A_1}, \tilde{r}_L) \qquad (28.15)$$

如果负债利率是确定性的，即为：

$$\tilde{r}_L = r_L (\text{常数})$$

则 $E(\tilde{r}_L) = r_L$，$\sigma^2(\tilde{r}_L) = 0$，$\text{cov}(\tilde{r}_{A_1}, \tilde{r}_L) = 0$，可得到更简明的关系

$$E(\tilde{r}_{E_n}) = (1+k)^n [E(\tilde{r}_{A_1}) - r_L] + r_L \qquad (28.16)$$

$$\sigma(\tilde{r}_{E_n}) = (1+k)^n \sigma(\tilde{r}_{A_i}) \qquad (28.17)$$

(28.16) 式说明当最底层公司 1 的期望资产回报率大于负债利率时，在控股公司 n 内部，随着控股级数 n 和财务杠杆比率 $k = D_i/E_i (i = n, \cdots, 2, 1)$ 的增大，将产生极强的杠杆效应。对于期望的权益回报和风险，都是如此。注意，这种杠杆作用是随控股的级数 n 而按指数增加的。

如果用 m 表示公司 1 的资产 V_1 与公司 n 的资产 V_n 的比值：

$$m = \frac{V_1}{V_n}$$

则公司 1 的权益价值 E_1 和公司 n 的权益价值 E_n 之比也为 m，即为：

$$\frac{E_1}{E_n} = m$$

通过反复运用公式 (28.10) 及 $V_i = (1+k)E_i$，便得出如下关系：

$$k = \lambda m^{\frac{n}{n-1}} - 1$$

代入公式 (29.14)，得到：

$$E(\tilde{r}_{E_n}) = \lambda^n m^{\frac{n}{n-1}} [E(\tilde{r}_{A_1}) - E(\tilde{r}_L)] + E(\tilde{r}_L) \qquad (28.18)$$

$$\sigma(\tilde{r}_{E_n}) = \lambda^n m^{\frac{n}{n-1}} \sigma(\tilde{r}_{A_1}) \qquad (28.19)$$

上述公式告诉我们：若各级公司均不存在负债，即 $k = 0$，那么 $\lambda m^{\frac{n}{n-1}} = 1$，则控股公司 n 与底层公司 1 的资产比值权为 $m = \lambda^{1-n}$，其中 λ 为控股比例。这时，由 (28.18) 式和 (28.19) 式知道控股公司 n 的期望权益回报率即等于最底层公司 1 的期望资产回报率，控股公司 n 的风险就等于最底层公司 1 的资产风险。

$$E(\tilde{r}_{E_n}) = E(\tilde{r}_{A_1}) \tag{28.20}$$

$$\sigma(\tilde{r}_{E_n}) = \sigma(\tilde{r}_{A_1}) \tag{28.21}$$

这说明此时控股公司带来有限的控制权益,既未增大期望回报,亦未增大风险。

上述(28.18)式和(28.19)式还告诉我们:若各级控股都是全资子公司,即 $\lambda = 1$,但存在负债,即 $k \neq 0$,则此时,

$$E(\tilde{r}_{E_n}) = E(\tilde{r}_{A_1}) + (m^{\frac{n}{n-1}} - 1)[E(\tilde{r}_{A_1}) - E(\tilde{r}_L)] \tag{28.22}$$

$$\sigma(\tilde{r}_{E_n}) = (m^{\frac{n}{n-1}} - 1)\sigma(\tilde{r}_{A_1}) \tag{28.23}$$

由于:

$$m = \frac{V_1}{V_n}$$

$$k = \lambda m^{\frac{n}{n-1}} - 1$$

则:

$$\begin{aligned} m^{\frac{n}{n-1}} - 1 &= \left(\frac{V_1}{V_n}\right)^{\frac{n}{n-1}} - 1 \\ &= \frac{V_1 - E_N}{E_N} \\ &= \frac{\sum_{i=1}^{N} D_i}{E_N} \end{aligned} \tag{28.24}$$

结合(28.24)式和(28.22)式,对照(28.5)式,得到:

$$E(\tilde{r}_{E_n}) = E(\tilde{r}_{A_1}) + \frac{\sum D_i}{E_N}[E(\tilde{r}_{A_1}) - E(\tilde{r}_L)] \tag{28.25}$$

$$\sigma(\tilde{r}_{E_n}) = (1 + \frac{\sum D_i}{E_N})\sigma(\tilde{r}_{A_1}) \tag{28.26}$$

这时相当于整个控股公司体系内的全部负债都直接作用于控股公司 n,即财务杠杆为 $\frac{\sum D_i}{E_N}$。这样,控股公司 n 可以通过多层控股获得系统内财务杠杆的利益,并承当相当的风险。

因此,从财务杠杆的角度看,只有控股公司多层控股并能够利用负债融资,控股公司才能得到高的期望回报率,同时也承担了很高的财务风险,这是控股公司与一般经营性公司的本质区别。

控股公司多样化经营降低了非系统风险,为控股公司利用财务杠杆提供了一定的基础,这也是控股公司的优势之一。但我国企业的资产报酬率普遍不高,隐含了较大的财务风险。因此,我国在利用控股公司财务杠杆效应时应本着谨慎的原则。

习 题

1. 什么是控股公司？列举现实经济生活中控股公司的名称（至少10个）。
2. 控股公司可以做哪些分类？
3. 结合我国实际分析控股公司有哪些优点？
4. 结合我国实际分析控股公司有哪些缺点？
5. 结合我国实际分析控股公司多样化经营对风险与回报率的影响。
6. 结合我国实际分析控股公司多层控股对风险与回报率的影响。
7. 结合我国实际分析采用控股公司这一企业组织形式的前提条件。

第二十九章　企业价值评估与EVA业绩评价

本章由两节构成，第一节讨论企业价值评估，主要介绍企业价值评估的意义及其理论发展，企业价值评估的基本方法及其选择，知识经济对企业价值评估的影响。其中许多基本原理在本书各章节已有论述，这里进行归纳与总结；第二节介绍EVA，重点说明EVA的历史渊源，EVA的计算方法，MVA及其与EVA的联系与区别，EVA业绩评价系统的创新之处及存在的主要问题。

第一节　企业价值评估

一、企业价值评估的意义及其理论发展

企业价值评估是指对企业价值所进行的评价与估计。它不仅仅是企业购并业务的关键环节，而且逐渐成为企业财务管理的一项经常性工作。资金筹集、投资运用和利润分配无不与企业价值息息相关。由于传统的账面价值忽略了企业资产的时间价值和机会成本，受到会计程序与方法选择等人为因素的影响，不能反映企业真实的价值。因此，企业财务经理通过企业价值评估，了解企业真实的经济价值，做出科学的投资决策与融资决策，不断提升企业价值，增加股东的财富就显得十分重要。

1958年著名财务金融学家莫迪利亚尼（Modigliani）和米勒（Miller）发表了《资本成本、企业融资与投资理论》的经典论文，对投资决策、融资决策与企业价值之间的相关性进行了深入研究。他们认为，企业价值的大小主要取决于投资决策，在均衡状态下企业的市场价值等于按其风险程度相对应的折现率对预期收益进行折现的资本化价值。20世纪60年代，三位财务金融学家，William Sharp、John Lintner和Jack Treynor各自独立地推导出了资本资产定价模型（CAPM）。这一模型简单地表述了回报率与风险的关系：在竞争的市场中，期望风险增益与系统风险（β）成正比。CAPM可以用于对资本成本，尤其是股权资本成本的估算，大大提高了确定折现率的理论依据。其后，代理理论和信号理论在筹资决策与企业价值的关系上又做出了新的贡献，从本质上定义了企业价值属于其投资者——股权投资者与债权投资者财富的属性。

二、企业价值评估的基本方法

企业价值评估从根本上讲是对企业现有和潜在能力的评价。企业价值评估的方法主要有折现现金流法（包括自由现金流法）、账面价值法、市场价值法和期权定价模型，每一种方法都有其理论依据和适用范围。在第八章第三节我们已经做了初步讨论，重点考虑了自由现金流法。

（一）折现现金流法

折现现金流法（DCF）是使用最为广泛的企业价值评估方法。该方法起源于艾尔文·费雪（Irving Fisher）的资本价值理论。1906年，费雪在其专著《资本与收入的性质》中认为，资本的价值实质上就是未来收入的折现值，即未来收入的资本化。1930年，费雪进一步创立了未来收益折现模型。根据费雪未来收益折现模型，企业的估价模型为：

$$V = \sum_{t=1}^{\infty} \frac{CF_t}{(1+r)^t}$$

式中，V——企业的价值；
CF_t——企业在t期的经济收益；
r——折现率。

然而，在费雪的DCF模型中，未来收益流是确定的，而且应当采用何种资本化率折现也不甚清楚。

美国著名投资理论家约翰·B.威廉姆斯（Williams，1938）在《投资价值理论》一书中，提出了折现现金流估值模型。威廉姆斯认为，投资者投资股票的目的是为了获得对未来股利的索取权，对于投资者来说未来现金流就是自己未来获得的股利，企业的内在价值应该是投资者所能获得的所有股利的现值。

$$V = \sum_{t=1}^{\infty} \frac{D_t}{(1+r)^t}$$

式中，D_t——投资者在t期获得的所有股利。

在这一模型的基础上，Myron J. Gordon等人进一步提出了零增长股利折现模型、固定增长股利折现模型以及有限增长期股利折现模型。

1961年，莫迪利亚尼和米勒提出了股利与公司股价无关的MM理论。该理论认为，在严格的假设条件下，股利政策不会对企业的价值或股票价格产生任何影响，一个公司的股价完全是由其投资决策所决定的获利能力所决定的。MM理论认为，未来收益流不再是确定的，并对企业价值评估的资本化率，即企业资本的加权平均成本进行了正确的定义及论述。莫迪里亚尼和米勒的理论框架是现代价值评估的思想源泉，它促进了现代价值评估理论的蓬勃发展。

在这之后，人们开始寻找比股利更恰当的现金流指标，Jensen（1986）最终确定了自由现金流，并由此提出了自由现金流折现模型。

$$V = \sum_{t=1}^{\infty} \frac{FCF_t}{(1+WACC)^t}$$

式中，FCF_t——企业在 t 期的自由现金流；

$WACC$——企业的加权平均资本成本。

此后，美国财务学家拉巴波特（Alfred Rappaport）提出了应用计算机程序进行 DCF 估值的模型，被称为拉巴波特模型。

折现现金流法的基本思想是，企业未来产生的现金流量就是企业将来的最真实的收益。我们需要预测未来可能的现金流量并选择适当的折现率来估算企业现在的价值。折现现金流法是一个科学的企业估价方法，它将理财目标与估价技术有机地联系在一起，充分考虑了公司未来创造现金流量能力对其价值的影响，在日益崇尚"现金至尊"的现代理财环境中，对企业的战略发展具有现实的指导意义。有关折现现金流法的内容读者可以参阅第三篇"现值"，这里不再赘述。

（二）账面价值法

股东权益（我国叫净资产）账面价值法是以企业的财务报表上的数据为起点来衡量企业价值大小。账面价值法又可以进一步分为净资产账面价值法、成本加和法、剩余收益模型、经济增加值模型、市盈率法和市账率法。

1. 股东权益账面价值法

股东权益账面价值法是最简单最直接的方法，它采用经过调整确认后的账面资产减去负债得到。在实际价值评估过程中，可以先考核企业股东权益的大小，并以此作为衡量企业价值的起点。

2. 成本加和法

成本加和法在我国又称为成本法，其基本思路是将被估价企业视为一个各项资产的组合体，在对各项资产清查核实的基础上，逐一进行评估，并以各单项可确指资产和不可确指资产评估价值的总和作为企业整体资产价值的一种评估方法。其公式为：

$$企业价值 = \sum（各单项可确指资产的价值）+ 不可确指资产价值$$

公式中，各单项可确指资产指企业所拥有的各单项有形资产和各单项可确指无形资产，而不可确指资产指企业商誉。成本加和法的出发点是现有资产价值而非企业未来盈利能力，不能体现企业市场价值。成本加和法的最大问题是商誉不易确定。

成本加和法在评估企业价值时假设企业的价值等于所有有形资产和无形资产的重置成本之和。使用这种方法，主要从投入的角度考虑企业的价值，很少考虑企业的收益和产出。由于这种方法评估企业不是从整体的角度出发，而是将企业按资产构成，分别评估各部分资产的价值，然后加总得出企业价值的评估值。这决定了采用这种方法评估企业价值存在着难以克服的弱点。

一般而言，企业的各项资产是不可分割的整体，各项资产存在协同效应，企业的价值不是各单项资产的简单加总，而是整个企业正常经营条件下的资本化价格，其评估具有整体性特点，即价值评估中很难分解出企业各类单项资产的价值。然而，成本加和法忽视了这一点。

20 世纪 80 年代末 90 年代初，我国从国外引进企业价值评估方法时，已经引进了"企业的价值不等于企业资产价值简单加和"的观点与理论。但在我国长期的企业价值评估实务中，这样的理念并没有得到实际执行。在企业价值评估中，评估的主要对象是企业相关的成分资产，然后再进行加和。

3. 剩余收益模型①

剩余收益模型最早可以追溯到 1938 年 Preinteich 提出的剩余收益定价模型。20 世纪 90 年代，James A. Ohlson 及其合作者 Gerald Feltham 提出了一个基于账面价值和未来收益的估价模型——剩余收益评估模型（Residual Income Valuation Model）（Ohlson, 1990, 1991, 1995; Feltham 和 Ohlson, 1995），被誉为"告诉我们如何构建会计数据与企业价值之间的关系"（Bernard, 1995），是"财务会计学中里程碑式的著作"（Lundholm, 1995）。

Ohlson 模型在短短十年的时间内得到迅猛的应用。由于之前也有其他学者参与这一理论模型的研究，如 Edwards 和 Bell（1961）等，所以 Bernard（1994）将此模型称为 Edwards-Bell-Ohl-son 模型（EBO 模型）。

EBO 模型的基本表达式是：

$$V_t = BV_t + \sum_{t=1}^{\infty} \frac{E_t[x_{t+i}^a]}{(1+K)^i}$$

$$= BV_t + \sum_{t=1}^{\infty} \frac{E_t[x_{t+i} - K \times BV_{t+i-1}]}{(1+K)^i}$$

$$= BV_t + \sum_{t=1}^{\infty} \frac{E_t[ROE_{t+i} - K \times BV_{t+i-1}]}{(1+K)^i}$$

式中，V_t——在 t 期的企业价值；

BV_t——在 t 期的企业账面价值；

$E_t[\cdot]$——在 t 期的已知信息条件下的期望；

x_{t+i}^a——第 $t+i$ 期的税后超额盈余（Abnormal Net Income）；

x_{t+i}——第 $t+i$ 期的税后盈余（Net Income）；

K——折现率，代表权益资本成本；

ROE_{t+i}——第 $t+i$ 期股东权益报酬率。

从 EBO 模型可知，企业的价值分为两个组成部分：第一部分为企业所有者权益的账面价值 BV_t；第二部分是企业各期经营中创造的超额盈余折现值之和。当企业股东权益报酬率（ROE）恰好等于权益资本成本 K 时，企业不创造任何超额盈余，企业价值等于其账面价值；只有当 ROE 大于 K 时，企业价值才高于其账面价值。

Ohlson 等不仅创建了这一联系财务数据和内在价值的估价模型，而且还在论文中构建了一个动态线性信息模型（Linear Information Model），利用这一动态过程可以对定价模型进行实证分析。在这以后，Felthan 和 Ohlson 两人又合作对 EBO 模型和以前的研究展开了大量的充实性工作，充实后的模型为以后的研究和修正工作提供了一个较理想的平台，该模型后来广泛地被理论界所接受，并以两人的名字命名为 F－O 模型。

4. 经济增加值模型

经济增加值（EVA）模型，也称经济利润评估法，是指企业价值等于企业投资资本额加上相当于未来每年创造价值增值的现值。经济增加值模型在实际操作中，与现金流量折现分析

---

① 朱锡庆、黄权国：《企业价值评估方法综述》，载于《财经问题研究》，2004 年第 8 期，第 59 页。

法一致。但经济增加值与会计数据的联系更为直接，在概念上与会计净利润相似，但在计算资本成本时必须考虑企业的全部资本成本，而不仅仅是可以确认的债务利息。下一节将详细说明经济增加值。

5. 市盈率法和市账率法

市盈率法又称账面收益法，是以企业已经公布的账面收益作为企业估价的依据，也就是通常所说的市盈率法。一家企业的价值不应表现为账面有多少资产，而应表现为创造未来一系列收益的能力。在对一家持续经营的企业进行价值评估时，盈利能力成为最适当的估价基础。在市盈率法中，市盈率作为企业的盈利倍数水平反映了投资者对每股盈利所愿支付的价格，那么反过来可以利用市盈率来估计企业价值。对于非上市公司，可以选择相似的上市公司的市盈率水平，或在其基础上进行调整。市盈率法的公式为：

$$\text{企业（股权）的价值} = \text{账面净收益} \times \text{适当的市盈率} = \text{普通股每股净收益} \times \text{适当的市盈率} \times \text{流通在外的普通股股数}$$

市盈率法计算简单，而且账面收益的数据来源于企业已公布的财务报表，便于投资者理解和应用。但是使用账面收益率法也存在着明显的不足。首先，某企业过去高收益，并不能保证该企业将来仍能获得高收益；其次，账面收益未能揭示高风险带来的高收益对企业价值的影响。因此，使用账面收益率指标，只能进行同期比较；在使用账面收益对企业进行评价前，必须按风险程度对企业进行分类，不同风险程度的企业，不能用账面收益率来进行比较。

因此，在运用市盈率法时，选择什么样的公司作为参照公司对企业价值评估结果起着决定性作用。理论上，要求参照公司与被评估公司之间具有相似的未来现金流量模式以及相近的经营风险或财务风险。在实际操作中，选择可比公司时，着重考虑增长前景和资本结构等方面，可以选择同行业或相关行业的公司，也可以从大量的上市公司中选出几个可比的上市公司进行分析、对比，判断这组可比公司参数对目标公司价值的意义。

市账率法和市盈率法的思路相近，但是市账率法不是以企业已经公布的利润表上的账面收益作为企业估价的依据，而是以资产负债表上的账面净资产（或普通股每股净资产）作为企业估价的依据。市账率法的公式为：

$$\text{企业（股权）的价值} = \text{账面净资产} \times \text{适当的市账率} = \text{普通股每股净资产} \times \text{适当的市账率} \times \text{流通在外的普通股股数}$$

（三）市场价值法

1. 资本资产定价模型

资本市场遵循着"高风险高收益、低风险低收益"的法则。但在实际进行企业价值评估时，如何判断一项风险资产是否获得了与其所承担风险相适应的收益，通常需借助于资本资产定价模型（CAPM）。

有关资本资产定价模型的内容读者可以参阅第十二章"回报率与风险的关系"。资本资产定价模型说明，当市场处于均衡状态时，证券价格在预期回报率和用 β 系数衡量的系统风险之间存在着一种线性关系。当市场均衡时，股票的实际市场价格等于股票的内在价值。当然，股票市场价格并不总是均衡不变的，有关信息会引起股票价格的变化，但最终将会在新的基础上实现均衡，即动态均衡。

2. 托宾的 Q 模型

市场价值法通常将股票市场上与企业经营业绩相似的企业最近平均实际交易价格作为估算参照物，或以企业资产和其市值之间的关系为基础对企业估值。其中最著名的是托宾（Tobin）的 Q 模型，即一个企业的市值与其资产重置成本的比率，用公式表示为：

$$Q = \frac{企业的市值}{资产的重置成本}$$

$$企业的价值 = 资产的重置成本 \times Q$$

但是 Q 值的选择比较困难。即使企业从事相同的业务，其资产结构与资本结构也会有所不同。在实践中，被广泛使用的是 Q 值的近似值——"市账率"，它等于股票市值与企业净资产账面价值的比率。

从理论上讲，市场价值能很好地体现企业价值，但由于股票的市场价格不一定能真实反映企业内在价值，并且并非所有的企业都能进入证券市场。因此市场价值往往只作为有用的参考依据，而不直接用来确定企业价值。

总的来说，这种方法在新兴股票市场中还不能被广泛应用，因为一些上市公司的股价偏离其内在价值。

3. 直接市场数据法

直接市场数据法是采用市场途径的一种估价方法，适用于对中小型非上市公司进行价值评估。该方法在国外使用较广。

直接市场数据法依赖于"替代原则"：一项资产的价值将由获得同等效用替代物的成本所决定。替代原则并不需要以与被评估企业完全相同的企业作为替代物，而只需要与被评估企业具有同等的效用。作为非上市公司同等效用的替代物，交易案例必须是相似而且相关。"相似"是指被评估企业的属性，包括企业规模、市场条件、管理水平、技术水平以及潜在的预期收益增长趋势等。"相关"是指潜在的买主或投资者的预期，包括承受的风险（预计的风险水平）、投资的流动性、管理水平与预计的经营期限等。一般情况下，至少需要 4~7 个合格的交易案例以分析被评估企业所在行业的市场趋势。

运用直接市场数据法进行企业价值评估的步骤主要有：

（1）收集实际交易或可比企业的信息。

（2）选择用于比较的效用参数。在实际操作中，不可能找到一个与被评估企业完全相同的替代物，因此，可用效用参数来代表企业的效用。可使用的效用参数有：市盈率，即 P/E；价格收入比率，即 P/G 等。

（3）分析交易数据以定义市场。在选择了功能参数的基础上利用交易数据定义与被评估企业同行业企业的市场。

（4）将被评估企业与交易数据进行比较。通过比较，判断被评估企业的效用是高于还是低于市场平均水平，也就是说，与同类型企业平均水平相比，被评估企业的效用是高还是低？

（5）估算被评估企业的评估价值。以第（4）步的结果为参考，估算被评估企业的价值。估价结果的可信程度依赖于可用交易数据的数量以及第（3）步中对交易数据采用的分析方法。

（6）检验评估结果。可以使用下面一项或多项方法进行检验：普通的感觉；与采用其他估价方法得出的评估结果进行比较；被评估企业的估价结果能否成功地经受得住反面的攻击。

（四）期权定价模型

自艾尔文·费雪提出 DCF 模型以来已有近百年的历史，然而近二十多年以来，它受到了越来越多的责难。Myers 1977 年在提出实物期权概念的同时指出：DCF 模型隐含地假定投资项目存在一个静态的预期现金流。Myers 和 Turnbull 指出：DCF 模型错误地将公司的 β 值当做投资项目的 β 值，且忽视了增长机会的价值。Hayes 和 Garvin 认为传统的 DCF 模型总是假定投资是可逆的，例如购买一项资产后又可无损失地将其出售，投资可以无损失地延期进行，这一假定可能导致致命的错误。Hodder 和 Riggs 总结了 DCF 模型的三个缺陷：（1）它不能很好地处理通货膨胀的影响，尤其是在长期限的投资中，经理们往往不能根据通胀的影响对不同类型的现金流做出充分的调整；（2）使用单一的折现率不能反映复杂的风险状况，比如在项目的后期，一般来说，风险是逐步降低的；（3）经理们往往不能认识到经营灵活性的作用，即没有认识到企业管理者可以根据外界经营环境的变化以及投资项目不确定性的进一步明确相机更改初始的经营战略，运用灵活的管理手段以利用良好的投资机会，避免损失。[①]

随着经济金融化的发展，金融创新工具不断出现。期权定价模型常被用于对衍生金融工具进行估价。有关期权定价模型的内容读者可参阅第八篇"期权及其在财务决策中的应用"。

期权估价技术不仅仅适用于对金融期权进行定价，其应用范围可以拓宽到对有负债企业的股权价值的估算、产品专利权价值等的估算。期权估价技术的应用很好地配合了被估价资产自身所具有的类似于期权的特征，适用于在较为复杂的情况下进行财务估价的需求。

三、企业价值评估方法的选择

我国现行企业价值评估实务中，无论是企业股权转让，还是企业改制评估，成本加和法基本上处于主导地位，收益法应用不普遍，市场法的应用几乎是空白。

企业价值评估工作较为复杂，它受到来自企业内部和外部的诸多主客观因素的影响。尽管人们已经普遍认为折现现金流法是最为重要的一种企业估价方法，但其他方法如以会计数据为基础的估价方法、市场估价法、期权估价法等仍然有着重要的应用。

对同一企业而言，采用不同的评估方法常常会使企业价值评估结果大相径庭，因此，根据企业特点选择适当的评估方法变得十分必要。比如，在传统的工业经济时期，有形资产在企业资产总值中占有绝对比重，且数额相对稳定，经营风险也小，这种情况下以会计数据为基础来估计企业价值的大小就有较大的可信性。但在知识经济不断发展的今天，尤其是对于一些高科技含量、高知识含量的企业而言，再用此方法确定其价值显然有悖于客观实际。对于资本投资很小的咨询公司、服务性企业，由于其资产所占比重较小，仅以账面资产评价难免低估企业价值，因此采用收益法评估比较合理。对于增长前景很好的小企业，则不适合采用历史收益或账面资产价值，应采用未来收益现值、现金流量折现、经营利润现值等方法进行评估。

在允许的情况下，应对企业价值同时运用几种方法进行估价，从而得出企业价值的区间，并在此基础上进行决策。此外，企业价值的确定，也可将各种不同的评估方法计算出的价值，加以加权计算。2004 年中国资产评估协会发布的《企业价值评估指导意见（试行）》第四章

[①] 朱锡庆、黄权国：《企业价值评估方法综述》，载于《财经问题研究》，2004 年第 8 期，第 60 页。

第二十三条规定，注册资产评估师执行企业价值评估业务，应当采用一种或多种资产评估基本方法；第三十四条规定以持续经营为前提对企业进行评估时，成本法一般不应当作为唯一使用的评估方法；指导意见的发布将积极促进市场法的应用。

四、知识经济对企业价值评估的影响

知识经济使企业价值评估面临着许多新的挑战，其中最为重要的，一是无形资产对企业价值评估的影响，二是人力资源对企业价值评估的影响。

知识经济对企业经营的一个直接影响便是无形资产，如商誉、专利权、技术秘密等在企业资产中的比重越来越大。从根本上讲，无形资产是人类知识的一种延伸。根据英国的有关资料显示，在过去15年间，一些公司在购并其他公司所支付的价格中，无形资产价值的份额一直在上升。20世纪80年代初期，公司在购并付款中的80%由机器、厂房、银行存款等有形资产所构成，剩下的20%人们一般称其为商誉。到80年代末，以上比例关系几乎被颠倒了过来，在购并付款中大约有70%是为无形资产中的商誉而付，其余30%是为有形资产而付。在新的经济环境下，人们发现，真正决定企业价值的不再是传统意义上的有形资产，而是无形资产。

与有形资产的估价不同，无形资产估价中存在着许多不确定因素，其中尤为重要的是，绝大部分无形资产（如品牌）之所以有价值，是因为它是与企业的产品商标、公司声誉、管理能力、企业与顾客的关系以及经销网络等诸多因素密切相关的一个综合体，这在很大程度上加大了估价的难度。因为在企业价值评估中，一个基本的原理便是，所有影响企业价值的因素，都应当是相互独立的，对企业价值的作用方式和方向是明确的，并且各种因素在一定假设条件下是可以计量的。

人力资源对企业价值的影响也越来越大。现代经济理论研究表明，经济系统的知识水平和人的素质已经成为生产函数的内在部分，成为生产力提高和经济增长的内在动力之一。经济发展水平越高，人力资本在经济发展中的作用也就越大。如何估计人力资源的价值也存在较多困难。

第二节 EVA 业绩评价

一、EVA 的历史渊源

全球竞争的加剧、信息革命、日新月异的技术进步和产品的不断推陈出新，都驱使许多大公司将决策权下放给靠近公司日常经营活动和顾客的低层经理和雇员去完成，这些引起大公司的组织结构发生了重大变化。但组织理论一直告诉我们：分权化决策会发生巨额的成本。因此，一些组织理论逐渐认识到，选择分权化决策的公司必须改变它们的业绩评价和激励报酬系统，以确保低层经营管理人员和雇员能够运用他们扩展了的决策权来增加公司的价值。例如，詹森（Michael Jensen）和麦克林（William Meckling）（1992）认为，分权化决策、业绩评价和激励报酬是在组织设计中需要解决的三个彼此联系的关键问题。

根据财务报表信息计算的净利润、每股盈利、净资产收益率（ROE）与总资产收益率

（ROI）是衡量公司业绩的传统方法。但是，由于财务报表的编制具有相当的弹性，往往不能真正准确地反映企业的经营业绩，仅凭报表业绩决定经营者的实际工作绩效和回报很可能是不恰当的。而股票价格的变化又受到多种因素的影响，其中一些因素是管理者完全无法控制的。因此，完全将管理者的报酬与股票价格挂钩也不一定是一种高效率的管理方法。

整个19世纪，由于企业的经营环境较为稳定、业务单一、主营业务突出、企业规模较小，典型的个人业主关心的主要是如何提高企业的经营效率，他们只要将企业的收入和成本进行比较，计算出企业的利润，就可以对企业的经营管理绩效做出比较恰当的评价。而他们很少需要将企业的利润与所投入的资金联系起来计算投资回报率，并与资金的机会成本相比较。

20世纪初，美国杜邦公司面临着在从事不同业务的部门之间如何配置资源的问题，由此杜邦公司创建了以投资回报率为核心的业绩评价体系。因为资金有机会成本，如果不投资于某项目，可以投资于获利能力更强的其他项目。相对于利润指标而言，投资回报率指标的优点是它将部门的收益与其投入的资本联系起来，更容易评价企业内部各部门的资金使用效率。第二次世界大战以后，由于跨行业的企业合并增加，许多公司实行多样化经营，使得投资回报率成为最主要的业绩评价指标，经营管理者的提职和回报主要依据投资回报率（Kaplan，1998）。但投资回报率很容易被经营管理者操纵，通过人为地调增投资回报率的分子"利润"和调减其分母"投资额"来达到提高本部门近期的投资回报率的目标，而损害整个公司的长期利益；投资回报率除了在评价部门长期经营业绩方面会产生问题外，在评价部门经营管理者短期经营业绩时同样会发生问题①。正因为如此，投资回报率不是一个适当地评价部门业绩并据此对其经营管理者进行奖惩的指标。

早在20世纪30年代，日本的松下公司为了适应分权经营的需要就创立了类似于剩余收益（Residual Income）的业绩评价方法。1955年通用电气（GE）管理部门的一本手册中对净资产回报率和基于资产回报率的激励问题表示忧虑，因此他们也提出了用"剩余收益"来评价企业内部各部门的业绩。剩余收益是指息税前收益减去资金成本的余额，是一个绝对数指标，更接近微观经济学上经济收益的含义。如果部门增加对投资回报率超过资金成本的项目的投资，或减少对投资回报率小于资金成本的项目的投资，则无论部门还是整个公司的价值都会增加。因此，使用剩余收益对部门进行业绩评价与公司的理财目标是一致的。

虽然剩余收益在理论上和实际操作上都优于投资回报率，但剩余收益指标并没有得到广泛的使用。直到资本资产定价模型（CAPM）的创立使得估计不同风险项目甚至整个企业的资本的机会成本变得相对容易；另外，实证研究也表明，剩余收益的变化与公司股票价格的变化关系密切，许多公司才对剩余收益指标进行了思索，才有一些企业将剩余收益作为一种替代投资回报率的业绩评价指标。

为了解决分权化背景下企业的业绩评价问题，1982年，美国纽约的斯特恩·斯图尔特（Stern Stewart）咨询公司将剩余收益改造为另一个更容易理解和接受的名字——经济增加值（EVA）。EVA是经济增加值（Economic Value Added）的英文缩写。EVA改正了许多会计中的

---

① 例如，有些投资项目，其投资回报率大于资金的机会成本，可以提高公司的整体价值，但由于该项目的投资报酬率小于部门目前的投资报酬率，该项目上马后会降低该部门的平均投资报酬率，因此，部门会拒绝投资于这类项目。部门甚至有可能清算现存的投资回报率大于资金的机会成本但小于部门目前平均投资报酬率的项目，直至留下最后一个投资回报率最高的项目。因此，从短期来看，部门所做的提高其投资报酬率的活动也可能会使公司整体的经营状况恶化。

歪曲问题，例如租赁和递延税款。此后，这一业绩评价指标在公司中得到较为广泛的应用。1993年9月20日《财富》杂志上的"EVA——创造财富的关键"一文将EVA称为"当今最热门的财务思想，并且会越来越热"；自1993年起《财富》杂志每年公布由斯特恩·斯图尔特咨询公司根据EVA对美国最大的1 000家企业进行的排序，以揭示谁是美国最杰出的价值创造者。不少著名的跨国公司，例如AT&T、Briggs Stration、Chrysler、Coca-Cola、Compaq Computer、GE、Quaker Oats、Scott Paper等采用EVA评价本企业以及企业内部各业务部门的经营业绩。越来越多的欧洲、亚洲、拉丁美洲的企业也开始运用EVA来评价企业创造（或流失）了多少价值。

在我国，一些学者积极介绍EVA业绩评价系统，且出现了针对我国企业实际的应用性研究。例如，大鹏证券公司对中国上市公司的EVA与利润之间、EVA与股票价格之间的实证关系进行了分析，认为EVA在中国公司业绩变化中也有预警作用，同时对上市公司市场价值的提升有驱动作用。然而，在我国应用EVA仍存在一些困难，例如，权益资本成本的计算缺乏参考系统；上市公司的盈余管理行为使EVA的应用受到限制。

二、EVA的计算方法

（一）基本公式

EVA衡量的是企业（或企业的业务部门，以下同）资本收益与资本成本之间的差额，即EVA是指企业税后净营业利润（After-tax Net Operating Profit，NOPAT）与全部投入资本（包括债务资本和股东权益资本）成本之间的差额。用公式表示为：

$$EVA = NOPAT - (NA) \times WACC$$

式中，NA——企业资产期初的经济价值；

$WACC$——企业的加权平均资本成本。

因此，计算EVA的关键是获得税后净营业利润、企业资产期初的经济价值和企业的加权平均资本成本。

（二）会计调整

斯特恩·斯图尔特公司认为基于会计准则（GAAP）的财务报告对经济现实的反映存在失实，如果直接用财务报告数字直接计算EVA，EVA的业绩度量和经理人激励效果都会大打折扣。为了使EVA有效起到业绩评价的目的，计算EVA时必须对来源于会计准则的会计数据进行调整，以消除其对经济现实可能的扭曲。调整项目主要有：

1. 各项减值准备。

各项减值准备包括坏账准备、存货跌价准备、长期股权投资减值准备和固定资产减值准备等。基于会计上的稳健性原则，减值准备是公司为防备将来可能发生的损失而预先提取的，使公司的可能损失得以适时确认，但是它可能不是公司资产的实际减少，也不是当期费用的现金支出。提取减值准备一方面低估了公司的资本总额，另一方面低估了公司的利润。因此，在计算EVA时，应将减值准备账户的余额加回到资本总额中，**同时将准备金余额的当期变化加回到税后净营业利润中**。

2. 后进先出法计价方法下存货。

出于谨慎性原则和配比原则的考虑，在物价持续上涨的情况下，采用后进先出法对发出的存货进行计价，会降低当期利润和期末存货金额。因此，在计算 EVA 时，应将后进先出法计价方法下存货的减少加回到税后净利润中和期末存货中。

3. 商誉的摊销。

商誉是指公司获得超额收益的能力，是一项永久性的资产，不会随着时间而损耗的资产。以往的会计准则要求将商誉在一定的期间内摊销。然而，商誉一般不会随着时间的推移而贬值，而摊销则意味着商誉资产的价值会随着时间而减少，这显然与商誉的特性不符。此外，商誉摊销所形成的期间费用会抵减当期的利润，影响经营者的业绩，而利润的减少只是由于会计处理的问题而造成的，不是企业经营绩效的下降。因此，在计算 EVA 时，将以往的累计摊销金额加回到资本总额中，同时把本期摊销额加回到税后净营业利润中。值得庆幸的是，无论是美国现行财务会计准则，还是我国于 2006 年新出台的《企业会计准则》都不再对商誉采用摊销的办法，而是采用减值测试（Impairment Test）的办法，在计算 EVA 时，可以避免该项调整。

4. 研究开发费用。

会计准则出于谨慎性原则要求公司将研发费用（R&D）支出看作是当期费用，冲减当年利润。这种处理方法忽略了研究开发费用对公司未来长远发展所起的作用，很可能会导致公司管理层减少对研究开发的投入，以改善短期会计利润，从而使管理层的业绩上升，这在业绩不好的年份和管理人员即将离任的前几年尤为明显。因此，在计算 EVA 时，应将计入当期损益的研发费用加回到税后净利润中去，同时将这部分费用作为无形资产。资本化的无形资产在一定的受益年限内逐年进行摊销。

5. 递延税款。

由于会计准则与税法确认收入与费用的标准不完全相同，使得企业的会计利润和应税所得产生时间性差异。从其经济现象的本质来说，企业从当前利润中扣除的税款应是实际缴纳的税款，而不应包含递延税款。因此在 EVA 体系中将递延税款的累计贷方余额加入到资本总额中，如为借方余额则从资本总额中扣除，当期如为贷方增加则加入到税后净营业利润中，反之则从利润中扣除。这样按照实际纳税额来计算企业的纳税成本，管理层就会未雨绸缪，在上新项目之前就与税务部门合作，设计对组织有利的纳税筹划，而不是事后企图通过种种非法手段来逃税避税。

6. 其他营业收益（包括投资收益）。

因为其他营业收益（包括投资收益）一般也是企业管理层努力的结果，因此，在计算 EVA 时，应在税后净利润中包含这一内容。

7. 资产价值扣除无利息负担的流动负债。

因为无利息负担的流动负债没有资本成本，所以在计算资产价值时应扣除无利息负担的流动负债。将无息流动负债从资本总额中减除可以鼓励管理层合理管理净营运资产，避免占用过多的流动资金。

斯特恩·斯图尔特公司的研究结果认为，在美国的会计、税收等体系中，要从根据公认会计原则（GAAP）编制的财务报表数据中准确计算 EVA，需要作 164 项调整，在一般情况下，需作 5~10 项调整。

(三) 加权平均资本成本的计算

一个企业的加权平均资本成本 WACC 通过如下公式得出：

$$WACC = K_D(1-T)\frac{D_M}{D_M + E_M} + K_E\frac{E_M}{D_M + E_M}$$

式中，K_D——税前负债资本成本；
　　　T——公司的边际税率；
　　　D_M——公司负债总额的市场价值；
　　　E_M——公司所有者权益的市场价值；
　　　K_E——所有者权益的资本成本。

三、市场增加值（MVA）

尽管 EVA 在理论界和实践界都享有一定的声誉，但从 EVA 诞生之日起，就有对 EVA 计量缺陷的指责，指责 EVA 的计算建立在账面价值基础之上，而账面价值反映的是累计的历史成本，受到会计政策选择的影响，不能体现企业价值的客观性。

面对指责，斯特恩·斯图尔特公司并不打算放弃 EVA 体系，他们将业绩评价指标从水平值 EVA 修正为本期 EVA 与上期相比的增加值（即 ΔEVA）。斯特恩·斯图尔特认为，ΔEVA 可以解决账面价值的问题。"我们使用账面价值的原因是我们找到了绕过历史成本问题的方法，即根据 EVA 每年的变化值，而不是 EVA 的绝对值来实施对管理层的奖励。正如全面质量管理以产品与流程的持续改善为中心，EVA 系统是以财务绩效的持续改善为中心的。如果你因 EVA 的改善而奖励管理层，你赋予资产什么价值已无关紧要"（G. Bennett Stewart，1994）。

1997 年，Jeffrey M. Bacidore 等学者提出了修正后的 EVA，即 REVA（Refined EVA）指标，REVA 强调以市场价值替代账面价值基础计算 EVA，即计算市场增加值（Market Value Added，MVA）。

Jeffrey 等认为，公司用于创造利润的资本不是公司资产的账面价值，而是其市场价值。这是因为，在任何一个会计年度的开始，投资者作为一个整体都可将公司按照当时的市场价值出售，然后将获得的收入投资到与公司风险水平相同的资产上，从而得到相当于公司加权平均资本成本的回报（即投资者的机会成本）。如果一个公司真正为投资者创造了价值，那么公司的期间利润必须超过该机会成本。[①]

市场增加值的定义为：

$$MVA_t = NOPAT_t - MV_{t-1} \times WACC$$

式中，$NOPAT_t$——t 期末公司调整后的营业净利润；
　　　MV_{t-1}——$t-1$ 期末公司资产的市场总价值，等于公司股东权益的市场价值。
　　　加上经过调整的公司负债价值（$t-1$ 期的总负债减去无利息的流动负债）。

[①] 李春瑜：《EVA、ΔEVA 与 REVA 价值增值衡量适用性比较研究》，载于《经济管理》（新管理），2006 年第 8 期，第 82 页。

MVA 与 EVA 方法的差别在于，MVA 评价了 $t-1$ 期末公司资产的市场价值（而不是经济价值）在 t 期使用的资本成本，即在 MVA 中，减去的资本成本是以市场价值而不是经济价值计算的。

倡导 MVA 指标的人士认为，公司用于创造利润的资本价值总额既不是公司资产的账面价值，也不是公司资产的经济价值，而是其市场价值。这是因为：在任何一个会计年度的开始，投资者作为一个整体都可将公司按照当时的市场价值出售，然后将获得的收入投资到与原来公司风险水平相同的资产上，从而得到相当于公司加权平均资本成本（WACC）的回报。如果投资者没有将其拥有的资产变现，这些投资者就放弃了获得其投资的加权资本成本的机会。

在任何一个给定的时期内，如果一个公司真正为其投资者创造了利润，那么该公司的当期利润必须超过以期初资产的市场价值计算的资本成本，而不是仅仅超过以公司期初资产的经济价值为基础计算的资本成本。因为投资者投资到该公司的资本的实际价值是当时的市场价值，而不是经济价值。

Bacidore 等人（1997）认为，市场增加值为业绩评价提供了一个分析框架。在评价一个企业的绩效是否足以补充该企业的资本风险时，MVA 被认为在理论上是更优秀的指标。一项统计分析表明，在与股东价值创造的相关性方面及股东价值创造的预测能力方面，MVA 均优于 EVA。而且，1988~1992 年间 MVA 最高的 25 家企业的实际收益高于 EVA 最高的 25 家企业的收益。

Robert Ferguson 等（1998）不赞同 Bacidore 等人的观点，认为 EVA 在理论上比 MVA 优秀，MVA 与财务理论和财富最大化是不相符合的，因此，MVA 不适应计量营运业绩和计算经理的回报。

四、EVA 业绩评价系统的创新之处

企业应用 EVA 业绩评价系统的目的不是取代传统会计的信息披露程序与内容，而是激励企业的经理人员进行能为企业带来价值增值的决策。EVA 是财务思想的一次创新，弥补了传统的以利润为核心的业绩评价系统的不足，适应了分权化组织结构的特征。EVA 业绩评价系统的创新之处具体体现在以下几个方面：

（一）EVA 是一个综合的财务管理系统

EVA 不仅仅是一个业绩指标，它能作为一个综合的业绩评价和激励报酬系统的核心而发挥作用。

过去，许多企业使用了过于复杂的财务管理系统，使用不同的指标来满足不同目的的需要。比如，用利润和市场份额作为部门的战略规划目标；用净现值法进行固定资产投资决策；用利润评价利润中心的业绩，用投资回报率评价投资中心的业绩；根据完成通过每年谈判形成的责任预算的情况发放奖金等。评价标准不一致往往导致整个企业经营战略、经营决策、财务计划、日常控制、业绩考核和奖惩不协调。例如，以现金流为基础的预算和以会计利润为基础的企业目标之间已"失去联系"，这在管理过程中产生了许多困惑。

以上这些问题都可以用 EVA 指标联系起来，EVA 可以使财务管理过程与一个指标相联系，便于执行和理解。整个企业的活动都围绕如何提高 EVA 来开展，从战略的生成到财务计

划的制订，从投资决策到日常财务控制，从业绩评价到奖惩激励，甚至收购定价、企业与股东之间的沟通都可以始终贯之以 EVA 指标。EVA 业绩评价系统提供了一个新的公司内部治理模型。

（二）EVA 业绩评价系统解决了分权化决策组织的业绩评价问题

正如钱德勒（Alfred Chandler）所指出的：以集权化的控制手段来管理大公司在经营管理环境比较稳定的情况下是比较合适的。在这种环境下，大公司高层管理人员的主要挑战是实现生产和市场营销上的规模经济；他们的主要目标是报告持续增长的利润，即通过要求它们的经营分部每年产生给定数额的利润来实现。公司总部根据其和各经营单位的领导人每年通过"谈判"达成的预算来衡量各经营单位的业绩。金森和麦克林批评了这一流行的公司实践。因为，由于公司总部与各经营单位存在信息不对称，部门经理比公司高层具有更多的有关自己经营方面的知识。因此这一流行的公司实践有效地鼓励了经营部门的领导人利用他们比总部所具有的信息优势，在谈判时低估他们自己潜在的利润，确定容易实现的目标，并且出于自身利益将各个期间的收入与成本进行平滑，在使他们满足他们自己奖金目标的同时而最终使公司的价值下降。金森和麦克林甚至认为，战略经营计划在过去的 20 年中是导致许多美国大公司失败的原因。

EVA 业绩评价系统之所以变得越来越流行是因为它反映了信息时代分权化决策的要求。相对于建立在谈判基础之上的预算来说，EVA 具有更强的客观性。对大多数想通过分权提高它们竞争能力的公司来说，EVA 可能是对获得决策权的直线人员在一定期间的业绩进行评价和奖励的最合理的基础，特别是对那些具有资本支出决策权的人员。

（三）EVA 业绩评价系统向公司总部较为准确地传递了部门业绩信息

EVA 是部门经营业绩的综合反映，比建立在企业会计准则基础之上的财务指标更利于鼓励部门实施长期投资政策。在建立 EVA 业绩评价系统的过程中，企业可以将部门的部分研究开发费用、市场开发费用、员工培训费用等战略性投资资本化，调整营业净利润，鼓励部门的管理人员像关心短期利润一样去关注公司的长远发展，促使管理人员关注长期价值的创造。

此外，还可以将部门管理人员每年 EVA 奖金的一部分用于购买部门特殊的股票期权，促使部门管理人员产生关注长期价值创造的动机。如果 EVA 系统设计适当，就可以使公司对部门的目标设定、业绩评价、考核和激励联系起来，使 EVA 向公司总部较为准确地传递部门的业绩信息，降低代理成本。

（四）正确引导企业的行为

以利润为基础的传统的业绩评价系统失败的关键原因是：它拒绝将决策权授给分部经理，却根据经营利润对经营部门进行评价，因此经营部门几乎没有理由关心为获得一定水平的利润所要求的投资水平。部门经理的主要激励是获得稳健的或有节制的利润增长。这种增长能以两种方式实现：(1) 提高当前的资源使用效率；(2) 从总部获得更多的拨款。不少部门经理就会意识到通过资本支出"购买"增加的营业利润（即使投资回报率不能大于资金的机会成本）也比削减资本支出而提高效率容易。因此，企业内部各部门出现了投资"饥渴症"。

EVA 业绩评价系统促使部门经理通过以下三种方式增加本部门的经济增加值并进而增加

公司整体的经济增加值:(1)提高部门现有资产的回报率;(2)增加超过资金成本的新资本投入;(3)收回低于资金成本的投资。因此,EVA 业绩评价系统能正确引导企业的行为。

(五) EVA 业绩评价系统有利于推行股权激励计划

激励报酬制度是 EVA 财务管理系统的精神支柱。在当今许多公司奖励系统中,部门经理的回报是固定的,限制了他们参与分配额外的利润,使得经理更像债权人,而不像股东。通过提高回报的"变动性"因素,EVA 使经理和股东的利益趋于一致。

传统的短期奖金是与预算或授予普通股期权相联系的。EVA 所有权计划采用了两个简单的、明确的激励方式:(1)模拟所有权的现金奖金计划;(2)杠杆股票期权(LSO)计划。

模拟所有权的现金奖金计划将奖金和一段时间的 EVA 的增长率联系起来,而不是基于 EVA 的绝对数,以解决各部门先天禀赋不同的问题。为了防止这一制度变成短期"游戏"的可能性,可以建立一个"奖金银行":每年的奖金不是全额支付,而将一部分存储起来,以使其"承担风险",在持续成功经营后再分期全额支付。例如,将每年奖金的 1/4 当年支付,3/4 留到以后年度支付,可以消除预算中打埋伏的现象,并鼓励各部门之间的协作和制订并实施长期计划。

大量给予经理股票期权对股东来说代理成本极其昂贵;要求经理购买大量股票又容易使经理承担过多风险。解决这一两难困境的方法之一是鼓励或要求经理以特殊杠杆股票期权的方式购买普通股权益。其特点是期权的执行价格在经理实际购买前根据资金的机会成本进行调整。如果执行价格以资金成本率增长(扣除红利收益),LSO 将与 EVA 奖金计划提供的激励正好相同。LSO 的杠杆因素使得经理能以给定的金额购买明显更多的股票(复制了 LSO 对所有权的影响)。

(六) 提供了便利的期间业绩评价的手段

Adam Smith 认为企业的使命是最大化股东的财富。财务经济学家们因此认为企业的目标是最大化公司的净现值。尽管 EVA 与净现值(或折现现金流法)对多期业绩评价的结论是相同的,但是 EVA 比净现值(或折现现金流法)更好,因为现值是一个多期或长期的预算工具,净现值不能用于中期业绩的衡量,并且净现值方法对面向未来是有用的,但不适用于面向过去。而 EVA 可以分解,转化为年度(甚至月度)的业绩评价指标,并以此评价公司经理及其企业的业绩。并且 EVA 业绩评价系统不仅对面向未来是有用的,而且适用于面向过去。

五、EVA 业绩评价系统存在的问题

正如美国著名会计学家齐默尔曼(Zimmerman,1999)教授所指出的那样:EVA 业绩评价系统"只解决了 2/3 的问题"。Gary C. Biddle 等人于 1997 年对 1000 家美国上市公司在 1983~1994 年的数据进行分析,比较了 EVA、剩余收益(Residual Income)、盈余(Earnings)、经营现金流量(Operating Cash Flow)四种指标的价值相关性,结果表明,EVA 没有显示出比另外三种指标更具有价值相关性。宋志毅(1998)选取了 1993 年以前在上海证券交易所上市的 30 家公司,根据它们 1994 年、1995 年和 1996 年的财务报表和相关数据,近似计算了它们的 EVA 和 MVA,也未能证实 EVA 和 MVA 指标比净资产收益率这一传统指标更具价值相关性,

相反，净资产收益率指标具有更强的价值相关性。

（一）制度严肃性与灵活性的两难选择

EVA 业绩评价系统一旦建立，必须保持其严肃性，不能随意修改；但另一方面，当企业的经营环境确实发生变化后，如果不对相关制度进行修改，又会失去其本来的作用。EVA 业绩评价系统无法解决制度严肃性与灵活性的两难选择问题。

例如，EVA 业绩评价系统要求将研究与开发支出资本化，然后在其收益年限内进行摊销。但当国家的有关法律、政策发生变化时（例如对药品管制的有关法律的颁布），会对研究与开发支出的资本化期间产生影响，那么是否据此调整 EVA 就是一个两难选择。如果不允许任何灵活性来改变制度，将会产生不精确性和不公平性。但一旦允许灵活性，就会增加经济学家所称的"影响成本"（即人们施加给组织的努力修改游戏规则的成本）。一旦人们知道游戏规则是具有灵活性的，只要修改游戏规则符合他们的利益，他们就会努力修改游戏规则。如果环境变化就调整标准，那么当环境变化时，实际上就会鼓励管理者逃避责任。而分权化决策产生的背景恰恰就是瞬息万变的环境。

（二）不能解决不确定性下的业绩评价问题

公司财务管理面临着一些不确定性，使用 EVA 或其他任何财务管理系统都不能解决不确定性下的业绩评价问题。

EVA 存在折现现金流中遇到的同样的问题。首先，精确地估计资金成本是十分困难的，特别是具有很多不同业务单位的分权化公司集团。尽管资本资产定价模型为确定资金的风险成本提供了理论框架，但是确定企业的各部门的系统风险 β 即使是可能的，也是极其困难的。并且估计预期未来的现金流量与其说是科学，不如说是艺术。因为这些估计存在很多的不确定性。

此外，EVA 业绩评价系统通过对基于公认会计原则（GAAP）的营业利润指标进行调整使 EVA 反映诸如广告和研究开发等战略性支出的未来收益，便于鼓励各部门的长期行为。但 GAAP 之所以采取这一稳健的"偏见"，是因为公认会计原则的这一做法实际上不是帮助股东对公司进行估计，它的基本目标是帮助债权人等在风云变化的市场环境中监督债务契约和估计清算价值（即非持续经营价值），即公认会计原则必须同时考虑在不确定性环境下企业的不同利益相关者对企业评价的不同需要。而 EVA 业绩评价系统却忽视了公认会计原则的这一初衷。

（三）不能解决部门之间存在协同性的情形下的业绩评价问题

要计算整个企业的协同效应并不困难，但要将协同效应产生的收益或成本在不同产品之间进行分配很困难。

例如，某公司有两个部门，这两个部门间有协同作用，因此与两个独立的企业不同，它们之间有共担的联合成本，或者是联合的收益。如果它们是独立的企业，则不存在联合的成本或收益。例如，Coca-Cola 公司有许多品牌的商品，需要将联合收益在各个生产线之间进行分配。EVA 或任何会计系统都不能解决由协调效应产生的问题。

(四) 仅对真正分权决策的公司有效

要使得 EVA 有效，公司最高管理当局必须愿意分权，将权力授予部门经理。如果公司建立了 EVA 业绩评价系统和激励计划，但将决策权留在组织的顶层，那么 EVA 系统不会有什么成效。

对一些公司来说，尤其是处于稳定中的、成熟的、低技术的行业，面临的竞争不是很激烈，分权化不一定是最优选择。在这种情况下将决策权授予直线经理的代理成本可能会超过其收益。这种情况下，就不需要使用 EVA，因为这时低层经理未被授予决策权。

2001 年初，斯特恩·斯图尔特咨询公司进入中国。在经历短短两年的"苦难时光"之后，2003 年 9 月初，斯特恩·斯图尔特（中国）公司的一位前雇员在接受某财经媒体采访时证实，斯特恩·斯图尔特（中国）公司已经人去楼空，无奈地淡出中国市场。这一结局一方面与斯特恩·斯图尔特公司在中国的经营失策有关，但深层次的原因还在于 EVA 本身的弊端和在中国的水土不服。[①]

因此，正确认识 EVA 业绩评价系统的不足是在实践中成功推行 EVA 业绩评价系统的前提。

习 题

1. 简述企业价值评估的意义，对我国转型期企业的财务管理有什么启示。
2. 简述企业价值评估的方法、各自的特点及其适用范围。
3. 结合你熟悉的企业说明知识经济对传统企业价值评估方法的挑战。
4. EVA 产生的历史背景是什么？
5. 计算 EVA 时，为什么要对传统财务报表中的数据进行调整？应做哪些主要的调整？
6. MVA 与 EVA 有什么联系与区别？
7. EVA 业绩评价系统有哪些创新？还存在哪些未解决的问题？在运用 EVA 业绩评价系统时应注意哪些问题？

---

① 朱程峰、林凤：《EVA 中国之败》，载于《企业管理》2004 年第 2 期，第 87～89 页。

第三十章 行为公司财务学[①]

现代标准金融理论是建立在米勒（Miller）和莫迪利安尼（Modigliani）套利定价理论、马科维茨（Markowitz）资产组合理论、夏普—林特纳—布莱克（Shape, Linter and Black）资本资产定价模型（CAPM）以及布莱克—默顿（Black, Schoels and Merto）期权定价理论（OPT）的基础上。现代标准金融理论之所以至今具有强大的生命力，是因为它似乎用这些工具解决了绝大部分金融问题。这些经典理论的基石是有效市场假说（EMH），它的分析框架局限在理性分析范围内。随着金融市场中出现的越来越多的不能用标准金融理论解释的异常现象，标准金融理论陷入了尴尬的境地。正是在这种情形下，行为金融理论在20世纪80年代正式兴起。大多数重要的研究在过去的几年内才出现，至今还没形成统一的理论体系。Robert J. shiller（1997）从以下几个层次定义行为金融学：（1）行为金融学是心理学和决策理论与经典经济学和金融学相结合的学科；（2）行为金融学试图解释金融市场中实际观察到的或是金融文献中论述的与标准金融理论相违背的反常现象；（3）行为金融学研究投资者如何在决策时产生系统性偏差。行为金融与标准金融理论争论核心是有效市场假说。有效市场假说认为市场价格包含了全部相关的信息，它是资产真实价值的最优估计。它有三个弱化的假说组成：当投资者是理性时，投资者理性评估资产价值，市场是有效的；即使有些投资者有非理性行为，但由于是随机产生的，也不会导致价格的系统性偏离；即使投资者的非理性行为不是随机产生的，由于理性投资者的套利行为，也将使价格回归基本价值；最后，即使非理性投资者在非基本价值时交易，也会导致他们的财富的减少，以致不能在市场上生存。行为金融学从两个方面对有效市场理论提出了质疑：一是人的完全理性；二是理性投资者的套利行为。因此从根本上说，行为金融理论是由这两个方面构建的。具体地说，一是从心理学、社会说、人类说的角度分析人的有限理性；二是套利行为的局限。

公司财务学的目的在于解释经理人与投资者之间相互影响的财务契约关系以及实物投资行为。因此，一个投融资范式的完整解释需要对以上两类人所持观念和偏好的正确理解。主流公司财务学的研究成果均假设经理人与投资者皆为完全理性。经理人与投资者被假设为能够形成对未来事件的无偏预测，并且运用这些预测结果做出最有利于自身利益的决策。实际上，完全理性的假设意味着经理人能理所应当地认为资本市场是有效的，价格是对公开信息所体现的基本价值的理性反应。同样，投资者能理所应当的认为公司经理人将根据自身利益最大化的原则来进行公司决策，这些决策是对由薪酬契约、公司产品的市场份额以及其他治理机制所决定的

[①] 本节编译的主要文献为（1）Baker, M., R. S. Ruback, and J. Wurgler, 2007, Behavioral Corporate Finance: A Survey, *Handbook of Empirical Corporate Finance* 以及（2）Hersh Shefrin, 2001, Behavioral Corporate Finance, Journal of Applied Corporate Finance, Vol. 14, No. 3, Fall.

激励机制的理性反应。

而行为公司财务学（Behavioral Corporate Finance）的研究则用现实的行为假设代替了传统的理性假设，一般划分为两种截然相反的研究方法：第一种方法强调非完全理性的投资者行为，第二种方法考虑非完全理性的经理人行为。实际上，投资者和经理人可能会同时出现非理性行为，只是现有的文献鲜有该方面的研究，但这并不排斥将来会出现两种方法相结合的新研究思路。

第一节 非理性投资者的方法

"非理性投资者的方法"（irrational investors approach）假设证券市场套利是非完美的，并且由此导致证券价格被高估或者低估。理性的经理人被假设能感知到错误定价（mispricing），并且做出适当的财务决策，即将公司管理层融资和投资决策视为对证券市场错误定价现象的理性反应。虽然这样的决策可能将最大化公司的短期价值，但是当证券价格修正之后，也有可能降低公司的长期价值。

一、理论框架

在贝克、鲁柏克和乌格勒（Baker, M., R. S. Ruback, and J. Wurgler, 2007）勾勒的基于投资者非理性行为的理论分析框架中，首先做出两个基本假定：其一，非理性投资者必须能够影响证券的定价，即非理性投资者并不是价格的接受者，该假设要求了对套利的限制；其二，经理人足够聪明，能识别证券的市场价格和基本价值。在此前提下，公司经理在以下三个财务目标之间进行权衡：最大化基本价值（maximizing fundamental value）、迎合行为（catering）和市场时机的选择（market timing）。

第一个目标：最大化公司基本价值。

最大化公司基本价值意味着在筛选投资项目和选择融资方式时，经理人以增加经风险调整过的未来现金流的折现值为准则。为了简化分析，假设无税收、财务困境成本、代理问题以及信息不对称，在此将最大化公司基本价值表述为：

$$f(K, \cdot) - K$$

其中，f是新增投资K的现值，它是凹的递增函数（边际收益递减律），从而上式为该投资的净现值。在一定程度上，市场非完美会导致MM理论失效，即融资方式也将影响函数$f(K, \cdot)$。

第二个目标：迎合行为。

迎合行为是指任何旨在拉动股票价格高于基本价值的行为，即最大化公司股票的当前价格。在完美的资本市场中，此目标与第一个目标是一致的，因为市场有效性的定义就是股票价格等于基本价值。但是，一旦放松投资者理性的假设，那么该目标就会与第一个目标存在差别。在某些情况下，第二个目标可以通过一些特别的手段（如投资特定项目、包装公司形象或者其证券）来"迎合"短期投资者的需求。通过迎合行为，经理人可以影响暂时的证券定价。在此将迎合行为表述为：

$$\delta(\cdot)$$

其中，δ 表示股票的当前市场价格与基本价值之间的差额，具体取决于投资者的心理特征。

第三个目标：市场时机的选择。

市场时机的选择特指资本化暂时错误定价的融资决策，通常为股票价格被高估时发行新股，股票价格被低估时回购股票。这一融资政策使得价值从新的或者是即将抛售股票的投资者转移到现存的、长期的投资者手中。通过出售公司的一部分权益（在此用 e 表示），长期投资者的收益为：

$$e\delta(\cdot)$$

将上述三个目标放入同一个目标函数中，我们即可得出非理性投资者框架下的经理人目标函数：

$$\max_{K,e} \lambda [f(K,\cdot) - K + e\delta(\cdot)] + (1-\lambda)\delta(\cdot)$$

其中，λ 介于 0 到 1 之间，具体数值取决于经理人的视角。考虑以下两种极端情形：当 $\lambda=1$ 时候，经理人只关心现存的、长期的投资者的利益，函数的最后一项消失，即不考虑是否迎合市场的需要。当 $\lambda=0$ 时候，经理人则仅仅考虑到短期内迎合新的市场投资者的需要。

将经理人目标函数分别对 K 和 e 求导，我们就可以得出理性经理人在无效资本市场上最优的投资策略：

$$f_K(K,\cdot) = 1 - \left(e + \frac{1-\lambda}{\lambda}\right)\delta_K(\cdot)$$

以及最优的融资策略：

$$-f_e(K,\cdot) = \delta(\cdot) + \left(e + \frac{1-\lambda}{\lambda}\right)\delta_e(\cdot)$$

当然，除了投资策略和融资策略以外，公司的其他决策也可以通过相应的方式求得。例如公司的股利政策（我们以 d 表示），将经理人目标函数对 d 求导，则可以得出理性经理人在无效资本市场上最优的股利政策为：

$$-f_d(K,\cdot) = \left(e + \frac{1-\lambda}{\lambda}\right)\delta_d(\cdot)$$

二、实证挑战

上述理论框架描述了证券的错误定价对公司投资、融资及其他决策所产生的影响。而在实证研究方面，最主要的实证障碍在于如何测度证券的错误定价。虽然研究人员设计了几种方法尝试进行计量，然而却没有一种是无懈可击的。

事前估测（Ex ante misevaluation）：一般选择具有如下特征的比率衡量企业价值是否被高

估:代表市场价值的指标做分子,代表基本价值的指标做分母。其中,市账比(market-to-book ratio)是被众多研究人员采用的最常见指标。然而,以此类比率来判断企业价值是否被高估或者低估,具有两个方面的问题:其一,市账比以及其他事前比率均与企业特征密切相关;其二,事前的价格偏差测定方法需要对套利进行限制。

事后测定(Ex post misevaluation):第二种方法是使用股票未来收益信息来判断企业价值是否被高估。如果股票价格在公司某项事件之后持续下跌,许多研究人员就据此推断在该事件发生前企业价值是被高估的。该方法同样也受到诸多质疑,其中最有力的批判是关于联合假设的问题(joint hypothesis problem),即公司事件可能与风险的调整保持系统一致,因此股价的下跌可能是对该事件的反应。

横截面交互作用(Cross-sectional interactions):第三种方法是通过横截面数据分析来预测企业价值是否被高估。一般而言,经理人的投资视角或者迎合投资者心理需要的成本在可测度的方法下会因公司的差异而有所不同;只是这种方法仍然需要寻找错误定价的代理变量。

三、投资策略

非理性投资者对公司投资行为具有重要的影响:首先,非理性投资者通过影响证券的市场定价或者公司的融资政策,从而导致财富在投资者之间转移;而后,错误定价导致公司过度投资、投资不足或者资本的无效配置以及整个经济的净损失。以下,我们将简要说明市场无效是如何影响企业的实物投资、兼并收购以及多元化经营。

实物投资(Real investment):当理性的经理人与非理性投资者进行博弈时,错误定价通过两条途径影响实物投资:首先,实物投资本身可能成为受错误定价影响的一个表现特征(即 $\delta_K > 0$),例如投资者可能高估投资的实际价值。另外,当一个受到融资约束的企业如果价值被低估时,该企业就有可能被迫放弃能够增加其基本价值的投资机会。

兼并收购(Mergers and acquisitions):许多学者的研究表明[①],当并购企业的价值被高估时,收购的目的并不是为了赢得协同效应,而是为长期持股的股东维持被高估的股票价格。当并购方经理人使用其被市场高估的股票兼并相对被市场低估的目标企业时,由此可以缓解投资者大量抛售该公司股票的情况出现。

多元化与专业化(Diversification and focus):一般情况下,学界对于公司进入不相关行业的标准解释主要是代理问题或者协同效应;对于更加专业化经营的标准解释则是公司治理的成功。然而,目前越来越多的证据表明,公司是多元化发展还是更加专业化经营,在很大的程度上取决于公司投资者的偏好。

四、融资策略

根据前述的理论模型,我们在此简要说明市场时机在多大程度上影响公司的股票发行、股

---

① 请参见 Shleifer, Andrei, and Robert W. Vishny, 2003, Stock market driven acquisitions, Journal of Financial Economics 70, 295-312 或者 Ming Dong, Aavid Hirshleifer, Scott Richardson and Siew Hong Teoh, 2006, Does investor misevaluation drive the takeover market? Journal of Finance Vol. LXI, No. 2.

票回购、债券发行、海外融资以及资本结构。

股票发行（Equity issues）：一些研究结果表明，公司价值被高估是股票发行的重要动机之一。如格拉罕和哈维（Graham and Harvey，2001）通过发放问卷匿名调查美国企业的财务行为，结果发现，大约2/3的样本上市公司表示"公司价值被高估是发行股票时重要或者非常重要的考虑因素"。

股票回购（Repurchases）：一些研究结果表明，公司价值被低估是股票回购的重要动机之一。如布拉夫、格拉罕、哈维和米雪利（Brav，Graham，Harvey and Micharly，2004）通过发放问卷匿名调查美国上市公司的股利支付政策，结果发现，86.6%的样本公司回答"当股票价格低于实际价值时，公司采取股票回购行动"。此外，还有证据表明，当投资回报率下降之前，公司发行股票；当投资回报率提高之前，公司回购股票。

债券发行（Debt issues）：当发行债券的成本很低时，企业将增加举债。其中，利率是公司负债融资数量的重要影响因素，而预期收益曲线则是负债期限结构的重要影响因素。当短期利率相对较低或者预期长期利率会下降时，公司偏好于发行短期债券，反之亦然。

海外融资（Cross-border issues）：由于国际资本市场（即使是在流动性极强的美国市场与英国市场之间）同样存在着证券错误定价的现象，这就为公司在国际资本市场融资时机的选择创造了可能。如格拉罕和哈维（Graham and Harvey，2001）通过发放问卷匿名调查美国企业的财务行为，结果发现，大约44%的样本公司表示更低的海外市场利率是促使其跨境发行债券的一个重要或者非常重要的因素。

资本结构（Capital structure）：根据会计恒等式，我们可以知道资本结构是一系列融资决策的累积结果，而这些决策则是出于投资项目、企业并购或其他目的。市场时机的选择通过影响这些决策进而影响公司的资本结构，其具体表现为，股票价格被高估的公司倾向于股权融资，因而杠杆率低，反之亦然。

五、其他的公司策略

股利政策（Dividends）：投资者对于不同形式的股利具有不同的偏好。为了迎合投资者的这种偏好，当发放股利的股票相对于不发放股利的股票存在溢价时，公司便发放股利；反之，折价时则不发放。上述股利迎合理论只能描述公司是否发放股利，而不能解释股利发放水平的变动；另外，它在解释发行股利比解释中止股利更具有说服力，而且该理论未涉及股利政策的持续性问题。

公司名称（Firm names）：公司名称变更为迎合理论提供了简单而有趣的证据。在无摩擦且有效的资本市场中，公司名称变更应该是与其财务政策无关的。但是，在现实环境中，事实却并非如此。以1998年6月至1999年7月的美国市场为例，由于当时的互联网热，147上市公司（基本上都是小公司）为了迎合投资者的偏好将自身名称改变为"dotcom"，而实际的主营业务却并未发生改变。结果，这些公司迎合市场中互联网投资情结的更名行为确实在短期内极大的拉升了自身股票价格。

盈余管理（Earnings management）：公司经理定期向股东报告的净收益数据并不等于实际的现金流，而是包含了许多非现金收益，这当中的一部分非现金收益是由公司管理层人为确定的。因此，具有短期投资视角的经理更有可能倾向于进行盈余管理，特别是当CEO的薪酬体系更多与股票和期权挂钩时,盈余管理便开始频繁进行。格拉罕(Graham,2004)的研究显示,41%的样本公司为了迎合分析家对 EPS 的预测而放弃了净现值为正的项目。

经理报酬(Executive compensation):为什么经理人有迎合短期错误定价的动机?为什么股东不能制定行之有效的薪酬契约来迫使职业经理人关注公司的长期价值?对此问题的一种解释是,在动态投机的市场环境中,股票的市场价格包含了投机期权部分的内容,表现为未持有股票者突然愿意以高价买进股票的可能性,因此经理人迎合这部分投资者的需求正是市场均衡的结果。另外一种解释是,最优契约会导致 CEO 采取"昂贵"的行动来加剧这个期权契约的差额,由此增加期权的价值,反而损害了公司的长期价值。

六、案例分析——中国股市的"高送转"现象

"送转股"行为一直为国内上市公司所青睐,特别是近些年国内股市中的"高送转"现象十分普遍。"送转股"本质是一种股票分拆现象,是上市公司按比例将公积金转赠股本或按比例送红股,它并不改变股东的实际财富,只会引起股东权益组成项目结构的账面调整。

对于新兴的中国内地股票市场而言,无论是投资者的理性程度,还是市场套利机制均不够成熟和完善。投资者对实施高送转后的低价股非常偏好,由此产生了股市中明显的"填权效应"。

如苏宁电器自 2004 年 7 月 21 日上市以来,共经历了 7 次送转股,其中有 4 次 10 送 10 和 1 次 10 送 8 的高比例送转股。前 4 次发生于 2005 至 2007 年的牛市行情中,"填权"效应非常明显。截至 2012 年 2 月 9 日,苏宁电器复权后股价已高达 749 元。可见,苏宁电器似乎有意地选择了送转股的时机,由此迎合了投资者的偏好,从而有效地制订分红方案(见表 30-1、图 30-1)。

表 30-1

分红方案	股权登记日	除权日	派现日	红股上市日
每 10 股派现金 1 元	2011-05-10	2011-05-11	2011-05-11	—
每 10 股转增 5 股派现金 0.5 元	2010-04-15	2010-04-16	2010-04-16	2010-04-16
每 10 股送 2 股转增 3 股派现金 0.3 元	2009-04-09	2009-04-10	2009-04-10	2009-04-10
每 10 股转增 10 股派现金 1 元	2008-09-25	2008-09-26	2008-09-26	2008-09-26
每 10 股派现金 2 元	2008-03-27	2008-03-28	2008-03-28	—
每 10 股转增 10 股	2007-04-05	2007-04-06	—	2007-04-06
每 10 股转增 10 股	2006-09-20	2006-09-21	—	2006-09-21
每 10 股转增 8 股	2005-10-14	2005-10-17	—	2005-10-17
每 10 股转增 10 股派现金 1 元	2005-06-02	2005-06-03	2005-06-03	2005-06-03

资料来源:Wind 数据库。

在目前国内股票市场中,许多上市公司管理者存在迎合投资者热衷送转股的股利偏好行为,而迎合的目的,则是追求公司短期股价最大化,以获取股利溢价(龚慧云,2010)。许多学者的研究表明:上市公司股利支付决策不仅受公司自身需求因素影响,还受投资者偏好等供

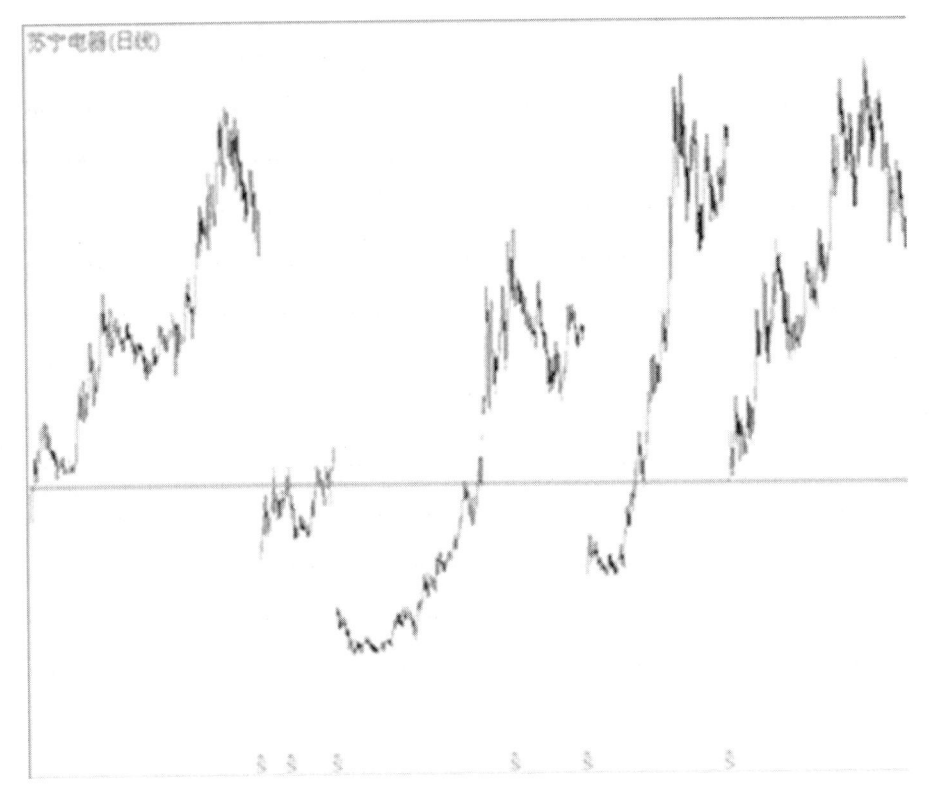

图30-1 苏宁电器的"填权效应"示意图（2004-07-21～2007-11-09）

给效应的影响。公司管理者因具有信息优势和相对理性，且常会采取机会主义行为，通过股利支付等财务决策来改变相应的公司特征以迎合投资者的需求偏好（易志高等，2011）。

第二节 非理性经理人的方法

第二种行为公司财务学的研究方法——"非理性经理人方法"（the irrational managers approach）描述了基于投资者行为理性的前提下非理性经理人在有效资本市场中如何进行财务决策。与非理性投资者的研究方法相比，非理性经理人方面的研究成果明显少了很多。

非理性经理人方法认为：良好的公司激励机制所起到的作用是有局限性的。在经理人非理性的情况下，尽管激励相容①（incentive compatible）能够有效地解决代理成本问题，然而这仅仅是公司价值最大化的必要但非充分条件。原因简述如下，由于经理人的过度自信以及盲目乐观，虽然他们自认为以有利于公司价值最大化的目标进行财务管理决策，但是实际上他们的行为却偏离了这个目标。有学者将此称为"行为成本"（behavioral cost），从而在理论上与代理成本（agency cost）区别开来。

---

① 鼓励代理人的行为与委托人利益最大化相一致的机制被称为"激励相容（incentive compatible）"

一、理论框架

在贝克、鲁柏克和乌格勒（Baker, M., R. S. Ruback, and J. Wurgler, 2007）勾勒的基于经理人非理性行为的理论分析框架中，首先做出两个基本假定：其一，公司治理结构对于约束经理人理性决策的作用有限；其二，经理人具有过度自信以及盲目乐观的特征。在此前提下，公司经理在以下两个财务目标之间进行权衡：第一，最大化经理人所感知的公司基本价值（maximizing perceived fundamental value）；第二，最小化经理人所感知的资本成本（minimizing perceived cost of capital）。

第一个目标：最大化经理人所感知的公司基本价值。

为了简化分析，假设无税收、无财务困境成本、无代理问题以及信息不对称，由此可将最大化经理人所感知的公司基本价值增加表述为：

$$(1+\gamma)f(K,\cdot) - K$$

其中，γ 表示盲目乐观参数，而 f 是新增投资 K 的凹性递增函数，同前。在一定程度上，市场非完美将导致 MM 理论失效，即融资方式也将影响 f 函数，表示为 $f(K,\cdot)$。

第二个目标：最小化经理人所感知的资本成本。

由于盲目乐观的职业经理人总是认为自己公司的价值被市场低估了，因此他们总是相信找不到一个合适的时机发行股票。在此情形下，通过出售公司的一部分（在此用 e 表示）进行融资，经理人感觉现存的长期持股股东将损失：

$$e\gamma f(K,\cdot)$$

将上述两个目标放入同一个目标函数中，我们即可得出非理性框架下的经理人目标函数：

$$\max_{K,e}(1+\gamma)f(K,\cdot) - K - e\gamma f(K,\cdot)$$

将经理人目标函数分别对 K 和 e 求导，我们就可以得出非理性经理人在有效资本市场上最优的投资策略：

$$f_K(K,\cdot) = \frac{1}{1+(1-e)\gamma}$$

以及最优的融资策略：

$$(1+\gamma)f_e(K,\cdot) = \gamma[f(K,\cdot) + ef_e(K,\cdot)]$$

二、实证挑战

在非理性的投资者方法中，如何测度证券的错误定价是最主要的实证障碍；而在非理性的经理人方法中，如何辨别经理人的乐观主义、过度自信和行为偏好则成为最主要的实证挑战。如果没有实证计量，非理性经理人的方法很难从传统的代理理论中鉴别出来（即很难区分代理成本和行为成本）。

在此方面，斯特恩（Stein，2003）[1] 建立了一个非理性经理人的实证研究框架，即：

$$\max_{K,e}(1+\gamma)f(K) - K - c(e)$$

其中，γ 反映了来自于控制一家更大的企业时经理人个人偏好或者私人收益，而非乐观主义。理性的投资者事先就已认知到代理问题，因此，c 代表了外部权益融资的成本，代理成本由公司管理层和老股东共同承担。

上述斯特恩模型的精简形式实际上几乎等同于非理性经理人的目标函数。两者均能解释过度投资、投资不足以及啄食融资等等问题。而且，斯特恩指出，委托—代理模型很难与建立在信息不对称基础上的外部融资模型区别开来；因此，当实证检验非理性经理人的相关理论时，研究人员必须将与过度自信和盲目乐观相关的 γ 和来源于代理问题以及信息不对称问题的 γ 有效区分。

三、投资策略

尽管经理层面的盲目乐观和过度自信很难直接计量，但是还是有不少研究人员从各个不同的角度研究发现这些行为偏好确实影响了公司投资。

实物投资（Real investment）：（1）在创业投资方面，很多证据表明，企业家的创业投资决策通常受到其过度自信以及乐观主义的影响。例如，库珀、梧和顿克贝格（Cooper, Woo and Dunkelberg, 1998）通过对创业家进行问卷调研，结果发现：68%的创业家认为他们的成功概率会高于同类公司，而仅有5%的创业家承认创业的成功概率有可能会低于同类公司，此外1/3的创业家认为他们创业成功将是理所当然的。（2）经理人过度自信以及乐观主义的现象同样也出现在很多成熟的企业中。例如，马蒙蒂尔和塔特（Malmendier and Tate, 2004）研究发现：在CEO越是过于自信的企业中，投资对现金流的敏感性越强。特别对于权益依赖型企业（equity-dependent firms）[2]，由于财务过度约束，敏感性会更高。

兼并收购（Mergers and acquisitions）：早在1986年，罗尔（Roll，1986）就用他的傲慢论（"hubris" theory）将经理人的过度自信以及盲目乐观应用到分析公司并购问题中。他指出，当并购交易成功时，企业收购方经理人可能对于并购产生的协同效用的价值估计过高，从而出现"赢家诅咒"（winner's curse）[3] 的现象。最近，马蒙蒂尔和塔特（Malmendier and Tate, 2003）研究发现：首先，乐观主义的经理通常实施更多的企业并购（特别是多元化的并购）；其次，对于权益依赖越少的企业，盲目乐观的作用越大；再次，当乐观主义的经理人宣布并购公告时，市场投资者会有更多的怀疑。

---

[1] Stein, Jeremy C., 2003, Agency, information and corporate investment, in George Constantinides, Milton Harris, Rene Stulz, eds., Handbook of the Economics of Finance, (Amsterdam: North-Holland)

[2] 即投资旺盛但是可用财富少的企业。

[3] "赢家诅咒"，意指不完全信息导致博弈中的赢家有时会成为实际上的输家的一种情况，即尽管表面上是赢家，但实际上却受到了诅咒。

四、融资策略

对于乐观主义以及过度自信如何影响公司融资模式的直接实证研究非常少,我们尝试着从资本结构和财务契约两个方面入手进行说明。

资本结构(Capital structure):经理人是盲目乐观和过度自信的,他总会认为自己公司的价值被低估,因此融资模式表现出啄食顺序(pecking order)。实证研究证明了这一观点,例如,格拉汉姆(Graham,1999)通过问卷调研发现:2/3 的样本公司财务经理认为他们公司的股票价格被低估了,而仅有3%的样本公司财务经理认为他们公司的股票价格被高估了,并且由此选择融资方式。

财务契约(Financial contracting):马蒙蒂尔和塔特(Malmendier and Tate,2004)研究了理性投资者与过度自信的创业者之间的财务契约关系,结果发现:第一,由于乐观主义创业者倾向于坚持无效的初始商业计划,因此最优契约随时可能转让控制权(例如,卡普兰和斯丘博格(Kaplan and Stromberg,2003)发现控制权的随时转让是风险资本契约的基本特征)。第二,由于乐观主义企业家总是往好的方面考虑,因此他们愿意为了更大的索取权(claims)而在不利的环境中交易控制权和所有权。在这种情况下,最优契约变成为企业家的梦想买单。最终,乐观主义创业家倾向于选择短期负债,而现实主义创业者倾向于选择风险较小的长期负债。

五、其他行为范式

通常人们除了盲目乐观和过度自信以外,还存在有限理性和参照物偏好两种主要行为范式。

有限理性(Bounded rationality):有限理性假设某种类型的认知或者信息采集成本阻碍了行为者的理性决策,因此有限理性的经理人通常采用"拇指规则"(rules of thumb)[①]来进行复杂的财务决策。例如,在企业资本预算时,虽然净现值法是最科学的财务决策方法,但是仍有不少经理人偏好采用其他较为简单的方法。齐寅峰等(2005)通过问卷调查670家大中型中国企业,结果发现:样本企业使用最多的投资决策方法是回收期法,经常使用该方法的比率达到70.1%,而经常使用净现值法的比率为62.4%,而且在实行中折现率的选取很大一部分不正确。

参照物偏好(Reference-point preferences):心理学实验表明,通常人们是根据参照物来判断自己的财富多少或者表现好坏。具体在公司财务学的应用中,参照物偏好对上市首发(IPO)的折价问题给出了很好的解释。魏维斯特与威赫穆(Ljungqvist and Wilhelm,2002)认为:经理人在判断上市首发成功与否时,存在两个心理账户:第一是其感知的收益(即首日收盘价与心理参考价位之间的差额);第二是折价发行的股权稀释效应所产生的损失,而经理人对首发的满意程度则来自于两个心理账户的差额。当经理人对IPO发行越满意时,他们更倾

---

① 拇指规则(又被称为单凭经验的方法),即处理事物时所采用的方法并不求准确或者确实可行,只是大致估算然后做出决策。

向于雇用同一个承销商进行权益再融资,并且支付更高的交易费用。

六、案例分析——Sony 公司案例[①]

1946 年,Sony 公司由井深大(Masaru Ibuka)和盛田昭夫(Akio Morita)共同创建。1957 年,Sony 自行设计出第一款袖珍晶体管收音机。几年之后,井深大和盛田昭夫又合作开发了彩色电视机。1961 年 3 月,井深大和盛田昭夫参加了由电气与电子工程师协会(IEEE)在纽约举办的一个交易展览会,他们在那里看到了当时世界上最清晰和明亮的电视机显示屏,其中用到的彩管被称为栅控彩色显像管(由诺贝尔奖获得者物理学家 E. O. Lawrence 为美国军事项目而研制开发的),而该显像管的技术专利权隶属于派拉蒙影业公司的一个附属实验室。

因此,盛田昭夫立即与派拉蒙影业公司展开谈判,进而签订了一份技术许可证,允许 Sony 采用栅控彩色显像管技术设计电视接收器。井深大则用了两年的时间来开发商业原型和程序技术。1964 年 9 月,井深大的工作小组已经成功地开发出原型,不过他们还没能开发出可行的商业生产程序。

然而,井深大非常乐观并且自信,不仅对外宣布了该款产品,并且将其置于 Sony 的陈列室中演示。由于顾客的反映很热情,Sony 大手笔的投资了一个新工厂用于栅控彩色显像管的装配,并且为装配线安置了 150 名工作人员。不过遗憾的是,生产过程中每 1 000 个栅控彩色显像管中仅能获得两到三个有用的成品。

栅控彩色显像管电视机当时的零售价为每台 550 美元,但生产成本是这个价格的两倍多。因此,Sony 的领导层有两种截然相反的观点:盛田昭夫认为应该结束这个项目,而井深大却不同意。Sony 继续生产和销售该款电视机,最终共销售了 13 000 台,每台都是亏损。1966 年 11 月,Sony 的财务经理宣布 Sony 已经"接近破产"。直到那时,井深大才同意结束栅控彩色显像管项目。

这个案例中是否有行为因素在起作用?当然,而且至少有两个因素——过度自信和损失厌恶。过度自信主要表现在井深大还没有开发出有效的大规模商业化生产程序之前就开始安排生产。损失厌恶则表现在井深大持续投资于这个并未盈利的项目,不愿意接受损失的事实,而是打赌能够找到行之有效的解决办法。

栅控彩色显像管项目带给 Sony 的初始损失主要来源于新工厂的投资,在公司财务学中,我们称之为——沉没成本。当然,沉没成本是不可回收的,绝大多数公司财务学教材都会警告读者尽量忽略它。例如,在著名的巴瑞利与麦耶斯(Richard Brealey & Stewart Myers)所撰写的公司财务学课本中,他们提到:"忘记沉没成本,它们就像泼出去的牛奶,是过去且不能取消的资金流出。因为沉没成本发生在过去,它们不受新项目投融资决策的影响,所以可以忽略它们。"[②]

尽管巴瑞利与麦耶斯等许多公司财务学家均提出上述建议,但是在实际的公司决策中,公

[①] John Nathan 在他的《Sony:私人生活》(波士顿:Houghton Mifflin 出版公司,1999)一书中,追踪了 Sony 的发展历程。Hersh Shefrin (2001) 根据 John Nathan 的专著对 Sony 案例进行了编辑整理,我们对此进行了编译,详见 Hersh Shefrin, 2001, Behavioral Corporate Finance, Journal of Applied Corporate Finance, Vol. 14, No. 3, Fall.

[②] R. Brealey and S. Myers, Principles of Corporate Finance (New York: Irwin/McGraw-Hill, 2000), P. 123.

司高管们还是常常会把沉没成本当作相关成本。如管理学者爱德华·科隆（Edward Conlon）就发现，相对于成功项目而言，公司高管们更愿意在他们感到应负责任的失败项目上投入更多的金钱，以此寻找证据来证实自己之前的决策是合理的——这就是所谓的自动调整因素（escalation factor）。因此，沉没成本的大小并不会改变公司高管们的证实偏差（confirmation bias）倾向，也不会改变失败项目的费用支出水平逐渐增加的趋势。也就是说，如果某公司高管被视为一个失败项目的主要决策者和参与者，那么他就越倾向于在决策中失去理性。

在 Sony 的案例中，井深大作为 Sony 的创建者和主要股东，为了 Sony 的成长壮大努力研发，忘我工作；但是他并没能阻止自己的过度自信和损失厌恶，从而差点导致 Sony 的破产。毫无疑问，井深大做出次优的公司决策并不是因为激励体系未能将他的利益和股东的利益达成一致，而是行为因素发挥了巨大的作用。

七、小结

以上两种研究方法对经理人和投资者所扮演的角色存在巨大的差异，作为结果而言，有着截然相反的标准意义。也就是说，当非理性的基本来源是在投资者这边的时候，公司长期价值最大化和经济效率要求经理们不要顾及短期股票价格的压力。经理们应具有必要的灵活性，以此做出可能不受市场欢迎的决定。另外一方面，如果非理性的主要来源是在经理人方面，经济效率迫使经理人在未能深思熟虑的情况下对市场价格信号做出迅速反应。通过对行为公司财务学的这两种研究方法进行完全对照，我们不难得出为什么这个领域是如此迷人，为什么这个领域需要更多的研究。

总之，行为公司财务学的研究方法可以有助于解释一系列的投融资范式。而且与此同时，行为公司财务学的研究假设更加贴近现实情况。更进一步的是，在这个领域研究成熟之前，目前还有大量可以并且值得研究的。

附 表

附表 1：折现因子 $= \dfrac{1}{(1+r)^n}$

n	1%	2%	3%	4%	5%	6%	7%	8%	9%	10%	11%	12%	13%	14%	15%
1	.990	.980	.971	.962	.952	.943	.935	.926	.917	.909	.901	.893	.885	.877	.870
2	.980	.961	.943	.925	.907	.890	.873	.857	.842	.826	.812	.797	.783	.769	.756
3	.971	.942	.915	.889	.864	.840	.816	.794	.772	.751	.731	.712	.693	.675	.658
4	.961	.924	.888	.855	.823	.792	.763	.735	.708	.683	.659	.636	.613	.592	.572
5	.951	.906	.863	.822	.784	.747	.713	.681	.650	.621	.593	.567	.543	.519	.497
6	.942	.888	.837	.790	.746	.705	.666	.630	.596	.564	.535	.507	.480	.456	.432
7	.933	.871	.813	.760	.711	.665	.623	.583	.547	.513	.482	.452	.425	.400	.376
8	.923	.853	.789	.731	.677	.627	.582	.540	.502	.467	.434	.404	.376	.351	.327
9	.914	.837	.766	.703	.645	.592	.544	.500	.460	.424	.391	.361	.333	.308	.284
10	.905	.820	.744	.676	.614	.558	.508	.463	.422	.386	.352	.322	.295	.270	.247
11	.896	.804	.722	.650	.585	.527	.475	.429	.388	.350	.317	.287	.261	.237	.215
12	.887	.788	.701	.625	.557	.497	.444	.397	.356	.319	.286	.257	.231	.208	.187
13	.879	.773	.681	.601	.530	.469	.415	.368	.326	.290	.258	.229	.204	.182	.163
14	.870	.758	.661	.577	.505	.442	.388	.340	.299	.263	.232	.205	.181	.160	.141
15	.861	.743	.642	.555	.481	.417	.362	.315	.275	.239	.209	.183	.160	.140	.123
16	.853	.728	.623	.534	.458	.394	.339	.292	.252	.218	.188	.163	.141	.123	.107
17	.844	.714	.605	.513	.436	.371	.317	.270	.231	.198	.170	.146	.125	.108	.093
18	.836	.700	.587	.494	.416	.350	.296	.250	.212	.180	.153	.130	.111	.095	.081
19	.828	.686	.570	.475	.396	.331	.277	.232	.194	.164	.138	.116	.098	.083	.070
20	.820	.673	.554	.456	.377	.312	.258	.215	.179	.149	.124	.104	.087	.073	.061
25	.780	.610	.478	.375	.295	.233	.184	.146	.116	.092	.074	.059	.047	.038	.030
30	.742	.552	.412	.308	.231	.174	.131	.099	.075	.057	.044	.033	.026	.020	.015

续表

n	16%	17%	18%	19%	20%	21%	22%	23%	24%	25%	26%	27%	28%	29%	30%
1	.862	.855	.847	.840	.833	.826	.820	.813	.806	.800	.794	.787	.781	.775	.769
2	.743	.731	.718	.706	.694	.683	.672	.661	.650	.640	.630	.620	.610	.601	.592
3	.641	.624	.609	.593	.579	.564	.551	.537	.524	.512	.500	.488	.477	.466	.455
4	.552	.534	.516	.499	.482	.467	.451	.437	.423	.410	.397	.384	.373	.361	.350
5	.476	.456	.437	.419	.402	.386	.370	.355	.341	.328	.315	.303	.291	.280	.269
6	.410	.390	.370	.352	.335	.319	.303	.289	.275	.262	.250	.238	.227	.217	.207
7	.354	.333	.314	.296	.279	.263	.249	.235	.222	.210	.198	.188	.178	.168	.159
8	.305	.285	.266	.249	.233	.218	.204	.191	.179	.168	.157	.148	.139	.130	.123
9	.263	.243	.225	.209	.194	.180	.167	.155	.144	.134	.125	.116	.108	.101	.094
10	.227	.208	.191	.176	.162	.149	.137	.126	.116	.107	.099	.092	.085	.078	.073
11	.195	.178	.162	.148	.135	.123	.112	.103	.094	.086	.079	.072	.066	.061	.056
12	.168	.152	.137	.124	.112	.102	.092	.083	.076	.069	.062	.057	.052	.047	.043
13	.145	.130	.116	.104	.093	.084	.075	.068	.061	.055	.050	.045	.040	.037	.033
14	.125	.111	.099	.088	.078	.069	.062	.055	.049	.044	.039	.035	.032	.028	.025
15	.108	.095	.084	.074	.065	.057	.051	.045	.040	.035	.031	.028	.025	.022	.020
16	.093	.081	.071	.062	.064	.047	.042	.036	.032	.028	.025	.022	.019	.017	.015
17	.080	.069	.060	.052	.045	.039	.034	.030	.026	.023	.020	.017	.015	.013	.012
18	.069	.059	.051	.044	.038	.032	.028	.024	.021	.018	.016	.014	.012	.010	.009
19	.060	.051	.043	.037	.031	.027	.023	.020	.017	.014	.012	.011	.009	.008	.007
20	.051	.043	.037	.031	.026	.022	.019	.016	.014	.012	.010	.008	.007	.006	.005
25	.024	.020	.016	.013	.010	.009	.007	.006	.005	.004	.003	.003	.002	.002	.001
30	.012	.009	.007	.005	.004	.003	.003	.002	.002	.001	.001	.001	.001	.000	.000

附表 2: 1 元钱将来值 = $(1+r)^n$

n	1%	2%	3%	4%	5%	6%	7%	8%	9%	10%	11%	12%	13%	14%	15%
1	1.010	1.020	1.030	1.040	1.050	1.060	1.070	1.080	1.090	1.100	1.110	1.120	1.130	1.140	1.150
2	1.020	1.040	1.061	1.082	1.102	1.124	1.145	1.166	1.188	1.210	1.232	1.254	1.277	1.300	1.323
3	1.030	1.061	1.093	1.125	1.158	1.191	1.225	1.260	1.295	1.331	1.368	1.405	1.443	1.482	1.521
4	1.041	1.082	1.126	1.170	1.216	1.262	1.311	1.360	1.412	1.464	1.518	1.574	1.630	1.689	1.749
5	1.051	1.104	1.159	1.217	1.276	1.338	1.403	1.469	1.539	1.611	1.685	1.762	1.842	1.925	2.011
6	1.062	1.126	1.194	1.265	1.340	1.419	1.501	1.587	1.677	1.772	1.870	1.974	2.082	2.195	2.313
7	1.072	1.149	1.230	1.316	1.407	1.504	1.606	1.714	1.828	1.949	2.076	2.211	2.353	2.502	2.660
8	1.083	1.172	1.267	1.369	1.477	1.594	1.718	1.851	1.993	2.144	2.305	2.476	2.658	2.853	3.059
9	1.094	1.195	1.305	1.423	1.551	1.689	1.838	1.999	2.172	2.358	2.558	2.773	3.004	3.252	3.518
10	1.105	1.219	1.344	1.480	1.629	1.791	1.967	2.159	2.367	2.594	2.839	3.106	3.395	3.707	4.046
11	1.116	1.243	1.384	1.539	1.710	1.898	2.105	2.332	2.580	2.853	3.152	3.479	3.836	4.226	4.652
12	1.127	1.268	1.426	1.601	1.796	2.012	2.252	2.518	2.813	3.138	3.498	3.896	4.335	4.818	5.350
13	1.138	1.294	1.469	1.665	1.886	2.133	2.410	2.720	3.066	3.452	3.883	4.363	4.898	5.495	6.153
14	1.149	1.319	1.513	1.732	1.980	2.261	2.579	2.937	3.342	3.797	4.310	4.887	5.535	6.261	7.076
15	1.161	1.346	1.558	1.801	2.079	2.397	2.759	3.172	3.642	4.177	4.785	5.474	6.254	7.138	8.137
16	1.173	1.373	1.605	1.873	2.183	2.540	2.952	3.426	3.970	4.595	5.311	6.130	7.067	8.137	9.358
17	1.184	1.400	1.653	1.948	2.292	2.693	3.159	3.700	4.328	5.054	5.895	6.866	7.986	9.276	10.76
18	1.196	1.428	1.702	2.026	2.407	2.854	3.380	3.996	4.717	5.560	6.544	7.690	9.024	10.58	12.38
19	1.208	1.457	1.754	2.107	2.527	3.026	3.617	4.316	5.142	6.116	7.263	8.613	10.20	12.06	14.23
20	1.220	1.486	1.806	2.191	2.653	3.207	3.870	4.661	5.604	6.727	8.062	9.646	11.52	13.74	16.37
25	1.282	1.641	2.094	2.666	3.386	4.292	5.427	6.848	8.623	10.83	13.59	17.00	21.23	26.46	32.92
30	1.348	1.811	2.427	3.243	4.322	5.743	7.612	10.06	13.27	17.45	22.89	29.96	39.12	50.95	66.21

续表

n	16%	17%	18%	19%	20%	21%	22%	23%	24%	25%	26%	27%	28%	29%	30%
1	1.160	1.170	1.180	1.190	1.200	1.210	1.220	1.230	1.240	1.250	1.260	1.270	1.280	1.290	1.300
2	1.346	1.369	1.392	1.416	1.440	1.464	1.488	1.513	1.538	1.563	1.588	1.613	1.638	1.664	1.690
3	1.561	1.602	1.643	1.685	1.728	1.772	1.816	1.861	1.907	1.953	2.000	2.048	2.097	2.147	2.197
4	1.811	1.874	1.939	2.005	2.074	2.144	2.215	2.289	2.364	2.445	2.520	2.601	2.684	2.769	2.856
5	2.100	2.192	2.288	2.386	2.488	2.594	2.703	2.815	2.932	3.052	3.176	3.304	3.436	3.572	3.713
6	2.436	2.565	2.700	2.840	2.986	3.138	3.297	3.463	3.635	3.815	4.002	4.196	4.398	4.608	4.827
7	2.826	3.001	3.185	3.379	3.583	3.797	4.023	4.259	4.508	4.768	5.042	5.329	5.629	5.945	6.275
8	3.278	3.511	3.759	4.021	4.300	4.595	4.908	5.239	5.590	5.960	6.353	6.768	7.206	7.669	8.157
9	3.803	4.108	4.435	4.785	5.160	5.560	5.987	6.444	6.931	7.451	8.005	8.595	9.223	9.893	10.60
10	4.411	4.807	5.234	5.695	6.192	6.728	7.305	7.926	8.594	9.313	10.09	10.92	11.81	12.76	13.79
11	5.117	5.624	6.176	6.777	7.430	8.140	8.912	9.749	10.66	11.64	12.71	13.86	15.11	16.46	17.92
12	5.936	6.580	7.288	8.064	8.916	9.850	10.87	11.99	13.21	14.55	16.01	17.61	19.34	21.24	23.30
13	6.886	7.699	8.599	9.596	10.70	11.92	13.26	14.75	16.39	18.19	20.18	22.36	24.76	27.39	30.29
14	7.988	9.007	10.15	11.42	12.84	14.42	16.18	18.14	20.32	22.74	25.42	28.40	31.69	35.34	39.37
15	9.266	10.54	11.97	13.59	15.41	17.45	19.74	22.31	25.20	28.42	32.03	36.06	40.56	45.59	51.19
16	10.75	12.33	14.13	16.17	18.49	21.11	24.09	27.45	31.24	35.53	40.36	45.80	51.92	58.81	66.54
17	12.47	14.43	16.67	19.24	22.19	25.55	29.38	33.76	38.74	44.41	50.85	58.17	66.46	75.86	86.50
18	14.46	16.88	19.67	22.90	26.62	30.91	35.85	41.52	48.04	55.51	64.07	73.87	85.07	97.86	112.5
19	16.78	19.75	23.21	27.25	31.95	37.40	43.74	51.07	59.57	69.39	80.73	93.81	108.9	126.2	146.2
20	19.46	23.11	27.39	32.43	38.34	45.26	53.36	62.82	73.86	86.74	101.7	119.1	139.4	162.9	190.0
25	40.87	50.66	62.67	77.39	95.40	117.4	144.2	176.9	216.5	264.7	323.0	393.6	478.9	581.8	705.6
30	85.85	111.1	143.4	184.7	237.4	304.5	389.8	497.9	634.8	807.8	1026	1301	1646	2078	2620

附表 3: n 期年金现值系数 $= 1/r - 1/r\,(1+r)^n$

n	1%	2%	3%	4%	5%	6%	7%	8%	9%	10%	11%	12%	13%	14%	15%
1	.990	.980	.971	.962	.952	.943	.935	.926	.917	.909	.901	.893	.885	.877	.870
2	1.970	1.942	1.913	1.886	1.859	1.833	1.808	1.783	1.759	1.736	1.713	1.690	1.668	1.647	1.626
3	2.941	2.884	2.829	2.775	2.723	2.673	2.624	2.577	2.531	2.487	2.444	2.402	2.361	2.322	2.283
4	3.902	3.808	3.717	3.630	3.546	3.465	3.387	3.312	3.240	3.170	3.102	3.037	2.974	2.914	2.855
5	4.853	4.713	4.580	4.452	4.329	4.212	4.100	3.993	3.890	3.791	3.696	3.605	3.517	3.433	3.352
6	5.795	5.601	5.417	5.242	5.076	4.917	4.767	4.623	4.486	4.355	4.231	4.111	3.998	3.889	3.784
7	6.728	6.472	6.230	6.002	5.786	5.582	5.389	5.206	5.033	4.868	4.712	4.564	4.423	4.288	4.160
8	7.652	7.325	7.020	6.733	6.463	6.210	5.971	5.747	5.535	5.335	4.146	4.968	4.799	4.639	4.487
9	8.566	8.162	7.786	7.435	7.108	6.802	6.515	6.247	5.995	5.759	5.537	5.328	5.132	4.946	4.772
10	9.471	8.983	8.530	8.111	7.722	7.360	7.024	6.710	6.418	6.145	5.889	5.650	5.426	5.216	5.019
11	10.37	9.787	9.253	8.760	8.306	7.887	7.499	7.139	6.805	6.495	6.207	5.938	5.687	5.453	5.234
12	11.26	10.58	9.954	9.385	8.863	8.384	7.943	7.536	7.161	6.814	6.492	6.194	5.918	5.660	5.421
13	12.13	11.35	10.63	9.986	9.394	8.353	8.358	7.904	7.487	7.103	6.750	6.424	6.122	5.842	5.583
14	13.00	12.11	11.30	10.56	9.899	9.295	8.745	8.244	7.786	7.367	6.982	6.628	6.302	6.002	5.724
15	13.87	12.85	11.94	11.12	10.38	9.712	9.108	8.559	8.061	7.606	7.191	6.811	6.462	6.142	5.847
16	14.72	13.58	12.56	11.65	10.84	10.11	9.447	8.854	8.313	7.824	7.379	6.974	6.604	6.265	5.954
17	15.56	14.29	13.17	12.17	11.27	10.48	9.763	9.122	8.544	8.022	7.549	7.120	6.729	6.373	6.047
18	16.40	14.99	13.75	12.66	11.69	10.83	10.06	9.372	8.756	8.201	7.702	7.250	6.840	6.467	6.128
19	17.23	15.68	14.32	13.13	12.09	11.16	10.34	9.604	8.950	8.365	7.839	7.366	6.938	6.550	6.198
20	18.05	16.35	14.88	13.59	12.46	11.47	10.59	9.818	9.129	8.514	7.963	7.469	7.025	6.623	6.259
25	22.02	19.52	17.41	15.62	14.09	12.78	11.65	10.67	9.823	9.077	8.422	7.843	7.330	6.873	6.464
30	25.81	22.40	19.60	17.29	15.37	13.76	12.41	11.26	10.27	9.427	8.694	8.055	7.496	7.003	6.566

续表

n	16%	17%	18%	19%	20%	21%	22%	23%	24%	25%	26%	27%	28%	29%	30%
1	.862	.855	.847	.840	.833	.826	.820	.813	.806	.800	.794	.787	.781	.775	.769
2	1.605	1.585	1.566	1.547	1.528	1.509	1.492	1.474	1.457	1.440	1.424	1.407	1.392	1.376	1.361
3	2.246	2.210	2.174	2.140	2.106	2.074	2.042	2.011	1.981	1.952	1.923	1.896	1.868	1.842	1.816
4	2.798	2.743	2.690	2.639	2.589	2.540	2.494	2.448	2.404	2.362	2.320	2.280	2.241	2.203	2.166
5	3.274	3.199	3.127	3.058	2.991	2.926	2.864	2.803	2.745	2.689	2.635	2.583	2.532	2.483	2.436
6	3.685	3.589	3.498	3.410	3.326	3.245	3.167	3.092	3.020	2.951	2.885	2.821	2.759	2.700	2.643
7	4.039	3.922	3.812	3.706	3.605	3.508	3.416	3.327	3.242	3.161	3.083	3.009	2.937	2.868	2.802
8	4.344	4.207	4.078	3.954	3.837	3.726	3.619	3.518	3.421	3.329	3.241	3.156	3.076	2.999	2.925
9	4.607	4.451	4.303	4.163	4.031	3.905	3.786	3.673	3.566	3.463	3.366	3.273	3.184	3.100	3.019
10	4.833	4.659	4.494	4.339	4.192	4.054	3.923	3.799	3.682	3.571	3.465	3.364	3.269	3.178	3.092
11	5.029	4.836	4.656	4.486	4.327	4.177	4.035	3.902	3.776	3.656	3.543	3.437	3.335	3.239	3.147
12	5.197	4.988	4.793	4.611	4.439	4.278	4.127	3.985	3.851	3.725	3.606	3.493	3.387	3.286	3.190
13	5.342	5.118	4.910	4.715	4.533	4.362	4.203	4.053	3.912	3.780	3.656	3.538	3.427	3.322	3.223
14	5.468	5.229	5.008	4.802	4.611	4.432	4.265	4.108	3.962	3.824	3.695	3.573	3.459	3.351	3.249
15	5.575	5.324	5.092	4.876	4.675	4.489	4.315	4.153	4.001	3.859	3.726	3.601	3.483	3.373	3.268
16	5.668	5.405	5.162	4.938	4.730	4.536	4.357	4.189	4.033	3.887	3.751	3.623	3.503	3.390	3.283
17	5.749	5.475	5.222	4.990	4.775	4.576	4.391	4.219	4.059	3.910	3.771	3.640	3.518	3.403	3.295
18	5.818	5.534	5.273	5.033	4.812	4.608	4.419	4.243	4.080	3.928	3.786	3.654	3.529	3.413	3.304
19	5.877	5.584	5.316	5.070	4.843	4.635	4.442	4.263	4.097	3.942	3.799	3.664	3.539	3.421	3.311
20	5.929	5.628	5.353	5.101	4.870	4.657	4.460	4.279	4.110	3.954	3.808	3.673	3.546	3.427	3.316
25	6.097	5.766	5.467	5.195	4.948	4.721	4.514	4.323	4.147	3.985	3.834	3.694	3.564	3.442	3.329
30	6.177	5.829	5.517	5.235	4.979	4.746	4.534	4.339	4.160	3.995	3.842	3.701	3.569	3.447	3.332

附表 4：$v = e^n$

n	00	01	02	03	04	05	06	07	08	09
.00	1.000	1.010	1.020	1.030	1.041	1.051	1.062	1.073	1.083	1.094
.10	1.105	1.116	1.127	1.139	1.150	1.162	1.174	1.185	1.197	1.209
.20	1.221	1.234	1.246	1.259	1.271	1.284	1.297	1.310	1.323	1.336
.30	1.350	1.363	1.377	1.391	1.405	1.419	1.433	1.448	1.462	1.477
.40	1.492	1.507	1.522	1.537	1.553	1.568	1.584	1.600	1.616	1.632
.50	1.649	1.665	1.682	1.699	1.716	1.733	1.751	1.768	1.786	1.804
.60	1.822	1.840	1.859	1.878	1.896	1.916	1.935	1.954	1.974	1.994
.70	2.014	2.034	2.054	2.075	2.096	2.117	2.138	2.160	2.181	2.203
.80	2.226	2.248	2.271	2.293	2.316	2.340	2.363	2.387	2.411	2.435
.90	2.460	2.484	2.509	2.535	2.560	2.586	2.612	2.638	2.664	2.691
1.00	2.718	2.746	2.773	2.801	2.829	2.858	2.886	2.915	2.945	2.974
1.10	3.004	3.034	3.065	3.096	3.127	3.158	3.190	3.222	3.254	3.287
1.20	3.320	3.353	3.387	3.421	3.456	3.490	3.525	3.561	3.597	3.633
1.30	3.669	3.706	3.743	3.781	3.819	3.857	3.896	3.935	3.975	4.015
1.40	4.055	4.096	4.137	4.179	4.221	4.263	4.306	4.349	4.393	4.437
1.50	4.482	4.527	4.572	4.618	4.665	4.711	4.759	4.807	4.855	4.904
1.60	4.953	5.003	5.053	5.104	5.155	5.207	5.259	5.312	5.366	5.419
1.70	5.474	5.529	5.585	5.641	5.697	5.755	5.812	5.871	5.930	5.989
1.80	6.050	6.110	6.172	6.234	6.297	6.360	6.424	6.488	6.553	6.619
1.90	6.686	6.753	6.821	6.890	6.959	7.029	7.099	7.171	7.243	7.316

续表

n	00	01	02	03	04	05	06	07	08	09
2.00	7.389	7.463	7.538	7.614	7.691	7.768	7.846	7.925	8.004	8.085
2.10	8.166	8.248	8.331	8.415	8.499	8.585	8.671	8.758	8.846	8.935
2.20	9.025	9.116	9.207	9.300	9.393	9.488	9.583	9.679	9.777	9.875
2.30	9.974	10.07	10.18	10.28	10.38	10.49	10.59	10.70	10.80	10.91
2.40	11.02	11.13	11.25	11.36	11.47	11.59	11.70	11.82	11.94	12.06
2.50	12.18	12.30	12.43	12.55	12.68	12.81	12.94	13.07	13.20	13.33
2.60	13.46	13.60	13.74	13.87	14.01	14.15	14.30	14.44	14.59	14.73
2.70	14.88	15.03	15.18	15.33	15.49	15.64	15.80	15.96	16.12	16.28
2.80	16.44	16.61	16.78	16.95	17.12	17.29	17.46	17.64	17.81	7.99
2.90	18.17	18.36	18.54	18.73	18.92	19.11	19.30	19.49	19.69	19.89
3.00	20.09	20.29	20.49	20.70	20.91	21.12	21.33	21.54	21.76	21.98
3.10	22.20	22.42	22.65	22.87	23.10	23.34	23.57	23.81	24.05	24.29
3.20	24.53	24.78	25.03	25.28	25.53	25.79	26.05	26.31	26.58	26.84
3.30	27.11	27.39	27.66	27.94	28.22	28.50	28.79	29.08	29.37	29.67
3.40	29.96	30.27	30.57	30.88	31.19	31.50	31.82	32.14	32.46	32.79
3.50	33.12	33.45	33.78	34.12	34.47	34.81	35.16	35.52	35.87	36.23
3.60	36.60	36.97	37.34	37.71	38.09	38.47	38.86	39.25	39.65	40.04
3.70	40.45	40.85	41.26	41.68	42.10	42.52	42.95	43.38	43.82	44.26
3.80	44.70	45.15	45.60	46.06	46.53	46.99	47.47	47.94	48.42	48.91
3.90	49.40	49.90	50.40	50.91	51.42	51.94	52.46	52.98	53.52	54.05

附表 5：欧式择购权价值：股票价格的百分数

续表

$\sigma\sqrt{T}$

	1.02	1.04	1.06	1.08	1.10	1.12	1.14	1.16	1.18	1.20	1.25	1.30	1.35	1.40	1.45	1.50	1.75	2.00	2.50	
	3.1	4.5	6.0	7.5	9.1	10.7	12.3	13.8	15.3	16.7	20.0	23.1	25.9	28.6	31.0	33.3	42.9	50.0	60.0	.05
	5.0	6.1	7.3	8.6	10.0	11.3	12.7	14.1	15.4	16.8	20.0	23.1	25.9	28.6	31.1	33.3	42.9	50.0	60.0	.10
	7.0	8.0	9.1	10.2	11.4	12.6	13.8	15.0	16.2	17.4	20.4	23.3	26.0	28.6	31.1	33.3	42.9	50.0	60.0	.15
	8.9	9.9	10.9	11.9	12.9	14.1	15.2	16.3	17.4	18.5	21.2	23.9	26.4	28.9	31.2	33.5	42.9	50.0	60.0	.20
	10.9	11.8	12.8	13.7	14.7	15.7	16.7	17.7	18.7	19.8	22.3	24.7	27.1	29.4	31.7	33.8	42.9	50.0	60.0	.25
	12.8	13.7	14.6	15.6	16.5	17.4	18.4	19.3	20.3	21.2	23.5	25.8	28.2	30.2	32.3	34.1	43.1	50.1	60.0	.30
	14.8	15.6	16.5	17.4	18.3	19.2	20.1	21.0	21.9	22.7	24.9	27.1	29.2	31.2	33.1	35.1	43.5	50.5	60.0	.35
	16.7	17.5	18.4	19.2	20.1	20.9	21.8	22.6	23.5	24.3	26.4	28.4	30.4	32.3	34.2	36.0	44.0	50.8	60.1	.40
	18.6	19.4	20.3	21.1	21.9	22.7	23.5	24.3	25.1	25.9	27.9	29.8	31.7	33.5	35.3	37.0	44.6	50.8	60.2	.45
	20.5	21.3	22.1	22.9	23.7	24.5	25.3	26.1	26.8	27.6	29.5	31.3	33.1	34.8	36.4	38.1	45.3	51.3	60.4	.50
	22.4	23.2	24.0	24.8	25.5	26.3	27.0	27.8	28.5	29.2	31.0	32.8	34.5	36.1	37.7	39.2	46.1	51.9	60.7	.55
	24.3	25.1	25.8	26.6	27.3	28.1	28.8	29.5	30.2	30.9	32.6	34.3	35.9	37.5	39.0	40.4	47.0	52.5	61.0	.60
	26.2	27.0	27.7	28.4	29.1	29.8	30.5	31.2	31.9	32.6	34.2	35.8	37.4	38.9	40.3	41.7	48.0	53.3	61.4	.65
	28.1	28.8	29.5	30.2	30.9	31.6	32.3	32.9	33.6	34.2	35.8	37.3	38.8	40.3	41.6	43.0	49.0	54.0	61.9	.70
	29.9	30.6	31.3	32.0	32.7	33.3	34.0	34.6	35.3	35.9	37.4	38.9	40.3	41.7	43.0	44.3	50.0	54.9	62.4	.75
	31.8	32.4	33.1	33.8	34.4	35.1	35.7	36.3	36.9	37.5	39.0	40.4	41.8	43.1	44.4	45.6	51.1	55.8	63.0	.80
	33.6	34.2	34.9	35.5	36.2	36.8	37.4	38.0	38.6	39.2	40.6	41.9	43.3	44.5	45.8	46.9	52.2	56.7	63.6	.85
	35.4	36.0	36.6	37.3	37.9	38.5	39.1	39.6	40.2	40.8	42.1	43.5	44.7	46.0	47.1	48.3	53.3	57.6	64.3	.90
	37.2	37.8	38.4	39.0	39.6	40.1	40.7	41.3	41.8	42.4	43.7	45.0	46.2	47.4	48.5	49.6	54.5	58.6	65.0	.95
	38.9	39.5	40.1	40.7	41.2	41.8	42.4	42.9	43.4	44.0	45.2	46.5	47.6	48.8	49.9	50.9	55.6	59.5	65.7	1.00
	40.6	41.2	41.8	42.4	42.9	43.5	44.0	44.5	45.0	45.5	46.8	48.0	49.1	50.2	51.2	52.2	56.7	60.5	66.5	1.05
	42.3	42.9	43.5	44.0	44.5	45.1	45.6	46.1	46.6	47.0	48.3	49.4	50.5	51.6	52.5	53.5	57.9	61.5	67.2	1.10
	44.0	44.6	45.1	45.7	46.2	46.7	47.2	47.7	48.2	48.6	49.8	50.9	52.0	52.9	53.9	54.9	59.0	62.5	68.0	1.15
	45.7	46.2	46.7	47.3	47.8	48.3	48.7	49.2	49.7	50.1	51.3	52.3	53.3	54.3	55.2	56.1	60.2	63.5	68.8	1.20
	47.3	47.8	48.4	48.8	49.3	49.8	50.3	50.7	51.2	51.6	52.7	53.7	54.7	55.7	56.6	57.4	61.3	64.5	69.6	1.25
	48.9	49.4	49.9	50.4	50.9	51.3	51.8	52.2	52.7	53.1	54.1	55.1	56.1	57.0	57.9	58.7	62.4	65.5	70.4	1.30
	50.5	51.0	51.5	52.0	52.4	52.9	53.3	53.7	54.1	54.6	55.6	56.5	57.4	58.3	59.1	59.9	63.5	66.5	71.1	1.35
	52.1	52.6	53.0	53.5	53.9	54.3	54.7	55.1	55.6	56.0	56.9	57.8	58.7	59.6	60.3	61.1	64.5	67.5	71.9	1.40
	53.6	54.1	54.5	55.0	55.4	55.8	56.2	56.6	57.0	57.4	58.3	59.2	60.0	60.9	61.6	62.4	65.7	68.4	72.7	1.45
	55.1	55.6	56.0	56.4	56.8	57.2	57.6	58.0	58.4	58.8	59.7	60.5	61.3	62.1	62.9	63.6	66.8	69.4	73.5	1.50
	56.6	57.0	57.4	57.8	58.2	58.6	59.0	59.4	59.7	60.1	61.0	61.8	62.6	63.3	64.1	64.7	67.8	70.3	74.3	1.55
	58.0	58.5	58.9	59.2	59.6	60.0	60.4	60.7	61.1	61.4	62.3	63.1	63.8	64.5	65.2	65.9	68.8	71.3	75.1	1.60
	59.5	59.9	60.2	60.6	61.0	61.3	61.7	62.0	62.4	62.7	63.5	64.3	65.0	65.7	66.4	67.0	69.9	72.2	75.9	1.65
	60.9	61.2	61.6	62.0	62.3	62.7	63.0	63.4	63.7	64.0	64.8	65.5	66.2	66.7	67.5	68.0	70.9	73.1	76.6	1.70
	62.2	62.6	62.9	63.3	63.6	64.0	64.3	64.6	64.9	65.3	66.0	66.7	67.4	68.0	68.7	69.2	71.9	74.0	77.4	1.75
	68.6	68.9	69.2	69.5	69.8	70.0	70.3	70.6	70.8	71.1	71.7	72.3	72.9	73.4	73.9	74.4	76.5	78.3	81.0	2.00
	74.1	74.4	74.7	74.9	75.2	75.4	75.6	75.8	76.0	76.3	76.8	77.2	77.7	78.1	78.5	78.9	80.6	82.1	84.3	2.25
	79.1	79.3	79.5	79.7	79.9	80.0	80.2	80.4	80.6	80.7	81.1	81.5	81.9	82.2	82.6	82.9	84.4	85.4	87.2	2.50
	83.3	83.4	83.6	83.7	83.9	84.0	84.2	84.3	84.4	84.6	84.9	85.2	85.5	85.8	86.0	86.3	87.4	88.3	89.7	2.75
	86.8	86.9	87.0	87.1	87.3	87.4	87.5	87.6	87.7	87.8	88.1	88.3	88.5	88.8	89.0	89.2	90.0	90.7	91.8	3.00
	92.1	92.1	92.2	92.3	92.4	92.4	92.5	92.6	92.6	92.7	92.8	93.0	93.1	93.3	93.4	93.5	94.0	94.4	95.1	3.50
	95.5	95.5	95.5	95.6	95.7	95.7	95.7	95.8	95.8	95.8	95.9	96.0	96.1	96.2	96.2	96.3	96.6	96.8	97.2	4.00
	97.7	97.7	97.7	97.8	97.7	97.7	97.7	97.8	97.8	97.8	97.8	97.9	97.9	97.9	98.0	98.0	98.2	98.3	98.5	4.50
	98.8	98.8	98.8	98.8	98.8	98.8	98.8	98.8	98.9	98.9	98.9	98.9	98.9	99.0	99.0	99.0	99.1	99.1	99.2	5.00

附表 6：择购权 δ：股票价格的百分数

$P_0/PV\ (E_x)$

$\sigma\sqrt{T}$	.40	.45	.50	.55	.60	.65	.70	.75	.80	.82	.84	.86	.88	.90	.92	.94	.96	.98	1.00
.05	.0	.0	.0	.0	.0	.0	.0	.0	.0	.0	.0	.0	.0	.0	.0	.0	.0	35.2	51.0
.10	.0	.0	.0	.0	.0	.0	.0	.0	.0	.0	.0	.0	.0	.0	.0	.0	21.4	44.0	52.0
.15	.0	.0	.0	.0	.0	.0	.0	.2	1.5	2.7	4.5	7.1	11.6	1.9	5.0	11.3	36.6	47.6	53.0
.20	.0	.0	.0	.0	.0	.3	1.1	3.3	7.9	10.6	13.8	17.6	21.9	15.8	21.7	28.5	42.2	50.0	54.0
.25	.0	.1	.4	1.2	2.8	5.5	9.7	15.3	22.1	25.2	28.4	31.6	35.0	33.5	37.6	41.7	45.9	51.8	55.0
.30	.2	.6	1.5	3.3	6.0	9.9	14.9	20.9	27.6	30.4	33.3	36.2	39.1	42.0	44.9	47.8	50.6	53.3	56.0
.35	.7	1.8	3.6	6.3	9.9	14.6	19.9	25.9	32.2	34.8	37.5	39.9	42.5	45.5	47.5	49.8	52.2	54.7	56.9
.40	1.8	3.6	6.3	9.8	14.1	19.0	24.5	30.2	36.0	38.4	40.7	43.0	45.2	47.5	49.7	51.8	53.9	55.9	57.9
.45	3.5	6.1	9.4	13.5	18.1	23.2	28.5	34.0	39.3	41.4	43.5	45.6	47.7	49.6	51.6	53.5	55.3	57.1	58.9
.50	5.7	8.9	12.8	17.2	22.0	27.0	32.2	37.2	42.2	44.2	46.1	47.9	49.8	51.6	53.3	55.0	56.7	58.3	59.9
.55	8.2	12.0	16.2	20.8	25.7	30.6	35.4	40.2	44.8	46.6	48.3	50.0	51.7	53.3	54.9	56.5	58.0	59.4	60.8
.60	11.0	15.1	19.5	24.1	29.1	33.8	38.4	42.9	47.1	48.8	50.4	51.9	53.4	55.0	56.4	57.8	59.1	60.5	61.8
.65	13.9	18.3	22.9	27.6	32.2	36.8	41.1	45.3	49.3	50.8	52.3	53.7	55.1	56.5	57.8	59.1	60.3	61.6	62.7
.70	16.9	21.5	26.1	30.7	35.2	39.5	43.7	47.7	51.3	52.7	54.0	55.3	56.6	57.9	59.1	60.3	61.5	62.6	63.7
.75	19.9	24.5	29.1	33.6	38.0	42.1	46.1	49.7	53.1	54.4	55.7	56.9	58.1	59.3	60.4	61.5	62.6	63.6	64.6
.80	22.8	27.5	32.0	36.4	40.6	44.5	48.2	51.6	54.8	56.0	57.2	58.4	59.5	60.6	61.6	62.7	63.6	64.6	65.5
.85	25.7	30.3	34.8	39.0	43.0	46.7	50.1	53.4	56.5	57.6	58.7	59.8	60.8	61.8	62.8	63.8	64.7	65.6	66.5
.90	28.5	33.1	37.4	41.5	45.3	48.9	52.2	55.2	58.0	59.1	60.1	61.1	62.1	63.0	64.0	64.8	65.7	66.6	67.4
.95	31.2	35.7	40.0	43.9	47.5	50.9	54.0	56.8	59.5	60.5	61.5	62.4	63.3	64.2	65.1	65.9	66.7	67.5	68.3
1.00	33.9	38.3	42.3	46.1	49.6	52.8	55.7	58.4	60.9	61.9	62.8	63.7	64.5	65.3	66.2	66.9	67.7	68.4	69.1
1.05	36.4	40.7	44.6	48.2	51.5	54.6	57.4	59.9	62.3	63.2	64.0	64.9	65.7	66.4	67.2	67.9	68.7	69.3	70.0
1.10	38.9	43.0	46.8	50.3	53.4	56.3	58.9	61.4	63.6	64.4	65.2	66.0	66.8	67.5	68.2	68.9	69.6	70.3	70.9
1.15	41.2	45.2	48.9	52.2	55.2	57.9	60.4	62.7	64.8	65.6	66.4	67.1	67.8	68.6	69.2	69.9	70.5	71.1	71.7
1.20	43.5	47.4	50.9	54.1	56.9	59.5	61.9	64.0	66.1	66.8	67.5	68.2	68.9	69.5	70.2	70.8	71.4	72.0	72.6
1.25	45.7	49.4	52.8	55.8	58.6	61.0	63.3	65.4	67.2	67.9	68.6	69.3	69.9	70.6	71.2	71.8	72.3	72.9	73.4
1.30	47.8	51.6	54.6	57.5	60.1	62.5	64.6	66.6	68.4	69.1	69.7	70.3	70.9	71.5	72.1	72.7	73.2	73.7	74.2
1.35	49.9	53.2	56.4	59.2	61.7	63.9	65.9	67.8	69.5	70.1	70.7	71.3	71.9	72.5	73.0	73.5	74.0	74.5	75.0
1.40	51.8	55.2	58.1	60.8	63.1	65.3	67.2	69.0	70.6	71.2	71.8	72.3	72.8	73.4	73.9	74.4	74.9	75.4	75.8
1.45	53.7	56.9	59.8	62.3	64.5	66.5	68.4	70.1	71.6	72.2	72.7	73.3	73.8	74.3	74.8	75.2	75.7	76.1	76.6
1.50	55.5	58.6	61.3	63.7	65.9	67.8	69.6	71.2	72.6	73.2	73.7	74.2	74.7	75.2	75.6	76.1	76.5	76.9	77.3
1.55	57.3	60.3	62.8	65.1	67.2	69.0	70.7	72.2	73.6	74.1	74.6	75.1	75.6	76.0	76.5	76.9	77.3	77.7	78.1
1.60	59.0	61.8	64.3	66.5	68.5	70.2	71.8	73.3	74.6	75.0	75.5	76.0	76.4	76.9	77.3	77.7	78.1	78.4	78.8
1.65	60.6	63.3	65.7	67.8	69.7	71.4	72.9	74.3	75.5	75.9	76.4	76.8	77.3	77.7	78.0	78.5	78.8	79.2	79.5
1.70	62.2	64.8	67.1	69.1	70.9	72.5	73.9	75.2	76.4	76.8	77.2	77.7	78.0	78.5	78.8	79.2	79.6	79.9	80.2
1.75	63.7	66.2	68.4	70.3	72.0	73.5	74.9	76.1	77.2	77.7	78.1	78.5	78.9	79.2	79.6	79.9	80.3	80.6	80.9
2.00	70.6	72.6	74.3	75.8	77.2	78.4	79.4	80.4	81.3	81.6	81.9	82.2	82.5	82.8	83.1	83.4	83.6	83.9	84.1
2.25	76.4	77.9	79.3	80.5	81.5	82.5	83.3	84.1	84.8	85.0	85.3	85.5	85.7	86.0	86.2	86.4	86.6	86.8	87.0
2.50	81.2	82.4	83.5	84.4	85.2	85.9	86.6	87.2	87.8	87.9	88.1	88.3	88.5	88.6	88.8	89.0	89.1	89.3	89.4
2.75	85.2	86.1	86.9	87.6	88.3	88.8	89.3	89.8	90.2	90.3	90.5	90.7	90.8	90.9	91.1	91.3	91.4	91.4	91.5
3.00	88.4	89.1	89.8	90.3	90.8	91.3	91.6	92.0	92.3	92.4	92.5	92.6	92.7	92.9	93.0	93.0	93.1	93.2	93.3
3.50	93.2	93.6	94.0	94.3	94.6	94.8	95.0	95.2	95.4	95.5	95.5	95.6	95.7	95.7	95.8	95.8	95.9	95.9	96.0
4.00	96.2	96.4	96.6	96.8	96.9	97.1	97.2	97.3	97.4	97.4	97.5	97.5	97.5	97.6	97.6	97.7	97.7	97.7	97.7
4.50	98.0	98.1	98.2	98.3	98.4	98.4	98.5	98.5	98.6	98.6	98.6	98.6	98.7	98.7	98.7	98.7	98.7	98.8	98.8
5.00	99.0	99.0	99.1	99.1	99.2	99.2	99.2	99.3	99.3	99.3	99.3	99.3	99.3	99.3	99.3	99.4	99.4	99.4	99.4

$\sigma\sqrt{T}$	1.02	1.04	1.06	1.08	1.10	1.12	1.14	1.16	1.18	1.20	1.25	1.30	1.35	1.40	1.45	1.50	1.75	2.00	2.50
.05	66.3	79.1	88.3	94.1	97.3	98.9	99.6	99.9	100	100	100	100	100	100	100	100	100	100	100
.10	59.8	67.1	73.7	79.4	84.2	88.2	91.3	93.8	95.8	96.9	98.9	99.6	99.9	100	100	100	100	100	100
.15	58.2	63.2	67.8	72.2	76.1	79.8	82.9	85.6	88.1	90.2	94.1	96.6	98.1	99.0	99.5	99.7	100	100	100
.20	57.9	61.6	65.2	68.6	71.8	74.8	77.5	80.0	82.3	84	88.8	92.1	94.5	96.3	97.5	98.3	99.8	100	100
.25	58.1	61.1	64.0	66.7	69.4	71.8	74.2	76.4	78.4	80.4	84.6	88.0	90.7	92.9	94.6	96.0	99.1	99.8	100
.30	58.6	61.1	63.5	65.8	68.0	70.1	72.1	74.0	75.9	77.6	81.4	84.7	87.5	89.8	91.8	93.3	97.8	99.3	99.9
.35	59.2	61.3	63.5	65.4	67.3	69.1	70.9	72.5	74.1	75.7	79.2	82.2	84.9	87.1	89.2	90.9	96.2	98.3	99.7
.40	59.9	61.7	63.5	65.3	66.9	68.6	70.1	71.6	73.0	74.4	77.6	80.4	82.9	85.1	87.1	88.8	94.5	97.3	99.4
.45	60.6	62.3	63.9	65.5	67.1	68.6	70.1	71.4	72.3	73.6	76.6	79.0	81.5	83.5	85.3	87.0	92.9	96.1	98.8
.50	61.4	62.9	64.3	65.7	67.0	68.3	69.6	70.8	71.9	73.1	75.7	78.1	80.2	82.2	84.0	85.6	91.5	94.9	98.1
.55	62.2	63.5	64.8	66.1	67.3	68.5	69.6	70.7	71.8	72.8	75.2	77.4	79.4	81.2	82.9	84.4	90.2	93.8	97.4
.60	63.0	64.3	65.4	66.6	67.7	68.8	69.8	70.8	71.8	72.7	74.9	77.0	78.8	80.5	82.1	83.5	89.1	92.7	96.6
.65	63.9	65.0	66.1	67.1	68.1	69.1	70.1	71.0	71.9	72.8	74.8	76.7	78.4	80.0	81.5	82.9	88.2	91.8	95.9
.70	64.7	65.8	66.7	67.7	68.7	69.6	70.4	71.3	72.1	72.9	74.8	76.6	78.2	79.7	81.1	82.4	87.5	91.0	95.1
.75	65.6	66.5	67.5	68.4	69.2	70.1	70.9	71.7	72.4	73.2	74.9	76.6	78.1	79.5	80.8	82.0	86.9	90.3	94.5
.80	66.4	67.3	68.2	69.0	69.8	70.6	71.4	72.1	72.8	73.5	75.1	76.7	78.1	79.4	80.6	81.8	86.4	89.7	93.9
.85	67.3	68.1	68.9	69.7	70.4	71.2	71.8	72.6	73.2	73.9	75.4	76.8	78.2	79.4	80.6	81.6	86.1	89.3	93.4
.90	68.2	68.9	69.7	70.4	71.1	71.8	72.4	73.1	73.7	74.3	75.7	77.1	78.3	79.5	80.6	81.6	85.8	88.9	92.9
.95	69.0	69.7	70.4	71.1	71.7	72.4	73.0	73.6	74.2	74.7	76.1	77.4	78.5	79.6	80.7	81.6	85.7	88.6	92.5
1.00	69.8	70.5	71.2	71.8	72.4	73.0	73.6	74.2	74.7	75.2	76.5	77.7	78.8	79.9	80.8	81.7	85.5	88.4	92.2
1.05	70.7	71.3	71.9	72.5	73.1	73.7	74.2	74.7	75.3	75.8	77.0	78.1	79.1	80.1	81.0	81.9	85.5	88.2	91.9
1.10	71.5	72.1	72.7	73.2	73.8	74.4	74.8	75.3	75.8	76.3	77.4	78.5	79.5	80.4	81.2	82.0	85.5	88.1	91.7
1.15	72.3	72.9	73.4	74.0	74.5	75.0	75.5	75.9	76.4	76.8	77.9	78.9	79.8	80.7	81.5	82.3	85.7	88.1	91.5
1.20	73.1	73.7	74.2	74.7	75.2	75.6	76.1	76.5	76.9	77.4	78.4	79.4	80.2	81.1	81.8	82.6	85.7	88.1	91.4
1.25	73.9	74.4	74.9	75.4	75.8	76.3	76.7	77.1	77.6	78.0	78.9	79.8	80.7	81.4	82.2	82.9	85.8	88.1	91.3
1.30	74.7	75.2	75.6	76.1	76.5	76.9	77.4	77.8	78.2	78.5	79.4	80.3	81.1	81.8	82.5	83.2	86.0	88.2	91.2
1.35	75.5	75.9	76.4	76.8	77.2	77.6	78.0	78.4	78.7	79.1	80.0	80.8	81.5	82.2	82.9	83.5	86.2	88.4	91.2
1.40	76.2	76.7	77.1	77.5	77.9	78.3	78.6	79.0	79.3	79.7	80.5	81.3	82.0	82.6	83.3	83.9	86.4	88.4	91.3
1.45	77.0	77.4	77.8	78.2	78.5	78.9	79.3	79.6	79.9	80.3	81.0	81.8	82.4	83.1	83.7	84.2	86.7	88.6	91.2
1.50	77.7	78.1	78.5	78.9	79.2	79.5	79.9	80.2	80.5	80.8	81.6	82.2	82.9	83.5	84.1	84.6	86.9	88.7	91.3
1.55	78.5	78.8	79.2	79.5	79.9	80.2	80.5	80.8	81.1	81.4	82.1	82.7	83.4	83.9	84.5	85.0	87.2	88.9	91.4
1.60	79.2	79.5	79.9	80.2	80.5	80.8	81.1	81.4	81.7	82.0	82.6	83.2	83.8	84.3	84.8	85.3	87.5	89.3	91.5
1.65	79.9	80.2	80.5	80.8	81.1	81.4	81.7	82.0	82.3	82.5	83.1	83.7	84.2	84.8	85.2	85.7	87.8	89.6	91.8
1.70	80.6	80.9	81.2	81.5	81.8	82.0	82.3	82.6	82.8	83.1	83.7	84.2	84.8	85.3	85.7	86.2	88.1	89.8	91.8
1.75	81.2	81.5	81.8	82.1	82.4	82.6	82.9	83.1	83.4	83.6	84.2	84.7	85.2	85.7	86.2	86.6	88.4	89.8	91.9
2.00	84.4	84.6	84.8	85.0	85.3	85.5	85.7	85.9	86.1	86.2	86.7	87.1	87.5	87.9	88.2	88.5	90.0	91.1	92.8
2.25	87.1	87.3	87.5	87.7	87.8	88.0	88.1	88.3	88.4	88.6	88.9	89.3	89.6	89.9	90.1	90.4	91.5	92.4	93.7
2.50	89.6	89.7	89.9	90.0	90.1	90.2	90.4	90.5	90.6	90.7	91.0	91.2	91.5	91.7	91.9	92.1	93.0	93.7	94.7
2.75	91.7	91.8	91.9	92.0	92.1	92.2	92.3	92.3	92.4	92.5	92.7	92.9	93.1	93.3	93.4	93.6	94.3	94.8	95.6
3.00	93.4	93.5	93.6	93.6	93.7	93.8	93.9	93.9	94.0	94.1	94.2	94.4	94.5	94.7	94.8	94.9	95.4	95.8	96.4
3.50	96.0	96.1	96.1	96.2	96.2	96.3	96.3	96.3	96.4	96.4	96.5	96.6	96.7	96.8	96.8	96.9	97.2	97.4	97.8
4.00	97.7	97.7	97.7	97.8	97.8	97.8	97.8	97.9	97.9	97.9	98.0	98.0	98.0	98.1	98.2	98.2	98.4	98.5	98.7
4.50	98.8	98.8	98.8	98.8	98.8	98.9	98.9	98.9	98.9	98.9	98.9	99.0	99.0	99.0	99.0	99.0	99.1	99.2	99.3
5.00	99.4	99.4	99.4	99.4	99.4	99.4	99.4	99.4	99.4	99.4	99.5	99.5	99.5	99.5	99.5	99.6	99.5	99.6	99.6

后　　记

　　世界范围内的产能过剩和经济周期性波动对我国经济的发展造成了巨大的冲击，经济转轨成为我国经济发展的必然趋势。习近平总书记强调："在适度扩大总需求的同时，着力加强供给侧结构性改革，着力提高供给体系质量和效率，增强经济持续增长动力，推动我国社会生产力水平实现整体跃升。"由此可见，以"供给侧"改革为代表的经济转型是必要的，也是实现经济持续发展的重要途径。

　　对于公司管理者来说，在经济转轨时期，企业决策面临更多的不确定性和不稳定性因素，但同时挑战也往往意味着机遇。利用经典财务理论，结合公司的具体实际，在充分分析的基础上进行投资、融资和运营管理决策，有助于公司抓住机会，实现超额收益。同时，面对外部环境的不确定性，利用金融工具形成切实有效的风险管理机制，对公司规避风险具有重要意义。

　　对于政策制定者来说，金融发展为实体经济提供了资本资源，在经济转型的重要背景下，根据经济发展模式和企业融资需求，合理地配置资本支持转型，为创新型中小企业制定融资方案，对转型时期的金融系统性风险进行控制，具有重要的实践意义。

　　公司财务学是金融市场改革和发展的重要理论支撑。在"一带一路"政策和"供给侧"改革的政策背景下，公司管理者和政策制定者都应该系统学习公司财务学的基本理论和分析方法，在运用公司财务经典理论的同时，充分考虑现实情况，进行理性决策。